让　我　们　**语文**　一　起　追　寻

Jürgen Osterhammel

Die Entzauberung Asiens: Europa und die asiatischen Reiche im 18. Jahrhundert

©Verlag C.H.Beck oHG, München 2013

于尔根·奥斯特哈默 / 作品 / /

Die Entzauberung Asiens

亚洲的去魔化

Europa und die asiatischen Reiche im 18. Jahrhundert

18世纪的欧洲与亚洲帝国

［德］于尔根·奥斯特哈默（Jürgen Osterhammel）著　刘兴华 译

社会科学文献出版社
SOCIAL SCIENCES ACADEMIC PRESS (CHINA)

移去国际了解的魔障

许倬云 [*]

最近读到德国学者于尔根·奥斯特哈默的《亚洲的去魔化》，引发了长期困扰我的问题，亦即所谓东方与西方之间，究竟该如何相对？学历史的人本来就逃不开这一问题的纠缠，只是近几年来西方霸权的专横表现于中东的冲突，"东方"继日本及东亚四小龙之后中国与印度的急剧发展，无时不迫人思索：那些恩恩怨怨如何方能解开！

不同文化认知 有蔽有偏

奥氏显然也是根据他研究汉学的经验，不得不在此时再度思考欧洲人士对于东方的认知及其演变历程。他将欧洲与"亚洲"作为对立的双方，其主要论述是欧洲建构"自己"时，实系以所谓"亚洲"为其对比的"他者"。于是，"欧洲"是一个囫囵的观念，"亚洲"也是一个囫囵的观念。奥氏此书讨论的时段是 18 世纪。不过他特别说明，他所关注的时代是 1680～1830 年间那首尾均有延伸的 18 世纪。在那一百多年内，欧亚内部均有重大的变化，而欧洲人对于东方的理解，也前恭后倨，从近于盲目的崇拜，逐步发展为"彼可轻易取之"的蔑视。果然，接下去，即是欧洲人对于东方世界的步步进逼、巧取豪夺，最终实质上奴役东方，至今又已是一个世纪了。

---

[*] 许倬云，1930 年生，江苏无锡人。现为匹兹堡大学历史学系荣休讲座教授，中研院院士。

奥氏此书是今日后现代的解析，寻找欧洲人不同世代对于东方世界不同的认识，指陈历史上欧洲人收集的东方知识，其性质各有特色，而这些特色往往又根源于当时欧洲人自己的独特视角。其实，不同文化系统之间的认知，无时无刻不是由"自己"看"他者"，都有所蔽，有所偏。奥氏书名是有关亚洲的去魔化，实则，今天是 21 世纪了，欧美文化系统的人士对于世界人类的其他部分，又何尝不是还在此时自设的迷雾之中？解迷去魔，谈何容易？奥氏陈述 18 世纪欧洲对于亚洲的解谜，又何尝不可解读为我们这一时代依旧还需不断解谜破魅？

中国早期也受魔障附身

欧美文化系统人士，对于"东方"最大的迷障，即是以"亚洲"为"东方"，笼统地将其当作自己的"他者"，建构了一个自己为中心的虚幻世界。这一心障与智障，在中国自己的历史上，又何尝不存在？

中国文化在史前时期多元共存，到了春秋还是南北东西各有异同。秦灭六国，政治上统一；汉重儒家，思想也定于一尊。自此以后，中国文化在东亚的龙头地位，四邻不能挑战，也因此中国人对于自己的文化不免自负；用今日的名词，中国人的文化沙文主义，遂成为附身的魔咒，历久不能自拔！两千年来中国难得以平等观念处理涉外事务，不是自大，即是屈服。由于这一重魔障，中国在大洋航运开拓以后，即使民间力量已经参与国际海上活动，文化精英及政府官僚却懵然不知世界已经开始的巨变。自此以后，西潮东来，而中国呢？先则有乾隆对于英国使团的自大，继而有鸦片战争的昏聩慌乱，之后则是义和团代表的愚昧荒唐。最后，中国又转了一百八十度的大弯，由自大而自卑，"崇洋媚外"之风，从清末延续至今。

西方开始正视东西差异

不仅中国，日本又何尝没有附身的魔障？明治维新以后，日本是西方文化的优等生，从里到外一切模仿欧美，以致比西方帝国主义更为帝国主义，成为东方世界的祸害。

回头看看日本的维新、中国的洋务甚至五四运动，东方对于西方文化，只是照单全收，张之洞的中学为体西学为用终究只是未落实的口号。明治与五四人物似乎都未认真省视西方文化演变的线索，于是在输入西方文化时也很少推敲其中必然与偶然的因素，以致始终欠缺深度阐释与由此而进行的熔铸。

现在，正如奥斯特哈默诸人所做，西方人士已在省察自己的文化与"他者"之间的互动了。已故的萨义德曾提出"东方主义"一词，陈述"东方"实由"西方"的立场界定。自萨氏以来，从地中海东岸到太平洋滨这广大的"东方"地区，学术界与文化界还是很沉默，至今未见从省察自己与省察"他者"往返映照，庶几真切地认识自己也认识别人。

消弭误解 化解东西冲突

毕竟，全球性的经济正在成形，在21世纪"西方"与"东方"必然会合。吉卜林"东是东，西是西，两者永远不会交集"的诗句，终将被证明为错误的自负。我们不愿看到目前两河流域与波斯湾－红海地区的灾难扩及世界别处。基督教与伊斯兰教之间长期的误解及由此发生的冲突，再加上石油能源惹起的贪念，都导致今日全世界恐怖活动与暴力侵略的灾难。我们若不早做努力从根本上消弭"西方"与东亚/太平洋地区之间彼此的误解，则亨廷顿文化大冲突的预言，也将会不幸而言中。

这一深刻省察自己与"他者"之间认知差异的工作，当是全世界知识分子的共同志业。西方已有人着手了，我们呢？我们是不是也该开始想想了！

新世界与老亚洲

15、16 世纪在西方兴起的大航海浪潮是历史上的关键转折点。大航海的冒险探索才让原本各自独立发展，仅有零星、偶然交会的文明，彼此认识、彼此冲击，才诞生了一个以全地球为领域的"世界"新概念。

大航海时代真正惊人处，不是其冒险探索所发现的，而是远赴海洋冒险这个意念冲动。人的肉体存在，从来不是为海洋生活所设计的。航海技术上的突破，不足以改变一个事实：长程远航极其折磨人，而且时时处处布满了死亡陷阱。离开熟悉、温暖的土地家园，挤进脏臭狭窄的船舱，朝根本不知道的所在航去，有道理吗？奇怪的是，15、16 世纪，欧洲许多人竟然视之为生命最大的意义所在！

大航海时代之所以可能，依赖于当时欧洲人对陌生事物的好奇。从未到过的地方，从未看过的景色，从未想象过的动植物，比安稳的土地，对他们产生了更大的吸引力，这才使得他们前仆后继，愿意为未知赌上一切。

可以这样说：大航海必须以欧洲自身知识系统的动摇为前提。在稳定的知识系统中，人认为自己已经掌握了生活所需的一切答案，当然就不会对陌生事物好奇，甚至不会假想假设陌生事物的存在。这样的人，怎么可能出发航向完全未明的水域？

* 杨照，本名李明骏，1963 年生，台湾大学历史系毕业，美国哈佛大学博士候选人。

中国就是长期笼罩在稳定的知识系统中，因而不可能与海洋、海洋的另一端发生什么关系。中国自给自足的知识关怀中，容不下"彼岸"的想象。看不见的东西不属于这个知识系统，也就不需、不能思考，当然也就不可能好奇、想望。

从 16 世纪起，大航海陆续带回来的海洋"彼岸"的信息，进一步动摇乃至改造了西方知识。原本出于冒险、传教与财物掠夺动机的航行，很快就多增加了一条理由——为了知识的扩张。

于是航行除了原本牵涉的商业资本家、水手和传教士，多加了一种必要角色——博物学家。从 16 世纪到 19 世纪，远洋船只随船带着博物学家，几成惯例。

博物学家带回来令人看得瞠目结舌的奇特动物、植物和矿物标本。他们同时也带回来令人听得目瞪口呆的远方故事——关于那些无法任由他们捕捉、风干带回家的人与社会的故事。

那是一个惊讶地发现异种、异俗、异语、异文明的热闹时代，较为科学的客观描述及理解方法还来不及建立起来之前，一个丰富而有趣的"轻信"时代。

翻看那个时代航海博物学家带回的异文明记录，最突出的特色，必然是其光怪陆离。英国小说家斯威夫特戏仿航海家记录，写了《格列佛游记》，里面有小人国、大人国，还有以马为人的国度。斯威夫特固然夸大了海外国度的奇貌，不过我们别忘了，本来航海志里就充满了各种常识上不可能、航海者却坚称自己亲见亲历的怪事怪物。

为什么航海者带回来的故事都那么怪？今天透过异文明历史的比对，我们有把握明确地说：那些光怪陆离，不管是航海者看到的印加帝国、日本还是他们看到的塔希提岛，几乎都不是事实。他们不见得是刻意捏造，而是一种要在海洋彼端看到

"异物"的预期扭曲了他们的经验，使他们成为不忠实、不可信的观察者、感受者。

航海博物学家先入为主，要找到"异物"，也就意味着他们带着清楚的欧洲标准来搜寻海洋彼端的印象。"异"者，异于欧洲既有的事物。寻找"异物"的人，敏锐地看到的、不自觉夸大的，一定是和欧洲"一般""平常"不同的现象。

所以，那些光怪陆离的异物记载，与其说是关于印加帝国、日本或塔希提岛的，还不如当作欧洲人流浪心灵中以彼岸经验刺激出的华丽想象与欧洲既有知识经验主流不断辨证对话的结果。

原本就是出于知识系统的不安，才有大航海创举，进而大航海带回来的"异物"信息又不停地摇晃着欧洲一般人赖以生存的世界观。

那两三百年，欧洲经历了知识系统的大破大立大重建，而这知识系统上的变化，正是分隔开传统社会与现代社会那最鲜明的分水岭。

有趣的知识系统变动发生在 18 世纪。对待大航海时代中找到的"彼端"，18 世纪开始试图不只是记录其怪模怪样和传奇，而是去理解。18 世纪也开始收拾原来不同船只、不同航程、不同人搜罗到的片段，试图建立起系统来。更重要的是，18 世纪欧洲人看见海洋"彼端"的动机慢慢从主观中走出来，试图找出一套客观方法论来。

主客异变之间，从而有了极其丰富的内容。与前面的时代相比，18 世纪欧洲的异文化知识，不再那么狂野放任，充满了自我中心的想象，转而浮现了一点秩序，尤其是浮现了一点想要参与并对这个领域有所贡献的人不得不遵守的规范。不过和后来的 19 世纪相比，18 世纪却又还没有明确的社会制度管辖这套异文化知识的产生、流传与评价，也就是说，异文化知识尚未"专业化""体制化"，尤其尚未与帝国主义殖民政策合为一体，而有着较大的个人、学派特色空间。

在欧洲人的异文化想象和异文化理解中，亚洲当然占有重要地位。早在大航海开拓前，欧洲已有对亚洲的模糊传说，而且已经认识到亚洲有着和欧洲一样高度发展的文明，和非洲或美洲的情况大不相同。

欧洲人或夸张对亚洲文明成就的"惊艳"，或夸张对亚洲"原来不过如此"的失望幻灭。在这两种极端态度间的取舍，往往不是决定于亚洲是什么，而是欧洲本身需要什么。

亚洲比其他地区更关键地扮演了这段时期欧洲建构自我形象的对照角色。当欧洲需要新的文明标准以砥砺自己奋起时，他们便抬高亚洲的成就；反过来，当他们需要鼓舞具侵略性的自信心时，他们便不客气地贬抑亚洲。亚洲知识、亚洲印象，被不断抛掷、搓捏，进行无穷变形。

《亚洲的去魔化》整理的，就是 18 世纪知识系统大变动中欧洲人与亚洲知识、亚洲印象纠缠的过程。这里面固然有逐渐累积增加的亚洲经验，同时也有更多欧洲本身快速变动的矛盾冲突。透过欧洲人的眼光，我们可以部分复原 18 世纪亚洲的相貌，不过，看得最真切的，毕竟还是欧洲眼珠光影中幻映出来的他们自我的形影吧！

《亚洲的去魔化》给我们提供了丰富的资料，帮助我们深入到 18 世纪欧洲知识世界里。我们不必也不能将当时欧洲的知识，视为亚洲写真。不过倒是可以回头借此对亚洲自我历史认知与欧洲的想象建构，对这段西方逐步凌驾东方的过程，有更深入更细腻的掌握。

目　录

第二篇　当代人与历史

序

在试图确定欧洲在当代世界的位置之际，没有任何时代比18世纪更富启发性。欧洲启蒙运动时代的知识分子看待其他文明，自然会有"种族中心"的倾向。透过许多例子，这一点便可被轻易揭露并证明，尤其是在一个似乎将全球意识、多元文化认同或活跃的世界伦理等概念廉价地视为无关紧要的突发观念的时代。如果我们都算是世界公民的话，那么两百年前那些未受任何电视报道、远途旅游和网络传输之惠而想成为世界公民的人的努力便显得微不足道了。看来也似乎如此。不过，这类当代的自大心态却是时代错置，正好缺少了原本以为在启蒙人士身上所欠缺之物——理解"陌生"时代和文化的特性。从某些方面来看，18世纪对我们来说正是陌生的。在适当理解或介绍非欧洲文明上，从那个世纪到我们这个世纪之间，并没有任何持续的进展，反而只见到长期丑化非西方的世界。透过各种主流的"主义"，这点便可一目了然，诸如欧洲中心主义、民族主义、种族主义、帝国主义，爱德华·萨义德二十年前又补上了一个东方主义。这些倾向和态度出现在1800年左右那极具关键性的"分水岭时代"，若要断言这个时代已完全被跨越，当然是过于轻率。

对18世纪的学者和文人而言，研究及认知"理解"——这个词语我借自恩斯特·舒林的名著《黑格尔与兰克对东方的世界史理解》——非欧洲文明，并不只是一场假面舞会和虚荣的自夸行为。因为法国、苏格兰、英格兰、德国和意大利的启蒙人士所在意的"人类科学"跨出了欧洲，所谓的美洲与南太平洋野人、亚洲的蛮族与文明人，都受到造访、描述和评论。

12 亚洲不再是个异国风味的配料，而理所当然地成为体验世界的中心地带。这种普遍并具有比较性质的人类科学伴随着大众对各类亚洲事物的广泛兴趣，在 18 世纪最后四十年中达到了发展高峰。就在世纪更迭前夕，对东方语言、文学及哲学的研究进入了一个前所未有的职业化阶段。然而，法国文化史学家雷蒙·施瓦布所称的"东方文艺复兴"，却从未成为影响深远的教育力量。波斯文、梵文或中文仍无法打破古希腊罗马及古典语言在 19 世纪意识中所占据的人文主导地位。东方文艺复兴产生了东方学科。不过，由于亚洲研究只留给了语言学家，公共知识分子的负担遂告减轻。这种世界性的人类科学退让给许多个别学科，而现代欧洲则成为这些学科的共同重心。这种情况一直持续到最近。

　　18 世纪的亚洲去魔化，一如整个世界的去魔化，是一种具有双重意义的矛盾价值的变化过程。一方面，去魔化意味着丧失了前现代多样性的思想宝库，一种美学经验的溃败，一种"让生动鲜明的概念蒸发成一种模式，亦即将图像化为概念的"（尼采）能力的胜利。有秩序的世界才可加以支配。浪漫主义、新浪漫主义，或者说后现代的感性经验，一直在反抗这一点。亚洲的再度魔化，特别是充满古神话的印度，在 1800 年后也并未让人久等。如果今天某人认为"陌生国度"还不够陌生、缤纷和具有异国风味的话，便以各种疏离的方式来满足需求：其极致就是"新纪元运动"对西藏深邃哲理所存的各种幻想，但那和真实的亚洲并无太大关联。而另一方面，去魔化意味着一种理性的胜利。只要不再相信女巫会飞，就不会去焚烧她们，最后也就会怀疑到底有没有"女巫"。亚洲的去魔化剥除了一个长久以来被视为各种宗教和文化源头的大陆的光芒，也剥掉了它的魔力。在短时间内，阿拉伯人、印度人、波斯人或中国人成了欧洲人的远邻，尽管存在许多明显的种族差异和沟通难题，彼此却仍可进行一场几乎未被扭曲的对话。不过，19世纪初期种族主义——仿佛就是能为人着想的浪漫主义的阴险双胞胎兄弟——出现后，却毁掉了这个机会。

这本书的主角就是那些哲人，不管是在旅途中还是在书桌前伏案写下游记，在他们身上都可以清楚看见去魔化的矛盾心理，他们也试着将不同文化间持续不断的和谐与冲突，拼凑成一种合理的关系。这些人包括让·夏尔丹、伏尔泰、亚当·弗格森、爱德华·吉本、卡斯腾·尼布尔、亚历山大·罗素、亚布拉罕-杨金特·安奎特-杜培宏、约瑟夫·冯·哈默-普格斯塔及其他人。狄德罗、乔治·弗斯特和亚历山大·冯·洪堡则隐身幕后，我们只能猜测出他们大概会写下哪些有关亚洲的文字。我很愿意介绍几乎默默无名或完全消失的作者，借此扩充启蒙运动时代哲人的名单。然而，本书绝非一本致力于完备18世纪欧洲人所撰著之亚洲文献的百科全书，这尚需更多的精力与篇幅，而且最后可能只会成为一本史料汇编。另外，很可惜我无法详列所有参考过的研究文献，至于"理论"则隐匿在书中。我也不得不放弃原本在书中要处理撰述的有关亚洲的宗教、法治体系和语言。外文引述基本上会加以翻译，但在个别例子中，由于原文重要或颇为迷人，我则保留下来。至于亚洲语言的人名，我采用简化的拼音方式。

我要感谢这项研究所倚赖之藏书的图书馆工作人员：大英

13

图书馆、伦敦图书馆、东方暨非洲研究学院图书馆－马斯登藏书、慕尼黑及柏林的国家图书馆、弗莱堡大学图书馆。多年来，朋友与同事给我提供了许多中肯的建议和书目上的帮助，在此，我无法一一致谢。不过，那些试图帮我这个政治及经济史学家了解文化研究的朋友，则要好好记上一笔。20 世纪 80 年代中期，我在伦敦和斯蒂格·福斯特、保罗·卢夫特、雷金娜·舒尔特及彼得·马歇尔初步谈到这个题目。后来在弗莱堡，我受教于威廉·亨尼斯，发现了至今难以想象的政治学世界。恩斯特·舒林为我打开了史料史和回归史学之路。和伏尔克·莱歇特共同编辑"古文献中的异国文化"系列，则成为我几年来灵感的来源。如果不是学术讲座邀我到柏林客座一年，零星的研究也绝不可能汇集成册，我在那里完成本书初稿。我由衷感谢，特别是于尔根·科卡和那个杰出讲座的所有工作人员。从我1996 年及 1997 年的同侪身上，我总能获益良多。我谨将此书献给达素彬，感谢这位近代中国及中亚的专家。

第一章　前言

我们西方人在这些发现中，已证明自己在才智和勇气上胜过东方国家。尽管往往他们百般不愿，我们依然在他们那里安顿下来。我们学会他们的语言，教授他们一些我们的工艺。不过，大自然赋予他们一项优于我们的长处，盖过我们所有的长处，那就是他们不需要我们，而我们需要他们。

——伏尔泰[1]

20世纪末，这个世界尝到了一些19世纪遗留的恶果。欧洲人征服全球四大洲这个史无前例的过程的恶果之一便是在面对那些在军事上溃败、经济上遭到剥削及因为科技落后而显得弱小甚至自卑的文明时，露出一种自大高傲的态度。"西方人"，即英国领导下的各个欧洲强权与野心逐渐勃发的美国，尽情享受着胜利的滋味，尤其是在亚洲这个地区。征服、排挤并殖民统治美洲原住民、非洲黑人及澳大利亚、新西兰和太平洋各群岛上的原住民，似乎很理所当然。自从首次听闻这些原住民以后，欧洲人毫无疑问地就在面对这些古希腊罗马以降在民族志中被称为"野人"的民族时，产生了一种自我优越感。但相对来说，亚洲一直是欧洲的重要对手，一个有强大的帝国、富裕的社会、辉煌的文化成就和令人敬畏的宗教的世界。[2]几千年以来，欧亚大陆相互影响。农业的诞生和传播，便是一个欧亚共同扩张的过程。[3]亚洲民族不断介入地中海周围及其北边国家的历史，并将地域辽阔的俄国纳入他们的马上帝国。小亚细亚及地中海东部虽被并入罗马帝国，但直到近代，都是亚洲在威胁欧洲，而不是欧洲威胁着亚洲。安息人（Parther）①、匈奴人、蒙古人和土耳其人，攻击过东西罗马帝国及其后的王朝，有时甚至在已信仰基督教的地区统治长达数百年之久。对于自身所处时代的世界政治局势，莱布尼茨这位冷静仔细的观察家仍旧担心会有新一波的蒙古入侵，或许是因为 1657 年至 1666 年克里米亚鞑靼人入侵罗马尼亚和摩拉维亚一事[4]依然令人记忆犹新。"若非这些鞑靼人互相交战，" 1699 年他在一封信中写道，"他们将会淹没大部分的世界，正如当时成吉思汗的作为一般。"[5]

亚洲的"没落" 欧洲的自大

和莱布尼茨严肃的、在当时即已显得杞人忧天的忧虑相比，19 世纪末所谓的"黄祸"警讯，不过只是想要激起恐慌的宣传手法而已。当时亚洲的政治力量的衰落几乎已成定局，文化威望也褪去光芒。在上一次世纪更迭之际，即帝国主义高峰期，亚洲大部分地区都臣服在欧洲的殖民统治下，就连大胆的先知都不敢预言此一情况将会终结。像中国、暹罗（后来的泰国）或奥斯曼帝国等半殖民地国家的主要领土虽然完好无缺，但政治活动力却急遽萎缩。只有日本透过无与伦比的集体力量和前所未见的外在优越条件，由受害者一跃成为欧洲强权与美国现代化的小老弟。此外，欧洲资本主义的经济形式会在亚洲各地

---

① 又称帕提亚人，公元前后两百多年之间，居住在印度河和幼发拉底河的西亚民族。——译者注

盛行，主要也是因为外国人的操作，之后逐步被当地势力接收传承下来。整个亚洲似乎丧失了历史动力，没落成为一个现代化失败者的大陆。弗里德里希·冯·威塞尔（Friedrich von Wieser）这位奥地利国民经济学家——思虑细密认真，非一般帝国主义的摇旗呐喊者——以下述句子在 1909 年表达出一般欧洲人的看法：

> 亚洲这个人类的摇篮，堆满了由软弱卑下的民族所构成的垃圾，再也无法运用当代技术进步所带来的发展机会。[6]

历史似乎正要离开亚洲和亚洲人。

第一次世界大战前夕，欧洲几乎没人会反对冯·威塞尔的看法，而之后的数十年，也只有少数人起而驳斥。欧洲大门前的第一个新活力标志，便是凯末尔·阿塔图尔克（Kemal Atatürk）在 1923 年开始实行的果断且成功的现代化政策。然而，直到 20 世纪 40 年代，亚洲人才在全世界的注目下赢回他们的历史动力：从 1941 年 12 月日本攻击美国的太平洋舰队起，不到两个月，英国号称无法攻克的新加坡要塞就举白旗投降，之后则是 1945 年的越南革命和 1949 年的新中国成立，然后是 1946 年到 1949 年间，菲律宾、印度、巴基斯坦、锡兰、缅甸和印度尼西亚纷纷独立。

在 20 世纪后半叶，特别是最后的 25 年间，除了大范围持续不断的贫富不均现象外，面对一个经济发展特别蓬勃、多数人生计得以维持的亚洲，欧洲再也没有高傲的理由和借口了。欧洲拥抱的这个特殊意识的最后一个借口——亚洲人只会模仿，却没有创造能力——也站不住脚了。亚洲自我的文化民族主义现在已浮现出来，在西方人的监护之下展现出自觉，拒绝西方的"文化帝国主义"，甚至把欧洲人长久以来认为亚洲颓废至极的陈腔滥调，换成了西方世界即将没落的预言。自 1979 年伊朗革命以来，这种意识形态的防御战斗赢得了世界政治上的意义。在面对西方人时，日本、中国、马来西亚、新加坡和韩国的声音，宣告了自己的文化价值与社会组织形式的优越性。这一点在 20 世纪 90 年代初特别突出，而 1997 年亚洲经济风暴之后则较为沉默。[7] 西方观察家证实好斗的伊斯兰和"新的黄祸"又再度出现，也不排除在这些好斗的文明阵营中即将爆发冲突。[8]

18

到了 20 世纪末，19 世纪末欧洲的傲慢所剩无几，欧洲再也无法统治世界、控制全球经济及文化独尊。如果 19 世纪是欧洲的世纪，那 20 世纪应该可以称为北美洲的世纪，21 世纪则有可能是中国的世纪。对历史学家而言，探索一个长期以来认为欧洲强大且无可匹敌的特殊意识[9]及面对其他文明时那种与生俱来的优越地位的信念的源起，倒是一个不错的时机。这种特殊意识立足于早期古希腊罗马和基督教文明的基础上；在启蒙运动时期，化为一种放弃宗教命定论的世俗世界观；在 19 世纪则掺入了种族主义，决定了欧洲人在海外的举止行为；到了去殖民化的时代，则降格成为无所不知的高傲态度。回到这个意识成形的年代（18 世纪），一则意味着通过史料来说明一个简单的思想史论题——各种概念的兴起与衰落（在此指的是欧洲出现过的特殊情况）[10]——并借此来批判欧洲的虚伪、错觉以及权力背后的妄想，而自从爱德华·萨义德那本影响广泛的论战手册《东方主义》（Orientalism，1978）1978 年出版以后，这种批判即采取揭露的姿态不断进行下去，其中还夹杂片面的夸张描述。[11] 再则，一个无法用单一论点来掌握的文化世界随之开启，而且它未曾受到定焦于欧洲内部事务的历史研究重视。那个文化世界就是欧洲人在启蒙运动时代所关心的亚洲世界。

人类的大地图

启蒙运动时代的欧洲思想界是世界主义取向。不像之前及特别是之后的时代，这个时代国界扮演着微不足道的角色。[12]虽然 18 世纪的学界能够驾驭多种语言，而且学者大都还能理解拉丁文，但这种语言已不再居主导地位。密切的沟通网络，如信件、相互拜访以及在国外工作等方式，把巴黎、爱丁堡、伦敦、圣彼得堡、乌普萨拉（Uppsala）、哥廷根、莱顿（Leiden）和都灵等地的知识分子结合起来。[13]莱布尼茨和伏尔泰甚至在国外的文化圈子中，寻找能够参与传播知识这项大工程的志同道合人士。有一段时期，中国的文官精英似乎可以胜任这个角色。启蒙主义被设计成为一种放诸四海而皆准的运动。

知识大众对来自亚洲、美洲、南太平洋和非洲的报道，比以前更感兴趣。汗牛充栋的游记满足了这个需求。几乎所有学者的图书馆及公侯的藏书中，都有当代重要的游记文献。[14]在这个时代末期，柏林地理学者卡尔·李特尔（Carl Ritter）偌大的私人图书馆几乎收集了所有以欧洲语言撰述的有关欧洲以外世界的文献。[15]地理学者约翰·特劳高特（Johann Traugott）由于十分留心奥斯曼帝国的内政，在 1789 年为报纸读者出版了一本大部头的土耳其字典。[16]从欧洲思想史来看，在 18 世纪中期开始写作出版的这一代人，眼界首次扩展到全世界。1777 年，国会议员及政治哲学家——同时也是一位悲天悯人的印度诠释者——埃德蒙·伯克（Edmund Burke），在读完当时威廉·罗伯森（William Robertson）所写的当代历史杰作《美洲史》

19

（*History of America*）后，写了封热情洋溢的信给他：

> 现在人类的大地图一下子展开了，再也没有任何野蛮的状态和野蛮程度，以及优美的表达方式，是我们这一刻所见不到的，例如：欧洲和中国两者彻底不同的文明教养，野蛮的波斯人及阿比西尼亚人（Abyssinien）、鞑靼人和阿拉伯人奇特的风俗，北美和新西兰的蛮荒状态。[17]

几乎与此同时，让-尼古拉·德默尼耶也有类似的说法，他拥护让-雅克·卢梭的论述，在自己那本精彩的民族志百科全书中汇编整理出关于所有民族的知识，并撰写序文表示："我们现在几乎认识了所有文明的及未开化的民族，对它们进行比较的时候已然到来。"[18] 1767 年，苏格兰的社会哲学家亚当·弗格森（Adam Ferguson）发表了一篇关于整体社会学的论文，已能引用各个时代和文化的资料。"新的发现，"他在尚未从库克船长的南太平洋之行获益之前，即已解释道，"让我们几乎能够知道人类所处的各种状况。"[19]

20　　在这句话出现时，东方世界早已不只出现在欧洲人的图画和文字中。欧洲人几乎已无法割舍来自"东印度"的香料，他们穿着印度的棉花布料和中国的丝绸，喝着阿拉伯咖啡和中国茶。[20] 来自土耳其和印度的鸦片，助长了浪漫文学的虚假天堂，至少在英国成了一种大众毒品。[21] 18 世纪的亚洲成了感官上可以触摸和消费的东西，进入了欧洲人的日常生活中。大家都已见过中国瓷器。1735 年，一名亚洲民俗史作家便谆谆教诲自己的读者，何不去研究这些国家的历史？[22] 东方效率良好的经济结构，同时也导致了一种潜在的威胁。1700 年左右，来自中国的竞争便已让法国的商家伤透脑筋。[23]

约在 1750 年和 1820 年间，法国、英国、德国及意大利的学者与文人，比在这期间之前及之后的同辈，更能理所当然地随时注意着海外的发展情况。所获取的有关远方国度的消息，多半不只是因其娱乐价值而受重视。这些信息与古希腊罗马的古典作品，以及往往被当成故事书阅读的《圣经》并列，成为人类经验科学的原材料。这种人类科学跨越国界，超越文化并且——如伯克和德默尼耶所指出的——可以做比较；来自全欧洲各个不同科学范畴的作者，都对此有所贡献。第一位在欧洲具有影响力的启蒙运动作家皮埃尔·贝尔（Pierre Bayle），即已从世界各地收集关于人类行为的案例。无数的作者亦追随着他的典范。

到了 19 世纪，这种全球性的知识参考范畴消失了，或确切来说，已经残破不堪了。欧洲以外的文明，现在交由新成立的东方研究学科及同一时间出现的民族学或人种学专家负责，他们自成一格，而主要学科的重要学院派学者则心安理得地把自己的视野局限在欧洲。[24] 以下的例子大概就可详细说明这一点。18 世纪的德国重要史学家，如哥廷根大学的奥古斯特·路德维希·施洛策尔及约翰·克里斯托弗·贾特勒（Johann Christoph Gatterer），只要在信息来源许可的条件下，就会彻底研究亚洲民族的历史，并将其纳入他们的世界通史草稿中。19 世纪举足轻重的德国史学家利奥波德·冯·兰克（Leopold von Ranke）则相反，他后期的作品《世界史》（*Weltgeschichte*，1881–1888）只着重于自己眼中古希腊罗马时代及随后在欧洲具有历史分量的民族。兰克这位综观欧洲全局的人物，还对当时的奥斯曼帝国怀有一定的兴趣，因而甚至被德国大众视为东方学专家。[25] 到了他的学生那一代，一个窄化的欧洲，甚至是日耳曼中心主

21

义，取得主导地位。只有几位像奥托·欣策（Otto Hintze）、卡尔·兰普雷希特（Karl Lamprecht）、马克斯·韦伯和库尔特·布赖西希（Kurt Breysig）等不受主流思潮影响的例外人物，在世纪交替之际，运用东方科学的新知识承接启蒙运动时代的世界主义。

论述压力　教育包袱　偏执症

18世纪的世界主义和对非欧洲世界的兴趣到底有多认真、多自然？人们对好好认识"其他"东西到底有多努力？这实际上是不是一种点缀了异国风味的欧洲中心主义，甚至有可能是那些披上流行外衣、过于好大喜功的欧洲知识分子的虚荣幻想？[26]当时，欧洲的观察家是不是走出了自我陶醉的小房间？他们是不是只看到了他们想要看到的东西？上述这些问题不仅碰触到主观的企图和个人诚信的问题，也在探索知识的社会与文化局限，探索一个文明下的人类如何好好认识其他文明成员的可能性。讨论这些题目的新文献，看法倾向质疑，并各执一词。

其中一方是所谓的"偏执论述模式"。美国文学研究者爱德华·萨义德和他的一些门生信徒帮欧洲文化强加上一个无所不在的偏执症，认为其在展现帝国主义权力之际，无法与其他文化进行对话，顶多只是将之视为默默接受政治掌控、被用于科学分析的对象。萨义德一直相当小心，只将这种全面的"意识形态质疑"局限于19世纪及20世纪。他在1798年拿破仑远征埃及的行动中，发现了他所谓的"东方主义"思维模式的开端。[27]事实上，这类论述分析[28]的强大煽动力量，在于批评欧洲东方学基于客观主义的自我认知，以及欧洲东方学介于"探索事实"与"暗藏帝国主义野心"之间的冲突。[29]

22

在 18 世纪，这种帝国主义野心还不存在。1800 年以前，欧洲人多以传教士、旅行研究者、外交人员和武装商人——而不是殖民领主——的身份出现在亚洲。1800 年左右，在亚洲的帝国和公侯领地中，欧洲的殖民地还相当稀少：先是葡萄牙人，紧接着的是 1670 年左右对肉桂贸易感兴趣的荷兰人，通过他们在 1602 年成立的东印度公司在锡兰岛（斯里兰卡）海岸进行殖民统治。法国革命战争时期，荷兰殖民领地于 1795～1796 年落入英国手中。由于伦敦认为锡兰具有战略意义，未再将锡兰交还给荷兰——就像大约同一时期的好望角一样——并于 1802 年宣称该地为英国王室殖民地，但该岛内陆仍由康提（Kandy）国王统治。1815～1818 年，英国人利用国王与贵族间的争执及后来仇外的民间暴动，占领整个锡兰。同样在 1818 年，英国人最后发动了一系列战争，征服印度次大陆的大部分地区。18 世纪 60 年代中期开始，英国即已在富裕的孟加拉国握有实际主权。1798 年，除了孟加拉国及其首府加尔各答外，毗邻的比哈尔（Bihar）、大城孟买和印度南方一些小地区也落入英国手中，而许多邻近的印度公国成了英国的同盟或客户。接下来的 20 年中，英国一跃成为全印度的最高领主。爪哇成了荷兰东印度公司的重要据点，荷兰也透过附带的各种干预行动，驯服了附近的岛屿；直到 1830 年后，荷兰人才牢牢掌握了印度尼西亚群岛。至于菲律宾，可以说是西班牙的另一个墨西哥：这个欧洲人在亚洲最久的大型殖民地，实际上只不过是一个由马尼拉那座商业桥头堡以及教会难以有效掌控的菲律宾乡间人口所构成的松散结合体而已。18 世纪末，欧洲和亚洲仍处于一种棘手的权力均衡中。直到 1818 年在印度建立了"不列颠治下的和平"

（Pax Britanica）①，以及锁国的日本在 1853～1854 年开放这段时期内，天平才开始倾斜。

23　　欧洲旧王朝时代的学界，同样也缺乏 19 世纪的那种认知。他们试图尽可能了解异国文化，并将异国的信息纳入自己的世界观中。不过，当时尚未出现宣称自己对所研究的文明享有垄断地位，并踌躇满志、相信自己比东方更加了解东方的各种专业化亚洲学科。知识与权力的联结，正是继米歇尔·福柯（Michel Foucault）之后出现的论述分析重点，但这种联结直到 18 世纪末仍然非常薄弱，整体上并未以主流思潮的形式出现。

　　自 20 世纪 80 年代初以来即可观察到，将"论述分析"用于研究欧洲对非欧洲文明的认知，已在国际上崛起成为一种最具影响力的方法。而"论述分析"的崛起是人文科学一个普遍运动中的一环——该运动指出了文化现象"被架构出来"的特色，并强调以语言意义来掌握一切现实的突出做法。以前人类生活世界中被视为理所当然的事情，现在则被解读为集体想象力的发明与产物。人们可以证明，所谓表现出浪漫主义民族精神的古老传统，实际上是直到近代才被杜撰出来的（"被发明的传统"）。人们发现，"民族"并非社会上或生物上的事实，而是一个虚拟出来的大型团体（"想象的共同体"）。原本似乎理所当然适用于亚洲研究的概念，如今在怀疑目光的解剖下，却成了西方科学的创造物：例如，真正的印度思想既无种姓制度的概念，也未曾将印度教视为一个同一性质的、与其他"世界宗教"处于同一神学体系层次的信仰理论。这些基本上都是

① 指的是英国在 1815 年击败拿破仑以后，不断向外扩张所建立起来的海洋帝国。此帝国体系于一战后开始衰颓，二战结束后被"美国治下的和平"取代。——编者注

西方的"发明"。[30]

　　这种发现是否能立刻证明"架构性的"概念和命题是个谎言，而且无法运用？这无疑还在未定之天。有些概念与命题完全可以成为进行科学描述和解释的有用辅助工具；每个科学模式的建构，在本质上都是一个假定，而非幻想的成果。论述分析毕竟在质疑"外人的描述"上有其功劳，但这种质疑不可导致相反的结论，以为"自我的描述"总是比较真实，因而比较可信。论述分析思维模式的出发点，就是论述的"不真实性"： 24
那些宣称描绘出真实世界的科学陈述，其实并没有如此做；从这一点来看，它们只是提供了有关自己和其作者的信息。这样一来，其标准也就没有正确性与真实性可言。

　　因此，有关异国文化的古老文本仅仅具有修辞策略上和语意学程序上的趣味，而"话语分析"便透过修辞策略和语意学程序，制造出"外来性"或"异类性"。于是人们不再探问那些特定的"表述"是否接近事实，不再追根究底找出它们在多大程度上恰当地重现了真相。而同样让人不感兴趣的，就是过去已被接受、值得使用于认知的标准。举例来说，一名1750年的游记作家坚持尽可能细心客观地观察和报道，他的读者也以同样的标准来判断他：从论述分析的前提条件来说，这一点就必须略而不提。论述分析从一开始就想当然地假设，对异国文化和异国社会状态的论述，必定具有虚构造假的性质。这样一来，虚构捏造与事实陈述、凭空想象与经验认知之间的差别就变得模糊不清，甚至被一笔勾销。任何欧洲人对非欧洲文明的表述，似乎都成了傲慢的幻想；那对于呈现欧洲人的意识状态具有极高的旁证价值，但无关乎异国文化的实际状况——反正这是欧洲人的认知所无法企及的。后现代的嘲讽态度在思索过去时，反而显得时代错置。思想史因而弃绝自己的任务，不再探索过去的意义，反而成了一种政治意图下的谩骂工具，比任何简化的意识形态批判还要恶劣。

第二种比较传统、理论上比较没有野心的论述方式，可以被称为"失望的人文主义模式"。它所针对的也是同样的东西。这个模式的捍卫者也怀疑，启蒙运动时（以及之前的人文主义时期）广受重视的世界主义是否在面对异国文明时，果真导致欧洲人意识的开放。不同于爱德华·萨义德基于米歇尔·福柯的思想所发展出来的偏执论述模式，失望的人文主义模式并未全盘否定任何合理认知欧洲以外真实情况的机会。他们采纳诠释学的基础假设，认为如果做出了足够的努力，每个文化所隐藏的含义亦可跨越文化界限来理解。这种跨文化的理解，却不能像 19 世纪实证主义的东方学所相信的那样，可以按部就班取得。设身处地的解释只能在最顺利的状况下达成，而且还要归功于天赋奇佳的阐释大师那种跨界的艺术，这几乎是个不可能的机遇。

于是，一群研究欧洲人所持有的美洲图像的历史学家得出一个伤感的结论：在 1500 年至 1750 年这 250 年中，众多拜访及描写美洲的欧洲人中，没有人真能在异国文化挑战下无条件打开自己的认知能力，没有人取得一个以美洲为中心的美洲图像。欧洲并未在"自然"和"为对方着想"下对这些新发现的土地和文化产生兴趣，只是透过接触对方，在物质和精神上大发利市。有关美洲的知识，完全停留在自我中心上[31]，错失了借接触来理解的大好良机。不仅是因为自我中心以及缺乏跨界的勇气对此有所影响，欧洲人带到新世界的古希腊罗马和基督教的教育包袱，也脱不了关系。一个跨文化诠释学的大型计划，不是因为

"缺乏"基础知识和基础理解而触礁，反而是因为"过量"。

正当过去的旅行研究乐于指责海外旅人所谓的缺乏教育、轻信和天真之际，新的失望人文主义则反过来控诉古希腊罗马对近代异国文化观察家的思想专制。因此，绝非因不理解所见之事物，导致白白错失一个和平理解及接触对方文化的机会；反而是因为抱持着古希腊罗马的民族概念、亚里士多德的奴隶理论和奥古斯丁满怀恩赐的命定神学，导致过于相信自己能够理解实际上只是将事先设好的框架套上去的东西。在这个框架内，新的事物很快便被已熟悉的东西同化。[32] 如此一来，美洲——或这种思考方式可以轻易转嫁过去的亚洲——便成为欧洲教育史上的外一章。

这种观点也不能令人满意。一方面，它将一个难以企及的理想作为衡量历史陈述的标准：以完全不预设前提的方式来认知异国的真实情况。针对这种"自我参照"所做的批评，打击到了一切认知的条件。"由自我出发"来认知异国的努力方式——这也是启蒙运动时代一些批判偏见的思想家心中的想法——最后却成了一种幻想。每个诠释都将自我与熟悉的事物，将传统与事先的判断，作为理解的前提条件。[33] 另一方面，显得理所当然的是，那些还算有文化的近代早期欧洲人所认知的异国文明，会不断被他们的古希腊罗马知识框架打断。欧洲人的亚洲图像在那个高等教育立足于研究希腊罗马经典的时代中，绝对无法和同时存在的古希腊罗马图像分开。[34] 不过，18 世纪时，古希腊罗马的标准已失去了约束力。1731 年，法国启蒙运动初期一位颇具影响力的哲学家布兰维利耶伯爵，便表示阿拉伯人的历史至少和希腊与罗马人的历史一样富有教育意义。[35]伏尔泰后来也有类似的看法。1768 年，莱比锡的文化史学家约

26

翰·克里斯托弗·阿德隆（Johann Christoph Adelung）接着表示，古希腊罗马权威学者的世界知识相当不足，大家必须阅读当代旅游作家的作品。[36]1790年左右，古希腊罗马的普遍权威地位受到质疑。接触亚洲文明比早期接触蛮荒美洲，更加有效地撼动了这种权威。直到世纪交替后的"第二次人文主义"，才以新的论述复兴了这种权威。

论述分析和失望的人文主义这两种解释模式，于是殊途同归地取得了类似的诊断结果。不管是一个无可避免、僵化成时势所趋的文化与帝国主义密谋[37]论述的后果，还是一个无法摆脱自我传统偏见的结果，近代欧洲人所撰著的有关美洲及亚洲的文本，被认为只不过是一场认识论的大灾难。研究缺乏真相、艺术价值不高的文本，这么做的理由最多只是为了透过文本中不断重复的证据，证明非欧洲文化在欧洲征服世界的时代中所蒙受的误解、扭曲及丑化。直到"后殖民主义"的现代，两个阵营的许多代表人物才相信有可能接近"异国"的真相。

假如这种不可知论就是针对"历史上的异国图像"所得出的最后定论，那么继续研究这个题目也就毫无意义可言。所有关于美洲、亚洲及非洲的藏书，其内容就形同欧洲人愚蠢自大的文献资料，最好干脆束之高阁算了。还会有替代性的做法吗？

有一种最显而易见的替代性做法至少还差强人意：回归到不先做批判的历史写作，将欧洲人不断扩张视野的行为，视为27 纪念一种近代西方认知其他文明的独特机会。[38]说来没错，近代没有其他任何重要文化创造出胜过欧洲文化因为对遥远异国感到好奇而发展出来的科学。[39]不过，这种知识扩张和欧洲帝国主义与殖民扩张的过程不能分开来谈。这种知识的认知和帝国扩张的特质是紧密结合的。此外，在一种烙印着思想史上追求进步并对不断仔细测量与将实际情况图像化深感兴趣的地理大发现历史背后[40]，隐藏着一个科学史过于狭隘的概念。近代早期的亚洲文本，只以现代东方学和民族志的史前史资料身份出现。这个方向白白错失了文本分析的心得，未将史料置于撰写当时的时代脉络之中，反而将之纳入一个时间序列，而此时间序列的最高峰就是今日的研究成果。人们对近代早期前往亚洲旅行的人最感兴趣的是，按照今天的标准，他们"已经"正确看到的是什么。只有对制图学、正确的自然描述，以及适度范围内的语言学来说，这种增加认知的"内在历史"（immanente Geschichte）才在一定的范围内有益处。

认知差异

这本书会试着采取其他途径。那些不假思索被标示为亚洲"图像"的东西，多半都出现在文本中。透过文本，我们可以努力挣脱困境。之所以从文本出发，并不是因为"文化"本身可以被理解为文本[41]，因此可在文本解释中实现文化史的目的，而是因为我们没有比文字更好的史料，可以将异国文化的印象与幻想输入我们自己的认知与思想脉络中。对文学研究者而言，文本应该是他们学科中的基础；对历史学家来说，文本则是社会范畴中个人创造的结果。我们感兴趣的，应该先是文本的形成过程。个别的文本出现之前，都先有经验、意图、认知、想象、观看、听闻、既定风俗及革新意志等过程。虽然多数文本是研究时不可或缺的材料，但其本身却是许多复杂过程中很晚才出现的结果。第三章至第七章便是在处理这些勾画出"异国图像生成逻辑"的过程。这种逻辑中包含了旅行及许多殖民所需的知识，包括"行动观察家"[42]与异国文化环境的实

28

际接触与互动，包括整个学者世界及他们自己的认知兴趣和判断标准，最后也涵盖了依循"利用与竞争"法则的文献市场。

因此，欧洲人的亚洲文本不该被视为自行衍生的静态"代表"，而应该置于社会实践过程中相当具体的共同脉络之内。如此便可观察到文本在真实情况和虚构、教导和娱乐间不断变动的现象。若将异国文化的本体架构及外部图像视为泾渭分明的对比，并仅仅着眼于文本的意识形态内涵，或只是探究文本的经验正当性，势必将忽略近代早期的重要亚洲记述之多元意义。正是这种多元意义赋予了文本持续的魅力。若无此魅力，文本恐将只是欧洲人自我陶醉的表达方式，或仅仅是来自已有认知的先入为主的肤浅之见。文本同时具有两种意义：既是欧洲人想象力的草图，亦是以当时的认知工具去了解真实的各种尝试。

共同脉络化的第二个层次，便是将个别叙述置入论证的相互关联性之中，也就是论述分析的"论述"之中，即在使用这个具有多重意义的概念时，不采纳源自米歇尔·福柯的权力理论架构。亚洲事物以多重姿态成为欧洲人辩论之际的论证：蛮荒与文明、进步与堕落、统治与正义、国家的富裕与贫穷、女性的权利与幸福、宗教的真理与谬误等辩论。本书后半部分会处理一些这方面的辩论。本书不是图像史，而是"理解的历史"及其工具的历史：包括了概念及构成概念的各种惯用语，或思想史学家波考克（J. G. A. Pocock）所谓的"语言"。[43]

这种理解的对象便是差异。值得注意的是差异并不是从头到尾完全不同。提到亚洲常常是欧洲的"异类"，只是老生常谈。不过，在个别作者眼中，这些差异到底在哪？如何评价这些差异？如何针对各个亚洲文明进行比较，看出它们以何种特殊方式有别于欧洲，并且彼此之间产生差异？粗略的"二元对立"思想，例如一概将自我和异国视为对立，只会让人更难理解这种微妙的认知差异并确认差异何在。"异国风格"不是一个清楚绝对的范畴，而是一个相对且变化多端的范畴。[44] 来自 17 或 18 世纪、将欧洲与亚洲结合在一起的个别文本陈述，都需要重新衡量这种文化差异。史学家的任务在于重新建构这种测度方式。为什么要如此做呢？欧洲在 18 及 19 世纪界定自己为非亚洲。现在有趣的并非此事已经发生，而是如何出现了这种情况。满足于一个倒置世界中的简单思考模式的时代，早已过去。在具体的个案中，哪里可以发现东方和西方的特殊差异？这种差异会被视为优越或低下吗？这种差异是可以跨越的，还是自然生成、无法改变的？我们该如何尝试克服差异所带来的惊恐？是透过抵制来排斥异国文化，还是试图同化接纳、合理妥协，又或者是以殖民方式来控制，以西化改革来消弭不同之处？[45]

29

是否这无数个别的差异，会积累成一个重大的思想史发展过程，并纳入欧洲人的意识变迁史中，则是这些问题当中最难回答的一个。本书最后一章会试图提出一个答案。

空间

我必须先说明，这里研究的不是一个德国的、法国的或英国的"亚洲图像"，而是整个欧洲对亚洲的观察和陈述。当然，各国陈述间的差异无可避免。殖民利益与日俱增的英国人看印度，便和因外交无力而殖民事业远远落后但可能因此保有更大评断自由的德国人有所不同。不过，在 18 世纪，这种国别上的细微差异却被启蒙运动的全欧参照空间弭平。在欧洲境内，思想的影响路线往往已非双边的：法国人孟德斯鸠的英国图像在德国造成重大影响，比英国的自我表现可能还要巨大。对亚洲的辩论，同样也在全欧展开。当时的学者懂得多种语言，对不能驾驭多国语言的同时代人来说，那些来自亚洲国家内容丰富的一手报道，也在短期之内被译成多种语言。

30

像 17 世纪 90 年代认识了伊朗和日本，并针对两国写下颇受赞扬的学术作品的安格贝特·坎弗（Engelbert Kaempfer），是一位受雇于荷兰东印度公司、来自德国威斯特伐利亚地区的医生。他以德文撰述日本的手稿，被英国收藏家和科学研究的筹划者汉斯·斯隆（Hans Sloane）爵士购得，并于 1727 年以瑞士人约翰·卡斯帕尔·朔伊希策（Johann Kaspar Scheuchzer）颇不忠于原稿的英文译本出版。而在欧陆，则是 1729 年朔伊希策译文的法文翻译较有影响力，连在当时较懂法文而非英文的德国也不例外。只能阅读德文者，必须依赖法文的二手翻译（1749 年），直到坎弗的原稿在 1777 年至 1779 年出版为止。[46]对 18 世纪的文学市场来说，这种复杂的出版命运很典型。我们可以察看安格贝特·坎弗的生平——他在但泽（格但斯克）、托恩（Thorn）、克拉科夫（Krakau）、柯尼斯堡（Königsberg）（加里宁格勒）及乌普萨拉求学[47]——而他的公开影响主要是"德国的"。其实，这更是一种全欧性的学者共和国的现象。[48]同样，法国耶稣会——也就是成员自认为是世界主义精英的一个团体——的中国报道中，也没有太多专属法国的中国图像。在莱比锡及哥廷根求学的瑞士巴赛尔城近东旅行家约翰·路德维希·布克哈特（Johann Ludwig Burckhardt），在英国"非洲协会"委托下从事旅行，并以英文撰述，也未呈现出典型的瑞士人观点。[49]至少，我们必须浏览一下以法文、英文及德文撰述的亚洲文献。许多文献也以荷兰文、意大利文及俄文出版，至于 18 世纪西班牙文及葡萄牙文的报道，则扮演着无足轻重的角色。

在亚洲这个对立对象中，又有什么可以了解的？欧洲人的亚洲论述出现在国家、地方及洲际三个层次。首先，大家撰写的对象是可以区别开来的政治实体（中国、奥斯曼帝国、印度的莫卧儿王朝等），或现代意义下可以清楚辨识出来的国家（波斯、日本、暹罗/泰国等）。在更进一步的论述中，则会处理到个别的民族、城市或地方。这自然是观察者直接的认知角度：可以亲眼看到北京的街景，而不是"中国"。不过，这种地方的视野绝非一种单纯的近处观察。随着愈来愈了解一个国家，或自以为了解时，旅行家的企图也就愈大，他们会想特别注意不同的地方和区域。"打死人，"德裔丹麦籍的东方旅行家卡斯腾·尼布尔（Carsten Niebuhr）也向一直对异国法律习俗感兴趣的大众报道说，"连在也门'伊玛目'① 统治的小地方都不会受到任何惩罚，更甭提整个阿拉伯地区。"[50] 这种细节观察，随着英国人自 18 世纪晚期在新近征服的印度地区所从事的详尽方志记述而达到高峰。[51]

在国家及地方这两种层次之上，还有一个洲际的评论方式，意即比较不同的亚洲国家和文明，并概述"亚洲"及"亚洲人"，或"东方"及"东方人"。这种相当抽象的看法，绝不只在窝居在家的卧椅哲学家身上见到。每当——这常常出现——一位旅行家描述一个景象或一种行为方式，并评之为"典型的亚洲特色"时，这种洲际的评论模式就产生了作用。这三种模式几乎同时出现在丰富的文本中。如果想要掌握这三者，就必须像当代人理解这种表达方式那样，把"亚洲"视为一个整

31

---

① 伊玛目（Imam）是伊斯兰什叶派教长的称呼。——编者注

体。[52]伊斯兰的西亚、奥斯曼帝国统治下的巴尔干半岛及往西直到埃及，甚至摩洛哥，都包含在内。特别是埃及，被视为整个亚洲的前哨站。[53]有些人甚至如此推测，中国文化不也源自埃及吗？[54]在 18 世纪，奥斯曼帝国愈来愈被视为"亚洲的"，也就是一个非欧洲政权。在 18 世纪末，提到亚洲人，几乎也把土耳其人、阿拉伯人及波斯人涵盖进去。

断代

本书所处理的 18 世纪，界线并不在 1700 年至 1799 年之间。这是一个"漫长的"世纪，约起自 1680 年，终于 1830 年。[55]在这一点上，思想史的标准及断代的规则必须和欧亚关系的实际历史节奏结合起来。

32   关于起始日期，轻易便可达成一致看法。研究欧洲启蒙运动的史学家几乎都认为，启蒙运动哲学家〔贝尔、丰特内勒(Fontenelle)、洛克〕在 17 世纪 80 年代开始活跃[56]，而同一时期也出现了一批新式的旅行观察家——这些通晓当代科学的学者或士绅，出于追求知识、传教任务或外交目的，踏入遥远的异国，而非因为热爱冒险及商业利益。[57]1680 年到 1730 年前后，成了开拓亚洲的英雄时代。有关这个大陆几乎所有国家的状况，这个时期出现不少以实际经验为依据所做的精确描述，直到 19 世纪仍被视为典范。这些描述助长了巴洛克及洛可可艺术风格的异国情调时尚，如法国的东方时尚，从拉辛(Racine)的悲剧《巴亚柴》(*Bajezet*, 1672)开始，到安东尼·加兰德(Antoine Galland) 1704 年至 1717 年出版的部分《一千零一夜》译本而达到高峰。[58]17 世纪 80 年代中期起，身为法国大众先驱的耶稣会教士为法国大众报道了中国的消息；这些报道使得法国自 18 世纪 30 年代起，在艺术及工艺美术上兴起了中国风格。[59]
17 世纪 80 年代起，像暹罗这样重要的亚洲国家，首次成为欧洲
人的关注焦点。法国外交官西蒙·德·拉·卢贝尔（Simon de La
Loubère）的作品《暹罗王国》，成了普受赞誉及模仿的第一手出
色的国家记述。在同时代人眼中，只有让·夏尔丹（Jean
Chardin）那本名列近代重要游记之一的《波斯游记》（1686 年出
版片段，1711 年则完整出版）可与之抗衡。莫卧儿王朝的印度，
主要记录在那位永不知疲累的旅行家让-巴蒂斯特·塔韦尼耶于
1767 年起即不断以各种不同版本重印的《游记》（Voyages）中。
不久后，1667 年至 1678 年以英国领事身份待在士麦那（Smyrna）
［今伊兹密尔（Izmir）］的保罗·莱考特（Paul Rycaut）爵士，
以空前的细密手法描述了奥斯曼帝国的政治体系及社会生活。这
时，荷兰文的亚洲文献重要性锐减[60]，法文、英文以及慢慢出头
的德文，成了描述亚洲的主要语言。

　　一些重要的实际日期，随着这种亚洲报道在质量上的大幅提
升而推迟出现。对亚洲而言，这个世纪末开创了类似"近代晚
期"的纪元。17 世纪 80 年代，和路易十四同代、在名声上不相 33
上下、在治国艺术上却凌驾其上的康熙皇帝，在 1644 年满清逐鹿
中原、政治动荡的数十年后，确立了新清朝治下的中国内部和平
状态。一百多年来，清帝国宛如一个欧亚超级强权，经济上自给
自足，以近代标准来看，是个富裕、文化自觉、不为欧洲帝国主
义政策所动的国家。[61] 17 世纪初，日本德川幕府驱逐天主教传教
士或令其殉教，并以集体处决方式压制当地的基督教。1639 年
起，日本严格执行锁国政策：外国人禁止在日本停留，日本人则
不得离国。只有 1638 年提供船炮给平户诸侯用来镇压日本天主教
徒无谓起义（岛原之乱）[62] 的荷兰人，可以在极严格的条件下继

续从事贸易活动。在长崎港的人造岛屿"出岛"上，在类似监禁的条件下，荷兰东印度公司的代表和日本人隔离，只能和外事警察官员、国家委任的翻译人员及妓女接触。[63]在内部稳定、外在主权及经济动力上，日本更胜中国。1710年左右出现在日本，而中国要到该世纪中才浮现的经济与生态问题[64]，尚未让这两个国家在面对工业革命前的欧洲时落于不利地位。

就如同对中国一般，17世纪80年代对整个东南亚来说，也是个分水岭，不过是厄运之始。[65]截至1682年，荷兰东印度公司都能成功压制其从巴达维亚（Batavia）（今雅加达）总部到整个爪哇的当地对手。[66]现在这个肥沃且人口众多的岛屿，大部分落入了一个颇不完备且力量薄弱的殖民统治下。1688年，和英国光荣革命同时，暹罗经历了一场政治变革。这个"暹罗革命"在欧洲颇受瞩目。在路易十四派遣众多外交使节为法国世界政策赢得的潜在伙伴——具有国际观的国王那莱（Narai）——死后不久，仇外的反对势力便推翻了那莱的首相康斯坦丁·费尔康（Constantin Phaulkon）。这位希腊人娶了一名日本基督徒，依照欧洲方式生活，周遭全是法国教士和英国商人。[67]暹罗自此与世隔绝，虽然不像日本那样严格，但也十分严重，不再是过去那样的传教地区和贸易伙伴。

34   在17世纪90年代，或许可以精确标示在1689年[68]，印度强大的莫卧儿王朝已越过了其帝国高峰期，不过，这连目光敏锐的同时代人都暂时无法察觉。然而，1707年莫卧儿皇帝奥朗则布（Aurangzeb）之死，却跟着暴露出相对北方强大邻国而言，其松散的帝国机构中一连串致命的缺陷。短短几年内，莫卧儿王朝四分五裂；残余的主要部分变成了印度的一个普通强权，一个原来帝国的影子。虽然，这些戏剧性事件还未打开英国殖民统治的大门，却在最短时间内改变了南亚的政治地图；18世纪60年代之前，英国还未控制印度这些幅员辽阔的国家。当地政治势力先是中兴，并将莫卧儿无远弗届的伊斯兰王朝转变成一个多元的国家体系。没落的伊斯兰逊尼派萨非王朝在伊朗还苟延了一些时候。直到1722年，阿富汗部落的入侵摧毁了这个合法的王朝，长期的纷乱和篡夺才戏剧性告终。不过，欧洲人却无法在政治或商业上从中渔利。[69]

最后出现的，是近代伊斯兰第三个"火药帝国"（Gunpowder empire）[70]——奥斯曼帝国。和近代其他年轻的伊斯兰帝国相比，奥斯曼帝国极能自保。自1453年占领君士坦丁堡以来，奥斯曼帝国成为地中海东岸主要的政治要角，16世纪时，甚至是世界最强大的军事强权。[71]有关帝国由盛而衰的过程，至今已有许多文献和争论。和印度与波斯及后来西班牙世界帝国的快速瓦解相比，奥斯曼帝国的没落非常缓慢无形。17世纪末，奥斯曼帝国就算不再是基督教世界的梦魇，仍是一个强权。1683年攻占维也纳失败，打断了这个长期以来战无不胜的奥斯曼军事机器的扩张力量。卡洛维茨（Karlowitz）合约的缔结（1699年），使苏丹失去了匈牙利，标志着基督教势力开始击退奥斯曼帝国。不久前气氛仍然低迷的欧洲，一下子改观：在原本恶魔般的敌人图像外，受骗的土耳其丑角现在出现在艺术作品中，就像莫扎特歌剧《后宫诱逃》中的后宫守卫奥斯明（Osmin）一样。

就算不是所有个别的发展趋势都方向相同，仍有许多事件一起出现，这令1680年后的年代成为亚洲历史上的转折时期，也成为欧亚关系的关键年代。如果回溯我们所熟知的历史发展过程，并企图辨识出亚洲不断没落及欧洲兴起的转折点的话，

35

那就过于简单。中国没有任何没落的迹象，反而刚进入一个被视为"清朝盛世"的长期繁荣阶段。日本在 17 世纪保有传统，慢慢创造出 19 世纪后半叶对其现代化有利的前提条件。至于在其他发生内战及体制崩溃的亚洲地区，欧洲人也没讨到多少好处：贸易萎缩，更别说军事干预及建立殖民统治所费不赀。整体而言，从权力政治与经济的角度来看，18 世纪是个欧亚不稳定均衡的年代。与此相对，出现了一种思想上的均衡状态，令这个时代的思想比后来征服世界的西方人所流露出来的胜利意识形态，更加令人着迷，是迄今更具意义的力量。英国史学家卢梭和罗伊·波特（Roy Porter）便陈述如下：

> 当时欧洲本身具有足够的自我批判能力，能免于自以为是，虽然还不至于将其他文化当成平等对象看待，更不会站在对方的立场来打交道，却仍承认那是另一种生活方式：不过为期甚短，之后白人历史使命的逻辑便要求压制、拆除及摧毁这些文化。[72]

这种均衡在 19 世纪前 30 年被打破。现在，欧洲早期的工业化改变了经济力量，不利于后来的第三世界国家。同时，欧洲借着新的侵略性格，入侵其他文明。英国人完成了印度的征服，赋予这个殖民国家至今超过百年的有效模式。1825 年至 1830 年，十分血腥的反荷兰起义，在亚洲早期殖民主义第二个桥头堡爪哇上，标示出一个过渡到更加直接掌控当地社会的殖民主义形式。[73] 不像 18 世纪俄国与奥斯曼帝国之间的战争，1821 年的希腊自由战争，再也不是纯粹的强权政治。反土耳其的政治宣传，将双方的血腥冲突转化成西方世界追求自由和东方暴行间的斗争。同样在 19 世纪 20 年代，清王朝也开始因来自印度的鸦片走私，进入瓦解过程，导致了 1840 年至 1842 年彻底去除中国神秘面纱的中英鸦片战争。与此同时，多民族的沙皇帝国，开始在理论和实践上"将（其境内）现在受到民族主义蛊惑的俄国国民和外国人划清界限"[74]，其对象主要是那些沙皇臣民中的非基督教徒。在北美，印第安人则在政治上失势。[75]

约在 1815 年至 1830 年，亚洲论述也出现变化，导致一个思想上的时代断裂。在有关描述欧洲以外的民族和文明的文献中，原有的叙述方式和看法还在新的世纪中持续了一阵子。1805 年，亚历山大·冯·洪堡（Alexander von Humboldt）开始出版重要的美洲游记作品，为兴趣广泛的旅行家百科全书式认知异国文化真实情况的启蒙运动传统，划下了辉煌的句号。[76] 1818 年至 1820 年，一般大众又见到耶稣会自 17 世纪早期在中国收集而来的高水平各类知识汇编书籍[77]，宛如过去的空谷回音。亚洲认知的专业化与职业化，现在进展迅速。1822 年，让-弗朗索瓦·商博良（Jean-François Champollion）破解埃及象形文字，巴黎成立亚洲协会；1823 年，皇家亚洲协会在伦敦成立；在随后的 1845 年，借鉴自古典语文学和其他"学校人士"的德国东方协会出现了，它成为德语地区东方研究者的社团。[78]

随着亚洲知识因专业化而成为专业学科，亚洲知识却在教育知识中被边缘化，接着，在欧洲意识中亚洲的威望大损。这个过程在 1830 年左右结束。1822 年，当格奥尔格·威廉·弗里德里希·黑格尔在其世界史哲学讲课中，判定亚洲文化的世界史意义早已过去时，便开启了新的纪元。在世纪交替间的 20 年中，把学习波斯文、印度文或中文当成古希腊罗马经典传统

教育外的补充甚至第二种选择的那种兴奋，也冷却下来。德国
37 中学继续教授着希腊文，而非梵文或波斯文，歌德后来那种对
包含亚洲文学在内的"世界文学"的业余狂热，也无任何仿效
者。当弗里德里希·吕克特（Friedrich Rückert）这位诗人及翻
译家嘲弄歌德时，便已提到了职业东方学者的自大态度：

> 他尝遍了西方，
> 现在开始酿造东方。[79]

在这一年代，近代那种旅行方式也终于失去其理所当然性。
除了从夏尔丹到洪堡这些具有英雄性格，及包括探勘南北极某
些活动地点的个别学者外，冒出了企业组织下出游远方的人士：
观光客。[80]《布洛克浩斯百科全书》（*Brockhaus Conversationslex-
ikon*）这样解释观光客："一个不为特定目的从事旅行的人，例
如科学目的，而是只为旅行而旅行，之后再加以大肆描述。这
一定是个在风俗习惯及观点上具有细致世界观的人，但在他的描
述中却留下了没有边际的主观态度。"[81]"没有边际的主观态度"
到那时为止，是游记作家最严重的原罪，一种公开的谎言。

1841年，托马斯·库克（Thomas Cook）发明了一次付清
款项的旅游方式。1833年，已有从法国组织出团的土耳其之
旅，开始时，一定还是个漫长而冒险的活动。[82]1839年起，便
有我们今日所熟知的关于东方国家的旅游手册出版[83]，一种可
以立即参考使用的书籍，和针对待在家中的学者同侪所撰述的
旧式游记毫无相同之处。1840年左右，赫曼·冯·普克勒-穆
斯考侯爵即已在上埃及的底比斯记下"惨遭艺术之友……蹂
躏"[84]的字句。1847年的《布洛克浩斯百科全书》中提到的当
时最受欢迎的观光国家，即现在的斯堪的那维亚半岛、西班牙、

葡萄牙"及特别是直到印度的整个东方"。[85]在苏伊士运河开放前 20 多年，印度已成为大胆度假人士的活动范围。

如果要找个图像来好好结束这个时代，那就是 1829 年 10 月在里海上度过 60 岁生日的洪堡：这位曾经征服丛林和安第斯山的学者，现在是位轮船上的旅客。[86]

注释：

[1] Voltaire, *Essai* (1963)，第 2 册，第 325 页。

[2] 参阅 March, *Idea of China* (1974)，第 23~27 页。

[3] 参阅 Diamond, *Guns* (1997)，第 176 页以下，令人印象深刻。

[4] Hammer-Purgstall, *Chane der Krim* (1856)，第 141~149 页。

[5] Widmaier, *Leibniz korrespondiert mit China* (1990)，第 94 页（原为法文）。

[6] 《Die materialistische Geschichtsauffasung》(1909)，出自 Wieser, *Recht und Macht* (1910)，第 114 页及下页。

[7] 参阅 Mols/Derichs, *Ende der Geschichte* (1995)，第 232~235 页；Zhao, *Quest* (1997)；Coulmas/Stalpers, *Selbstbewußtsein* (1998)。

[8] Huntington, *Kampf* (1996)，特别是第 5、10、11 章。

[9] Faul, *Sonderbewußtsein* (1970) 中运用这个概念。

[10] 美国史学界以"特殊主义"（Exzeptionalismus）来指称美国具有特权的历史特殊道路的信仰。参阅 Ross, *Consciousness* (1984)。这个概念可被挪用及扩大。

[11] 受萨义德影响的著作的一览表，参阅 MacKenzie, *Orientalism* (1995)，第 1142 页；批评部分参阅 Osterhammel, *Wissen* (1997)；同氏著, *Edward W. Said* (1997)；Freitag, *Critique* (1997)。

[12] 参阅 Schlereth, *Cosmopolitan Ideal* (1977)。关于爱国主义要素对许多启蒙分子思想家的影响程度，参阅 Fink, *Patriotisme*

（1992）。

[13] 关于在"学者共和国"中的通信网络，参阅 D. Goodman, *Republic*（1994），第 17 页以下，第 136 页以下。Crosland, *Banks*（1994）中描述到一个案例。

[14] 参阅 Blanke, *Politische Herrschaft*（1997），第 2 册，第 1 ~ 20 页。

[15] 参阅 Plewe（编者），*Carl Ritter Bibliothek*（1978）。

[16] Plant, *Türkisches Staats-Lexicon*（1789），前言。

[17] Burke, *Correspondence*（1958-1978），第 3 册（1961），第 351 页。这段引言成了那部杰作的格言。Marshall/Williams, *Great Map*（1982）。

[18] Demeunier, *L'esprit*（1776），第 1 册，第 v 页。关于"百科全书"学派作者的类似评价，参阅 Vyverberg, *Human Nature*（1989），第 89 页。

[19] Ferguson, *Versuch*（1986），第 123 页。1770 年狄德罗（Denis Diderot）亦有类似看法，引文参见 Landucci, *I filosofi*（1972），第 20 页及下页，以及许多其他提示同上书，第 23 页及下页。

[20] 关于东方这种感官式的存在，参阅 Dermigny, *La Chine*（1964），第 1 册，第 14 页以下；Schivelbusch, *Paradies*（1980）；Walvin, *Fruits of Empire*（1997）。

[21] 参阅 Milligan, *Pleasures*（1995）；Hayter, *Opium*（1968）。关于消费史，参阅 Berridge/Edwards, *Opium*（1981）。

[22] Bruzen de la Martinière, *Introduction*（1735），第 1 册，第 xii 页。

[23] Bélévitch-Stankévitch, *Le gout chinois*（1910），第 47、63 页。

[24] 参阅 Osterhammel, *Peoples without History*（1999），有更加详细的说明。

[25] 参阅 Schulin, *Hegel und Ranke*（1958），第 235~269 页。

[26] Fink, *Le cosmopolitisme*（1993），第 25 页：至少在法国，"世界

主义"（Kosmopolitismus）事实上是种"自恋"。

[27] 参阅 Said, *Orientalism*（1978），第 86 页及下页。

[28] 关于这种分析的内在差异，参阅 Fohrmann/Müller, *Diskurstheorien*（1988）。

[29] 在印度特别明显，*Imagining India*（1990），特别是第 36 页以下。

[30] 这个适当的论点避开了夸张的"解构主义"论述，Dalmia/Stietencron, *Introduction*（1995），第 20 页及下页；Quigley, *Caste*（1993），第 12 页以下。

[31] Kupperman, *Introduction*（1995），引文，第 5 页。

[32] 如参阅 Ryan, *New Worlds*（1981）。伯克（Peter Burke）对在 18 世纪来自美洲挑战的规模深感讶异：Burke, *America*（1995），第 47 页。认为美洲对欧洲意识影响不大的代表人物为埃利奥特（J. H. Elliott）及廖齐（G. Gliozzi）。

[33] 这是 Gadamer, *Wahrheit*（1965）中的基本概念，如第 261 页以下，亦参阅 Brenner, *Interkulturelle Hermeneutik*（1989），第 43 页。

[34] 参阅 Haase/Reinhold, *Classical Tradition*（1993）；Grafton, *New Worlds*（1993）。

[35] Boulainvilliers, *Leben des Mahomeds*（1747），第 7 页及下页。

[36] Adelung, *Schiffahrten*（1768），第 2 页及下页。

[37] 参阅 Said, *Culture and Imperialism*（1993）。

[38] 这类欧洲认知能力的"辉格派解释"（Whig interpretation）基本上还落在拉赫（Donald F. Lach）资料丰富、研究 1700 年之前欧洲亚洲观的大型百科作品之后：Lach, *Asia*（1965－1977）；Lach/Van Kley, *Asia*（1993）。这也出现在德国地理大发现史与旅行史的传统中，其今日的主要代表人为贝克（Hanno Beck）及亨策（Dietmar Henze）。

[39] 为了帝国欧洲，Bernard Lewis（*Eurozentrismus*，1995，第 650 页）提出这点作为理由。

[40] 但现在 Black，*Maps*（1997）强调所有制图学中的结构要素。

[41] 参阅 Bachmann-Medick，*Kultur als Text*（1996）。

[42] 参阅 Fisch，*Beobachter*（1989）。

[43] 他许多作品中最富启发性的：Pocock，*Concept*（1987），特别是第 21 页及下页。

[44] 如参阅 Hellmann，*Fremdheit*（1998）中的（系统）理论思索。

[45] 亦参阅 Rousseau/Porter，*Introduction*（1990），第 1 页。另有特别重要的处理差异的研究为吉尔曼（S. L. Gilman），如 *Difference*（1985）。

[46] 参阅 Blanke，*Politische Herrschaft*（1997），第 2 册，第 28～33 页。

[47] 参阅 Haberland，*Von Lemgo*（1990），第 17～28 页。

[48] Kapitza，*Engelbert Kaempfer*（1980）漂亮地证明了坎弗对全欧洲的影响。

[49] 布克哈特生于洛桑（Lausanne），其家族为巴赛尔城的新贵。关于传记：Henze，*Enzyklopädie*（1978），第 1 册（1978），第 399～407 页；Wollmann，*Scheich Ibrahim*（1984）。

[50] Niebuhr，*Beschreibung*（1772），第 32 页。

[51] 如参阅 Vicziany，*Imperialism*（1986）。

[52] 拉赫（Donald Lach）在其关于欧洲亚洲认知的百科式作品中（Lach，*Asia*，1965-1977；Lach/Van Kley，*Asia*，1993），出于掌握了相应材料的理由，只处理了南亚、东南亚及东亚，而排除了中亚，西伯利亚及整个伊斯兰世界。

[53] Gibbon，*Decline and Fall*（1909-1914），第 1 册，第 27 页，表示埃及在文化上属于亚洲，从亚洲那边亦最易进入，且不断依循着亚洲的历史活动。

［54］ 如 J. de Guignes, *Mémoire*（1759）。

［55］ 至少对英国而言，这类断代甚至都适合国别史：参阅 O'Gorman, *Long Eighteenth Century*（1997）。

［56］ 参阅 Baridon, *Lumières*（1978），第 46、56 页；Schneiders, *Einleitung*（1995），第 167 页及下页。

［57］ 如 Harth, *Ideology*（1983），第 289 页以下，有关法国。

［58］ 参阅 Martino, *L'Orient*（1906），第 173~176 页。

［59］ Impey, *Chinoiserie*（1977），第 12 页，把东方装饰完全发展成为中国风格的过渡，定在 18 世纪 30 年代。关于法国在中国传教活动的开始，参阅 Witek, *Understanding the Chinese*（1988），第 74 页以下。

［60］ Lach/Van Kley, *Asia*（1993），第 498 页，视 1676 年为荷兰亚洲文献的转折点。亦参阅同氏著，第 506~508 页。

［61］ 参阅 Osterhammel, *China*（1989），第 6~7 章。

［62］ G. K. Goodman, *Japan*（1986），第 14 页及下页。

［63］ 同上书，第 18~24 页。Thunberg, *Reise*（1794），第 2 册，第一部分，第 10~27 页，有具体的描述。

［64］ 如 Totman, *Early Modern Japan*（1993），第 233 页以下。

［65］ 关于东南亚在 17 世纪后半叶的没落，参阅 Reid, *Southeast Asia*（1993），第 2 册，第 267 页以下。

［66］ Ricklefs, *History of Modern Indonesia*（1981），第 77 页。

［67］ Wyatt, *History of Thailand*（1982），第 107~117 页；基本上参阅 Van der Cruysse, *Louis XIV et le Siam*（1991），第 441~478 页有关 1688 年的事件。关于欧洲的回响，参阅 Lach/Van Kley, *Asia*（1993），第 1185~1196 页。

［68］ Richards, *Mughal Empire*（1993），第 252、282 页。

［69］ Savory, *Iran*（1980），第 226~254 页。

［70］ 关于这个概念，参阅 Hodgson, *Venture*（1974）第 3 册；

McNeill，*Gunpowder Empires*（1993）。

［71］Matuz，*Das Osmanische Reich*（1985），第 115 页，运用了这个概念。

［72］Rousseau/Porter，*Introduction*（1990），第 14 页。

［73］Ricklefs，*History of Modern Indonesia*（1981），第 112 页及下页。

［74］Kappeler，*Rußland*（1992），第 141 页。

［75］参阅 P. Johnson，*Birth of the Modern*（1991），第 32、234 页。

［76］参阅 Osterhammel，*Humboldt*（1998）。

［77］Grosier，*De la Chine*（1818-1820）.

［78］Sociéteé Asiatique，*Livre du centinaire*（1922），其中有 L. Finot（第 1~65 页）关于该协会历史的文章；Pargitter，*Royal Asiatic Society*（1923）；Kumar，*Colonial Science*（1990），第 59 页以下。

［79］Rückert 参考 Jacob 与 Wilhelm Grimm，*Deutsches Wörterbuch*，第 7 册，莱比锡 1889，栏 1396 及以下（条目：《Ost》）。

［80］参阅 Buzard，*Beaten Track*（1993），第 47 页以下。

［81］*Allgemeine deutsche Real - Encyclopädie für die gebildeten Stände：Conversationslexicon*，第 10 版，Leipzig，1855，第 15 册，第 153 页。

［82］P. Dumont，*Le voyage en Turquie*（1982），第 339 页。

［83］参阅 Behdad，*Belated Travelers*（1994），第 39 页。这和旧式旅行时的方法论观察指南不同。

［84］Pückler-Muskau，*Aus Mehemed Alis Reich*（1985），第 354 页。

［85］引自 Erker-Sonnabend，*Orientalische Fremde*（1987），第 3 页。

［86］Humboldt，*Reise durchs Baltikum*（1983），第 147 页及下页；H. Beck，*Humboldt*（1959-1961），第 2 册，第 147 页及下。

第一篇　知识之路

第二章 亚洲—欧洲：界线、均衡、等级

> 我第一次踏上亚洲的土地，我一下划艇就趴在地上亲　　41
> 吻土地，仿佛那是我的精神祖国一样。[1]

老迈的约瑟夫·冯·哈默-普格斯塔（Joseph von Hammer-Purgstall），那个时代最著名的三四位东方学者之一，如此回忆他年轻时的一个重要时刻。哈默的"亚洲"不止一个。首先，那是一个地理名词。哈默越过了博斯普鲁斯海峡，在苏丹的领土上已旅行了一阵子。不过，这位 25 岁的奥国外交部助理翻译官，在 1799 年 9 月不仅抵达了温卡尔·伊斯凯莱西，也同时进入了"亚洲"。年轻的哈默在跨越大陆、变换世界之际，或许深深感受到一种激动的情绪，然而这种情绪之后则成了陈腔滥调。在金角①这个两大洲交会、景色如画之地，可以轻易察觉这种激动情绪。在此，哈默的"亚洲"亦是一个"精神祖国"，一个概念。哈默在此一圆他渴望的文学研究的愿望，召唤出亚洲是文明源头这个古老的概念。

俄罗斯帝国中的亚洲及欧洲领土

欧洲在哪结束？亚洲从何开始？这种问题往往要视欧洲的变动与活跃程度而定，很难清楚回答。[2] 1991 年苏联解体以来，

---

① 位于伊斯坦布尔博斯普鲁斯海峡内的长形海湾，为拜占庭帝国时期该城的重要港口所在。——译者注

欧洲东边界线的问题又再出现，没有定论，成了欧亚大陆在世纪更迭之际政治上，或许也是文化上的最大挑战。[3]无数文献现在证明"欧洲"是个文化上建构出来的产物。在"欧洲"这个观念与意识的历史中，可以见到一长串完全不同的尝试，分别从外在的边界到内部的共同特质来界定欧洲的"身份"。[4]"亚洲"也是一个欧洲设计出来的概念。在"欧洲"这个概念被接纳前，亦即在 19 世纪中期之前，在博斯普鲁斯海峡和日本海之间，没有任何文化具有一个超越文明的整体观念，一个涵纳所有高级宗教——连基督教也源自"亚洲"——及各种不同人种特质的民族实体。"东方""东边"（"远东"—"近东"—"中东"）"东印度/东方印度"等，也是随意界定，尤其是基于欧洲判定异国文化行为的归纳划分需求。就连我们今日所习惯的洲际划分模式，亦只是一个地理上的惯例，而非源自地表的物理结构。为何乌拉尔山以东及博斯普鲁斯海峡另一边在地理上应该完全不同，实在找不出任何合理的解释。[5]

那时候起，关于欧洲界线的问题，就有各种令人吃惊的可能答案：文化空间和地图学上的空间，两者不一定吻合。例如，由荷兰人奠立，1806 年最终由英国人接收，成为其亚洲舰队中转休息站的南非开普敦，是不是真的位于非洲？一名持怀疑态度者在其 1816 年的旅行印象中陈述道："开普敦完全是欧洲风味，让人提不起兴趣，至少对那些从西方来的人来说是这样。"[6]至于荷兰东印度公司于 1619 年所建的亚洲基地巴达维亚，亦不断有类似评语：虽然有许多有色住民（特别是中国人及马来人），这里仍是一座热带的荷兰城市，华丽雅致，"可和欧洲最重要、最富有和最美丽的地方一较高下，甚至某些方面还略胜一筹"。[7]在殖民主义扩展之处，人们也立下了界碑，确立了欧洲的边界。在这些桥头堡结束之处，亚洲跟着展开。

对海路旅行者而言，洲际的界线很少是种感觉的问题。在告别和抵达之间，只有茫茫大海，因此一离开船，也就踏进了亚洲。不过，对陆路旅行者来说，这件事就困难多了。在政治边界不明之处，就需要其他标记。对有些人来说，"亚洲"在伊斯兰尖塔取代教堂塔楼及听到祈祷报时人的喊声而不是教堂钟声之处开始，或是碰上第一个骆驼商队之处，便表示他们抵达了亚洲。[8]反之，英国外交官詹姆斯·查士丁尼·莫里尔（James Justinian Morier）1812年10月5日从波斯越过了边境的阿拉斯河时，立刻就知道他不在俄国，而是抵达了欧洲。他没见到骆驼和骡子，而是见到了推车和马车。[9]欧洲可是轮子的世界。[10]

从陆路前往亚洲，要经过巴尔干半岛或俄国。自17世纪初开始征服与开垦西伯利亚后，多元民族的沙皇帝国便跨越了欧亚大陆。18世纪时，在埃德蒙·伯克的《人类大地图》中，俄国就已包含了无数的社会文化差异：从圣彼得堡、雷瓦尔（Reval）（塔林）、里加（Riga）及（后来的）明斯克等西化城市社会中的无数社会差异和层级，到西伯利亚的狩猎采集民族。[11]对跨越许多俄国内部文化分界的旅行家来说，亚洲的重要界线在哪里不过是个没什么实际意义的问题。亚洲显然先从政治上的帝国界线开始展开。在18世纪和19世纪初，这是一个军事上的扩张界线，一边针对伊朗和奥斯曼帝国等伊斯兰强权，一边面对哈萨克和吉尔吉斯草原上的游牧民族，再来便是抵御不断被击退的高加索山地民族。

1829年8月，冯·洪堡以沙皇政府的贵宾身份，造访了草原边界的防御工事，即抵御中等大小的吉尔吉斯部落的"防线"。[12]他之前见到的是种完全不同的边界：和中国比邻的疆

43

界。圣彼得堡和北京在 1693 年及 1727 年签订了达成实际上权力均衡的法律条约，确定了边界及边界交易的形式。自此（直到 19 世纪 50 年代），这个双方严加防守的疆界，或许是世上最平和及稳固的强权分界所在。[13] 西欧旅行家很高兴抵达清朝的领土："……边界旗帜的这一头是惊人的大片荒地，但另一头，中国人住在村落及畸零地上，开垦了土地。"[14] 抵达中国这方最重要的边关市镇双子城——恰克图/买卖城（Kjachta/ Maimaicheng），便意味着再度踏入文明之地，那里的街道和屋院"整齐清洁，正如在荷兰小城所见一般"。[15] 恰克图虽然位于清帝国的蒙古部分，却并不处在一个持续开发的地区的边缘。对精疲力竭的旅行家来说，直到抵达数百年前搭来抵御亚洲内部 "蛮族"的长城时——在横穿戈壁沙漠的最后一段旅途中，一个最受人欢迎的景观——才算回到了文明的"空间"中。1720 年 11 月 2 日，当由里昂·瓦西列维奇·伊兹梅洛夫（Leon Vassilevič Izmailov）伯爵率领下离开圣彼得堡 13 个月后的俄国使节团在大约 40 英里外看见长城时，"我们的一名团员大喊'陆地！'，仿佛我们一直都在海上"。[16]

　　代表团成员之一的苏格兰医生约翰·贝尔（John Bell）在他后来详细的旅行叙述中，毫不怀疑长城这边的国家根本不用害怕和西欧相比。中国边境官员的接待已经非比寻常："我从未碰到过如此殷勤的接待。"[17] 对这位相当客观的观察家及大多数 18 世纪横穿西伯利亚的旅行家来说，抵达中国不只是踏入一个陌生的异国世界，而且是在世界最长的陆路旅行劳顿后，再度回到文明的土地。和俄国与波斯的边界相比，这种差异更加明显。在 1804 年至 1813 年第一次俄国伊朗战争（也是伊朗和欧洲基督教强权最早的冲突）后，阿塞拜疆北部的汗国被并入沙俄，这个边界地区便被描写成人烟荒芜的地带。[18]

　　和旅行家的边界经验不同，地理学者试图将欧亚大陆分成两块。在这些地图学及专业术语后面，有的不只是地理学知识的长足进展。18 世纪以降，愈来愈精确的空间描绘工具已足以勾勒出政治的远景。所有近代的帝国强权——从西班牙到清帝国——都运用地图来详细描绘自己统治及占领之地，并规划帝国的未来领土[19]，俄国也不例外。这个王朝的欧亚双面性格，打开了进一步建立想象的机会。

　　1719 年建立自己制图局的彼得大帝，在 1721 年大北方战役中击败了瑞典后，宣告莫斯科的沙皇国为帝国，或以西欧强权的标准来说，为一殖民王朝。自此，西伯利亚不再是个广茂的垦殖地区，而是帝国之内与欧洲领土相对称的部分，依据帝国意识形态来扮演自己的角色。如此一来，区分王朝为亚洲及欧洲部分的问题，首度成为地理上及政治上的问题。将顿河[古希腊罗马地理学家笔下的"塔内斯河"（Tanais）]及和黑海相接的亚速海视为欧亚间界线的古希腊罗马传统，在近代仍具影响力。[20] 在法国重要的地理学者纪尧姆·德利尔（Guillaume Delisle）的欧洲地图中，基本上把顿河这条界线而不是更西面的界线当成"莫斯科欧洲"和"莫斯科亚洲"的分界。[21] 18 世纪 30 年代，当了 13 年俄国战俘的瑞典军官菲利普·冯·斯塔伦伯格（Philipp von Strahlenberg）及身为沙皇彼得大帝地理顾问及西化理论家之一的瓦西里·塔提斯切夫（Vasilij N. Tatiščev），则把这条界线向东移至乌拉尔山区。[22] 西欧地理学者还要等上一阵子，才采纳这条乌拉尔山界线。1759年，在研究文献之后，伏尔泰得出结论："欧亚的界线仍然模糊。"[23] 但在 1771 年，18 世纪末知名的地理学者及自然科学家

45

彼得·西蒙·帕拉斯（Peter Simon Pallas）将乌拉尔山边界细腻定义成一条物理生态的界线[24]后，这条界线才在西方文献中获得认可。最后，由于乌拉尔山区南端界线延伸的问题悬而未决，大陆界线遂被约定俗成地划定在沿乌拉河直到里海的这个范围中。[25]

在俄国人的意识中，这个帝国内部的界线划分具有重大的意识形态意义。[26]西伯利亚被"亚洲化"，成了彼得大帝转向西方寻求认同，也就是在国家机构、统治意识形态及精英文化西化下的"欧陆"俄国的殖民储备空间。西伯利亚的亚洲化，结合了现在从西方地理学术语中借用而来的"大鞑靼"概念，并试图在北方领土的文字记述中，唤出一个类似俄国的墨西哥或秘鲁的画面。与此同时，沙皇的官方意识形态强调欧洲对亚洲的优越性，借以模仿西方殖民强权的帝国意识。对商业的各种深厚期望，似乎暂时得到了满足。

不过，当 19 世纪初期北亚的暂时繁荣所依赖的皮毛贸易失去重要性时，西伯利亚的声望也跟着下跌。叶卡捷琳娜女皇执政期间皇冠上最为闪耀的珠宝，成了无用和野蛮的饰物。罗曼诺夫王朝下的欧亚姊妹关系，在俄国大众眼中成了王朝兴起的西方和原始停滞、似乎只适合流放囚犯的东方之间的尖锐对比。19 世纪 20 年代中期后，在俄国的价值重整中出现了一种声音——根据个人品位及政治方向的不同，通过对俄国社会进行激进的改革或者保守的创新，将西伯利亚的单纯朴素注入进来。[27]就在 1830 年波兰十一月起义遭到镇压的同时，英国、法国及德国的自由媒体造出一个沙皇"东方专制"扩张的骇人图像。[28]在 18 世纪末，就有个别声音提醒要注意俄国这个"西方的天敌"[29]，或至少对彼得大帝及其后继者改头换面的专制抱持疑虑的态度。1748 年，孟德斯鸠就已察觉到沙皇王朝市民社会的缺陷，并预言在一个农夫"不能自由脱离地主"并歧视贸易的国家中，是无法摆脱专制的。[30] 至少对他而言，在一定程度上，沙皇王朝的欧洲部分甚至在彼得改革后，仍是一个东方强权。俄国自我及外人认定为"亚洲"或"半亚洲"文化的这个大题目，在 19 世纪后半叶又继续得到激烈的讨论。[31]

奥斯曼帝国：欧洲强权还是野蛮的异族文化？

关于奥斯曼帝国和欧洲的关系，之前已有类似的争论。从地理上来看，一目了然：正如欧洲在西南结束于直布罗陀海峡，东南结束于博斯普鲁斯和赫勒斯滂①。正如俄国一样，两大洲在一个帝国范畴中交会。奥斯曼帝国时强时弱地控制着从埃及到阿尔及利亚的非洲地区，是个跨越三大洲的帝国，由一个绝大部分来自基督教巴尔干地区及黑海的多种族统治精英阶层管理。[32] 古希腊罗马后期及中古地中海地区的大史学家爱德华·吉本清楚地看出，奥斯曼帝国绝不能只被视为一个"土耳其人的"国家。[33] 然而，在地图学的惯例上，仍然采纳"欧洲土耳其"及"亚洲土耳其"的区分方法。地理学参考书籍经常在不同的书册中，单独处理亚洲和欧洲的土耳其。

一个地图上"欧洲土耳其"的存在，是不是也意味着奥斯曼帝国是个欧洲强权？在三十年战争结束后，不仅在观念上，而且在实际上，一个欧洲国家体制正在慢慢成形，愈来愈多的评论家都一致表示，在奥斯曼帝国中发现了这个体制的要素。[34] 在奥斯曼帝国 1683 年围攻维也纳城及 1687 年的莫哈奇

47

---

① Hellespont，达达尼尔海峡的旧称。——编者注

（Mohács）战役——在苏莱曼大帝于 1526 年取得控制匈牙利大部分土地之处发生——惨败之后，基督教国家和奥斯曼帝国间的强权政治关系转变，舒缓了"土耳其人祸害"的实际状况，土耳其人的图像也因而去魔化，促使欧洲的艺术创作产生了凌驾于这个过去宿敌的永恒题材。[35]1671~1672 年，年轻的莱布尼茨要求法国占领埃及，并前往巴黎亲自游说科尔贝（Colbert）部长攻击奥斯曼帝国时，便已看出奥斯曼帝国地缘政治学上的弱点。[36]几年后，巴尔干半岛上的奥斯曼人果真开始遭到击退，一个绝非持续进行的长期过程，但已不再需要一个披着基督教外衣的十字军意识形态，就像在强权政治之初试图为梵蒂冈效力的"神圣同盟"一样[37]。17 世纪 70 年代起，对抗奥斯曼帝国的政治语言已是"欧洲的"，而非"基督教的"。[38]

由于 18 世纪的欧洲强权体系被视为一种权力均衡的价值中立机制[39]，因而现在几乎不再赋予奥斯曼人为非信徒这个事实任何政治意义。在国际政治中，宗教及意识形态从未像在 18 世纪那样无足轻重。只要奥斯曼帝国依循基督教国家所要求的、以理性权力政治原则制定其外交政策[40]——而这意味着利己与缺乏伦理精神——那就没有任何借口将土耳其人视为欧洲政治中的"异端"。1765 年，埃德蒙·伯克称奥斯曼帝国为一欧洲强权时，便表达出一般人的看法[41]。在这个世纪（18 世纪）后半叶的许多政治学及史学作品中，奥斯曼帝国以欧洲的一部分现身。约翰·克里斯托弗·贾特勒在其系统描述世界上所有已知民族状况的《世界统计概论》（Allgemeine Weltstatistik）一书中，把奥斯曼帝国当成欧洲强权来处理。[42]当时贾特勒在德国最前卫的哥廷根大学的同事路德维希·斯皮特勒（Ludwig Spittler），则把奥斯曼帝国纳入他的欧洲史中。

在这一时期，将欧洲重新定义为一封闭的价值社会的新趋势已显而易见。1774 年，奥斯曼帝国的政治家被批评不具任何国际法概念。[43]1791 年，埃德蒙·伯克收回自己早期的看法，宣称奥斯曼帝国由于其不同的宗教文明，是亚洲的一部分，不能纳入欧洲的国家体系中。欧洲这个体制不仅是权力均衡的机制，也是一个可以回溯到民族大迁徙时代、具有独特历史根源的价值社会。[44]同一时期，约翰·戈特弗里德·赫尔德（Johann Gottfried Herder）在其《人类历史哲学观》（*Ideen zur Philosophie der Geschichte der Menschheit*，1785 – 1791）中，以"欧洲的外族"这一标题来处理土耳其人，表示土耳其人不属于"古老欧洲的基本民族……在远古之际即已纳入其中"。[45]赫尔德跟着详细写道：

> 来自土耳其斯坦（Turkestan）的土耳其人，尽管在欧洲停留超过 300 年，对这个大陆来说，却依然陌生。他们结束了几千年来成为自己及世界负担的东方王朝，在无意识及被动的情况下，继续向西朝欧洲挺进。透过袭击欧洲强权，他们在同一世纪长期清醒保持着坚强无畏，在其治下的其他异国政体尽皆臣服；和他们将欧洲最美的国家化为沙漠，将曾思虑甚密的希腊人变成不忠的奴隶及邋遢的蛮人这种无可比拟的祸害相比，倒有一丝益处。有多少艺术作品被这些无知之人所摧毁！有多少遭到破坏，再也无法恢复。对所有住在其中的欧洲人而言，他们的王朝就是一座巨大的监狱；只要时机一到，必将灭亡。因为这些千年之后仍想当亚洲蛮族的外国人，他们何必待在欧洲？[46]

在此，不是土耳其人的宗教受到批评——赫尔德使用土耳其人种这个字眼，而不是奥斯曼的政治王朝名词。将"民族融合"视为欧洲发展特色的赫尔德[47]，却不怎么支持以人种的因素排斥土耳其人。是他们不愿，显然也不能和一个高等文化同化这一点，让他们在赫尔德眼中成了欧洲土地上一个不受欢迎的外人。他们无法接纳"欧洲的共同精神"[48]。相反，在土耳其人治下的巴尔干民族却被赫尔德视为"欧洲人"，和希腊人一样，几百年来成为奥斯曼专制王朝的受害者。这样一来，便和奥斯曼人摧毁小亚细亚及希腊的古希腊罗马遗址，并将土耳其人来临前的肥沃土地化为荒地的批评结合起来。亵渎罗马治下欧洲在小亚细亚留下的文化遗产，似乎证实了土耳其人的外国性格。[49]

自从再也无法批评奥斯曼人向外侵略，像托马斯·桑顿（Thomas Thornton）这样以英国海外分公司商人身份在君士坦丁堡住了40年的亲土耳其作家，便显然更有理由指出，奥斯曼帝国已从一个声名狼藉的帝国主义者，转变成了肆无忌惮的帝国主义政策下（特别是俄国）的客体。[50] 这样一来，批评重心就集中在奥斯曼政权的非欧洲部分及土耳其文明上。保守的法国政治理论家路易·德·博纳尔德说得简单明白，土耳其人从未把巴尔干半岛当成家乡，他们只在欧洲扎营。[51]

在这样的思想氛围中，以文明欧洲之名进行干涉拯救，变得愈来愈有可能。例如，1795年，哥廷根大学中最活跃的学者克里斯托弗·麦纳斯（Christoph Meiners）反问道：

> 为何我们世界上的重要强权……从未想过，至少将希腊诸岛从穆斯林惨无人道的桎梏中解放出来，免其遭到荒芜灭绝？我们可以说，像土耳其人这样征服统治的民族，对从未尝过幸福，反而从一开始就陷入不幸，并且苦难日增的国家而言，不具任何有效权利。[52]

这虽然是一种不可避免地带有殖民强权色彩的论述方式，但从受压迫民族的幸福程度来说，却导出外国干涉其他强权内政的权利。看到英国在印度近来的军事胜利或爱尔兰状况的一名英国作家，也赶紧阐明，不是任何以武力取得的外国政权都是非法的；只有像奥斯曼那样的政权，将其臣民置于"无知与奴役这种令人麻木的桎梏下"，拒绝赋予他们一种启迪人心的"知识与善行的交流"，才是非法的。[53]

众所周知，欧洲并没有对抗奥斯曼的大型解放战役，但奥斯曼帝国也未曾因为以第六名"欧洲强权"参与维也纳会议（1814/15），而被纳入从现在起、在18世纪完全自行运转的均衡原则下所形成之确保欧陆内部和平的标准基本共识中。[54]这意味着，在紧急状况下，欧洲的边缘比欧洲政治体系的内部享有更大的行动自由。因此，除了俄国，欧洲强权没有希望看到在18世纪发展成为可靠及可预期的体制强权的奥斯曼帝国瓦解与毁灭的任何政治企图。自1804年爆发了反奥斯曼的民族起义起——起先在贝尔格莱德"帕夏（Pascha）区"，接着在多瑙河侯国，最后在伯罗奔尼撒——欧洲政府便面对着一个两难困境（直到希腊的解放战争时，才不得不做出决定）：应该支持臣民反抗欧亚最老的统治王朝之一——奥斯曼王室，而违背所有后拿破仑时期的政府所分享的避免革命的原则吗？还是应该屈服于群众的压力，将热爱自由的希腊人对抗土耳其专制的起义行动英雄化，凸显出土耳其人的暴行，但同时又低估希腊人的残暴？1821年爆发的希腊独立战争，最后在意识形态上缓和下来，不被解释成为会影响欧洲带有指标作用的民族革命运动，而是保守地恢复了被土耳其人夺取了几百年的权利。[55]1822年4月在开俄斯岛（Chios）上，土耳其人屠杀了大约三万名基督

50

徒，这场大屠杀作为最严重的一次对土耳其的侵害，导致后来奥斯曼帝国血洗伯罗奔尼撒半岛，因而人神共愤，介入干预几乎无法避免。1827年，英国、法国及俄国在一次国际法及维也纳和平体系无法涵盖的集体行动中，于纳瓦里诺（Navarino）摧毁了一支土耳其埃及舰队，希腊起义者因此躲过一场几乎注定的灭亡。[56]

51 在希腊的解放战争中，一个近几年出现的源自欧洲知识界、本质上非欧洲的，最后还带有泛希腊纲领的奥斯曼政权的野蛮图像，首度具有政治意义。有像拜伦（Byron）爵士这样的外国志愿者赶来拔刀相助的希腊起义，可以和古希腊人反抗波斯大王的举动比拟，成为欧洲反抗黑暗亚洲的象征。然而，在意识形态上将希腊视为西方的前线国家，在判断上也有不妥之处：19世纪早期的希腊人是否真的在近两千年中仍保有古希腊人的核心？他们是否可能已被东方化？他们真的还是我们的吗？[57]

直到1920年，土耳其才失去他们在欧洲大陆最后一块大型领地（除了伊斯坦布尔及其附近地区），因而局限在地理上的亚洲。不过，在19世纪早期，奥斯曼帝国及其在欧洲相应的土耳其文明的"亚洲"特性，几乎没有可争议之处。肃清奥斯曼帝国所失去的领地上的土耳其人，可被轻易合理化。不同于年轻的约瑟夫·哈默，对大多数他的同时代人而言，"亚洲"并不是从博斯普鲁斯海峡开始，而是从奥斯曼帝国巴尔干半岛国界所在之处开始。

亚洲：最重要的大陆？

约瑟夫·冯·哈默-普格斯塔的观点，或许是有意针对泛希腊文明的反土耳其歇斯底里症状。1822年，在他关于君士坦丁堡住民立论充分的社会学概论中，他将希腊人列入"东方国家"中："从他们的语言和东方语言的近似程度来看，就足以证明他们源自东方。"[58]这位熟知风土人情的重要东方研究者，借此稍稍批评了那种将"今日的"希腊人视为古希腊人直接后裔及"西方"身份载体的企图。哈默同时引述了一种将古希腊视为古东方子文化的传统。这种看法尽管有些争议，但在18世纪的学者中却十分普遍。[59]不过，多数人都一致认为，要在欧亚大陆的大框架下观察欧洲。[60]保罗·瓦莱里（Paul Valéry）有一次把欧洲说成亚洲的西部半岛，因而激怒了在他那个时代成为主流的欧洲中心论（inklusive Europazentrik）。[61]然而，这种看法在17世纪及18世纪，并且直到亚历山大·冯·洪堡把欧亚关系（气候上的）比为布列塔尼和法国其余地区的关系的说法之际[62]，都是理所当然的[63]。

　　好战的亚洲民族——匈奴人、阿拉伯人、蒙古人及土耳其人——对历史的影响，特别是对地中海地区的影响，构成了近代早期通史写作中一个不断备受讨论的中心主题。[64]19世纪时，关于欧洲不是自给自足而是和亚洲处于不断互动下的看法，才暂时退居幕后——直至现代才被史学家重新发现。[65]此外，还包括了亚洲是所有文明发源地这个不断重复出现的普通概念。17世纪后期的作家认为，亚洲在古代世界的三大洲中，是气候上最适宜且富饶的地区，是宗教、艺术、法律、城市生活及君主国家政体的起源地。[66]亚洲也是世界救赎历史上一个特许的地区：伊甸园人类诞生的所在，耶稣基督现身人世的舞台。虽然，在18世纪末，对伊甸园所在位置不再那么确定，但亚洲的声望依然承受住了启蒙时代的质疑，毫无损伤。一如以往，研究这块大陆，特别是近东地区，仍普受推荐，因为那是"所有

52

人类的故土"，所有文化由此散播出去[67]，"所有仍持续正面发展的宗教中最合乎理性者的发源之地"[68]。从物质上来看，欧洲"最珍贵的果树"和葡萄都要归功于这个世界之地。[69]1793年，哥廷根的历史学家阿诺德·赫尔曼·路德维希·赫伦在他的《论古代世界重要民族之政治、交通与贸易》（*Ideen über die Politik, den Verkehr und den Handel der vornehmsten Völker der alten Welt*）一书中，再次总结了近代早期对亚洲的看法，并做出以下结论：

> 在古代世界三大洲中，只有亚洲能牢牢抓住人类哲学历史研究者的注意，他们不仅只观察单一民族，并试着透过他们的眼光，掌握我们人类的整体。[70]

赫伦写下这些话，是在欧洲人相信自己的文明优于其他文明之处主要在于科学领域的时代。他慎重地继续说道：

> 就连科学知识史，不管西方如何努力充实这种知识，并转化成自己的财富，最后还是会带我们回到东方，如同我们不仅在东方找到自己的故乡，也可发现所有其他扩展成为世界主要宗教的宗教。[71]

尽管赫伦只对古代亚洲感兴趣，但是他还是建议要研习现代的亚洲。面对一个只在古老文献及建筑古迹中可以捕捉到、被爱德华·萨义德有充分理由认定为西方"东方主义"标志的没落的古代亚洲[72]，近代亚洲在赫伦及他那位懂得将古代研究和当代奥斯曼帝国评论结合在一起的同时代人约瑟夫·冯·哈默-普格斯塔眼中，依然有一定价值。

整个 18 世纪，古代亚洲的声望维持下来，但在 1800 年左右，现代亚洲的评价显然比 1700 年来得负面。对经济关系的评价便可显示出这一点。约翰·奥格尔比（John Ogilby）在其可观的纲要作品《亚洲》中有理由表示今日的大帝国与贸易强权都位于亚洲；就连美洲新近发现的金矿，也无法和亚洲的宝藏抗衡。[73]1754 年，温德姆·毕奥（Wyndham Beawes）那本也翔实记载欧洲以外地区的商人手册，依据最新的旅人报道，勾勒出一幅经济繁荣的亚洲图像。亚洲人并未消极地把自己的宝藏献给欧洲的掠夺者和殖民者，而是积极模塑自己的经济生活，一开始便只留给欧洲商人和商社一小杯羹——这个看法已被今天的研究证实。[74]1800 年左右，亚洲这个整体在多数观察家眼中，却只是个经济落后、需要欧洲助一臂之力的地区。当赫伦在一个时代结束之际，再度宣称亚洲这个最重要大陆的威严时，1771 年，拥有广大读者的英国作家古斯瑞已有了完全不同并在后来不断得到重复的类似看法：

> 亚洲接着引起我们的注意。虽然从某些方面来说，亚洲是世界最知名的地区，但一和欧洲相比，却几乎不能引起我们的注意，让我们有所受教。在亚洲，由于十分忠于古代习俗，并有强大的专制强权，居民的创造力遂遭扼杀，无法产生欧洲国家所特有的多样风俗与特色。[75]

54

当时把欧洲和亚洲拿来比较，并非新鲜事。亚洲在世界史中占有特殊地位的观点，正是和欧洲对比之后得出的结果。一名类似古斯瑞的作家有新的看法，认为欧洲和亚洲是在进行一场发展竞争，而亚洲输了。有些人有理由对此兴高采烈："长期以来，亚洲在世界上扮演着主导的角色；但现在只能让人缅怀追忆。" 1796 年，一本法国的世界知识书籍如此说道。[76]

1791 年，像东方旅行家和革命政治家沃尔尼（Volney）这样心思缜密的思想家，便注意到东方国家中令人绝望的不自由及落后状态："整个亚洲埋在深沉的黑暗中。"[77] 但这是亚洲的特质吗？沃尔尼不愿在西方和东方之间做出粗糙的划分。他同样也指控当时仍保有农奴制度的欧洲国家并未高明到哪儿去的压抑状态。[78] 亚洲早已不是最重要的大陆，但对沃尔尼来说，依然还有前景。

特质类型与百科全书

16 及 17 世纪，欧洲在新世界盖上了它的烙印，自己却固守在一个旧世界的阴影中。古代亚洲的文化威望，特别是旧约中的亚洲，依然没有断裂。来自中国并被欧洲知识分子贪婪接纳的新信息，似乎表示当代的东方依然具有强大的文化生产力。不过，莱布尼茨所期望的知识分子间的文化对话，可惜不曾实现。18 世纪后半叶，欧洲在思想上已摆脱当时的亚洲，敬而远之，视之为产生阻力、带来压迫的传统。其中也包括了自己的亚洲情结。

的确，过去两者有某些共同之处，如基督教及伊斯兰中古时代的骑士制度[79]，但欧亚关系现在愈来愈被架构成为一种集体的对抗，因而出现特别戏剧化的冲突局面。在启蒙运动史学家的解释下，十字军东征主要展示出基督教教徒的狂热和被误导的追求名誉。1769 年，平常不太习惯激烈批评的威廉·罗伯森，干脆把十字军东征称为"一座独一无二的人类疯狂纪念碑"[80]，给收复耶路撒冷的萨拉丁苏丹打的分数，明显高于入侵巴勒斯坦的基督教徒。不过，1780 年，梅利（Mailly）在有关第一次十字军东征的历史著作中着重点完全不同，首度强调出文化间的斗争："这是欧洲和亚洲的斗争……。"[81]模式简化起来。"欧洲"和"亚洲"有了各自的轮廓，各自在一道鸿沟的两边对立。无怪乎正好是赫伦这位晚期启蒙主义者发出警告，不可将整个亚洲过度简化，同时他特别点出了这个大陆的多元文化。[82]他对亚洲历史与民族的初步观察，介于小心翼翼的简化和特别注意个别地区、国家及文化的特点之间。当时法国地理学大师、拿破仑最器重的地理学者——孔拉德·马尔特-布伦（Conrad Malte-Brun）的看法则不那么保守，对同时代人来说，也更具代表性。1812年，他十分肯定地提到，"亚洲民族的道德特质"，普遍的基本特点便是不会变动。[83]

这个时期，弥漫在整个19世纪的"亚洲人"及"亚洲"的固定形象已经散布开来。观念的统合和二分密不可分。一个新的东方概念形成，"东方"和伊斯兰画上等号，没有预留任何空间给譬如说埃及非伊斯兰的住民（像科普特人）（Kopten）及地中海东部诸国和岛屿。在世纪之交，一种新的认知愈益重要：认为有可能透过异国风味的现象来探究亚洲的本质。希波克拉底（Hippokrates）①已概括提到亚洲人的柔弱与懒散。[84]1806年，一份新的亚洲杂志的纲领性前言表示，"亚洲人的风俗与思维方式和我们不同"。[85]这类的"深刻认知"能够让人迅速找到目标。特殊之处很快便被还原为一般之物。奥斯曼人变成了"完美的亚洲人"。[86]认识了亚洲人，也就认识了奥斯曼人。就算有被歪曲的嫌疑，标准还是固定下来。那个仿佛说"亚洲人会说谎"的偏见，躲在这些现象背后窥伺着。谁相信这一点，便会特别注意到爪哇人和马来人的诚实，因为他们有

——————————

① 古希腊名医，现代医学的奠基者。——译者注

56 违"东方民族在这方面的一般缺陷"。[87]例外证实了规则。

最后，在文学类型上酝酿出一个大陆。1824 年，有着丰富波斯经验的退休英国外交官詹姆斯·查士丁尼·莫里尔出版了他的《伊斯法罕的哈奇巴巴奇遇记》（*The Adventures of Hajji Baba of Isfahan*）。此书立刻成了畅销书，亦让莫里尔成了种族小说的创始人。他企图在故事中描述形式上并不会让欧洲流浪汉小说读者感到惊奇的风土人情。这部流浪汉小说在伊朗出版后没有被视为反波斯的讽刺文章，有很强的说服力与描述能力，地方色彩浓郁，和同一时期那些异国幻想作品大不相同。贫穷工匠背景出身的骗子哈奇巴巴，被描写成一名十分让人喜爱的流浪汉，整天得过且过，靠着说谎和虚构的故事做到高官，接着又立刻身败名裂。他没有现代欧洲人该有的合理生活计划、坚毅性格及认真态度。生命是个令人难以忍受的厄运。哈奇巴巴具备所有他的创造者认为是波斯人民族特质的特性。更有甚者，哈奇巴巴是东方人，在他身上体现出东方。[88]

在 20 世纪末，大陆特质集中在个别人物身上的现象，和另外一个随着 18 世纪展开、完全不同的"异族"智力机构形成对比。1769 年，巴泰雷米·戴伯罗（Barthélemi d'Herbelot）出版了一本超过千页的大开本书籍《东方图书馆或认识东方民族的通用辞典》（*Bibliothèque orientale ou dictionnaire universel contenant généralement tout ce qui regarde la connoissance des Peuples de l'Orient*）。戴伯罗的作品整合了半个世纪以来特别是法国关于近东和中东的研究。在枢机主教马萨林（Mazarin），以及之后的科尔贝的推动下，法国学者已在国家委托下收集希腊文手稿、罗马的钱币及各式各样有关古代的东西，亦旁及东方语言手稿。[89]巴黎的王室图书馆因此成为欧洲东方手稿的最大收藏中心。1692 年，能够阅读拉丁文、希腊文、希伯来文、迦勒底文、叙利亚文、阿拉伯文、波斯文及土耳其文的戴伯罗[90]，被聘为法兰西学院东方语文教授，他大概是这方面最为杰出的专家。戴伯罗几乎完全根据各地区的原文出版的文献及原始手稿，撰写出一部巨著。而且，在他死后由其友——《一千零一夜》的译者安东尼·加兰德——附上一篇纲领性的导言，以备出版。这是本结合了方志学、历史、近东及中东文化的百科全书，整个 18 世纪都赖以参考。[91]爱德华·吉本亦称这部作品是自己了解阿拉伯人及土耳其人历史的主要文献之一。[92]

　　戴伯罗和加兰德的"东方"，不是一个和西方对比鲜明的伊斯兰世界。两人——加兰德尤其明显——认为这是一个文化相遇的空间，仔细照顾到伊斯兰势力范围中的基督教徒及犹太教徒。他们发现从旧约与古希腊罗马世界，经过拜占庭帝国直到现在，存有一种连续性。他们不强调差异和文化冲突，而是强调互补及相互影响。《东方图书馆或认识东方民族的通用辞典》一书涵盖八千多条以字母顺序排列下来的条目。[93]由于戴伯罗在安排材料上没有自己的体系，也不刻意修饰，便尽可能在推论范畴上保持开放[94]，没有任何简化"东方"的地方，题目广泛全面，展示出一个庞大与无比多样的文明图像，无法还原成"本质"。这个被诱发出来的世界具有无尽的多样特质，一如加兰德在翻译中给同时代读者展现出来的《一千零一夜》。无数当地的文献说明了东方这个地域的广度与巨大。戴伯罗那部巨著所代表的认知非欧洲文化的方式，就是拒绝随意将异类的人过于本质化，只用固定几个肤浅的标志来加以掌握。

欧洲优先：泛欧洲的全球化

　　在亚洲仍备受尊崇的年代中，亦不乏视欧洲为世界最有价

57

值的大洲的声音。在瓦斯科·达·伽马发现通往印度的海路几年后，葡萄牙作家便否定了亚洲的优越地位。[95] 18 世纪后半叶，欧洲优先的看法就定型成为不断重复的普通概念。地理学家约翰·格奥尔格·哈格（Johann Georg Hager）表达得简单明了："欧洲虽是世界最小的地域，却是最美好的。"[96] 1783 年，那位学贯古今，对欧洲以外的世界绝无敌意的旅行家及自然科学家约翰·赖因霍尔德·弗斯特（Johann Reinhold Forster），也是著名的乔治·弗斯特之父，认为欧洲位于一座"出色完美的顶峰上"。10 年后，英国哲学家及无政府主义理论奠基者威廉·戈德温（William Godwin），则把欧洲视为"世界最文明与最幸运的大洲"。[97] 1785 年，收藏家和消息灵通的杂家安东尼·弗里德里希·比兴（Anton Friedrich Büsching）——并不是一流的原创人物——把同时代人的论点综合如下：

> 欧洲虽是地表上最小的大陆，却是最重要的：一，因为其他地区的植物栽培不如这里；二，因为欧洲比其他三大洲加起来还要强大；三，因为欧洲人对其余大部分地表保持谦卑的态度，或令其富饶，就像他们透过他们的航运、旅行和贸易将地球主要大洲绾合起来；四，因为欧洲数百年来是科学与艺术的中心；五，因为欧洲人，对真神及世界圣地的认识才扩展到地表其他大洲。[98]

比兴写下这段话的时候，欧洲正处于工业化之初，尚无领先印度和中国这些高效率工商出口经济体的迹象。欧洲的经济优势仍在农业，亦即在"植物栽培"的质量上；在政治方面——约在旧王朝末期——还未取得高度的自由。欧洲真正的优势表现在其扩张的动力上：军事政权的扩张、殖民垦殖、透过"航运、旅行和贸易"创造出现代的世界体系、传播宣扬基督教。18 世纪末，从生物学及民族志方面来解释欧洲的优势地位，几乎没人相信，只有哥廷根大学教授克里斯托弗·麦纳斯在 1793 年看出"浅肤色及美丽的……民族部落"在世界史上享有特权[99]。他成为后来种族理论的先驱者之一。

尽管在 18 世纪的评价中，亚洲是艺术及科学的发源地，但后来，正如比兴所言，欧洲成了艺术及科学的"中心"。1719年，修道院院长杜伯斯（Dubos）权威陈述出这个来自丰特内勒观念[100]的想法：艺术与科学绝不可能远离欧洲，除非有人暂时提及，仿佛置身亚洲和非洲的南方海岸游荡一般。[101]杜伯斯也把在希腊人及罗马人手上发展到完美程度的战争科学算入科学范畴中，爱德华·吉本后来把这一点和在亚洲受到忽视的政治科学，视为西方面对东方之际，一个权力政治上的重要加分[102]。把自由的欧洲和专制的亚洲任意对立起来，仍然不足以让人心满意足。[103]自由派政论家、后来的英格兰大法官亨利·布鲁厄姆，发现了欧洲特有的"在行政艺术上的完美知识"及一种缓慢朝公民国家与在君主专制政体公众控制中享有更大自由的发展过程。他认为导致这种过程的原因，不仅在于贸易的文明作用，亦可溯及印刷术所带来的知识与教育普及。[104]18 世纪愈是向前发展，欧洲的评论家就愈加明白，欧洲基本上是在自然科学方面胜过亚洲。不过，到了 19 世纪初期，成功转化为控制自然的自然知识，才在欧洲——也只在欧洲——普及起来。地理学家马尔特-布隆是第一批表达出这个看法的人之一，并进一步把欧洲文明的胜利解释为科技的胜利："我们的意志甚至战胜了令人畏惧的自然力。"[105]重大的殖民工程计划时代即将来临。

比兴不容置疑的正确论点（第三点）——近代欧洲的优越性在于欧洲是唯一促使全球产生互动的文明，不该只被解读成帝国主义与殖民主义的辩词。对眼前世界社会的形成过程，18世纪的作者要比 19 世纪的帝国主义理论家更敏感。在他们的许多文章中，可以发现他们对这个发展过程的张力相当惊讶。除了当代最伟大的欧洲史学家及最佳的散文作家爱德华·吉本，没人拥有足够的机智与技艺从成吉思汗发动的战争对英国鲱鱼价格的影响来指出全球化的开端。[106]不过，这个关联并不乏人清楚描述。让-雅克·卢梭认为贸易、旅行与征服，让各民族更加接近，也逐渐抹除他们生活方式上的差异。[107]对许多同时代人而言，洲际的经济联系清晰起来：欧洲组织了一个黑奴与糖的泛大西洋贸易活动[108]；欧洲消费着印度与中国的产品，而由墨西哥和秘鲁的银矿来支付。[109]1754 年，温德姆·毕奥补充了一个史学家直到 20 世纪 70 年代才再度发现的事实：世界贸易绝非和欧洲扩张一起开始；在此之前，阿拉伯人即已在亚洲、非洲及欧洲间开展大规模的海上贸易。[110]

不管是过度夸张，还是事先预知，有些作者乐见欧洲取得了世界政权。1801 年，也就是帝国主义时代开始前四分之三个世纪，修道院院长德·普拉德（Abbé de Pradt）这位对世界政治敏感的政论家，即已写下欧洲就像世界首都这样的话：欧洲发现了令其他人为其利益而工作并以"世界贡品"填满自己国库的秘密。[111]其他人较不犬儒地认为，必须凸显出知识与良好风俗，也就是启蒙运动精神遍及全球的现象：欧洲的最新科学水平，已在加尔各答和秘鲁首都利马展现[112]；各大洲之间互相交流着观念和时尚；由于船只愈益优良、可怕的海上疾病——坏血症得到成功抑制，加上在亚洲国家兴建旅店，长途旅行变得更为安全与舒适；全球教育质量也改善了许多。[113]
1772 年至 1775 年，善于旅行的约翰·赖因霍尔德·弗斯特（在
他儿子乔治的陪同下，与库克船长一起环游世界）便认为航
运——不管是出于贸易目的，还是科学性地认识世界——是一条
绾合人类的"纽带"：

> 有时在人类中开始疲乏的社交与爱情组带，经由航运
> 而更为频繁地交错在一起，也更精确地绾合起来。因为如
> 果人们迫不得已要摆脱疏离的高傲心态，接纳对我们来说
> 是陌生人的帮助与殷勤时，那我们才会发现一个人和一个
> 国家并不只因他们自己，而且因为其他人与国家而存在，
> 并互相帮助。[114]

旅行，特别是"满足求知欲"的旅行，只对"有教养的民
族"有意义，却只有欧洲已在全球活动。同样看出贸易逐渐联
结起世界各大洲的伊曼努尔·康德，却对这种全新的交流结果
抱持疑虑，也比较实际，不像热情洋溢的人类之友弗斯特。康
德发现贸易往往在亚洲扩展成为侵略与殖民。在他后期的文章
《论永久和平》中，他认同当时日本和中国政府有权限制他们
国家的口岸，即便此做法抵触了人类、思想与商品自由交流的
理念。正如孟德斯鸠、约翰·赖因霍尔德·弗斯特和许多其他
对此问题发表看法的作者一样，康德也期望透过旅行和贸易，
"遥远的世界各大洲能相互达成和平的关系"。[115]不过，这位哲
学家接着提出警告：

> 我们在此比较一下世界各个文明，特别是经营贸易的
> 国家的冷淡态度，他们在造访陌生国度和民族（和他们的

征服者同一模样）时所展现出来的不公，到了令人发指的程度。对他们来说，美洲、黑人国家、香料岛屿、好望角等，在发现之际，是无人拥有的国度；他们视住民为无物。他们透过贸易失败这种刻意的借口，把外国战士带到东印度（印度斯坦）来，靠着他们压制当地人，煽动不同的国家进行大规模战争，导致饥荒、暴动、背信及一连串各式各样压制人类的暴行。和这种客人打过交道的中国及日本，因此学聪明，虽然允许第一批，也是唯一的欧洲人——荷兰人进入，却不是登堂入室，而是把他们像犯人一样和当地社群隔离开来。[116]

从柯尼斯堡观察世界的康德，和其他人一样认识到当时的全球化倾向。他见到启蒙运动和权力政治的矛盾，并设法透过法律规章，让欧洲所推动的世界一家能有益于所有人类和民族，且不发给欧洲人征服世界的特许证。康德因此建议一种可被理解为旅行与访问自由的“世界公民权”，但不是毫无限制的迁徙自由。他想在法律上隔离殖民主义——一种激进的主张，就连法国革命分子都会害怕。同时代的其他人，没人像康德那样如此彻底地思索着早期全球化和欧洲优势的难题。

欧洲启蒙运动史学家中最具洞察力的系统论者，哥廷根的奥古斯特·路德维希·施洛策尔（August Ludwig Schlözer），并不像康德那样，以规范的意图来处理各民族间全球关系脉络形成的问题，而是采取如何将其纳入符合时代的历史写作的观点。施洛策尔并不想撰写颂扬欧洲在其他文明面前崛起的历史。除了罗马人及中世纪的日耳曼人外，在他的历史架构里主导并建立世界帝国的“主要民族”中，也算上中国人、阿拉伯人、蒙古人及土耳其人。而希腊人及埃及人的影响力，在他看来，只

62　能属于"算是重要的民族"。[117]施洛策尔的世界史架构在 18 世纪后期的经验范畴中，并非从目的论上建构一个欧洲化的世界。在之前的时代中，这个世界史已在寻求"国家与世纪之间的联系"[118]，并"巧妙比较"[119]不同文明中的历史现象或世界各个部分——如施洛策尔客观所言，借以发掘出发展过程中的一致与分歧。施洛策尔认为现代欧洲的成就，并不像比兴及更加果断的修道院院长德·普拉德所想的那样，在世界性的权力扩展上，而在如"罗盘、火药、纸、印刷术、眼镜、钟表及邮政"等知识成就上。[120]"靠那些发明的帮助，我们发现了三个新的世界，并征服、掠夺、开发或蹂躏它们。"[121]在启蒙运动后期的思想脉络上，施洛策尔提出了无远弗届且对现代来说仍值得思索的想法，即非欧洲中心的世界史写作会是何种样貌。施洛策尔保有过去 300 年来欧洲文明进展的印象，并不足为奇；当时没有任何作者能声称世界上所有国家与文化完全平等。

　　在 18 世纪，相信现代欧洲具有世界史优势并认为自己"有点文化"的人，也就是像法国、英国、德国、意大利或荷兰等国的欧洲人，"让我们不仅胜过当代世界其他地区的人，也胜过古代最开化的民族"（施洛策尔）[122]，这并不必然会排斥与低估其他文明。施洛策尔的一个重要观点是，先有欧洲创造出来的全球性交换与沟通关系——一个现代的世界体系，才有可能促成超越任意组合的国别与民族史的世界史写作。欧洲的扩张，创造出一个能够纳入不同历史进程的全球认知架构。施洛策尔和由一批开明的英国作家撰写的、1736 年至 1766 间出版的巨著《有史以来的通史》（*Universal History from the Earliest Account of Time*），即已详细描述了欧洲以外的历史[123]，从中可以明显看出一种含纳一切的欧洲中心论的可能性。

约翰·戈特弗里德·赫尔德这位消息灵通的历史哲学家，
63 结合了现代欧洲的价值优势和认真处理其他文明原有意义的人
类历史计划。[124]类似情况也出现在威廉·琼斯（William Jones）
身上，他是欧洲最成功的东方代言人之一。他翻译的书籍和促
成的研究几乎涵盖所有亚洲文化的文学、法律及历史领域。琼
斯从未质疑过欧洲的优越地位。他视欧洲的成就"辉煌卓
越"[125]，一生信守古希腊罗马文学的美学标准，但仍能重视并
喜爱波斯诗歌或印度梵文史诗。这种兼容并包的欧洲中心论自
始至终是启蒙运动的特征，而局限在西方白人"文化世界"的
排他性欧洲中心论，则是 19 世纪的注册商标。

注释：

［1］Hammer-Purgstall, *Erinnerungen* (1940), 第 44 页。

［2］Gollwitzer, *Europabild* (1964), 第 59 页。

［3］参阅 Pocock, *Deconstructing Europe* (1994), 第 336 页及书中各
处的重要看法。

［4］参阅 Kaelble, *Europabewußtsein* (1995) 的书中摘要，亦参阅 Gi-
rault, *Europa* (1995)。

［5］Lewis/Wigen, *Myth* (1997)，特别是第 21~72 页，更有说服力。

［6］Ellis, *Journal* (1818), 第 1 册，第 37 页。

［7］Barchewitz, *Ost-Indianische Reisebeschreibung* (1730), 第 87 页。

［8］R. K. Porter, *Travels in Georgia* (1821 - 1822), 第 1 册，第
192 页。

［9］Morier, *Second Journey* (1818), 第 246 页及下。

［10］关于这种通史的差异，参阅 Bulliet, *Camel* (1975), 第 7 页以下。

［11］参阅 Kappeler, *Rußland* (1992), 第 100~130 页。

［12］Humboldt, *Reise durchs Baltikum* (1983), 第 121 页。

[13] 洪堡的造访，同上书，第 104～108 页，第 116 页。Klaproth, *Reise*（1812-1814），第 2 册，第 450~478 页，详细描述了 1806 年这个边界的情况。

[14] Unverzagt, *Gesandtschaft*（1727），第 47 页。

[15] Klaproth, *Reise*（1812-1814），第 2 册，第 467 页。亦参阅 Foust, *Muscovite*（1969），第 77~82 页。

[16] Bell, *Journey*（1965），第 116 页。

[17] 同上书，第 120 页。

[18] R. K. Porter, *Travels in Georgia*（1821-1822），第 1 册，第 179 页。关于这一地区战争的结果，参阅 Atkin, *Russia and Iran*（1980），第 145 页以下。

[19] 参阅 Buisseret, *Monarchs*（1992）。

[20] Klug, *Das "asiatische" Rußland*（1987），第 271 页。如 Zedler, *Universal-Lexicon*（1732-1750），第 8 册（1734），第 2194 栏。

[21] Wolff, *Inventing Eastern Europe*（1994），第 153 页。

[22] Bassin, *Russia*（1991），第 6 页及下页。

[23] Voltaire, *Histoire de l'Empire de Russie sous Pierre le Grand 1759*，出自 Voltaire, *Œuvres historiques*（1957），第 368 页。

[24] Pallas, *Reise*（1771-1776），第 1 册（1771），第 365 页；Wisotzki, *Zeitströmungen*（1897），第 418 页以下，更加详尽。

[25] Parker, *Europe*（1960），第 286 页。

[26] 以下参考 Bassin, *Inventing Siberia*（1991），第 767~771 页。

[27] 同上书，第 775 页及下页。

[28] 参阅 Groh, *Rußland*（1961），第 157 页以下。

[29] Ludwig Wekhrlin, 1780，引文出自 Gollwitzer, *Europabild*（1964），第 68 页。

[30] Montesquieu,《De l'esprit des lois》，XXII/14，出自 *Œuvres*（1949-1951），第 2 册，第 671 页。

［31］参阅 Lemberg, *Osteuropabegriff*（1985），第 74～77 页。关于俄国内部的争论，参阅 Bassin, *Russia*（1991），第 8～17 页；Hauner, *What Is Asia to Us?*（1990），第 38～48 页。

［32］Inalcik, *Legacy*（1996），第 24 页。

［33］Gibbon, *Decline and Fall*（1909-1914），第 7 册，第 83 页。

［34］参阅 Naff, *Ottoman Empire*（1984），第 153 页以下。

［35］Grothaus, *Türkenbild*（1983），第 80～82 页。

［36］参阅 Gollwitzer, *Geschichte*（1972-1982），第 1 册，第 184～193 页。不久后，神职人员与前任领事柯平（Jean Coppin）亦要求欧洲王公一起对抗奥斯曼人，参阅 Jean Coppin, *Bouclier*（1686），第 23 页以下。

［37］在教皇英诺森九世（Innozenz IX）推动下，1684 年春成立了一个"神圣同盟"（哈布斯堡、波兰、威尼斯）。参阅 Matuz, *Osmanisches Reich*（1985），第 185 页。

［38］参阅 Yapp, *Turkish Mirror*（1992），第 143 页。

［39］Schroeder, *Transformation*（1994），第 5～11 页。

［40］自认为奥斯曼专家的 Businello 证实了这种理性的外交政策，Businello, *Historische Nachrichten*（1778），第 168～173 页。

［41］引文出自 Schumann, *Edmund Burkes Anschauungen*（1964），第 17 页。

［42］参阅 Gatterer, *Ideal*（1773）。

［43］Deleyre, *Tableau*（1774），第 10 页及下页。

［44］Schumann, *Edmund Burkes Anschauungen*（1964），第 105～107 页；Chabod, *Storia dell'idea d'Europa*（1995），第 19 页。

［45］Herder, *Ideen*（1989），第 699 页。

［46］同上书，第 701 页及下页。

［47］同上书，第 705 页。

［48］同上。

[49] Gibbon, *Decline and Fall* (1909-1914), 第 1 册, 第 54 页, 把优秀的罗马统治和小亚细亚差劲的土耳其统治做了对比。

[50] Thornton, *Present State* (1809), 第 1 册, 第 ccxxvii 页及下页。

[51] "Les Turcs sont campés en Europe", 引自 Chateaubriand, *Itinéraire* (1968), 第 63 页。

[52] Meiners, *Betrachtungen* (1795-1796), 第 1 册, 第 79 页。

[53] Eton, *Survey* (1801), 第 13 页。

[54] 参阅 Duchhardt, *Gleichgewicht* (1976), 第 159~161 页; Schroeder, *Transformation* (1994), 第 739 页及下页。

[55] 参阅 Heydemann, *Philhellenismus* (1989), 第 56 页及下页。

[56] 参阅 Apostolides - Kusserow, *Die griechische Nationalbewegung* (1983), 第 140、143~146 页; Woodhouse, *Modern Greece* (1991), 第 125~156 页。

[57] 参阅 Wallace, *Shelley* (1997), 第 119 页以下。

[58] Hammer-Purgstall, *Constantinopolis* (1822), 第 2 册, 第 387 页。

[59] 参阅 Bernal, *Black Athena*, 第 1 册 (1987), 第 161 页以下。我认为贝纳尔的思想史论述并无法完全打消有关此书的争议。

[60] 起先是地理学上的 "欧亚" 概念, 显然 1885 年起受到苏斯 (Eduard Suess) 的影响: Parker, *Europe*, (1960), 第 288 页。

[61] 1829 年, 在法国地理学家拉比 (Lapie) 处即已发现类似的说法: 同上书, 第 288 页。

[62] Humboldt, *Ansichten* (1987), 第 81 页。

[63] 例如 Bruzen de la Martinière, *Dictionnaire* (1768), 第 1 册, 第 457 页; Prichard, *Researches* (1836-1847), 第 3 册, 第 1~3 页, 第 5 册, 第 602 页。

[64] 关与此点, 参见第 8 章。

[65] 例如 Subrahmanyam, *Connected Histories* (1997)。

[66] 例如 Blome, *Description* (1670), 第 1 页及下页; Zedler, *Uni-

versal-Lexicon（1732-1750），第 2 册（1732），第 1844 栏。

[67] Diez, *Denkwürdigkeiten*（1811-1815），第 1 册，第 v 页；Adelung, *Mithridates*（1806-1817），第 1 册，第 3 页，有类似看法。

[68] Paulus, *Sammlung*（1792-1803），第 1 册（"Plan"）。

[69] Büsching, *Asien*（1787），第 12 页。

[70] Heeren, "Ideen..."，出自 *Historische Werke*（1821-1826），第 10 册，第 47 页。

[71] 同上书，第 48 页。

[72] Said, *Orientalism*（1978），第 79 页。

[73] Ogilby, *Asia*（1673），前言。

[74] Beawes, *Lex Mercatoria Rediviva*（1754），特别是第 1 册，第 627 页以下。

[75] Guthrie, *Grammar*（1771），第 1 册，第 viii 页；第 2 册，第 188 页以下，有类似看法。

[76] Grasset de Saint-Sauveur, *Encyclopédie*（1796），第 3 册，第 4 页。

[77] Volney, *Ruinen*（1977），第 95 页。

[78] 同上书，第 95、239 页。

[79] Jaubert, *Voyage*（1821），第 314 页。

[80] Robertson, *Progress*（1972），第 25 页。

[81] Mailly, *L'esprit des Croisades*（1780），第 1 册，第 3 页。

[82] Heeren, "Ideen..."，出自 *Historische Werke*（1821-1826），第 10 册，第 1 页及下页，第 43 页。

[83] Malte-Brun, *Précis*（1812-1829），第 3 册（1812），第 18 页及下页。关于马尔特-布伦对欧洲以外民族的态度，参阅 Godlewska, *Napoleon's Geographers*（1994），第 44 页及下页。

[84] "Airs, Waters, Places", XVI，出自 *Hippokrates*（Loeb Classical Library），第 1 册，W. H. S. Jones 编辑，Cambridge, Mass./

London 1923，第 114~117 页。

[85] *Asiatisches Magazin*，第 1 册，第一部分，Leipzig，1806，第 iii 页。

[86] Salaberry，*Histoire*（1813），第 4 册，第 150 页。

[87] Ellis，*Journal*（1818），第 1 册，第 55 页。

[88] Morier，*Hajji Baba*（1824）。本书最新的德文译本 1992 年于莱比锡出版。

[89] Omont，*Missions archéologiques*（1902），第 1 册（第 853 页以下，手稿汇编索引）最为基本。

[90] D'Herbelot，*Bibliothèque orientale*（1777–1779），第 1 册，第 vi 页（Antoine Galland 序）。1777~1779 年的版本是荷兰东方学者彻底增修的新版之一。参阅 Laurens，*Bibliothéque orientale*（1978），第 21 页。

[91] 荷兰版本的补集（第 4 册，1779）另外纳入关于中国与内亚的新研究，还有"鞑靼"史，主要为蒙古人的，由博学的耶稣会教士及中国传教士刘应（Claude Visdelou）所撰（第 46~294 页）。

[92] Gibbon，*Decline and Fall*（1909–1914），第 6 册，第 254 页，注释 46。

[93] Laurens，*Bibliothèque orientale*（1978），第 37 页以下，有个分析。

[94] 认为按字母排列的百科全书为一种"最为薄弱的多元史学"的看法（Schmidt–Biggemann，*Topica Universalis*，1983，第 291 页），在此并不适用。

[95] Fisch，*Orient*（1984），第 250 页。

[96] Hager，*Geographie*（1773），第 1 册，第 107 页。

[97] J. R. Forster，*Bemerkungen*（1783），第 256 页；Godwin，*Enquiry*（1971），第 21 页。

[98] Büsching，*Auszug*（1785），第 20 页。关于比兴在地理学史上的

地位，参阅 Bowen, *Empiricism*（1981），第 154~159 页；关于传记，参阅 P. *Hoffmann*, Einleitung（1995），第 18~29 页。

[99] Meiners, *Grundriß*（1793），第 29 页及下。

[100] "事实上，我一直认为有某位保护神从未离开我们的欧洲，或者至少并未远离。而这种想法愈来愈强烈。" Fontenelle, *Entretiens*（1991），第 129 页及下页。

[101] Dubos, *Reflexions*（1719），第 2 册，第 146 页。Hager, *Geographie*（1773），第 1 册，第 111 页，对这类似的感受也有动人的说法。

[102] Gibbon, *Decline and Fall*（1909-1914），第 1 册，第 228 页及下页。赫伦也强调这在欧洲相当普及，对军事与政治力量资源乐观的看法：*Historische Werke*（1821-1826），第 15 册，第 4 页。

[103] 参见第 10 章。

[104] Brougham, *Inquiry*（1803），第 2 册，第 198、235 页。

[105] Malte-Brun, *Précis*（1812-1829），第 6 册（1826），第 2 页。亦参阅 Adas, *Machines*（1989），第 79 页。

[106] Gibbon, *Decline and Fall*（1909-1914），第 7 册，第 17 页，注释第 45 条。

[107] Rousseau, 《Discours sur l'origine et les fondemens de l'inégalité parmi les hommes》（1755），出自 *Œuvres*（1959-1995），第 3 册，第 208 页；Rousseau, *Diskurs*（1984），第 324 页。

[108] Sprengel, *Negerhandel*（1779），描述至 17 世纪中期奴隶贸易兴起的情形。之后，奴隶贸易成了废奴人士作品中的主题。参阅 D. B. Davis, *Problem of Slavery*（1975）。

[109] Robertson, *Disquisition*（1817），第 181 页。

[110] Beawes, *Lex Mercatoria*（1754），第 18 页。

[111] Pradt, *Les trois ages*（1801-1802），第 1 册，第 21 页。

[112] 这要归功于像威廉·琼斯爵士（Sir William Jones）及拉康达

明（Charles-Marie de La Condamine）等学者的努力。

[113] Zimmermann, *Erde* (1810-1814)，第 1 册（1810），第 8~15 页。

[114] J. R. Forster, *Schiffahrten* (1784)，第 8 页。提到古代船运即已对文明有影响，参阅 Dunbar, *Essays* (1781)，第 2 册，第 299 页以下。

[115] Kant,《Zum ewigen Frieden. Ein philosophischer Entwurf》，出自 *Werke* (1968)，第 11 册，第 214 页。

[116] 同上书，第 214~216 页。当康德想表示中国也只允许荷兰人贸易时，他弄错了。这只在日本出现。18 世纪末左右，在中国的外贸口岸广州，英国人势力最大，接着是法国人。关于讨论 18 世纪日本严厉的外国人政策，参阅 Osterhammel, *Gast-freiheit* (1997)，第 404~412 页。关于康德的段落，亦参阅 Gerhardt, *Immanuel Kants Entwurf* (1995)，第 105 页及下页。

[117] Schlözer, *Welt Geschichte* (1785-1789)，第 1 册，第 116 页及下页。

[118] 同上书，第 75 页。

[119] 同上书，第 86 页。

[120] 同上书，第 104 页。

[121] 同上出，第 105 页。

[122] 同上书，第 104 页及下。Muhlack, *Geschichtswissenschaft* (1991)，第 133~137 页，出色地刻绘出施洛策尔至今依然极富启发性的通史观念。

[123] 参阅 Abbattista, *Paternoster Row* (1985)。

[124] 亦参阅 Pigulla, *China* (1996)，第 150、222 页的提示。

[125] Jones, *Works* (1807)，第 1 册，第 10 页。

第三章 变换角度：欧洲自由心证的表现空间

64 文化转移与殖民主义

令 18 世纪后期的作者印象无比深刻的全球整合，起先仍主要局限在海岸地区的网状联系中，因此和今天所理解的全球化不同，根本谈不上在未被殖民统治的亚洲社会中有生活方式西化的现象。[1]就我们所知，对亚洲各国来说，那时欧洲还不是被模仿的对象。当时亚洲各地只有传教士在散布西方文化，而除了菲律宾人自 16 世纪起深受天主教传教活动的影响，在其他地区西方文化几乎很少能够持续影响社会大众。16 世纪最后 10 年的日本原被视为耶稣会的希望所在，但是到了 17 世纪初期，德川家康新建立的幕府王朝将基督教视为非法宗教，传教活动因而遭遇挫败。至于两百年来在中国大费周章的传教工作，直到 1800 年时仍未使可观的人口信奉基督，也未渗入信守儒家理念的文官精英中。另外，伊斯兰世界长期以来一直抗拒基督教的传教活动。就连在英国及荷兰的殖民地中，基督教亦只获得些许进展。直到 1813 年，英国东印度公司都禁止在其领地上从事传教活动，以避免引起印度人不必要的不安。[2]令造访巴达维亚的西方人一直感到讶异或愤怒的是，荷兰东印度公司在巴达维亚及其附近地区的有色臣民竟然从未得到过基督的教诲。[3]

在欧洲近代早期的亚洲扩张行动中，最显而易见的欧洲文化可以说是宗教，但其影响却显得相当有限。文化转移大都是经由其他途径在小范围中进行：透过殖民城市对周边地区的影响，透过引进某些西方科技（主要是军事领域）及艺术方法——在中国是透过耶稣会的实际（天文、制图及建筑）影响，在日本是透过独一无二、成了各类西方知识闸门、目标明确且制度化的"荷兰科学"（兰学）。

　　欧洲主要透过商品与亚洲发生接触，欧洲商品很快即已深入这个大陆的偏远之处。18世纪20年代，四处旅行的英国商人乔纳斯·汉韦便发现波斯征服者纳第尔·沙阿国王三分之一的军队穿着欧洲的织布。[4]1800年之前不久，在外国人近乎绝迹的缅甸，民众已穿着来自欧洲的羊毛大衣与背心，而军队基本上是使用法国和英国制造的步枪。[5]一位名为塞缪尔·特纳（Samuel Turner）的外交官吃惊的同时记载道，在几乎没有欧洲人踏入的西藏，英国的锦缎布料普受欢迎。[6]在不丹，他先以波尔多葡萄酒和草莓果酱招待大公和他的朝臣，促成当地对西方美食潜在的进口需求。[7]欧洲商品世界的影响最为无远弗届。欧洲的进口商品透过当地的贸易网络，打进了从未有欧洲人进入的地区。欧亚的相会成了一种交互占有商品与事物的过程。[8]

　　有些作者已经注意到，有一种具有穿透力的影响，大幅超出欧洲商人、士兵、传教士及研究旅行者的活动范畴。1769年，路易·卡斯蒂永（Louis Castilhon）在自己所撰、观察敏锐的《论述》（Considérations）一书中已提出警告，表示海外贸易活动也会导致风俗"败坏"。在世界相互交流与贸易的繁荣时代，几乎已无全然未受欧洲介入之处；真正的民族特质已难辨认，只有少数同时代的民族可能还保有古代民族的稳定与坚毅。[9]几年后，孜孜不倦收集人类文化学材料的让-尼古拉·德默尼耶（Jean-Nicholas Demeunier），便发现人类愈来愈单调，因而推荐学习古代和现代民族的民族志。[10]

在欧洲商品深入亚洲偏远角落的同时，茶、咖啡、丝绸、细致的棉布、瓷器等亚洲产品，也征服了欧洲市场。[11]18 世纪初，亚洲贸易对欧洲经济及文化的影响，明显强过欧洲对亚洲的影响。直到 18 世纪末，天平才开始向欧洲这边倾斜。[12]

欧洲对亚洲的文化转移和欧洲人对亚洲人的殖民统治，两者绝无任何固定关系。文化转移多半是在欧洲人殖民扩张机会最小的地方才最显著，例如在日本。直到 1800 年前后，亦即欧洲对东方世界负有文化使命的观念开始产生影响力，并由此导出"殖民统治是行善的工具，用于传播优越的文化价值"这种制式论点之前，欧洲在亚洲进一步扩大统治范围的措施都会受到舆论的强烈指责。西班牙和葡萄牙之前的殖民活动遭到批评，在清教徒的观点下显得不堪入目。当代竞争者的殖民活动自然也备受攻击，例如英国人眼中的荷兰人。不过，自己国家的殖民活动一样也遭到审判。康德、约翰·戈特弗里德·赫尔德、乔治·弗斯特、约翰·戈特利布·费希特（Johann Gottlieb Fichte）或冯·洪堡等未直接卷入母国帝国扩张计划的德国评论家，还能保持一定的超然距离。不过，英法的批评家则是激烈攻击自己政府的政策。

他们的动机南辕北辙。经济学家亚当·斯密在冷静的推论中证明殖民主义某些层面的非理性，尤其是在贸易独占中。[13]现代人看来"保守的"议会政治家埃德蒙·伯克挑起长年弹劾第一任印度总督沃伦·黑斯廷斯（Warren Hastings）的战役，抨击他在面对爱好和平的印度贵族时，促成或同意过度使用武力，并且违法乱纪。伯克深恐这种粗野的政治行为会反击祖国。[14]"旧体制"末期的激进文人、修道院院长莱纳（Raynal）和丹尼斯·狄德罗及其他人，共同撰写出那个时代的国际畅销大书《欧洲人在两个印度殖民与贸易之哲学史与政治史》。他们运用骇人的景象和各式分析，巨细靡遗地控诉欧洲征服者和殖民者在东西两半球的暴行，呈现出一种历史哲学的草图，第一次让人意识到，海外扩张的独特意义如何影响了现代欧洲的自我形象。

　　不过，启蒙运动时期和19世纪不同，并未将欧洲征服世界的举动视为理所当然之事。欧洲再也没有出现过像莱纳及狄德罗所撰写的这样具有控诉力量的作品。在18世纪，即便原则上不否认欧洲扩张之合法性、愿意容忍一种"温和"殖民主义的人，也会关注一件事情：适用于全人类的正义感是否受到了伤害。伯克对沃伦·黑斯廷斯做出了最严厉的抨击，认为他醉心于一种地理伦理学：可以肆无忌惮地把在欧洲被贬为专制和犯罪的东西强加于印度人身上。[15]启蒙运动时代对殖民主义所做的批评（其中或许以狄德罗的表达方式最为深刻）[16]，驳斥了一种论点，即欧洲知识分子只懂得自闭式的妄自尊大，而且自从扩张主义时期开始以来，便无可救药地与权力同流合污。尽管如此，当文明之间的接触开始日益失衡之际，即便"自由心证"或许还不是主导性的态度，但它早已成为欧洲与异国打交道时的固定戏码之一。1791年，苏格兰大史学家威廉·罗伯森即在自己最后一部巨著《关于古代印度知识的历史研究》（*Historical Disquisition Concerning the Knowledge which the Ancients had of India*）中，表达出这个看法。[17]罗伯森1777年出版的《美洲史》，不仅为伊比利亚半岛的强权及社会，也为美洲的原住民，斟酌过西班牙及葡萄牙殖民活动的收益与花费。不像同时期的

67

莱纳和狄德罗，他较不特别凸显欧洲人在新世界的残暴行径，并免除西班牙及天主教会在征服之际犯下的血腥罪行。不过，他毫不怀疑不同发展阶段的社会相遇时会导致灾难。这并不是个人放浪形骸的结果，而是巨大的社会差异及西班牙人无法认出这种差异有多大的必然下场，因而错过促使一切进步的大发现机会。罗伯森了解，当时的印度不能完全与16世纪的美洲相提并论，但他认为仍有必要针对其英国同胞在南亚的新一波侵略行动提出警告。他所采取的方式并非借由论战来批评殖民主义，而是透过敬意十足的描述来凸显印度教及印度文化的成就。70岁的罗伯森并没有变成印度迷，不至于像几年以后某些德国浪漫主义者那般，认为恒河岸边的婆罗门具有最深邃的智慧——例如弗里德里希·施莱格尔（Friedrich Schlegel）1808年所撰写的《关于印度人的语言与智能》（*Über die Sprache und Weisheit der Indier*）一文，即展现出此种态度。罗伯森类似年轻他约20岁，并更进一步浪漫神化印度的约翰·戈特弗里德·赫尔德[18]，以关怀的同情心来看待印度文明，并以宽容的态度接受其差异性与固执性。罗伯森不否认自己的基督教信仰基础，也不太掩饰自己对现代欧洲成就——尤其是科学——的欣喜之情。不过，他既不把宗教，也不把对进步的狂热，当成衡量其他文化并轻下判决的绝对价值标准。[19] 18世纪90年代，晚期的罗伯森、赫尔德与撰写《论永久和平》一文、已老迈衰弱的康德，代表着一种很快便少见，并随着欧洲最后一位启蒙主义者冯·洪堡一起消失的态度：一种批判自我及批判殖民主义的世界主义，而且这种世界主义非常认真地对待异国文明，因此不会以保护者之姿来凸显其异国风情。

种族中心论的理论

1717 年，28 岁的法学家及酒庄主人查理·路易·德·孟德斯鸠，即所谓的德·拉·布列德男爵，刚成为波尔多法院（议院）法官，开始撰写《波斯信简》（*Lettres persanes*）。1721 年，该书以 161 封旅法波斯人寄给自己朋友及妻子的信件形式匿名出版。作者利用太阳王统治法国时的东方热撰写此书，书中的东方不是纯幻想的畸形产物。孟德斯鸠研究了一些旅游文献，特别是 1686 年让·夏尔丹的大部头波斯游记及保罗·莱考特关于奥斯曼帝国的作品，亦知道戴伯罗的《东方图书馆或认识东方民族的通用辞典》及加兰德的《一千零一夜》。[20]他的读者也熟悉其中几位作者。当孟德斯鸠透过波斯人李卡（Rica）嘲弄法国人的时尚癖时，许多读者即可体会出来，那部有关亚洲的文本把东方描写成没有时尚变化的静态空间，这样才能解释李卡的讶异之情。孟德斯鸠笔下波斯人的行为与判断，绝非捉摸不透与随心所欲。他们的举止一如 18 世纪早期有文化教养的读者眼中的东方人。"异国信简"这种文类的差劲模仿者，为了向新闻检查人员或读者的挑剔口味掩饰某些观点，往往让文中的人物蒙上最猥琐的非西方式外衣来逢迎讨好。孟德斯鸠却与之不同，不但可以鲜明呈现一个可信的对立世界，把后宫当成权力斗争的场所，还能够利用虚构的外地人观点来充分利用嘲讽的优势。

孟德斯鸠关注的主要对象虽非东方与波斯，但其实也很在乎，因为他 1748 年的重要著作《论法的精神》（*De l'esprit des lois*）中的关于东方世界的专制的著名理论，已在 1721 年表现出来。一个至少让同时代人看来可信的东方，成了精湛的角色

69

游戏的背景。读者也都心知肚明，书中对摄政时期法国百态的嘲讽及某些严肃的陈述——如第 121 封信对殖民主义的批评——已是政治哲学家孟德斯鸠在发言了。这种疏离的文学技巧相当迷人，因而有十几部作品继续模仿这种技巧。《波斯信简》虽然没有发明具有异国情调的游记技巧，但还是成了这种文类的典范。[21] 至少奥利弗·歌德斯密斯（Oliver Goldsmith）的《世界公民，或伦敦中国哲学家给其东方友人的信简》及若译·卡达索斯的《摩洛哥书简》（写于 1768 年至 1774 年，1793 年出版），尽管没有《波斯信简》包括至少 21 名通信对象那样多彩多姿，却依然继续发扬这种文类。没有其他此类作品像孟德斯鸠这样，以大量深刻的描绘来呈现东方。

孟德斯鸠选择了保持距离的"人种志"观点，避免陷入文化上的先入为主之见。而那些先入为主之见里面，包括了一种对周遭环境所抱持的种族中心主义的态度。波斯人李卡从巴黎写信给威尼斯的同乡雷帝（Rhedi）时表示，对法国人而言，所有外国人都显得可笑。[22] 第 44 封信中，乌兹别克（Usbek）人——我们认为听到了孟德斯鸠的声音——提到了一本游记，大概是 1698 年弗罗热（Froger）的《非洲海岸游记》（*Relation d'un voyage aux côtes d'Afrique*）[23]。这份资料描述了法国水手遇见几内亚的一位国王，"他坐在一株树下，审判他的臣民。他高傲地坐在一根木块充当的王座上，仿佛坐在莫卧儿大君的宝座上一般。……这位既虚荣又穷困的公侯问外来的人，大家在法国是不是会提到他。他以为他的名字无人不晓……。"[24]

孟德斯鸠的确开了当代"野蛮"政权这个老套说法一个廉价的玩笑。欧洲的情况变得颠三倒四：非洲的国王坐在太阳下，却根本不是一位太阳王，反而像是一名莫卧儿大君——对这位写信的东方人而言，显然便是最高的文明标准（这可以看出孟德斯鸠的方法谨慎）。但若去除种族意味以后，这两位太阳王的角色完全可以依据反讽的规则对调。路易十四不正因追求名誉和虚荣自负，而派遣外交官及传教士前往暹罗和中国吗？

孟德斯鸠借着黑人国王的种族中心主义，反映出其白人同僚的种族中心主义。但这种文学表达方式从 18 世纪末开始，已因泾渭分明的东方-西方二元思考方式而遭到排除。例如，从 18 世纪 90 年代西方外交官的身上我们即可看出此点：他们在北京对乾隆皇帝一统天下的措辞以及象征性宣示优越地位的做法深感愤怒，虽然他是名副其实的大国之君，并且有资格展现出像太阳王那般的高傲姿态。[25]这样一来，种族中心论现在完全成了他人的短浅狭隘，同时却绝不对法国的极端高卢中心论及英国益显排外及自满的盎格鲁民族主义进行相对的自我批判。[26]在世纪交替之际，如果有谁向看不惯"土耳其种族中心主义"的人提出质疑，反问他们欧洲是如何对待土耳其人的[27]，恐怕只会让别人感觉一头雾水。

不过，在 18 世纪，除了孟德斯鸠外，欧洲思想的视野内仍存有普遍批评种族中心论的可能性。1768 年，德国文化史写作先驱约翰·克里斯蒂安·阿德隆认为，和把自己当成世界标准的古希腊人相比，中国人、日本人或埃及人的种族中心论，令人可以忍受。[28]宗教通史巨著作者安东尼·库尔·德·热伯兰，把几乎所有民族都具备的自我中心观，评为"导致人类不幸的最重要因素"。[29]长年担任爱丁堡大学伦理哲学教授，并和亚当·斯密同属苏格兰启蒙运动最重要的社会理论家的亚当·弗

71 　格森，看法显得理智，认为隔开比邻的"蛮族"或彻底创造出对立的世界对所有处于发展阶段中的社会塑造认同来说是必要的。各种社会必须创造出"外来"对手，透过排外的共同体，例如透过对抗其他族群或国家的战争，来克服天生的不和与散居。[30]这种社会学的基本规律，并未阻碍弗格森激烈抨击欧洲近代的种族中心论。不同于一种几乎到处可见、在一定程度上"显得天真的"种族中心论，欧洲和中国一样，发展出一种文明分级的理论。它实际上难以克服，并表现得像是一种已经成真的预言。[31]"我们自认是善良风俗与文明的典范，在没有我们自己的特质之处，我们便认为没有任何值得知道的东西存在。"[32]

　　与弗格森同一时代的苏格兰人詹姆斯·邓巴（James Dunbar），更为明确地驳斥了这种最后否认其他人生存权利的优越感。他在 18 世纪 70 年代写道，今日的欧洲人和其他人类不同，仿佛就像在其他轨道上运行一样。[33]他借此抨击新近怀疑人类具有共同起源的论调，因为那些看法打破了"生命体系的一统性"，并基于对不同人种所做的假设而否定了所谓"较劣等者"的自然权利。邓巴先知般的警告勾勒出欧洲优越感的实际影响。早在种族思想激烈爆发前，其忧心的预示便超越了所有同时代人的忧虑：

　　　　根据这个理论，压制或灭绝一个低等民族，对人类来说，将不再那么令人惊骇。他们的不幸将不会高声唤来我们的援手，而公共道德及国际法，只会出现在住着高等人类的少数地区。[34]

　　1692 年，政治家、外交官及哲学短文作家威廉·汤朴

（William Temple），即在《论英雄美德》（*Of Heroic Virtue*）一文中指责欧洲人认为自然法及国际法只适用于自身的倾向。[35]　72
姆斯·邓巴则继续多走了一步，而且推断出这种可分割的普世原则将导致的后果。

跨文化的成就比较

对欧洲人种族中心论的批评，会导致南辕北辙的结果。其中一个结果，便是移动了评价的砝码，把异国文明说成优越，甚至是典范。在 18 世纪，这种现象不断出现。尤其是耶稣会教士笔下巨细靡遗的中华帝国，随时看来都是欧洲的模范。至于这个中国观是否承受得住当时及今日的批判检验，只是个次要问题。异国的理想在当时欧洲内部的争论中，扮演着修辞诡辩的角色。

其中，博学多才的政治哲学家及经济学家约翰·海因里希·哥特罗伯特·冯·尤斯蒂（Johann Heinrich Gottlob von Justi）根据耶稣会修士的有利报道，将自己的政治理想投射在遥远的中国，视之为衡量现代欧洲的批判标准。从某些方面来看，这位今天被人低估、具有可观原创力的作者，可和年纪相当的亚当·弗格森相比。他试图把对国家与社会的观察从标准的自然法讨论中拿来进行经验历史的分析，并在正义、自由及实用的观点下实际判断国家机构。[36]尤斯蒂和许多作者一样，拿异类和自己相互对比。他那部内容丰富的著作《比较欧洲和亚洲与其他被假定为蛮族的政府》（*Vergleichungen der europäischen mit den asiatischen und andernvermeintlich barbarischen Regierungen*，1762），特色就是建立在批评欧洲中心论的思想上。尤斯蒂认为，只要欧洲人的想法未调整成把其他文化当成自己的社会及政治机构来认真对待，东方乌托邦便不具任何说服力。任何比较之前，必须要有可资比较的基础。尤斯蒂再也无法依靠有关亚洲优越的传统观点。因为早在 1750 年，英国的政论家及历史学家约翰·坎贝尔（John Campbell）已能从欧洲近来的幸运演进中，做出欧洲已胜过世界其他地区甚多，进行比较已毫无意义的结论：

73

> 不用进行任何比较，欧洲是地球上最幸福与最有价值的地区，这已不言而喻，如果不去证明这一点，也不会有什么人反对……。[37]

尤斯蒂开门见山地反驳道：

> 我们的理性、我们的认知、我们的观点，让我们自以为是，把地球上所有其他民族贬为在我们周遭四处爬行的可怜小虫；事实上，我们也是如此对待他们的。我们的举止行为就像整个地球的主人一样；我们毫不考虑，便强占了其他三大洲所有民族的土地；我们在他们的国家中颁行法律，把他们当成我们的奴隶；如果他们有丝毫反抗的企图，我们就彻底铲除他们……。[38]

尤斯蒂在书中用有系统的方式呈现出，应如何为欧洲的政治秩序——特别是实际政治措施——构思出替代性的做法。他当然并不推荐把中国的国家文官考试体制直接拿来欧洲使用，他也未忽略不同的文化前提。如果他赞扬其他民族的机构，他首先会尝试训练自己的读者，使之具有设身处地的能力。就他的处理方法来说，他对司法的讨论便是一个特别典型的出色例子。[39]

出于理性的观点，尤斯蒂首先列出各种一般的基本原则，尤其注意不能伤害公民的自由：法律应该"明确且无可争议"；正义必须"以最不偏不倚，对任何人及利益都一视同仁的方式"来处理。[40]他跟着指出，在不同的政治体系中，司法的特性也不同——"却可一样优秀"。[41]他的第三步，便是检验可凭经验找到的各种解决问题的方法。尤斯蒂并不认为中国诉讼的简明是种典范，反而持怀疑态度。他欣赏霍屯督人（Hottentotten）的司法，如果我们愿意的话，亦可以说是孟德斯鸠那位非洲国王的司法体系。关于霍屯督人，也就是科伊科伊人（Khoikhoi），近代早期已有许多报道；拜访他们是访问好望角的旅客最爱的短途行程之一。[42]尤斯蒂无须幻想，完全可以依赖游记。[43]描述过霍屯督人的司法体系后，尤斯蒂便考察这和自己一开始所列出的一般基本原则吻合到何种程度，得出他们的司法具有"远超出所有欧洲司法"质量的结论。[44]尤斯蒂继续表示，现在认为这些非洲黑人蛮族不能和我们相比的人，或许会相信"缅甸人从事艺术和贸易，因此比较类似我们，尽管我们一样把他们当成蛮族"的比较。[45]检视这个引自西蒙·德·拉·卢贝尔十分精确的缅甸报道案例，让尤斯蒂深信，缅甸的司法虽然不比欧洲的好，但"至少一样优秀"。[46]

74

经过这番详尽论证之后，欧洲的特殊意识还能够剩下多少呢？所剩下的只有能被理性呈现出来的相对优越性。"因为一个民族只表现出理智和教养，"尤斯蒂说，"毫无疑问并不够；必须拿出证据和证明（Beweise und Zeugnisse）。"[47]不过，欧洲人无法一直做到。

　　如果欧洲人的正义程序和霍屯督人及缅甸人的相比并不差，但也好不到哪儿去时，老天，那有什么理由高傲自负，认为自己是地球上最理性与最文明的民族？我想在这里彻底提出这个是不是有必要进行各种比较的问题。如果这些民族是蛮族，那我们一定也好不到哪儿去。[48]

在某些方面，尤斯蒂的文学技巧可以和孟德斯鸠的《波斯信简》比较。孟德斯鸠尽管透过他笔下的波斯通信人士，在有些段落流露出一名法国哲学家的想法，却不允许完全的专断。当李卡和乌兹别克人评断欧洲时，那是外国观察家的理性声音，他们或许并未完全明白自己所见。民族志以一定的距离观察欧洲，但没理由认为这样一种外在角度总会优于内在角度。孟德斯鸠是在玩游戏，一种谨慎、未退化成全然相对论的游戏，在观察和判断世界时，有不同的可能观点。约翰·海因里希·哥特罗伯特·冯·尤斯蒂也是一样。依据自然法则和对人性的认知，可以演绎出正确政治事务的原则。但那些原则不会完全反映于真实生活，而只是出现于人类所创造出来、具有独特文化含义的各种机制当中。地球上的任何文化，包括现代欧洲的，并不比另一个文化更快地通往理性。在任何不受自己物质精致化程度影响的文化中，才可能出现符合理性的社会及国家机构。这有相当大的好处，不同的文化可以相互学习。尤斯蒂写作这本书的目的，便是让欧洲知道这种学习是有可能的，而且是有益的。在他那边，设身处地变换观点的做法也固定地以理性为依归。不过，理性不只在人类学上是普遍的，在民族志上也是普遍的。理性不只是个别人类与生俱来的，也分布在各大洲的民族与社会中。和亚当·弗格森及孟德斯鸠一样，尤斯蒂尚未主张现代欧洲排外的理性独占论，因此也不知道把负面及非理性的行为归咎于异国文化中的其他人。对这些真正的启蒙人士来说，一种"野蛮民族学"是多余的，因为民族学会对文明化有所贡献。启蒙运动在研究埃德蒙·伯克的人类大地图上的贡献，并不在于心态上疏离其他民族，并把其他民族异国情调化，而是在于理性地聚合他们的经验。

演绎出来的正义

尤斯蒂绝不是唯一指出文化之间"相对性的认识"的欧洲作家。1649 年，地理学家伯恩哈德·瓦伦纽斯（Bernhard Vare-nius）发现，对日本人而言，他们眼中的欧洲人就几乎和欧洲人看日本人一样可笑。[49]哲学家大卫·休谟（David Hume）致力于一种具有美学意味的种族中心论，将一切不熟悉的事物拒斥为野蛮；休谟的看法是，一旦有了这种情绪上的冲突，而且相关各方都据理力争的时候，就会出现一种有益的自我怀疑。[50]法兰西学院后来的"秘书"让-弗朗索瓦·马蒙泰尔（Jean-François Marmontel）在《百科全书》（Encyclopédie）中指出，各个文化对可笑事物的看法皆有不同。[51]让-尼古拉·德默尼耶提出相对的思想试验，靠着想象，把欧洲的风俗移到非洲：如果我们在非洲人身上见到某些欧洲人的行为，就会感到惊讶和怪异。[52]勤奋收集民族志信息的德默尼耶，并不只在欧洲以外地区收集材料。和亚当·弗格森一样，他的民族志并非研究外国人的学科，而是有关人类社会化的各种变化形式的知识。1798 年，查理·阿塔纳塞·瓦肯奈尔（当时他还是一名有 76 抱负的年轻人，后来成为法国的学术贵族）也加入其阵营，尝试说明社会发展形式与认知方式的交互影响。他认为定居的农业民族必然视游牧民族为蛮族，同时也批评更为发达的工商与贸易民族因为奢华而软弱腐化。[53]这种想法并不完整，但有趣，指出认知异国文化的知识社会学的可能性。

提纲挈领地要求变换角度，和真正落实到文章中，是两回事。杜撰文学的作者上手比较简单，实际上，他们往往也不太动脑筋，只把在欧洲旅行的土耳其人或中国人打扮得像穿上了嘉年华会的服装，不像孟德斯鸠，赋予他们自己真实的文化身份。许多《波斯信简》这样的文学类别，并未呈现其创作者的东方图像：某些虚构出来的"土耳其人"，举止行为就如同一般放荡不拘的欧洲人。

要求在历史作品或游记中描绘真实情况的人，就得大伤脑筋，看看有无其他的描述可能。譬如，历史学家可以运用当地的文献和历史作品。约瑟夫·冯·哈默-普格斯塔并不是第一位这样做的欧洲史学家，但往往比其他人更会玩弄一种高超的变换角度游戏，例如，他不会把拜占庭和奥斯曼史学家对同一事件的不同观点修改成同样的故事，反而保持当时的相对性，并一一列举出来。[54]他稍晚在自己的大作《奥斯曼帝国史》（Geschichte des Osmanischen Reiches，1827–1835）中呈现出欧洲人及奥斯曼人对法老时期埃及的截然相异的看法。[55]哈默亦出色标示出——有部分无法避免——欧洲或帝国历史写作的界线与位于自己文化范畴界线外的民族的民族志：

> 色诺芬（Xenophon）、恺撒、修希底德及塔西佗虽然把自己同时代大部分的历史流传给后世，但少了波斯帝国的历史著作、英国宫廷诗人及高卢巫师的传说来正确验证他们的真实性。[56]

史学家及旅游文学作家亦可试着保持价值中立及不偏不倚的判断，透过欧洲这边可资比较的东西，平衡"异类"所谓的负面特质。1688 年至 1723 年，苏格兰船长亚历山大·汉密尔

77

顿在东非和中国之间的地区从事贸易航行，留下许多受访地区生动的描述。他认为，如果在罗马可以见到一名圣人用于书写的手臂遗骸，那东方也就毫无神奇之处。[57] 约在同一时间，声名狼藉的地中海穆斯林海盗，并不比基督教徒海盗，特别是野蛮的马耳他骑士，来得凶残。[58] 1762 年，尤斯蒂提醒他那些可能把阿拉伯人视为蛮族的读者，在葡萄牙最近有 52 人被一群"极端的宗教狂热分子"活活烧死。[59] 爱德华·吉本最喜欢的修辞手法之一，便是保持不偏不倚的判断。例如，他津津有味地叙述着十字军东征者和他们的穆斯林对手，如何把对方说成蛮族。吉本不断提到西方蛮族，自觉乐在其中[60]，因而以相当友善的态度描述早期的伊斯兰，借此和中古早期的基督教进行论战。约瑟夫·冯·哈默－普格斯塔不断为亚洲争取正义，却未对 1218 年成吉思汗率领的蒙古人占领布哈拉（Buhara）时的"大量暴行"默不作声。不过，他未勾勒出亚洲骇人的凶残面貌，反而继续谨慎说道："拜占庭史学家在法兰克人攻陷君士坦丁堡（1204）时所提到的暴行，又出现在占领布哈拉之际。"[61]

访问中国人及泰米尔人的信

真正的亚洲人在欧洲文本中直接发声，亦可清楚呈现出变换角度的情形。这在近代早期特别少见。孟德斯鸠有理由嘲弄那种宁可相信旅行家的东方报道，也不听信其住民说法的态度。他的李卡在巴黎一个社交场合中遇见一位"十分自信的男人"，对任何事都有看法，亦包括波斯。这位来自伊斯法罕的李卡立刻发现，自己遭到夏尔丹和塔韦尼耶这两位伊朗旅行家的作品的"驳斥"。[62] 亚洲人的话要听，因为每位旅行家和研究者都少不了当地的消息人士，但在欧洲的文本中，我们很少听到他们发声，而且几乎都无最后的决定权。

78 　　在欧洲人抱持近乎谦敬的态度接触亚洲文明之处，最早听到这种真实的声音。这适用于部分耶稣会的中国报道，但这种报道少得可怜。例如，尽管耶稣会的中国报道包含了翻译中国文献，却很少见到生动的对谈。1773 年，声势如日中天的中国乾隆皇帝，答应接受耶稣会教士米榭·班乃特（Michel Benoît）（蒋友仁）那次出色的访谈，同时也让裘塞波·潘奇（Guiseppe Panzi）（潘廷章）教士绘制肖像，算是唯一的例外。我们无法验证文句的真实性，不过这场谈话看来可信，绝不能视其为耶稣会为了宣传而加以虚构的产物。这次访谈的特殊之处，在于角色的对调，因为是由皇帝发问，教士回答。[63]

　　乾隆是他那个时代最老奸巨猾、最成功的权力政治人物之一，可以和同时代的腓特烈二世及叶卡捷琳娜二世相提并论。他向传教士详细打探欧洲的政治情况。皇帝问道，在那些从欧洲带来的铜版画中，有些在夸耀你们君主的胜利：他们是击退何种敌人，才取得这些胜利的？[64]在这些公侯中，难道没有一位能够维持和平的？一个欧洲国家一跃而统治其他所有国家的机会有多大？欧洲君主透过婚姻结盟而有亲戚关系，如何还能互相交战？现在法国和俄国的关系如何？现在有法国学者在圣彼得堡的宫廷中吗？之后，这位亚洲最强大的君主放得更开，问这位法国教士，耶稣会能不能从欧洲把葡萄酒运来，能不能在中国酿制他们的酒，葡萄烈酒是不是比米谷烈酒更有益健康等问题。[65]

　　班乃特教士的访谈一定在巴黎耶稣会中心遭到了彻底修改。文中幽默地勾勒出一位十分理智的政治家，虽然对欧洲所知不多（至少像当时一名欧洲统治者对中国所知的程度），却正好问出所有事情的关键。这篇文字没有运用任何异国风味的疏离手法。乾隆没有做出任何评论，可以看出他世界观的文化局限。皇帝绝非目光短浅的世故之人。他所说的，一点也无"典型中国人"的味道。没有任何人类学上的障碍，把这位同他宫中耶稣会教士侃侃而谈的中国皇帝，和登载这篇文字的《耶稣会士书简集》的欧洲读者隔开。然而，其成效一如孟德斯鸠和尤斯蒂透过其他方法所达成的一样，仍是外在的惊奇与批评：读者会这样，（或许）也该这样反应，因为欧洲不断发生战争，而中国内部一直和平的这个问题并不太合理。伟大的莱布尼茨不也问过这样的问题吗？

79

　　18 世纪能和直接访谈乾隆相提并论的其他亚洲文本，便是清教传教士巴塞洛缪·齐根巴格（Bartholomäus Ziegenbalg）在欧洲所出版的《马拉巴书信集》（*Malabarische Korrespondenz*）。[66] 1706 年至 1719 年，齐根巴格活跃于印度东南太平洋岸的丹麦小殖民地德伦格巴尔（Tranquebar）。[67]他的作品包括 99 封南印度人的信，是 1712 年到 1714 年间应传教士的书面问题而回答撰述的。这些信由齐根巴格的同事约翰·恩斯特·格林德勒（Johann Ernst Gründler）从泰米尔语翻译评注——根据一份在哈勒虔信派传教中心再也无法重构的修订——并于 1714 年及 1717 年在"哈勒报道"的框架下分两卷出版。多数信件的作者看来是丹麦贸易公司的高级翻译及巴塞洛缪·齐根巴格的泰米尔语老师阿雷帕（Aleppa）。让阿雷帕信奉基督教的各种尝试全都失败了。在他的信中，尽管经由各种过滤，我们还是听到印度教"异教"的声音。

　　这些信基本上涉及宗教问题，其次是泰米尔社会的共同生活。传教士试图厘清泰米尔的神祇世界、创世神话、历史观、仪式程序、日常生活及当地人对基督教的看法。在最后这个问题中——只从这丰富的材料中举个例子——通信者以坦白保守的态度回答。在第二卷第十五封信中，他在赞扬基督教教义后，深入批判这个针对他的问题——"异教徒对基督教徒法律、教义与变迁的看法"：

> 至于基督教徒让人无法接受之处，在于他们引进了许多坏习惯。例如，他们不刷牙，他们上茅房时不清洗，他们不在圣池净身。女性在分娩后不洗澡。他们乱吐口水。当他们接触过受鄙视的性别后，也不会再清洗。他们抱怨并诅咒所有东西。当他们领圣餐时，他们说面包是圣体，并饮基督的圣血，这是我难以理解的。他们许多行径都不洁净，包括吃牛肉。如果他们没有这些行径的话，所有的马拉巴人便会信奉他们的宗教。[68]

在另一封信中——第一卷第二十六封——通信者彻底分析了传教活动，起先相当不满这些丹麦哈勒传教士认为泰米尔人"邪恶愚蠢"，接着就进行反击：

> 虽然我们有许多地方值得批评，也普遍有许多不该有的恶行及不公，但不能一概而论，因为我们是异教徒，有完全不同的礼拜仪式，就意味着我们之中完全没有好人及善行。不过，我们有许多好人，做着各种不同的善事：我们可以发现我们中有圣洁的人，找不到任何罪行。难道一个弃绝所有罪行，追求良善的法律，会是个让人无法成圣的恶法？每个民族都有在其他民族眼中看来荒谬的特殊服饰、风俗与法律。宗教也是如此。神的造物和神的行径是

多样的，因此也受到多样的礼拜。……

此外，我们可以同样在从欧洲来到我们国家的基督教徒中，发现许多可议之处。要是我们从宗教行径来判断的话，我们根本找不出基督宗教有什么优点。因为我们发现他们没什么正义及贞洁行为。他们没做什么善事，不太施舍，不会忏悔，喜欢收礼，爱喝烈酒，折磨活的动物并拿来做成食物，根本不重视身体清洁，鄙视他们身旁的其他人，十分小气、傲慢，并易动怒。[69]

齐根巴格和格林德勒在哈勒的传教主管及他们在哥本哈根的政策赞助者，并不以冷静客观的科学精神把这些文本看成民族志的文献。这是消息来源，有助于马拉巴海岸的传教工作顺利进行；同时也是宣传材料，让期望提供财物资助的家乡民众看到刚起步的传教计划——于 1706 年展开——的机会与难处。齐根巴格和格林德勒这两位杰出的宣传家，为达到这个目的，比他们在中国、印度或加拿大的天主教同事，更凸显出当地的反对声音。没有其他的游记达到这种规模。

尼布尔的猴子 81

最常出现在 18 世纪关于欧洲角度变换的亚洲文本形式，便是欧洲人有关亚洲人对欧洲人印象的报道。读者对天真的亚洲人对欧洲抱着荒谬想法的故事，即和对自己的智慧很有信心的乾隆皇帝或一板一眼撰写书信的泰米尔人完全相反的例子，总是感到兴趣盎然。同样，他们不管这是真实的事件，还是报道者自己的加油添醋。当一名越南南部的部长在 1749 年 9 月 30 日问一名法国外交官，欧洲有没有女人（当答复者恶作剧般回答没有时，他露出心满意足的表情）[70]，或 1793 年秋季，当中国官员从远地赶往北京，参观英国马戛尔尼使节团带来的一只据说每天会吃 50 磅煤块的母鸡[71]，或 1762 年 12 月，当欧洲自然科学家在红海边让罗黑亚（Loheia）地方的酋长在放大镜下看一只虱子，令他陶醉无比，并不得不承认，"自己从未见过这么大的阿拉伯虱子，那只在玻璃下面的动物必定是只欧洲虱子"[72]时——读者见到这些见识不高的东方人，便感到兴高采烈。他们似乎无法正确了解欧洲、欧洲人及他们的科技花招。

不管是可笑，还是怀有敌意，或两者兼有，在许多欧洲人看来，他们对欧洲的无知，或对欧洲的扭曲图像，正如大家所以为的那样，成了亚洲文明成员的特质。不过，并非所有的旅行家都玩弄着这种廉价的把戏。正是那位说出虱子故事者的卡斯腾·尼布尔，不断试图在其他的观看及行为方式下，来理解其中的含义。尼布尔是 1761 年 1 月 7 日从哥本哈根出发的丹麦阿拉伯远征队的一名成员，他们经过埃及、西奈半岛、红海，在 1762 年 12 月中抵达他们实际的目的地——也门。在他的五名同伴相继去世后，尼布尔继续前往印度，经过波斯、两河流域及叙利亚，于 1767 年回到哥本哈根。[73]

在尼布尔详尽、没有欧洲那种自我吹嘘的随性报道中，不断出现那种插曲，只见欧洲人不仅观察、研究，并以自己的标准来判决异国文化的环境，而且知道自己是外国人，当然会被当地人如此观察着的事实。尼布尔的特别之处，在于察觉到这种观察外人的角度变换游戏的发展情况。在开罗，这六名旅行家已察觉到在阿拉伯人中比后来更严重的敌意时，尼布尔则好好观察了一名埃及杂耍艺人的猴子：

> 对一只猴子来说，东方的长袍大概不太合适，因为它

大多时候要靠四肢行走，于是在埃及，人们往往把训练成会跳舞的猴子照欧洲人的样子打扮。这给那些一般的穆罕默德信徒把我们比成猴子的机会，特别当他们见到一名昂首阔步、衣着光鲜的欧洲人，腰身挂着一把水平的长剑，从衣服间朝后伸出，就像猴子的尾巴时。[74]

尼布尔并不拿猴子的欧式穿着，来证明顽固的东方人对欧洲一直抱有所谓的敌意。他找出一种出于实际的功能性合理因素让大家都能了解的解释：宽大的马裤并不适合跳舞的猴子。尼布尔并未责怪这些"一般的"，也就是和欧洲人少打交道、没什么教养的埃及人，拿这一点对欧洲人做出有点讨喜的模拟。

有些其他的旅行家也怕遭到这种愈来愈普遍、把亚洲人一概而论——特别在 19 世纪后期——的偏见及仇外指控，而寻求其他理由来解释这种敌视欧洲的行为。1777 年，一份耶稣会报道问道，当欧洲人抱怨被中国人欺骗时，不是往往对谁开始欺骗谁只字不提吗？[75]1826 年，一名英国外交官肯定暹罗人对欧洲人的印象来自他们自己有葡萄牙血统、在暹罗社会中没有显赫身份的臣民身上；这种印象也移转到其他欧洲人身上，尤其是英国船员们的闹事斗殴，更常证实暹罗人最糟的偏见。[76]就连 1835 年以军事顾问身份被派至奥斯曼帝国、对土耳其人一点也不友善的普鲁士军官、后来的陆军元帅赫尔穆特·冯·莫尔特克（Helmuth von Moltke）也不得不承认，土耳其人理所当然对欧洲人没好印象，因为他们只认识骗子。[77]

1775 年秋，瑞典医生及自然科学家卡尔·彼得·通贝里在日本唯一允许外国人活动的港口长崎观察到，日本人讶异于"欧洲人往往对自己人不太友善讲理，粗暴咒骂殴打，并用其他残忍手段对付自己的水手"。[78]日本人瞧不起欧洲人，既不是

83

难以理解，也不是毫无道理，尤其是荷兰人上至国外商行主管全都积极投入走私之际。桑伯格抵达不久后，就发现"头人"（Opperhoofds）及船长十几年来以特制的大礼服运送走私品。日本人这时十分奇怪，荷兰人看起来缩成了一般正常人的身体大小。[79]除了安格贝特·坎弗那部经典作品外，桑伯格这位著名的科学家及一本 18 世纪权威的日本报告的作者，并未想到指责日本人仇外。他完全可以理解他们的立场。

回到卡斯腾·尼布尔，他总在尝试解决僵化的东西二分法，并给予他人观点应有的评价。尼布尔在一份历史笔记中指出，1738 年也门的摩卡港遭到法国战舰炮击时，当地居民绝未对欧洲人采取一概而论的敌视防御态度，反而让英国人及荷兰人在城中不受骚扰地生活下去：那种常被强加在穆斯林身上敌视所有"法兰克人"的敌意，压根无影无踪![80]尼布尔这种去东方化的常识的另一个例子是：1826 年，率领一个英国外交使团前往缅甸的约翰·克劳福德（John Crawfurd），在那里碰上一种观点，认为英国人的财富一定源自炼金术——这种信念在他看来当然可笑荒谬。[81]克劳福德以他那时典型的方式来看问题。尼布尔则不然，他在 1763 年 3 月听到也门人说，当地居民以为丹麦及德国的研究旅行家有制造金子的能力。尼布尔说，这十分理所当然，因为对至今只认识欧洲商人的阿拉伯人来说，事实上不得不感到奇怪，"我们千里迢迢而来，却什么事都不做"。[82]这些外国人花了许多钱，却显然没在赚钱。这总得有个解释，制造金子的推测绝不荒唐，很接近也门人的认知层次，甚至说来还是个蛮合理的假设。

从他不断努力从他们的思维中去理解他所遇见的非欧洲人对世界的解释来看，卡斯腾·尼布尔一定不是他那个时代典型 84

的旅行家，但他也不是特例。环球航行的德国人乔治·弗斯特、1795 年以英国公使身份出使缅甸的迈克尔·西莫斯（Michael Symes）、1783 年至 1784 年前往西藏南部的塞缪尔·特纳及 1808 年前往阿富汗的蒙特斯图尔特·艾尔芬斯通（Mountstuart Elphinstone）、瑞典人桑伯格（1775 年至 1776 年前往日本），还有 1799 年至 1804 年展开美洲之旅的亚历山大·冯·洪堡，他们和尼布尔一样，代表着和他者保持对话态度的人物，并不把欧洲人永远有理当成公理。他们也尊重其他民族对欧洲的认识。一部分——或许是大部分——旅行家嘲笑未到海外旅行的亚洲人对欧洲事物一概无知之际，在这种对立的传统中，总是有像塞缪尔·特纳这样的人，对藏族人丰富的地理知识讶异无比：扎什伦布寺（Tashilumpo）的一些僧侣对欧洲大国的相对位置有模糊的概念。[83] 按照欧洲的科学标准，他们的观念粗浅，但从十分有限的信息渠道及缺乏迫切的实际必要性来看，能掌握住关于欧洲的地理知识，已让人肃然起敬了。

但不是所有认同当地观点的行径，都和深入的文化好感有关。1793 年，担任出使中国的马戛尔尼使节团军需官的约翰·巴罗（John Barrow），可以理解中国人为何嘲笑他们访客的紧身衣饰和脸上的粉妆：

> 我们当然没理由就这样瞧不起或取笑中国人或其他任何一个民族，只因他们在衣服及举止等小地方和我们不同，特别当我们见到他们和我们在疯狂和荒谬上差不了多少时。[84]

但要小心！不可把巴罗解读成度量宽宏的文化相对论者，而必须正确解读他。中国人和欧洲人在小节上不同，这对他来说恰好微不足道且可轻易克服，因为基本上他认为中国文明比较差劲。

注释：

［1］ Richardson, *Dissertation*（1778），第 154 页，指出这一点。

［2］ 参阅 Neill, *Christianity*（1985），第 153 页。

［3］ 例如 Poivre, *Reisen*（1997），第 83 页及下页。约 1670 年起，荷兰东印度公司掌控的锡兰海岸，大力普及荷兰的克尔文教派；在这里，和之前葡萄牙人引进的天主教派起了冲突。参阅 Silva, *Sri Lanka*（1981），第 199 页及下页。

［4］ Hanway, *Historical Account*（1753），第 2 册，第 27 页。

［5］ Symes, *Embassy*（1800），第 312、319 页，第 321 页以下。

［6］ Turner, *Tibet*（1800），第 263 页。

［7］ 同上书，第 81 页。后来以药物和酋长交换（第 153 页及下页）。

［8］ 大体参阅 N. Thomas, *Entangled Objects*（1991）。

［9］ Castilhon, *Considérations*（1769），第 24 页。

［10］ Demeunier, *L'Esprit*（1776），第 1 册，第 v 页。

［11］ 概括参阅 Wills, *European Consumption*（1993）；Walvin, *Fruits of Empire*（1997）。

［12］ 亦参阅 Chaudhuri, *Trading World*（1978），第 15 页。

［13］ 参阅 Winch, *Classical Political Economy*（1965）。

［14］ 关于伯克对殖民主义的批评，基本参阅 Whelan, *Edmund Burke*（1996），特别是第 1 章及第 4 章。

［15］ Burke, 引文出自 Teltscher, *India Inscribed*（1995），第 171 页。

［16］ 参阅 Pagden, *Encounters*（1993），第 141~188 页。

［17］ Robertson, *Disquisition*（1817）。

［18］ 关于赫德与印度，大致参阅 Halbfass, *India*（1988），第 69~72 页。

［19］ 关于罗伯森的出色论述，亦参阅 O'Brien, *Narratives*（1997），

第 129~166 页。

[20] Shackleton, *Montesquieu*（1961），第 32 页及下页；Dodds, *Les récits des voyages*（1929），第 41~56 页。

[21] 马兰纳（Jean-Paul Marana, 1642-1693）的 *L'espion du Grand-Seigneur*（1684）算是这类"异国情调观察家"最早的文献。参阅 Weißhaupt, *Europa*（1979），第 2 册/第 1 章，第 3~15 页；Lope, *Cadalso*（1983）。

[22] 法文原文出自 *Œuvres*（1949-1951），第 1 册，第 129~373 页，这里参考 Montesquieu, *Perserbriefe*（1988），第 175 页（第 100 封）及下一页。

[23] 编者如此评论，Jürgen v. Stackelberg，同上书，第 291 页。

[24] Montesquieu, *Perserbriefe*（1988），第 77 页（第 44 封）及下一页。

[25] 一个普遍的动机：后来克劳福德亦对暹逻人自认伟大感到愤怒。*Siam*（1967），第 345 页及下页。

[26] 关于法国，参阅 Fink, *Le cosmopolitisme*（1993），第 26 页，关于英国，参阅 Colley, *Britons*（1992），特别是第 3 章。

[27] D. Campbell, *Journey*（1796），第 2 册，第 21 页。

[28] Adelung, *Schiffahrten*（1768），第 439 页。

[29] Court de Gebelin, *Monde Primitif*（1777-1781），第 8 册，第 lix 页。

[30] Ferguson, *Versuch*（1986），第 120~128 页，以及 Batscha/Medick, *Einleitung*（1986），第 42 页。

[31] 同上书，第 44 页。

[32] Ferguson, *Versuch*（1986），第 196 页。"善良风俗"原文为"politeness"：Ferguson, *Essay*（1966），第 75 页。

[33] Dunbar, *Essays*（1781），第 2 册，第 161 页。

[34] 同上书，第 162 页。

［35］Temple,《Of Heroic Virtue》，出自 *Works*（1814），第 3 册，第 322 页。

［36］参阅 Dreitzel, *Justis Beitrag*（1987），第 167 页及下页。

［37］J. Campbell, *Present State*（1750），第 12 页及下页，Hervorh. J. O.。

［38］Justi, *Vergleichungen*（1762），前言，第 3 页。

［39］同上书，第 165~187 页。

［40］同上书，第 170 页。

［41］同上书，第 168 页。

［42］参阅 M. Harbsmeier, *Wilde Völkerkunde*（1994），第 209~224 页。

［43］他视常被引述、1704~1707 年停留在好望角的法兰克自然学者柯尔（Michael Peter Kol）的报道为史料：*Caput Bonae Spei Hodiernum*（1719）。

［44］Justi, *Vergleichungen*（1762），第 178 页。

［45］同上书，尤斯蒂在这里误写为"中国人"（Sineser）。

［46］同上书，第 182 页。

［47］同上书，第 246 页。

［48］同上书，第 187 页。

［49］Varenius, *Descriptio*（1974），第 142 页。关于中国人的类似说法，参阅 Le Gobien, *Histoire de l'édit*（1698），第 218 页及下页。

［50］Hume,"Of the Standard of Taste"，出自 *Essays*（1987），第 227 页。

［51］引文出自 Vyverberg, *Human Nature*（1989），第 60 页。

［52］Demeunier, *L'esprit*（1776），第 1 册，第 viii 页。

［53］Walckenaer, *Essai*（1798），第 249 页及下页。

［54］例如 Hammer－Purgstall, *Geschichte des Osmanischen Reiches*（1827-1835），第 1 册，第 414 页及下页。

［55］同上书，第 2 册（1828），第 508~10 页。

［56］同上书，第 9 册（1833），第 vii 页。

［57］A. Hamilton, *New Account*（1930），第 1 册，第 144 页。

［58］Hebenstreit（1731），引文出自 Thomson, *Barbary*（1987），第 38 页。类似说法（并有关马耳他骑士），参阅 Niebuhr, *Reisebeschreibung*（1774-1837），第 1 册，第 18 页。

［59］Justi, *Vergleichungen*（1762），第 252 页。

［60］参阅 Gibbon, *Decline and Fall*（1909-1914），第 6 册，第 298 页及下页，第 307、318、340 页。

［61］Hammer-Purgstall, *Geschichte der Goldenen Horde*（1840），第 79 页，亦见第 81 页。类似法兰克军队"残暴"的关键评价，参阅 Hammer-Purgstall, *Constantinopolis*（1822），第 1 册，第 93~95 页，第 131 页及下页。

［62］Montesquieu, *Perserbriefe*（1988），第 134 页及第 135 页（第 72 封信）。

［63］Societas Jesu, *Lettres édifiantes*（1780-1783），第 24 册，第 330~376 页。

［64］同上书，第 334 页。

［65］同上书，第 375 页。一般亦参阅 Kästner, *Gespräch*（1997）。

［66］K. Liebau, *Malabarische Korrespondenz*（1998），特别是编者前言。

［67］那是根据 1920 年丹麦和当地王公纳亚克（Nayak von Tanjore）的合约建立的殖民地。全盛时期的面积约 50 平方公里。在《马拉巴书信集》出现的时代，这里住着大约不到 8000 人，其中约 200 名不同国籍的欧洲人，还有 2~4 名传教士。参阅 Nørgaard, *Mission*（1988），及 Raabe, *Pietas Hallensis Universalis*（1995），H. Liebau, *Indienmissionare*（1995）。

［68］Ziegenbalg/Gründler, *Malabarische Correspondenz*（1714-1717），第 2 部分，第 902 页及下页。谢谢利鲍（Kurt Liebau）先生提

供他自己这部作品的版本。

［69］ 同上书，第 1 卷，第 456 页及下页。

［70］ Poivre, *Cochinchine*（1885），第 382 页。

［71］ Hüttner, *Nachricht*（1996），第 117 页。

［72］ Niebuhr, *Reisebeschreibung*（1774-1837），第 1 册，第 299 页。

［73］ 参阅 Hansen, *Reise nach Arabien*（1965）。

［74］ Niebuhr, *Reisebeschreibung*（1774-1837），第 1 册，第 189 页。

［75］ Societas Jesu, *Mémoires*（1776-1814），第 2 册（1777），第 372 页及下页。

［76］ Burney, *Papers*（1910-1914），第 1 册，第 59 页。在亚洲各地，控制自己国家闹事的水手，是欧洲领事的主要任务之一。在禁止酗酒的伊斯兰国家，醉酒的水手尤其令人讨厌。参阅 Niebuhr, *Reisebeschreibung*（1774-1837），第 1 册，第 426 页。

［77］ Moltke, *Briefe*（1987），第 349 页。

［78］ Thunberg, *Reise*（1794），第 2 册，第 1 部分，第 21 页。

［79］ 同上书，第 12 页及第 20 页（一只在裤子中走私进来的鹦鹉因为出声而泄漏行踪）。

［80］ Niebuhr, *Reisebeschreibung*（1774-1837），第 1 册，第 442 页及下页。

［81］ Crawfurd, *Ava*（1834），第 2 册，第 114 页。

［82］ Niebuhr, *Reisebeschreibung*（1774-1837），第 1 册，第 337 页。无法理解欧洲人的旅行热，是当地人常见的反应。夏尔丹（*Voyages*, 1735，第 2 册，第 53 页）在波斯见过，亚历山大·冯·洪堡（*Rio Magdalena*, 1986，第 1 册，第 93 页）在南美洲见过。

［83］ Turner, *Tibet*（1800），第 269 页以下，第 272 页以下，第 278 页。

［84］ Barrow, *China*（1806），第 74 页及第 59、65 页。

第四章 旅行

约翰·马尔科姆爵士（John Malcolm）的客人

1825 年 6 月 18 日，英国驻法大使诺森伯兰郡公爵的巴黎住所举办了一场小型晚宴。[1]主人是约翰·马尔科姆爵士，他之前因好奇而前往法国参加查理十世（Karl X）在兰斯的加冕典礼，现在则在大都会巴黎享受几周的假期。1783 年到 1822 年，约翰爵士除了几次短暂停留在家乡外，一直以东印度公司雇员的身份待在印度及波斯。他现在挂着少将的军衔，处于退休状态；1827 年，他再以孟买总督身份回到印度任职两年多。[2]那晚的贵宾是当时全世界最著名的自然科学家及旅行家亚历山大·冯·洪堡。此外，还有尤利乌斯·冯·克拉普罗特（*Julius von Klaproth*）男爵及乔治·托马斯·斯当东（George Thomas Staunton）爵士。居无定所的语言天才克拉普罗特在科学界的名声并非毫无争议，却拥有令人难以领教的过人精力[3]：在柏林王室图书馆自学古汉语，1802 年起担任歌德的中国研究顾问。[4]他到蒙古、格鲁吉亚及高加索旅行过，出版过许多有关亚洲地理、历史及语言的作品。尽管克拉普罗特在法国及俄国发迹，却在1823 年要了一个重要的语意学手段，将新的"印欧"语言学改名为"印度日耳曼"语言学。[5]在某些人眼中，他是普鲁士间谍，当他试着把在一张中国地图上"发现"的列岛以他死去的赞助者扬·波托茨基伯爵之名命名时，轰动一时。[6]

乔治·托马斯·斯当东爵士是第一位以中文和中国皇帝交谈的英国人（家族来自爱尔兰）。他父亲乔治·伦纳德·斯当东（George Leonard Staunton）爵士便是 1793 年至 1794 年马戛尔尼勋爵出使北京使节团的代表。当年 12 岁的托马斯在漫长的旅途中，从两位同行的中国教士处学到了基础中文，因而能在 1793 年 9 月 14 日晋谒乾隆皇帝时令其大吃一惊。小斯当东接着长年出任广东的东印度公司代表。1817 年，他返回英国成为议员，常在中国事务上受其政府咨询。1823 年，他和伟大的印度学家亨利·托马斯·科尔布鲁克（Henry Thomas Colebrooke）成立了皇家亚洲协会。[7]

那一晚，冯·洪堡几乎就像在其他参与过的社交场合，主导着谈话，谈的是墨西哥和秘鲁，尤其是冯·洪堡当时的主要焦点——地球的气温分布。在此，我们只对四位名人的生平感兴趣。四位都有过长距离的陆地旅行经验，但全都未像库克船长那样"发现"过全然陌生的地域。不过，在他们自己组织或参与的旅行中，他们都对自己勘查的国度有重要的新认识。四位全是受人敬重的专家。冯·洪堡对拉丁美洲的认识，大概胜过所有当时在世的拉丁美洲人，此时正好出版了自己美洲之旅巨著的核心部分：三大册《新大陆赤道地区旅游纪行》（*Relation historique du voyage aux régions équinoxiales du Nouveau Continent*，1814-1825），一块世界文学的瑰宝。马尔科姆爵士则通晓印度，在印度四处旅行，并写过许多有关印度近代历史的作品；1815 年，他的《波斯史》出版，为他赢得牛津大学荣誉博士学位，并成为全面论述伊朗历史的代表作品，近百年都未被取代。克拉普罗特基本上是位中亚专家，不断受人引述及咨询。斯当东爵士是大英帝国举足轻重的中国专家，其学术成就在于翻译了清朝最重要的律法文献。[8]

四位权威的共同之处在于他们欧洲以外的知识都和帝国有关。最不明显的要算冯·洪堡。1799 年至 1804 年，他以私人名义自费到西班牙的殖民王国内旅行时，毫不留情地批评了西班牙政权。但他的旅行计划仍要视西班牙殖民地当局同意与否而定，所以 1829 年他毫无选择，只能透过接受沙皇的官方邀请来认识俄国及西伯利亚。[9]克拉普罗特是沙皇帝国的枢密官，身负扩张沙俄版图的官方任务，前往东亚和东南亚旅行。斯当东孩提时就以英国公职身份出游。至于马尔科姆爵士，身为将领、外交官、行政首长及学者，已是当时最成功的帝国缔造者之一。

从多方面来看，马尔科姆爵士的客人深富启发性：19 世纪初期（其实在 18 世纪后半叶即已如此），旅行家已能够功成名就。从他们的社会地位来看，他们是学者，同时也是士绅、社会精英的成员。他们不是出于冒险乐趣而从事旅行，而是怀有科学目标，并获得国家赞助。他们的知识对帝国有利；就算是冯·洪堡的改革建议，亦有益于西班牙当局，如果他们感兴趣的话。这种层级的旅行无法顺其自然，反而要求最严密的组织。1800 年左右，这种高阶旅行成为当时旅行活动的特点。1815 年，《爱丁堡评论》的匿名作者从中分出了低阶旅行，认同当时透过出色专家取得的报道水平，却遗憾再也没有任何事物会让这些信心十足的人物感到惊奇。不像 17 世纪那些提笔写作的商人和珠宝贩子——他指的是夏尔丹和塔韦尼耶——从事未知的冒险，低阶旅行者和一般民众有更多的接触。[10]

不过，在"漫长"的 18 世纪，在欧洲以外的脉络中"旅行"到底意味着什么？那并非前往英国、德国、法国或意大利旅行的地理上的延伸。欧洲以外的旅行，从来不是一般的出游，即便在周全准备后，仍是一项艰苦危险的任务。[11] 布拉格以东的旅行已可算入。[12] 旅行家承担着比欧洲内陆旅行更多的报道义务。委托人和观众比较热衷精确的报道，而不是刺激的经历与旅行者的心理状态。现代欧洲大幅领先古希腊罗马及其他文明，不就因为透过实验和旅行的经验而获取到的知识吗？[13]

欧洲以外的旅行，基本上是种旷日持久的活动。一场还算彻底的近东之旅，应该要花上两年的时间，更远的地区费时更久。对许多欧洲人来说，前往亚洲是其职业活动的序幕，可能永远不会回来，或到晚年才能归田。这一点必须纳入我们的旅行定义中。例如，派往中国的耶稣会传教士，要考虑自己可能再也见不到欧洲。一名全欧倚重的学者安东尼·戈比（Antoine Gaubil）① 神父，1723 年 4 月抵达北京，1759 年 7 月在北京去世，再也不曾离开过那座首都。[14] 100 年前，中国传教活动的支柱学者尼可罗·隆戈巴尔迪（Niccolò Longobardi）② 神父，甚至在中国待了 58 年。戈比因为自己的法文与拉丁文文笔愈来愈差而臭名昭著——这是积极融入中国环境的结果。[15] 在欧洲人看来，戈比算不上一位旅行家，就像摩达维亚亲王德米特里厄斯·坎泰米尔（Demetrius Cantemir）一样。1687 年，这位重要的奥斯曼帝国历史著作作者（1734），以 15 岁之龄前往伊斯坦布尔，一直待到 1710 年，其间只曾短暂离开过。[16] 1740 年至 1755 年，以商人和厂主身份住在君士坦丁堡的让-克劳德·弗拉夏（Jean-Claude Flachat），和王室关系良好，成为第一位获准进入苏丹后宫的欧洲人。[17] 他算是"旅行家"吗？

---

① 中文名字宋君荣。——译者注
② 中文名字龙华民。——译者注

马尔科姆爵士当然是为帝国事务而周游印度。相比较而言，其他的耶稣会教士不像戈比那样恋栈，会被中国皇帝派遣到帝国的偏远地区，例如康熙皇帝的杰出外交官让-弗朗索瓦·热尔比永（Jean-François Gerbillon）①，在 1688 年至 1698 年，八次冒险进入蒙古。[18]这些人并非从欧洲展开他们的亚洲旅行经历，而是从加尔各答或北京这样的亚洲基地出发。只有扩大旅行的概念，这些或多或少一直定居在亚洲的欧洲人才能算是"旅行家"。无论如何，这个时代大部分重要的亚洲文献，是在这种看来持续接触的背景下写成的：虽然不是严格意义上的旅游文学，却是第一手亚洲文本。

官员的眼泪

我们对 18 世纪海外旅行的印象，可以说来自沃利斯（Wallis）、库克、布干维尔（Bougainville）及拉彼鲁兹（Lapérouse）等船长横渡太平洋的壮举，这些都是当时最轰动的旅行活动。[19]塔希提岛是 18 世纪的大发现。相形之下，亚洲早已耳熟能详，似乎也没有让人激动的秘密。詹姆斯·库克刻意避开亚洲。在他最重要的旅行，即 1772 年至 1775 年的第二次环球航行中，他在绕过非洲后，立刻便在印度洋下方的南极纬度朝东继续航行。18 世纪 20 年代，谢尔沃克（Shelvocke）船长已对亚洲没太大兴趣，"因为我们已熟知亚洲的海洋与国家"。[20]"从前陌生的国度，"一名前往中国的旅行家同时表示，"已被好奇的欧洲人多次造访并详尽描述过，就像对我们自己的祖国一样熟稔。"[21]1730 年，有人便说德国人已熟悉东印度[22]，伊

89

---

① 中文名字张诚。——译者注

斯坦布尔及小亚细亚海岸也因许多记述而成了"老掉牙的东西"。[23]1800 年左右，可以这样说，没几个国度像波斯那样普受造访，[24]印度焚烧寡妇的行径也常被提及，根本没必要继续重复旅行探索，[25]至于欧洲前往印度与中国的海路旅行，虽非完全没有危险，这时亦已成为康庄大道，对有野心的船员来说，再也不是挑战。[26]1816 年，英国船长亨利·艾里斯（Henry Ellis）前往中国，确信再也见不到任何新奇的事物——自然也没见到什么。[27]

这是奖牌的一面。在另一面，还是可以发现许多新的民族与生活方式。这里特别是指西伯利亚、高加索和里海的国家：一个直到 18 世纪才被开发出来的巨大民族志经验范畴。在印度，有些民族、宗教团体及政治组织，要随莫卧儿王朝的衰亡才出现在欧洲人眼中，就像锡克族（Sikhs）及马拉提族（Marathen）。[28]像也门这样只是听闻过的国家，现在也被——卡斯腾·尼布尔的也门——深入考察及详细描绘。越过沿岸地区的旅行家，往往觉得内陆人从未见过欧洲人似的：对他们来说，还真是一种颠倒过来的哥伦布式发现。愈无哥伦布、麦哲伦或库克那种海路的发现，陆路旅行的声望也就愈高。喜爱冒险的亚历山大·汉密尔顿表示，前往孟买或巴达维亚，再从那里舒舒服服地前往其他地区，然后以"东印度旅行家"的头衔夸谈论着远方的民族，根本不算本事。[29]一封耶稣会的信简中提到，沿岸地区和内陆的差异，就像欧洲和世界其他地区一样巨大。[30]

90　　　然而，还是有所谓真正的第一次接触，甚至就在中国门前。18 世纪，朝鲜是亚洲最封闭的国家。欧洲人对与中国接壤的这个汉化王朝的印象来自两处，一是透过耶稣会的百科全书得知中国人汉族中心世界观中最重要的属国的知识。[31]透过朝鲜人，也就是那些耶稣会修士在北京见到的朝鲜使臣，欧洲人反倒在1623年取得有关基督教传入这个遗世独立王国的第一批消息。1790年左右，自称为天主教徒的朝鲜人人数已成长到千人左右，这不是直接的传教结果，而是研习译成中文的基督教文献所造成的。他们在接下来的那些年中，遭到严酷的迫害。[32]1600年之后不久，当一名使节由北京带回一张欧洲的地图时，有关西方的世界知识便已传入朝鲜。1631年，另一名外交官从北京带回一支滑膛枪、一个望远镜、一口自鸣钟、一张世界地图及一些天文书籍。同时，裘利欧·阿列尼（Guilio Aleni）①修士的《职方外纪》中文版在朝鲜受到钻研与评注。[33]尽管朝鲜不让传教士及欧洲商人进入，但在19世纪早期，他们对西方已非一无所知。欧洲人了解朝鲜的第二个来源是1668年亨德里克·哈梅尔（Hendrik Hamel）的日记。他1653年起因船难而在朝鲜停留了13年。不过这份日记普受质疑，直到19世纪早期才被当真。[34]

1816年9月，阿美士德（Amherst）勋爵出使中国失败（勋爵无法进行重要交涉），随同的两艘英国军舰"阿尔切斯特号"（Alceste）及"天琴座号"（Lyra）侦察了朝鲜西海岸10天之久，达成了类似南太平洋岛屿的第一次接触。事实上，朝鲜人及欧洲人直到此刻，都没有任何直接接触；没有任何欧洲民族志文献描绘过朝鲜人及他们的服饰。"天琴座号"船长巴兹尔·霍尔（Basil Hall）及"阿尔切斯特号"的随船医生约翰·梅里欧（John M'Leod）的报道，记录下欧洲这一方的珍贵时刻。[35]

---

① 中文名字艾儒略。——译者注

不过，这说不上是类似布干维尔船长式的亢奋事件。朝鲜不是第二个塔希提岛，霍尔船长不是以征服者的姿态前来，也不是一位准备妥当的民族学家。船上当然没有人懂得朝鲜文，一名随船的中国仆役是个文盲，无法阅读朝鲜人写下的中文。霍尔及梅里欧费了好大力气才和起先小心翼翼的朝鲜村民稍稍融洽相处。礼物和金币并未达到目的。让这些不受欢迎的访客吃惊的，是这些朝鲜人既不惊慌，也没有一如预期出现"蛮人"那种天真雀跃的欣喜之情：

> 这些人态度高傲，显得镇定冷静，缺乏好奇心，倒让我们感到奇怪。[36]

他们反而清楚表明他们的想法：

> 一个男人带来大家共同的想法，希望我们离开。他为了表明这一点，拿出一张纸像船帆那般高高举着，对着风吹的风向，并指着船。他似乎想表示，现在正好顺风，我们只需要扬帆就可以离开这座岛。[37]

当霍尔船长和船员三天后，即 9 月 3 日，想在另一处搭乘小艇上岸时，朝鲜人传达的信息还是一样不太友好。这次更令这些欧洲人摸不着头绪：

> 他们拿着扇子比着自己的咽喉，有时候也比着我们的，似乎想让我们明白，我们留下来的话，有许多人会被砍头似的，只不过不知道那是指他们自己，还是我们。[38]

当一名德高望重的老人，甚至可能是位文官现身，来到"天琴号"上交涉时，敌视的情况才稍微缓和下来。首先，这位德高望重的人——霍尔船长称他为"酋长"——发现这些外人听不懂朝鲜语，跟着又得知他们连汉字都无法阅读——没有开化的明证。[39]巴兹尔·霍尔继续描述着这位高官和英国海军军官间的外交礼节哑剧，在他们共同小酌樱桃白兰地时达到高潮，笔锋幽默动人，没有诋毁嘲弄朝鲜人。这名"酋长"是19世纪早期文献中文学描绘上最动人的亚洲人角色之一，而那个场景则是不同文化成员间无言沟通最美的一幕。

　　直到英国人发现这名官员的随从迅速测量完整艘船，并记录下帆具与武器时，才明白这些朝鲜人绝非无知蛮人。[40]在多方相互拜会，看来成为朋友后，朝鲜人开始时的不信任一下子转成不断努力测试西方的文化技术。那名老"酋长"在"天琴号"上用早餐时，显得相当积极：

> 他尽情吃着桌上所有东西，用着他大概第一次见到的刀叉及汤匙。开始时，他显得笨拙，但后来熟练后，便拒绝换成为他准备在一旁的筷子。他真的迫切地想接受我们的习俗，当我们以中国人的方式端给他一杯茶时，他瞧了瞧我们，跟着把他的杯子递给仆役添上牛奶与糖。这位老先生显然十分心满意足地品尝着。他彬彬有礼，轻易适应了和他完全不同的民族风俗，这着实令我们讶异。只要想想，他之前可能对我们一无所知，那他得体的举止似乎就不只能从他崇高的社会地位来解释，也可由那个我们至今还未注意到的社会的文明程度来观察。无论如何，这件意外值得重视，因为这表示，不管不同国家中的社会如何不一样，礼节形式依然放诸四海而皆准。这名老酋长正好体现出这种文明性格。他喜欢我们试着取悦他，所有他注意到的东西同时也让他深感兴趣。他十分好奇，当他明白一

92

件起先让他讶异之物的用途后，总是无比满意。没有任何的故作惊奇，没有任何的过度钦佩。毫无疑问，他是位有良好教养和敏锐观察力的人。[41]

巴兹尔·霍尔没有隐瞒英国人对这名"酋长"处事方法的困惑不解：他的观点完全不同于落后蛮族对西方成就的目瞪口呆——从早餐的茶到船上大炮——反而表露出一种全然客观实际的兴趣。他相当自信，可以试验一下变换角色的小把戏，而不出卖自己的文化。在这场相会结束之际，他礼貌而果断地要求英国人尽快离开他的国家。当他们不准备这样做时，他痛哭出声，大声诉苦，表示他的人头将不保：

> 这时酋长痛哭流涕，转身离开，头靠着一名随从的肩。当他离开时，他不只抽搐哭泣，还不时咆哮出声。[42]

这两艘船最后还是扬帆驶离了。

碰上这种戏剧性的转折，霍尔船长也难以解释。要不是他先在这名"酋长"身上见到另一种文明人士，并高度推崇这样一位非英国人（也包括欧洲），视他为一名绅士的话，这位"酋长"也不会突然行为成谜，让他不知所措。[43]那种为人所熟悉、可超越文化界限被认同的精英人士的得体举止——简而言之，即所有的优雅行为——还是不敌一种令人震撼、完全另类的感情表现。在社交举止的表象背后，还暗藏着让人难以理解的情绪冲动。巴兹尔·霍尔带着全然矛盾、无法以文明与野蛮的对比方式来解释的印象，离开了朝鲜海岸。他没用高人一等的语言来掩饰自己的茫然，也未落入亚洲人性格摇摆的老套说法，这让他的报道显得真诚：

　　我们毫不遗憾地离开那个港湾。那名衣着华丽的长须老酋长，的确让我们大家印象深刻。不过，他的忧心、怯懦、幼稚，有损我们原本对他的敬意。但是，这一情况却让整件显得不太一致的事件多了额外的趣味，面对那位老者全然未知的命运，他可笑的性格也就显得无足轻重。[44]

　　这位后来离开皇家海军，成为一名所谓的旅游文学作家，并和他人一同成立皇家地理协会的巴兹尔·霍尔，在几页之间便记录下 18 世纪及 19 世纪早期的亚洲中，一次没有任何前提条件的第一次接触。"阿尔切斯特号"及"天琴座号"继续向琉球群岛航行，那个西方人同样没接触过的地方，住有一个聪明、亲切、爱好和平的民族：终于在中国海中找到了塔希提岛！[45]这次具体的相会可再算是一次纯粹的第一次接触。不过，在这个个案中，欧洲并非完全不知道这个被发现的地域：西班牙的报道已简略提过这些岛屿，北京宫廷内的欧洲科学大使安东尼·戈比神父在《耶稣会士书简集》中也根据中国史料描述过琉球，并附上一张详尽的地图。[46]

　　直到 1816 年前，朝鲜这个隐士王国——不久以后就有人喜欢那么称呼它——未受西方人打扰，因为那里没有任何贸易机会。1711 年，饱学的阿塔纳修斯·基歇尔（Anthanasius Kircher）及亚图神父（Pater Jartoux）已详细提到著名的朝鲜人参的神奇功用[47]，并可经由中国大量取得。英国的访问舰队暂时未取得任何成果。直到 1876 年日本入侵后，朝鲜才打开了一扇国际贸易之门。直到此时，西方人也才取得有关朝鲜的详细消息。从地理学上来看，霍尔和梅里欧的简短报道没有太大价值，绝无法取代之前亨德里克·哈梅尔的文献。

海洋与陆地[48]

18 世纪，前往印度及这个次大陆以东地区国家的航运，愈来愈安全舒适。最重要的技术突破，乃是造出能够精密测量海上经纬度的航海仪。长久以来，人们就试图解决这个问题。1714 年，为了达到这个目标，英国甚至成立了一个高阶的"经度委员会"（Board of Longitude）——首任主席是艾萨克·牛顿爵士——并以爵位来悬赏取得科学成就的人士。1770 年，才智出众的约翰·哈里森（John Harrison）在经过十几年的努力后，终于造出一个能够满足航海员实际要求的器具：一种大量减少海上人员损失的发明，有助于不再绕道航行，并在英国海权的世界扩张上扮演了关键性的角色。[49]同样的情况也出现在 1753 年詹姆斯·林德（James Lind）建议改善船上膳食，成功防治坏血病上。坏血病是一种缺乏维生素的恶疾。海军上将安森在 1740 年至 1744 年的环球航行中，一共损失了 1410 人（占全体船员总数的 73%），其中 997 人死于坏血病。[50]不过，自库克的环球航行起，这种疾病再也无足轻重。在奥托·冯·柯策布斯（Otto von Kotzebues）长达 3 年半（1815–1818）的第二次环球航行中，再也没有人死于坏血病。[51]科学航海术全面取代感觉及目测掌舵后，属于英国及法国最高帝国方案的完美海图也才有可能出现，而其使用也变得理所当然。[52]

尽管有此"航海革命"，欧洲东印度公司货运帆船的航行，还是无法和库克、拉彼鲁兹或克鲁森斯腾（Krusenstern）（一名为俄国效命的德国船长）等被当成展现国家威望来处理的、配备完美的航海远征队相比。尤其是英国东印度公司的贸易商船，多为 500 吨~1200 吨，算是相当舒适的船只。不过，一名在荷

95

兰东印度公司工作到 1688 年的德国矿场专家及后来的科堡市市议员约翰·威廉·沃格尔（Johann Wilhelm Vogel），在 1716 年衷心建议未来从事海上旅行者要不断向上帝祈求，并避开不良伙伴。而这个建议在未来的几十年中，依然适用于一般乘客。人们带上口粮，包括一大堆大蒜，还有暴风雨时不该喝的烈酒。喝酒过多很危险，因为醉后易跌落船外。卧铺应该位于船中央。[53]在见到多半乱无章的装船方式之际，人们只能庆幸自己的行李居然可以凑齐。有些人禁不住想起那句古老的谚语："打死父母的人，还犯不着被送去东印度。"[54]船上的情况完全视阶级和航行者的任务而定。水手自然最苦，干着粗重的体力活，服从严格的纪律，睡在统舱的吊床上，食物微薄。士兵和工匠情况稍好。以专家身份受雇于荷兰东印度公司的德国人所写的游记有个特点，即疏远"亵渎上帝"及酗酒的水手"族"。[55]大家保持着自己的市民身份。

　　住在后甲板船舱中受雇或出差的上流人士，虽因周遭的纷乱而一样岌岌可危，但在这个海上阶级社会中的待遇显然舒适许多。他们最受不了船上动物的臭味、隔邻粗鲁水手的吵闹声、自大愚蠢的军官及无聊，就如 18 世纪 40 年代末那位经常旅行的植物学家、经济学家及殖民地代理人皮埃尔·普瓦弗尔在一篇激烈抨击航海旅行的文章中所抱怨的那样。[56]奥古斯特·路德维希·施洛策尔这位旅行理论家——而非实践家——在他哥廷根大学的旅行艺术讲座中，特别强调被迫生活在一起的经历："在海上最能清楚认识人，至少是容忍人。大家差不多像结了婚一样。"[57]就算上流人士也躲不过常在船上爆发的传染病。他们亦闻着无风之际不到几天便聚在船壁的秽物臭味。如果情况恶化，船只得靠划船之助拖往其他地方。[58]世界各个海域都有

96

海盗及其船舰。在海上遇见其他船只，都令人担惊受怕。任何航行都有可能遇上船难及沉没。[59]

在 19 世纪后半叶亚洲逐渐引进铁路之前，没有任何技术进展能够改善陆路运输的条件，让其变得类似海上旅行那样轻松快速。毕竟在 1825 年时，从伦敦绕过好望角前往加尔各答的海上旅行，在搭乘最好的船只及顺风的情况下，只要 5 个月，最长不超过 8 个月（和 50 年前一样）。[60]而在 1800 年左右，陆路旅行的情况和速度，几乎和亚历山大大帝或马可波罗的时代一样。1808 年及 1809 年，哈福德·琼斯（Harford Jones）爵士所率领的英国使节团（《伊斯法罕的哈奇巴巴奇遇记》作者詹姆斯·查士丁尼·莫里尔亦参与其中），以每天 19 英里的速度抵达波斯。当地骆驼商队平均速度 35 英里，没有辎重的军队可达 70 英里。[61]欧洲人不得不使用当时的地方交通工具。和当地人相比，他们没有任何技术优势，没有和亚洲内陆船运相比时现代帆船所拥有的优势。

不像水上旅行一定是集体活动，陆路旅行可以是物资匮乏的个人行动。17 世纪初，亨利·布朗特（Henry Blount）走过英国和埃及间的 6000 英里路程，在他同胞中获得"伟大旅行家"的绰号。[62]1602 年至 1605 年，葡萄牙耶稣会修士本托·鄂本笃（Bento Góis）是第一位沿着由印度经阿富汗，越过帕米尔高原前往土耳其斯坦，再到中国东部苏州（他死于苏州）这条极端艰巨的陆路旅行的欧洲人。[63]1661 年 4 月，任职皇室钦天监算数家的来自林茨①的耶稣会修士约翰·克鲁伯（Johann Grueber）②，由北京出发前往印度。1661 年 10 月 8 日他到达拉

---

① 奥地利西端和德国接邻的城市。——译者注
② 中文名字白乃心。——译者注

萨。他是第一位抵达圣城拉萨的欧洲人，但他对圣城没有任何描述。他是第一位越过喜马拉雅山的欧洲人，在经过尼泊尔、莫卧儿王朝首府阿格拉（Agra）、波斯及小亚细亚后，于1664年2月抵达罗马。[64] 18世纪，这种个人壮举变少，只有伊波里托·德西代里（Ippolito Desideri）在1712年至1728年重复过克鲁伯之旅。[65] 这个世纪后半叶最惊人的个人壮举，应是苏格兰人詹姆斯·布鲁斯（James Bruce）的非洲之旅。1763年至1773年，他经由北非、叙利亚、埃及、红海，抵达埃塞俄比亚皇帝位于贡德尔的宫廷；1770年10月，他抵达蓝尼罗河的源头。[66] 布鲁斯在献给英王乔治三世的游记中，写到自己越过一个包含各种令人害怕、有害健康或致命的地域，抵达"不幸与世隔绝，甚至从未听闻过陛下大名及美德"的地方。[67]

在18世纪的亚洲，大型的陆路旅行已不再是个人行为，即便还是有不畏长途跋涉的人士，如博岑（Bozen）① 的耶稣会修士约瑟夫·蒂芬塔勒（Josef Tieffenthaler），在30年中周游印度次大陆大部分地区。[68] 17世纪90年代，受到莱布尼茨支持的耶稣会计划——直接和中国交流，不受东印度公司控制，开辟一条由罗马到北京的陆路——在1712年被搁置。[69] 18世纪最常使用的两条欧亚道路，一条是由圣彼得堡经西伯利亚及蒙古通抵北京，俄国外交使节团及商队大约要花上16个月[70]；另外一条长途路线则是由地中海经美索不达米亚前往印度，英国东印度公司的雇员多使用这条路径。他们最偏爱的路线——760英里长的大沙漠之路——是由叙利亚的阿勒颇（Aleppo）通往波斯湾的巴士拉（Basra）。1791年，一本旅游导览建议，如果愿

① 意大利东北山区的城市，即"波尔扎诺"。——译者注

意相信土耳其人及阿拉伯人，又不坚持英国食物的话，可以走这条路，作为不像海上旅行那般无聊的替代性选择。[71] 这条路径在 1751 年至 1798 年间最受青睐[72]，并在那些揣测拿破仑可能入侵印度的年份里享有一定的政治知名度。[73]

98　东亚：抵达长城

是否能够广泛深入地了解亚洲的不同地区，主要视其是否易被欧洲人接近。不同于 19 世纪后半叶，许多亚洲政权在 18 世纪尚能控制外国人的进入与流动。

这种情况主要发生在东亚。朝鲜是一个完全闭锁的国家，可算特殊个案，而日本则与其相当类似。整个 18 世纪，日本严厉执行锁国政策，只有荷兰人还被允许在人造的出岛上继续经营他们的小商行。[74] 1708 年，在镇压基督教 70 年后，意大利人乔瓦尼·巴蒂斯塔·西多蒂（Giovanni Battista Sidotti）是 1853~1854 年门户开放前最后一位冒死进入日本本土的传教士。他立刻遭到逮捕，1714 年 11 月死于被囚禁的地洞中，可能是饿死的。[75] 英国人对日本不太感兴趣，也或许是认为在遭遇日本人及荷兰人的共同抵抗时，任何冒进必然会失败。英国在拿破仑发动战争之际占领了荷兰的殖民地爪哇后，于 1813 年派遣两艘船舰前往长崎，以打破荷兰东印度公司的贸易独占，但他们最后不得不折返爪哇，一无所获。他们也把原本准备献给幕府的礼物中最珍贵的一样，即一头活生生的大象带了回来，这头大象让那些登船的日本官员彻底察看了一番，也在日本——是当地所见过的第四头这种动物——留下深刻印象。[76]

18 世纪时，沙皇王朝发展成北太平洋最活跃的海上强权，但也未让日本人特别重视。1811 年 7 月，当瓦西里·米哈伊洛维奇·戈洛夫宁船长来到千岛群岛南方从事地理测量工作时，他和六名同伴因为之前个别俄国人进行武装骚扰、在千岛群岛住民之间所造成的不安，遭到日本警卫扣押，被拘禁长达 26 个月之久。这些俄国人得到不坏的待遇，但日本人使用各种特务工作的技巧，从他们那里套取信息。尽管戈洛夫宁船长和陪伴他回来的里科尔德（Rikord）船长事后发表了富启发性的报告，但是透过此次接触，日本人的欧洲学或许比欧洲人的亚洲学取得了更大的收获。[77] 至少 1804~1805 年，亚当·约翰·克鲁森斯腾船长率领的俄国第一次环球航行队伍已未得到盛大的接待。克鲁森斯腾可以仔细探勘日本周围海域的水文地理，但几乎和其他欧洲人一样，在陆地上只见到长崎。[78] 唯一能接近内地的机会，便是以荷兰东印度公司官方代表身份，前往江户参拜幕府——荷兰人仿佛被分封者一般，必须定期踏上这约 90 天左右的宫廷之旅。然而，路线总是一成不变，而且透过安格贝特·坎弗 1691 年至 1692 年的出色报道以及卡尔·彼得·桑伯格 1776 年稍嫌薄弱的复述，已为欧洲熟知。[79]

中国的情况类似，却又完全不同。1860 年以前，对西方人而言也说不上有迁徙自由，但仍有更多的旅行及获取信息的机会。这可分成三类。首先，清帝国的海外贸易不像日本那样受到严格管制。基本上，中国当局并不在乎哪些外国人造访了由葡萄牙人管理的澳门及广州的欧洲商行。几乎所有文字记录的中国之旅，至少都会略微描述广州。[80] 若有谁跨不出广州，便使用一个奇怪的假说来掩饰窘境：反正中国到处看起来都是同一个样子。[81]

18 世纪，耶稣会修士仍然继续着他们的中国报道。17 世纪，教士在宫廷中的地位、在文官学者中的威望及所具备的科学知识，要比后继者来得高。在早期他们留下许多依据在众多省份跋涉旅行而撰写的优秀风土描述，特别是阿瓦罗·赛门多（Álvaro Semedo）① 于 1642 年出版及加布利耶·德·马加耶斯（Gabriel de Magalhães）② 于 1688 年出版的书籍。[82]不过，直到 1688 年 2 月，第一位法国耶稣会修士抵达北京后[83]，欧洲读者才开始被有关中国的文献淹没。18 世纪中期左右，法国人或德国人对中国的了解，已凌驾于对某些欧洲边陲国家的认识之上。路易·勒·孔德（Louis Le Comte）③ 的科学成就没有一些修会兄弟来得高，却是一位机灵的作家，在 1696 年出版了一本很快受到多方引用的风土人物入门书。[84]1702 年起，《耶稣会士书简集》在巴黎出版，定期收集传教士来自北京及东南亚的信件。1776 年，即 1773 年解散耶稣会后，《耶稣会士书简集》改称《中国历史、科学、艺术、道德、风俗论集》（*Mémoires concernant l'histoire*, *les sciences*, *les arts*, *les moeurs*, *les usages des Chinois*），直到 1814 年共出版了 16 册。1735 年时，相关材料已相当丰富，巴黎耶稣会修士让-巴蒂斯特·杜赫德已能据此写出四大册的中国百科全书。该书不久便被译成英文、德文及俄文，成为有关中国的重要权威作品。[85]1742 年，学者暨作家的郎格莱-迪弗雷努瓦已可以说，"大家详尽正确地认识今日的中国，已如法国与其他欧洲国家"。[86]修道院院长格罗西耶（Grosier）50 年后再度更新信息，并于 1818 年至 1820 年出版了耶稣会有关中国的最后一批信息。[87]大约自 1710 年起，耶稣会在北京宫廷中的地位下降，而那是他们之前必须完全仰赖其庇

100

---

① 中文名字曾德昭。——译者注
② 中文名字安文思。——译者注
③ 中文名字李明。——译者注

荫的地方；18 世纪 30 年代起，他们只不过是紫禁城中的技术
人员。在他们最开通的支持者康熙皇帝于 1722 年去世后，基督
教在中国完全陷入困境，内陆传教愈来愈困难。从他们的报道
中可以看出，耶稣会修士在内陆周游的机会逐渐减少。他们在
大城市受到排挤，变得较依赖运用中国文本，而不是自己的
经验。[88]

　　第三种在中国旅行的形式是外交使节团。对非传教士来说，
没有任何机会认识中国内陆。1692 年至 1795 年，共有三个俄
国使节团、两个葡萄牙使节团、一个英国使节团及一个荷兰使
节团来到中国。[89]每个这类旅行都记载详细，最佳的要算 1792
年至 1794 年的马戛尔尼代表团。[90]1805～1806 年，尤里·戈洛
夫金（Jurij A. Golovkin）伯爵率领俄国使节团再次出使中国，
约翰·马尔科姆爵士后来的客人尤利乌斯·冯·克拉普罗特也
在其中。但他们在中国边界就折返了，因为在外交礼仪上没有
达成共识。[91]1816 年，阿美士德勋爵率领的第二次英国代表团，
也因类似原因失败，不过，他们毕竟还是抵达了北京，并促成
霍尔船长额外前往朝鲜及琉球群岛。由于代表团走的是不同路
线，而非日本宫廷之旅的标准路线，路上所见所闻也因而不同。
中国当局提供运输工具及住处，西方外交官基本上只见到对方
想让他们看到的东西。1830 年时，有些访客及报道表示中国部
分地区几乎仍未受现代旅行家探勘，这种说法并不为过。[92]关
于这个国家所有省份的旅游报道，要到 1900 年左右才出现。

东南亚及南亚：帝国的迁徙自由

　　没有其他亚洲国家像日本、朝鲜及中国那样，执行严格的
外国人政策。欧洲人对东南亚国家的兴趣及是否进入这些国家，

要视当地的政治发展及经济情况而定。[93]整体来看，18 世纪对双方来说，都是个衰退而非扩张的时代。18 世纪末，欧洲对暹罗的了解基本上仍依赖路易十四与那莱国王短暂外交蜜月期（1673~1688）中所出现的许多且部分十分精确的报道；此后，双方只有少数的旅行接触。越南自 17 世纪 10 年代起分裂成东京的黎氏北朝及由北朝分裂出来的阮氏交趾支那后，天主教传教活动特别活跃成功，同时也益遭敌视。1624 年起，亚维农的耶稣会修士亚历山德罗（Alexandre de Rhcdes）奠定了传教活动基础，并于 1650 年出版了有关东京的第一份民族史论文，其他的传教信息也随之而来。[94]第二份资料是中文的报道，主要来自有朝贡义务及汉化的东京；耶稣会修士在欧洲传开了这份资料。[95]直到 17 世纪末，西方商人才经常造访越南。马戛尔尼外交代表团在前往中国途中，曾在沱瀺湾（Turon）① 短暂停留，出版了一些报道，不过只限于沿岸部分。缅甸、老挝及介于暹罗与越南间、颇受蹂躏的柬埔寨，比其他位于印度后方的国家更少受到造访。1727 年，亚历山大·汉密尔顿的冒险报道，大概一直是西方有关高棉最常被引用的资料。

亚洲罕有人前往旅行的地区，自然包括了整个喜马拉雅山区。[96]直到尼泊尔廓尔喀族和中国间的冲突引起英国人注意前，传教的个体旅行家——特别是耶稣会修士伊波里托·德西代里，他是第一位描写圣山冈仁波齐峰（Kailas）的欧洲人——是最重要的消息来源。东印度公司两位政治代理人——威廉·奇克帕翠克（William Kirkpatrick）及更为重要的弗朗西斯·汉密尔顿-布坎南（Francis Hamilton-Buchanan）——的报道主导着欧

① 亦名"土伦湾"，即今日的岘港湾。——编者注

洲 19 世纪的尼泊尔图像。[97] 17 世纪欧洲几乎无人知晓"西藏这个大型瑞士"[98]，而 18 世纪也好不到哪儿去，因为德西代里的报道没有出版。再一次，中文的资料相对最为可靠。[99] 沙皇前来朝圣后，佛教臣民带回的传说传到了俄国。[100] 印度总督沃伦·黑斯廷斯 1774 年派遣乔治·波格尔（George Bogle），接着在 1783 年派遣塞缪尔·特纳出使西藏。两人都写下详细生动的报道；特纳的报道在 1800 年出版，而波格尔的要到 1876 年才由手稿中整理出版。[101] 由于文献稀少，少见的资料便特别突出。不过，波格尔和特纳的报道当之无愧。《喀布尔王国记》（*Account of the Kingdom of Caubul*, 1815）也是如此，那是约翰·马尔科姆爵士的朋友暨同事蒙特斯图尔特·艾尔芬斯通在他 1808 年出使回来后所撰的作品。1722 年，阿富汗人入侵波斯时，即已踏入近代史的舞台，但直到艾尔芬斯通，才出现关于这个在帝国时代保有其独立性，且欧洲人从未轻易进入的国家的报道。

相反，没有其他亚洲国家比印度更易进入，没有其他国家在 17 世纪即已被密集造访。莫卧儿王朝允许欧洲人自由旅行，换句话说，并不理会外国人。[102] 在一个多民族的帝国中，外国人根本不会引人注意，甚至无足轻重。欧洲人加入了王位继承者之间的战争。他们任职于宫廷，致力于贸易。在 18 世纪，有些欧洲人以军官及武器技师身份受雇于印度大公。和中国与越南相比，传教活动在印度扮演着次要的角色；有关印度的文献，并非由传教报道主宰。在 18 世纪，也还有英雄般的个人旅行家前往印度。没人比亚布拉罕－扬金特·安奎特－杜培宏（Abraham-Hyacinthe Anquetil-Duperron）更能体现这种类型。他是个怪人，一位语言天才（奠定了古波斯语言及文学的研究），空想家，同时也是一位讲求精确的地理学家及现代政治局势的冷静分析家。[103]安奎特仇视英国，这有点不合时宜：在步入老年后，他还恳请拿破仑从英国人手中解放印度，并自告奋勇率军远征。[104]当时，英国在印度的地位已无可动摇，有关印度的文献所用语言全是英文。

103　　在英国人征服并建立起其帝国威望的地区，旅行的特质也跟着彻底改变，由冒险变成了公务活动。在"不列颠治下的和平"下，危险的再也不是当地人，而只是炎热、疾病及偶尔会打扰艺术之友参观印度庙宇与如画景色的老虎。[105]约 1770 年至 1830 年间的印度内陆之旅，几乎全是英国东印度公司雇员的活动，包括两种形式。第一种形式的旅行是在胜利取得的军事阵线后方。除了行政长官、税务人员、土地测量者及制图师，现在亦有心平气和且不带偏见撰写被征服的民族及胜利的英国历史学家在此旅行，因而诞生了伟大的作品：詹姆斯·伦内尔（James Rennell）撰写的莫卧儿王朝的历史地理及当代地理，詹姆斯·格兰特·达夫（James Grant Duff）撰写的马拉塔族史（大英政权最危险的印度对手），或弗朗西斯·汉密尔顿-布坎南——"观察最敏锐的印度保萨尼阿斯（Pausanias）① "[106]——对南印度乡间社会经济的微观剖析。[107]第二种旅行形式则是跨界突进：越过帝国的安全界线，进入日后可能合并的地区或只是一再反抗的邻国。于是欧洲人造访并描述了旁遮普（Panjab）的锡克族、俾路支人及其他一些民族。随着帝国建立，边疆文学也逐渐形成。

---

①　为公元前 2 世纪希腊的地理学家及旅行家，其古希腊的记述为其重要作品。——译者注

近东：古代朝圣团

伊朗是政治权力关系的另一个例子。1783 年时有理由这样说，波斯是所有亚洲国家中被欧洲人研究最透彻的一个。[108] 萨非王朝（Safawiden）（1501～1722）的国王允许迁徙自由，欧洲旅行家也充分利用这一自由。为何波斯会吸引如此众多的饱学旅行家，原因难以断定。在文艺复兴后期，一个旅行初兴的时代，波斯这个奥斯曼帝国的东边敌人，是一个比不断和欧洲发生冲突的土耳其更加欢迎欧洲人的国家。近代伊朗的奠基者国王阿巴斯一世（Abbas Ⅰ）（执政期为 1588 年至 1626 年），是东方第一位对西方开放，并似乎完成类似都铎英国或法国亨利四世所进行的政治现代化的君主，比彼得大帝早 100 年，比明治天皇及其幕后推手早 250 年。17 世纪，当萨非王朝的辉煌逐渐褪去，阿巴斯一世的几位后继者成了凶残的"东方专制"的真实典型时，波斯仍有其他吸引人之处：通往印度洋及在陆路上通往印度次大陆的地理位置、文化古国的声誉、宜人的气候、"波斯波利斯"的废墟——按 1754 年一本旅游导览所言，是地表上最壮丽的废墟。[109]

18 世纪伊朗之旅的文学文献数目大减，且无任何新的旅游及风土描述能和 17 世纪的科学及文学叙述的高峰期相比[110]，其原因并不在于像日本那样实施计划性的锁国政策，而是 1722 年阿富汗的入侵及之后国家体制的瓦解。除了波斯波利斯的一些零星访客外，波斯不像小亚细亚、埃及及后来的印度，能吸引前来学习的旅行家及观光客。这种情况一直持续到世纪之交。在亚洲国家旅行，没有比无政府状态的波斯更加危险的，也没有其他国家在贸易及战略上如此不具吸引力的。直到拿破仑战争及英俄大结盟时期，波斯才在帝国冲突中以同盟角色或缓冲地带获得新的价值。1800～1801 年、1808 年（彻底失败）及1809～1810 年，印度总督三度派遣以约翰·马尔科姆爵士为首的外交使节团前往波斯。[111] 这些经验都记载在马尔科姆爵士所撰《波斯史》的后面几章中。如此一来，在 19 世纪早期，波斯之旅便被政治化了。

　　关于在奥斯曼帝国周游的可能性及旅行参访，基本上没有任何资料，个别地区的差异过大。18 世纪，亦有数千名欧洲人以被绑架者及被勒索赎金者的身份与北非的伊斯兰地区，即强盗之国阿尔及利亚打过交道，该地统治者只是名义上臣服于苏丹。一批仿莫扎特模式"被囚在东方……"的囚徒报道文学因此出现，其中也有外交官、神职人员及前往旅行的自然科学家的作品。[112] 由于希罗多德的描述，埃及一直是欧洲人心目中的法老之国，尽管距离欧洲不远，但它在 17 及 18 世纪早期吸引到的访客，却不比伊朗多出多少。这绝不是政治上有无旅行机会的问题。亚历山大港有人参观，或许还包括开罗及金字塔；105 由红海前往印度的旅行者会经过苏伊士，朝圣客也会拜访西奈山上的圣叶卡捷琳娜修道院。

　　大约 1585 年后，有过近代第一批学者参访埃及的旅行潮，最大收获便是牛津大学天文学及数学教授约翰·格利弗斯（John Greaves）的《金字塔志》（*Pyramidographia*，1646）。直到 19 世纪，这本书仍是对金字塔最为科学的描述。[113] 几乎在同时，亨利·布朗特提醒大家，除了法老的古埃及，亦不要忘了当代埃及——一个生动的大国。[114] 第二波旅行潮约在 1740 年，两位伟大的旅行家——一位是饱学又勇敢的理察·波考克（Richard Pococke），他也是知名的古希腊语文学家及冰川研究者，另一位是丹麦船长弗雷德里克·诺顿（Frederik Norden）——分别深入上埃及，并在配上华丽插图的大型著作中记述自己的旅行。[115]不过，不管是他们还是后来追随他们足迹的其他旅行家，都未牢记布朗特的劝告。对欧洲而言，当代的伊斯兰埃及（也包含部分基督教科普特族）依然隐而未显，除了17世纪二度来到埃及的约翰·迈克尔·万斯雷本（Johann Michael Wansleben）所留下的札记这个例外。[116]直到萨瓦里（Savary）1785年至1786年的旅行信简及沃尔尼1787年的划时代报道，"生活在现代的"埃及人才进入欧洲大众的意识中。

直到那时，都有理由可以解释为何好古观点成为认知埃及时的主流。[117]在埃及，见不到传教活动（像在中国及越南）、贸易（在日本）、外交（在暹罗、波斯）或殖民行径（在印度、爪哇）等现实利益。对伊斯兰有兴趣者，自可在伊斯坦布尔更为轻松地研究逊尼派。然而，又是英法间的世界利益冲突改变了这个现象。1798年，拿破仑入侵埃及的军事冒进行动成功，同时展开了帝国方志学的时代。这个国家促成的集体计划规模宏大，连英国在印度的活动都相形失色。1822年，商博良解开了埃及象形文字之谜，埃及学这门新的学科跟着诞生。

小亚细亚，也就是狭义的土耳其，是亚洲最常被造访的地区。甚至在与基督教强权冲突最激烈的时期，基本上还是可以在小亚细亚旅行。[118]伊斯坦布尔是亚洲最著名的城市，亦可以说是欧洲最宏伟的城市，在规模和美丽程度上胜过其他城市："我们在法国没有可以和其相比的东西。"[119]就如同前往罗马、巴黎或维也纳一般，观察家于旅行及写作时"衔接着前人的足迹"[120]，原创的作品愈来愈难见到；多数的记述作品出自法国

106

人之手。

　　尽管关于奥斯曼帝国的文献汗牛充栋，旅游及报道作品这种文类还是少见。正如在所有其他伊斯兰地区一样，天主教及新教的传教活动几乎完全绝迹。使节团类的报道——对了解中国、暹罗、波斯及莫卧儿王朝的印度来说都相当重要——无足轻重，原因是欧洲强权在伊斯坦布尔——在亚洲也只有该地——派驻常任大使，因而没有必要周游该国。这样的使节或大使都是饱学之士，或至少赞助着其他人的科学活动。[121]少数一些人有足够能力与兴趣自己写书，像 1747 年至 1762 年驻伊斯坦布尔大使詹姆斯·波特（James Porter）爵士，他是一名杰出的土耳其学家，亦是本杰明·富兰克林（Benjamin Franklin）及威廉·琼斯爵士的朋友，或许也是 18 世纪英国最优秀的土耳其专家[122]；或是神圣罗马帝国皇帝的大使安得罗西（Andreossy）伯爵，他写过一本有关博斯普鲁斯海峡的自然地理及伊斯坦布尔水道的作品。不过，特别重要的方志作品却是出自低阶的外交官。博学的保罗·莱考特将自己 1667 年至 1678 年在士麦那（伊兹密尔）担任英国领事的工作经验，转成土耳其王朝的（当代）历史。[123]在 1799 年至 1807 年间，博学多才并勤勉不倦的约瑟夫·冯·哈默－普格斯塔，曾在地中海东部地区担任奥国的各种外交职务。在波特和哈默－普格斯塔之间的世代，伊格纳斯·穆拉甲·多桑算是最优秀的奥斯曼帝国专家，尤其熟悉该国的司法体系及文化。他原籍亚美尼亚，先是长年担任翻译人员，1782 年至 1784 年为瑞典代办，1795 年至 1799 年为驻伊斯坦布尔大使。他根据研析史料而完成的《奥斯曼帝国概述》（Tableau générale de l'Empire Othoman，1787－1820），内容翔实，对 20 世纪初期的奥斯曼学来说仍是"不可或缺"。[124]

奥斯曼帝国大部分地区少有或从未有欧洲人造访：内陆的安纳托利亚、黑海的部分地区、波斯的边区、利比亚、商队路线以外的美索不达米亚，或是直到卡斯腾·尼布尔才仔细探勘的也门。造访希腊及小亚细亚沿岸的频率则特别高。在这期间旅馆大量出现的伊斯坦布尔，于 18 世纪后期成了贵族骑士之旅的东边终点站：人们由维也纳经布达佩斯、贝尔格莱德、索菲亚及亚得里亚堡抵达博斯普鲁斯海峡，再继续搭船前往意大利或马赛。[125] 这条路线还可顺道造访雅典阿提卡、伯罗奔尼撒半岛及小亚细亚沿岸的古代遗迹。古希腊两度在此被重新发现或重新架构：一次起自 1755 年，出现在约翰·约阿希姆·温克曼（Johann Joachim Winkelmann）的想象及艺术理论中；一次是在 1751 年，透过两位年轻的英国建筑家詹姆斯·斯图尔特及尼可拉斯·雷维特（Nicholas Revett）之手，他们由"艺术爱好者协会"派出，拿着专业的画笔。许多旅行家跟随着他们的脚步。不过，不是所有人都漫无目的地前来学习及修身，有些人主要是来收集纪念品及掠夺。1801 年至 1803 年，托马斯·布鲁斯（Thomas Bruce），即艾尔金（Elgin）伯爵七世，侵占了部分帕提农神殿的檐壁雕饰（并在 1816 年卖给英国），他便是此类人物的代表。出使中国的外交代表团成员会偷偷把长城或北京城墙的砖石藏在口袋里，并在瓶子中灌满黄河水[126]，相形之下，奥斯曼政府简直就是无能或无所谓，才会容忍私人在古代遗址上大规模挖掘。不过，一些旅行家过分的为非作歹行为，却难掩许多造访希腊及小亚细亚沿岸的博学访客共同在 19 世纪初奠定的此区生动的方志研究。[127] 英国的炮兵军官威廉·马丁·黎克（William Martin Leake）几乎和弗朗西斯·汉密尔顿-布坎南的科学性南印度研究同时，且运用类似的方法学，完成了一本有关奥斯曼帝国希腊化地区的详尽地理描述。[128]

黎克及布坎南作品中那同时为帝国政治战略利益服务的严格科学研究，并不符合大众口味。诗人夏托布里昂（Chateaubriand）首创一种只先出现在地中海地区、深具文学魅力的新式主观学习之旅。1806 年至 1807 年，他由巴黎出发，周游了威尼斯、雅典、伊斯坦布尔、耶路撒冷、亚历山大港及突尼斯，再回到巴黎。他并不反对偶尔带回小礼物的行径——"我一直都偷拿一些途中名胜古迹中的东西"[129]——但他最在乎的，还是古迹及圣地中的宗教经历。这是一种更高层次的感性经验，而不是波考克这类旅行家实事求是的态度。夏托布里昂前往埃及与巴勒斯坦旅行，是要更进一步想象圣经的故事。[130]

108　夏托布里昂可以一直嘲笑同行者的古代妄想[131]，但在巴勒斯坦，他不想让别人注意到自己因为不断受基督教感动而显得疲惫的样貌。[132]

当我们认定这些旅行家只对自己周游过的古代遗址和圣经纪念物而非当代风土人物感兴趣时，并不算冤枉他们。土耳其人与阿拉伯人令人讨厌，只是因为受雇而无法避开；至于喜爱幻想的古希腊爱好者，也很少幻想在希腊牧羊人身上见到伯里克利时代希腊人的后裔。这类古代朝圣者只出现在奥斯曼帝国中：他们到东方旅行，却从未抵达那里。

冒险家及变节者

在一定的条件下，旅行者的目的、意图及旅行的方式可以相互整合起来。不像政治及文化上相当同质的欧洲（俄国边界以西），各种旅行形式并不会在 18 世纪的亚洲各处出现。例如，日本没有传教之旅，暹罗或中国没有观光学习之旅，而奥斯曼帝国见不到使节团之旅。

这种可能与不可能的框架，必须透过细腻的旅行社会史及文化史来填补。[133]这可以从旅行的目的开始。18世纪，在记录自己亚洲行程的欧洲旅行家中，不受拘束的个人冒险家不像之前那样扮演着举足轻重的角色。对亚洲贸易的蓬勃发展及在爪哇与印度的殖民扩张，吸引前来一试运气的人，不过只有少数人致富而归——他们几乎没有出版过值得一提的报道。[134]直至约18世纪30年代，任职于荷兰东印度公司的德国旅行家的经历，只在德文的亚洲文献中举足轻重。他们多半是单纯的水手、士兵及低阶的工作人员，在信息内容上比不上同时代的荷兰文献。[135]有些旅行勉强算是冒险：1659年11月，18岁的罗伯特·诺克斯在一次船难中，和他的父亲及16名船员一起漂流到锡兰（斯里兰卡）海岸，被康提国王拉加辛哈二世（Rajasimha Ⅱ）俘虏。20年后，诺克斯才逃到沿岸的一座荷兰碉堡中。1680年9月，他回到英国，行囊里装着一份刚起头的手稿，后来靠着皇家协会之助才写出那本出色的《锡兰岛历史概述》（*Historical Relation on the Island of Ceylon*，1681）。[136]

以个人身份自费前往世界各地冒险，然后写上一本大书的旅行方式，随着旅人跨出地中海沿岸的近东地区，在17世纪下半叶达到高峰。这类人士直到19世纪早期，才随着印度的逐步观光开发又再出现。[137]17及18世纪之交，卡拉布里亚（Kalabrien）① 的法学家乔瓦尼·法兰契斯科·葛梅里·卡雷里（Giovanni Francesco Gemelli Careri）最能代表这种类型。由于厌

109

---

① 意大利最南的省份。—译者注

倦自己的法官职务，并因家庭不睦与自己的冒险精神，他在 1693 年至 1698 年展开一趟世界之旅。葛梅里·卡雷里一定是位十分讨喜的人，他能闯入排斥外人的地方，亦有本事让别人大方邀请他。他到过埃及、巴勒斯坦、小亚细亚、波斯、印度（在那儿参观了莫卧儿皇帝奥朗则布的营地）及马六甲。在他停留中国的 8 个月期间，不只游历南方，甚至也以非传教士及非外交官的身份来到北京。1695 年，尽管有些耶稣会修士认为他是教皇特务，密谋对付他，他依然史无前例地晋见了康熙皇帝。他搭乘一艘著名的马尼拉级大帆船横越太平洋，在墨西哥停留 11 个月之久。他那本文笔优美、备受推崇的《世界漫步》（*Giro del mondo*，1699–1700），亦在意大利成了一本旅游畅销书籍。他长期被视为夸大吹牛者，只有少数人为他辩护[138]，但后来书中一些详细精确的描述都得到了证实。[139]葛梅里·卡雷里是个独特的人物。就我们所知，他是第一位搭乘当时的"定期"交通工具，特别是几乎定期出发跨越亚洲的大型商队与一年一度来回横越太平洋的马尼拉级大帆船环游世界的人。[140]后来，他还能和已多次提到的亚历山大·汉密尔顿相提并论：那位 1688 年以船长和商人身份出现在东方水域的苏格兰人，在随后 35 年中，来回航行于摩卡①及厦门之间。[141]他的报道有助于想要了解实情的商人与水手[142]，却把自己的冒险性格隐藏起来。

摩利兹·奥古斯特·冯·班耀夫斯基（Moritz August von Benyowski）伯爵则截然不同。1786 年，这位匈牙利人试图帮助法国人占领马达加斯加岛，却失败身亡。1790 年，他的旅行日

---

① 为也门红海岸上的海港，为近代重要的咖啡转运站。—译者注

记在他死后以英文出版，内容完全集中于 1770 年至 1772 年，　110
尤其是在西伯利亚、堪察加半岛及日本的经历与活动的惊险故
事，后来被翻译成多国语言，多次再版。有心的读者可以察觉
其中夸大的无稽之谈，班耀夫斯基忠于事实的编年史学家大名
虽然迅速褪色，但广大读者并未弃他于不顾：8 年内，他的书
在德国就已再版 9 次。[143]该书德文译者，即大名鼎鼎的约翰·
赖因霍尔德·弗斯特教授，因为生计因素接下这份工作。他对
此书早有一定疑虑，遂在德译本中把他看来不可信、夸张或耸
人听闻之处全数删除。[144]

　　当时，伟大的亚洲冒险家，不论真假，他们的时代早已过
去。1790 年，随着詹姆斯·布鲁斯出版了自己的报道，冒险的
重心转移到了非洲。亚洲只剩下一些奇特的例外与怪人，引不
起一般人的兴趣：在布维（Bouvet）①教士招募下而任职于中国
宫廷的意大利画家乔瓦尼·吉拉迪尼（Giovanni Ghirardini），嘴
里总哼着小调，在那些架子十足的耶稣会教士中，成了单纯的
乐天派人士[145]；1802 年，亚眠和约签订后被遣散的法国军官
夏尔-弗朗索瓦·童伯（Charles-François Tombe），为了谋生，
无奈搭船前往东印度，写下了深富启发性的巴达维亚记述[146]；
另外还有以私人名义徒步越过半个西伯利亚的约翰·当答斯·
柯克兰（John Dundas Cochrane）。[147]18 世纪 40 年代周游在外的
亚历山大·杜鲁蒙（Alexander Drummond）的游记更怪：他是
一位易怒的观光客，而不是具有研究精神的冒险家（更不是客
观的科学家）。他在法兰克福及阿勒颇根本没有发现任何有趣
的东西，抱怨东方缺乏饭店，到处只见脏乱和衰败。他的各种

————————

　　①　中文名字白晋。—译者注

期望全都落空，连东方的盗匪都不屑袭击掠夺他。[148]这位穷家伙回到了家，经历不值一提。

文化上的变节者与之对比最为鲜明。在欧洲的观点下，这些人似乎在本质上越界跨入了其他文明。[149]跨离欧洲最明显的方式，便是改宗伊斯兰，这有其方便与实际的因素。伊斯兰海盗所在的阿尔及尔，有不少这类基督教的变节分子：部分是借此争取自由的变节囚犯，部分是逃离基督教国家的罪犯。如果他们被欧洲船舰捕获，下场将会特别悲惨。[150]欧洲水手改信伊斯兰，十分常见，也不受重视。[151]只有精英分子跨出这一步，才会受到更多瞩目。1800 年 6 月，克莱伯（Kléber）将军被暗杀以后，留在埃及的法国远征大军指挥权落入贾克·阿布杜拉·孟努（Jacques Abdullah Menou）手中。他改宗伊斯兰的举动受尽嘲弄，部分出于政治上的动机，部分则是希望借此迎娶一名埃及女人——她甚至还是先知穆罕默德的后裔。[152]19 世纪早期，许多改宗的欧洲人任职于埃及那位热衷现代化的统治者穆罕默德·阿里（Muhammad Ali）的宫廷中。[153]不过，似乎只有约翰·路德维希·布克哈特这位拥有一流科学知识的旅行家成了穆斯林。卡斯腾·尼布尔提到过一则听来的故事：有一位名叫西蒙的法国医生及自然科学家前往阿勒颇旅行研究，和欧洲人不愉快的经验促使他做出尼布尔所称的"绝望决定"，成为伊斯兰教徒。曾经劝阻他不要这么做的土耳其人，并未因此而酬谢他。对于身为医生的西蒙先生，虽然继续有人上门看诊，但"大家却瞧不起他，认为他不忠于自己的信仰及祖国"。[154]改宗者并未成为文化中介者，反而成了不同文化中的迷途羔羊。

改变宗教信仰前，有许多过渡阶段。同情自己科学工作所在的异国文化，可以表现于外在的标志。1680 年，胡格诺教派的流亡者暨波斯旅行家约翰·夏尔丹爵士，穿着东方服饰出现在伦敦。1792年，当年轻的约瑟夫·哈默第一次在维也纳见到所崇拜的穆拉甲·多桑时，他穿着土耳其长袍，留着一条莫扎特式扑上白粉的辫子![155]北京宫廷中一些有高级官衔的耶稣会修士，特别是17世纪的，都穿着中国官服。在认为他们的哲学及神学观过度偏向儒家的教会内部对手眼中，这一点更进一步证明他们成了无耻的异端。

在中国活动的耶稣会修士，在许多方面体现出生活在国外的现代欧洲人的典型特征。他们不是个体旅行家，而是拥有一种官方的双重身份，一方面是超国家的大型机构成员，另一方面是任职于欧洲以外政府中的专家，其中有些人应被另外视为法国王室的外交代表。欧洲专家在许多亚洲国家工作的过程中——多半是在军队中——并未放弃他们自己的文化及信仰。1503年起，印度大公开始雇用欧洲人。两位米兰铸炮师逃离葡萄牙人的控制，投到卡里古特（Calicut）国王的阵营中，为他在3年内铸造出300门火炮。[156]在17世纪，弗兰克斯·白尼尔（François Bernier）观察到，莫卧儿大君的炮兵部队是由高薪聘请的欧洲人负责。自莫卧儿部队能够灵活操作火炮后，他们的市场价值便随之下降。[157]法国顾问帮英国人的对手扩充军备，特别是马拉特人（Mahraten）及迈索尔邦（Maisur）的苏丹。1750年至1803年，大约有180名欧洲雇佣兵在印度叙职。[158]自18世纪初开始，奥斯曼帝国也任用欧洲的军事专家。这类工作没有任何文化上的义务。例如，1773年后，来自匈牙利的德·托特（de Tott）男爵将奥斯曼的炮兵部队现代化，改善其军事教育，建造多瑙河边界与达达尼尔海峡的防御工事，但他却是个彻底敌视土耳其人的人，而他的同事，苏格兰人坎贝尔

（土耳其人口中"英国的穆斯塔法"）则是一名变节分子，改变了自己的文化忠诚。[159]

研究者及工作人员

若将欧洲境内一般的旅行概念及其各种呈现方式套用到 18 世纪的亚洲，特别是地中海地区以外的国度，必将出现严重误解。与欧洲本土的不同之处在于，只要是有文字记录的旅行[160]，便非典型的个人计划。我们可以轻易数出不受机构束缚、自行出资的旅行家。在"漫长"的 18 世纪，一流的旅行作家只有葛梅里·卡雷里、沃尔尼、布鲁斯及冯·洪堡[161]——而后两者基本上是在非洲及美洲旅行。富有的业余人士约瑟夫·班克斯（Joseph Banks）自行出资陪同库克船长从事其首次世界航行，没有撰写任何报道，只留下未发表的日记。其他的旅行家都是大型机构——国家政府、类似国家的特许公司、宗教修会及其他的教会法人团体——的工作人员。有些人也在私人资助的机构，如科学协会——约翰·路德维希·布克哈特，便受到约瑟夫·班克斯及其他人所成立的非洲协会资113 助——或某个伦敦、巴黎及圣彼得堡的学术机构委托下旅行。旅行变成国家化或官方化，是 18 世纪旅行史最重要的过程之一。此外值得玩味的小插曲是：1773 年，法国解散耶稣会之后，待在北京的传教士——从教士降格为先生——便继续由法国国库资助。[162]

18 世纪，探险及研究之旅逐渐成为涉及国家威望和帝国竞赛的事件。在海上，太平洋成了英法竞逐探险及航海成就最重要的舞台，俄国后来也加入进来。陆地上，在沙皇王朝举国推动下，实现了最大的亚洲旅行计划。18 世纪 60 年代，政治与科学的利益在国际共同合作的大型计划中交会。

最重要的机会便是等候金星凌日这个非比寻常的天文事件，这天可以精确计算出地球与太阳之间的距离。1716 年，英国天文学家埃德蒙·哈雷（Edmond Halley）预测这事将会在 1761 年及 1769 年发生，直到 1872 年才会再度出现同一现象。1761 年，由于七年战争，欧洲各国天文学家并未达成协议，只有法国的努力获得一定成就。不过，在 1769 年欧洲政府、学术机构及科学协会所达成的相互合作——英国皇家协会特别活跃——则前所未见。[163]许多观测远征队被派遣出去，在地球的不同定点进行观察：库克和布干维尔前往南太平洋；1761 年，曾在西伯利亚西部首府托伯斯克（Tobol'sk）观察过金星凌日的修道院院长夏波·奥特莱奇（Chappe d'Auteroche）则前往加利福尼亚；在印度洋上错过 1761 年金星运行的勒·根提（Le Gentil），之后就在原处守候第二次机会，最后又再次错失；1769 年 6 月，有过科学训练的私人旅行家詹姆斯·布鲁斯在上埃及进行天文观测，未受任何政府委托；彼得·西蒙·帕拉斯则在西伯利亚设立观测站。

帕拉斯是许多受俄国政府委托对帝国亚洲部分进行科学开发的德国科学家之一。类似其他同时代的研究之旅，这类企图具有学术及帝国的双元特质，目的既是调查不同自然科学（地理学、地质学、天文学、植物学、动物学）领域内的资料，亦是收集民族志及经济学上的统治知识，以便对沙皇王朝广袤的非欧洲领地进行政治控制及经济利用。帕拉斯是最著名的一位，但不是第一位和唯一的这类旅行家。

彼得大帝下令后，西伯利亚的科学开发[164]于 1721 年至 1727 年由来自但泽并在哈勒完成学业的医生丹尼尔·哥特利

114

伯·梅塞施密特（Daniel Gottlieb Messerschmidt）的小规模研究之旅，跨入了新的阶段。从俄国战俘营中被释放出来、自称冯·史塔仁贝格、后来出版过一部极富价值的北亚方志研究著作的瑞典人约翰·菲利普·塔贝特（Johann Philipp Tabbert），陪同梅塞施密特长达 14 个月。[165] 18 世纪，梅塞施密特的日记只出版了部分片段，作者 1735 年于圣彼得堡去世，当时既感失望又穷困潦倒。当时沙俄帝国的远东部分——堪察加半岛——已是关注焦点。彼得大帝在位末年自行构思筹划的 1725 年至 1730 年的第一次堪察加半岛远征活动，比梅塞施密特的开拓性成就规模浩大许多，任务包括确定亚洲的东边界限，并寻找亚洲和美洲间的桥梁。领队为丹麦船长维土斯·白令（Vitus Be-ring）。他回来后，继续计划着第二次堪察加半岛远征活动。这次名为"大北方远征"的行动分成三个区域小队，共有 570 人参与，时限在 1733 年至 1743 年间。那是 18 世纪规模最大的亚洲旅行计划。科学方面的工作，由 1725 年成立的圣彼得堡科学院负责，它是当时欧洲最大的科学机构之一，并为西伯利亚远征队伍设立一个部门，成员包括两名年轻的德国教授：来自杜宾根学者世家的化学家约翰·格奥尔格·格梅林（Johann Georg Gmelin）与来自哈福德（Herford）的历史学家与民族志学家盖哈德·弗里德里希·穆勒（Gerhard Friedrich Müller）。他们前去支持其他人，如自然科学家格奥尔格·威廉·斯特勒（Georg Wilhelm Steller）、历史学家约翰·艾伯哈德·费舍尔（Johann Eberhard Fischer）及学生斯迪潘·佩托罗维奇·克拉森宁尼可夫。只有克拉森宁尼可夫和斯特勒真的深入堪察加半岛，不过格梅林和穆勒也跋涉超过 33000 公里，大概是 18 世纪前半叶欧洲人所从事过的最长的陆地旅行。[166]

　　帕拉斯活跃在沙皇探勘政策的下一阶段中，基本上是1768 115
年至1774年的学院远征队。此一活动的外在诱因，是叶卡捷琳
娜二世企图利用1769年金星凌日的机会向外国展示俄国的高科
学水平，同时再度促进帝国的经济开发。和"大北方远征"相
比，学院远征活动规模较小，几乎全是陆路旅行。俄国及学院
招募来的德国科学家各有任务。参与的德国人有考察帝国边界
高加索及格鲁吉亚的约翰·安东尼·古尔登斯台特（Johann
Anton Güldenstädt），身为约翰·格奥尔格·格梅林侄子的塞缪
尔·戈特利布·格梅林（Samuel Gottlieb Gmelin）则探勘里海沿
岸，还有领导并整合运用远征活动的彼得·西蒙·帕拉斯。帕
拉斯造访了伏尔加河中游、乌拉尔山，抵达东边的伊尔库茨克
及贝加尔湖地区。西欧大众很快便接触到这些德国学者的著作，
以及他们同样参与远征活动的俄国同僚伊凡·伊凡诺维奇·雷
培金（Ivan Ivanovič Lepechin）与尼可莱·佩托罗维奇·李可夫
（Nicolaj Petrovič Ryčkov）译成德文后的作品。

　　这些旅行都是帝国研究之旅。旅行中非比寻常的"冒险经
历"与危险——白令和斯特勒死于途中——则是不得不忍受的
副作用，而不是目标。旅行者的动机不是刺激神经、热衷行动、
厌烦欧洲或单纯的好奇。没错，不把发现与开发地球的工作交
给草率的冒险家，是启蒙时期科学旅行的重要动力之一。相对
于他们家乡的小型公国，沙俄的旅行计划为年轻的德国学者提
供了飞黄腾达的机会：约翰·格奥尔格·格梅林不到22岁，便
以正职教授身份受聘于圣彼得堡，而且条件丰厚；帕拉斯则是
在25岁。前者担任俄国公职并不愉快，后来成为杜宾根大学校
长，后者则以欧洲知名自然科学家的身份，在女沙皇封赐的克
里米亚半岛领地上安享晚年。

16 世纪时，意大利、法国及莱茵河上游地区的人文主义圈子，已开始按部就班地规划旅行。[167]人们不看旅行者的好恶，而是拟出观察计划。在格梅林及盖哈德·弗里德里希·穆勒之前，亚洲亦有观察与描述都很精确详细的堪称饱学之士的旅行家，像在波斯及日本待过的安格贝特·坎弗与约同时期在蒙古待过的热尔比永神父。不过，18 世纪的俄国远征活动则首度结合了详细的工作方案、参谋总部般的后勤计划、谨慎的科学筹备工作、每日固定而有系统的结果纪录，以及在学院架构内进行系统化分析；首度借此为科学（及附带的政治）目的结合了各种努力。几乎就在"大北方远征"的同时，虽然置身于其他强权的殖民地中，但拉·康达明（La Condamine）的秘鲁及亚马孙河之旅也有类似的企图。[168]构成研究之旅本质的要素因而相互整合起来——至少在理论上是如此，执行上有时则会受到阻碍。[169]这种旅行并不一定是如太平洋及环球航行者的船舰一般，移动的聚落似的远征。1761 年开始的原为小型远征队的阿拉伯之旅，在旅行同伴于 1763 年死后，成了卡斯腾·尼布尔的个人表演。由于他事前准备妥善，才能单独达成许多研究目标——直到归国，他都自认是丹麦国王委派的旅行者，而不是四处漫游的个人。[170]詹姆斯·布鲁斯和从事美洲之旅的亚历山大·冯·洪堡（几乎）都单独完成了旅行。不过，行动所需的开销及其社会意义，使得欧洲以外的研究之旅几乎注定成为官方行动，旅行家则成了工作人员或接受资助的人士——这是约翰·赖因霍尔德·弗斯特之类自由好斗人物十分憎恶的行为。[171]

1733 年至 1743 年及 1768 年至 1774 年的俄、德北亚之旅，当时在亚洲其他地区无出其右者。欧洲重要的地理学家及制图

师都在法国，但法国在亚洲并无殖民的机会。1798 年，拿破仑
占领埃及的举动，活像长期受阻的动力爆发出来，亦是法国学
者进行的西方侵略活动。[172]这些事件促成了伴随大型官方科学
性远征活动而来的军事侵略传统。[173]英国 18 世纪的官方旅行壮
举，几乎完全展现在詹姆斯·库克所规划、近乎完美的三次环
球航行中，德国及瑞典科学家亦有参与，但未如沙皇王朝的白
令及帕拉斯那样位居显职。1774 年（即乔治·波格尔到西藏那   117
年）与 1815 年间（即拿破仑对帝国世界策略的压力危机降低
之际），英国人从印度派出外交代表团前往几乎所有的亚洲邻
近国家。这些代表团同样从事着某种形式的科学研究，却没有
一个达到西伯利亚之旅的专业水平。

　　最后，在英国直接控制的地区，英国人占领荷兰的殖民地
爪哇之际（1811 年至 1816），最高代表副总督斯坦福·莱佛士
（Stamford Raffles）收集各种材料，这都在他所写的重要方志
记述《爪哇史》（History of Java，1817）中出现，该著作再度展
现典型的英国——模仿尤利乌斯·恺撒——论述模式：以史学
家和民族志学家身份出现的征服者。我们在约翰·马尔科姆爵
士身上已见识过这一点。当时英属印度各个地区一一臣服后，
很快便有了科学上的仔细探勘。这始于 1765 年，当时征服孟加
拉国的罗伯特·克莱芙（Robert Clive）委托年轻的海军军官及
土地测量员詹姆斯·伦内尔，以总测量师身份深入研究并测绘
新取得的领地。[174]如叶卡捷琳娜大帝或下一章旅行家沃尔尼的
例子，自 18 世纪后期起，五人执政团的法国紧随英国之后，憧
憬建立有关新属地翔实、完整、系统及正确的方志数据文件。
启蒙运动后期，欧洲这类精确工具，便属制图学与统计学。[175]
1878 年，在收集资料已有百年后，英国终于在印度成立了一个

中央信息局——印度测量局（Survey of India），巨细靡遗地记录下所有英国在这个次大陆上的领地。18 世纪后期起，这块陆地得到精确测量并制成地图，其地理学、植物学、动物学、民族志、经济学（包含其税务能力）、社会学及历史资料亦被收集。如此一来，累积出大量的文献与地图、资料、风土记述及百科。由于有 1815 年第一位受到正式任命的印度测量员科林·麦肯奇（Colin Mackenzie）这样狂热的收藏家孜孜不倦的努力，才出现有关手稿、艺术品及物质文化对象的大型收藏。[176]

英国、俄国与法国的官方研究之旅，成果全都汇集到大型的帝国档案局与博物馆中。平定并管理周遭地区，才有可能促成这类旅行，这不仅有助于继续促成科学知识的客观增加，同样也有益于成功驾驭及剥削被征服的亚洲民族与国家。

注释：

[1] 下述参考马尔科姆的日记，部分印行于 Kaye, *Malcolm*（1856），第 2 册，第 444~446 页。

[2] 除参阅 Kaye，亦参阅 Pasley, *Send Malcolm!*（1982）。

[3] 他的一本小册子（约 1811 年）有个漂亮的书名：《博学的中国专家约瑟夫·哈格先生的墓碑……》，第 197 页。

[4] Mommsen, *Goethe und China*（1985），第 32 页。

[5] Schwab, *Oriental Renaissance*（1984），第 184 页。

[6] Cordier, *Mélanges*（1814-1823），第 4 册，第 53 页，第 56 页及下页。

[7] G. T. Staunton, *Memoirs*（1856）。

[8] 参阅 G. T. Staunton, *Ta Tsing Leu Lee*（1810）。

[9] H. Beck, *Humboldt*（1959-1961），第 2 册，第 91 页及下页。

[10] *ER*，1815 年 10 月，第 417 页及下页。

［11］Volney，*Voyage*（1959），第 29 页关于"旅行"（travel）与"工作"（travail）的关系，亦参阅 Buzard，*Beaten Track*（1993），第 33 页以下。

［12］Black，*Grand Tour*（1985），第 13、30 页。

［13］让·博丹（Jean Bodin）在 16 世纪便已如此。参阅 Grafton，*New Worlds*（1993），第 124、126 页。

［14］J. Dehergne，"Chronologie du P. Antoine Gaubil"，Gaubil，*Correspondance*（1970）的附录，第 867 页以下。

［15］Sacy，*Henri Bertin*（1970），第 vi 页。

［16］Faroqhi，*Kultur*（1995），第 96~101 页。

［17］Penzer，*Harêm*（1936），第 44~49 页。

［18］参阅 Thomaz de Bossière，*Gerbillon*（1994），第 169~171 页。

［19］关于 18 世纪地理大发现与殖民史，大致参阅 Duchet，*Anthropologie*（1971），第 25 页及以下；Parry，*Trade*（1971），第 273 页以下；Villiers／Duteil，*L'Europe*（1997）。最好也参阅 Devèze，*L'Europe*（1970）。

［20］Shelvocke，*Voyage*（1726），第 460 页。

［21］Unverzagt，*Gesandtschaft*（1727），前言。Magalhães，*New History*（1688），前言，甚至已有类似看法。

［22］Barchewitz，*Reisebeschreibung*（1730）。

［23］Perry，*View of the Levant*（1743），第 ii 页。Grelot，*Relation nouvelle*（1680），序，便已抱怨土耳其的报道太多了。

［24］Scott Waring，*Tour to Sheeraz*（1807），第 v 页。

［25］Moor，*Hindu Pantheon*（1810），第 354 页。但莫尔并不放弃报道他的所见及印象。

［26］J. Johnson，*Oriental Voyager*（1807），第 vi 页。亦参阅 C. L. J. de Guignes，*Voyages*（1808），第 2 册，第 147 页。

［27］Ellis，*Journal*（1818），第 1 册，第 61 页及下页，及 *AsR 1818*，

第 480 页。Krusenstern, *Reise um die Welt* （1811 - 1812），第 2 卷第 2 章，第 126 页，有类似看法。

［28］ Sprengel, *Geschichte der Maratten* （1791），第 13 页指出这一点。

［29］ A. Hamilton, *New Account* （1930），第 1 册，第 5 页及下页。我 们亦可这样指责 Fryer, *New Account* （1909-1915）。

［30］ Societas Jesu, *Lettres é difiantes* （1780 - 1783），第 18 册，第 416 页。

［31］ Du Halde, *Description géographique* （1735），第 4 册，第 423 页 以下；Grosier, *Description générale* （1785），第 177~187 页。一 些这种材料亦收入在 *Universal History*，第 7 册 （1781），第 323 页以下。

［32］ 参阅 Lee Ki-baik, *New History of Korea* （1984），第 239 页及 下页。

［33］ 同上书，第 241 页；P. H. Lee, *Korean Civilization* （1996），第 109~159 页。

［34］ 法文译本 1670 年，德文译本 1672 年；英文 1704 年收入在 Churchill/Churchill, *Collection* （第 4 册，第 607 ~ 632 页）。在 Ledyard, *The Dutch* （1971），第 169~226 页重新刊印，亦详细 讲述哈梅尔的历史 （第 17 页以下）。亦参阅 Lach/Van Kley, *Asia* （1993），第 486~488、1785~1797 页。第一位欧洲人，第 一名荷兰的船难生还者，1628 年来到韩国。

［35］ Hall, *Account* （1818）；M'Leod, *Voyage* （1819）。

［36］ Hall, *Account* （1818），第 6 页。

［37］ 同上书，第 7 页。

［38］ 同上书，第 10 页。

［39］ 同上书，第 17 页。

［40］ 同上书，第 32 页及下页。

［41］ 同上书，第 33 页及下页。

〔42〕同上书，第 37 页。

〔43〕英国旅行者总能发现许多非欧洲的士绅，和欧洲大陆贵族旅行
家发现到的当地贵族一致，参阅 Liebersohn, *Indigenous Nobility*
（1994）。

〔44〕Hall, *Account*（1818），第 41 页。

〔45〕在这特别参阅 M'Leod, *Voyage*（1891），第 104 页以下。

〔46〕Societas Jesu, *Lettres é difiantes*（1780-1783），第 23 册，第 182
页以下。戈比显然在北京也和琉球贡使说过话，参阅 Gaubil,
Correspondance（1970），第 708 页。

〔47〕亚图寄自北京的信（1711 年 4 月 12 日）普为人知，首先刊印
在 *Lettres é difiantes* Nr.10，主要经由 Bernard, *Recueil de voyages
du Nord*（1732-1734），第 4 册，第 348～365 页。亚图的修会
兄弟拉菲陶（Lafitau）1715 年在魁北克（Quebec）读到该信，
认为他所推崇的北美印地安族易洛魁人（Irokesen）的药学中
已使用到同一种植物：Lafitau, *Mémoire*（1718），第 6～12 页，
第 49 页及下页。

〔48〕本章后半部不可缺少的文献：Henze, *Enzyklopädie*（第 1998 页
以下）。

〔49〕参阅 Sobel, *Longitude*（1996）。

〔50〕Spate, *Pacific*（1979-1988），第 3 册，第 191 页。

〔51〕Kotzebue, *Entdeckungs-Reise*（1821），第 2 册，第 176 页。大致
参阅 Lawrence, *Disciplining Disease*（1996）。

〔52〕关于欧亚间航运技术与海员状况，详见 Granzow, *Quadrant*
（1986），特别是第 118 页以下。

〔53〕Vogel, *Reise-Beschreibung*（1716），前言。关于作者，参阅
Gelder, *Het Oost-Indisch avontuur*（1997），第 267 页及下页，关
于荷兰东印度公司海员船上生活，亦参阅第 149～172 页。

〔54〕同上书，第 149 页。

［55］同上书，第 153 页及下页。

［56］《论艰苦的海上生活》，出自 Poivre, *Reisen*（1997），第 50~
52 页。

［57］Schlözer, *Land - und Seereisen*（1962），第 18 页。

［58］Forbes, *Oriental Memoirs*（1813），第 1 册，第 12 页。

［59］个案研究参阅 Edwards, *Story of the Voyage*（1994），第 53 页
以下。

［60］Hoskins, *British Routes*（1928），第 82 页。关于中国航路，参
阅 Dermigny, *La Chine*（1964），第 1 册，第 265~273 页，详细
参阅 Elmore, *Directory*（1802）。

［61］Morier, *Journey*（1812），第 181 页，第 269 页及下页；E. Scott
Waring, *Tour to Sheeraz*（1807），第 84 页。

［62］Beckmann, *Litteratur*（1807-1810），第 1 册，第 492 页。

［63］Wessels, *Early Jesuit Travelers*（1924），第 1~41 页（仍是史料
批评式的旅行研究典范）。

［64］同上书，第 164~202 页。

［65］同上书，第 205~282 页；Petech, Introduzione, 出自同氏著，*I
missionari italiani*（1954-1956），第 5 册，第 xiii~xviii 页。

［66］Henze, *Enzyklopädie*（1978、1979），第 1 册，第 373~377 页。

［67］Bruce, *Travels*（1790），第 1 册，献辞页。

［68］Bernoulli, *Des Paters Joseph Tieffenthalers's ...*（1785 - 1787）；
Windisch, *Sanskrit-Philologie*（1917-1921），第 1 册，第 14 页
及下页。

［69］Duteil, *Le mandat du ciel*（1994），第 76 页；Widmaier, *Leibniz
korrespondiert mit China*（1990），第 23 页及下页，第 102 页
（注释 5）。

［70］1719/20 年的伊兹梅洛夫/贝尔（Izmailov/Bell）使节团便是
如此。

［71］ Jenour, *Route to India*（1791），第 5 页及下页。

［72］ 参阅 Carruthers, *Introduction*（1928），第 xv、xxii、xxvi～xxx 页。

［73］ 例如 Chatfield, *Historical Review*（1808），第 xxvi 页以下，推测拿破仑的可能路径。

［74］ 参阅 G. K. Goodman, *Japan*（1986）；Croissant/Ledderose, *Japan*（1993），第 72 页以下。

［75］ 参阅 Elison, *Deus Destroyed*（1973），第 238 页。相关报道出自 Kapitza, *Japan in Europa*（1990），第 2 册，第 153～159 页。

［76］ Raffles, *Report*（1929）；Wurtzburg, *Raffles*（1954），第 282～284 页。

［77］ 参阅 Golovnin, *Begebenheiten*（1817–1818）；Rikord, *Erzählung*（1817）；Kapitza, *Japan in Europa*（1990），第 2 册，第 954～1007 页；Adami, *Zur Geschichte*（1981），第 251～260 页；Lensen, *Golovnin*（1983）；Keene, *Japanese Discovery*（1969），第 144～147 页；Barratt, *Russia in Pacific Waters*（1981），第 164～172 页。

［78］ 参阅 Krusenstern, *Reise um die Welt*（1811–1812），第 1 册，第 360 页以下；Kapitza, *Japan in Europa*（1990），第 2 册，第 848～890 页；Barratt, *Russia and the South Pacific*（1988），第 2 册，第 9～19、91～97 页。

［79］ Kaempfer, *Geschichte*（1777–1779），第 2 册，第 143～382 页；Thunberg, *Reise*（1794），第 2 册，第一部分，第 61～136 页。关于旅行状况，参阅 G. K. Goodman, *Japan*（1986），第 27～29 页。

［80］ 这类最佳的广州描述是 Wathen, *Voyage*（1814），第 185 页以下。相反，最为偏颇的是 Lisiansky, *Voyage*（1814），第 278～293 页。

［81］ 如中国风建筑的建筑师及创始人之一威廉·钱伯斯（William

Chambers），只在广州见到中国建筑与庭园。参阅 J. Harris, *Sir William Chambers*（1970），第 146 页。

[82] 在此无法提供耶稣会庞大的中国文献详细书目，17 世纪请参阅 Lach/Van Kley, *Asia*（1993），第 1 册及第 4 册。

[83] 关于法国中国传教活动起源，参阅 Witek, *Controversial Ideas*（1982），第 13~72 页。

[84] Le Comte, *Nouveaux mémoires*（1697）及 Mungello, *Curious Land*（1985），第 329~342 页。

[85] Du Halde, *Description géographique*（1735）及 Foss, *Reflections*（1983）。

[86] Lenglet-Dufresnoy, *Méthode*（1741），第 1 册，第 397 页。

[87] Grosier, *Description générale*（1785）；Grosier, *De la Chine*（1818-1820）。

[88] 关于耶稣会传教活动的没落及结束：Rowbotham, *Missionary*（1942），第 176 页以下；Rochemonteix, *Amiot*（1915），第 251 页以下；Krahl, *China Missions*（1964），第 223 页以下；Metzler, *Synoden*（1980），第 43 页以下。

[89] 参阅 Demel, *Fremde*（1992），第 88 页中的名单页。

[90] 最近研究参阅 Hevia, *Cherishing Men from Afar*（1995），第 57 页以下。

[91] 参阅 Foust, *Muscovite*（1969），第 323~328 页；Fu Lo-shu, *Documentary Chronicle*（1966），第 1 册，第 361 页及下页，第 367 页。

[92] Conder, *Modern Traveller*（1830），第 13 册，第 267 页。

[93] 19 世纪早期欧洲东南亚知识的汇编：W. Hamilton, *East-India Gazetteer*（1828）及 Ritter, *Erdkunde*，第 3（1835）、4 册，第一部分（1835），有相当详细的资料页。

[94] *Relazione ... di* Tunchino, Rom 1650 及 Lach/Van Kley, *Asia*

（1993），第 380 页及下页，第 1248~1299 页，有关 17 世纪多半取自传教史料的越南知识页。

[95] 例如 Grosier, *Description générale*（1785），第 187~229 页。

[96] 关于至 1829 年喜马拉雅旅行与研究的详细情形：Ritter, *Erdkunde*（1832-1847），第 2 册（1833），第 482~585 页。

[97] Kirkpatrick, *Nepaul*（1811）；F. Hamilton, *Nepal*（1819）.

[98] Hüllmann, *Versuch*（1796），第 45 页。

[99] Grosier, *Description générale*（1785），第 229~241 页。

[100] Barthold, *Erforschung*（1913），第 187 页及下页。

[101] 关于这两人，参阅 Bishop, *Shangri-La*（1989），第 25~64 页。

[102] 参阅 Lach/Van Kley, *Asia*（1993），第 1895 页及下页；Richards, *Mughal Empire*（1993），第 287 页。

[103] 参阅 Schwab, *Oriental Renaissance*（1984），书中各处。

[104] Schwab, *Vie d'Anquetil-Duperron*（1934）；第 105 页。

[105] J. Forbes, *Oriental Memoirs*（1813），第 1 册，第 428 页。

[106] Bastian, *Geschichte der Indochinesen*（1866），第 4 页。

[107] Rennell, *Memoir*（1793）；Grant Duff, *Mahrattas*（1826）；Buchanan, *Journey*（1807）.

[108] Zimmermann, *Versuch*（1783），第 99 页及下页。关于 16 世纪起的波斯旅行史：Gabriel, *Erforschung*（1952），第 60 页以下；Firby, *Zoroastrians*（1988）；Chaybany, *Les voyages en Perse*（1971）。

[109] Bowen, *Pocket Library*（1753），第 285 页。

[110] 约 1722 年至 1800 年重要游记概览：Gabriel, *Erforschung*（1952），第 120~131 页。

[111] 关于 1800 年左右波斯复杂的外交关系，参阅 Greaves, *Iranian Relations*（1991），第 374~389 页。

[112] 参阅 Thomson, *Barbary*（1987）；Brahimi, *Voyageurs*（1976）。

[113] 参阅 Wortham, *British Egyptology*（1971），第 23 页。

[114] Blount, *Voyage*（1636），第 3 页。

[115] 关于波考克，参阅 Damiani, *Observers*（1979），第 70~104 页。

[116] 参阅 Höllmann, *Wansleben*（1990）。

[117] 沃尔尼之前的古代知识程度概述，参阅 Carré, *Voyageurs*（1990），第 1 册，第 65~78 页。

[118] 参阅 Yerasimos, *Les voyageurs*（1991），令人印象深刻的文献汇编，但只到 16 世纪末。

[119] Pitton de Tournefort, *Relation*（1717），第 1 册，第 464 页，第 469 页。1800 年前后那十年间的法国伊斯坦布尔记述选集，参阅 Berchet, *Le voyage en Orient*（1985），第 429 页以下；亦参阅 Constantine, *Early Greek Travellers*（1984）。

[120] Hammer–Purgstall, *Constantinopolis*（1822），第 1 册，第 xiii 页，第 xi~xxvii 页有对旧有文献的评论。他认为该城的最佳作者为布斯贝克（Busbeck, 1581 年及 1740 年死后）、杜刚（Du Cange, 1682）、皮顿·德·图内福尔（Pitton de Tournefort, 1717）、波考克（Pococke, 1743–1745）、玛丽·沃特利·蒙塔古（Lady Mary Wortley Montagu, 1763）及安得罗西（Andreossy, 1818）。亦参阅哈默自己对中古拜占庭的看法：*Geschichte des Osmanischen Reiches*（1827–1835），第 1 册，第 513 页以下。关于报道的地形与建筑史背景：Çelik, *Istanbul*（1986），第 3~30 页，特别是第 28 页及下页。

[121] 例如 1728~1740 年在奥斯曼帝国担任大使的马达斯·德·威勒诺夫（Marquis de Villeneuve）。参阅 Omont, *Missions archéologiques*（1902），第 2 册，第 663 页以下。

[122] 参阅 J. Porter, *Observations*（1768）；关于传记，参阅乔治·拉尔庞爵士（Sir George Larpent）重新刊印于 J. Porter, *Turkey*（1854），第 1~18 页的《回忆录》（"Memoir"）（文本并不可

靠）。关于评价，参阅 Daniel，*Empire*（1966），第 77、80 页。

[123] Rycaut，*History*（1680 年，事实上为 1679 年）；更为普及的（译成 6 国文字）是 Rycaut，*Present State*（1667）。

[124] 如 Babinger，*Die türkischen Studien*（1919），第 128 页。

[125] Black，*Grand Tour*（1985），第 27、28 页；Angelomatis-Tsougarakis，*Greek Revival*（1990），第 1 页。

[126] Holmes，*Journal*（1798），第 141 页；Morrison，*Memoir*（1819），第 186 页及下页。

[127] 参阅 Gehrke，*Hellás*（1992-1993），第 1 卷，第 25 页以下。

[128] 同上书，第 29 页及下页。

[129] Chateaubriand，*Itinéraire*（1968），第 147 页。

[130] Harmer，*Observations*（1786-1787）在这样的观点下运用近东的旅游文献。Harmer 对他的旅行史料的评论相当有趣。

[131] 例如 Chateaubriand，*Itinéraire*（1968），第 200 页。

[132] 例如同上书，第 261 页。

[133] Adams，*Travel Literature*（1983），第 38～80 页，有出色的概述。

[134] Hennings，*Gegenwärtiger Zustand*（1784-1786），第 3 册，第 415 页，即已抱怨在"东印度"这种碰运气的现象，并认为是此区游记相对水平较低的缘故。关于"发洋财者"（Nabobs），参阅 Marshall，*East India Fortunes*（1976）。

[135] Lach/Van Kley，*Asia*（1993），第 529～533 页。许多文献被编入 L'Honoré Naber，*Reisebeschreibungen*（1930-1931）。J. S. Semler 详细引述出自 *Allgemeinen Welthistorie* 第 26 册（1764）的片段。

[136] Knox，*Historical Relation*（1681）。

[137] 早期一名代表为 Lord Valentina，*Voyages*（1811）。

[138] 如内行的游记编撰者 Abbé Prévost，*Histoire générale des voyages*

（1746-1761），第 7 册（1749），第 261 页。

[139] Lach/Van Kley, *Asia*（1993），第 386 页及下页；Henze, *Enzyklopädie*（1978 页以下），第 2 册，第 332 页及下页；Zoli, *Le polemiche*（1972），第 409~416 页。

[140] 商队行进方式构造复杂，行经"亚洲一条高速公路网"，如 Chaudhuri, *Trade*（1985），第 167~175 页（引文出自 169 页）。Heeren, *Historische Werke*（1821-1826），第 10 册，第 23~29 页，已有出色的商队贸易分析。

[141] 参阅 Foster, *Introduction*（1930）。

[142] A. Hamilton, *Account*（1930），第 1 册，第 9 页。

[143] Benyowski, *Memoirs*（1893）：Adams, *Travel Liars*（1962），第 81~83 页；Robel, *Alieni*，第 12 页。

[144] Hoare, *Tactless Philosopher*（1975），第 293 页及下页与第 363 页。译文 1790 年于柏林出版；1791 年，约翰·赖因霍尔德·弗斯特之子乔治出版自己的译文。

[145] Ghirardini, *Relation*（1700）。他的地理知识薄弱，往往令他博学的赞助人士吃惊，如爪哇是在暹罗王国中的一个岛屿（第 30 页）等。

[146] Tombe, *Voyage*（1810）有关巴达维亚：第 1 册，第 186 页以下。

[147] Cochrane, *Pedestrian Journey*（1824）.

[148] Drummond, *Travels*（1754）.

[149] 这个现象大致参阅 Kohl, *Abwehr*（1987），第 7~38 页，举出了真正的"文化改宗"及单纯的"改变生活方式"两种可能（第 9 页）。Dening, *Theatricality*（1994），第 469 页以下。

[150] 参阅 Bennassar, *Les Chrétiens*（1989）。

[151] 页 P. Anderson, *Paul Rycaut*（1989），第 203 页及下页。

[152] Laurens, *L'Expédition d'égypte*（1989），第 199 页。

［153］例如圣西蒙分子（Saint-Simonist）兰伯特（Lambert）及"奥斯曼·爱芬迪"（Osman Effendi），参阅 Thompson, *Osman Effendi* （1994）。

［154］Niebuhr, *Reisebeschreibung* （1774-1837），第 1 册，第 456 页。

［155］Kroell, *Chardin* （1982），第 307 页；Hammer-Purgstall, *Erinnerungen* （1940），第 26 页。

［156］参阅 Pearson, *Before Colonialism* （1988），第 61 页。

［157］Bernier, *Travels* （1934）第 73、82 页，第 93 页及下页，第 217 页。

［158］参考 Zaidi, *Mercenaries* （1986），第 2 页。

［159］参阅 Shaw, *Between Old and New* （1971），第 10 页及下页，第 121 页；Tott, *Mémoires* （1785）。关于德·托特（de Tott）亦参阅 Charles-Roux, *Leséchelles de Syrie* （1928），第 111 页以下。1729 年，欧洲军事顾问的活动随着亚历山大·德·波勒瓦（Alexandre de Bonneval, Ahmed Pascha）伯爵而展开。

［160］如果只局限出版的数据，就必须一直注意特别大量的"黑数字"。

［161］美洲旅行家还可提到富有的马克西米安王子（Maximilian zu Wied-Neuwied）（1815~1817 年，南美，1832~1834 年，北美）。

［162］Rochemonteix, *Amiot* （1915），第 108 页，第 251 页以下。

［163］Broc, *La géographie* （1975），第 285 页；H. Woolf, *Transits* （1959）。

［164］以下段落参考 Henning, *Reiseberichte* （1906）；Wendland, *Das Russische Reich* （1990），第 351－384 页；Wendland, *Pallas* （1992），第 1 册，第 80~268 页；Robel, *Sibirienexpeditionen* （1976）；Robel, *Bemerkungen* （1992），第 225~232 页；Hoffmann, *Rußland* （1988），第 167 页以下；Hoffmann, *Müller* （1983）；

J. L. Black，*G. -F*. Müller（1985），第 47~77 页；Lincoln，*Conquest*（1993），第 100 ~ 121 页；Dahlmann，*Kalmücken*（1997）；Dahlmann，*Einleitung*（1998）；及 Henze，*Enzyklopädie*（1978、1979）中的书目。

[165] Strahlenberg，*Das Nord und Ostliche Theil*（1730）.

[166] Wendland，*Das Russische Reich*（1990），第 367 页。

[167] 参阅 Stagl，*Methodisierung*（1989）。

[168] Broc，*La géographie*（1975），第 38 页及下页，第 116~121 页。

[169] 关于研究旅行，亦参阅 Leed，*Mind*（1991），第 192 页以下。

[170] 关于尼布尔这位研究旅行家，参阅 Eck，*Mylius*（1986），第 18 页以下。

[171] Hoare，*Tactless Philosopher*（1976），第 12 页。

[172] 基本参阅 Laurens，*L'Expédition d'égypte*（1989），特别是第 9~11 章关于科学计划页。

[173] 参阅 Broc，*Les grandes missions*（1981）。

[174] Markham，*Rennell*（1895），第 42 页；Edney，*Mapping an Empire*（1997），第 9~18 页，第 134 页及下页。

[175] Edney，*Mapping an Empire*（1997），仍不断指出企图达到与已经取得的精确性的差异，如第 17 页。

[176] 关于麦肯奇，参阅 Dirks，*Colonial Histories*（1993）；Edney，*Mapping an Empire*（1997），第 152~155 页及书中各处；此外，关于其基本意义：Bayly，*Empire and Information*（1996）。

第五章　相遇

外国的图像并未反映出实际情况，却是观察实际情况所得的结果。为了能够观察亚洲，必须置身当地。另一个差强人意的替代方式，便是观察旅行的亚洲人。18世纪时，很难在欧洲国家中遇见亚洲人。经由奴隶贸易而被绑离家乡的非洲人比亚洲来的人更为常见。非洲人以仆役（黑奴）、士兵或音乐家的身份，效命于公侯宫廷及私人。[1] 但亚洲人只个别出现在欧洲，背后总有某个特殊的故事。东方国家出使欧洲的少数使节团颇受瞩目：暹罗代表团两次出使法国（1684-1685、1686-1687），波斯代表团出使英国（1626、1809-1810、1819-1820）及法国（1715），奥斯曼代表团出使法国（1533、1571、1581、1601、1607、1669－1670、1720－1721[2]、1741），维也纳（1665、1740）及普鲁士（1763-1764）。[3]

其他便是自己单打独斗来到欧洲的人士。我们只提几位中国人：1650年，在罗马培训出来的第一位中国耶稣会修士郑马努（Zheng Manu）；1668年随使者凡·胡恩（Van Hoorn）由北京来到荷兰、名为"戴比霞（Thebitia）"的医生[4]；1722年来到欧洲的不幸的胡建（Jean Hu）[5]；1750年至1754年，耶稣会修士在路易·勒格朗（Louis-Le-Grand）教团栽培出来的五名中国人；高类思（Aloys Ko）和杨德望（Étienne Yang）这个基督教家庭的两位小儿子，18世纪60年代初由贝尔汀（Bertin）部长在法国教育成为神父。[6] 我们亦从那位卡尔梅克

（Kalmükken）男孩 "费奥多・伊凡诺维奇（Feodor Iwan-owitsch）" 身上得知：俄国女皇把他送给卡尔斯鲁厄（Karlsruhe）的巴登（Baden）长公主，她教育他，并让这位天才画家前往罗马。[7]欧洲唯一可能定期找到知书达礼的中国人之处，便是 1732 年由传教士马泰欧・里帕（Matteo Ripa）在拿波里创办、培训中国传教士的中文神学院。1851 年，中国人在伦敦仍然罕见，以致一名中国妇女和她的两个孩子可被拿来展示，每次收取两先令。[8]和欧洲人大量东移相比，亚洲人在欧洲的数量整体来说寥寥无几。1602 年至 1795 年，单单荷兰东印度公司的船只就搭载了大约 100 万人到亚洲。[9]

　　既然亚洲人来不了欧洲，那欧洲人的印象只能来自前往亚洲的旅行及长期停留。这是如何进行的呢？在浏览过旅行地区及旅行动机后，我们必须在微观层次上来观察旅行。观察文本中的变化，是种相当复杂且在个别案例上难以重建的过程。我们只研究论断外国人并从中勾勒出 "图像" 的文本并不够，亦必须质疑那些相当具体的观察情状。由于旅行家很少观察其他的旅行家，当地人更难得记录下他们对旅行者的印象，剩下的只有文本本身。不过，那可是个丰富的矿藏。

劳累　失望　灾难

　　旅行者大部分时间要和自己相处。交通与住宿要先规划，而与官方机构的交涉问题必须解决。那个欧洲人在远方国度基本上还未享有治外法权，且未有炮艇与制裁威胁等保护特权的时代（一如帝国主义时代一样），陆路旅行是一种危险甚至致命的活动。伟大的自然科学家林奈（Linné）由乌普萨拉派出 20 名学生前往世界各地从事研究之旅，其中 8 人丧命，1 人发疯。[10]类似库克船长 1779 年 2 月 14 日死于夏威夷的轰动事件，非常之多。1774 年 7 月 27 日，塞缪尔·戈特利布·格梅林前往俄国女皇统治范围的另一头、里海边上独立的小国旅行，结果在杰尔宾特（Derbent）的监狱中去世，享年 29 岁。1813 年夏末，之前已在苏丹南部被留置 3 年之久的威廉·乔治·布朗（William George Browne），在泰布利兹（Tābriz）与德黑兰间遭遇盗贼攻击身亡。[11]约翰·马尔科姆爵士朋友圈子中一位鲁莽的年轻人与那本文学味道浓郁的《波哈拉之旅》（*Travels into Bochara*, 1834）的作者亚历山大·博恩斯（Alexander Burnes）爵士，在已算另一个新时代中的 1841 年为帝国主义丧命：1841 年 11 月 2 日，当阿富汗民众反抗英国支持的傀儡暴君时，他在喀布尔街头被人用私刑处死。[12]传教士不时受到迫害威胁。尽管在 18 世纪，17 世纪早期日本迫害基督徒的残暴行径及加拿大刑柱上的殉道者命运并未以同等规模重复出现，但至少在东京——越南北部的分裂部分——对基督教传教者而言，这仍是一个没有生命保障的国家。

　　死于疾病者的数目相当高。写出极富价值的游记，并把咖啡引进法国的让·德·泰沃诺（Jean de Thévenot），在从印度回欧途中，1667 年在亚美尼亚力竭而亡。1763~1764 年，丹麦的阿拉伯远征队员几乎全死于疟疾。1746 年，格奥尔格·威廉·斯特勒在西伯利亚的图门（Tjumen）死于高烧。另一名西伯利亚旅行家约翰·彼得·法尔可（Johann Peter Falck），由于缺乏医疗援助而命绝。[13]1825 年 8 月 27 日，兽医及马匹饲养专家威廉·穆克洛福特（William Moorcroft）在阿富汗北部死于高烧和力竭，他之前才逃离阿木达拉河（Amu-Darya）上游一名当地暴君及奴隶贩子穆拉德·贝格（Murad Beg）的囚禁。[14]有些地

121

区特别危险：一点也不"蛮荒"的巴达维亚，开始还以卫生著称，却在 1733 年第一次疟疾疫病发生后成了热带的致命地点之一，不得不在那里停泊的船员都心惊胆战。[15] 大自然在孟加拉国也同样反击着：1707 年至 1775 年，英国东印度公司由英国派遣过来的民间雇员，半数以上死于当地。[16] 1688 年，安格贝特·坎弗在苦等之后，终于搭船离开波斯湾炎热的阿马斯港（Bandar Abbas）时写道："真该好好谢谢老天，护我在这个疾病与死亡之地，仍能保有身心及财物。"[17] 在类似的情况下，成千上万的人都有类似的感觉。

报道中较少提及致命的旅途劳累，那是因为作者的性格与文学表现上的意图。18 世纪陆路旅行家跋涉过的距离，没人比得上彼得·西蒙·帕拉斯，他基本上几乎完全不报道有关旅行状况的信息，而以狂热的客观论点专注于描述发生的事件。他那位在高纬度北方长途跋涉的前辈约翰·格奥尔格·格梅林虽然文风没有那么严谨，或许愿意告诉想听到同样情况的读者更多有关他经历过的危险及冒险事件，却不得不令他们失望，亦未描述读者期待见到的寒冷灾祸：

> 你们会发现，我的旅行，就算在最遥远的国度，往往装备十分舒适。因此，我不可能在没有任何困顿之处，表现出困顿，并重复那些关于对西伯利亚蛮荒严酷环境的旧有抱怨。[18]

尽管组织完备，而且由国家赞助的大型远征活动后勤资源有助于格梅林的旅行，他的旅行也绝不是游览活动。1733 年 8 月 8 日，出发前已有一名学生、一名土地测量员及一名器械师因意外死亡。接着，格梅林顺带提到一连串小型灾难：马车烧毁，原因是一个车轴没有润滑；船搁浅在沙岸上，原因是缺乏地图而迷路；被跳蚤、大蚊子及牛虻叮咬，不得不在苦寒下或熏得漆黑的"暗室"（像后来在西藏的塞缪尔·特纳）[19]中过夜。格梅林的笔记、书籍、工具及现金，两度被火吞没，和1824年斯坦福·莱佛士爵士因为一场船上大火失去自己独特的爪哇收藏一样。[20]这位年轻的杜宾根人及他的旅伴盖哈德·弗里德里希·穆勒在沙皇的委任及士兵的伴护下旅行，虽然原则上他们可以享有官方的营区并征用马匹——1829年，冯·洪堡的俄国官式旅行，23周中共享用了12244匹马！[21]——却仍免不了不停对懒惰的船夫、贪婪的酒馆主人及不听命的村长生气。当农夫拒绝马匹被征用时，情况就会严重起来。[22]离俄国权力中心愈远，官方的安全通行证就愈无作用。在帝国的大东部，格梅林碰上了无法无天的事件和强盗。[23]在没有船夫的地方，外交人员除了有时自行游过河外，别无他法：如1719年伊兹梅洛夫出使中国的代表团那样。[24]

　　落单的人情况更糟。东方人著名的好客行为，并非一直可靠，至少只对看起来富有的旅行者有效。[25]若有谁不想跟尼布尔或安奎特-杜培宏一样，也避开接触欧洲人的话，会先在欧洲领事、商人或传教士处安顿下来，然后才会信任当地人的友善或交往方式。亚洲少见旅店，能够碰上经营良好的商队旅栈算是走运，那里几乎只有水，往往没有吃的东西。[26]商队旅栈必须经营下去，如果不行的话，就会像18世纪的波斯地区，只剩下荒凉的废墟。[27]亚洲和西方相比，不总是处于劣势。当加固的道路在欧洲大部分地区仍是例外情况时，旅行者便已注意到中国通衢大道的高质量，就算近东及中东的道路相形之下也不逊色。[28]连接北京和长江地区的中国大运河，更早已被视为

123

运输技术的杰作，在欧洲前所未见。[29]

　　找到善良诚实的当地仆役，可能是最为重要的关键，有需要时，不停补给健康强壮的马匹，也不是个小问题。驴子在阿拉伯地区十分有用，牦牛在喜马拉雅山区不可或缺。格奥尔格·威廉·斯特勒为雪橇狗写过一篇衷心的礼赞。[30]在莫卧儿王朝，则只有皇室、贵族及部队才骑乘大象旅行。整体来说，马大概是欧洲旅行家在南亚最重要的交通工具，富有的人也使用轿子。牛车算是大众的长途运输工具，连低层次的外国旅人也常使用；在苏拉特（Surat）① 和阿格拉之间，牛车商队要使用近两万头动物。[31]1777 年至 1784 年，在印度旅行的修道院院长佩林（Perrin）就歌颂过牛是"印度最有用的四腿动物"。[32]稳定和耐力弥补了这种动物速度上的不足。

　　如果旅行者来到骆驼国度，几乎都会松口气。文学作品中全是对骆驼的歌颂及赞美，认为这是种最知足、生物学上最结实且个性上最稳健的骑乘及负载动物。然而，骆驼商队并不确保安全。经验丰富的东方旅行家托马斯·肖博士，先在阿尔及尔以英国商行随行神父身份展开自己的事业，最后成为牛津大学希腊文钦定讲座教授。1722 年，他是由拉玛（Rama）到耶路撒冷 6000 人商队的成员，眼见在一位奥斯曼将军率领下的400 名士兵卫队无法保护他们不受阿拉伯部落战士的残酷袭击。肖成了人质，整晚被粗暴虐待侮辱，最后被一支耶路撒冷阿加（Aga）② 的快速攻击部队救出。[33]大体来说，商队（除了骆驼，往往也有马匹）仍是近中东及中亚相对而言最为舒服的运输方式。[34]所有商队成员都有繁重的组织工作，只能透过"纪律、

---

①　印度吉雅拉特省的海港。—译者注

②　奥斯曼帝国中的军事行政阶级。—译者注

警觉及团结"[35]来抵抗大自然与盗匪的挑战。错过商队的人，124可能必须等上几个月才碰得到下一支商队，那他就有时间思索家乡的问题，例如想窃据财产的贪婪亲戚。[36]

欧洲旅人在以国宾身份出现之处，照理会享受到东方人免费的好客善行，不过仍须配合东道主的条件。1794～1795年出使中国的荷兰使节团，未如几个月前的马戛尔尼勋爵，受到尊重与外交礼节的对待，而被安置在有漏洞的破屋，有时晚上还被轿夫连人带竹轿搁置在野外，而且三餐不继。原本在巴达维亚习惯锦衣玉食、身材丰腴的代表凡·布拉姆（Van Braam），回来时"瘦得像条小鲱鱼"。[37] 1752年，阿米欧特（Amiot）①教士遭到对好学的欧洲人来说特别痛心的刁难：中国官员让他在一顶密闭无窗的轿子中待了45天，以牛步速度慢慢从南昌（江西首府）抬到北京。[38]

旅行上的身体负担和真正的劳累之间，只有一小步距离。期待落空，算是最为无害的。像尼布尔、格梅林或帕拉斯这种旅行大师，自然知道所有的期望虚空无用，却注意不对读者透露自己的失望之情。在他们身上，我们不太能见到他们愿意承认幻想破灭，不像荷内·卡利耶（René Caillié）那样。1828年4月20日他是第一位见到自己梦想中目的地的欧洲人——今天马里（Mali）的传奇沙漠之城廷巴克图（Timbuktu）：

> 我四处张望，所见景象让我大失所望。我把廷巴克图的辉煌和财富完全想象成另一种样子。乍看之下，这座城市只是一堆其貌不扬的土屋，周遭全是淡金色的无垠沙漠。[39]

---

① 中文名字钱德明。—译者注

当其他的旅人见到巴格达、喀布尔或北京满是尘埃的脏乱模样，或不得不确定中国并非只有楼台庭园的时候，他们便会失去对童话般东方的幻想。[40]有些人于是反其道而行，以饱经世故的环球旅人之口吻表示：不管别人再怎么描述中国长城，它对亲眼看到过的人来说其实并没有那样宏伟。[41]少数文章中流露着一股自然的、现实存在的失望之情——不太是关于东方观光上的不足，而是关于殖民地中的生活。就像萨克森地区的工匠约瑟夫·施洛德特（Joseph Schrödter），当拿破仑入侵埃及时，他刚好在那里逗留。施洛德特便到印度碰运气，"但一无所获"。[42]他为英国东印度公司当小兵抵抗迈索尔邦的提普苏丹（Tipu）时，由于体会到马德拉斯（Madras）有钱的英国人高傲自大，加上自己在印度没赚钱机会，便完全醒悟过来了：

> 没有财富，现在几乎不可能在印度这些普受好评的地区碰运气，一多半的人离开时就像来时一样；因为靠着一般的薪饷，很少有人能存下些钱。[43]

看来留在老家才是上策。

旅人难得让人看穿一件心事，虽然它必定是许多人曾感受过的，虽然它有违那些过度活跃、随时警觉的欧洲人为自己制造出来的文化形象，而且它被看成是一种典型的野蛮人心理状态[44]——无聊。当塞缪尔·特纳表示除了随机应变的本事外，耐性是旅行者最重要的美德时，他知道自己所指为何：1783年，他和已在1774年来到西藏寺院的前辈乔治·波格尔一样，努力打发时间。[45]在底格里斯河上航行，也可能会极端单调[46]，至少一名西伯利亚的旅行家说出了一个某些人会默认的事实：

　　我必须承认，在漫无边际的草原上旅行，会让人读起来感到十分无聊，而我只能这样安慰读者，我保证实际情况更加无聊：读者在此仅需一个小时即可阅读完毕，但我们要花上两个月又九天才能穿越过去。[47]

神秘的曼宁先生

　　一如格梅林清楚所见，游记读者非但对旅游的紧张状况、危险和精神危机感兴趣，最后还想知道旅人如何"克服"这些问题。至于真实的挫折情绪，只出现在不会公开的笔记中。我们有冯·洪堡的这些笔记。没有其他的文献比那位奇怪的托马斯·曼宁的日记更加坦白的。直到 19 世纪末，曼宁是造访过拉萨的唯一一位英国人。[48]这位诺福克（Norfolk）教区牧师的儿子生于 1772 年，尽管学术事业成功，却中断了自己数学家的生涯，到巴黎约瑟夫·哈格处，接着又到伦敦向一名中国人学习中文。他起先显然出于兴趣，想和希腊文进行比较，后来则对中国文化愈来愈感好奇。他的朋友、散文大家查尔斯·兰姆（Charles Lamb）建议他：别再读旅游书籍，里面只有谎言。不过，曼宁脑袋里想的却是造访中国及西土耳其斯坦①。在皇家协会主席约瑟夫·班克斯爵士的推荐下，英国东印度公司给了曼宁一个搭乘该公司船只前往广东，并在 1807 年至 1810 年间待在他们商行的机会。1807 年 11 月，他向广东巡抚申请北京宫廷钦天监及太医一职，由于中国当局并未同意，他便决定绕道至中国西藏。

　　1811 年 8 月，在一名中国仆役的陪同下，曼宁从加尔各答

126

_____

　　①　即 19 世纪中叶以后的"俄属中亚"。——编者注

往不丹出发，没有官方任务、护照及英国东印度公司的资助。他经江孜抵达拉萨。该城内著名的景点布达拉宫，欧洲人之前只从阿塔纳修斯·基歇尔《图说中国》（*China Illustrata*，1667）中一幅据格鲁伯所绘的图像得知。12 月 17 日，九世达赖喇嘛——一名五岁的男孩——接见了曼宁。他献上一块锦缎、两个铜烛台及一瓶薰衣草香水给达赖喇嘛——不是出于鄙视，而是没有珍贵的礼物。自己则得到西藏书籍为回赠。1812 年 4 月 19 日，曼宁在清朝驻藏大臣逼迫下，再度离开拉萨。在印度时，他拒绝与别人谈论自己的经历。他又回到广东继续学习中文。1817 年，他以通译身份加入阿美士德勋爵出使北京的代表团。同年 7 月 1 日，却有人意外见到他在圣赫勒拿岛上和拿破仑相谈。留着修长胡子的曼宁，算是个诙谐的家伙及怪人。直到 1829 年，他才回到英国，住在达特福德（Dartford）一栋小屋中，周遭有丰富的中文书籍收藏。他死于 1840 年，没有出版过任何文章及书籍。直到 1879 年，他的旅行笔记手稿才出版问世。

从托马斯·曼宁的笔记，可以看出他是一位自由人士，完全没有任何基于英国利益的考虑，是位翔实的观察家及善于嘲讽的评论者。曼宁并不在乎收集"有用的"信息，一如英国官方从印度派出的使者及特务所为；他并不关心西藏在刚开始的帝国主义棋局中的地理政治意义。他喜欢拿汉人在西藏的专横地位和他所鄙视的英国印度殖民政策相比，这是他偏爱的一个主题。除了大他一个世代的安奎特-杜培宏外，那个时代没有人像他那样不在乎当时有关亚洲的那些正面及负面的陈腔滥调。那种对异国事物应有的惊讶之情，他也感到陌生。他第一次见到布达拉宫时，并未因为景象动人心魄而目瞪口呆，却在走过山脚下的湿地时感到难受，联想起罗马的庞帝尼（Pontinien）沼地。布达拉宫得到他不经意的认可（"看起来还很完美"）[49]，不过，他也立即承认建筑结构既不具强烈的异国风味，也非立刻可以一目了然："避开了我分析的企图。"[50]紧接而来的章节，并不像当时的游记般会顺道描写拉萨城，而是对西藏的帽子进行长篇累牍的推论。[51]

曼宁是当时英国优秀的亚洲旅行作家之一，或许是最优秀的。当他抱怨藏南光秃的山景时，不是用抽象的语句，而是这样描述：屋里一角，一盆刚抽芽的洋葱，是我这阵子所见最为翠绿的东西。[52]他描述旅人的痛苦时，没有独特的心理告白及自我折磨的坦率所呈现出来的伤感，没有抱着浪漫心态融入情境之中的虚荣意味，像是几乎同时在旅行的夏托布里昂所表达的那样，而是孤独、极端的气温（也包括在严寒中冻僵的手难以写作）与不合身的衣服带来的后果，还有风湿病痛的折磨、被自我幻象逼疯、欧洲人即便感到羞耻也不得不抓搔着身上讨厌的虱子，以及穷困的旅人出卖部分行李来筹钱等各种他经历过的情绪：从憎恨变化不定的环境，到布达拉宫中令人着迷的圣童。例如，在1811年9月18日，就在越过不丹边界不久后，有段极为生动的记述，但也显示出曼宁自我嘲弄的一面：

> 雪！我在哪？我是怎么来到这儿的？没有我可以说话的人。我因为情绪失控而哭，而不是因为痛苦。一条长毛猎狗可能比我的中国仆役更是个好同伴。到处都是祭司及僧侣，跟欧洲一个样。[53]

曼宁是在亚洲的最诚实的欧洲人之一，也是最没偏见的一位。他既不相信欧洲的优越，也不准备夸赞亚洲。或许正因为

128

如此，他才不想公开他的经验，因为觉得没人会了解他。我们倒是很想知道，他和拿破仑谈了些什么。

通译与对话

从托马斯·曼宁的日记中，可以学到许多有关旅人沟通的问题。他们如何准备？他们如何和当地人沟通？

曼宁是那个时代最优秀的汉学家之一，但在晋见达赖喇嘛时，却识趣地避开了汉语。达赖喇嘛对一名中国通译说藏文，那名通译再对曼宁的中国仆役〔孟西（Munshi）〕说中文，他再对曼宁讲拉丁文：

> 我以拉丁文回答，再以相同的方式翻译传达回去。我早已习惯和孟西说拉丁文，没有我们无法表达的细微感受。尽管这很费事，但沟通还算迅速。问题和答案都能清楚传达，这是有通译在场时，在亚洲地区很少见的情形。[54]

那个时代，似乎还没有欧洲人懂藏文（不过，1715 年至 1721 年耶稣会修士伊波里托·德西代里停留西藏期间，以藏文写过四本辩护教义的作品）。[55]通晓数种语言的重要人物一直都有，但知晓语言理论和实际运用语言之间仍有落差。实际运用往往先于理论知识许多。如果语言学的认知与娴熟生动的语言两者相互结合，就有可能产生传世的作品，如约瑟夫·德·普雷玛尔〔Joseph de Prémare（中文名马若瑟）〕的中文书《语法》，直到 1831 年，在作者逝世近百年后才出版，而且长期未被超越。[56]基本上，耶稣会传教士都是通晓多种语言的人，例如，约阿希姆·布维除了中文之外，还会拉丁文、希腊文、叙利亚文、意大利文、西班牙文及葡萄牙文。摩达维亚亲王与撰写奥斯曼帝国历史的史学家德米特里厄斯·坎泰米尔，除了自己的母语外，还能说写土耳其文、波斯文、阿拉伯文、拉丁文、新希腊文、意大利文及俄文，此外，并可阅读古希腊文、斯拉夫语及法文。英年早逝的约翰·莱顿（John Leyden）是首批非洲学家之一，也曾是斯坦福·莱佛士爵士在爪哇的亲密工作伙伴，据说懂得45种语言，而约翰·赖因霍尔德·弗斯特看起来则可驾驭17种语言。[57]25岁时，约瑟夫·哈默能把土耳其文或阿拉伯文流利地翻译成法文、意大利文或英文，而且土耳其文说得就像自己的母语一样。[58]印度学的奠基者威廉·琼斯爵士，对斯拉夫语系可能力有未逮，但在其他欧洲语言上则几乎如鱼得水，且是一名波斯文专家，在他短暂的一生后期，成了第一位能自由运用梵文这种丰富语言的欧洲人。[59]

129

至于其他人便需要通译。他们无所不在，在外交上扮演着显著的角色。自1721年起，法国官方便在一所语言幼校训练八岁左右的孩子成为土耳其文及阿拉伯文通译。1754年，在维也纳成立的东方学院（Orientalische Akademie），在培育前往奥斯曼帝国从事领事及外交工作的人才上更为成功。[60]然而，当地翻译的重要性并未因此降低。在奥斯曼帝国中，所谓的传译（Dragoman，出自土耳其文 tercuman）是发展跨文化关系的特殊官员。1669年至1821年，奥斯曼帝国大传译的职位都握在富有的希腊正教家族手中。拥有职务者享有特权，特别是衣袍、马车及豪宅带来的身份象征，非穆斯林则难以享有。大传译在大臣和国外使节会谈，以及国外使节被苏丹召见之际担任翻译。他们翻译外交文书，写下自己和外交官谈话的备忘录。在国外使节眼中，大传译是奥斯曼外交当局的第二把交椅，待之以外交礼节。[61]

欧洲的大使自己任用的传译，以娴熟外语的中间人身份和异国世界沟通。他们并不只是单纯的通译，还是国情专家、收集流言蜚语的人士、间谍、顾问及亲信。他们多从帝国非土耳其的少数民族中招募过来——英国人任用源自意大利比萨尼家族的传译达两个世纪之久[62]。他们通常仍然是苏丹的臣民，无法确保其忠诚。这个亚洲独一无二的传译体系，愈来愈受攻击。传译滥用自己的中间角色，专横失信。也有人抨击他们面对土耳其人时，过于低三下四。1820 年，一名英国外交官见到英国大使的传译亲吻一名奥斯曼部长的衣摆时，勃然大怒。[63]更糟糕的是，这些当地人对欧洲所知甚少。[64]只要想想，英国驻叙利亚阿勒颇领事的两名传译是希腊人，除了意大利文外没学过其他欧洲语言，也就可想而知了。[65]传译的功能和设立永久的大使及领事馆有关，除了奥斯曼帝国外，亚洲其他地区并无类似机构。

有猜疑心的东亚各国政府，并不希望外国人懂得他们的语言，并且带着自己的通译过来。他们相当重视翻译独占。16 及17 世纪初的日本有一些日语出色的外国人，如葡萄牙传教士、英国人威尔·亚当斯（Will Adams）及荷兰人弗朗索瓦·卡龙（François Caron）。随着锁国政策开始，情况起了变化。为了管理出岛上的荷兰人，在长崎成立了一个正规的翻译机构。该机构的存在，便宜了荷兰人，亦让他们不用费力学习日文。[66]约1808 年起，一些日本人也开始学习英文、法文及俄文。[67]对常和克鲁森斯腾船长之名连在一起的远征队首领暨俄国大使雷札诺夫（Rezanov）而言，日本人并不褒扬他的事前准备工作：1804~1805 年冬，他并无机会卖弄自己辛苦学来的日文，因为日本人和他以俄文交谈。[68]

　　中国宫廷则依赖耶稣会修士，他们的亲切态度及有问必答，使外国外交官十分受用。博学的帕瑞宁（Parennin）① 神父，从1698 年至 1741 年去世时都待在中国，是康熙皇帝的亲信与颇受欧洲学者欢迎的通信对象，在许多外交场合中担任通译。他因娴熟中文及皇室的母语——满文——而声名大噪，此外，他还懂得拉丁文、法文、葡萄牙文及意大利文。1689 年，耶稣会修士在俄国与清廷的尼布楚条约交涉中，扮演了重要的角色，其中一份官方文件便是拉丁文版本。[69] 他们其中几位担任中国高官，并以中国官方代表身份出席，影响力达到高峰。1655 131年，第一批荷兰使节团先由科隆的传教士汤若望（Adam Schall von Bell）代表中方接待盘问。[70] 日本的外交使节团在锁国之前，也偶尔任用欧洲人担任中间人。在波斯，伊斯法罕"方济嘉布遣"修会的负责人、类似法国非官方大使的拉菲尔·杜·曼斯（Raphael du Mans），十几年来扮演着波斯政府及欧洲东印度公司联络人的角色。[71]

　　就算代表团中有其他语言人才，还是必须请在北京的传教士担任通译。马戛尔尼勋爵出发前从拿波里中文宣教神学院找来翻译李白标（Jacobus Li）。他结束了自己的神职训练，很高兴有搭船回家的机会。[72] 李看来能够善尽职责——即便见到高官时的敬意及惧意有时让他舌头打结，但只有（前）耶稣会修士能够传达古典官式中文的"高等"文言形式及欧洲的外交用语。1793～1794 年的马戛尔尼代表团，还面临其他问题：他们的译者——不管是李白标还是传教士——都不懂英文，于是官方的中文文书先译成拉丁文，再由随团德国萨克森的家庭教师

① 中文名字或旧译名为巴多明。—译者注

伊登勒（Johann Christian Hüttner）译成英文。[73]整体来说，缺乏直接沟通的语言，对欧洲派往中国的使节团不利。马戛尔尼勋爵这位最具洞悉能力、最客观的中国观察家，也只有一次突破了沟通障碍。在代表团于大运河搭船由北京返回杭州之际，他和清朝一位高官松筠①有过多次开诚布公、相互推崇的谈话。马戛尔尼在 1764 年至 1767 年担任过驻圣彼得堡使节，松筠则在中俄边界做过一阵子巡抚，因此两人可以用俄文交谈，不用通译。[74]

　　和其他亚洲的港口城市一样，在中国的沿海口岸沟通较不困难。欧洲商人很少学习当地语言。在地中海东部地区及岛屿，不会阿拉伯文或土耳其文的人可用意大利文来沟通，即便英国及法国的贸易利益早已超过意大利城市。[75]在波斯湾及澳门之间的地区，葡萄牙文以通用语言的身份，一直存活到 19 世纪早期。去过许多地方的亚历山大·汉密尔顿，似乎只靠葡萄牙文便在整个东印度地区顺利周游。如果会亚洲的第二种旅行用语——波斯文——碰到的困难就会更少。在印度，一些欧洲商人也能用上简单的洋泾浜印度斯坦语（Hindustani）或莫尔语（Moors）。[76]直到 18 世纪中期，在印度的英国人几乎没人会当地语言。约 1760 年起，在这期间已成为孟加拉国领主的东印度公司，要求工作人员学习印度的官方语言波斯语，后来也包括印度地方方言。英国在印度的官员应在没有通译的情形下，能和他们的臣民沟通。[77]在 18 世纪，只有少数人达到这一目标。

　　亚洲人懂得欧洲语言的可能机会，比欧洲人娴熟亚洲语言

---

　　①　时任军机大臣。—译者注

来得大。1750年，瑞典的神职人员及自然科学家彼得·欧斯贝克在广东遇到至少会说基本葡萄牙文、法文、英文或瑞典文的中国人。[78]在西印度的苏拉特港，尼布尔在几年后确定几乎没有外国人学习当地语言，因为许多印度人会说葡萄牙文或英文，只有在训练及指挥印度士兵时，当地的方言才不可缺。[79]1822年，约翰·克劳福德担任英国在南圻（交趾支那）的使节，靠葡萄牙文沟通，并希望找到懂得这种语言的当地人。在暹罗，代表团遇见一位能说流利拉丁文的当地住民。[80]1795年，英国使节迈克尔·西莫斯船长在仰光的一次经历，可以呈现出在极端情况下沟通的复杂性。他在缅甸的王宫中遇到来自中国的代表团：

> 我对一名懂得缅甸话的穆斯林说印度斯坦语，他转向一名会说中文的缅甸人，缅甸人与仆役用中文交谈后，仆役再把信息重复给他主人听。[81]

西莫斯是否像托马斯·曼宁在拉萨那样，对这种连锁翻译感到满意，就不得而知了。我们发现，中国外交官员认为以天朝的高贵语言和一名低阶的外国人说话，有损尊严。

当地的语言掮客到底在印度占有何种地位，可从贝利（C. A. Bayly）的研究中读出。这位英国史学家指出，英国人在18世纪后期相当成功地打入当地封闭的信息传达者阶层体系。[82]在个别印度宫廷中书写波斯语（莫卧儿王朝及许多其后继国家的官方语言）的通信人员也很重要，他们半机密的报道在许多地方流通。这些通信人员是派遣他们出来的统治者的间谍，往往由正规的情报首长指挥。他们收集有关东道国的消息，散布真假难辨的信息，同时展现出委托者的政治影响。一名大公如

133

果能在没有相互协议的情况下，在其他首府中安插更多的通信人员，至少代表他有更大的象征性权力。[83] 就连 18 世纪 70 年代起愈来愈懂得巧妙且肆无忌惮操弄印度内部权力游戏的东印度公司，也任用这些情报人员，但不过度依赖他们。要能指挥他们，波斯文的能力便不可少，一些东印度公司的高级工作人员，这期间也都具备这种能力。

我们见到托马斯·曼宁有时和一名"孟西"一起旅行。这个名字或头衔狭义来说，是指一名文书、书记或翻译，但也可用来表示任何受人尊重的当地博学士绅。[84] 在印度的孟西，就等同于奥斯曼帝国的传译及中国宫廷耶稣会修士。在当地社会中，他们比上述另外两个只在首都活动的团体，扮演着更为重要的角色。在前英国时代，孟西能以知识士绅和印度内部外交事宜专家的身份，取得独立的权力基础。在他们之中，也形成了不同于效忠某个特定公侯的抽象公职概念。[85] 英国人起先视孟西为波斯文教师。他们在商行管理机构中担任秘书，地位更为重要。就连懂得一些波斯文或印度斯坦文的英国官员，也很少能驾驭过度讲究的官方文体的细微之处。在伊斯兰国度及中国与汉化的越南等书写文化发达的地区，若没有正确的语言，便难以想象能具备成功的外交手腕。孟西因此不可或缺，如果再更有能力，并值得信任，便会受人倚重，报酬可观。[86] 历史上有段时间，细腻的孟西希望他们的英国新主子也能领会宫廷波斯语的诗意与华丽，那是有文化教养的印度大公们所珍视的。但西方追求效率的想法则将富丽的语言合理化，将官方波斯语降格成平实的通告内容。最后，这种官方语言在英国统治下的印度中完全被废除掉。[87]

语盲

就算旅游文献中只留下少数像 1816 年英国船员与朝鲜沿海居民间[88]那种哑剧场面，仍有许多旅行者——包括有文化教养的人士——因外语能力不足而常对周遭无所反应，更谈不上了解。这种文类会很快回避这个关键点，而且记述旅行的人士容易面对很大的诱惑，偷偷摸摸或有时甚至堂而皇之地渲染自己所不具备的本事。有多少书中提及的谈话，真是以那种流畅的形式在进行的？例如陪同马戛尔尼勋爵前往中国的约翰·巴罗爵士，在其普受引用的报道中多次制造出微妙的悬疑，教人禁不住怀疑他是否会说中文（但我们并不相信他果真有此能力）。不过，在越南，通译比在中国更难找到，我们不得不承认双方会出现沉默的状况：

> 由于我们双方都不了解对方的语言，无法交谈，也就没必要在桌前一直逗留。[89]

不过，巴罗还是注意到，在越南透过不出声的手势来沟通，要比在中国容易。中国官员认为透过手势交谈有损尊严，但越南官员则不会。[90]整体来说，在东南亚，人们的举止比在高傲且注重外交礼节的中国来得简单。1822 年，克劳福德博士被一名暹罗官员以热情的握手礼相迎，并被邀参加一场使用欧洲银制餐具的晚宴[91]——这在中国无法想象，1816 年英国使节阿美士德勋爵在那里还被要求行叩头大礼，在皇帝面前跪拜三次！

至迟到了 18 世纪后半叶，旅行与国外经验的高级理论也要求讲究的旅行家应该努力学习困难的语言。语言方面的无知不 135

是借口，而更不可原谅的就是身为文盲的旅行家还硬要冒充当地的国情专家。虽然并非每个人都同意威廉·琼斯爵士的观点，即认为如果学习得法的话，几乎任何语言都可在六个月内轻松有趣地学会，[92]不过除了一些下面还将提到的特例之外，我们很容易就可以认同他的基本看法：

> ……对我们完全不熟悉其语言的国家，不可能做出令人满意的报道。[93]

另一个更高的要求则比较容易引起分歧：彻底认识欧洲以外国家及其语言的必备前提，就是要长期逗留，甚至尽可能担任当地的公职。[94]有许多例子其实是语言不通或外语能力不足而导致的错觉。如果无法深入异国的感官世界，便容易把可以用理性好好解释的东西，视为怪异或有异国风味。[95]缺乏外语知识，那旅行者在偏远及图示不明的地区，便几乎无法辨识地名。1737年，不懂阿拉伯文的丹麦旅行家弗雷德里克·诺顿，便在埃及碰上这个问题：常搞不清楚自己身在何处。[96]谨慎与准备周全的卡斯腾·尼布尔，特别重视从当地人那里打听当地的地理名称。尼布尔亦发觉，东方的当地通译几乎都有个毛病：不知道科学（如天文的）术语。[97]再拿相当讲求实际的尼布尔来做例子：不懂当地语言的人，在接触及获取信息上，只局限于能用欧洲语言来表达的当地人。不过，绝非一直如此。当地社会中博学多闻及诚实不欺的成员甚至很少见，往往有许多人想利用天真的外国人——"认识外国人也是为了自己的利益"[98]，并乐于见到他们受到愚弄。如此一来，当地人口中最荒谬的想象，成了欧洲报道中的可靠说法。

尼布尔也指出，准备周全的旅行是必要的，但不保证能成功沟通。欧洲东方学家学院中的外语能力，并不一定就能实际运用于会话。在丹麦，大家认清了这一点，因此把丹麦阿拉伯远征队的语言学家弗雷德里克·克里斯蒂安·冯·哈芬（Frederik Christian von Haven）特别送到罗马的马龙尼特派教徒（Maronit）① 处，让他学习阿拉伯口语[99]，可惜成效不彰。尼布尔不是教授、教师及上流士绅，只是一名懂些阿拉伯文，为远征队提供技术服务的土地测量员，在旅行中才自行学会和当地民众沟通时用得上的阿拉伯文。他显然如鱼得水，却在也门萨那讲究的宫廷语言上出现了问题。[100]冯·哈芬先生详细研究过阿拉伯文学，把他在那里发现的句子纳入他的谈话中。有一次他想表现得彬彬有礼，以在书上读到的句子问几名阿拉伯人："你们的骆驼怎么样了？"原本想达成的沟通因而失败，尼布尔这名来自弗里西亚群岛（Friesische Inseln）的农夫之子，则以正常的人类理智来解释书呆子的局限：

> 东方人没有报纸，也不像欧洲人聚在一起时那样高谈政治。他们的天气也比我们这里稳定，因此也不像我们欧洲人这样爱谈天气。四处游牧的阿拉伯人谈他们的手工。当两名贝都因人，其中一位知道另一位的骆驼或其他动物，相互问着它们怎么样时，并没什么特别之处，就像欧洲的农夫互相问着谷物如何，牲畜是不是胖了等一样。[101]

语言学习要靠经验。

模仿与假象

　　一名旅者透过谈话了解自己所造访的国家的人民，而且尽

---

① 在黎巴嫩的叙利亚派基督教徒。—译者注

可能学会阅读他们的文字——如威廉·琼斯和卡斯腾·尼布尔各以自己的方式所清楚呈现的——这是超越文化界线的对等交往的前提。不过，外语知识很少是双方势均力敌的，而是一种可以积累的沟通资本，外语知识愈多的人，可以取得优势，甚至可能获得权力。懂外语的人，可以非常自傲。他活在两个世界中，享受着自觉的角色变换所带来的好处，醉心于心机与想象中。亚历山大·博恩斯是名特务，乐于见到乌兹别克人的天真："这些傻瓜！他们以为一名间谍必须测量他们的屋墙与城墙。他们一点都不了解谈话的用处。"[102]

语言在这里成了伪装，成了服饰的一部分，成了"改编式模仿"的例子，据斯蒂芬·格林布雷特所言，这阻碍了对其他人的真正理解。[103]在亚洲，难道要穿着当地的服饰旅行？在服饰上配合周遭环境的这个问题，既未在欧洲，也未在造访"赤裸的野人世界"时出现，那是亚洲旅行者的特殊问题。只有各个文明间的鸿沟相当深时，这种身份变化的戏剧效果才能真正展现出来。不过，在 18 世纪仍未如此。

到了 19 世纪，在一个静态东方世界幕后旅行的活跃西方人士图像也成形了。17 及 18 世纪，前往亚洲的欧洲访客反而一直描述印度、中国或日本的街头动态生活。这些社会极度活跃。如莫卧儿及清朝皇帝等君主，会盛大出巡自己的王国，而在欧洲此等行为则已几乎消失。在商人、朝圣客、赶市集的农夫中，一名欧洲人，尤其是一名穿着不起眼的欧洲人，不过只是众多旅人之一。这个自乔叟以来成了普受喜爱的文学场景的活动共同体，很值得描绘。

谁穿着东方服饰，在行动上就可以方便许多。基本上因为这个缘故，几乎所有在地中海东部地区与岛屿的法国商人都穿着土耳其风格的服饰，然而往往在帽子或头巾下还露出扑了白粉的假发。[104] 一条欧洲旧王朝时期长度及膝的马裤，不一定适合热带的气候条件，有许多证据可以证明它并不适合。有些医生也把欧洲人在某些亚洲地区的高死亡率，归咎于不合适的衣服。穿着当地服饰，可以免于他人的好奇及纠缠，就算在进一步接触之际不想放弃自己的外国人身份也一样。而且，也有当地人希望外国人这样入乡随俗。由于波斯人戴着帽子吃饭，英国人在拿破仑时代接待使节团时，同样在用餐之际戴着他们的三角帽。[105]

尼布尔在适应问题上，比多数其他旅行家更进一步。因为发现这有实际上的优点，所以他穿着阿拉伯服饰，遵循那个准则，尽量遵循当地习俗。[106] 在波斯，他不懂当地语言，于是放弃了自己眼中纯粹的服装秀，其代价就是牺牲了自己的活动自由。[107] 维持衣服装扮，让人感到可信，并不那么容易。外国人必须注意当地社会的衣服阶层等级。在衣饰是重要的身份地位表征之地，外国人自己的意图便没有太大的发挥空间。不过，对于融入体系之中，可能十分有用。对第一个访问越南的美国代表团而言，他们穿着二品文官的长袍，可以说是明智之举。[108]

18 世纪，从尼布尔的例子中看来特别周全的旅行措施，到了 19 世纪及 20 世纪初期，则变成了杰出的间谍艺术［如理查德·伯顿（Richard Burton）爵士、查尔斯·道提（Charles Doughty）、劳伦斯（T. E. Lawrence）之流］，要不就是怪异的文化背叛行为。耶稣会修士穿着中国文人的长袍达 200 年之久，但对大约 19 世纪 30 年代后的传教士而言，则无法想象同样的举动。[109] 在印度，自 18 世纪 60 年代殖民统治开始后，"出现了

138

一种穿着欧洲服饰的文化强制行为"。[110] 1830 年，东印度公司雇员被禁止在公开场合穿印度服饰。这个决定原本是针对弗雷德里克·约翰·梭尔（Frederick John Shore）这名当地法官的，他穿着印度长袍出庭，强烈批评歧视合格的印度人担任殖民地公职的行径。[111] 这名倔强的法官更换服饰，便解释了阶层体制的关系。

　　不论外语知识还是服饰适应，都是具有多重含义的。两者可以缩小文化距离，但也可能扩大距离。在欧洲的旅游文学中，真正接触异国人士时，很少表现得自然。和其他人平等对话，本身就是问题。文本中最美的时刻，也是在语意及权力的纠缠让位给完全个体式的好感与游戏的超文化规则之际。最美的"发现家友情"[112]之一，要算乔治·波格尔和当时约 40 岁的大昭寺喇嘛（班禅喇嘛）。1774 年 11 月 8 日，他们两人第一次在 **139** 谒见时见面，直到 12 月 7 日，又有过许多非正式的会面。他们以印度斯坦语交谈，那是大昭寺喇嘛学自他的母亲［一名拉达克（Ladakh）王公的亲戚］的语言。[113] 对从未见过欧洲人的藏族人来说，波格尔可以很快在西洋棋盘上攻城略地。英国的第二名西藏使者塞缪尔·特纳则透过和喇嘛进行超越文化界限的棋戏规则，创造出一个意料之外的会面环境。[114] 在棋盘上，一切平等，喇嘛成了强劲的对手。

认知机会的社会学

　　欧洲旅行家到底来到何种能够认知亚洲人的互动状况中？他们能看到并体验到什么？这个问题必须按照个案及文本来处理，不太可能一概而论。亚洲各国不仅在入境及旅游限制上有所不同，亦在当时的造访者可能接触的对象上有所差异。我们可以设想出一种能见度社会学。

造访者在家乡社会拥有何种地位并不重要。受访的民族根本无法读出欧洲社会的法律地位符号。旅行者的社会身份并无法透露出太多关于他们所期待的感知行为，充其量只展现了一些他们所接受过的教育知识。在旅行中，辨识不出旅行者的社会地位特征。除了在母国的殖民地，否则旅行者的社会身份会模糊不清。他无法一起携来他家乡的社会阶层模式。从受访者的角度来看，一开始他只不过是个难以估计的陌生人。

殖民地的社会——像英国统治下的印度，或者亚洲最宏伟的欧洲人城市（巴达维亚）——似乎更能确保等级地位的稳定，但它们绝非在复制欧洲的情况，而是地位上升者的社会。在那些社会里面，欧洲的等级秩序并未一成不变地移植过来。人们前往东方，多半因为家乡的情况过于窘困。他们是衣食无着、没有头衔的贵族之子和来自英伦岛屿边陲，即苏格兰与爱尔兰的年轻人，人数众多，在英国东印度公司中谋生。[115]来亚洲的旅行者，都是社会关系不稳定的人。

在相对较小的殖民地区之外旅行的人，在家乡的地位无法立刻受到当地人认可。不过，也有例外。中断了在爱丁堡的法律学习，并娶了一名很快就过世的酒商女儿而致富的詹姆斯·布鲁斯，认为自己在十分艰辛的旅行中——懂得旅行的沃尔尼视其为"我们这个世纪最大胆的旅行"[116]——能够存活并成功的原因，在于一直以士绅的身份出现，到处受到统治者及贵族的瞩目。[117]真正的贵族在旅行时，会有所夸大，也几乎只对当地贵族感兴趣：在印度，他们只拜访公侯。

如果外国人自己就是朝臣的话，观察视野便会窄化。这可

140

以拿18世纪在中国的耶稣会修士来做说明。他们在各省区的传教机会愈少，皇帝派遣他们出外交涉及制图的次数愈寡，他们就愈难取得有关中国日常生活的一手资料。"他们十分严肃的性格"，有碍他们踏入中国民房。[118]商人和过路旅人反而容易看到广州与澳门的民俗场景；不过，这也促成一种完全不同、至少和后来耶稣会修士高级文化精英观点一样片面的图像。出使旅行者的观察圈子更加受局限。他们一直受到可以充当提供情报人士的武装护卫及当地官方陪同人员的包围，要谒见当地不同阶层的官员。学者对他们不感兴趣；而城市中下阶层与多数农民——在他们看来——只不过是集体群众。[119]

被这种群众盯着看，"仿佛我们是某种奇怪的非洲怪物"[120]，受到好奇的纠缠，甚至可能见到自己的假发被人拉扯[121]，总是会令出使的旅者恼怒生气。他们自然容易引起轰动，并在意自己的尊严。不过，大家较少承认的是，来自亚洲的外交代表团也受到同样的瞩目。[122]然而，有些人看到了被观察的好处。从他们的角度来说，那有助于自己的观察：1809年，蒙特斯图尔特·艾尔芬斯通在阿富汗发现，"大家想见到我们，反而让我们有机会观察到几乎各式各样的人"。[123]至于所有旅行家中最善良的乔治·波格尔，则认为好奇是文明化的标志，透过练习后会更加完善；当西藏当地居民挤向他们所见到的第一位欧洲人时，并不应该怪罪他们。[124]

医生的角色会让旅行者和受访的人群特别接近。御医的任务最为重要，可以进入内廷，有时甚至进入严密隔离的后宫。弗兰克斯·白尼尔在奥朗则布宫廷担任这个职务8年之久，并随他出征印度各地无数次。白尼尔也提到，他靠着自己的医术，逃离了掠夺成性的库里（Koully）人之囚禁。[125]关于检查染病的后宫妇女，她们在太监严密监视下遮着脸，甚至连把脉都不行的故事，不断转述着。[126]在亚洲各地，当地民众不断要求欧洲旅行者提供医疗援助。对约翰·格奥尔格·格梅林这样兴趣广泛的自然科学家来说，这是进行病理与流行病研究的好机会。[127]托马斯·曼宁在英国开始习医时，就希望以医生身份在亚洲博得欢迎，并悬壶济世。不过，在西藏，由于人群拥挤，立刻便让他厌烦，后来则酌收费用以调节需求。[128]有一阵子，担任过东印度公司马场场主的兽医威廉·穆克洛福特，发现在拉达克和阿富汗的人健康状况十分糟糕，于是他不得不延迟行程，以为数百人进行白内障手术。[129]显然，在许多地方人们都假定欧洲人有医疗能力。没有这种能力者，有时要靠比手画脚来克服状况。[130]1815年至1818年，以自然科学家身份参加奥托·冯·柯策布斯俄国世界之旅的阿德贝特·冯·沙米索（Adelbert von Chamisso），建议未来想旅行的人士：

> ……只要地球有人居住，医生的名气就是最具保障的护照及通行证，而且只要他有需要，就一定会有可靠及丰厚的收入。[131]

在期望得到西方医疗帮助的社会（在中国与日本显然不是如此）中，以医生身份旅行的人，有十分有利的认知机会。他可以轻易不动声色地收集到实物。[132]在所有可以想象到的东道国，他的社会角色可以轻易被断定。他不只是个旁观及付诸行动的观察家，还是个可以助人的观察家。在旅行的外国人和当地环境的关系间，有种互惠的特性。以医生身份旅行的人，不同于漫游世界者、植物学家或古物收藏家，以单刀直入的方式

142

惠人良多。他们不只拿取，也付出。

注释：

[1] Martin, *Schwarze Teufel* (1993)，有出色的描述。

[2] 使节团的报道后来有法文译本：Galland, *Relation* (1757)。

[3] Van der Cruysse, *Louis XIV et le Siam* (1991)，第 263~292、373~410 页；Göçek, *East Encounters West* (1987)，第 7 页以下；Aksan, *Ottoman Statesman* (1995)，第 34 页以下；Wright, *Persians* (1985)，第 5~8、53~69 页。

[4] Blussé, *Tribuut aan China* (1989)，第 87 页。

[5] Spence, *Herr Hu* (1990)。

[6] Sacy, *Bertin* (1970)，第 158~167 页。

[7] Blumenbach, *Abbildungen* (1810)。

[8] Barrett, *Listlessness* (1989)，第 56 页，注释 1。

[9] Granzow, *Quadrant* (1986)，第 139 页。

[10] Sörlin, *Scientific Travel* (1989)，第 103、121 页（注释 23）。

[11] Henze, *Enzyklopädie* (1978 及其后)，第 1 册，第 372 页。

[12] Lunt, *Bokhara Burns* (1969)，第 206 页（写成帝国殉道者的历史）。

[13] 他的文章后来由格奥尔基（J. G. Georgi）编辑出版：Falck, *Beyträge* (1785-1786)。

[14] Alder, *Beyond Bokhara* (1985)，第 357 页。

[15] Van der Brug, *Malaria* (1994)，第 55 页，第 59 页及下页。

[16] Marshall, *East India Fortunes* (1976)，第 217~219 页。

[17] Kaempfer, *Reisetagebücher* (1968)，第 145 页。关于该地气候上的惊人现象，亦参阅 Arbuthnot, *Essay* (1733)，第 79 页。

[18] Gmelin, *Reise* (1751-1752)，第 1 册，前言。

[19] Turner, *Tibet* (1800)，第 93 页。

［20］ J. G. Gmelin, *Reise*（1751-1752），第 2 册，第 445 页以下；第 4 册，第 6 页及下页；Wurtzburg, *Raffles*（1954），第 678~682 页。

［21］ H. Beck, *Humboldt*（1959-1961），第 2 册，第 152 页。在沙俄所谓的"边界"旅行，要有武力掩护。亦参阅 Pallas, *Reise in die südlichen Statthalterschaften*（1799-1801），第 1 册，第 323 页。

［22］ Posselt, *Große Nordische Expedition*（1990），第 192 页。

［23］ 同上书，第 177 页及下页。

［24］ Unverzagt, *Gesandtschaft*（1727），第 45 页。

［25］ Elphinstone, *Caubul*（1839），第 1 册，第 376 页，对此有冗长的解释。

［26］ Schlözer, *Land- und Seereisen*（1962），第 40 页。商队旅行甚至在孟加拉国都可见到：Hodges, *Reisen*（1793），第 42 页。Kaempfers, *Reisetagebüchern*（1968）中许多的波斯记述都极独特，如第 45 页，第 80 页及下页，第 86 页及下页，第 92 页，第 111 页及下页，第 119 页。

［27］ J. Johnson, *Journey*（1818），第 87 页，第 100 页及下页。

［28］ 最近的赞语参阅 C. L. J. de Guignes, *Voyages*（1808），第 2 册，第 214 页以下（亦见第 1 册，第 361 页）。1800 年左右，北京的信息 15 天内便可经由大道抵达广东巡抚手上（Morse, *Chronicles*, 1926-1929，第 3 册，第 256 页）。同一时期，有人抱怨小亚细亚与波斯差劲的道路：Kinneir, *Memoir*（1813），第 43 页。

［29］ 例如 Magalhães, *New History*（1688），第 114 页以下；Klaproth, *Mémoires*（1826-1828），第 3 册，第 312~331 页。

［30］ Steller, *Beschreibung*（1774），第 133~139 页。

［31］ Gemelli Careri, *Voyage*（1745），第 220 页；O. P. Singh, *Surat*（1977），第 27 页，亦参阅 Qaisar, *Indian Response*（1982），第

37~43 页，及 Kaul, *Travellers' India*（1979），第 261~269 页的史料摘录。

[32] Perrin, *Reise*（1811），第 69~73 页（引文出自第 69 页）。

[33] Shaw, *Travels*（1808），第 1 册，第 xvii 页。

[34] 具体的描述：Niebuhr, *Reisebeschreibung*（1774 - 1837），第 1 册，第 214~216 页。Faroqhi, *Herrscher*（1990），第 44~101 页相当详细。

[35] Sestini, *Voyage*（1797），第 v 页。

[36] 参阅 Sonnini, *Voyage*（1799），第 1 册，第 5 页。

[37] Barrow, *Autobiographical Memoir*（1847），第 98 页，十分恶意。亦参阅 Duyvendak, *Dutch Embassy*（1938），第 40 页以下；Boxer, *Titsingh's Embassy*（1939），第 16 页以下。

[38] Societas Jesu, *Lettresé difiantes*（1780 - 1783），第 23 册，第 160 页及下页。

[39] Caillié, *Travels*（1830），第 2 册，第 49 页。

[40] George Forster, *Journey*（1808），第 2 册，第 79 页；D. Campbell, *Journey*（1796），第 3 部分，第 6 页及下页；Holmes, *Journal*（1798），第 133 页；Abel, *Narrative*（1819），第 201 页。

[41] Æ. Anderson, *Narrative*（1795），第 133 页。

[42] Schrödter, *See- und Landreise*（1800），第 vi 页及下页。

[43] 同上书，第 11 页。

[44] 如 J. R. Forster, *Bemerkungen*（1783），第 350 页及下页。

[45] Turner, *Tibet*（1800），第 174 页；Bogle/Manning, *Narratives*（1879），第 103 页以下。

[46] D. Campbell, *Journey*（1796），第 3 部分，第 10 页。

[47] Eversmann, *Reise*（1823），第 viii 页。关于格梅林，Posselt, *Große Nordische Expedition*（1990），第 75 页，有类似描述；Timkovski, *Voyage à Peking*（1827），第 1 册，第 438 页。

［48］以下段落参考 Markham，*Introduction*（1879），第 clix-clxv 页；Stifler，*Language Students*（1938），第 56 页及下页；Bishop，*Shangri-La*（1989），第 76~80 页。

［49］Bogle/Manning，*Narratives*（1879），第 256 页。

［50］同上。

［51］同上书，第 258 页。

［52］同上书，第 224 页。

［53］同上书，第 216 页。

［54］同上书，第 266 页。

［55］Petech，Introduzione，出自同氏著，*I missionari italiani*（1954-1946），第 5 册，第 xxii~xxiv 页，及德西代里自己的数据：第 193 页以下。波格尔（Bogle）和特纳没有足够时间学习藏语页。

［56］C. Harbsmeier，*La connaissance du Chinois*（1992），第 307 页及下页。

［57］Collani，*Bouvet*（1985），第 13 页；Cantemir，*Moldau*（1971），第 22 页；Reith，*John Leyden*（1923），第 379 页；Hoare，*Introduction*（1982），第 2 页。

［58］Hammer-Purgstall，*Erinnerungen*（1840），第 57 页。

［59］Cannon，*Oriental Jones*（1990），书中各处。

［60］Fück，*Die arabischen Studien*（1955），第 127~129 页。

［61］Hammer-Purgstall，*Staatsverfassung*（1815），第 2 册，第 117 页及下页，亦参阅 de Groot，*Dragoman*（1996）。

［62］Cunningham，*Dragomania*（1961），第 81 页。

［63］W. Turner，*Levant*（1820），第 1 册，第 62 页及下页（注释）。

［64］例如 Björnstahl，*Briefe*（1777-1783），第 4 册，第 64 页及下页。

［65］Russell，*Aleppo*（1794），第 2 册，第 4 页。

［66］荷兰东印度公司在长崎的唯一高级代表是伊萨克·逊辛格

（Isaac Titsingh），当时以日本学家之名为人所知，1779～1784 年为出岛分部的主管，或许是当时欧洲最优秀的日本专家。参阅 Titsingh，*Correspondence*（1990），第 xv～xxi 页。

[67] Keene，*Discovery*（1969），第 78 页及下页。

[68] Adami，*Nachbarschaft*（1990），第 89 页。

[69] Demel，*Fremde*（1992），第 97 页及下页。

[70] Nieuhof，*Embassy*（1669），第 117 页。

[71] Schefer，*Introduction*（1890），第 cviii 页及下页。

[72] Cranmer-Byng，*Embassy*（1962），第 319 页及下页。使节团指定秘书乔治·伦纳德·斯当东爵士曾亲自前往法国与意大利招募翻译。参阅 G. L. Staunton，*Authentic Account*（1797），第 1 册，第 38～41 页。

[73] Dabringhaus，*Einleitung*（1996），第 51 页。

[74] 同上书，第 69 页及下页。

[75] Russell，*Aleppo*（1794），第 2 册，第 1 页及下页。

[76] Cohn，*Colonialism*（1996），第 19、33～36 页。

[77] 同上书，第 16～56 页，有详细描述。

[78] Osbeck，*Voyage*（1771），第 1 册，第 274 页及下页。

[79] Niebuhr，*Reisebeschreibung*（1774－1837），第 2 册，第 22 页；Van Aalst，*British View*（1970），第 319 页及下页。

[80] Finlayson，*Siam*（1826），第 146 页。

[81] Symes，*Account*（1827），第 2 册，第 30 页。

[82] Bayly，*Empire and Information*（1996），第 63 页。

[83] 同上书，第 71 页。

[84] Yule/Burnell，*Hobson-Jobson*（1886），第 581 页。

[85] Bayly，*Empire and Information*（1996），第 74 页。这和 17 世纪早期伊朗文书行政人员的兴起有类似之处。

[86] 同上书，第 75 页。

［87］同上书，第 77 页及下页。

［88］同上书，第 90~93 页。

［89］Barrow, *Cochin China*（1806），第 288 页。

［90］同上书，第 327 页。

［91］Crawfurd, *Siam*（1828），第 73 页及下页，第 81 页；外交官莫里尔（Morier）几乎同时在波斯有类似经历：英式宴会（*Second Journey*，1818，第 144 页）。

［92］Jones, "A Grammar of the Persian Language"（1771）前言，出自 *Works*（1807），第 5 册，第 179 页。

［93］Jones,《Fifth Anniversary Discourse》（1788 年 2 月 21 日），出自 *Works*（1807），第 3 册，第 71 页。另一位重要权威有类似看法：Anquetil-Duperron, *Recherches historique*s（1787），第 2 册，第 xiii 页及下页。

［94］如 d'Ohsson, *Tableau générale*（1787-1790），第 1 册，第 i 页及下页。

［95］如 Tott, *Mémoires*（1785），第 1 册，第 xvii 页及下页（批评玛丽·沃特利·蒙塔古女士）。

［96］Hachicho, *English Travel Books*（1964），第 104 页。

［97］Niebuhr, *Reisebeschreibung*（1774-1837），第 1 册，第 274 页及下页。

［98］同上书，第 362 页。

［99］同上书，第 x 页及下页；Hansen, *Reise nach Arabien*（1965），第 20~23 页。

［100］Niebuhr, *Reisebeschreibung*（1774-1837），第 1 册，第 414 页及下页；亦参阅 Niebuhr, *Beschreibung*（1772），第 xv 页。

［101］Niebuhr, *Reisebeschreibung*（1774-1837），第 1 册，第 232 页。

［102］Burnes, *Travels*（1834），第 1 册，第 281 页。

［103］Greenblatt, *Marvellous Possessions*（1991），第 99 页。

［104］Charles-Roux, *Les échelles de Syrie*（1928），第 16 页；Russell, *Aleppo*（1794），第 2 册，第 2 页。

［105］R. K. Porter, *Travels in Georgia*（1821-1822），第 1 册，第 240 页。

［106］详细描述他的服饰：Niebuhr, *Reisebeschreibung*（1774-1837），第 1 册，第 322、378、410 页。

［107］同上书，第 2 册，第 168 页。

［108］John White, *Voyage*（1824），第 227 页。

［109］E. Morrison, *Memoirs*（1839），第 1 册，第 188 页。

［110］Cohn, *Colonialism*（1996），第 111 页。

［111］同上书，第 112 页。

［112］M. Harbsmeier, *Kadu und Maheine*（1991）。

［113］Bogle/Manning, *Narratives*（1879），第 83 ~ 89、95、110、135 ~ 145 页。

［114］同上，第 92、104 页；Turner, *Tibet*（1800），第 235 页。亦参阅一本现代的西洋棋通史：Wahl, *Geschichte des Schach-Spiels*（1798）。

［115］Colley, *Britons*（1992），第 127 页以下。

［116］Volney, *Voyage*（1959），第 119 页。

［117］Bruce, *Travels*（1790），第 1 册，第 lxxi 页及下页。

［118］Percy, *Hau Kiou Choaan*（1761），第 1 册，第 xviii 页及下页。

［119］出自 1816 年阿美士德中国使节团随团医生的亲身见闻：Abel, *Narrative*（1819），第 232 页及下页；亦参阅 Grosier, *De la Chine*（1818-1820），第 1 册，第 v 页及下页。

［120］Nieuhof, *Embassy*（1669），第 25 页。

［121］正如 1716 年任职俄国的瑞典外交官郎格（Lorenz Lange）在中国的经历：Lange, *Reise*（1986），第 35 页。

［122］真正发生的事，例如 1720 ~ 1721 年奥斯曼的法国使节团：

Göçek，*East Encounters West*（1987），第 41 页以下。

[123] Elphinstone，*Caubul*（1839），第 1 册，第 37 页。尼布尔也发现旅行时应该互相学习：*Reisebeschreibung*（1774-1837），第 1 册，第 272 页及下页。

[124] Bogle/Manning，*Narratives*（1879），第 77 页。

[125] Bernier，*Travels*（1934），第 91 页及下页。

[126] 例如 Otter，*Voyage en Turquie*（1748），第 1 册，第 100 页，第一个来自诺迪兰（Nordiran）的个人变量，参见 Kaempfer，*Reisetagebücher*（1968），第 62 页及下页。

[127] Posselt，*Große Nordische Expedition*（1990），第 47~49 页。

[128] Bogle/Manning，*Narratives*（1879），第 267 页及下页，第 280 页及下页，第 286 页及下页。

[129] Alder，*Beyond Bokara*（1985），书中各处（索引的关键词"medicine"）。

[130] 尼布尔还说到他旅行同伴彼得·弗斯卡的一则有趣的故事：*Reisebeschreibung*（1774-1837），第 1 册，第 262 页，亦参阅第 300 页及下页，第 407 页；第 2 册，第 308 页及下页。

[131] Chamisso，*Reise*（未标示年代），第 3 册，第 250 页。

[132] 参阅 Schäbler，*Ulrich Jasper Seetzen*（1995），第 124 页。

第六章　亲眼所见-亲耳所闻：以亚洲为经验

巨人与独角兽

在 18 世纪，对文化的欧洲来说，亚洲愈来愈不是奇幻王国，反而逐渐成为欧洲文明中的人类与历史研究的巨大资料田野。这个研究并不只是那个时代以经验为依归的另一种科学，也触及了虚构文学。当人们得知愈多旅行者关于远方国度的报道，那以异国场景来架构文学活动的诱惑就愈大。不过，这也会逐渐进一步要求注意其中的说服力。文学中不可能成真的东方，至少也要达到近似的程度。1672 年，拉辛在自己以土耳其宫廷为背景的悲剧《巴亚柴》（*Bajazet*）中，便已依赖不久前保罗·莱考特爵士才出版的《奥斯曼帝国现状》（*Present State of the Ottoman Empire*）的法文译本。[1]孟德斯鸠并不是凭空"杜撰"出游历欧洲的波斯人李卡与乌兹别克两人的伊朗，而是运用伊斯兰世界旅行家带回的信息。十几年后，歌德深入研究亚当·奥利瑞尔（Adam Olearius）、威廉·琼斯爵士、约瑟夫·冯·哈默-普格斯塔、约瑟夫-皮埃尔·阿贝-雷慕沙（Joseph-Pierre Abel-Rémusat）及其他东方学家的作品，以为他的《东西方诗集》（*West-östliche Diwan*，1819/1827）添上尽可能货真价实的波斯、印度或中国色彩。他十分重视这项研究，还在《东西方诗集》的《批注与论文》（*Noten und Abhandlingen*，

1819) 中出版了部分研究成果。其他 19 世纪早期的作者，亦在关于东方的诗作中，加上引自亚洲学术文献的脚注。例如，拜伦爵士的《哈洛德公子游记》、托马斯·莫尔的《拉娜·鲁克：一段东方罗曼史》（*Lalla Rookh：An Oriental Romance*，1817）或亚历山大·普希金（Alexsander Puškin）的《高加索囚犯》（*Kavkazkij plennik*，1822）。[2] 这类文学在虚构与真实间摆荡，玩弄着想象与现实的矛盾，而不采纳艺术的科学。能够表达出"真正"东方的叙述文学，会进一步要求自己应有的认知范畴。诗人早已无法杜撰亚洲，因为地理学家与东方学家确认亚洲已被发现。

自从大型的环球航行放弃原本寻找"南方大陆"（Terra Australis）的希望后，世界地理的面貌终于成形。各大洲的轮廓与分布，现已确定下来。在这个终极世界中，还有许多"化外之地"：在 18 世纪热切向往下的乌托邦岛屿中，汇聚着民族志及梦想。[3] 相同的自然法则到处适用，如果不是这类法则，也会是未被切割的可信规则与精确数据的证明力。

我们可以举出许多例子。在 1679 年的一份匿名文献中，有人表示，中国人"会挤压他们孩子的鼻子，借以弄大些"。[4] 17 世纪的耶稣会报道中，没有这类荒谬的事情。在 1768 年还会相信旧有游记中的带尾巴人类（在中国台湾及菲律宾），基本上是因为理论上认为有个封闭的"生物巨链"存在[5]。另一个例子更为出名：自第一次绕行南美洲后，一个接一个的旅行者表示，在巴塔哥尼亚高原见过体型过人的巨人，甚至还和他们说过话。18 世纪 60 年代，这些"巨人"受到测量，又回到一般人的正常标准。[6] 如此一来，荒诞的巨人故事消失。不过，关于中世纪知名的神话动物独角兽，就麻烦多了。由于没人见过，

144

也没找到其骸骨，有关它们存在的假设，便难以反驳。或许它们善于隐藏。德国布伦瑞克公国的内廷参事恩斯特·奥古斯特·威廉·冯·齐默曼（Ernst August Wilhelm von Zimmermann），一名动物地理学先驱——绝不是一名幻想家——在 1780 年十分详尽地讨论过这个问题，并警告说，在未彻底探勘亚洲内地与非洲前，不能做出完全否定的判断。[7]1783 年，塞缪尔·特纳差一点找到独角兽。不丹的王侯表示自己拥有一只。要不是 16 世纪有些旅行家对欧洲人表示喜马拉雅山有独角兽的话，特纳也不会只靠一个简单的负面证据便做此断定：

145 这位王侯提到他的神奇动物，但特纳说，"我却从未见过"。[8]其他的推测都不可能。大家都实事求是地看着一个去除魔法、没有独角兽的世界。

至少，到了 18 世纪后半叶，这只能算是透过实际经验认证的亚洲新闻之一。一如约瑟夫·冯·哈默-普格斯塔简明扼要的表示，这种经验只有两种合法来源："亲眼检视与书籍研究"。[9]

没有偏见

18 世纪有种类似海外旅行的整体"大型理论"，成为最讲究的旅行家不断察视的标准。求知的渴望（好奇心）早已不足以成为解释的理由，进而可以把旅行者粗略地分成两类：动机低下与动机高尚的旅行者。[10]第一类包括所有单单出于个人因素而离开家乡的人士：出于冒险欲望、漫不经心、无聊、贪欲或失恋。动机高尚的旅行家，即"有远大前景、坚强想法"的人[11]，追求理想与无私的目标，愿意牺牲，无畏艰辛。一般看来，他们愿意献身于欧洲的科学，"征服"新领域，借由观察其他民族获得道德教诲，宣扬基督教，并透过传布启蒙运动精神，促成世界各地"风俗端正"。自约 1800 年起，说法逐渐转变：他们希望为自己的民族与公众利益服务。有些旅行家超越了这种往往一再重复的崇高旅行目标的基调，希望自己身为旅游四方且饱读群书的专家，成为"我们社会中东方国度的发言人"[12]，视保护远方民族免于欧洲人的偏见为旅行家的义务[13]，或更想克服所有民族的自大，弭除不同文化间的误解。[14] 克劳德-爱蒂安·萨瓦里（Claude-Étienne Savary）在他的《埃及信简》（*Lettres sur l'Égypte*，1785-1786）开头，便表明旅行是"人类最具启发性的学校"：有助于克服自己的偏见，和自己的祖国保持批判性的距离，并突破"限制理性的传统"束缚。具有这样的心态，并能筹备周全的旅行家——萨瓦里自己的阿拉伯文十分流利——则会成为世界公民。[15]

146

1789 年，印度旅行家安奎特-杜培宏——既有高尚的动机，亦有低下、接近一般民众的旅行风格——总结出高等旅行家的性格特征：

> 真正的旅行家是把所有人类视为自己兄弟的人，面对快乐与需求之际无动于衷，不会自大与行径卑鄙，视赞美、责难、财富及贫穷为无物。不囿于一地，以善恶观察者的身份游遍世界，不顾其创造者及某个特定民族所固有的动机。如果这位旅行家有文化教养，并具备清晰的判断力，那他会立即认出可笑之事及虚假的行为、习惯或意图。[16]

安奎特-杜培宏在此勾勒出一个准备周全、懂得外语、不断试图接触当地人的旅者的典范。[17] 他脱离了自己个人，以目击者的身份介入他的周遭，而不中止自己的判断。正由于旅行者以自我净化的方式，按捺住自己低下的动机，不让其他人的观察行为和他们的动机（及他们的文化背景）发生关系，他才能取得一种同样天真的自发性判断力。在此观点下，旅行者必须经历三个步骤：首先，他应该摆脱偏见与自己认知力的其他不足之处，接着得亲眼观察，最后，才有权判断，但出声的已不再是有文化束缚的欧洲人，而是自己的理性之声。

第一步，要把高等旅行家从庸俗之徒中区分出来。努力抛开自己，脱离了利益与爱好，他才能达到客观。这种认知人类学理想的最早表述之一，出现在皇家协会秘书罗伯特·胡克（Robert Hooke）为那位遭遇船难的船长之子罗伯特·克诺斯（Robert Knox）的锡兰报告（1681）所写的前言中。里面提到，在克诺斯的书中，不仅爱好冒险的人士会得到满足，在乎真实的朋友也会：

147 　　我至少相信，所有热爱真实的人会感到满意。据我和他的一些谈话，我认为他绝非出于利益、好感或憎恶、恐惧、希望，或只是吹嘘的意图，而说些奇怪的事，那有违他的判断。没有东西会让他偏离事实的真相。[18]

和这种客观对立的，便是偏见。这基本上表现在不以一般的理性观点，而以绝对化的主观经验为根据的判断中。一名评论家如此嘲讽一位公务旅行者，他带着中国一切都差劲的看法前往中国："当人们偶尔大声说话一下，他立刻认为那是他们的民族性。"[19]这位带着负面偏见的旅行者，发现每个不愉快的接触都证实了他先入为主的看法。

在 18 世纪的旅行者身上，公正被视为面对外国人时该有的正义，而且，自己要保持不偏不倚的态度，更重要的做法，就是努力不把其他人硬塞进幼稚的、未经理性思考的欧洲价值判断框架中。[20] 若有谁前后一致地继续如此思考下去，最后甚至必须放弃进行比较。1809 年，不识时务、亲土耳其人的托马斯·桑顿表示，"在描述国外风俗上，我摆脱掉民族偏见。在提及异国宗教时，我放弃以其他教派或信仰路线的观点与方式来做对照。"[21] 如安奎特-杜培宏，桑顿也强调这种认知上的自我超越相当费力：

> 想要不偏不倚地描述一个处处有违我们自己习惯的民族——尽管可能让人比较抵触理性——需要超脱偏见、冷静观察及耐心研究，这只有少部分的旅行者才具备。[22]

只有少数旅行者会向自己与读者坦承，这种努力的最高形式便是自我修正偏见。这不只是摆脱偏见的练习，更是突出的道德成就。跨越喜马拉雅山的塞缪尔·特纳便是这种能够自我批评的旅行家。他承认，因结论过于仓促，对不丹人有不当的负面评价，但在旅行之际，便已修正过来。在另一处，特纳尽管十分愿意，且多方尝试，还是对无法习惯食用生肉表示遗憾。他可是心甘情愿尝试的。[23] 不过，卡斯腾·尼布尔毫无疑问可以教育一群想法粗俗的群众，但他坦承："当我第一次在君士坦丁堡停留时，我对穆罕默德信徒还抱有可怕的想法"，但这很快就被纠正过来。[24]

这种不偏不倚，不仅在东西方的关系中是必要的。只是在欧洲与其他文明间采取一个鲜明的价值对比时，人们会欺骗自己。相当独特且会评估价值的民族基本形式，是随着民族君主国家在欧洲的出现而形成的。[25] 在成熟期的启蒙运动世界主义平息下来前，一些英国作者对"拥护教皇"的法国人，态度比土耳其人还要粗暴，而不算是亚洲人热情朋友的亚历山大·汉

148

密尔顿，对葡萄牙人、耶稣会修士与东印度公司，可是深恶痛绝。

公正无私，不只涉及观察者和认知对象的关系，也可能意味着：批评其他观察者所谓的盲目。大家有时透过批判前任和对手的意识形态，证明自己具有优越的认知力。指出其他人的束缚，便是希望自己可以摆脱，让自己的优越立场变得可信。这种论证策略并不是证明其他人的认知错误，而是诋毁他们的动机。

活跃在中国的耶稣会修士，大体上早（而且还算有理）就开始质疑航海家与商人们的报道。[26] 在 18 世纪后半叶，他们自己遭到猛烈抨击。起先，他们的清教对手勉强承认耶稣会修士在中国优于其他的报道者。[27] 1773 年，原是牧师的荷兰人康奈立斯·德·博（Cornelis de Pauw）激烈攻击耶稣会修士的可信度，不过，当他们的论点有助于他对中国的负面评价时，他却毫无顾忌地拿来使用。德·博攻击耶稣会修士，认为他们让被启蒙的读者最易明白的"偏见"是，由于他们神职人员的精神状态的特点，他们对奇迹故事特别在乎。[28] 的确，他的论点触及耶稣会修士最敏感的部位，特别是某些美化与迟钝死板，而不是符合时代、显得高雅的博学。不过，德·博帮中国卸妆、"还其本色"的计划，最后还是缩减了些。相形之下，批评耶稣会比较容易，但问题在于找不到太多共鸣。[29] 1799 年，德·博死前不久，对中国与耶稣会绝不友好的马戛尔尼使节团部分证实了教士们的数据，德·博的名声便开始动摇。例如，德·博估计中国人口只有 8200 万，低得荒谬；而马戛尔尼及同伴则采用教士阿米欧特根据中国资料得出的高出四倍的数据（很接近今天的估算）。[30]

　　法国自然科学家及海军特派员皮埃尔·索纳拉特（Pierre Sonnerat），也是一名自称公正无私的作家，但他谴责耶稣会修士时不同于德·博，因为他毕竟到过广东：他们无私的宗教性格是一种掩饰他们企图进行世界神权统治的借口，而他们理想化的中国则是宰制一个受人摆布的民族的神秘化柔性乌托邦。[31]马戛尔尼使节团中最犀利的中国批评家是约翰·巴罗，他强说耶稣会修士在要手段，而且是墙头草：他们相信要说实话，但许多人（不是所有的）压下负面消息，以免失去皇室的恩宠。他说耶稣会修士上了中国人自我解释的当，因此也有了自己的偏见。所以，这位见识明确的评论者在观察外国民族时，"不以他们自己的道德基础来看，而以他们的真实情况"。[32]因此"哲学的"观察家有了一个认识论的范畴。他把自己视为不带偏见的理性人士，占有超文化观察家的位置。

　　不过，剔除偏见并不意味着排除原有的知识。这里出现了两难，是理论一直无法完全解决的，即使某些作品在实际描述中真的找到了折中的方法：一方面，过度的教育资产成了公平认知的负担；另一方面，要理解，必须要先知道。一个纯洁无知来到这个世界的人，可以见到很多东西，却理解不了什么。

　　保证公平，也可能成为抄袭的借口。莫名其妙来到印度洋岛屿的法国清教徒弗朗索瓦·雷古阿（François Léguat），在自己充满冒险活动的报道中，保证自己自觉地不去参考以前的游记文献，以免有损文中的坦白直接。不过，后来发现，事实正好相反：这位以描述自然出名的雷古阿，文学手法高超，却厚颜无耻地利用了早先的作者。[33]修道院院长让-安东尼·杜波（Jean-Antoin Dubois）的例子，则有点不同。这位逃离法国革命的神职人员，在印度南方生活了超过17年之久，基本上是在

150

迈索尔邦。1808 年，这位修道院院长将自己以空前详尽的手法记录下印度风俗习惯的大批手稿，卖给了在马德拉斯的东印度公司。1817 年，他的手稿先以英文译本出版；1825 年，这个民族志经典增版后的法国版本，由巴黎王室印刷厂印制，又再成为 1898 年英文新译本的参考版本。此后，本书不断重印；修道院院长设身处地的描述，让他不只是在印度受到持续好评。这位修道院院长因缺乏书本知识，而能轻松融入印度环境，名噪一时。他行李中只有圣经，之前对印度人所知不多，但"我让自己像他们那样生活，完全适应他们的各种习俗、生活方式、服饰，甚至他们的偏见"。[34] 东印度公司的要员们推崇这种广泛的实际参与观察所得，这显然是殖民者英国人无法做到的，至于收购这份手稿的理由，主要是"作者完全脱离欧洲社会，因而长年来能够深入印度人性格中的黑暗与未知深处"。[35] 公正的观察，似乎能够开拓对有一定知识者而言无法进入的深渊。1898 年，英国首席印度学家马克斯·谬勒（Max Müller）教授还表示，身为印度习俗见证人的杜波，后人难以超越，也几乎没有其他人可以融入当地人的想法中。[36] 看起来，没有什么可

151 以阻止这位修道院院长永垂不朽。直到 20 世纪 80 年代，我们才发现杜波卖给东印度公司的手稿，并不是他自己的，而是 1734 年至 1779 年在印度活动的耶稣会教士贾斯同-洛宏·库杜（Gaston-Laurent Coeurdoux）的。[37]

　　只有少数人还将无知视为公正，因而称之为旅行者的美德，尽管经常有人批评，事前对旅行目的地的详尽研究将减弱实地观察时的新鲜感。类似下述德国东方旅行家乌尔里希·亚斯培·翟成（Ulrich Jasper Seetzen）的说法依然不断出现：

　　　　透过文字描述、铜版刻绘等，我们对在某地旅行时所

碰上的东西，之前就已有了清楚的概念，因此这些东西带给我们的第一印象减弱甚多，而我们的叙述方式也就没有那么生动；简而言之，我们的叙述必然会丧失其逼真性。[38]

然而，翟成深信当时的看法，即大家必须"先透过文献知道某地或某国奇特之处，这样才能唤醒自己的注意力"。[39]谁不理会这点，就要自行承担后果。1805年，俄国出使中国的使节团领队尤里·戈洛夫金伯爵的一无所知，便造成严重后果。他故意不去收集关于中国的信息，以便不带偏见地处理新的经验，却很快落入一系列外交礼节的陷阱中，连他饱学的随从也束手无策[40]，他的外交任务因而失败。1794年，在北京宫廷中，可怜的荷兰使节团也有类似遭遇。他们的第2号人物以20年来没读过任何有关中国的书籍而出名，因此碰了许多钉子。[41]整体来看，18世纪自以为天真的旅行家，几乎未受公开的推崇，消失在低级读物的底层。高等的旅行家则饱学、准备周全，而且不带偏见。

亲眼所见

在安奎特-杜培宏旅行壮举三段模式的第二个步骤中，成熟的旅行家发现要立足真实。他应该观察，并尽可能精确地去描述。他的任务在于"观察要锐利准确，描述要清楚、冷静及真实"。[42]在欧洲海外报道开始之际，已有能够要求正确的细心观察家。追求现实主义，并非启蒙运动的发现，在17世纪早期的一些旅行家身上已经见到这种现象[43]——早在那个世纪末，伟大的经验主义者已经出现：坎弗、拉·卢贝尔、德·布鲁因（de Bruin）、威廉·丹皮尔（William Dampier）、塔韦尼耶。1822年，哈默-普格斯塔认为在可被验证的精确上，没人可以

152

超越 1632 年吉勒斯（Gylles）对君士坦丁堡的描述。[44]约 1670年后，一种经验性的认知态度，基本上得以贯彻：经验法则可以用来对抗古代和现代的学术权威。[45]经验主义的高峰之一，便是威廉·密尔本（William Milburn）1813 年的划时代作品《东方贸易》（*Oriental Commerce*）。书中根据在孟买及广州间许多亚洲地区的七次旅行与十几年来的材料收集，十分仔细地描写了亚洲的大城市，没有添上一丝异国色彩或价值判断。[46]

"高级"旅行在其科学驯化阶段的核心是方法论，这种方法论的中心又是亲自过目，即哈默-普格斯塔的"亲眼检视"。自希罗多德起，依赖目击证人的权威，对旅行者来说很重要。只有自己亲眼所见，似乎才算符合真实：至于观察者有没有夸大、误解或说谎，那是另外的问题。大家见到的图像，应该是通往真实的道路，而不是目的本身。1811 年，图像与真实间的区分才随着夏托布里昂而出现："我寻找图像，就这样。"[47]

在 18 世纪，亲眼所见，毫无疑问胜过亲耳所闻与皓首穷经。像大旅行家尼布尔、沃尔尼与波斯研究者詹姆斯·巴伊·弗雷泽（James Baillie Frazer），更是着重强调这一点。[48]在不尚空谈的时代中，单只保证自己亲眼见过某种东西，并不算大功告成，批评家随时会怀疑。葛梅里·卡雷里的身后名声，因而失色。当他安抚自己的读者时，只不过遵循着一个老传统："我没亲眼见过的东西，我不会当真。"[49]不过，并不难证明他从何处抄袭其他的旅行者，而根据"谁只要说过谎……"这个说法，这位 1700 年左右，大概是地球上脚步最无远弗届的住民，也只能被判为骗子。1773 年，那名相当正直且博学的旅行家詹姆斯·布鲁斯，从伊索匹亚和苏丹回来后，还得长年为其尊严奋战，因为一些有影响力的同时代人与英国部分媒体，认为他对非洲风俗的一些描述并不可信。直到后来造访同一地区的人士证实了他的观察，这位著名的陆路旅行家才得以恢复名誉。[50]

当认证真实的修辞再也不起作用，就得寻找其他途径。作者们往往借由承认自己视觉局限所在，试图证实自己的真实性。谢尔沃克船长在全球航行时，在广州港因病待在船舱，没见到中国，他公开承认这一点；相对于透过二手信息，这种做法显然对他而言比较可取。[51]1816 年，出使中国的外交官亨利·艾里斯甚至顺带坦承自己深度近视，眼镜也有问题。其他许多旅行者一定也有这种现象，这对整个旅行文学类别来说，可是骇人听闻的事。[52]对此，可以再提及一般人喜欢看到却从未见过的东西："许多作者写过的"土耳其后宫、暹罗的神祇判决、爪哇的犀牛等。[53]并没有太多作者，能有深入的认知批判。那名懂得思考的画家威廉·霍奇斯（William Hodges）便怀疑，在东方长期停留，并不会强化见识，而是令精神衰弱，抑制住原先的单纯印象，导致内心远离真实。[54]1769 年，聪明的路易·卡斯蒂永便有了激进的疑虑：要是亚洲人是在演一出大戏给欧人看，甚至整个"东方专制"只不过是喜欢故弄玄虚的外国人所编导出来的，那会如何？[55]

还有其他人诚实坦承，并不理解自己所观察与描述过的东西。我们还记得，托马斯·曼宁站在拉萨的布达拉宫前不知所措。透过耶稣会修士而在北京担任宫廷画家的让-丹尼斯·阿提雷（Jean-Denis Attiret）① 修士，在 1754 年抵达中国后不久，画过乾隆皇帝出巡图。这个可怜的家伙，当然希望见到威严的

---

① 中文名字王致诚。—译者注

中国仪式，却发现没有盛大的公侯行列可以入画，只有到处乱跑的人群："他所见的一切，只是骚动混杂、乱七八糟。……他看到一切，却什么都见不到。"[56]不过，最后皇帝并未不满阿提雷的画。为什么？因为乾隆已见过西方绘画，知道其特殊的

154 表现方式。身为画中主角的皇帝，可以从文化角度来解释画面的错误。

约翰·格奥尔格·格梅林再次十分详细地描写一个西伯利亚鞑靼村落中的屠羊仪式时，也立刻承认自己不懂其中含义："如果知道其中的宗教含义，这个仪式会描写得更好。由于我在这里没有可以运用的信息，只能叙述自己所见。"[57]格梅林既未把这仪式解释成原始的胡闹（"迷信"），亦未以自己的理论强做解释。他不做任何评价，仅只如实记录这事件。并非所有欧洲人都借由自以为是的"哲学"评论来处理外国人，他们认为这种评论可以穿透事物外貌，触及事物本质。在观察者仔细描述自己无法了解的事情时，亲自过目是最诚实的方式。

在哲学的刑场前

安奎特-杜培宏勾勒"真正的旅行家"时，在去除偏见与亲眼仔细观察后，便是第三个步骤：判断。只有在运用自己的判断力后，科学的旅行家才会成为哲学的旅行家。身为这种人，他会评估自己认知的东西，依据理性标准来衡量所见。对于一位出色的旅行家而言，把这样的事实当成清楚的客体来记录，并不令人满意；格梅林在鞑靼村子的保守行径，并不算完成任务。同时代人期望旅行家能好好评估异国状况，最好能帮欧洲上一课。他不该吹毛求疵，也不该不加细查，就把欧洲的判断标准用在遥远的国家上，但他更不该保持中立。他应指名道姓

地说出不合理与不公之处，谴责当地的专制君主，不应宽恕欧洲人的恶行。这种评价客观理性的观察家理想，是启蒙运动后期的一种理想。在随后的章节中仍不时提到的旅行家，便被同时代人赞美为接近这种"哲学"观察家的理想：如安奎特-杜培宏自己、在叙利亚与埃及旅行的沃尔尼、到阿拉伯旅行的卡斯腾·尼布尔、陪同库克船长搭乘"决心号"前往南太平洋的弗斯特父子、描写苏门答腊岛的威廉·马斯登，或亚历山大·冯·洪堡。

155

不过，只有少数人接近达到这个崇高的理想。欧洲人理性判断的整个方案，建立在摇晃不稳的前提之上。谁误解或滥用的话，可能便会以为安奎特-杜培宏的第一及第二阶段——去除偏见与仔细亲眼察看——是多余的，而只做出判断。例如约翰·巴罗这样的作者。1793~1794年，他和马戛尔尼勋爵待在中国，破坏了描述与评价的均衡关系。在他身上，判断不是来自事实的说明，而是前提。有关中国人的文明程度，观察材料往往不再被当成毋庸置疑的判断依据。如已经提到过的康奈立斯·德·博，这位"哲学"沙龙旅行家的法官态度，令他名誉尽失。他几乎没见过世界，却不怕对中国人与美洲当地人做出夸张（且常被引述）的判断。这些人根本只是判断过头的安乐椅旅行家，而不是真正的旅行家。哥廷根大学的人类学家克里斯托弗·麦纳斯，尤其是苏格兰历史学家詹姆斯·密尔（James Mill），都是明证。

詹姆斯·密尔是哲学家与经济学家约翰·斯图尔特·密尔（John Stuart Mill）之父，自己也是小有名气的政治理论家，他1817年出版的三册《英属印度史》（*History of British India*），成了19世纪英国最具影响力的印度书籍。数十年来，东印度公司的新职员都靠密尔这部作品认识印度的历史与政治。作者的书写成就，让他能在东印度公司的伦敦行政部门平步青云。最后，他成了总检察官，类似印度问题的国家常务次官。

詹姆斯·密尔的《英属印度史》不只是 19 世纪后期意义上的历史著作，前 500 页系统描述着前殖民时代印度教的印度文明。书中大部分内容，都在正面攻击印度文明，认为此一文明毫无价值，无法改造，因而密尔至今在印度声名狼藉。我们在此不该涉入这个判断的棘手背景中[58]，而是要注意密尔的特别认知态度。如前一世代的重要印度专家埃德蒙·伯克，詹姆斯·密尔从未到过印度，亦不懂印度语言或研究莫卧儿史料不可或缺的波斯文。不过，他特别熟悉西方的印度文献与当时即已相当庞大的官方材料，并受益于自 1788 年起在加尔各答出版《亚洲研究》的威廉·琼斯学者圈子的研究结果。此外，他读过许多有关其他亚洲国家的书籍，因而能在《英属印度史》中不断插入比较评注。简而言之，詹姆斯·密尔是位信息全面的饱学作者。

由于他的印度知识来自二手或三手资料，密尔事实上应该表现得小心与谦虚。据安奎特-杜培宏的标准与启蒙运动后期的旅行理论来看，他缺乏对异国文明做出判断的各种前提条件。然而，密尔未有任何谦卑的悔悟，反而调转矛头，质疑旅行者与东方学者的判断能力。他表示，当地的旅行者及观察家与东方编年史及手稿的译者，全都陷入某种当局者迷的盲目中。他们只见到小部分的真实情况，却草率做出以偏概全的推论。就算是位仔细的观察家，在长年逗留期间，靠着优秀的外语能力收集到有关印度的信息宝藏，亦毫无资格从更高的立场来下判断：

　　透过单纯的观察与学会外语而取得的心态习惯，和其他的完全不同，不管是综合、区分、分类、判断、比较、评估、推论、归纳及哲学论述等能力，简而言之：从历史材料的巨大矿藏中取得珍贵宝石的最重要能力。[59]

在詹姆斯·密尔的理解中，史学家在有限的眼耳见证中，以作品为代表，在自己类似法官的席位上引述与挖出任何他想纳入自己数据拼图中的片段信息。[60]只有同其观察对象保持空间与思想距离，有"哲学"倾向的史学家才能综览一切。只有他才看得透人类、政治及社会的本质，认出赋予个别信息意义所需的起因、影响及人类学规律。

由于詹姆斯·密尔有意拒绝亲眼勘查，从"哲学"上判断文明的要求，便脱离了经验的基础。启蒙运动的理性——密尔自认为其学生——在那个时代结束时，完全丧失了自己的依据。密尔并未借此开创学派。在他那个时代，不依循理论的经验主义观念已经出现，只收集事实，让事实自己说话。蒙特斯图尔特·艾尔芬斯通比密尔的《英属印度史》早两年出版的著名阿富汗报告，已采取这种方式。[61]这种方法的优点，在于可以避免毫无根据的夸大，这种夸大对詹姆斯·密尔这样的小人物而言，只会带来难堪。约翰·克劳福德博士便是其中一个例子。1828年，这位十分开放的博学外交官将自己的暹罗之书分成游记与系统的方志两部分。游记以十分友善的笔触勾勒出和克劳福德相处愉快的暹罗人，他也十分愿意继续了解他们在文化上典型的行为方式；而系统的方志部分，则出现极端负面的评价，完全只是自主的"哲学思维"。启蒙时代"真正旅行家"的理想整体破灭了。

157

有疑问之阶级的方法

观察粗略，回忆骗人。谁会相信一名在多年后才写下印象，甚至还能记住谈话内容的旅行家？公众对实地经验之期待所产生的压力愈大，旅行作家也就愈愿意告知他们自己如何进行观察。詹姆斯·布鲁斯尽可能立刻记下所有看过的东西。哈默－普格斯塔每次在伊斯坦布尔漫步后，便立刻坐到桌前。在中国的欧斯贝克在口袋里记下所谓的笔记，避免被当成间谍。令尼布尔感到遗憾的是，在丹麦阿拉伯远征队第一阶段，即负责民族志的冯·哈芬教授还在世时，没有记下任何有关风俗习惯的笔记。[62] 19 世纪早期，报道的文类逐渐出现差异。19 世纪 30 年代，安德鲁·斯密（Andrew Smith）从自己在南非内陆的探险活动中带回一本有着田野记录的日记、一份精心完成的路线图及一份摘要报道。[63]

要让观察结果尽善尽美，不能只靠个别旅行家的认知秩序感观。在欧洲，很早就在规划"旅行学（Apodemik）"这种旅行艺术的理论。这套理论试图在从事必备的壮游（Grand Tour）的年轻士绅中，唤起认真对待旅行的态度，并建议如何获取最佳的认知结果。[64] 原本只为欧洲内部设计的方案，也运用在跨文化的旅行中。1620 年至 1625 年，西里西亚的贵族海因里希·冯·波哲（Heinrich von Poser）在其经由小亚细亚及波斯抵达南印度内陆的东方之旅中，已亦步亦趋依循当时文献中的旅游方法指导。[65] 问卷是种系统认知异国的方法，但不算新。13 世纪时，教宗英诺森四世（Innozenz Ⅳ）试图透过发给权威人士的提问清单，尽量认识威胁基督教世界的谜一样的蒙古人。"现代民族志，"一名史学家这样表示，"亦无法问得如此全面与精准；掌握一个社会大型结社的重要标准都被表述出来。"[66]
17 世纪，荷兰东印度公司指示一些雇员回答有关亚洲各个国家
的问卷。在日本为荷兰东印度公司活动达 22 年之久的弗朗索
瓦·卡龙，受到上司荷兰东印度公司巴达维亚总督菲力普·卢
卡斯（Philip Lucas）的 31 个方志问题启发，写下了 17 世纪
（1636 年之后写成，1645 年出版）非传教士作者所撰最受瞩目
的日本报道。[67]卢卡斯的问题是对陌生国度一无所知的人会问
的问题。例如，他会对"日本有多大，是不是一个岛屿"、如
何处罚罪犯、如何分配遗产及该国进出口哪些货物感兴趣。这
些问题的普遍性，让卡龙有很大的施展空间来详细回答。

　　17 世纪 60 年代起，英国皇家协会成员便为在异地旅行或
停留的同胞提供类似的提问清单，其中包括驻士麦那的领事保
罗·莱考特。[68]整个 18 世纪，这个传统仍然继续着，并特别受
到皇家协会主席（1778～1820）约瑟夫·班克斯爵士的照顾呵
护，他自己也参与了库克的第一次环球航行，是位经验老到的
旅行家。1689 年，戈特弗里德·威廉·莱布尼茨寄给传教士克
劳迪奥·菲力波·格里玛帝（Claudio Filippo Grimaldi）30 个基
本上有关中国人科学与技术现状的问题，并在罗马亲自听到答
案。[69]1766 年，政治家、经济学家及社会哲学家杜尔哥
（Turgot）为耶稣会修士派至法国的两名年轻中国人高与杨，拟
了一份包含 25 个、部分相当详细的问题表格[70]，其中主要涉
及经济问题，是耶稣会修士在例行报告中较少提及的。杜尔哥
问了土地市场、稻米价格、利率与在中国各省的工资等问题。

　　哥廷根的东方学者暨神学家约翰·大卫·米夏艾利斯（Jo-
hann David Michaelis）给丹麦阿拉伯远征队提供的路上所用的
问题，洋洋洒洒填满了一本书；书中还附有巴黎铭文暨文学院

159

的额外提问清单。基本上，米夏艾利斯关心圣经中的地理及民族志。针对每个问题，米夏艾利斯都概述出当时的研究现状，其中几个问题，他设定正常的假设，希望旅行者可以提供经验性的验证。巴黎的学者比较在乎伊斯兰问题及阿拉伯人的政治关系与风俗，并想知道自中世纪阿拉伯的全盛文化后，是否"其科学成就已经消失"。[71] 然而，尼布尔和同事只回答了少数问题。1764 年 8 月，当米夏艾利斯的包裹送达孟买的收件人处时，远征队的成员只剩尼布尔还在世，正准备打道回府。[72] 邮件的延误，亦令这些旅行的学者无法获悉丹麦国王的指示。那里规定每位旅行者必须记笔记，定期抄写寄回哥本哈根，还要收集自然历史藏品并购买价廉物美的阿拉伯文手稿——可兰经例外，因为土耳其战争后，欧洲已有不少。国王对阿拉伯的人口统计特别感兴趣。为了确保自己的安全，也出于自己的分寸，旅行者不该带着科学征服者的激昂情绪，而该保持客人的温厚：

> 所有的旅行者面对阿拉伯人民，必须尽量彬彬有礼。他们不该反对他们的宗教，连暗中露出鄙夷之情都不该。他们应该克制自己，不让任何人恼怒，也包含部分会让一无所知的穆罕默德信徒疑虑的活动，好像他们是来挖宝、施展魔法，或打听不利于当地的事情。应该尽量低调行事，尽可能让人满意……。[73]

160   在沙俄探勘亚洲领地的帝国任务中，缺少这类体贴。在帝国高层规定的一般工作范畴中，这些大型研究计划的任务，是经由一系列会议商订，特别重视收集经济资料。有关土地性质、其农牧使用的可能性、农业经济与游牧经济的状况、狩猎、水产业及养蜂的情形、手工及制造业的现状、土地矿藏的蕴藏量等信息都该收集。[74] 1800 年 2 月，印度总督韦尔斯利（Wellesley）下达十分类似的指示，要自然科学家弗朗西斯·布坎南测量之前不久所征服的南印度地区，这同样带有帝国动机。韦尔斯利不只详细列出观察客体，也列出布坎南应该提出建议的问题。[75]

在法国"意识形态者"——世纪交替的一种思想派别——那里，旅行者——一个基本上爱好发问的团体[76]——的方法论指南发展到巅峰。他们承袭了古典启蒙运动的动机，致力于将其转化成人类的经验科学。观念学派（Idéologues）的健将康斯坦丁-弗朗索瓦·夏瑟博夫（Constantin-François Chasseboeuf），以自选的名字沃尔尼著称。1783 年至 1785 年，沃尔尼以年轻的独立人士与维冈（Vergennes）部长的特务身份周游近东，并在 1787 年出版《埃及与叙利亚之旅》（*Voyage en Égypte et en Syrie*）一书，这本书立刻成为一本结合了经验观察、哲学评论与高超叙事的杰作。十几年后，亚历山大·冯·洪堡仍称沃尔尼为"那种最能勾勒出不同环境下的人类的哲学旅行家"。[77] 沃尔尼不只是刻画出令人印象深刻的社会图像的文人，一名社会图表学的奠基者，也是将旧的旅行学艺术理论坚持不懈转化成经验式社会研究的科学方法的人。在他三十岁即已出版的近东报道中，他已将国家二分成自然状态和政治状态。自然状态主要是指土地性质与气候，而政治状态则不只受政治关系的决定，也受种族、社会及经济关系决定。不同于早先经验倾向的旅行家，只要对农业没有直接意义，沃尔尼便放弃植物学与动物学的观察，因为他在这些学科上未受过训练。作为决定条件与环境，自然世界对人类的社会生活有其吸引力。

旅行士绅的自我实现、吸纳教育知识后的自我完备与表露

161

后的旅行动机，对沃尔尼而言，已无任何意义。无法升格至
"哲学"表述高度的主观看法，已被剔出报道之外。因此，沃
尔尼跟尼布尔这样先前"实事求是"的旅行家不同。旅行家竭
力收集更多尽可能精确的资料，再依据严格的科学方法做出
"哲学"分析。这种分析导致鲜明的判断，正如判断所免不了
的那样，而沃尔尼所认为的旅行工作，应该对国家有用。沃尔
尼仍然承认这种判断的相对性，不对任何一般人物做出自己的
评价。但个人口味上的偏好以及其他相对的条件，还是使人无
法不做出科学上的判断。[78]沃尔尼的哲学判断，特别针对异国
民族"道德性格"所做的判断，跟詹姆斯·密尔的演绎与不容
置疑的方式相当不同。要能做出这种判断，需要一个相当实际
的验证方式：

> 大家必须和自己想彻底研究的人打交道，必须进入他
> 们的情况中，好理解影响他们的力量是什么，并会产生何
> 种爱好。因此，必须在他们的国家生活，学习他们的语言，
> 实际运用他们的习俗。[79]

不仅必须和所碰到的偏见搏斗，也要和自己带来的偏见
搏斗：

> ……心会偏袒，习惯则强大无比，事实难以对付，而
> 幻觉廉价。观察者因此必须谨慎，但不要胆怯。无法不透
> 过其他人的眼睛来观察的读者，必须同时监督着权威人士
> 及自己的理性。[80]

1795 年，在五人执政时的法国政府委托下，沃尔尼将自己
东方之旅中已在运用来理解材料的体系，修改成名为"公众经

济问题"（*Questions d'économie publique*）的目录，涵盖 135 个用语精确的问题。1813 年出新版时，他换上更加清楚的名称——《旅行者所用的统计学问题》（*Questions de statistique à l'usage des voyageurs*）。这些问题是给法国外交官、领事与旅行代理人用的。不同于米夏艾利斯专为丹麦阿拉伯旅行者所写的提问书籍，沃尔尼的问题是能够普遍运用在地球上各个国家的认知体系。不只个别旅行者的认知应该受到训练；从革命时期与拿破仑时期法国的全面计划脉络下来看，沃尔尼更企图收集一种尽可能全面、最后能为政治所用、有关地球上许多国家的知识，而且尽可能以归纳妥善、可资比较的形式面世，可以说是个世界档案。

1798 年，拿破仑入侵埃及，给这类大量情报收集提供了一个独特的机会。拿破仑带着 167 位学者与艺术家前往埃及，在那里将收集来的材料编纂成《埃及记述》 （*Description d'Ègypte*）这部巨著，于 1809 年至 1823 年间，分成 9 本文字册与 14 本图册出版。随后的数十年间，法国军队介入之处，就出现类似的数据收集大工程：1829 年至 1831 年在伯罗奔尼撒半岛，1839 年至 1842 年在阿尔及利亚，1865 年至 1867 年在墨西哥。[81]就算没有参与这类计划，自己单打独斗的旅行者，按照沃尔尼的意图，也该注意这种提问体系，以助整体的成功。在这种概念下，原本致力于旅行艺术教育的个别旅行家，成了一个政治情报机构中的小齿轮。旅行家不再自主。[82]

沃尔尼的 135 个问题，不是开放的清单与可增补修订的建议，而是一个封闭的系统，报告者不得擅自增补修改。1795年，法国政府在前言中明确表示，在这些问题的基础上，不希望见到任何随意的记注，而是准确的回答。[83]沃尔尼的基本格

式如下：[84]

    （一）国家的自然状态

    1. 地理情况

    2. 气候，也就是天气状态

    3. 土地状态

    4. 自然物产

163   （二）政治状态

    1. 人口

    2. 农业

    3. 工业

    4. 商贸

    5. 政府行政组织

这些问题经常加上说明，以求更加精确。在农业的部分，沃尔尼加上特别指示，即要针对个别农民活动进行示范性及全面性的研究。此外，还要挑出两个或三个不同的村庄，如种植葡萄的村子与农耕村落。

不是所有的问题都一直靠最可靠的感觉器官——眼睛来回答。沃尔尼问题目录的官方前言，便特别鼓励手册使用者，由手册中的问题来主导他们和当地人的谈话；由于缺乏其他活动，便靠这些问题来打发他们的闲暇时间。这些问题应该传递下去，应该不断问着。[85]关于这类口头收集得来的资料，可靠性如何验证，沃尔尼并未交代。至于那些声称只复述自己视觉印象的人，多半依循一种修辞学的传统，而不是描述他们信息收集时的真实情形。经验老到的报告者亦十分明白这一点。例如，在威廉·马斯登身上，就可清楚发现这种显而易见的事。

　　1771 年，17 岁的爱尔兰人马斯登跟着哥哥任职东印度公司，来到苏门答腊西部东印度公司所属的明古鲁州。[86] 他在那里待了 8 年之久，学得丰富的语言及当地知识。受到库克船长第一次环球航行后出版物的启发，并在有影响力的约瑟夫·班克斯赞助下，减轻了负担——自 1780 年起，他可以参加班克斯著名的"哲学早餐"——马斯登开始记述苏门答腊，当时亚洲最陌生的地区之一。1783 年，《苏门答腊史》一书出版，就在马斯登回英国近 4 年之后。同年，28 岁的马斯登已成为皇家协会成员。1795 年至 1807 年，他担任过海军总部的高等职务，类似海军的永久常务次官。退休后，他写了许多作品，包括一本马来语文法与一本马来语字典，两本书都受自己与亚历山大·冯·洪堡的高度推崇。他是当时主要的比较语言学者之一。从某些方面来看，马斯登是沃尔尼的英国版：和他一样，一名自学有成的人，由中等市民攀爬至国家高官，没有玩弄当时的政党政治，一名活跃的年轻人，靠着一本方志记述成名，该书数十年来成了客观精准的范本，最后——像晚期的沃尔尼——也是一名亚洲研究的赞助者与先锋。

164

　　马斯登在他的《苏门答腊史》开端，就向读者保证报道内容毋庸置疑的真实性：

> 　　大部分描述到的东西，都来自我个人直接的观察。其他不是岛上人尽皆知的，便是根据任职东印度公司者的权威信息。他们常年和当地人交往，精通他们的语言、思想及风俗，最后性格上令人敬重，赢得人们深深的信赖，而能带来人证。[87]

　　直接观察便是视觉印象，是不熟悉这个丛林岛屿内部的马斯登在自己认知范畴中所能拥有的。不同于能够一直随着无数前人足迹去埃及与叙利亚旅行的沃尔尼，只要马斯登坚持达成百科全书式整体描述这座岛屿的目标，便只能依赖其他人的报道。他在自己的书中提到几位，但不全是这类口头资料。[88]面对他那些英国消息人士，他只剩下验证的方法，也是读者面对旅游报道时所能倚赖的。如果无法借由实际经验来验证，而消息人士又通过了可信度验证的话，那么最后就只剩下"信赖"一途。[89]

耳闻与道听途说

文学手法突出的游记，特色在于读者不仅透过作者"中介的眼睛"（沃尔尼）来看，也透过他的耳朵来听，结果对亚洲的印象因而产生矛盾。一方面，在那里可以听到欧洲人觉得陌生的声响：大城市中的南腔北调，一种无所不在的嗡嗡声（如乌兹别克的布哈拉），中国及越南街头上的铜锅、击鼓及摇鼓声，西贡特有、像喇叭般的象角声，中国船上指挥纤夫的锣声，波斯夏夜邻家屋顶上人们活动的声响。[90]

另一方面，而这是最强烈的印象，便是寂静。周游亚洲各处的亚历山大·汉密尔顿，最受不了葡属果阿夜里持续不断的钟声。[91]亚洲的城市比欧洲的来得安静些，因为那里少有铺上石块的道路，因为那里没有或只有少数轮子包上铁皮的车子。节庆宴席上没有客气的谈话，因为当地的东道主完全专注于饮食上。[92]基本上，宫廷的仪式都在欧洲所不习惯的安静气氛下进行。暹罗及中国西藏的谒见仪式中，几乎一言不发。中国皇帝周遭一片肃穆，因为朝臣与官员以不太出声的布鞋来回滑行。锡兰中部的帕拉瓦王朝宫廷中，大家都小声说话，如一位英国访客所言，为了保护国家机密。[93] 如史学家哈默-普格斯塔所称，在苏丹穆拉德四世（Murad IV）（执政期：1623/32~1640）这位凶残暴君的宫廷中，为了保命，连外国人也不得不背着这位君主以精湛的身体语言来沟通。[94] 如坎泰米尔所言[95]，苏丹接见外交使节时的肃穆宁静，不断得到描述。欧洲人对连苏丹自己都要靠手势来交谈的宫中聋哑状态感到着迷，据说他们"往往要用处决的惩罚来维系这种无比的缄默"。[96] 在宫中，没人主动说话，在君主在场的情况下，根本无法想象朝臣互相交谈，"甚至也没人敢擤鼻涕或咳嗽，不管情况有多急迫"。[97]

　　口述资料的消息来源，也就是耳闻的报告，区分出一个有声空间，同时也是一个听觉环境。在报告这类自己无法亲眼看见的资料时，马斯登可以说是 18 世纪后半叶的典型人物。像旅行家塔韦尼耶与葛梅里·卡雷里，把观察到的和偶然听到的混在一起，已被后人当成戒鉴。1716 年，约翰·威廉·沃格尔已在自己东印度一书的书名页，画蛇添足地加上了一句一般亲自过目所会做的严格承诺："一切全出自自己的经验，而非得自在印度的谈话。"[98]

　　基本上，这类谈话是和其他欧洲人进行的，在轻松的条件下往往特别成功——一两瓶酒便敞开了他们的胸怀。[99] 商人觉得自己对亚洲民族的"道德性格"负有完全责任，尤其是一些中国旅行家，似乎把他们在广州及澳门商行与酒馆中得到的看法，当成关于中国的事实，而在国际上宣扬。[100] 像独特的近东旅行家托马斯·肖，毕竟也只相信当地欧洲人的地理与气候信息。[101] 最认真的欧洲消息人士，一般仍是传教士。出使中国的旅人，在许多方面都要感谢他们。在中国的耶稣会修士不难透过自己的渠道，直接向公众传达他们的观点。不过，嘉布遣修会修士

166

拉菲尔·杜·曼斯则不一样。他在几十年的时间内，从伊斯法罕实地观察发生于波斯的事件，并以无人可及的国情专家之身份，成为 17 世纪著名伊朗旅行家——如泰沃诺、夏尔丹、坎弗——既重要又秘密，而且并未一直标明出处的信息来源。1660 左右，他自己暗中献给路易十四的部长科尔贝的波斯报道，直到 1890 年才编辑出版。他促成大家深入比较当时出版的波斯记述。[102]自己的外语能力愈差，停留时间愈匆促，当地环境愈不友善，造访者也就愈为依赖欧洲移居国外人士的信息。尤其在奥斯曼帝国中从事进一步壮游的旅行者，都受不了这种诱惑。[103]

向当地消息人士打探的意图，一般并不缺乏。有时，也没有其他选择：像旅行家塔韦尼耶与白尼尔，想知道苏丹与莫卧儿大君神秘后宫的事，便要从太监处打听，而保罗·莱考特则依赖一名来自波兰、在奥斯曼宫廷任职 19 年之久的乐师。[104]尽管有各种扭曲，欧洲的文献却是流传下来的最详细的资料。[105]就算整个国家保持神秘，好奇的人也会多方打听。1772 年，约翰·戈特利布·格奥尔基（Johann Gottlieb Georgi）陪同彼得·西蒙·帕拉斯参加俄国学院远征队，在伊尔库茨克遇见 1753 年在当地成立的国立日本语学校教课的日本船难者，对他们进行了详细的访谈。这样一来，1775 年，格奥尔基的西伯利亚报道中，便包含一些有关日本的消息。知名的东方学者路易·马蒂厄·朗格莱斯（Louis Mathieu Langlès）认为这相当重要，收入桑伯格所著日本作品的法文版附录中。[106]

167

善意绝不是成功的保证。一名荷兰船长表示，"透过一名通译之助"，在孟加拉国询问婆罗门有关他们的宗教，"但我不能夸耀自己有从他们那里得到什么特定的东西"。[107]失望的人，怀疑别人不想对他透露任何事。冷静的艺术之友詹姆斯·达拉弗（James Dallaway）在伊斯坦布尔发现土耳其人和希腊人"一样不懂得自由交谈"。[108]实际上，在陆路上未受阻碍的旅行家，完全要依赖当地导游的知识。造访西藏的塞缪尔·特纳提醒大家应该相信导游，就算他们的建议一开始看起来靠不住。[109]在打破禁忌的大胆行动中——例如攀登圣山——他有时会看见自己遭到所有仆役的离弃。卡斯腾·尼布尔发现许多阿拉伯人不愿意告诉他许多地点与山峦的正确名字——"因为他们不能明白，我们为什么要操这个心"。[110]小礼物及随和的个性，会加强别人告知信息的意愿。不过，不是每个当地人都是可信的权威。例如，在城市人口数量上，这些居民都有令人吃惊的想象。[111]经验老到的卡斯腾·尼布尔表示，只要有可能，便得试着找出这位消息人士的消息来源。[112]最愿提供信息的交谈对象，便是懂得和外国人打交道的商人与靠一点小馈赠就可打动的穷学者。当然，也免不了对他们要友善：

> 只要对阿拉伯人客客气气，那就会得到这些穆罕默德信徒同样的礼尚往来，就像理性的基督教徒在欧洲对犹太人那样。[113]

尼布尔算得上一名相当体贴的提问艺术家，但他也觉得难以接近真正的饱学之士。他明白这一点：为什么"被一名外国人问一大堆问题"，他们该觉得有趣。[114]他建议，无论如何，应该要有相当耐心，间接地并透过不同的方式来提问。有时，就算东方人说了谎，那也不是道德上有瑕疵，而是出于可理解的原因：例如，不信任外国人，或因为虚荣、知识不足，而不愿承认。无论如何，出游的地理学家与社会研究者，为了了解事实，应该尽可能询问更多人——那位谨慎的西伯利亚旅行家

168

约翰·格奥尔格·格梅林之前便已建议过这种方法。[115]正如约翰·克劳福德详细观察的那般，口头沟通的机会，会因文化特性而有改变。在暹罗这个注重口头沟通文化的地方，比在受到中国影响、重视书写与目击文化的越南，透过耳闻的机会要更大。[116]

一个精神疲惫的欧洲人，偶尔也会对周遭东方环境的虚假感到绝望［例如1749年出任法国驻交趾支那大使的皮埃尔·普瓦沃（Pierre Poivre）即曾如此，他还因为下个不停的滂沱大雨而厌烦］[117]；大旅行家则面临一个持续存在的问题，即必须验证口头信息的正确性。旅行家也必须配合读者对正确信息的需求，因为他们如同爱德华·吉本所指出的，已经愈来愈不满足于"道听途说的故事"。[118]然而与当地人接触的时候，却没有人能够像威廉·马斯登处理苏门答腊内陆报道那般，产生对士绅们的信赖感。于是，通常只能停留在猜测信息可信与否的阶段。写过一本重要锡兰报道的罗伯特·波西瓦（Robert Percival），保证只采纳"没人会质疑的"信息。[119]弗兰克斯·白尼尔在印度提到自己只听过焚烧寡妇的行径，但并不比其他自己亲眼所见的"不太可能的事"更不可能，尤其印度人一般都相信这个故事。[120]约翰·格奥尔格·格梅林安抚读者，自己书中任何不是亲眼看到的陈述，可能性都被验证过，"尽管我早已晓得，某些事情即便不是真的，至少也是有可能的"。[121]

当地知识：欧洲文本中的亚洲学

许多游记中都包含正确理解或误解的当地信息，缺了这些当地知识，便难以想象欧洲的与亚洲相关的知识会萌芽。口头信息在此也相当重要。欧洲人往往要靠当地学者才能理解困难的外语文献。单单因为这一点，口头信息便不可或缺。[122]但是，文字资料本身更加重要。正如 18 世纪后期的高等旅行理论，造访亚洲的人士如果缺乏外语知识，亦不能被轻易谅解，因而便会期待他们——尤其是史学家——更常使用亚洲的历史作品，甚至尽可能运用原始文献。1784 年成立的孟加拉国亚洲协会，主席威廉·琼斯爵士本身是位语言天才，也表达出一个生动的原则："亚洲国家对他们自己与彼此，比我们欧洲学者和旅行家所知还多。"[123]

169

实际上，欧亚科学合作的原则，早已受到重视。中国的制图学便是一个很好的例子。来自提洛南部的耶稣会修士马丁·马丁尼（Martin Martini）①，其《中国新地图册》（*Novus Atlas Sinensis*，1655）绝大部分是根据中国方面的准备工作而完成的。1708 年至 1717 年，在康熙皇帝委托下，约十几名耶稣会修士分成几个测量小组，完成了中国的全面地图测绘，其中自然也有中国助手参与；尤其是西藏的地图，便是根据熟知当地的官员的信息。[124]1717 年至 1726 年，耶稣会的地图册便以木版与铜版印制了四种不同的版本。这次计划也出版了许多中国版本[125]，促成当时大概已是欧洲最优秀的制图师让-巴蒂斯特·当维尔为杜赫德 1735 年的中国百科制作了包含十五张地图的地图册[126]，并在之后 100 多年未被替代。这个耶稣会地图册，便是融合记录在许多方志手册中的中国当地知识及欧洲测量技术与制图描绘的结果。[127]印度的制图测绘则是不同于中国的另一种模式。在这里，作战的英国人需要地图，促成了大型的制图计划；相反，战争本身也是收集地形资料的绝佳机会。[128]在

---

① 中文名字卫匡国。—译者注

此，"班智达（Pandit）"① 不可或缺，尤其是在测绘英国管控外的地区时。[129]

170 　　中国耶稣会修士中最优秀的史学家——如 17 世纪的马丁·马丁尼与 18 世纪的安东尼·戈比——亦运用中国的史学。耶稣会修士总是拒绝质疑中国权威的可靠性。戈比"熟悉中国就像自己的祖国"[130]，正确地指出中国史学传统在史料批评上并不逊于欧洲。[131]耶稣会之外的学者，如那位全欧敬重的德金（Joseph de Guignes），亦是启蒙时代最重要的史学家及亚洲研究者之一，证实了中国史料的高度地位与精确性，且未加修饰，接近事实，在自己的作品中也加以引用。[132]

　　穷兮兮的地方教士西蒙·奥克雷（Simon Ockley），在 1711 年到 1717 年，因负债而被逮捕前，是剑桥大学的阿拉伯文教授，在他两册关于伊斯兰阿拉伯人直至 705 年前历史的《撒拉逊民族史》（History of the Saracens）的重要前言中，毫不质疑阿拉伯史料的重要地位。尽管他苦苦抱怨阅读牛津大学博德利图书馆的阿拉伯文手稿——"尘封的手稿，没有翻译，没有索引，没有任何有助于其他研究的支持"[133]——的吃力过程，却仍视其为欧洲关于近中东史学的基础，史学家只能在这些阿拉伯文材料中稍加叙述与解释，以保住之前史学家的声音。他让阿拉伯人以他们自己的方式叙述他们的历史。[134]几年后，乔治·赛勒（George Sale）在自己的可兰经评译中，又再强调当地史料的重要性。赛勒几乎完全不理会 11 世纪以来欧洲人有关伊斯兰的论战，继续依据伊斯兰的诠注传统来解释可兰经。[135]

　　重视当地文本，加强了以下看法：欧洲研究亚洲的学者，

---

　　① 属于印度婆罗门，主要在记颂《吠陀》，以为歌咏之用。—译者注

基本任务不在讨论亚洲的文化，而在透过翻译，让亚洲文化和欧洲读者对谈。1800 年左右，欧洲最优秀的日本专家伊萨克·蒂进（Isaac Titsingh）便代表这类看法。他认为翻译日本文献比欧洲最杰出的日本记述更有价值，因而自然放弃写作有可能取代坎弗旧有记述的作品。[136] 他应该够格写作，不做第二人想。威廉·琼斯爵士并未如此极端，但 1794 年他在孟加拉国亚洲协会《论亚洲人的哲学》（On the Philosphiy of the Asiaticks）的演讲中声称，"随便哪一本著名的印度教书籍的正确译本，都比有关这个题目的所有论文与评述更有价值"。[137]

　　至于要忠于原文还是自由翻译，现在也成了不断被讨论的问题。在忠于原著与符合欧洲美感的两难之际，有些作者——如西蒙·奥克雷——主张模仿原始文本，其他的则赞成风格上西化。弗朗西斯·格莱德温（Francis Gladwin）在总督沃伦·黑斯廷斯的委托下，翻译阿布·法德·阿拉米（Abu l'Fadl 'Allami）关于莫卧儿大君阿克巴政府最重要的文献《阿吟·阿克贝里》（Ayin Akbery）。他在翻译中想象这名波斯文献的作者是以英文写作。[138] 歌德喜欢威廉·琼斯爵士的译文，透过他细心的复古文采，没有经验的读者了解到亚洲文本中的陌生文化。[139] 当然，"自由"翻译没有一定的层次，从死板拘泥到简明精练、原文重组与意译，或甚至不动声色加入评论等。理想的情况是，任何翻译都事先评析过原文的价值。[140]

　　司马光（1019~1086）12 世纪末著名史作的节本《通鉴纲目》的译本便被不断指为错误连篇，难以阅读，那是德·梅拉（de Mailla）① 教士由满文译本翻译完成，手稿 1737 年送回法

① 中文名字冯秉正。—译者注

国。1777 年至 1780 年，修道院院长格罗西耶以 12 大册编辑出版。[141]这部作品单调的编年方式无人能及，却第一次给了欧洲读者中国历史绵延不断的真实印象。甚至对中国而言，这本书都过于强调静止不动的概念，却有助于在欧洲普及中国历史中那种相同事件不断轮回的观念。清朝皇帝将其列为圣典，所以德·梅拉才会选出这个最制式的中国历史作品来翻译。[142]正因他未加修改，才不断受到责难。30 年后，亚历山大·道尔（Alexander Dow）的情况则完全不同。这位英国东印度公司的军官成了伊斯兰印度的第一位英国史学家。道尔发现莫卧儿王朝与其伊斯兰前身的历史，只能根据当地（波斯文）资料撰述。他先从翻译菲利希塔（Firishta）的历史作品开始着手，但逐渐脱离自己的原始方案，最后完成一本名为"印度斯坦史"（*History of Hindostan*，1768 - 1772）的作品，现代西方作者的"哲学"观察，以不起眼的方式渗透进翻译文本中。[143]爱德华·吉本这位最讲究的历史文学鉴赏家，也怀疑因为道尔在不久前"发现"的古塞尔特吟游诗人诗篇，而将菲利希塔的风格换成了裴相的风格。[144]不过，道尔自己向读者保证，他把原文中的过度浪漫回归到一种"简明刚强"的文风，这种文风是自古希腊罗马经典作家后欧洲史学的主要风格。[145]

波斯文或阿拉伯文的翻译，往往要靠当地文化中的学者之助，才得完成。在发现印度教的印度文化之际，当地知识完全不可或缺。白尼尔即不时向一名班智达咨询有关莫卧儿宫廷之外的情形，那是他活动的主要地点。[146]有 10 年印度西南部经验的荷兰传教士亚布拉罕·罗杰里乌斯（Abraham Rogerius），他的《通往隐秘的异教之门》（*De Open Deure tot het verbogen heydendom*，1651）一书让欧洲第一次真正了解到未被宗教宣传扭曲的印度宗教观，书中大部分知识来自帕德玛纳巴（Padmanaba）这名葡萄牙属果阿的婆罗门难民。帕德玛纳巴让他熟悉《吠陀》与《往世书》等文献，并为他逐字翻译其中部分。他们两人则以葡萄牙文交谈。[147]18世纪80年代，威廉·琼斯爵士及1784年他所成立的孟加拉国亚洲协会的圈子中的西方学者开始科学地研习梵文。[148]1785年，第一位有基本梵文能力的欧洲人查尔斯·威尔金斯（Charles Wilkins），因翻译《薄伽梵歌》（*Bhagavadgita*）而享誉全欧；4年后，威廉·琼斯爵士翻译出迦梨陀娑（Kalidasa）的《莎昆达罗》（4~5世纪）一剧，更受瞩目。

　　和琼斯一样，亨利·托马斯·科尔布鲁克在印度亦是高等法官，两人展开了全面性的梵文语文研究。这次全面的"东方文艺复兴"完全依赖印度班智达的知识，他们为欧洲大师们做出了绝不可缺的贡献。渴求知识的英国人与博学的印度人接触，显得踌躇不决，双方的不信任一直没有消失。琼斯起先出于实际因素而研习梵文，以方便担任法官去控制最高法院内的班智达，并打破他们的翻译垄断。为了控制殖民地的司法，似乎有必要先在法庭设立某种沟通掌控机制，其次记录下印度的习惯法，按西方体系分类，并以英文公之于世。在学习期间，琼斯和一些印度学者建立起私交，特别是耆宿亚干那塔·塔加帕夏南（Jagannatha Tarkapanchanan）。不过，这段情谊总带有矛盾的情感：琼斯身为官员，是殖民统治机构的高级代表，但身为学者，则是班智达的学生。就连比其他人更愿意承认班智达贡献的琼斯，也认为应该尽可能将英国学者与殖民领主从当地学者与口译中独立出来。

　　英国在梵文研究上的优势地位并未持续多久。19世纪后

173

期，从未踏进印度过，也从未和印度班智达交谈过的德国研究者，取得重大进展。他们对语言学的统治知识不感兴趣，而是长期侧重于语言起源与语言比较的理论问题。[149] 和殖民主义的疏远同时造成了与印度的疏离，并导致了对当地知识的低估（轻视）。东方学这种自以为在知识上代表整个文明的科学东方主义，人们以为在一个毫无殖民利益的国度中就能发展完备。不过，欧洲与德国印度学的自主，不过是个假象。1917 年，恩斯特·温狄施（Ernst Windisch）即已总结，这门学科是站在许多世代印度语法学家的肩膀上。[150]

亚洲人不仅大量参与狭义的亚洲文化学。在进一步认识亚洲遥远文明之后不久，一些欧洲的明智人士便已发现印度、中国或日本的经验式自然科学，和当时欧洲的并驾齐驱，甚至优于欧洲。1699 年，约阿希姆·布维修士在一封由北京寄给莱布尼茨的信中，表达出两者都同意的目标："从这个国家汲取有助于我们的科学与艺术臻于完美的东西。"[151] 布维甚至计划在中国成立一所研习文化、宗教与文字的使徒学院，一种宗教科学与汉学研究机构，可以和巴黎的科学院交换成果。[152] 莱布尼茨比布维更在意数学和自然。他比当地的耶稣会修士看得更清楚：在中国有利于传教士的政治环境，完全取决于康熙皇帝一人，而且不会持久，因此他迫不及待。大家必须竭尽全力，尽快从中国取得大量知识。[153] 莱布尼茨并不把这视为一种科学寄生方式，而是综合互补的优点：欧洲知识的强项在于推理，而中国的美德则在实际经验与道德原则上；欧洲的知识出版给多数人知晓，而中国的只在狭窄的学者圈中流通。[154]

莱布尼茨的想法，仍然凸显出两个同一水平的科学世界基本上互利的合作，但到了 18 世纪末，则掺进了单方面的帝国欲求。尊重其他文明科学成就的现象，很快消失。对约瑟夫·班克斯这样有影响力的科学组织者而言，也只剩去骗取印度人或中国人少数仍胜过欧洲人的科技，如纺织或制瓷。[155]

　　亚洲在欧洲知识中最显著的贡献便是植物学。1662 年，任职于荷兰东印度公司的安德烈·克莱耶（Andreas Cleyer）来到巴达维亚。从 1682 年至 1686 年，他断续担任荷兰人在长崎的头人，利用这段时间研究植物，在德国发表了三十多篇文章。克莱耶把 1360 张日本艺术家所绘的植物图画寄给柏林的学者门泽尔（Christian Mentzel），而他把这些图片用在自己未出版的《日本植物》（*Botanica Iaponica*）一书中。[156]相反地，1712 年，安格贝特·坎弗有关日本植物世界的全面性著作《日本花卉》（*Flora Japonica*）以拉丁文出版。此书的价值在于这部作品诞生之际，也就是 17 世纪 90 年代，日本植物学的发展有可能高于欧洲。坎弗受惠于日本植物学的成就良多。[157]细心的自然科学家也在印度发现当地植物学的优越知识。17 世纪 70 年代，荷兰东印度公司的高级军官与职员德拉肯史坦的亨德里克·亚得瑞安·凡·里德（Hendrik Adriaan Van Reede tot Drakenstein），试图描述并分类当时部分由荷兰人控制的印度西南马拉巴海岸的热带植物世界时，不断采用除了阿拉伯与欧洲体系外的当地分类体系，亦逐渐重视其优点。在撰写巨著《马拉巴花园》（*Hortus Malabaricus*）（12 册，阿姆斯特丹，1678～1693）时，他得到多位婆罗门与更多下层种姓，特别是艾沙瓦（Ezhava）① 阶层的工作人员的植物知识与实际经验之助。由于缺乏其他文

175

---

① 住在印度克拉拉（Kerala）地区的种姓，不属于传统的四种印度种姓，主要务农从商。—译者注

献，他们特殊的知识只流布在《马拉巴花园》这个欧亚共同的
计划中。[158]凡·里德和坎弗的作品受到欧洲学术界大师，尤其
是林奈的高度推崇。透过他们，亚洲植物学家的知识才进入了
欧洲描绘自然的中心体系中。

注释：

[1] Dédéyan, *Montesquieu*（1988），第 14 页及下页。

[2] Layton, *Russian Literature*（1994），第 29 页及下页，第 34 页，
特别有趣。

[3] 参阅 Börner, *Suche*（1984）。

[4] Denckwü rdige Beschreibung（1679），第 6 页。

[5] 如 Robinet, *Vue philosophique*（1768），第 160 页及下页。

[6] Adams, *Travel Liars*（1980），第 19~43 页。Buffon，《De l'homme》，
出自 *Œuvres*（1861），第 1 册，第 431~440 页，相当严肃地讨论这
个问题，他的德国同侪亦如此：E. A. W. von Zimmermann：*Geogra-
phische Geschichte*（1778-1783），第 2 册，第 60 页以下。

[7] 同上书，第 2 册，第 138~164 页；Barrow, *Reisen*（1801），第
167~171 页，有类似看法。

[8] Turner, *Tibet*（1800），第 157 页。

[9] Hammer-Purgstall, *Constantinopel*（1822），第 1 册，第 xxiii 页。

[10] 如 Poivre, *Reisen*（1997），第 54~58 页。

[11] Sonnini, *Voyage*（1799），第 1 册，第 3 页。这名 1777 年至
1780 年在埃及旅行的作者是一位自然学者，也是布丰的同事。

[12] Diez, *Denkwü rdigkeiten*（1811-1815），第 1 册，第 xvii 页。

[13] Köhler, *Sammlung*（1767-1769），第 1 册，第 2 部分，第 571
页；Hausleutner, *Araber*（1791-1792），第 1 册，第 xv 页。

[14] Parennin，出自 Societas Jesu, *Lettres é difiantes*（1780-1783），
第 19 册，第 277 页及下页。

［15］Savary，*Lettres sur l' é gypte*（1785-1786），第 1 册，第 i~iii 页。

［16］Anquetil-Duperron，*Dignit é du commerce*（1789），第 v 页。

［17］同上书，第 4 页。

［18］Robert Hooke，Preface，出自 Knox，*Historical Relation*（1681）。

［19］参阅 *British Critic* 对 Ellis，*Journal*（1818）的匿名书评。亦参阅
　　　Diez，*Denkwürdigkeiten*（1811-1815），第 1 册，第 xiii 页："只
　　　因为小孩对他噘嘴，或大人没以他认为该有的身份接待他，就
　　　把整个国家骂得一文不值……"

［20］如 Businello，*Historische Nachrichten*（1778），第 2 页。

［21］Thornton，*Turkey*（1809），第 1 册，第 xii 页及下页。

［22］同上书，第 3 页。

［23］Turner，*Tibet*（1800），第 65、302、343 页。

［24］Niebuhr，*Reisebeschreibung*（1774-1837），第 1 册，第 31 页。

［25］参阅 Schulze，*Entstehung des nationalen Vorurteils*（1995）。

［26］如 Semedo，*History*（1655），第 25 页；Du Halde，*Description
　　　géographique*（1735），第 1 册，第 ii 页，有综合概述。这里是
　　　否也有儒家文人对商人的鄙视？

［27］例如 *Travels of the Jesuits*（1743），第 viii 页及下页。

［28］Pauw，*Chinois*（1773），第 1 册，第 v 页。关于德·博，基本参
　　　阅 Duchet，*Le partage des savoirs*（1985），第 82~104 页，至于
　　　他对美洲同样挑衅的看法，参阅 Gerbi，*Dispute*（1973），第
　　　52~79 页。

［29］彻底清算来自阿米欧特（Amiot）教士，参阅 Societas Jesu，
　　　Mémoires（1776-1814），第 2 册（1777），第 365~574 页，
　　　Mémoires，第 6 册（1780），第 275 页以下，续有补充；此外亦
　　　参阅 Grosier，*Discours*（1777），第 xxxvi 页以下。

［30］Pauw，*Chinois*（1773），第 1 册，第 84 页；Amiot in Societas Jesu，
　　　Mémoires，第 6 册（1780），第 277~307 页；G. L. Staunton，

Authentic Account （1797），第 2 册，第 615 页以下；Barrow，*China*（1806），第 575 页；Cranmer-Byng，*Embassy*（1962），第 246 页；Pinkerton，*Modern Geography*（1807），第 2 册，第 99 页（驳斥德·博的钦定版）。

[31] Sonnerat，*Voyages*（1782），第 2 册，第 2~4 页。

[32] Barrow，*China*（1806），第 30 页及下页，引文出自第 3 页。

[33] Lguat，*Voyages et avantures*（1708），第 1 册，第 xviii 页；及 Adams，*Travel Liars*（1962），第 100 页以下。

[34] Dubois，*Description*（1817），第 xv 页。

[35] 同上书，第 v 页。

[36] Max Müller，Prefatory Note，出自 Dubois，*Hindu Manners*（1985），第 vii 页。

[37] Cœurdoux/Desvaulx，*Mœurs et coutumes*（1987），前言。

[38] 引文参考 Schäbler，*Ulrich Jasper Seetzen*（1995），第 122 页及下页。

[39] 同上书，第 122 页。

[40] 这是他们其中一位的报道，参阅波兰伯爵 Graf Jan Potocki：*Voyages*（1980），第 2 册，第 45 页。

[41] Braam Houckgeest，*Authentic Account*（1798），第 1 册，第 xix 页。

[42] Bruce，*Travels*（1790），第 1 册，第 lxvi 页。

[43] 早期"讲求实际"的旅行家为贺伯斯坦（Herberstein，1549）、奥利瑞尔（Olearius，1656）、山帝斯（Sandys，1615）、布朗特（Blount，1636）及布斯贝克（Busbek，1589），可以和对耸人听闻事件感兴趣、容易轻信的外交官托马斯·贺伯特（Thomas Herbert）爵士比较（1634）。

[44] Hammer-Purgstall，*Constantinopolis*（1822），第 1 册，第 xi 页及下页。

［45］如 Roger, *Les sciences de la vie*（1963），第 163 页及下页。

［46］Milburn, *Oriental Commerce*（1813）。密尔本仅描写孟买就用了近 130 页（第 1 册，第 169~293 页）。

［47］Chateaubriand, *Itinéraire*（1968），第 41 页。

［48］Niebuhr, *Beschreibung*（1772），第 xx 及下页；Volney, *Voyage*（1959），第 25 页；J. B. Fraser, *Journal*（1820），前言。

［49］Gemelli Careri, *Voyage*（1745），第 205 页。

［50］Adams, *Travel Liars*（1980），第 210~222 页。

［51］Shelvocke, *Voyage*（1726），第 459、460 页。我们希望至少这故事没错，但作者并非一直仔细处理着事实：Williams, *South Sea*（1997），第 199 页。

［52］Ellis, *Journal*（1818），第 1 册，第 334 页。

［53］Thé venot, *Travels*（1687），第 1 册，第 59 页；Gervaise, *History of Siam*（1928），第 38 页；Merklein, *Reise nach Java*（1930），第 14 页。

［54］Hodges, *Reisen*（1793），第 4 页。

［55］Castilhon, *Considérations*（1769），第 218 页及下页。

［56］Societas Jesu, *Lettres é difiantes*（1780-1783），第 23 册，第 321 页以下。引文出自阿米欧特教士的一篇报道。Heissig, *Mongoleireise*（1971），第 101 页中亦有类似的混乱经历。

［57］J. G. Gmelin, *Reise*（1751-1752），第 1 册，第 196 页。

［58］参阅 Abbattista, *James Mill*（1979），第 93 页及下页；Majeed, *Ungoverned Imaginings*（1992），第 140 页以下。

［59］Mill, *History*（1817），第 1 册，第 7 页。

［60］同上书，第 9 页。

［61］Elphinstone, *Caubul*（1839）。

［62］Bruce, *Travels*（1790），第 1 册，第 lxv 页及下页；Hammer-Purgstall, *Constantinopolis*（1822），第 1 册，第 xxiv 页；

Osbeck，*Voyage*（1771），第 xviii 页；Niebuhr，*Beschreibung*（1772），第 xvii 页。

[63] Andrew Smith，*Journal*（1975），第 ix 页。

[64] 基本参阅 Stagl，*Curiosity*（1995），亦参阅 Stagl/Orda/Kämpfer，*Apodemiken*（1983）。

[65] 参阅 Dharampal-Frick，*Indien*（1994），第 72~75 页。

[66] Fried，*Auf der Suche*（1986），第 316 页及第 302~304 页。关于一些中古中国及蒙古人报道的经验论，参阅 Reichert，*Begegnungen*（1992），第 88~111 页。

[67] Caron/Schouten，*True Description*（1935）。卢卡斯的问题出自 Kapitza，*Japan in Europa*（1990），第 1 册，第 537 页及下页，卡龙的回答同上，第 538~550 页。

[68] 例如 S. P. Anderson，*Rycaut*（1989），第 210 页及下页；Shapin，*Social History*（1994），第 245 页以下

[69] Widmaier，*Leibniz korrespondiert mit China*（1990），第 4~10 页。

[70] Turgot，*Œuvres*（1913-1923），第 2 册，第 523~533 页。关于另一位中国知情人士阿卡迪洪（Arcadius Hoang），参阅 Elisseeff-Poisle，*Fréret*（1978），第 39 页以下，第 166 页以下。

[71] Michaelis，*Fragen*（1762），第 386 页。

[72] Niebuhr，*Beschreibung*（1772），第 xvii 页。

[73] Michaelis，*Fragen*（1762），"Instruction" 页。

[74] Wendland，*Pallas*（1992），第 1 册，第 89~93 页。

[75] Buchanan，*Journey*（1807），第 1 册，第 viii~xiii 页。

[76] Volney，Questions de statistique à l'usage des voyageurs，出自 *Œuvres*（1989），第 1 册，第 663 页。

[77] Humboldt，*Relation historique*（1814-1825），第 2 册，第 158 页。

[78] Volney，*Voyage*（1959），第 147 页。

［79］同上书，第 399 页。

［80］同上书。

［81］Broc, *Les grandes missions*（1981）。

［82］如 Stagl, *History of Curiosity*（1995），第 279 页。

［83］Volney, *Œuvres*（1989），第 1 册，第 667 页。

［84］同上书，第 669~679 页。

［85］同上书，第 664、665 页。观念论者圈子的另一个观察手册在
1800 年由杰兰多（Joseph-Marie de Gérando）出版。比沃尔尼
偏向政治学的提纲更具民族志与人类学的味道。文章出自 Co-
pans/Jamin, *Aux origines*（1978），第 129~169 页（德文出自
Moravia, *Beobachtende Vernunft*, 1977, 第 219~251 页）。

［86］关于传记：Marsden, *Memoir*（1838）；关于诠释，基本参阅
Gascoigne, *Joseph Banks*（1994），第 164~171 页。

［87］Marsden, *History of Sumatra*（1811），第 vi 页（1783 年的前
言）。

［88］例如同上书，第 399 页及下页。

［89］关于信任与科学陈述的接受程度，参阅 Shapin, *Social History*
（1994），如第 22~36 页。

［90］Burnes, *Travels*（1834），第 1 册，第 277 页；Barrow, *Cochin
China*（1806），第 296 页；J. White, *Voyage*（1824），第 226
页；Barrow, *China*（1806），第 79 页；Morier, *Second Journey*
（1818），第 229 页及下页。

［91］A. Hamilton, *New Account*（1930），第 1 册，第 141 页。

［92］Bernier, *Travels*（1934），第 121 页及下页；Morier, *Journey*
（1812），第 116 页。

［93］Percival, *Ceylon*（1805），第 266 页。

［94］Hammer-Purgstall, *Geschichte des Osmanischen Reiches*（1827-
1835），第 5 册，第 287 页。

［95］Cantemir, *History*（1734 - 1735），第 2 册，第 379 页。亦参阅 Businello, *Historische Nachrichten*（1778），第 65 页。

［96］Hammer-Purgstall, *Staatsverfassung*（1815），第 2 册，第 57 页。 其他参阅 Cantemir, *History*（1734-1735），第 2 册，第 379 页。 据说苏丹穆罕默德三世（Mehmed Ⅲ）在其 1595 年登基时，靠着聋哑密探杀死他 19 个兄弟及 20 个姊妹。

［97］同上书，第 1 册，第 218 页及下。关于后宫中的噤声，参阅 Grosrichard, *Structure du sé rail*（1979），第 172 页以下。

［98］Vogel, *Reise-Beschreibung*（1716）.

［99］A. Hamilton, *New Account*（1930），第 1 册，第 9 页。

［100］Ellis, *Journal*（1818），第 1 册，第 90 页（注释）; Mason, *Costume*（1800）。

［101］Shaw, *Travels*（1808），第 xxv 页及下页。

［102］参阅 Du Mans, *Estat de la Perse*（1890）; 及 Schefer, *Introduction*（1890），第 cviii 页及下页，第 cxiv 页。

［103］Angelomathis - Tsougarakis, *Greek Revival*（1990），第 14 页以下。

［104］ernier, *Nouvelle relation*（1675），第 541 页; Bernier, *Travels*（1934），第 267 页; Peirce, *Imperial Harem*（1993），第 115 页及下页。

［105］同上书，第 114 页。

［106］Georgi, *Bemerkungen*（1775）; Kapitza, *Japan in Europa*（1990），第 2 册，第 628~632 页; Thunberg, *Voyages*（1796），第 405 页以下。

［107］Stavorinus, *Reise*（1796），第 83 页。尼布尔在孟买有同样经验，但归咎于只靠通译的结果（*Reisebeschreibung*，第 2 册，第 22 页）。

［108］Dallaway, *Constantinopel*（1797），第 12 页。

［109］ Turner, *Tibet*（1800），第 45 页。

［110］ Niebuhr, *Reisebeschreibung*（1774－1837），第 1 册，第 226 页，及第 61 页；Niebuhr, *Beschreibung*（1772），第 404 页及下页，有类似描述。

［111］ Niebuhr, *Reisebeschreibung*（1774－1837），第 2 册，第 219 页。

［112］ Niebuhr, *Beschreibung*（1772），第 209 页。

［113］ 同上书，第 xi 页。

［114］ 同上书，第 xviii 页。

［115］ J. G. Gmelin, *Reise*（1751-1752），第 2 册，前言。

［116］ Crawfurd, *Siam*（1967），第 263 页。

［117］ Poivre, *Cochinchine*（1885），第 462 页。

［118］ Gibbon, *Decline and Fall*（1909－1914），第 7 册，第 170 页，注释 12。

［119］ Percival, *Ceylon*（1805），第 3 页。

［120］ Bernier, *Travels*（1934），第 311 页。

［121］ J. G. Gmelin, *Reise*（1751-1752），第 2 册，前言。

［122］ 耶稣会修士尼可罗·隆戈巴尔迪（Nichola Longobardi）从 1579 年到他 1655 年 90 岁去世时，都待在中国，他便大量运用中国学者的信息。他是莱布尼茨有关中国的重要信息来源之一。参阅 Mungello, *Leibnitz*（1977），第 26~28 页。

［123］ Jones, "Tenth Anniversary Discourse"（1792），出自 *Works*（1807），第 3 册，第 217 页。之后如 G. T. Staunton, *Ta Tsing Leu Lee*（1810），第 xii 页。

［124］ Foss, *Western Interpretation*（1988），第 230 页及下页。

［125］ 参阅 Fuchs, *Jesuiten-Atlas*（1943），第 2 册（地图部分为 1721 年的版本），特别是第 222 页及下页有关大型测量部分。

［126］ D'Anville, *Nouvel Atlas de la Chine*（1737）。关于耶稣会修士的制图学，基本参阅 Foss, *Western Interpretation*（1988）。

［127］ Harley/Woodward, *History of Cartography*（1994），第 185 页。

［128］ 如 Rennell, *Memoir*（1793），第 ii、viii 页。

［129］ 参阅 Wilford, *Mapmakers*（1981），第 161~174 页。

［130］ Fischer, *Sibirische Geschichte*（1768），第 1 册，第 46 页。

［131］ Gaubil, *Traité*（1814），第 282 页。关于中国史学的评价：Grosier, *Discours préliminaire*（1777），第 xxix 页以下。

［132］ J. de Guignes, *Histoire générale des huns*（1756-1758），第 1 册，第一部分，前言；亦参阅 Fourmont, *Reflexions critiques*（1735），第 2 册，第 406 页。

［133］ Ockley, *History of the Saracens*（1757），第 1 册，第 xvii 页；Margat de Tilly, *Histoire de Tamerlan*（1739），第 xv 页及下页有类似描述。

［134］ Ockley, *History of the Saracens*（1757），第 2 册，第 vii 页。

［135］ Sale, *Preliminary Discourse*（1764）。亦参阅 Sharafuddin, *Islam*（1994），第 xxix 页；Netton, *Mysteries*（1990），第 29 页以下。

［136］ Titsingh, *Correspondence*（1990），第 xviii 页。

［137］ Jones, "On the Philosophy of the Asiaticks"（1794），出自 *Works*（1807），第 235 页。

［138］ Gladwyn, *Ayeen Akbery*（1800），第 1 册，第 x 页。关于 Gladwyn, 参阅 Grewal, *Muslim Rule*（1970），第 25~27 页。

［139］ Goethe, Werke. Hamburger Ausgabe, Erich Trunz 编辑，第 2 册，第 12 版，München, 1981，第 246 页。

［140］ Kleuker, *Anhang zum Zend-Avesta*（1781-1783），第 1 册，第一部分，第 168 页。

［141］ Mailla, *Histoire générale*（1777-1780）。最为老练的批评家为戈比教士。参阅他的 *Correspondance*（1970），第 262、511、674 页。帕瑞宁大概是比德·梅拉更为出色的汉学家，完成部分并未出版的《通鉴纲目》翻译。

[142] 参阅 Pinot, *La Chine*（1932），第 250~252 页；Guy, *French Image*（1963），第 393 页及下页；Mackerras, *Western Images*（1989），第 95 页及下页。

[143] *Encyclopedia of Islam. New Edition*，第 2 册，Leiden，1983，第 923 页。关于道（Dow），基本参考 Grewal, *Muslim Rule*（1970），第 6~22 页；Van Aalst, *British View*（1970），第 312 页及下。道放弃根据菲利希塔手稿进行的文本批评研究。当约翰·布里格斯（John Briggs）出版了学术性的翻译，他的草率在 1829 年就变得明显：*Mahomedan Power*。

[144] Gibbon, *Decline and Fall*（1909-1914），第 6 册，第 240 页，注释 14。

[145] Dow, *History of Hindostan*（1812），第 viii 页。

[146] Bernier, *Travels*（1934），第 320、343 页及下页。

[147] Lach/Van Kley, *Asia*（1993），第 1030 页。

[148] 下述基本参阅 Windisch, *Sanskrit-Philologie*（1917-1921），第 1 册，第 22 页以下及 Schwab, *Oriental Renaissance*（1984），第 51~80 页；Kejariwal, *Asiatic Society*（1988）；Rocher, *Orientalism*（1993），第 234~240 页；Teltscher, *India Inscribed*（1995），第 192~228 页；Cannon, *Oriental Jones*（1990），第 9~11 章。

[149] 参阅 Grotsch, *Sanskrit*（1989），第 88 页以下。

[150] Windisch, *Sanskrit - Philologie*（1917 - 1921），第 1 册，第 55 页。

[151] Widmaier, *Leibniz korrespondiert mit China*（1990），第 103 页（1699 年 9 月 19 日的信件）。

[152] Bouvet, *Akademie*（1989），第 27~31 页。

[153] Widmaier, *Leibniz korrespondiert mit China*（1990），第 179 页（1703 年 5 月 18 日给 Bouvet 的信）。

［154］同上及 Leibniz, *Das Neueste* (1979)，第 8~11 页。

［155］是当时重要科学机构的典型：Gascoigne, *Banks* (1994)，第 179 页及下页，第 182 页。

［156］Muntschik, *Erforschung* (1983)，第 13 页。

［157］同上书，第 20、22 页。

［158］Fournier, *Van Reede* (1987)，第 128 页及下页；Heniger, *Van Reede* (1986)，特别是第 41~45、59~64 页；Grove, *Green Imperialism* (1995)，第 85~90 页；Grove, *Indigenous Knowledge* (1996)。

第七章　报道、出版、阅读：从经验到文字

对我们来说，观看和耳闻的原始过程无法重建，对当时阅
读亚洲报道的读者而言也一样。在摄影与科技记录声音与动作
的时代出现之前，游记，特别是带有插图的游记，垄断了信息
来源。当时，没有其他的竞争媒体能够动摇其地位。欧洲的亚
洲文明"图像"全是文字叙述，再配合上素描与比较少见的毛
笔绘图。对20世纪的欧洲人来说，欧洲以外的世界是个图像的
世界；相形之下，18世纪的亚洲则属于文献的范畴，是一个语
言构成的世界。就算今天从未阅读过任何有关亚洲的书籍，甚
至连有关亚洲的报纸新闻都不看的人，也自认可以从电视、电
影与摄影报道中认识这个大陆。不过，近代早期不会阅读的人，
便是一无所知了。

除了文字外，视觉印象基本上是次要的，但在某些例子中，
视觉却很重要。塞巴斯蒂安·明斯特（Sebastian Münster）所撰
《世界志》（*Kosmographia*，1554）中的木刻插图与泰奥多·
德·布里的游记选（1590–1634）中的铜版插图，就不比文字
逊色，特别是近代早期美洲的代表图像——一再受到复制的食
人场景。至于亚洲，则缺乏类似的耸动画面。许多图像材料中，
必然会有一些不断重复出现，尤其在选集中一再被复制、令欧
洲读者印象深刻的视觉代表画面：土耳其占领者的军队、伊斯
兰城市的寺院尖塔剪影、莫卧儿大君的华丽宫廷与其饰有珠宝

的大象行列、拥有多条手臂与动物头像的印度神祇、自我折磨的苦行僧、智者孔子的肖像、中国皇帝的春耕图、中国的万里长城与南京瓷塔、达赖喇嘛的布达拉宫、棕榈树婆娑的欧洲风格城市巴达维亚、日本的佛寺及西伯利亚的萨满。

177

18 世纪的亚洲图像学，绝大部分要归功于博学的耶稣会修士阿塔纳修斯·基歇尔的《图说中国》（1667）、约翰·纽霍夫（Johan Nieuhof）的中国旅行记述（1665）、亚当·奥利瑞尔的波斯游记（1647~1656）、罗杰里乌斯的印度记述（1651）及1669 年至 1681 年欧菲特·达波（Olfert Dapper）和阿诺杜斯·蒙塔奴斯（Arnoldus Montanus）的汇编巨著等作品。至于修道院院长普雷沃斯特（Prévost）的《旅行通史》（*Histoire générale des voyages*，1746-1761）或托马斯·萨尔文（Thomas Salmon）的《世界旅人》（*The Universal Traveller*，1752-1753）等丰富的图像汇编，便是利用这些基本资料，再加上新的画面进去。直到出色的画家与水彩画家能够加入 18 世纪末的大型国家之旅，亚洲才多彩起来，写实的风景与民情才跃入眼前。陪同马戛尔尼勋爵前往中国的威廉·亚历山大（William Alexander）及曾和弗斯特父子一起参加库克船长第二次航行世界，在 1780 年及1783 年间逗留印度的威廉·霍奇斯，便是两位新亚洲景观的艺术先锋。[1] 霍奇斯之后几年，1786 年及 1793 年间，风景画家托马斯·丹尼尔（Thomas Daniell）与威廉·丹尼尔（William Daniell）叔侄俩游历了大部分印度地区，创作出无数作品。[2]1800 年之前，除了印度，亚洲没有任何地区像南太平洋一样拥有丰富精彩的图像。

如果图像能够深刻捕捉出幻想力，那文字便能给予 18 世纪读者最期望的东西：信息。

作为认知工具的游记[3]

我们不需把游记写作想成打道回府者在船上或一抵达家乡时，就已提笔把自己的旅行笔记转化成的相关叙述。只有当受委托者必须履行一项即将到期的报道义务，或作者想尽快动员买书的读者时——有时是在和参与同一行程或远征队的其他人竞争——才会发生。在国家赞助的活动中，往往会要求所有参与者把个人的笔记交给远征队领队或代笔人，当成官方报道的材料。[4] 私人活动带有个人色彩的叙述——如果有的话——通常要晚些才会出版。因此，官方报道往往成了秘而不宣的集体工程，把分开的文献综合起来。只有少数作者——如蒙特斯图尔特·艾尔芬斯通——会大方与坦白地指出其他同伴的贡献，承认作品为集体的产物。[5] 在库克船长三次世界航行或马戛尔尼出使中国这种轰动的旅行后，书市出现激烈的竞争，争先恐后，并强调原创之处。[6] 还有一点要指出的是，马戛尔尼勋爵关于自己 1793 年至 1794 年出使中国思想丰富的笔记，直到今日都未出版。许多报道一开始就根本不以出版为考虑，因为其内容或涉及外交机密，或者是"家族编年史的异国变体形式"。[7]

有关亚洲的知识透过许多渠道来到欧洲，信件往来是特别重要的一种。耶稣会这个团体在书信传递消息需求上，无人能及。在中国、越南或印度的修士手中，书信成为该修会在欧洲维持形象的一种宣传工具，一种巩固耶稣会修士全球性联络的工具，同时也是一种传递科学知识的媒介。耶稣会传教士中最优秀的学者，不仅完成和巴黎及罗马的教会中心的例行通信，也是教会外的学术界所渴望的通信对象。反之，这也有助于类似约阿希姆·布维这种教士的声望，从他和伟大的莱布尼茨在

178

一定程度上的公开通信就可得知。其他的人际网络出现在伏尔泰、乌普萨拉的林奈、巴黎的学院秘书尼可拉斯·弗黑莱（Nicholas Fréret）及亨利-伦纳德·贝尔汀部长、罗伯特·胡克、约翰·雷（John Ray）、约瑟夫·班克斯及伦敦皇家协会的其他士绅、彼得·西蒙·帕拉斯及圣彼得堡的天文学家让-尼可拉斯·德里尔（Jean-Nicholas Delisle）、哥廷根大学的米夏艾利斯及施洛策尔，以及 19 世纪初柏林的卡尔·李特尔等人身上。寄送的不只信件，也有手稿。伏尔泰把自己有关彼得大帝时期的俄国史草稿寄至圣彼得堡，要求当地学者评论补充，特别是有关西伯利亚的部分。[8]有些重要的东西则遭到搁置：1749年，大学者安东尼·戈比关于中国人纪年的论文由北京抵达贝尔汀手中，却直到 1814 年才出版，而针对那个论题的争辩已然成为明日黄花。

179　　尽管有这类私下与公开的沟通机会，游记依然是描述亚洲最重要的媒介。有些报道有特定与狭隘的目的，如指导其他船员及旅行者。[9]但基本上，作者针对的是具有文化教养的读者。首先，他们期望能够客观叙述远方国度的实情。按照文类，游记被归入叙事文学中"故事"这个古老的类别。[10]其中不仅有今日一般意义上的故事，也有那种就事论事、对经验客体的叙述。例如，当安格贝特·坎弗写下《枣椰记》时，这个题目后则是一部关于枣椰这种植物经济学的专著。[11]直到 18 世纪末，讲究的游记应该包含对人类世界与自然世界的记述。缺乏自然科学知识的旅行家，往往在前言中即已歉疚地指出这一点。名气响亮的近东旅行家托马斯·肖，在其游记第二版中删除了部分有关植物学的篇幅，因为在这期间，科学已不太关注这一点。[12]

文体与真实

游记作者或至少他们的出版者，熟悉作品应被归类的文类传统。报道应尽可能以系统的方式传达尽可能多的信息，并在没有令人伤脑筋的自我中心下，以助欧洲增加知识。如果真的选择第一人称的形式，就得像卡斯腾·尼布尔或塞缪尔·特纳那样，必须相当低调地处理。报道必须坦荡直接地呈现对客体的看法。最受林奈推崇的游记，便是在阅读后，会有身处当地的印象。[13]不过，少不了有些在异国旅行与逗留之际的过程与状况的消息，以让被报道的客体显得真实。[14]不过，绝非所有的作者都遵照林奈与施洛策尔这种理论家的推荐，以帕拉斯及沃尔尼的冷静科学方式来写作。基本上，乏味、客观的尼布尔不断以细腻的幽默感来打破这种方式。

英国与法国的作者，稍微脱离了德国同侪高雅美观的理念。180然而，有些人卖弄着自己不拘一格的文体，借此强调自己重视真实：皮埃尔·索纳拉特认为，"美观往往只是用来掩饰虚假"。[15]以精确报道成名的旅游作家托马斯·肖，则担心长年停留在东方的语言环境中，会破坏自己的英国文体，因此努力在作品的第二版中，剔除文字叙述上的缺陷。[16]让·夏尔丹已让一名法兰西学院成员润饰自己 1671 年有关苏里曼国王加冕的报道。[17]不过，表达上的优美辞藻和生动鲜明的描述，绝不能降格成精明的海外旅游文献使用者约翰·沙洛莫·赛姆勒（Johann Salomo Semler）在 1764 年所强烈非难的那样：一种"无用的兼容并蓄，许多旅行记述中刊登了无关紧要的琐事、无稽之谈与无益的故事，令读者倒尽胃口"。[18]只有涉及像地名、气象数据、语言学观察等不是琐碎的新数据时，那些小细节才会受人欢迎。[19]

1800 年左右，在碰上事实与文体的矛盾时，大家的看法依然一致：蒙特斯图尔特·艾尔芬斯通表示，"有没有文体，根本无足轻重，只要我的叙述没有错误就行"。[20]不过，艾尔芬斯通的目标也是避免矛盾。在这个时代末，一些作者已能结合坚实的科学证据与叙事艺术，标准得到全欧认可，尤其是詹姆斯·布鲁斯、乔治·弗斯特与他们的朋友，以及——正如大家所言——他们旅行报道艺术上的学生，还有亚历山大·冯·洪堡，至少他的《新大陆赤道地区旅游纪行》（1814～1825）符合了法国与德国的叙事传统。

在故事传统这个文类框架中，有许多书写表现的可能性：如航海日志般的严谨路线指南，连海上或草原沙漠中的整日无所事事都要记录下来[21]，或像编年记事一样，记下各种所见的"日志记录"。俄国国家与学院远征队要求队员皆要执行，而塞缪尔·戈特利布·格梅林最为彻底："我遵守那个制定下来的规定，一一列举出我在路上见到的所有自然物体，因为日志记录需要如此。"[22]还好，能力出众的格梅林，并未拘泥于细节，在一些"密集"描述自然与人类生活方式的段落上，贴近歌德的理想自然科学家，"每次只知描述勾勒出当地与附近最为怪异奇特的东西的特质"。[23]有些作者系统归纳自己的材料，或根据较大的地理区域来分类，和旅行路线无关。17 世纪时，夏尔丹便以自己著名的波斯之旅做到了这一点；18 世纪后期，沃尔尼成了这个方法的大师。托马斯·肖在简短的前言中叙述了自己的旅行故事。在路上时，他并未记下任何日志记录，而是一种后来改装成报道体系的系统化日记。[24]

在光谱的另一端，较为接近主观的通告，便是旅游信件集。

181

其中最著名的要算玛丽·沃特利·蒙塔古女士1716年至1718年在土耳其所写的信件。[25]相较之下，金德斯利（Kindersley）女士的印度信件在文学价值上逊色许多，但在历史价值上则不相上下。[26]来自亚洲国度的信件，也可当成科学通告的媒介，并不只在许多已出版的耶稣会信件中见到。约瑟夫·冯·哈默-普格斯塔在自己的杂志《东方宝库》（*Fundgruben des Orients*, 1809-1818）中，刊登了许多欧洲人来自东方的信件。1717年，皮顿·德·图内福尔（Pitton de Tournefort）标准的土耳其记述，便是以信件形式写成，至于瑞典图书馆员雅各布·约纳斯·皮翁斯塔（Jacob Jonas Björnstahl）的信件与萨瓦里的埃及信函，亦具有方志学上的价值。

博学的游记自然也要遵循亲眼所见的规定。旅行者间互相抄写，次数频繁，经常被人抱怨。根据相关的中国报道，细心的法国汉学家阿贝-雷慕沙发现旧有的报道不断以惊人的方式返老还童。[27]从18世纪初到18世纪末，对剽窃行为的容忍度，逐渐缩小到零。十分敌视印度的英国圣公会神职人员威廉·田纳特（William Tennant），自从重要的《爱丁堡评论》批评家断定其《印度改造》（*Indian Recreations*, 1803）一书，"所有稍微重要的事实，都是窃自他人那里"[28]以后，只能获得意识形态上与他立场相同的同志的支持。那种已经公开承认、以美学为依据来结合事实与虚构的文类，则又有些不同，如孟德斯鸠的《波斯信简》或德·拉翁同（de Lahontan）男爵1703年的北美报道。[29]援引昔日旅行者的时候，情况亦随之而有所不同。

欧洲累积亚洲国家与民族的知识，被视为一种不分国家的集体活动，在这种情形下，所有一切，包括最为个体的旅行家（如托马斯·曼宁）都被纳入批判性增加知识的整体过程中。

一些研究者把探勘小亚细亚、地中海东岸或印度部分地区等常被造访的地区，当成分工计划，认为读者已有之前游记的知识，因此部分试图补充，部分则在修正前人之不足。大家期待博学的旅行家认识所有古老文献，但不是服从权威，而是保持批判性的关系。例如，西藏旅行家德西代里在那个世纪初，觉得有责任不厌其烦地表示，自己必须反驳阿塔纳修斯·基歇尔及让-巴蒂斯特·塔韦尼耶等知名权威。[30]在 18 世纪末，这种心态理所当然。沃尔尼精心安排了和不久前受到压力的埃及旅行家萨瓦里进行辩论——"由读者来裁判"[31]，并把这场辩论当成他近东报道的基石之一。有时出于教养上的过度傲气，夏托布里昂不断参照古老的希腊及东方文献，但这种参照属于亦步亦趋地跟随，不在沃尔尼式的经验论所能容许的范围中；对匆匆一游的人来说，大概也没其他的选择。他的《巴黎至耶路撒冷游记》（*Itinéraire de Paris à Jérusalem*）第一版（1811）还加上了批注，但来年的第三版，为了版面美观起见，便删掉许多批注，把剩下的搁到附录中去。[32]

如果后来的同侪证实了他的说法，并在经验上加以验证，那这位旅行家的作品便具有经典的架势。托马斯·肖或卡斯腾·尼布尔的名气，基本上是基于他们完成了可被验证的正确地形描述[33]，后来的旅行家无法修正，也难以增补。弗兰克斯·白尼尔在法国的名气永不褪色，不只因为他以优秀的文学手法生动描述了 17 世纪的印度权力斗争，也因为他注意到当代历史的许多细节。[34]不过，至少有位作者，尽管有各种错误，他却甚至因为这些错误，备受推崇：在这期间，詹姆斯·密尔 1817 年的《英属印度史》还被当成培养殖民地官员的教科书，该书于 1858 年以怪异的版本重新出版。印度专家霍勒斯·黑曼·威尔逊（Horace Hayman Wilson）在书中以冗长的批注反驳作者，几乎让老密尔体无完肤。这种对立文本，保有密尔功利主义檄文的原始形式，却贬抑其经验式的内容，从史料史的角度看摆脱了密尔的版本。[35]

　　经验式的证实或修正社会研究成果，要比观察自然、描述建筑及誊写铭文来得困难。在此，古老的偏见无畏批评，正如1818 年修道院院长格罗西耶不得不抱怨的那样：他根据自己的判断，努力并耐心地纠正了德·吉涅斯对中国的错误看法，现在则被迫见到德·吉涅斯对责难毫无反应，任由错误继续重复。[36]更严重的是，这源于坚持"伟大"的概念的系统式误解。在这种观念中，最强大的便是"东方专制主义"。甚至彻底科学经验取向的报道者，亦把东方专制主义的存在当成前提，之后再提出证明。我在第十章会再详细讨论这一点。

选集　拼贴　超叙述

　　在从事报道的观察家与读者中间，还有整个文字企业：编辑、编纂者、译者、出版家。作品来到读者手中之前，目击者的原始感知要经过一道道的过滤机制。欧洲的亚洲图像，不是单纯的感觉印象转换成文字，也不是一次性的再现。这种再现本身，要先经过加工过程。

　　我们必须先从最极端的结果开始。一些最为重要的亚洲著作，从未撰写出来。亚历山大·冯·洪堡一直没有机会写下自己准备多年、公众期盼许久的亚洲之旅。[37]1829 年，这位 60 岁的大师能够前往西伯利亚与俄国中亚时，他不是自己撰述报道，而是交由同事古斯塔夫·罗瑟（Gustav Rose），但罗瑟并未完成这项工作。[38]教士克劳德·西卡（Claud Sicard），底比斯的发现者，或许也是那个时代最优秀的埃及专家，除了一些零星的杂记外，没有其他作品[39]。托马斯·曼宁拉萨之旅的详细报道，从未被找到[40]。约翰·布里格斯的伊斯兰治下的印度历史巨著，原本应有 11 大册的手稿存世，却在 1817 年因英国在普纳（Puna）的官邸遭劫而被毁。[41]有些旅行家没有机会把笔记转换成报道。1664 年，约翰·克鲁伯教士由西藏与喜马拉雅山回来后，在罗马受到多位学者详细询问，自己则一字未写。[42]

编纂者在旅行家与他们的作品间上下其手，部分迫于无奈。威廉·穆克洛福特留下的笔记遭到詹姆斯·密尔的评注家霍勒斯·黑曼·威尔逊无情与差劲的编修。直到英国史学家盖瑞·阿德勒（Garry Adler），才得重建这位迷人的中亚旅行家的生活，而他主要是在寻找种马。[43]长期以来，一些被视为重要的方志作品，是透过一些从未到过当地的作者，运用匿名旅行者的材料写成，却未进一步声明。[44]编纂者处理粗制滥造的作家手稿，一如巴黎的让-巴蒂斯特·杜赫德要让自己远东修会兄弟的报道适应当代法国的文风与宗教政治特性。阅读英文的读者，只能认识在意识形态上被处理过的耶稣会海外信简，编纂者保证清除掉了所有耶稣会"对多数英国读者及所有具有理性与品味的人显得无聊可笑之物"。[45]英国读者毕竟比较偏爱道明修会修士多明戈·纳瓦雷特（Domingo Navarrete）1676 年激烈反耶稣会修士的中国报道。1704 年起，该书有了英文译本。

并非所有的游记一开始便以忠于原文的形式出现。直到 1735 年，即夏尔丹死后 12 年，他的波斯记述才大致编修完成；直到 1811 年，可靠的版本才出版。在印度生活超过 40 年的意大利医生尼可劳·曼努奇（Niccolao Manucci）——他也是莫卧儿大君奥朗则布的御医——以葡萄牙文写出的莫卧儿王朝史，至今依然基本可靠。[46]这位威尼斯人存留下来的手稿，只有少部分于 1705 年在巴黎被翻译出版。直到 20 世纪初，手稿才完全以英译出版。[47]葡萄牙原文从未被刊印。在其他例子中，原始文本也难以取得。德米特里厄斯·坎泰米尔的奥斯曼帝国史拉丁文手稿，透过儿子转手来到英国，由当地知名的史学家尼可拉斯·廷达（Nicholas Tindal）翻译。这个版本接着成了德文及法文版的基础。[48]

　　大部头与昂贵的旅游记述，往往有廉价的缩节版，常可轻易在所谓完全或基本上叙述欧洲以外世界的旅游文集中见到。这类多半成册的选集，在欧洲海外扩张的初期便已出现。[49]

　　1600 年左右，如理查德·艾登（Richard Eden）与理查德·哈克鲁特（Richard Hakluyt）等编纂者，便已设定出编辑的高标准。旅游文集综合零星的材料，翻译外文文献，在理想情况下，出版未曾公开过的手稿，涵盖范围包括匆匆编成的汇编、五花八门的选集（其中旅游文章和编者评注的界线往往模糊不清），以及仔细考订过、讲究质量的大型文案。

　　近千页的《北部与东部鞑靼地区》（*Noord en Oost Tartarye*，1692），便属最后一个类别。担任阿姆斯特丹市市长长达 13 年且为荷兰东印度公司理事会资深成员的尼可拉斯·卫特森（Nicolaas Witsen），为此书耗费了四分之一个世纪。卫特森自己的旅行，从未跨出莫斯科以东。早年受教于莱顿著名的东方学者雅克·高里乌斯（Jacob Golius），加上锲而不舍的收集及和世界各地旅行家与学者的良好关系，让他成为北亚与东亚的优秀专家之一，并能在作品中介绍一系列当时大家都感到陌生的信息。透过他在莫斯科的通信对象、来到荷兰拜访他的俄国知情人士与荷兰东印度公司的内部往来信件，他收集到别人无法

185

取得的信息。[50] 至迟从皮埃尔·贝尔不久前出版的字典开始，文献汇编就成为一种可登大雅之堂的实务，卫特森进而将之发展成一种方法，用于呈现西伯利亚与东亚新发现的地理与民族志的多样材料。类似同期巴泰雷米·戴伯罗按照字母顺序编排的《东方图书馆或认识东方民族的通用辞典》，这位阿姆斯特丹市市长放弃了系统式精心处理材料的方式，采纳一种让人讶异的多样手法，却未强行纳入自我解释的体系中。

　　不久后，他的同乡弗朗索瓦·瓦伦汀（François Valentyn），一名学问渊博的教区牧师——在 1686 年至 1694 年及 1705 年至 1714 年任职荷兰东印度公司时，在摩鹿加群岛（Molukken）及爪哇待过——则采用不太一样的方式。[51] 他那五册全开、近达 5000 页的《新旧东印度》（*Oud en Nieuw Oost-Indien*，1724－1726），是卡尔·李特尔《地球志》（*Erdkunde*）问世前欧洲最全面的关于亚洲的著作。他在其中致力于系统组织材料，却也不断受制于大量的材料，有时也因缺乏荷兰帝国周遭国家的消息，而被迫进行删节。写作及印制出版的情况，也导致有违原意的编纂方式，而不是一种结构平衡的叙述。[52] 由于瓦伦汀不断刊登档案资料、日记、信函、外交指令、备忘录与其他原始文件——其中有些至今未曾出版过——便突出了这部巨著的开放性。约格·费许（Jörg Fisch）称之为"一种档案"并没错，总是可以在这部著作中察觉一位目标明确的作者在操作着。[53]

　　后来的旅游文集编纂者很少使用卫特森与瓦伦汀拼贴来源不同的材料的方法。18 世纪初那部最为原创的作品，即安斯汉·丘吉尔（Awnsham Churchill）与约翰·丘吉尔（John Churchill）兄弟 1704 年出版的四册全开选集，更是接近原始资料，而且在随后的三个版本中还不断增补。基本上，至少在英国地区，这部选集是新的手稿材料，或者说是翻译自非英语系国家的材料。文章很少被删，基本上还原得相当仔细，然而归类却武断混乱。[54]1705 年，约翰·哈里斯（John Harris）博士编纂的选集，成了市场上兵家必争的一件竞争商品，不过其中并无太多新东西，而且有大量删节文章。哈里斯选集第二版（1744–1748），由博学多才的文人约翰·坎贝尔博士修订，但其名并未出现在书名页上。他引进一种方法，不依原文来处理文本，而是以编纂作者的身份呈现大段落转述文字。由于混杂了关于历史及贸易的长篇论文，因而出现了一种大范围地区的描述。这种描述成为一种世界地理的记述形式，有些段落甚至是约翰·坎贝尔主导的英国《通史》大型方案中即已出现的通史形式。[55]

1745 年至 1747 年，一套以出版家托马斯·爱斯特利之名走红，由约翰·格林（John Green）编纂的大型选集，则更进一步。[56]格林没有翻印任何原件，也根本不想——如他所言——"阉割"原稿。[57]他以第三人称的方式改写所有叙事的段落，把材料划分成旅行日记与方志评注。这些加工叙述的章节，由不同的报道构成，成了所谓的文摘。这样一来，读者便可避免重复购买并省掉纸张与比较的开销："读者在这里读到的是完整的描述，由无数分散与片段的报道构成，而不是那些报道本身。"[58]和早先的选集相比，这种方式提高了原材料的渗透力，亦让旅行文集继续发展成为一种叙述性的地理课本。[59]同时，握有生杀大权的编纂者介入叙事的目击证人与读者之间，原始文本的直接特性因而消失，只有偶尔出现的页侧出处证明，才会指出资料来源。甚至，在中国的例子中，如果当格林自己又再引用另一位编纂者——当然只会是杜赫德[60]，在目击者与最后读者间只会又再隔上好几层。

《爱斯特利选集》（*Astley Collection*）在欧陆引起广泛回响，激发出那个世纪两套旅游文集巨著。修道院院长普雷沃斯特 15 册插图丰富、每册都超过 600 页的四开本《旅行通史》（1746-1759）[61]，起先是在翻译爱斯特利选集，但自第八册起，英国出版社缺乏订单，不得不终止计划后，普雷沃斯特继续独立密集出版，特别着重于法国的旅行家。这位修道院院长翻译英文相当忠实，却未参考爱斯特利/格林选集中基本上是葡萄牙文、西班牙文与荷兰文的原始文本。他脱离英文范本后，基本上仍保留原有方法，但在删节及拆解原稿上变得更加激进。整部作品中——特别是第 12 ~ 15 册——旅行家的原文全被重新改写，镕铸成生动流畅的叙述文风。当时作为最佳小说作家之一的普雷沃斯特，懂得如何优雅热情地运用材料，不计一切代价来避免"无用的长篇大论与单调乏味的重复"。[62]

普雷沃斯特处理资料比爱斯特利/格林更加讲究，删除掉所有神奇及不可思议的东西，但也不像他的英国前辈，并不把自己的工作视为单纯的文献记录，而是视其为叙述史学家的综合性成就。[63]"旅行史"有双重意义：既是旅行的历史，亦是受到探勘的国度的历史。普雷沃斯特的远大目标，在于"一个呈现出所有国家现今状况的当代历史与地理的完整体系"。[64]这也包括对欧洲外的关系，甚至更进一步，包括对欧洲人海外活动的"哲学"判断。普雷沃斯特并不好古，在他后来主导的书册中，他寻找当时尽可能传达合乎时代精神的图像的最新与最佳关系。因此，他和那些不太反思，也较不讲究的编纂者不同，他们只是单纯重印地理大发现时代之初的那些畅销读物，未让他们较为无知的读者了解那些资料的年代与历史意义。[65]

　　1747 年至 1774 年，以莱比锡戈特谢德的学生约翰·约阿希姆·施瓦布（Johann Joachim Schwabe）为主的学者圈子，编出 21 册全开的《奇异之旅通史》（*Allgemeine Historie aller merckwürdigen Reisen*），起先也是翻译爱斯特利／格林的选集，却添入许多自己的东西。他们起先根据普雷沃斯特那种"优美的写作方式"来翻译[66]，但随后发现了这位修道院院长的错误与武断，便额外参考英文原文及在荷兰出版的另一套法文版本，后来当然只能回到巴黎版。基本上，施瓦布和他的同事不像丘吉尔兄弟那样费心翻译非英文、法文与德文的其他语文原稿，却比普雷沃斯特更加勤奋地验证材料的真实性，以求可信。比普雷沃斯特在"专业术语"上更加贴切，令他们感到骄傲。为达到这个目的，他们采用一种全面性的注释机制。不同旅行家的矛盾说法会被澄清，任何虚构之处会被剔除。正如爱斯特利／格林与后来的普雷沃斯特，文章遭到改写、概述、摘要及系统化，基本上，原文中的反思看法会被删除。[67]这套巨著也是用来阅读，而非参考。如施瓦布一开始的解释，不只是为将会出版的书册打广告：

　　　　这部作品本身希望读者读得愈多，就愈觉其迷人可爱：　189
　　尽管一开始，由于列出陌生的国度及地点，有些情况显得十分晦暗，但会在随后的脉络中加以解释，不让人再有疑虑。如此一来，随着事态愈发明朗，每一刻都让人想再继续阅读下去。[68]

　　在世纪之交，标准出现了改变。一方面，普雷沃斯特这时遭到批评：步调过于缓慢、拘泥于细节、不够鲜明清楚——缺乏"绘画般的张力"——且在"哲学"判断上过于迟疑[69]，并根据当代读者口味加以删减改写。1808 年，在书市上，这部大作的价格大跌，最后只因其中的插图而受人青睐。[70]另一方面，对科学研究感兴趣的编纂者回到忠于原文的朴实文献理想上，这在理查德·哈克鲁特于 1589 年首次根据文艺复兴人文标准所出版的选集中即已实现。1807 年，一名最优秀的文献专家如此陈述这个通用标准："最有用的选集，便是完整呈现所有原文，并仔细批评解释模糊的地方。"但是，他不得不补充道："只不过购买者的数目恐怕不会那么多，出版商即便只想不亏本也很困难。"[71]

哈克鲁特的《航海原则》（*Principall Navigations*）自 1600 年以来再版，并非偶然，然而是以只印行 325 册的昂贵豪华版刊行。[72]英国最后的大型游记是以哈克鲁特的方式，而非爱斯特利/格林与普雷沃斯特的形式发行。1808 年至 1814 年，苏格兰地理学者约翰·平克顿（John Pinkerton）出版了一套涵盖全球的选集，欧洲有史以来第一次在此占有重要分量——17 册中占有 6 册。[73]平克顿并未添入新的东西。[74]他以敏锐的判断力，从已出版的文献中选出自认是经典的文章。关于亚洲的 4 册中涵盖了从 13 世纪的马可·波罗（Marco Polo）和威廉·冯·鲁布鲁克到最近弗朗西斯·布坎南的南印度《概览》（*Survey*）等内容。他批评普雷沃斯特的筛选过于武断，全知叙述者的改写与"博学注解的无心炫耀"[75]破坏了原始的文章样貌，至于抨击施瓦布，则更有理。不过，注脚并非以当代的知识水平自以为是地更正过去的作者，而是只用来澄清客观事实与术语上的不明之处。平克顿自己遵守这套方式，专注于自己几乎不予评论的长篇引文，自己的地理世界观则另行出版。[76]

平克顿在英国将身为所有故事作家中最具雄心的游记编纂者的角色发挥得淋漓尽致。至于格林和普雷沃斯特这种百科全书式作者，他们要在单一作品中结合起不同目标的想法则无法实现。地理学家再也不愿担任通史学家。旅游文学现在逐渐丧失其地理民族志知识工具的突出角色，逐渐只代表自己。查尔-阿塔纳塞·瓦肯奈尔内容丰富的非洲报道选集（1826-1831），几乎只能当成旅游史与地理知识的图解[77]，并未达到普雷沃斯特式同时是部非洲史的要求。旧有的游记慢慢归入博物馆的模式中，亦比之前更像文学经典。威廉·马斯登1818年的马可·波罗版本是划时代的。这位重要的亚洲专家重新翻译该书，并做出不久之前平克顿所批评之事，即运用详细的批注评论该书，"目的在于比较该书内容与后来游记及其他可信的文献中所涵盖的信息"。[78]一如同时期以其他方式来表现的歌德，马斯登想抹除马可·波罗的骗子之名，证明他的陈述精准可靠。这个成功的平反，不像18世纪选集中的注脚，不是要更新过去的信息水平，而是要赋予一位现已成为经典作家的作者的重要文本以历史地位。经由马斯登，马可·波罗成了之后读者眼中的中古作家。此后，不太可能单纯地阅读他，至于把他当成一名有解释义务的当代人来讨论他是否诚实的问题，则更显可笑。

从文艺复兴直到普雷沃斯特和施瓦布时代的游记编纂者，如果要感谢那些新的海外文献，那么旅游选集这个类别首先便会因为不断增加的信息包袱而瘫痪掉。18世纪最后30多年，国际地理文献多到已有自己的评论杂志。[79]平克顿得编出一份重要书单，但这无助于科学研究，对大众来说，也不够方便，必须再找其他的解决方法。孔拉德·马尔特-布伦起先以小册子形式出版的《旅游年鉴》（*Annales de Voyage*，1807-1814），结合了旅游选集与旅游年鉴的形式，成为接触来自世界各地最

191

新材料的出色尝试，这与平克顿的地理经典作家选集形成对比。平克顿把出版类似安格贝特·坎弗 100 年前——但至今继续存在——的报道（而不是桑伯格较新的游记），当成有关日本的有效信息[80]，而马尔特-布伦则先告知读者刚去世的伊萨克·逊辛格所留下的关于日本书籍、手稿、素描与钱币的收藏。[81]

　　许多专业杂志都对同时增长的海外及亚洲信息的供需做出反应，1788 年由威廉·琼斯爵士的孟加拉国亚洲协会出版的《亚洲研究》为其中典范。许多在那上面发表的文章，迅速被译成其他欧洲语言。德国有约翰·亚当·贝格（Johann Adam Bergk）及其他人所编的《亚洲杂志》（Asiatische Magazin，1806-1811），或印度专家弗里德里希·赫尔曼（Friedrich Herrmann）和一名美洲专家共同编辑的《非欧国家与民族之学科与现代史杂志》（Magazin für die Kunde und neueste Geschichte der außer-europäischen Länder und Völker，1817-1818）。这类最佳出版品要归功于奇特的弗斯特家族的德语读者：父约翰·赖因霍尔德·弗斯特、子乔治与女婿马提亚斯·克里斯蒂安·斯普林格（Matthias Christian Sprengel），后者是施洛策尔的学生，1779 年成为哈勒的史学教授。1790 年，约翰·赖因霍尔德·弗斯特创办《新异游记杂志》（Magazin von merkwürdigen neuen Reisebeschreibungen），自 1798 年他去世到 1828 年为止，共出版了 37 册。弗斯特自己编辑的前 16 册，基本上是关于非洲及大洋洲的新材料，亚洲部分则是关于印度的，每一部分都有十分详尽的附注。毫无例外的冗长文章往往同时出版，后来也以书籍形式出版。参与杂志编辑的斯普林格自己也发行《民族志与地理志最佳外国地理与统计消息选编》（Auswahl der besten ausländischen geographischen und statistischen Nachrichten zur Aufklärung der Völker-

und Länderkunde，1794－1800）。其民族志部分，并不是以"自然"民族的科学研究为主的狭义人种学。斯普林格还和不久后去世的姐夫乔治·弗斯特一起构思这份杂志。像不久后巴黎的马尔特-布伦一样，博学的斯普林格只刊行最新消息，但与马尔特-布伦不同的是，他维持自己近乎全能的岳父的风格，保留注解。1798 年，他即已出版前一年乔治·伦纳德·斯当东爵士在伦敦出版的马戛尔尼勋爵中国之旅报道的详细片段。[82]这份报道的范围受到批评讨论，斯普林格忍不住评述，表示乔治爵士显然以乔治·弗斯特的《环游世界》（*Reise um die Welt*）为写作典范，却不及其万一。[83]

192

　　旅游选集是世界知识的大纲，让使用者接触到一般无法接触到的知识。编者同时透过选择、编排与评论来塑造世界图像。个别的旅游文章绝不会单独存在，往往是刻意安排的一部分，和原本的观察已无太大关联。旅游选集分散成较不扎实、较不宏伟的著作，一方面意味着信息加工的现代化和科学化，但另一方面则意味着埃德蒙·伯克的人类大地图瓦解成个别的地图。随着普雷沃斯特凌驾主导一切的历史叙述者百科全书式的秩序与声音消失后，再也没有其他东西可以取代这种知识的框架。

改善的翻译

　　大量翻译出来的报道不只被用在大型的旅行选集中。在 18世纪，没有其他文类像来自世界各地的奇特游记，如此受人瞩目，甚至超越了他们关于自己国家的有关作品。翻译自然成了无法理解原文或接触不到原作的读者的主要文本中介。像瑞典文或俄文，在欧洲的核心国家较少被人阅读，而拉丁文、法文、意大利文、英文及德文等学校所教授的语言，在欧洲的学者与知识阶层间相当普及。从语言的使用轨迹也可看出，对 1800 年左右的日常用语而言，拉丁文的重要性不如前一个世纪，而英文则在同一时期由一相对边缘的位置，变得不可或缺，至少在德国如此。[84] 基本上，几乎所有重要游记都会被译成欧洲的主要语言，原因并不只在于将这些可以获利的书籍普及到较不懂外语的市民读者中。此外，专业文章的翻译还有一种今天已不存在的功用：改良式的批评。原文并非神圣不可侵犯，亦无翻译要忠于原著的法定权利。译者自视为翻译文本的主人，而非仆役。

193

这种自由，差异相当大。18 世纪的译者，几乎没有臣服在忠于原文的前提下。[85] 自以为是地扭曲翻译文本，绝无例外。1791 年，库恩（E. W. Cuhn）将詹姆斯·布鲁斯的《游记》缩译成两册"节本"——如他自己的解释，不是因为时间不够，而是因为这名苏格兰的非洲旅行家文字杂乱冗长，且"对这样一桩旅行来说，缺乏许多必要的基础知识，尤其缺乏哲学式的观察精神"。[86] 在德国，不是每个人都抱持这种观点，因为不久前这部巨著的五册全译本已经出版。[87] 两种德文版本皆有知名的学者评注补充。这种方式在世纪末相当普遍，尤其在德国。

不过，也有连乐于加工的译者都无法挑剔的原文。例如，在其他情况下自觉有权"删节不当之处及难以忍受的冗文"[88]的弗里德里希·鲁斯（Friedrich Rühs），却不敢冒犯蒙特斯图尔特·艾尔芬斯通的阿富汗报道，只在译本中添上一些恭敬的注释，便已知足。在其他情形下，译者保留原文内容乃因市场的苛刻条件。1804 年，伊登勒便已将当年出版的约翰·巴罗爵士关于马戛尔尼中国使节团的报道原文译成德文，并抱怨道："要为一段旅行添上可读的注释，译者需要比德国书展与其他译者的仓促竞争所能给予的更多的时间。"[89]胡特纳对德国读者简短解释了英国的特殊性，解释了巴罗提及的伦敦斯密费尔德市集（Smithfield Market）[90]，却未评论巴罗对中国极具争议性的看法。而且，也几乎没人比胡特纳更有权利这样做，他是唯一参与马戛尔尼使节团的德国人，在 1797 年即已出版自己关于这次出使的报道。

在启蒙运动的理想观念中，翻译应该透过补充与修正，成为优于原文的工具。这种要求是否得到认同，便是科学批评的主题。约翰·托比亚斯·科勒（Johann Tobias Köhler）翻译旅游文学的成就，便比其表面的评论更受地理学专家的推崇，而约翰·赖因霍尔德·弗斯特主要作为科学研究上进行改良的文学中介者而知名。1766 年，弗斯特父子来到英国，在那里先以英译旅行作品的出色译者博得名声。乔治·弗斯特自 12 岁起，即以父亲助手的身份专职翻译，先是将俄文译成英文。他的《环游世界》一书是 18 世纪德国文学的主要作品之一，先以英文写成，以便尽快和当时书市上其他有关库克船长第二次全球航行的报道竞争。之后，他才在 1778 年至 1780 年出版德文本。由于经济压力，弗斯特父子几乎被迫接下所有受托的翻译计划。约翰·赖因霍尔德之名和一些较无价值的作品挂钩，也是咎由自取。[91]他有机会将自己丰富的知识化为具有科学价值的方案，这会使他更具知名度，也更符合他的作品。[92]这样一来，在极端的情况下，甚至出现类似新作的译作。托马斯·培南特（Thomas Pennant）研究锡兰和爪哇鸟类世界的《印度动物》（Indian Zoology, 1769）一书，在弗斯特父子手中扩增修订，连身为当时知名动物学家的培南特都承认 1781 年在哈勒出版的《印度动物》的德文拉丁文双语版本，优于自己的原作。之后，在弗斯特父

194

子的版本基础上，这本书又译成英文第二版（1790）。[93]像约翰·赖因霍尔德·弗斯特这样受到认可的学者编辑的作品，往往会被其他译本采用。在 1798 年一本非英文的重要印度报道的译作《东印度之旅》（*Viaggio alle Indie Orientali*，1796）中，弗拉·帕欧林诺·达·圣·巴托罗梅欧（Fra Paolino da San Bartolomeo）添入 190 条详细批注，后被 1799 年的丹麦文版本与 1800 年的英文版本采用。这种跨国的积累作用在启蒙时代是种通则，而非例外。

1788 年至 1793 年，卡尔·彼得·桑伯格四册有关南非、爪哇及日本的瑞典文游记，可以当成另一个例子。[94]1792 年，由于竞争白热化，第一册至第三册的两种德文译本同时上市：一种是约翰·赖因霍尔德·弗斯特编辑，由年轻的库尔特·斯普林格（Kurt Sprengel）翻译，将原文篇幅缩为一半；另一种由斯特拉逊中学校长克里斯蒂安·海因里希·格罗斯库德（Christian Heinrich Groskurd）执笔，桑伯格授权，只对这部特别冗长的作品做了一些文字上的美化。在国际上具有影响力的却是 1796 年装帧豪华的法文版，这个版本由著名的东方学家路易·马蒂厄·朗格莱斯负责。他的这个版本以格罗斯库德的版本为蓝本，似乎也有参考原文，并采纳了弗斯特－斯普林格版本的一些删节之处及某些批注。朗格莱斯补充上自己的注释，在自然方志部分参考了著名的拉马克（Lamarck）。桑伯格的报道在 20 世纪初由部分法文版译成日文。因此，桑伯格的作品在欧洲经由二手翻译——在日本则经由三手翻译——产生影响。

在报道者和读者之间，还有一种只在例外情况下捍卫文本真实性的文学中介者。读者最后读到的往往是"多次加工"的整体结果，是删节、增补、调整、改写、评注、翻译及合并额外材料的结果。旅游选集的编辑显然用上了所有这些编辑的加工方法，使个别作品成为一长串加工环节的最后产物。如果普雷沃斯特的《旅行通史》这种汇编被莱纳院长——《东西印度的哲学及政治史》（*Histoire philosophique et politique des deux Indes*，1770）一书的主要作者——这样的次级编纂者删减掉的话，这种环节还会继续增加下去。[95] 每个加工步骤都过滤掉信息，变换了观点，改动了评价。透过文字运作的机制，原本亲身报道所想保有的真实内容，遭到灌水杜撰。然而，这只不过是奖章的一面。在另一面，可能经由弗斯特父子、马提亚斯·克里斯蒂安·斯普林格、朗格莱斯、帕拉斯、瓦肯奈尔或霍勒斯·黑曼·威尔逊等批判学者的双手，透过编辑干预及客观评注，原始的文本在科学上得以强化，被纳入比较评估的测试光谱中，并透过精选，增加了使用价值。只要编辑不疏忽行事，他们可能就是这种文本最为谨慎的读者。一些作者不知道的，如正确的地理名称或人名，编辑都会补上。这类"重新改写"正是一种创造性阅读的结果，补上漏洞，在当时通行的知识脉络下传达文本。只要旅游文本有用，这种方法就有其合理之处。至于现在浅尝辄止式的阅读，文本的意义也就跟着丧失。

196

现实性与经典名单

18 世纪末，在涉及亚洲的科学研究中，人们可以注意到一种更新信息需求的现象，对其他文明的过时报道产生新的看法。这导致大型的旅行选集再也无法令人满意，而编者却更加随意地进行批评，过时的知识水平依然顽固地附着在许多领域中。

在某些例子中缺乏新的报道。罗伯特·克诺斯 1681 年的锡兰记述的权威地位，持续约三个世代之久，只有弗朗索瓦·瓦伦汀的荷兰文作品（1724-1726）在细节的丰富上胜出，不过，该作品并不为人所知。[96]另有一名德国访客，基本上在记述自己个人的经历。[97]日本也有类似情况。整个 18 世纪，德川幕府维持着严厉的锁国政策。荷兰东印度公司积极维护自己的垄断地位，深恐别人觊觎，不像其英国对手——自沃伦·黑斯廷斯之后，英国东印度公司便不怎么赞助博学人才，鼓励日本研究。因此，安格贝特·坎弗根据自己 1690 年至 1692 年间观察所写成的报道，在 1727 年第一次出版（以英文发行）后，100 多年来一直是欧洲认知日本最为重要的资料。18 世纪 70 年代，桑伯格造访日本后，补充了这位来自威斯特法伦（Westfalen）州的医生的旧有记述，但并未完全超越取代。詹姆斯·考勒斯·普里查德（James Cowles Prichard）这位周密的学者，在 1844 年写到有关日本人的身体特征时，还只知道引述坎弗。[98]1853～1854 年，美国舰队司令马休·佩里（Matthew C. Perry）"打开"日本。在自己第二次旅程之前，他仍阅读坎弗旧有报道 1853 年出版的节本。[99]这类时代错置，并非完全无法理解。甚至更老的文献，如葡萄牙耶稣会传教士的报道，在认识日本这方面仍保有一定价值，因为外国人最后是在锁国开始前的 17 世纪 30 年代造访过日本内地的大部分地区。

不过，在不缺乏新报道的地区，过去记述中令人印象深刻的图像，往往还能维持下来。1670 年，弗兰克斯·白尼尔将克什米尔描绘成人间天堂。约翰·戈特弗里德·赫尔德在 18 世纪末，弗里德里希·施莱格尔在 19 世纪初，仍相当依赖这位法国医生与哲学家的叙述；1810 年，约瑟夫·格罗斯（Joseph Goerres）仍在宣传克什米尔是古代的政治中心与"地球之脐"的荒诞想法。[100] 在某些例子中，会刻意唤起一种永恒东方的印象。如 1744 年伦敦出版的皇帝使节布斯贝克（Busbeck）近 200 年前所写的土耳其信简版本，并未对读者说明该书的形成脉络。[101] 书中引自皮埃尔·贝尔《字典》的布斯贝克生活记录的所有的年代甚至都被剔除。这让人以为布斯贝克在自己无比生动的信简中，描述着当代的奥斯曼帝国。不过，其史料价值深受约瑟夫·冯·哈默-普格斯塔的高度推崇[102]。

不想太过复杂的话，任何人在亚洲研究中还是会继续参考自己所熟悉及过时的经典作品。直到 1730 年左右，伯恩哈德·瓦伦纽斯的《地理通志》（Geographia generalis，1650）仍是亚洲地理的权威教科书籍。[103] 1679 年，一份流行的中国文献还让人以为 1644 年已被推翻的明朝还在掌权[104]，也就不值得大惊小怪；1818 年，博学的格罗西耶院长说中华帝国有 15 个省，但实际上，清朝早已将帝国划分成 18 个省。[105] 1800 年左右，其他作者还引用英国 17 世纪的主要权威保罗·莱考特，或甚至伊丽莎白晚期一本不断再版的《土耳其通史》（Generall Historie of the Turkes，1603）的作者理查德·克诺尔斯的资料，视他们为奥斯曼帝国的可靠权威人士。[106] 1815 年，当哈默-普格斯塔抱怨多数西方土耳其文献中的地理统计数据早已过时几百年，"对史学家而言，比对统计学者及政治家更加奇怪"时[107]，他自然意有所指。拜伦爵士兴致盎然地读着克诺尔斯张力十足、文字铿锵的历史叙述，便证明面对过时的文本仍有新的处理方式。[108]

往往是旅行家自己的威望让他保有读者对他的忠诚。例如马可·波罗在 18 世纪的名声颇望，在他长期被人贬为凭空杜撰的骗子后，早期耶稣会来自中国的报道却能证实他部分受到质疑的说法。[109]柏林地理学家卡尔·李特尔大概是所有现存欧洲旧日旅游文学最为杰出的专家，亦是批判式的读者。他便称赞马可·波罗游记"在许多方面，仍是不可或缺的独特经典作品"。[110]大家不断试着开出一份旅游文本的经典书单。1768年，地理学家布鲁岑·德·拉·马丁尼耶（Bruzen de la Martinière）表示游记共有四类：优秀、良好、令人质疑及荒诞无稽。按他的观点，亚洲游记中的优秀作品包括彼特罗·德拉·瓦勒（Pietro della Valle）、亚当·奥利瑞尔、让·夏尔丹、西蒙·德·拉·卢贝尔、马丁·马丁尼、克内尼斯·德·布鲁因、尼可拉斯·盖维（Nicholas Gervaise）、皮顿·德·图内福尔、路易·勒孔德及尼可拉斯·德·葛拉夫（Nicholaas de Graaf）等人的作品——一份今天大家也乐于认同的名单。[111]到了1800年左右，这份大家可以很快认同的排行榜，还可补上波考克、肖、坎弗及斯特勒，还有尼布尔、帕拉斯、马斯登、沃尔尼等人的最新报道，以及詹姆斯·库克和乔治·弗斯特关于南太平洋的记述。1811年，夏尔丹的波斯游记由朗格莱斯谨慎编辑后再次出版，在许多和他地位等同者眼中，成为"游记之王"[112]，直到亚历山大·冯·洪堡凭借美洲记游，才得凌驾其上。这些经典成为社会的义务教育财产，不只专家才感兴趣。正如1812年一位评论家不厌其烦地表示道，一般教育所需阅读的书籍，总有一天应该阅读完整的版本。[113]

在洪堡之前，旅行家的名气已受社会肯定。虽然约翰·赖因霍尔德·弗斯特不得不体验到，国王乔治三世虽然接见他，却只和他谈论英国，而不提他之前才刚结束的世界航行[114]，但对当时尚未有人看出会成为大史学家的年轻的巴托德·格奥尔格·尼布尔（Bartold Georg Niebuhr）来说，至少英国及苏格兰的所有大门都为他敞开。"你几乎无法想象，"1799 年 3 月，他在爱丁堡写道，"他们在这问到并谈及父亲时，是何等推崇重视。"[115] 这位阿拉伯旅行家的大名，至少在利奥波德·冯·兰克要求大家必须抱持卡斯腾·尼布尔的旅行胆识深入历史档案时[116]，变得家喻户晓。对沃尔尼而言，自己 1783 年至 1785 年的埃及与叙利亚之旅，是博取名声、版税与政治生涯的一条途径。[117] 这本游记的成功，甚至超出他的预期。当他 1796 年至 1798 年前往美国旅行，却放弃成为托克维尔先驱的机会。不像那份无所不包的东方报道，在这本游记中他只写些比较严肃科学的东西：一本仅涉及美国气候与土地特质的论文。[118] 功名成就，他已经有了。

阅读轨迹   199

那些"大规模的"及周围无数小规模的亚洲报道，到底有多少被阅读利用，一般难以判断。不过，毫无疑问，海外游记在大型的国家与公侯图书馆，在许多公共图书馆、读书协会及无数私人收藏中，构成一重要类别。约翰·洛克拥有 195 种旅游书目——对 17 世纪晚期而言，是个可观的数量。[119] 约翰·沃尔夫冈·歌德已从其父亲约翰·卡斯帕尔及祖父泰克朵（Textor Goethe）的收藏中认识了旅游文学。[120] 在这个类别中算是翘楚的约翰·赖因霍尔德·弗斯特，拥有约 1500 种游记。在自己柏林的巨大图书馆中，仅关于亚洲地区的游记，卡尔·李特尔就有约 1200 本，还包括所有重要的旅游选集。[121] 柏林学者约翰·贝奴尼斯（Johann Bernoullis）的图书馆更具代表性，在"异国历史及游记／一般旅游选集"的部分中，就涵盖了 159 种编目。

贝奴尼斯估计，1780 年左右，单在普鲁士的首府就有 50 多人有类似的收藏。[122]

说出哪位 18 世纪知名的学者与作家在自己的作品中大量使用游记、有关亚洲的史学作品及亚洲文献译本，还比较容易。孟德斯鸠与赫尔德对这种文类的深刻认识为人所知，爱德华·吉本在无数的注脚中，记录下自己在这方面的知识。[123]法国的伏尔泰、杜尔哥、布丰（Buffon）、卢梭及莱纳，英格兰及苏格兰的威廉·汤朴、约翰·洛克、塞缪尔·约翰逊（Samuel Johnson）、埃德蒙·伯克、亚当·斯密、亚当·弗格森及托马斯·马尔萨斯（Thomas R. Malthus），德国的施洛策尔、麦纳斯、布鲁门巴赫（Blumenbach）、赫伦、歌德、黑格尔及洪堡兄弟，便是这种文类的杰出专家。其他人，如康德，虽不熟知这种文类，但仍不断从中汲取养分。

这些对亚洲感兴趣的作者都有自己特殊的原因与目的。没人只想处理亚洲，没人试图对地理学特殊地区与亚洲研究做出贡献。他们全都尽可能完备自己的思想，而不局限于欧洲。与社会与文化生活的解释者相比，这在布丰、林奈或亚历山大·冯·洪堡等自然学者那里更易见到。毕竟伏尔泰、吉本、施洛策尔、赫尔德或赫伦等在寻找撰写世界史，或至少（吉本、赫伦）是欧亚历史的新途径。吉本的一个特殊之处便在其技巧，运用新的游记来准确描述与勾勒古代晚期与中古历史的场景。在描述亚洲民族对欧洲历史的影响之处时，他会参考所有自己能掌握的亚洲语言译本。学过几种亚洲语言的威廉·冯·洪堡，会在马斯登或帕拉斯的旅游作品中，发现一种世界比较语言理论的语言学原始材料。两位作者也给予康德有关人类学观察的材料。十几年来，塞缪尔·约翰逊可以说是伦敦文艺界的中心人物之一，对"真正幅员广阔的帝国有地理兴趣"，几乎对所有新出版的旅游文学都加以评论。[124]

今天几乎已完全没有文化含义的经济理论，亦在当时使用过海外的资料。亚当·斯密建立一套财富生产与分配的历史理论学说，并不只是试图解释欧洲的新发展，也解释着亚洲相对的落后。[125]托马斯·马尔萨斯在研究人口增长时，每一版都补充更多有关所有大型文明人口控制的民族志材料。[126]许多政治历史作家，想法亦趋广博。赫伦在自己各版的《理念》（*Ideen*，1793、1804、1815）一书中描写印度时，愈来愈少引用古代权威，反而逐渐参考新的旅游文学。埃德蒙·伯克是第一批认识到征服印度对英国内政有重大意义的人，并从中学得一种知识，令他成为 18 世纪 80 年代中期英国最优秀的"印度通"之一。[127]孟德斯鸠在《论法的精神》（1748）中发展出在社会化形式、政治秩序及环境条件等关系中的全球性体系。今日较无知名度的作家便跟随他的脚步，如英国医生威廉·法寇纳（William Falconer）在 1781 年出版了一本失败的环境通史，或以园艺艺术理论家著称的克里斯蒂安·盖尤斯·罗伦兹·赫许费德（Christian Cayus Lorenz Hirschfeld）在不久前草拟了一本世界待客史。[128]

阅读艺术

201

正如客观的旅游文学作家无法避免证明自己可信度的问题，他们的读者一样也会碰上审核这类要求的难题。只有一般受人推崇的旅行名家，才可免除这项义务。在其他例子中，读者有必要自行对文本的可靠程度做出判断。欧洲的思想越是遍及世界，作为一种人类一般科学数据基础的海外材料越是重要，批判式阅读艺术的要求也就更加提高。

当然，并非所有读者都能进行批判。像布丰、麦纳斯，甚至孟德斯鸠，被人指从各类质量不等的文本中随意摘取适合自己的段落，并非无的放矢。[129] 在这个时代末，阿诺德·赫尔曼这位阅读仔细的读者便抨击路德维希·赫伦，不过却未达到科学性史料批评的全新标准，一如巴托德·格奥尔格·尼布尔以此对他发起的致命批评。[130] 19 世纪后半叶的阅读，便保持在轻信与受过训练的怀疑两种极端中。

在 18 世纪早期，史料批评取得了何种特殊成就，可以清楚地经由地理学的例子显示出来。让-巴蒂斯特·当维尔几乎没有离开过巴黎，却能从获取的信息中，透过比较和敏锐的综合能力，绘制出中国、沙俄、奥斯曼帝国及其他地区的地图。由于运用了许多新的测量数据，其精确性数十年来令人讶异不已。[131] 这类令人印象深刻的结果，却很少出现在评估亚洲的历史材料中。自 16 世纪以后，批判式的史料研究已有可用的方法论规则。但对欧洲而言，这种规则却不被广泛使用。不过，人们仍然觉得有必要对亚洲史料做某种判断。如果在描述同一件事实上，有两位或多位亚洲史学家的说法明显矛盾的话，那该如何做出评价？谁可靠，谁正确？首先，大家必须尽可能了解文本的背景，其断代、作者与其观点。对处于孩提时期的东方学来说，这是份艰巨的工作。[132]

202   奇格蒙·雅各布·包姆加腾（Siegmund Jacob Baumgarten）、约翰·沙洛莫·赛姆勒与他们周围的学者也意识到了这个问题。1744 年至 1804 年间，他们根据英国的《通史》（共 51 册）编制自己 70 册的《世界通史》（Algemeine Welthistorie）。这个在费用上让施瓦布的《旅行通史》瞠乎其后的计划，亦在许多处理欧洲以外历史的书册中至少尽力做出一点史料的批评性评估。1744 年，包姆加腾在"前言"中表示无法摆脱各种要求和多次的史料登录与比较后，只好"留意其他人的经验"。[133]这份计划必须一件件来解决。例如，涉及相互权衡有关成吉思汗历史的多份波斯编年史时，便会优先选择和当时中国史料（如戈比神父所译的）最相吻合的。[134]耶稣会修士不断推崇中国的史学写作。[135]整体而言，中国史学作品长期以来在整个亚洲被认定最为可靠，尤其是在中国人关于中国文化悠久历史的资料逐渐被采信之后。爱德华·吉本在史料批评上明显更进一步。当他质疑征服者帖木儿对待 1402 年被俘的苏丹巴耶济德一世的方式时，便详细讨论了他所发现的五六份相关史料，考虑到编年史学家自己的观点与他们和事件的亲疏关系。[136]最后，他毫不犹豫地给予了清楚的答案。和包姆加腾不同，吉本有新的想法，认为无法完全相信史料，因为史料全都带有偏颇。不过，18 世纪中期左右起，史料批评不可或缺已是广受接纳的原则。随意处理材料的前人，愈来愈受抨击。[137]

　　游记和史料十分近似。随着 18 世纪后期已可以在旅游选集过时的例子中见到时间意识的增加，描述异国的历史感受也随之增加。游记可以很快成为过去的见证。1799 年，眼见拿破仑入侵埃及，保卢斯（H. E. G. Paulus）推断：

　　　　大家很快就会需要把迄今为止的各种描述当成唯一可能的史料，以区分出长期绵延下来、几乎没有变化的真正东方和现代化与欧洲化后的东方……[138]

　　随着时间推移，游记评估发展成为一种批判性的艺术理论，摇摆在美学式的文学讨论与科学性的史料评价间——但明显偏

203

向后者，因而游记多半根据所描述世界的客观内容来加以运用。基本的动力便是怀疑。这可能无远弗届，如卢梭，他通常怀疑一切，只撷取一些经典的文本——亚洲游记部分是夏尔丹、坎弗及几名耶稣会修士。[139]德·博的判断偏颇，不是令人信服的权威。他认为只有 10% 的旅行者说了实话：60% 因为愚昧而说谎，30% 出于利益考虑或故意而说谎。[140]像伏尔泰、吉本或施洛策尔这样深思熟虑的读者，不会如此极端，愿意个别评估，所以发展出多种批评策略。

首先，确实认识旧有文献是所有批评的基础。只有这样，才可能发现剽窃与排除那种"在旅游选集名义下，不断不假思索抄袭之前作者"[141]的文本。这种文类的出色专家可以追索出一长串特定说法与图片的来源。第二种观察方式，便是报道者的社会地位是否可信。但这不过是种无用的工具，因为至迟在 18 世纪，几乎所有受到公开讨论的旅行家都是学者及士绅[142]，基本上都有精确描述与中立见证的理念。"彻底热爱真理，"格奥尔格·海因里希·冯·朗斯道夫（Georg Heinrich von Langsdorff）表示道，对许多人而言"（这）绝非优点，而是任何一名游记作家的义务"。[143]

因此，可信度是道德、法律或认知理论的问题，而非社会问题。当约翰·巴罗爵士批评艾纳斯·安德森（Æneas Anderson）的报道时，便清楚呈现出这一点。安德森和他一样参与了马戛尔尼的中国使节团。他之所以对安德森提出强烈批评，并非因为其仅作为勋爵男仆的身份，而是因为他的回忆录……他的回忆录被一名肤浅的受雇文人弄巧成拙。[144]1742年，塞缪尔·约翰逊已在有关杜赫德神父中国纲要的长篇评论中，质疑作者这个身份未受重视：

当名气相当的作者做出显然矛盾，而两者不可能都是真的报道时，难道我们便可推断，其中一名以特定意图撰写故事的报道者是在骗人吗？[145]

约翰逊博士得出结论，在相同客体不同描述间的矛盾，基本上并非出于恶意，或意识形态的偏见，而是由于旅行者在往往有限的观察机会下所犯的错误，应该将其视为"错误，而非谎言"。[146]

如果真是如此——而约翰逊的看法应该普受认同——那就还有第三种批评策略：找出不相抵触之处。如果多种相互独立且可证实并非剽窃的客观报道相互吻合的话，情况最为简单，可被视为证据充分。如果其中两种差异甚大，对无法亲自查证的国内读者而言，就只能找出一个文本比另一文本更加可信的证据。富兰克林先生喜欢波斯舍拉子的风景，而斯考特·华林先生毫不喜欢，那是不分轩轾的品位问题。不过，一位认定舍拉子的夏天温度几乎从未超过华氏七十三度，另一位表示那里从未低过九十度。谁是对的？斟酌过后的评论家认为富兰克林是对的，因为斯考特·华林被发现有些轻微的矛盾，比如九十度时，夜晚"冷得难受"的说法。[147]因此，他成了两位作者中，一般来说较不可信的一位。这样说来，必须区分文本内部与文本之间的不相抵触之处。然而，文本之内的一致，还是无法保证一篇报道的经验价值。18 世纪初，在英国自称"乔治·撒玛纳札（George Psalmanazar）"的台湾异教住民，可能是位生于法国的年轻冒险家，高大、金发、拉丁文流利，他在 1704年出版的《台湾变形记》这部全然虚构的作品中，写得令人信服、机敏过人，竟让作者暂时博得民族志权威的虚名。[148]撒玛纳札的书是种方志游记的出色模仿，等他被揭穿后，他的戏谑

204

被视为谎言。这便显示出 18 世纪的欧洲对于亚洲文本的真实性有多严肃。

文本的比较——第四种策略——是最常被推荐的方法。苏格兰社会学家约翰·米拉（John Millar）在分析文本之间的一致与矛盾时，发现了一种确认作者可信与否的可靠方法，这种方法不需质疑他们是否诚实。[149] 不过，不是所有情况都像那两名有关舍拉子气候的英国人那样矛盾。在中国有弃婴这种事情吗？如果有，规模多大呢？1773 年，康奈立斯·德·博这名敌视中国的论辩家，自己从未到过亚洲，也不太注明自己的资料出处，便以启蒙运动人文主义的精神，以所谓的流行杀婴，犀利论证反驳中国具有文明精神。[150] 现在几乎每本有关中国的新书，都会涉及这个论题。斯当东估计北京每年有 2000 个孩子被穷苦的父母弃置，巴罗的数字甚至高达 9000，并以他特有的修辞语气重复德·博对中国人的指控。[151] 不过，斯当东或巴罗并未表示，在他们与马戛尔尼勋爵 1793～1794 年的中国之旅中亲眼见过弃婴。几年后，另外两位观察谨慎的旅行家——并未让人怀疑他们对中国有任何偏见——确认，在中国多达数月的访问中，没有见过任何活生生的弃婴。[152] 把中国说得一无是处的皮埃尔·索纳特接受弃婴的事实，但改变对这件事的评价，指责批评中国者的虚伪，并要求他们看看法国孤儿院中的悲惨情况。[153]

在这期间，澄清异国的真相之所以变得不太可能，是因为碰上疑虑之事时，原本最为可靠的耶稣会修士也自相矛盾起来。所有弃婴的报道全都来自他们。他们几十年来一方面指控中国社会中大概最令人发指的行径，另一方面却在缺乏新信徒的情况下，视此为可帮濒死儿童受洗的良机。[154] 在德·博发现这个论题的论战潜力后，修会修士却吓得想努力降低对中国印象的伤害。他们表示，早期的修会兄弟可能误解了中国的习俗，并受到自己教义导师的误导，而且多是无可救药的病童，加上替耶稣会修士进行信简汇编的欧洲编辑可能将报道过度加油添醋，为受洗成就大打广告，总而言之，中国的杀婴行径，并不比世界其他地区更为常见。[155]耶稣会修士这个惊人且独特的自我批评，最后造成偌大混乱，人们甚至开始质疑帕瑞宁与戈比这样声望出色的学者的见证。大家都在谈论"中国人杀婴"，却没人见过。当托马斯·马尔萨斯这位重要的人口理论学家试图了解中国的人口统计学时，米拉和其他受到推荐的批评性文本比较方法，对他并无多大用处。在这种情况下，他相当理性的解决方式便是，先将自己在耶稣会修士《耶稣会士书简集》中翻译过来的中文记述视为这个问题的可靠文献，接着在社会学的大脉络与中国人的再生产行为下，不受经验羁绊地探讨这类杀婴行径的功能。[156]透过理论论证解决。

这种比较的前提是，要有一定密度的观察数据。撒玛纳札未被立即揭穿，因为他挑选的是台湾这个没有其他欧洲人到过的地方，连耶稣会传教士也没有。那么大家要拿什么来和坎弗比较呢？他那时代并无其他的日本报道。欧洲人对中国庭园的了解，是根据威廉·钱伯斯（William Chambers）这唯一一位所谓目击证人的说辞。[157]他到底在中国见到了什么，我们并不清楚，因为其他的欧洲资料中没有可资比较的记述。克里斯蒂安·盖尤斯·罗伦兹·赫许费德这位明智的同时代人，也表示怀疑：为什么早期的旅行家没有描述到著名的庭园？杜赫德不是坚决认定中国人不太懂得园艺吗？甚至，他们不是少了园艺规划所需的数学吗？赫许费德并未认为钱伯斯在说谎。钱伯斯

206

是否正确描述事实，只是次要的问题。赫许费德坚信钱伯斯是位有原创想法的人，真正热爱园艺艺术，在"自己的理解与自己的想象力中"发展出一种接近自然的新园艺想法：

> 他十分聪明，能将原属中国人自然精神中的要素融入这些想法中。总而言之，他在中国土壤中种植英国观念，借以引起更多注意，尽快付诸实现。[158]

因此，大家往往无法超出假设可信与承认某件信息可能性的范畴，这是种缺陷，但大胆的天才懂得化腐朽为神奇。没有多少人像爱德华·吉本这样谨慎指出某个说法的状态，他不是一位臆测式的史学家，而是一名经验主义者。要不是后来不断相信传说的可能性的话，他也不可能写下他伟大的历史作品。而詹姆斯·布鲁斯提到一则好故事。著名的东方旅行家托马斯·肖观察到北非的一个阿拉伯部落吃狮子。这超出了可能的范畴：听到这故事的欧洲人，"认为人吃狮子破坏了自然界的秩序，因为长久以来吃人是狮子的特性"。[159] 因而，这位谨慎的医生在他的报道中舍弃了这段插曲，因为没有人会相信他。大约 10 年后，詹姆斯·布鲁斯见到了类似的情况，并亲自享用狮肉。

铺陈的断裂

我们可以概括来说，18 世纪，海外游记未被视为一种虚构文学的类别，而是为自然科学与一种泛文化的"人类科学"所用，是种透过经验来理解世界的工具。然而，游记仍是一种创造文学，而非客观、照相机式的记录。在旅行观察者的直接感官印象与欧洲读者最后从书架上取下的东西之间，存有许多中介步骤：这一直是种涵盖所有文学类型传统的记录，预设读者的期待与文学市场的需求会影响到写作的旅行家，还有出版者、插画师、印刷者及书商对书册的编制、生产与营销。文本也往往经由他人之手：审稿者、编辑、出版者，以及一直不觉自己该忠于原文的译者与时而实行开放的拼贴方式，时而——让人想到普雷沃斯特——随意改写原材料的汇编人士。

　　因此，异国的"铺陈"不是直接描摹真实的过程。另外，否定18世纪亚洲文本那种经验式的真实含义，视其为纯粹的幻想产物又太过分。在此，同时代人士要比某些后来的理论家明智许多。他们积极涉猎有关其他文明的知识，大量阅读亚洲文献，赋予历史、人类学、经济学及社会理论的讨论广泛的资料基础。他们知道，除了有关旅行者眼见耳闻的文献与东方资料的翻译外，没有其他选择，因此一种批判性阅读的艺术理论得到发展。这些方法包括按照文学传统编排文本，先入为主地持剽窃怀疑，查验文本内在逻辑的坚固程度，比较其他报道，最后才考虑可信度与可能性。评估旅行家本身也很重要：一位有名望的学者、士绅或尚礼之人，要比一位陌生的门外汉更可信。不过，这种传记体评估，评价并不像今天"真相社会史"的代表所给予的那么高。[160] 文本的批判式查验与其真实性的斟酌主要是种理性思考与争论的玩意儿，它存在于一种让社会差异消失在持有财产平均主义观点的世界性的哲学家公众内。

注释：

[1] Legouix, *Image of China* (1980); Tillotson, *William Hodges* (1992); B. Smith, *European Vision* (1985), 第 56 ~ 82 页; B. Smith, *Imagining the Pacific* (1992), 第 111~135 页。关于插

图游记基本参阅 Stafford, *Voyage into Substance*（1984）及
Jacobs, *Painted Voyage*（1995），其中第 18~79 页亚洲部分。

[2] 参阅 Archer, *Early Views of India*（1980）; Shellim, *Daniell*
（1979）。

[3] 这里无法处理旅游文献的研究。研究题材与结果综览大致参阅
Brenner, *Der Reisebricht in der deutschen Literatur*（1990）。

[4] Beaglehole, *Cook*, 第 290、459 ~ 471 页; Robel, *Bemerkungen*
（1992），第 25 页（关于大北方探险队）; Potocki, *Voyages*（1980），
第 2 册，第 52 页（关于俄国 1805 年的中国使节团）。

[5] Elphinstone, *Caubul*（1839），第 1 册，第 xxiv~xxxv 页。

[6] 参阅 Abbott, *Hawkesworth*（1982），第 137 页以下。

[7] Gelder, *Het Oost-Indisch avontuur*（1997），第 260 页。

[8] Duchet, *Anthropologie*（1971），第 56 页。

[9] Castoldi, *Il fascino*（1972），第 77、79 页。这类报道大致参阅
Capper, *Observations*（1783）。

[10] Duchet, *Le partage du savoir*（1985），第 19 页。

[11] Kaempfer, *Phoenix Persicus*（1987），第 42 页。

[12] Shaw, *Travels*（1808），第 ix 页及下页。

[13] 引文出自 Osbeck, *Voyage*（1771），第 2 册，第 127 页及下页。

[14] Batten, *Pleasurable Instruction*（1978），第 79 页; Hentschel,
Reiseliteratur（1991），第 54~63 页。

[15] Sonnerat, *Voyages*（1782），第 2 册，第 xv 页。

[16] Shaw, *Travels*（1808），第 xi 页。

[17] Chardin, *Le couronnement*（1671）; Kroell, *Chardin*（1982），第
299 页。

[18] Baumgarten, *Algemeine Welthistorie*（1744 - 1767），第 26 册
（1764），第 4 页，前言; 反对"凌乱的巨细靡遗"亦参阅同氏
著，同上书，第 29 册（1765），第 2 页。Barrow, *Reisen*

（1801），第 xvii 页。马提亚斯·克里斯蒂安·斯普林格的前言
亦有类似看法。

［19］ 关于这类细节的价值，基本参阅 Niebuhr, *Reisebeschreibung*
（1774-1837），第 1 册，第 312 页及下页。

［20］ Elphinstone, *Caubul*（1839），第 1 册，第 ix 页。

［21］ 典型的描述：Forrest, *Voyage*（1792），及 Lucas, *Voyage*（1720）。

［22］ S. G. Gmelin, *Reise*（1770-1784），第 1 册，第 48 页。其叔父
约翰·格奥尔格·格梅林的每日记述——并非正式的——记载
并不严格，被视为"无数事件的大杂烩"：*Reise*（1751-1752），
第 1 册及第 2 册的前言。

［23］ J. W. v. Goethe, *Die Wahlverwandtschaften*，引文参考 Oertel, *Natur-
schilderung*（1898），第 9 页。

［24］ Shaw, *Travels*（1808），第 xi 页。

［25］ Halsband, *Lady Mary Wortley Montagu*（1956），第 74~93 页。

［26］ Kindersley, *Briefe*（1777）。

［27］ Abel-Rémusat, *Nouvelles mélanges*（1829），第 1 册，第 284 页。
有关流传下来的错误的绝佳例子参阅 Chateaubriand, *Itinéraire*
（1968），第 93 页以下。

［28］ *ER*，1804 年 7 月，第 314 页（无名氏）。

［29］ 关于拉翁同，参阅 Pagden, *Encounters*（1993），第 120~125
页，一般参阅 Gearhart, *Open Boundary*（1984）；Constantine,
Authenticity（1988）。

［30］ Desideri, *Tibet*（1932），第 302~306 页。

［31］ Volney, *Voyage*（1959），第 34 页。

［32］ Chateaubriand, *Itinéraire*（1968），第 27、45、105、111、131
页，第 271 页及下页。

［33］ 参阅如 Rehbinder, *Nachrichten*（1798-1800），第 1 册，第 3~5
页，有关他模仿肖失败的企图。布鲁斯与甚至 19 世纪的旅行家

都证实肖在 1720 年至 1733 年间停留在近东。

［34］ Walckenaer, *Vies*（1830），第 2 册，第 74 页，注意到白尼尔的声望直到现代都在持续增长。

［35］ 威尔逊详细的前言出自 Mill, *History of British India*（1858），第 1 册，第 vii~xxxvi 页。

［36］ Grosier, *De la Chine*（1818-1820），第 1 册，第 xiv 页。

［37］ 以及 Frank, *Persien*（1813），第 62 页。

［38］ Humboldt, *Reise durchs Baltikum*（1983），第 176 页以下。

［39］ Greener, *Discovery*（1966），第 70~73 页。

［40］ Markham, *Introduction*（1879），第 clxii 页。

［41］ Grewal, *Muslim Rule*（1970），第 114 页。

［42］ 还包括阿塔纳修斯·基歇尔及罗伦左·马贾罗提（Lorenzo Magalotti），参阅 Zoli, *Cultura italiana*（1973），第 105~111 页。

［43］ Moorcroft/Trebeck, *Travels*（1841）；Alder, *Moorcroft*（1985）。

［44］ 例如 Roque, *Arabie heureuse*（1715），尼布尔之前最重要的也门作品；Turpin, *Siam*（1771）；Richard, *Tonquin*（1778）；Renouard de Sainte-Croix, *Voyage*（1810），他的越南章节出自传教士毕沙榭赫（Bissachère）的笔记，参阅 Maybon, *Tonkin*（1920），第 24~26 页。

［45］ *Travels of the Jesuits*（1743），第 vi 页。但编者肯定耶稣会修士的锐利观察。

［46］ 参阅 Richards, *Mogul Empire*（1993），第 306 页。

［47］ Manucci, *Storia do Mogor*（1906-1908），第 1 册，第 xvii 页以下。

［48］ Trevor-Roper, *Cantemir's "Ottoman History"*（1985）.

［49］ 关于早期收藏，参阅 Broc, *Renaissance*（1980），第 37~42 页，一般参阅 Boerner, *Reisesammlungen*（1982）；Blanke, *Politische Herrschaft*（1997），第 2 册，第 21~27 页。

〔50〕 Rietbergen, *Witsen's World* (1985)，特别是第 124 页及下页。另一种延续卫特森的方式为法国人的北亚报道选集：Bernard, *Recueil de voyages du Nord* (1732-1734)。

〔51〕 Valentyn, *Oud en nieuw Oost-Indien* (1724-1726)。

〔52〕 Fisch, *Hollands Ruhm* (1986)，第 17~19 页。

〔53〕 同上书，第 22 页。关于瓦伦汀，亦参阅 Beekman, *Troubled Pleasures* (1996)，第 119~144 页。

〔54〕 Crone/Skelton, *English Collections* (1946)，第 84 页及下页。

〔55〕 Harris/〔Campbell〕, *Bibliotheca* (1744-1748); *Universal History* (1759-1766)。参阅 Abbattista, *Commercio* (1990)，第 69 页，第 267 页以下。

〔56〕 Astley/〔Green〕, *Collection* (1745-1747)。编者为约翰·格林 (John Green)，出版者与汇编所据的藏书主人为托马斯·爱斯特利 (Thomas Astley)。

〔57〕 Astley/〔Green〕, *Collection* (1745-1747)，第 1 册，第 vii 页（前言）。

〔58〕 同上。

〔59〕 Crone/Skelton, *English Collections* (1946)，第 101 页。

〔60〕 参阅 Astley/〔Green〕, *Collection* (1745-1747)，第 4 册，第 3 页。

〔61〕 参阅 Prévost, *Histoire générale des voyages* (1746-1759)。各册内容概览，参见 Prévost, *Œuvres*，第 8 册 (1985)，第 400 页及下。关于诠释，最好参阅 Duchet, *Anthropologie* (1971)，第 81~95 页。

〔62〕 Prévost，第 11 册的 "通告 (Avertissement)"，出自 *Œuvres*，第 8 册 (1985)，第 436 页。

〔63〕 Duchet, *Anthropologie* (1971)，第 91 页。

〔64〕 引文同上书，第 84 页。

［65］ 如 Newberry, *World Displayed*（1759-1761），关于美洲，他只采用 16 世纪及 17 世纪早期的记述，关于近东，几乎全为 18 世纪早期的新东西（Shaw, Pococke），至于日本与交趾支那则根本没有。德瑞克（Derrick）类似的武断选集（*Collection*, 1762）总会先按照编年排列。

［66］ Schwabe, *Allgemeine Historie*（1747-1774），第 1 册，前言。

［67］ Blanke, *Politische Herrschaft*（1997），第 2 册，第 23 页及下页观察到这点。

［68］ Schwabe, *Allgemeine Historie*（1747-1774），第 1 册，前言。

［69］ Laharpe, *Abrégé*（1813-1815），第 1 册，第 7 页。

［70］ Boucher de la Richarderie, *Bibliothèque universelle*（1808），第 1 册，第 93 页。

［71］ Beckmann, *Litteratur*（1807-1810），第 1 册，第 200 页。

［72］ Hakluyt, *Voyages*（1809-1812）.

［73］ Pinkerton, *General Collection*（1808-1814）.

［74］ 不同于不久前的 Paulus, *Sammlung*（1792-1803），他在第 3 册挖出 17 世纪万斯雷本（Johann Michael Wansleben）极有价值的埃及报道。

［75］ Pinkerton, *General Collection*（1808-1814），第 1 册，第 v 页。

［76］ Pinkerton, *Modern Geography*（1807）。第 1 版以两册在 1802 年出版。

［77］ Walckenaer, *Histoire générale*（1826-1831），特别是瓦肯奈尔从古代到葡萄牙航海旅行地理知识历史的精彩概览，其中亦给予中古阿拉伯的地理学应有的评价（第 1 册，第 1~55 页）。

［78］ Marsden, *Marco Polo*（1818），第 xviii 页。

［79］ 例如 E. A. W. v. Zimmermann, *Annalen der Geographie und Statistik*, Braunschweig（1790-1792），第 3 册。

［80］ Pinkerton, *General Collection*（1808 - 1814），第 7 册（1811）；

第 652 页以下。

[81] *Annales de Voyages*，第 24 册（1814），第 214~226 页。

[82] Sprengel，*Auswahl*，第 10 册（1798），第 1~328 页，第 11 册（1798），第 1~349 页。

[83] 同上书，第 10 册，第 vi 页及下页。

[84] Fabian，*English Books*（1976），第 165~174 页；Fabian，*Englisch*（1985），第 178 页。

[85] 参阅 Bailey，*Kaempfer Restor'd*（1988），特别是第 14 页以下，关于安格贝特·坎弗的 *Geschichte und Beschreibung Japans* 英文译本（1727）的精彩个案研究。

[86] Bruce，*Reisen in das Innere von Africa*（1791），第 1 册，第 i 页。

[87] Bruce，*Reisen zur Entdeckung der Quellen des Nils*（1791）。布鲁门巴赫（Johann Friedrich Blumenbach）亦采纳了译本的注释。

[88] Valentina，*Reisen nach Indien*（1811），第 1 册，第 vi 页。

[89] Barrow，*Reise durch China*（1804），第 2 册（前言）。

[90] 同上书，第 1 册，第 85 页。

[91] Hoare，*Tactless Philosopher*（1976），第 236 页及下页。

[92] 参阅约翰·赖因霍尔德·弗斯特大量的翻译与编辑书目，同上书，第 353~372 页。

[93] 同上书，第 202 页。

[94] 以下参考 Friese，*Einleitung*（1991），第 xxiii~xxx 页，及 Thunberg，*Voyages*（1796），第 1 册，第 vi 页及下页。

[95] 参阅 Brot，*L'abbé Raynal*（1995）。

[96] 参阅 Valentyn，*Ceylon*（1978）的英文译本。直到 1803 年才出版一份最新的记述，取代了克诺斯（Knox）的旧书：Percival，*Ceylon*（1805），部分根据该书而完成的：Cordiner，*Ceylon*（1807）。

[97] Wolf，*Zeilan*（1781-1784）。

［98］ Prichard, *Researches*（1836 - 1847），第 4 册（1844），第 521 页。

［99］ Morison, "Old Bruin"（1967），第 276 页。

［100］ 参阅 Willson, *Mythical Image*（1964），第 53、87、212 页；Goerres, *Mythengeschichte*（1810），第 1 册，第 40、45 页。阿德隆（J. C. Adelung）还确定了克什米尔原住民的活动地区：*Mithridates*（1806-1817），第 1 册，第 8 页及下页。

［101］ Busbeck, *Travels*（1744）.

［102］ 参阅 Hammer-Purgstall, *Constantinopolis*（1822），第 1 册，第 xiii 页及下页及同氏著，*Geschichte des Osmanischen Reiches*（1827-35），第 1 册（1828），第 333~335 页。

［103］ Kühn, *Neugestaltung*（1939），第 9 页。

［104］ *Denckwürdige Beschreibung...*（1679），第 26 页。

［105］ Abel-Remusat, *Nouveaux mélanges*（1829），第 1 册，第 291 页及下页。

［106］ 例如 Thornton, *Present State*（1809），第 1 册；D. Stewart, *Collected Works*（1854-1858），第 9 册，第 391 页。

［107］ Hammer-Purgstall, *Staatsverfassung*（1815），第 1 册，第 x 页。

［108］ Woodhead, *Contemporary Views*（1987），第 23 页。

［109］ 如 Martini, *De bello tartarico*（1654），第 4 页；Kircher, *China*（1667），第 87 ~ 90 页；Du Halde, *Description géographique*（1735），第 1 册，第 i 页。Harris/［Campbell］, *Bibliotheca*（1744-48），第 1 册，第 593 页，概述了当代典型的评价。

［110］ Ritter, *Erdkunde*，第 3 册（1835），第 514 页。及 Hegel, *Die orientalische Welt*（1923），第 277 页。

［111］ Bruzen de la Martinière, *Dictionnaire*（1768），第 1 册，第 vii 页。

［112］ Meiners, *Grundriß*（1793），第 324 页，只给拉·卢贝尔（La

Loubère）的暹罗报道类似的等级（第 351 页）。关于今日对夏尔丹的评价，参阅 Emerson, *Chardin*（1994）："……每次只要有篇关于特定主题的波斯文章出现，不只证实了夏尔丹报道普遍的精确性，亦证实其有助澄清并补充该篇文章。"（第 373 页及下页。）

［113］再引自 Morier, *Journey*（1812），出自 *Eclectic Review*，第 8 册，第一部分（1812），第 116 页。

［114］A. F. Büsching 在 1780 年 8 月 19 日告诉 G. F. Müller：Hoffmann/Osipov, *Geographie*（1995），第 467 页。

［115］［B. G. Niebuhr］, *Lebensnachrichten*（1838–1839），第 1 册，第 227 页及第 168 页。

［116］引文出自 Grafton, *Fußnote*（1995），第 64 页。

［117］Gaulmier, *Volney*（1951），第 114~121 页，关于沃尔尼报道的空前成功。

［118］Volney, *Œuvres*（1989），第 2 册，第 30 页。

［119］Harrison/Laslett, *Library*（1971），第 27 页。

［120］Schultz, *Goethe*（1949），第 446 页以下。

［121］*Magazin von …* Reisebeschreibungen，第 1 册（1790），前言；Plewe, *Carl Ritter Bibliothek*（1978），自己清点出来的。

［122］Bernoulli, *Verzeichniß*（1983），前言。关于图书馆中的游记，亦参阅 Duchet, *Anthropologie*（1971），第 66~75 页；Blanke, *Politische Herrschaft*（1997），第 2 册，第 1~20 页。

［123］Dodds, *Les récits de voyages*（1929）；Grundmann, *Quellen*（1900），其中第 42~64 页有关亚洲；Jäger, *Herder*（1986），第 190 页以下。

［124］Curley, *Samuel Johnson*（1976），引文出自第 238 页及下页。

［125］Platteau, *Les économistes*（1978），第 1 册，第 14 页，第 53 页以下。

[126] 在他审定的第 6 页及最后 1 版（1826）*Essay on the Principle of Population*（第一版，1798 年）中，马尔萨斯表明自己是位相当熟悉最新欧洲以外文献的专家。参阅 Malthus，*Works*（1986），第 23 册包含引用书目（第 3 册，第 701、702 页的批注文章）。

[127] Marshall，*Introduction*（1991），第 20 页以下。

[128] Falconer，*Remarks*（1981）；Hirschfeld，*Gastfreundschaft*（1777）。

[129] M. Harbsmeier，*Rückwirkungen*（1992），第 433 页以下；Castoldi，*Il fascino*（1972），第 187 页；Fueter，*Historiographie*（1936），第 383 页。

[130] 出自 1813 年的 *Jenaischen Allgemeinen Literatur-Zeitung*，并参阅 Blanke，*Verfassungen*（1983），第 154 页及下页。

[131] 参阅 Humboldt，*Reise durchs Baltikum*（1983），第 240 页。

[132] 参阅 Pétis de la Croix，*Timur-Bec*（1723）编者"通告（Avertissement）"中的讨论。

[133] Baumgarten，*Allgemeine Welthistorie*（1744 – 1767），第 1 册（1744），第 27、18 页亦有类似看法。并参阅 Pigulla，*Weltgeschichtsschreibung*（1996），第 125~127 页。

[134] Baumgarten，*Allgemeine Welthistorie*（1744 – 1767），第 21 册（1760），第 515 页及下页。

[135] Du Halde，*Description géographique*（1735），第 2 册，第 xii 页及下页。

[136] Gibbon，*Decline and Fall*（1909 – 1914），第 7 册，第 65 ~ 67 页。

[137] 如 *Algemeinen Welthistorie*：第 27 册（1764），第 330~332 页，奥斯曼人卷匿名编者对坎泰米尔亲王的看法。

[138] Paulus，*Sammlung*（1792-1803），第 5 册（1799）前言。

[139] Rousseau，*Discours sur l'inégalité*（1755），出自 *Œuvres*（1959-

1995），第 3 册，第 212 页及下页。

[140] 引自 Duchet, *Anthropologie*（1971），第 99 页。

[141] J. S. Semler，出自 Baumgarten, *Algemeine Welthistorie*（1744 - 1767），第 26 册（1764），第 5 页。

[142] Shapin（*Social History*，1994）想区分开这两个类别，却几乎完全无法用在 18 世纪。

[143] Langsdorff, *Bemerkungen*（1813），第 1 册，第 ix 页。

[144] Barrow, *China*（1806），第 579 页。

[145] S. Johnson, *Essay*（1742），第 320 页。

[146] 同上书，第 320 页。

[147] 再引自 Scott Waring, *Tour to Sheeraz*（1807），出自 *ER*，1807 年 4 月，第 63 页。类似的作品为 Francklin, *Observations*（1790）。

[148] 参阅 Stewart, *Antipodal Expectations*（1989）；Swiderski, *Psalmanazer*（1991）。

[149] Millar, *Ursprung*（1967），第 57 页。

[150] Pauw, *Chinois*（1773），第 1 册，第 v 页，第 9、70 页。

[151] G. L. Staunton, *Authentic Account*（1797），第 2 册，第 159 页；Barrow, *China*（1806），第 170 页。

[152] C. L. J. de Guignes, *Voyages*（1808），第 2 册，第 288 页；Abel, *Narrative*（1819），第 234 页。

[153] Sonnerat, *Voyages*（1782），第 2 册，第 22 页。Voltaire, *Essai*（1963），第 2 册，第 399 页，已有类似评价。

[154] 戈比教士在一封显然不在耶稣会公开出版的私人信件报道到濒死的受洗者的惊人数量。他在 1752 年写道，几年来，每年都有超过 6000 名小孩受洗。Gaubil, *Correspondance*（1970），第 722 页及第 387、445、535 页。

[155] J. Amiot，出自 Societas Jesu, *Mémoires*（1776-1814），第 6 册（1780），第 327~331 页。

［156］ Malthus, *Works*（1986），第 2 册，第 130~136 页。

［157］ Chambers, *Oriental Gardening*（1772）.

［158］ Hirschfeld, *Gartenkunst*（1779-1785），第 1 册，第 99 页。

［159］ Bruce, *Travels*（1790），第 1 册，第 xxv 页及下页。

［160］ 最有影响力的是 Shapin, *Social History*（1994）。

第二篇　当代人与历史

第八章 历史的基本力量：草原战士、征服者、篡夺者

部落的亚洲：阿提拉（Attila）与后果

19世纪世界政治中一个持续的大型冲突，也是一场大型游戏，是当时最具侵略性的帝国——大英帝国与沙俄，在阿富汗、中亚及喜马拉雅地区所发起的一种冷战。英国人力图保护通往印度的海路，并期待以由波斯到西藏的一圈附属缓冲地区包围住他们最重要的殖民地。1842年中国开放后，英国在经济上渗入中国，需在更大范围的区域内自由施展。另外，沙俄经由殖民征服伊斯兰的内亚地区，扩大了自己的权力范围；19世纪末，沙俄透过铁路开发西伯利亚，开始和平渗透中国东北三省。在这些帝国活动中，亚洲大陆中心只是一个棋盘，其中的民族成了消极的棋子——除了阿富汗人。一直以来，英、俄既无法直接统治，亦无法间接可靠地控制住阿富汗人。直到1907年划分势力范围后，英俄在亚洲的冲突才告解决。欧洲内部同盟角色的变动与1905年在军事上迫使沙俄屈服的日本崛起成为强权，更令情况没有转圜余地，内亚的消极角色亦未改善。反而，大型游戏的结束让这些国家丧失了在强权之间左右逢源的机会，帝国主义更加牢固地掌控着内亚。直到1991年苏联解体，内亚伊斯兰地区出现新的国家，地缘政治计划者梦想的欧亚"心脏地带"才赢回部分行动能力。然而，亚洲最后的大型帝国——

212
中国，却从 1990~1991 年的世界危机中变得更加强大，继续控制着内亚的关键地区。至于伊朗与土耳其等周边强权，亦加强自己在此地区的影响力。

今天的局势，几乎无法让人体会当时内亚在欧洲政治与世界观中的重要地位。数百年来，欧洲的内亚之梦是一场噩梦。自阿提拉的匈奴以降，内亚的马上民族便在东欧导致不安。黑格尔提到"历史的基本力量"：带有史前原始性格的民族，出没无常，不断影响着以国家为主体的世界的历史。[1]1700 年左右，只有少数欧洲人胆敢预测会一劳永逸地解决来自东方的威胁。[2]大家不断想起，草原战士蜂拥而来，大型帝国因而毁灭：西罗马帝国、巴格达的哈里发、俄罗斯各诸侯国、拜占庭帝国、宋朝与后来的明朝中国。[3]

随着 1644 年来自长城以北森林地带的满族人统治了中国，北亚与中亚的这股征服活动仍未止息。1710 年左右，阿富汗的部落战士开始入侵那些伊斯兰帝国，1722 年摧毁波斯的萨非王朝，令伊朗大部陷入混乱。1739 年，波斯的篡夺者，权力来自伊朗与土库曼的部落战士的纳第尔·沙阿国王，掠夺德里，给予数十年前依然辉煌的莫卧儿王朝致命一击。1747 年及 1759 年至 1761 年，阿富汗人再次入侵印度北部。这些侵略释放出几十万名部落骑士。他们其中的一些团体建立了自己的国家，其他深入印度南部的，便强占土地，在当地人中以征收杂税的军事精英身份，发展出一套寄生统治关系。[4]直到 18 世纪 90 年代，印度北部仍弥漫着阿富汗人的攻击威胁，不过，英国人及其印度盟友多半还能成功抵抗。[5]同一时期，由部落联合发起的瓦哈比派宗教运动在阿拉伯人中逐渐变强，首度成功联合阿拉伯人反抗奥斯曼的统治。1773 年，瓦哈比派占领利雅得城，之后又占领各伊斯兰圣地，成为阿拉伯半岛上最强大的宗教政治力量。[6] 直到 1818 年，苏丹派遣的埃及军队才成功摧毁第一个瓦哈比派的国家。

　　这类部落力量的复兴，绝非一种亚洲的主导潮流。由中国边疆蛮族统治的清王朝，便结合怀柔与高压的手段，在军事上成功彻底弭平蠢蠢欲动的蒙古部落——他们原来的对手与盟友。1757 年，最后一支独立的蒙古民族部落——准噶尔部落几乎灭绝后，莱布尼茨所担心的、孔多塞在 18 世纪 90 年代仍旧指出的蒙古人再次蜂拥而至的威胁，便一劳永逸地解决了。[7] 不久后，游牧民族开始被驱离沙俄的草原边陲地带。[8] 俄国与清帝国的军事控制和农业垦殖的双面手法，显示出工业革命前的帝国能终结内亚马上游牧民族的政治气脉。同时，印度阿富汗地区的部落突击，让人想到流动战士组织仍会持续为祸。自那时起，欧洲人便以"洪水"或"成群结队的动物"等自然形象来形容这类现象。连冷静的亚历山大·冯·洪堡，都把成吉思汗的蒙古人视为一种"发臭的微风"。[9]

　　如果 18 世纪的欧洲史学家赋予蛮族入侵这个主题重大含义，完全是因为当代史的因素。直到当代或近代为止，亚洲是个动乱不堪的大陆，影响到欧洲及其殖民地。从近来国家体制似乎相当巩固的欧洲，如伏尔泰整本书都在讨论的瑞典卡尔十二世这位放肆的征服者必然失败的这种情况来看，亚洲历史中以军事手段建立王朝的重要性便特别清楚。这样看来，征服活动源自游牧民族生活方式中的机动性。"战争，"布伦瑞克宫廷参事奥古斯特·费迪南·鲁德（August Ferdinan Lueder）写道，"在这里只是日常生活的延续……"[10] 游牧民族的迁徙不定，正好和欧洲的稳定形成对比，"因为鞑靼民族在那里（北亚）四处迁移，他们的可汗不会定居任何一处"。[11]1692 年，威廉·汤朴爵士在他的文章《论英雄美德》中把这一点表达得最为淋漓尽致。他把里海及黑海北边、多瑙河西边及奥克苏斯河（Oxus）东边的地带，以古代宇宙志学者的"西徐亚（Scythien）"来称呼，视之为自古以来历史动力的源头。[12]汤朴也断定，征服活动基本上由北向南进行，只有早期伊斯兰阿拉伯人的扩张是个例外。[13]

214　　　在 18 世纪的想法中，几乎没有任何值得一提的"文明欧洲"与抗拒欧洲的"亚洲部落"间的对立。到了 19 世纪，这种简单的二元世界观才成了典型，兰克视之为一种历史原则，即"文化世界"不断遭受非其成员者的攻击与威胁。兰克在他的《世界史》中，绝未完全忽视匈奴人与蒙古人，但不像比他早 100 年的爱德华·吉本，并未努力理解那些置身"文明"以外、宗教与国家体制不稳固的社会之内在动力，认为它们总是"对文化世界展现出野蛮的敌视"，其历史的行动方式便是"淹没"。[14]这种隐喻是种压力与对抗压力的机制，如兰克在作品结尾所表达出的一种古代与中古史的基本原则："亚洲的原始力量毁灭性地向欧洲倾泻而来，幸好这里能够抗拒。"[15]于是，"不同民族体系之间的斗争"形塑出世界史，而这种观点只从"普遍发展"的角度来引申，以致古希腊罗马以后的世界仅仅被视为日耳曼与罗曼民族之争。如此一贯下来，在兰克同时代人的眼中，那两个民族理应"统治世界"。[17]

　　　兰克绝非拒绝给予蛮族一丝历史正义。例如，他不得不将匈奴王阿提拉的建国成就，置于它西罗马的仇敌之上。不过，在"沙隆战役"上，他又再认为那是一场介于文明与野蛮的"理念矛盾战役"。[18]相反，那个时代主要以共济会理论家及一

本匈牙利史的作者而成名的伊格纳兹·奥瑞流斯·费斯勒
（Ignaz Aurelius Fessler）的那本已为德国历史写作新美学树立典
范的阿提拉统治下的出色匈奴历史大作（1794），便对这种游
牧民族攻击"文化世界"抱持高度理解。费斯勒反对早期罗马
文献中已根深蒂固的匈奴人近似野兽、凶残无比的说法[19]，认
为阿提拉是位相当明智理性的统治者，为其文化没落的民族设
定追求名声与荣誉这种更高的新目标，摆脱了单纯的维生需求。
匈奴的过度征服源自毫无节制的暴虐士兵，绝非匈奴人民族特
质的展现，或政策计划周密的结果。最后，阿提拉与其战士不
是出于贪图金银与毁灭欲望，而是受到长期酝酿、对罗马人可
理解的恨意动员的：

> 民族骄傲和勇气结合，从现在起，匈奴人手中的剑成
> 了报复另一个咒骂他们为蛮族的民族的可怕工具，因为他
> 们比罗马人更正直、有正义感与自由，憎恨恶习与暴政的
> 奴役锁链。[20]

苏格兰大史学家威廉·罗伯森之前便已警告过，不要利用
"欧洲的"日耳曼人与"亚洲的"匈奴人：他们全都是蛮族；
了解游牧民族的各种自由习性后，发现其社会组织基本上难以
相互区别。[21]爱德华·吉本毕竟不想掩饰匈奴人的残暴，但仍
推崇阿提拉是位明智的战略家与优秀的宗教立法者，并指出匈
奴人对待奴隶比罗马人要仁慈。[22]

那个时代典型的兰克，采用"文明"欧洲的观点，对没有
文化与混乱的外在世界的驱动力的起因，不感兴趣。关于亚洲
史，他只对影响欧洲的部分感兴趣，对非文明人物，只愿意知
道他们对文化的愚昧敌视。1824 年，中亚专家伊萨克·雅各

布·史密特（Isaac Jacob Schmidt）便已惋惜欧洲现在过分注重亚洲崛起的后果，而非起因。[23]然而，情况并非一直如此。在18世纪，我们可以分出两种思想潮流。一种认为，历史的变迁源自移民活动和民族迁徙，征服活动便是其中暂时的极端表现[24]。另一种则研究历史中"蛮族入侵"的特殊起因。不是每个人都像沃尔尼，从不具特色的表面开始，简单地将游牧民族的侵略性归咎于嫉妒与贪婪。[25]驻士麦那的博学的法国领事夏尔·德·培松纳（Charles de Peyssonnel），分析了"蛮族"依附在帝国边疆政策上的行为。他拒绝将攻击性的蛮族和防御性的文明人简单对立起来，指出在帝国疆界之外的互动，某些地方比今日的研究还洞烛先机。[26]爱德华·吉本则发展出一套完善的游牧民族政治社会学，我们会在下一章讨论到。

216 革命的大陆

> 这些研究的结果会显示出，清楚与肯定地理解这些游牧民族，理解他们的生活方式与想法，不只对亚洲史，也对全人类的历史有着无比的重要性。人类的大型革命不仅决定了亚洲的命运，也往往影响着非洲及欧洲，全都源自他们，并由他们发动。[27]

不只阿诺德·赫尔曼·路德维希·赫伦，还有许多其他18世纪的欧洲作家，都不断将革命的概念运用到亚洲的事件上，指的都是成了一种普遍现象的政治变动[28]，政治学者哥特弗立德·阿亨瓦尔（Gottfried Achenwall）因而便能要求："那些民族的历史政治理论中首先必须探讨的论题，便是一个王朝或一个共和国的国体变动或革命。"[29]1792年，史学家约翰·克里斯托弗·贾特勒表示，世界史根本就是"大型事件，即革命的

历史"。[30]但安奎特－杜培宏在法国大革命那一年，便已对过度
局限于事件上的革命概念示警，建议史学家研究长期的过程与
固定的社会关系。[31]他大可引用爱德华·吉本这位将东西罗马
帝国长达千年的没落过程、正式采用基督教与封建体制在欧洲
的确立同样视为"革命"的史学家。[32]

　　17、18 世纪的亚洲，有许多在欧洲文献中被视为"革命"
的事件：

　　——奥斯曼帝国中的颠覆活动，如 1622 年军人刺杀倾向改
革的苏丹奥斯曼二世，或 1648 年处决不善统治的苏丹易卜拉欣
（Ibrâhîm）；

　　——1688 年，亲欧的暹罗首相费尔康失势；

　　——同年，葛孔达（Golkonda）落入莫卧儿大公奥朗则布
手中；

　　——1722 年，阿富汗入侵波斯；

　　——1767 年，缅甸血腥侵入、瓜分阿犹他亚（Ayudhya）
（大城府）的暹罗王朝；

　　——1768 年，马木留克佣兵阿里·贝伊（Ali Bey）全面统
治当时在奥斯曼监管下受到联合统治的埃及；

　　——1782 年后，暹罗在国王拉玛一世（Rama Ⅰ）治下进
行改革。

217

　　1644 年，满族人征服中国的戏剧张力与残暴及之后几十年
的和平，并未在 18 世纪重复出现。1654 年，马丁·马丁尼神
父的《鞑靼战役》（De bello tartarico）是十分精彩的目睹者报
道，迅速被译成七种欧洲语言，和弗兰克斯·白尼尔描述奥朗
则布崛起成为莫卧儿大君的报道，同为 17 世纪当代历史写作最
具说服力的例子之一。这部令人惊恐的作品常被编入其他选集

中，栩栩如生地记载着中国的"大革命"。[33]

欧洲观察家探索着近代亚洲"革命"的共同性，以及其与同时代欧洲体系危机之间的关系——在今日的研究中，这一点又再被提及。[34]近代亚洲革命似乎比欧洲的变革，也比古代亚洲的变革来得残暴。如果不是宫廷革命的话（这在奥斯曼帝国中相当典型），便往往结合了内部危机与外部侵略；在某种程度上，这些颠覆具有一种治疗式的肃清效果。正如比较满族人征服中国与同时期英国清教徒革命所显示的，基本上，亚洲的巨大动乱并未克服旧有的政治体制，只在原有的基础上被重新建立。[35]18 世纪亚洲最为惊人的"革命"——1757 年起英国逐步征服印度，便和这个模式不同。[36]批评者与颂扬者都察觉，这场革命打破了亚洲政体的永恒循环。埃德蒙·伯克注意到，阿拉伯人、鞑靼人（蒙古人）与波斯人血腥入侵印度，但后来都很快被同化，英国人则反其道而行："莫卧儿的入侵危害不小，我们的保护却摧毁了印度。"[37]反之，托马斯·毛理斯（Thomas Maurice）发出未来帝国拥护者的肯定声调，他的《印度斯坦现代史》（*Modern History of Hindostan*，1802-1810）以冷酷的笔触描绘出莫卧儿王朝的兴衰，以一种相当类似吉本的修辞写道：亚洲的历史，特别是在伊斯兰影响下的，只不过是一连串血腥的战争、屠杀与仓促建国；当一个沉思的心灵观察完这类"阴森可怕的狡诈、掠夺与谋杀的场面……转而看见一个政府的各种善行，而该政府不可动摇地建立于硬如钻石的道德与自由基础之上，并且拥有一部高贵的正义之书，以及沐浴于最纯净的宗教荣光下"[38]，他将发现对比是如此巨大。因此，他确定了新主人的历史使命：印度将会在英国的殖民统治下从自我解放出来，并乐享严格但公正的法律统治。

帖木儿：王朝创建者与怪物

至迟自 19 世纪起，13 世纪初蒙古世界王朝的创建者成吉思汗于 1380 年至 1405 年去世为止，在强大的征服活动下，统治了西亚的大部分，并侵入印度，且准备攻击中国，成了亚洲式毁灭癖与嗜血的化身。

成吉思汗是否真如德·托特男爵所认为的那样，"是位狂人，袭击全亚洲，来奴役他之前便已蹂躏过的世界"？[39] 至少《世界通史》的作者们看法正好相反，他们认为成吉思汗"有权成为曾经拥有东方王座的伟大君主"。[40] 他虽然残暴冷酷，却拥有莫大的勇气、智慧与判断力；他在军队中引进战功原则，宗教上也不是一位原始的偶像崇拜者，反而正是启蒙时代所推崇的自然神论者。[41] 爱德华·吉本把成吉思汗解释成其民族的明智立法者。吉本在一个宝贵的注脚中表示，在成吉思汗和洛克的宗教法则间，可以发现奇特的一致性。[42]

在 18 世纪的幻想中，帖木儿要比较不为人所知的成吉思汗更受瞩目。由于两位统治者都是基督教宿敌——伊斯兰的对手，因此去世后仍在欧洲享有盛名，让大家几百年来未忘记他们。[43] 人文主义者几乎还可算是这位征服者的同时代人，即已勾勒出独特的帖木儿形象。他们视其为一名具有雄心壮志的自食其力者，靠着他的能力和美德迫使幸运女神眷顾他，结合自己个人魅力和肆无忌惮选择手段时的最高目的理性，在一个没有英雄的时代崛起，和亚历山大大帝并驾齐驱，甚至军功凌驾其上。[44] 不过，克里斯托弗·马罗（Christopher Marlowe）在剧作《帖木儿大帝》（*Tamburlaine the Great*）（首演是 1587 年）中，也强调这位统治者的东方残暴。

219

18世纪有翻译过来的波斯文与阿拉伯文史料可资运用，东方人对这位征服者的评价，于是涌入欧洲文献之中。长期回顾下来，亦可在帖木儿身上看出蒙古王朝先人的身影。尽管他自己偌大的王朝在他死后即分裂，他的直系后代巴布尔（Babur）还是能在南亚建立起一个伊斯兰帝国。[45]1697年，戴伯罗在他的《东方图书馆或认识东方民族的通用辞典》中画出一张朴实无华的帖木儿肖像，以特有的简洁客观报道这位征服者的一生，其残暴在欧洲往往被夸大。[46]尽管戴伯罗仅局限于统治者的历史，读者在其作品第四册还是发现了一份简短的蒙古王朝结构分析，借以对比帖木儿帝国的特质。[47]

帖木儿的评价受制于史料的先期评估与当代的阐释需求。直到1772年让-巴蒂斯特·当维尔将他视为"亚洲的灾厄"为止[48]，帖木儿几乎毫无例外地被当成一名善良宽宏的统治者。在早期启蒙运动的作家眼中，他能统治世界，完全出于个人能力：没有王朝的遗产继承，没有篡夺某位既成的统治者，没有一名像亚里士多德这样的导师——打造其幸运的工匠，却听任其残暴。[49]帖木儿的个人魅力令18世纪的作家们着迷——他的领导心理学，他令其随从忠心热忱的能力，他坚定的决断力，还有他的阴险狡猾。[50]身为国君的成就，似乎抵消了他所造成的破坏。[51]在其谨慎的立法中，他也证明自己是位明智的政治家和国家的统一者。[52]只有约翰·海因里希·哥特罗伯特·冯·尤斯蒂这种不愿崇拜这位征服者的激进开明人士，才会把军事英雄视为危害民族的可憎人物，质疑帖木儿的威望。[53]但在这里，帖木儿性格中的"亚洲成分"也未受抨击。他在各个时代与文化的统治者类型中被纳入"征服者"的类别，他的错误、恶习与罪行基本上和不断被拿来与他相比的亚历山大没有差别。1783 年，还有人表示，虚荣——"高贵心灵的弱点"，是其唯一的恶习；他阴险的敌人将残暴强加在他身上。[54]这种和历史脉络不断分离、具有建设性的政治家与王朝创始人的图像，一直保持到 19 世纪。[55]然而，这可能陷入当时政治正确的紧张状态中。1810 年，英国一名崇拜帖木儿的人发现难以把他的英雄拿来与在许多方面和他相近的拿破仑比较，因而适度和他保持距离。[56]

　　对帖木儿的批判式评价，并非如大家推测的那样，由显然对他不太感兴趣、只粗浅描述过他的伏尔泰开始[57]，而是由同时期的德·吉涅斯开始。他在那部根据许多亚洲语言史料研究的大作《北狄通史》（*Histoire générale des huns*, *des turc*, *des mogols et des autres tartares occidentaux*, 1756–1758）中，较马罗以降的早期作者，更强烈地突出帖木儿的黑暗面。德·吉涅斯并未采用他之前与之后所惯常的性格简述，从未清楚表达出他的评价。面对这位几乎从一无所有，从一种没有法律保护的流民身份[58]崛起的世界统治者，德·吉涅斯所擅长且启蒙运动大史学家吉本因此而推崇他的历史因果研究，对他也不太管用。[59]

　　在叙述帖木儿的生平时，德·吉涅斯只冷静描述着集体处决、摧毁城市及蹂躏整个地区。面对这样一位为其部队牺牲一切、对敌人毫不留情的游牧帝王，他几乎无法掩饰自己的不知所措。旧有的解释传统（有充分理由）推崇帖木儿实现其计划的目的理性般的精心算计，因为这一点，他成了中古时代"最现代的"君主，而德·吉涅斯则用价值理性的标准来衡量。如果至 1380 年，帖木儿的崛起仍在一般区域性的统治建构框架中游移，那来年对波斯的攻击，便表明他的野心变得没有止境：

220

221 　　"帖木儿没有任何理性的动机来展开这场战争；梦想成为世界君王是其行动的唯一准则。"[60]德·吉涅斯后来对发现一种漫无目标的自主暴力行径，幻想摧毁所有的抵抗来建立世界和平，显然感到胆战心惊。[61]这位当代重要的亚洲史学家当然并未提到"亚洲式的残暴"。德·吉涅斯舍弃了旧式普遍颂扬君主的修辞模式，亦未受到刚出现的东西对立新模式之影响。他清楚的描述，十分直接真诚地呈现出"历史的基本力量"。

　　爱德华·吉本几乎为帖木儿写了一样研究精辟的一整章，面对这种矛盾的解释情况，他发现许多荒谬之处的可能性。他的帖木儿既是肆无忌惮的大屠杀凶手，亦是学者与西洋棋的文化之友[62]，既是幸运女神的宠儿，亦是不幸的推手："……在他建立其王朝 50 年后，他生命中唯一幸福的日子，便是他放弃施展权力的那两个月。"[63]帖木儿出现在一个混乱的亚洲，起先似乎是位令人期盼的秩序重建者。他不是野蛮的自然力量，而是能分轻重的政治家。不过，方法压过目的，"整个民族在改革的步调下被粉碎"，在征服之后，没有新的建设。[64]整体而言，吉本的帖木儿是个破坏者，而不是行善者，刻画仔细，但大家觉得，对一名不只空谈统治世界且试图实现的毫无节制的人物而言，德·吉涅斯的简洁记录要比吉本优雅的推理来得公正。1815 年，约翰·马尔科姆爵士在自己的《波斯史》中，仍依循吉本笔下的解释。他的帖木儿也非一个亚洲的怪物，而是一位迷途的天才，证明了只靠暴力和个人魅力是无法建立起帝国的。[65]不过，随着帖木儿的逝世——约瑟夫·冯·哈默-普格斯塔如此对他盖棺论定——一个开放的边界与征服世界的骑兵时代，也在欧亚大陆告终了。从现在起，领土国家在四处巩固起来。[66]

纳第尔·沙阿国王：战争彗星与爱国人士

在他死后 150 年，人们对他依然感到恐惧。后来的印度副总督与英国外交大臣乔治·纳撒尼尔·寇松（George Nathaniel Curzon）视他与成吉思汗为"有史以来鞭打人类最为恐怖的两位人物"。[67]纳第尔·沙阿国王"这位从小人物一跃登上王位的 18 世纪著名的荼毒生灵者"[68]，可怕之处到底在哪？1688 年，纳第尔·沙阿生于伊朗呼罗珊省（Chorasan）北部，为阿夫沙尔的土库曼部落平民之子。他从未否认过自己的出身，很早即追随浪漫的帖木儿的典范，一生自视为"刀剑之子"。[69]在 1709 年伊朗被基尔泽阿富汗人（Ghilzai-Afghanen）攻陷坎大哈（Qandahar）开始，至 1722 年伊斯法罕沦陷、萨非王朝被推翻为止的政治动荡局势中，军阀往往握有绝佳良机。阿富汗人无法在伊朗建立稳定的政权，抵抗邻国奥斯曼与俄国。纳第尔·沙阿这位不知法律为何物的边陲地带人物，逐渐扩大自己的权力基础，清除或笼络敌人。1726 年，他为自封为萨非王朝继任者的塔赫马斯普二世国王效力，获得他先在欧洲为人所知的塔赫马斯普库利汗（Tahmasp Quli Khan）之名。1729 年，阿富汗人遭到驱逐，摇摇欲坠的萨非王朝得以中兴，主要归功于纳第尔·沙阿。

纳第尔·沙阿这时转而对付伊朗的外敌。他攻击巴格达的奥斯曼人及阿塞拜疆的俄国人，扩张波斯的版图。1732 年，他在一场政变中，以其子阿巴斯（三世）取代了软弱的塔赫马斯普国王；阿巴斯才八个月大，谁是摄政，也就不言而喻。1736 年 3 月，这位军阀自行加冕为王，成立新的阿夫沙尔王朝。任何稍稍怀疑这个新政权的人，都被无情镇压。1737 年，纳第

尔·沙阿发动计划已久的印度战役。1739年3月和4月的德里
大掠夺与屠杀，成为这场战役最为不幸的高潮。[70]22.5万人的
死亡数字出没在当时的欧洲文献之中。[71]纳第尔·沙阿国王抢
走了莫卧儿皇帝著名的孔雀王座与柯伊诺大钻石（1850年为维
多利亚女王所有）。纳第尔·沙阿对统治大片印度领土不感兴
趣，他返回伊朗，随后几年致力于扩张并巩固伊朗在波斯湾与
美索不达米亚的边界，同时肆无忌惮地掠夺这片土地。反抗他
的高昂税费的人越来越多，但往往被残酷镇压。逐渐被人视为
疯子的纳第尔·沙阿，则任由这些暴行横行。一名英国旅行家
223 对纳第尔·沙阿国王时代的波斯人不用头巾和帽子遮住耳朵，
不同于其他穆斯林，感到讶异：没被割掉耳朵的人，都愿意骄
傲地展示出来。[72]纳第尔·沙阿最后也染上帖木儿搭建头颅塔
的习惯。不过，不同于帖木儿，那些都是他自己臣民的头颅。
1747年7月1日晚，这位只由自己的阿富汗禁卫军保护的暴君，
在一场惩罚起义反抗的库尔德族（Kurden）的战役中，被波斯
随从刺杀在帐篷之中。

在18世纪的欧洲，纳第尔·沙阿国王和1722年去世的中
国的康熙皇帝是近代亚洲历史上最著名的人物。他的崛起与没
落受到极大关注，成了遥远国度当代事件的教育典范。[73]由于
夏尔丹、塔韦尼耶、坎弗与其他人的重要游记，人们对萨非王
朝的伊朗的兴趣从未稍减。[74]来自北方蛮荒山区的阿富汗骑兵
的入侵导致王朝覆灭，这固然值得重视，但在思索这类悲剧性
的覆亡时，伏尔泰却想起三十年战争之际的德国、投石党运动
（Fronde）时的法国，或蒙古人蹂躏过的俄国。[75]

欧洲人经由驻伊斯坦布尔和莫斯科的报刊特派员获取最新
信息。[76]1728年，一份关于波斯动乱的详尽描述与分析出版：

耶稣会神父塔德尤斯·犹大·克鲁辛斯基（Tadeusz Juda Krusinski）的《波斯最新革命的历史》（*Histoire de la dernière revolution de Perse*）。他亲身经历了 1707 年至 1725 年的事件，1722 年，他于千钧一发之际逃离因被阿富汗人围困而挨饿的伊斯法罕。[77]克鲁辛斯基显然有点杂乱的拉丁文报道被译成法文，被另一名耶稣会修士让-安东尼·杜·科索（Jean-Antoine du Cerceau）改编得更为紧凑，成了刺激的故事。奥斯曼当局对伊朗"革命"甚感兴趣，将这部作品译为土耳其文，后再将这一版本译成拉丁文。[78]

在这部作品中，克鲁辛斯基/科索先用很长的篇幅研究了萨非王朝在上个世纪中叶即已开始的没落如何使得阿富汗人能在伊朗落脚。这些甚至在亚洲都默默无闻的阿富汗人，丑陋、肮脏、粗野，主要活动便是抢夺他人和互相掠夺。[79]另外，他们对待战俘与奴隶要比亚洲的一般情况来得好。天才领袖密尔·魏斯（Mir Wais）将他们的好战精力转移到相称的目标上。克鲁辛斯基/科索这时巧妙玩弄着他们读者的阅读期待。他们一定也想到了帖木儿，想象波斯被"一股可怕的蛮族洪流"袭击。[80]这些完全正确。颓废的萨非王朝被一小股战术巧妙的山区战士推翻，显然和 1644 年征服明朝中国的少数满族人情况相同。1725 年，完成手稿的克鲁辛斯基，认为波斯的新统治者很快会融入并推动文明进步——近来还成功推动和当地精英的和解政策——这样一来，波斯的革命将成为其余过度停滞与娇弱的亚洲地区的典范。[81]蛮族入侵似乎具有命定的意味：蛮族的文明化，同时唤醒一个过度成熟与软弱无力的文明。

纳第尔·沙阿以"战争彗星"和"有史以来最为大胆的战士"[82]之姿崛起，证明克鲁辛斯基的预测为一谎言。纳第尔·

沙阿让人学到其他教训。在他 1732 年发动政变和攻击奥斯曼王朝后，欧洲人才得知他的大名。[83] 有关他的消息很快涌现，以致大卫·法斯曼（David Fassmann）这位勤奋的评论家在 1738 年即能出版一部厚达 770 页的著作《波斯国王纳第尔·沙阿的出身、生活与作为》（*Herkunft, Leben und Thaten des Persianischen Monarchens Schach Nadyr*），尽管是拿琐碎的伊朗历史来填塞。[84] 在此，纳第尔·沙阿成了一位具有民族美德、信仰神明的救星，制止了他们的"蛮族"敌人，也就是"土耳其人、莫卧儿人及阿格瓦人（Aghwaner）"，让伊朗再次成为强权。他的秘诀之一，便是西化：引进欧洲式的纪律，让纳第尔·沙阿的部队强过对手。[85] 在 1734~1736 年间，欧洲内部传说纳第尔·沙阿是个法国人、德国人或荷兰人。[86]

1742 年，詹姆斯·弗莱泽（James Frazer）在《纳第尔·沙阿国王史》（*History of Nadir Shah*）一书中，讲述了纳第尔·沙阿由一名罗宾汉似的盗匪崛起成为一名大军阀的英雄事迹。内容大部分根据英国东印度公司在波斯的代表威廉·柯盖尔（William Cockell）的口述资料，他在印度遇见同样也任职于英国东印度公司的弗莱泽。[87] 弗莱泽/柯盖尔的纳第尔·沙阿，是个具有领袖魅力的人物，以国家仆人与民族救星自居，但他最关心如何维系部队的忠诚与战斗力。印度战役的主要目标也在于取得战利品与名声。[88] 弗莱泽并未粉饰恐怖的德里掠夺，指出被杀的市民数字为 12 万，并仔细统计出印度遭到掠夺的战利品：大量的宝石与金银，1000 头大象，7000 匹马，10000 匹骆驼，100 名阉人，300 名泥瓦匠，100 名石匠等。[89] 柯盖尔概述性地表示，尽管有这一切行径，纳第尔·沙阿几乎仍是一位无瑕的英雄人物：和士兵共患难的部队领袖，纪律严厉合理，记

忆过人，并能同时处理多样事务，[90]简而言之，纳第尔·沙阿
是位特殊的天才，打破了历史的既定程序，让僵滞的东方走上
坦途。纳第尔·沙阿在这里带有点克伦威尔的影子，而且在这
种性格刻画中，已具备征服者拿破仑的许多特质，令人讶异。
纳第尔·沙阿的信徒早已对自己偶像的暴行见怪不怪，甚至表
示，纳第尔·沙阿让莫卧儿大君的私人宝藏流通起来，对世界
经济做出了重大贡献。[91]他对宗教的冷淡与实际态度，以及对
其官方代表的不信任，亦让他博得批评教会的启蒙人士的好感。

　　直到纳第尔·沙阿死后，他在欧洲的名声才转成负面。拿
他和启蒙时期欧洲绝非毫无争议的英雄人物——亚历山大大帝
相比，往往不利于这位波斯的僭主。[92]英国商人约纳斯·汉威
（Jonas Hanway）不同于威廉·柯盖尔，虽不认识纳第尔·沙阿
本人，但在 1743~1744 年间亲眼观察到其统治的后果，并做了
详细报道，称他"是个残暴压迫的怪物"与"东方世界的灾
祸"。[93]汉威并不只努力以心理学，也就是类似英雄式激情的退
化，来解释纳第尔·沙阿政权陷入贪婪无度与残暴血腥的原因。
他看出纳第尔·沙阿统治体系中一定会有的后果：其军事机器
由于印度的战利品而变得娇弱腐败，这时成了一个永不餍足的
火神，吞噬一切。纳第尔·沙阿先前的领袖魅力亦被其猜疑与
无所不在的控制监视耗尽。他身为部队领袖与战略家的那种无
可置疑的优点，其中还包括谨慎，并未让他成为一名明智的立
法者与民事行政者。[94]

　　汉威的波斯悲剧图像，相当与众不同，并未神化其起因，
却由于和事件保持距离，而失之简化。此外，纳第尔·沙阿后
226　期让人想起罗马帝国暴君的暴怒猖獗，这在纳第尔·沙阿当时
史官米尔札·马赫迪（Mirza Mahdi）的波斯文历史作品中也留

下了见证。年轻的威廉·琼斯受丹麦国王之托，将这部作品译成法文。1765 年，卡斯腾·尼布尔在舍拉子购得译本所参考的手稿，并带回丹麦。[95] 根据这部年鉴，纳第尔·沙阿国王这时也被定型为怪物。琼斯写道，他身旁全是罪行与暴虐。[96] 哥廷根大学教授克里斯朵夫·麦纳斯一直偏爱夸张的判决，在 1795 年沉迷于这个政权粗野的罪行中，大肆说着一种暴力幻想：

> 纳第尔·沙阿国王及其军事将领不断和只知道掠夺、破坏与残杀的粗野战士四处出击，所到之处，无论行省、城市及村庄，全是一片血腥与残破。……禽兽般的土库曼部队也从未出现像纳第尔·沙阿国王这样的可怕怪物。[97]

然而，一些具有命定观念的基督教作家可以习惯纳第尔·沙阿自视为上帝之鞭的说法[98]，为其恶行找出一定的意义。耶稣会修士约瑟夫·蒂芬塔勒认为德里这个罪恶之都，活该受到纳第尔·沙阿的惩罚：

> 那里（德里城）是个所有恶习、猥亵及不洁的罪恶渊薮，因而要像索多玛及蛾摩拉被硫黄火雨攻击一样，遭受战火袭击，以成河的血水灭掉不贞的地狱之火。在此，上帝需要纳第尔·沙阿国王为其愤怒之鞭，鞭打德里罪恶的居民。[99]

18 世纪 90 年代，英国东印度公司的一位高级官员——清教徒查尔斯·格兰特（Charles Grant），视所有印度的伊斯兰征服者，包括纳第尔·沙阿国王，为上帝惩罚堕落的印度教徒的工具。[100]

　　未将纳第尔·沙阿国王丑化为亚洲的怪物，约翰·马尔科姆爵士在自己 1815 年的《波斯史》一书中，给予详尽的评估。熟悉部分波斯史料的马尔科姆对纳第尔·沙阿的看法，和吉本对匈奴王阿提拉的看法类似：一名迫切想以现有资源革新自己民族的爱国者。只不过阿提拉是名自尊受损的蛮人，而纳第尔·沙阿则将一个文明民族从 18 世纪最恶劣的蛮族统治中解放出来。[101]常被报道的征服德里的暴行，马尔科姆认为过于夸张[102]，而后期的专断统治亦情有可原；精神错乱或许可以用来解释某些事。在马尔科姆处，几乎察觉不到如汉威与 1738 年横越伊朗的奥特等旅行家的那种直接震撼。[103]他不断忽视他们对该国暴力与失序的见证，倒是令人吃惊。在他看来，纳第尔·沙阿的杰出成就，便是将波斯从阿富汗的桎梏中解放出来，并重新唤起他们的民族自尊，纳第尔·沙阿至今受其同胞尊崇，便是其历史地位的最佳证明。[104]马尔科姆这位职业军事将领对纳第尔·沙阿可与近代欧洲重要统帅媲美的军事艺术深感佩服。马尔科姆在某些方面采用和纳第尔·沙阿同时代的欧洲人的看法，未在"我们"和怪物纳第尔·沙阿间划出文明与野蛮的界线，而是在波斯及亚洲蛮族间，也就是阿富汗人甚至包括部分娇惯的莫卧儿宫廷中堕落的印度人之间划出界线。身为一名现代革新者的纳第尔·沙阿，从自己的亚洲背景中浮现出来，打破了东方政体的永恒轮回。在他征服了部分阿富汗后，他并未进行血腥报复，而是将阿富汗人变为忠诚盟友。在印度之役中，按照亚洲历史的标准，这位征服者并不残暴，反而宽和。[105]

　　马尔科姆的恭维并未打消大家对纳第尔·沙阿的厌恶[106]，

227

但他的话却比这位 19 世纪英国最富名望的波斯史学家的评价更具影响力。马尔科姆是由大英帝国征服者的角度出发。在滑铁卢那一年，他在纳第尔·沙阿身上见到的，并不是一位东方的拿破仑，而是有英国味的先驱者。他又如何能够彻底批评这位征服者？英国人在印度也获得了成功，因为他们在当地部队中引进纪律，他们的战役也非和平性质，他们同样也强占了亚洲统治者的角色，并如埃德蒙·伯克愤怒地察觉到的那样，肆无忌惮地推翻整个次大陆的当地旧政权。从亚洲关系的架构来看，甚至是从英国列岛的社会脉络来看，东印度公司的统帅与官员正是类似纳第尔·沙阿国王这样的"战争彗星"与暴发户。不把纳第尔·沙阿视为突然冒出的基本历史鬼怪，而是一位具有领袖魅力的革新者，因而理所当然。虽然，他缺乏英国人最自豪的东西：稳定民心与征服者自我驯化的能力。

228 海达·阿里（Haidar Ali）：暴君与启蒙改革者

事实上，大英帝国有理由感谢纳第尔·沙阿，他摧毁了莫卧儿政权，让后来的英国能够轻易进军这块次大陆。当 1757 年罗伯特·克莱芙赢得普拉西战役（Plassey），揭开这个进军的序幕，纳第尔·沙阿的插曲已成过眼云烟，却令人难忘。[107]英国人可以大肆赞扬纳第尔·沙阿，反正他从未成为他们自己的军事对手。对 18 世纪后半叶的各个印度强权来说，情况却大不相同。统一的莫卧儿王朝迅速瓦解，随后出现许多新的政权。与中国与日本的政治安定截然不同，甚至奥斯曼帝国的核心领域南亚都成了国家重新建构的实验室。帝国框架的瓦解，释放出 1707 年奥朗则布皇帝死后再也不受上层权力束缚的力量。[108]其中，包括旁遮普的锡克族——他们在 18 世纪逐步由宗教团体发展成一股政治势力，以及南印度德干（Dekkan）的马拉塔族。近代一名重要的建国者西瓦吉（Shivaji）[109]，于 17 世纪中期以武士与婆罗门种姓成员组织起一个新的政治精英团体，在伊斯兰的莫卧儿王朝中建立起一个敌对的印度教国家。统一王国瓦解，马拉塔族便在 18 世纪以松散的公社与不断变动的形式出现，对此，欧洲的政治理论无法解释，只能依靠模拟：有人觉得像是封建中古的采邑，有人甚至认为那是日耳曼部落的联盟。然而，出色的专家不得不承认，马拉塔族的体系独特，无法比拟：一种"蛮族式的"，有时候却是相当成功的组织形式。[110]马拉塔族发展成为英国人最强大的军事对手。1803 年，他们被彻底击败，1818 年，其国家剩余部分瓦解。

　　在印度的各邦中，海达·阿里与儿子提普苏丹统治下的迈索尔邦，在欧洲最受瞩目。1767 年至 1799 年间，英国人和迈索尔邦四度开战。1767 年至 1769 年，海达危及英国的殖民都会马德拉斯，缔结了对他有利的和平协议。1780 年至 1784 年的第二次迈索尔战争中，和法国人结盟的迈索尔多次击败英国人，俘虏许多英国人。1784 年，迈索尔势如中天，成为南印度最强大的国家。1789 年，提普苏丹攻击英国东印度公司的盟友特拉凡哥尔王公，因而 1790 年初，英国人觉得有必要进行强力反击。1792 年，英国人才赢得第三次迈索尔战争。提普失去大片领土，并需支付高额战争赔款，他将两个儿子质押给英国东印度公司，以维持和平协议。1799 年，一小撮法国援助部队来到迈索尔后，韦尔斯利勋爵这位大英帝国在印度最具侵略性的总督，视之为绝佳的开战理由，摧毁了迈索尔的苏丹政权。提普在捍卫首府斯里兰加帕塔那（Srirangapattana）时身亡。[111]

　　不同于纳第尔·沙阿国王的例子，欧洲人在这里扮演着戏剧事件的旁观者角色，和迈索尔邦的冲突，成了英国大肆鼓吹战争的借口。双方血腥交战的第三次，尤其是第四次迈索尔战争，在英国群众眼中成了阴森的亚洲暴政和善良政权间的搏斗。在现场报道、当代历史作品、舞台与绘画中，海达和提普不仅成为自由英国民众甚至也成了他们自己人民的头号敌人。早期英国在印度的战争少被意识形态化，多半顾及其合法性，偷偷进行，但第四次迈索尔战争再也没有引起任何批评。摧毁苏丹政权，被视为光荣的民族事迹：不是征服（其实就是），而是将迈索尔人从伊斯兰暴政下解放出来。提普之死，成了正义的胜利。[112]

18 世纪 90 年代初，对英国人而言，迈索尔是继革命的法国后，帝国的第二号敌人。相关图像都是敌视图像。看一下对这个南印度国家崛起的评价甚为有趣。海达·阿里作为一名嗜血暴君的负面图像是在其 1782 年死后，于第二次迈索尔战争中英国战俘报道自己被惨无人道对待时出现的。[113]英国人被迫接受无以复加的待遇：改信伊斯兰。[114]与此相对，有个有利于海达的图像。海达在世时，他最早的一名传记作家梅斯特·德·拉·图尔（Maistre de la Tour）表示，海达是印度继纳第尔·沙阿国王后最知名的征服者，但在天赋及文明贡献上胜过后者甚多。[115]这位带有强烈反英情结的法国人描述了海达的生活与其宫廷的状况。在印度表现专制的，并非海达，而是指控他专制的英国东印度公司。[116]

弗朗西斯·罗伯森（Francis Robson）立刻反驳他。他在印度待了 20 年，确信自己出席了英国人和迈索尔间的多数接触场合。罗伯森并未采用几年后反提普宣传时的那种过度修辞。他突出海达的残暴（不过，并不比其他印度统治者严重许多），

却无法完全掩饰对他的敬重：在海达于 1761 年至 1763 年间成
为许多地方王公的共主，并在后来几年将强大的邻居马拉塔族
逐出迈索尔后[117]，长久未见的和平与适度的繁荣又出现在印
度地区。也只有这种民事建设政策，才能促成海达在短期内组
成一支精锐部队。[118]尽管他的最高目标是"彻底消灭印度半岛
上所有的欧洲人"，罗伯森也不想过度怪罪这位君主。[119]

　　威廉·富拉腾上校赞同埃德蒙·伯克及其对英国在印度扩
张政策的批评，以（更为）正面的笔触描述海达·阿里。他称
颂海达依循欧洲原则，靠欧洲特别是法国顾问之助所建立起来
的军队，并描述海达在 1769 年至 1780 年承平时期以彼得大帝
般的雄心与毅力，将其国家建设成一模范国度：

> 　　在他出色的统治下，他的国度达到至今印度统治者未
> 曾经历过的完美。各地的农夫与工匠生活富庶，农地增加，
> 新的作坊成立，王国中一片繁荣。[120]

　　海达打击马虎行事与贪污，自行处理各种细节，不断监控，
并让人为他朗读文件（他是文盲），随时接见民众。[121]换句话
说，海达是位透过篡夺，而以新人身份取得权力的军事独裁者，
类似纳第尔·沙阿国王，但不同于他的是，海达亦是位改革者
与杰出的民事管理者。富拉腾重复一些梅斯特·德·拉·图尔
即已提过的故事，并不清楚他的叙述是否根据亲身见闻。值得
注意的是，这是自莫卧儿皇帝阿克巴以来，首次以欧洲启蒙专
制代表者而非东方独裁者类型的方式来描述一名印度统治者。

　　1801 年，孜孜不倦编纂海外信息的马提亚斯·克里斯蒂
安·斯普林格，即我们所知的约翰·赖因霍尔德·弗斯特的女
婿与同事，在哈勒处理到这个题材。十年前，他已出版主要根

231

据英国官方出版品编纂出来的丰富的马拉塔族历史。他对马拉塔族由一"粗野且掠夺成性的山区民族"，戏剧性崛起成为继英国后在印度最强大的政治力量感兴趣。[122]史料状况尚未容许他勾勒出马哈拉施特拉（Maharashtra）社会的图像，但他已能够指出马拉塔族成功的条件：西瓦吉有远见的建国成就；系统地维持骑兵部队并完备骑兵战术；从欧洲佣兵与宿敌莫卧儿人身上学习，将掠夺发展成为生活方式；最后是敌视奢华与排场，坚守古老习俗。

马拉塔族仿佛以一个民族来呈现"历史的基本力量"，而海达·阿里则以领袖人物的身份体现之。迈索尔的命运也"为我们指出一般印度革命的绝佳图像，一个微不足道的小地方可以迅速崛起成为强国"。[123]正如纳第尔·沙阿国王，海达也以"强盗"或单纯部队领袖身份效命于一名在 1761 年被他通过政变夺权、暂时当成傀儡的君主，就此开始自己的统治。不同于纳第尔·沙阿，这个军阀成为一名明智的立法者，发现推动经济的重要性，并取得重大成就。[124]并非海达自己的不足，而是其强邻马拉塔族与英国人的侵略性和妒忌限制了他。不同于英国与法国论及迈索尔的作者，斯普林格身处殖民争执与国际对立之外，只要在他的英国史料容许的情况下，他就试着由内部，也就是从海达与提普的角度来描述迈索尔的历史，没有任何引人争论的夸大。提普的表现比父亲差：自大、好战的穆斯林，排斥许多他的印度教臣民，最后削弱了自己的地位。[125]

232 在斯里兰加帕塔那被毁灭 10 年后，海达与提普治下的迈索尔的历史找到了适合自己的史学家——马克·威尔克斯上校（Colonel Mark Wilks）。他在迈索尔生活了 7 年之久，深入研究马拉塔语与波斯文手稿、铭文、钱币及其他史料。[126]威尔克斯放弃胜利者的姿态。受到爱德华·吉本崇高的语气影响，他以怀古的感情回溯迈索尔这个伊斯兰国家的兴衰。他的海达·阿里肖像并未避讳其残暴与口是心非，但也认为英国人与一般的印度公侯在这两点上并不逊于他。在威尔克斯笔下——显然比在哈勒研究室中的斯普林格掌握更多信息——海达的统治优点无所不在：第二位更加成熟的纳第尔·沙阿国王；一名爱国的军事领袖，其战役多为防御性，而非攻击性；一个进步成为农业、贸易与手工业推动者的强盗。海达的"历史的基本力量"源自其不属于正统朝代兴替的出身。他的现代化政策受到欧洲影响，是一个相当正确的建国范例。他有可能成为全印度的彼得大帝，要不是有个在治国及战争艺术与知识上胜过所有印度民族的民族出现的话，正如詹姆斯·密尔1817年以历史哲学的角度所解释的那样。[127] 尽管有史学家马尔科姆的技艺，纳第尔·沙阿嗜血怪物的名声仍无法去除；反之，英国的宣传攻势则需全力抹黑海达与提普，尤其是考虑到海达几乎没有亚洲政治上那种蛮族老调。正是这一点，让他令人疑惧，感到危险：一名当地的现代化人士，如同几十年后埃及的帕夏穆罕默德·阿里，可能会让欧洲殖民开化的使命丧失先决条件与借口。

火山政策的现代化

阅读耶稣会传教士在17世纪前40年与1690年至1760年间由中国送回欧洲的报道，会有一种静止永恒的印象。这个图像对整个亚洲与欧洲的亚洲意识来说，并不典型。相反，亚洲比较是个政治动乱的大陆，用当代的话来说，是"革命"，就连中国都不能幸免。在1644年清军攻占首都北京与大约40年后的王朝和平盛世之间，这里上演着暴力程度胜过英国革命甚多的事

233

件，和三十年战争不相上下。欧洲人清楚知道这一点。

1644 年及之后的结果：这里——正如亚洲历史中所常见的——似乎再次爆发原始的"历史的基本力量"，如黑格尔所言，一种被释放出来、近似自然力的力量，朝文明中心烧燎而去。欧洲作者十分看重这种草原与农地、游牧社会与农耕社会、流动与稳定的对比。没错，毫无疑问，这涉及世界史的一种基本差异。不过，在近代欧洲的亚洲文献中，这种关系未像后来那么明显，特别是在 19 世纪对立的思维方式与文献中，没人清楚拥护"文明"，抵制"野蛮"。这可从对中世纪两位重要的建国人物——成吉思汗与帖木儿的矛盾评价中看出。直到 19 世纪初期两人在约翰·马尔科姆爵士这样著名的作者笔下，都还未被清楚定型为"亚洲式残暴"的化身。他们的立法成就与政策中鲜明的目标理性，同样受到推崇。

在 18 世纪的亚洲，主要是僭主与彗星般崛起的军阀在表现，类似欧洲某些人物，如华伦斯坦（Wallenstein）①、克伦威尔与后来的拿破仑，引起人们相应的兴趣。他们证明了亚洲的政治火山绝未熄灭。波斯的纳第尔·沙阿国王是位国际知名人士，黑格尔概念中的世界史中有潜力的人物，有可能成为伊朗的彼得大帝。欧洲的观察家以记者般的好奇追踪他的生涯。后来出了什么事？纳第尔·沙阿的政权堕落成为亚洲现代史上最可怕的暴政之一，为道德腐败与纯战争政权的毁灭机制提供了清楚的教育范例。

迈索尔邦的海达·阿里苏丹并非那么可怕的人物，也不是一位民族领袖，只是一名重要的印度地方公侯。海达在全欧洲

---

① 一名波西米亚军人与政治家，在三十年战争之际，效命费迪南二世，以换取掠夺所征服之地区的权利。—译者注

备受重视，其知名度不仅仅局限于和他直接冲突的英国，因为
他似乎体现了一个对亚洲来说新的历史原则：坚定地将国家现
代化，正好和旧式及堕落的"东方专制君主"相反。海达似乎
是第一位发现必须用欧洲自己的方法与武器来击退欧洲侵略者
的亚洲政治领袖。正是这一点，让他和他较为短视的儿子提普
苏丹成为正在崛起的大英帝国特别危险的对手。迈索尔的试验
完全失败，但海达·阿里并未完全失去其征服者对他的敬重。
"历史的基本力量"的政治爆发力，在他身上转化为在旧王朝
的废墟上重新建国的力量。帖木儿或纳第尔·沙阿国王骇人的
战争风暴，已然变成了亚洲默默借改革来进行的抵抗，尽管起
先这只是蛛丝马迹而已。

234

注释：

[1] Hegel, *Die Orientalische Welt* (1923)，第 342 页。

[2] Avril, *Voyage* (1692)，第 195 页。

[3] 例如 Pufendorf, *Introduction* (1753–1769)，第 7 册，第 299 页。

[4] 参阅 Bayly, *Imperial Meridian* (1989)，第 35~40 页；Gommans,
Indo-Afghan Empire (1995)，特别是第 33 页以下。当代史学家
中，亚历山大·道特别注意他所称的"阿富汗帝国"。

[5] 特别是英国人与阿瓦德（Awadh）的瓦奇尔（Wazir）、苏拉·阿
尔道拉（Suja al-Daula），在 1774 年抵抗罗希拉（Rohilla）阿富
汗人。当代的记述参阅 C. Hamilton, *Rohilla Afgans* (1787)，第
21 页以下（同情罗希拉人）。亦参阅 Francklin, *Shah-Aulum*
(1798)，第 60 页以下。总督沃伦·黑斯廷斯在这场战争中对付
罗希拉人的血腥行径，在 1786 年成了埃德蒙·伯克攻击他的关
键之一。参阅 Burke, *Writings*，第 6 册（1991），第 79~119 页；
Whelan, *Edmund Burke* (1996)，第 142~145 页。Breitenbauch,

Ergänzungen（1783-1787），第 2 册，第 122 页，亦指控这为民族屠杀。关于背景，参阅 Husain, *Ruhela Chieftaincies*（1994）。

[6] 当代的描述参阅 J. B. L. Rousseau, *Bagdad*（1809），第 123 页以下；Burckhardt, *Bedouins*（1830）。

[7] 莱布尼茨的引文同上书，第 16 页。Condorcet, *Entwurf*（1976），第 198 页，一直严肃看待这种可能性，借讨论来排除这种可能性。

[8] Kappeler, *Rußland*（1992），第 106 页。

[9] Humboldt, *Ansichten*（1987），第 7 页。或视鞑靼人为"昆虫"：Volney, *Ruinen*（1977），第 69 页及下。善于变换看法的吉本虽然一再提到亚洲"群众"，但补充道，在第四次十字军东征时，拜占庭人眼中的基督教十字军宛如"蝗虫"。Gibbon, *Decline and Fall*（1909-1914），第 6 册，第 304 页及第 342 页。

[10] Lueder, *Geschichte*（1800），第 77 页。

[11] Strahlenberg, *Das Nord- und Ostliche Theil*（1730），第 16 页。

[12] Temple, *Works*（1814），第 3 册。第 357~359 页。

[13] 同上书，第 397 页及下页；Virey, *Histoire naturelle*（1824），第 1 册，第 469 页以下，讨论这些原因。

[14] Ranke, *Weltgeschichte*（1881-1888），第 8 卷，第 420、417 页。

[15] 同上书，第 9 卷，第一部分，第 271 页。

[16] 同上书，第 1 卷，第一部分，第 ix 页；第 8 卷，第 417 页。

[17] 同上书，第 9 卷，第一部分，第 274 页。

[18] 同上书，第 4 卷，第一部分，第 300 页。

[19] 参阅 Müller, *Geschichte der Antiken Ethnographie*（1972-1980），第 2 册，第 192~194 页。

[20] Fessler, *Attila*（1794），第 96 页。

[21] Robertson, *Progress*（1972），第 15 页。

[22] Gibbon, *Decline and Fall*（1909-1914），第 3 册，第 443、445、

451 页，第 453 页及下页；及 Richardson, *Dissertation*（1778），第 149 页。孟德斯鸠已视阿提拉为前所未有的伟大君主之一：*Considérations sur les causes de la grandeur des Romains et de leur décadence*［1734］，出自 *Œuvres*（1949 - 1951），第 2 册，第 178 页。

[23] Schmidt, *Völker Mittel-Asiens*（1824），第 1 页及下页。

[24] 例如 Jones, *On Asiatic History, Civil and Natural*［1792］，出自 *Works*（1807），第 208~211 页。这也是浪漫主义史观的一个强而有力的主题，例如 Goerres, *Mythengeschichte*（1810）中的"民族潮"观念。Prichard, *Researches*（1836 - 1847）的焦点在迁移的历史。

[25] Volney, *Ruinen*（1977），第 65 页。

[26] Peysonnell, *Observations*（1765），第 19 页及书中各处。

[27] Heeren, *Ideen…*，出自 *Historische Werke*（1821 - 1826），第 10 册，第 60 页。

[28] 大致参阅 Mohnhaupt, *Spielarten*（1988）。此外，彼得·西蒙·帕拉斯及乔治·库维尔亦有 1800 年左右经历不同新的解释的地质及地球史的革命概念。

[29] Achenwall, *Staatsverfassung*（1768），第 6 页。

[30] Gatterer, *Versuch*（1792），第 1 页。

[31] Anquetil-Duperron, *Dignité du commerce*（1789），第 41 页。

[32] Gibbon, *Decline and Fall*（1909-1914），第 1 册，第 1、64 页；第 2 册，第 306 页；第 6 册，第 292 页。

[33] "大革命"：Baumgarten, *Algemeine Welthistorie*（1744 - 1767），第 25 册（1763），第 152~248 页如此表示（详细描述了超过 200 多年的事件!）。Martini, *De bello tatarico*（1654）；及 Van Kley, *News from China*（1973）；Mungello, *Curious Land*（1985），第 110~116 页。

[34] 参阅 Goldstone，*Revolution*（1991）。

[35] Dunbar，*Essays*（1781），第 2 册，第 275 页及下页；Castilhon，*Considérations*（1769），第 252 页；Roubaud，*Histoire générale de l'Asie*（1770-1772），第 2 册，第 283 页。

[36] 这些过程被视为"革命"，例如 Francklin，*Shah - Aulum*（1798），第 185 页；Herrmann，*Gemählde*（1799），第 154 页；Dubois，*Description*（1817），第 xiv 页。

[37] Burke，"Speech on Fox's India Bill"（1783 年 12 月 1 日），出自 *Writings*，第 5 册（1981），第 402 页。

[38] Maurice，*Modern History of Hindostan*（1802-1810），第 1 册，第 181 页。关于作者，参阅 Grewal，*Muslim Rule*（1970），第 58~62 页。

[39] Tott，*Memoirs*（1786），第 1 册，第 x 页。Fischer，*Sibirische Geschichte*（1768），第 50 页，有类似看法。

[40] Baumgarten，*Algemeine Welthistorie*（1744 - 1767），第 21 册（1760），第 512 页。

[41] 同上书，第 636 页及下页。

[42] Gibbon，*Decline and Fall*（1909-1914），第 7 册，第 4 页，注释 7。Malcolm，*History of Persia*（1829），第 1 册，第 254~256 页，有类似看法。

[43] 诺尔斯在"暴君"帖木儿与苏丹巴雅奇一世（Bajazit I）的争斗中，完全拥护前者：*Turkish History*（1687-1700），第 1 册，第 153 页及下页，第 157 页及下页。

[44] Voegelin，*Anamnesis*（1966），第 154 页，第 156~159 页，第 169 页及下页；Nagel，*Timur*（1993），第 9 页及下页。关于帖木儿 18 世纪的图像，亦参阅 Minuti，*Oriente barbarico*（1994），第 17 页以下，第 22 页以下；关于历史上的帖木儿，除了纳格（Nagel），亦参阅 Manz，*Tamerlane*（1989），及 Roemer，*Persien*

（1989），第 57~120 页。在许多这个题材的艺术作品中，亨德尔（Georg Friedrich Händel）的 1724 年的歌剧《塔默兰诺》（*Tamerlano*）特别值得一提。

［45］这使得 19 世纪的英国作者可以把英国在印度的主权拿到帖木儿让人矛盾的传统中来观察。

［46］D'Herbelot，*Bibliothèque Orientale*（1777 - 1779），第 3 册，第 500~521 页。

［47］Visdelou，*Histoire abregée de la Tartarie*（1779），第 277 页及下页。

［48］D'Anville，*L'Empire Turc*（1772），第 28 页。亦参阅 Rennell，*Map of Hindoostan*（1793），第 liv 页：帖木儿是位"残暴的怪物"。

［49］Margat de Tilly，*Histoire de Tamerlan*（1739），第 2 册，第 385 页；亦参阅 Catrou，*Mogul Dynasty*（1826），第 8 页。曼努奇（Manucci）的看法更加简洁冷静，卡楚（Catrou）可以说是从他那里剽窃过来：*Storia do Mogor*（1906 - 1908），第 1 册，第 97~103 页。帖木儿狂热的高峰：Pétis de la Croix，*Timur - Bec*（1723），第 4 册，第 296 ~ 300 页；及 Holberg，*Vergleichung*（1748 - 1754），第 1 册，第 29 页以下。

［50］Margat de Tilly，*Histoire de Tamerlan*（1739），第 2 册，第 386 页及下页。

［51］Baumgarten，*Algemeine Welthistorie*（1744 - 1767），第 22 册（1761），第 439 页。

［52］Joseph White，*Institutes of Timour*（1783）；Remer，*Gestalt der historischen Welt*（1794），第 172 页；Heeren，*Ideen …*，出自 *Historische Werke*（1821 - 1826），第 10 册，第 68 页。

［53］Justi，*Vergleichungen*（1762），第 130 页以下。

［54］Joseph White，*Institutes*（1783），第 vii 页。

［55］ 如 Thornton, *Present State*（1809），第 lxii 页以下；Mills, *Muhammedanism*（1817），第 214 页及下页。

［56］ Maurice, *Modern History of Hindostan*（1802-1810），第 2 册，第 vii 页，第 3 页以下，第 12 页及下页。

［57］ Voltaire, *Essai sur les mœurs*（1963），第 1 册，第 803~809 页。

［58］ Gibbon, *Decline and Fall*（1909-1914），第 7 册，第 47 页。

［59］ 关于德金（de Guignes）这位 18 世纪的大史学家，详细参阅 Minuti, *Oriente barbarico*（1994），第 141 页以下。

［60］ Guignes, *Histoire générale*（1756-1758），第 4 册，第 13 页。

［61］ 同上书，第 27、31 页。

［62］ Gibbon, *Decline and Fall*（1909-1914），第 7 册，第 72 页，注释 75："这位莫卧儿皇帝对臣民的胜利感到高兴，而非不快：一名西洋棋手会感受到这种赞美的价值！"

［63］ 同上书，第 7 册，第 71 页。

［64］ 同上书，第 7 册，第 73 页。

［65］ Malcolm, *History of Persia*（1829），第 1 册，第 312 页（帖木儿那一章：第 284~312 页）。Hammer-Purgstall, *Geschichte des Osmanischen Reiches*（1827-1835），第 1 册，第 253~337 页的解释某些地方亦类似。

［66］ 同上书，第 315 页及下页。

［67］ Curzon, *Far East*（1894），第 2 页。

［68］ Herrmann, *Gemählde*（1799），第 177 页。

［69］ Lockhart, *Nadir Shah*（1938），第 20 页。以下主要参考 Avery, *Nâdir Shâh*（1991），亦参阅 EI，第 7 册（1993），第 853~856 页。

［70］ Lockhart, *Nadir Shah*（1938），第 148~154 页。这些事件的戏剧性描述出自 Claustre, *Thamas Kouli-Kan*（1743），第 426 页以下，第 1 部参考作品页。

[71] 如 Pufendorf, *Introduction* (1753 - 1759)，第 7 册 (1759)，第 539 页。

[72] Hanway, *Historical Account* (1753)，第 1 册，第 331 页。

[73] Baumgarten, *Vorrede* (1744)，第 12 页。

[74] 这类 18 世纪报道的概述，参阅 Marigny, *Arabes* (1750 - 1752)，第 4 册，第 260 ~ 525 页，他还处理了关于纳第尔·沙阿国王的报道。

[75] Voltaire, *Histoire de l'Empire de Russie sous Pierre le Grand*，出自 *Œuvres historiques* (1957)，第 584 页。

[76] 引文出自 Laurens, *Les origines intellectuels* (1987)，第 133 ~ 135 页的报道。

[77] 关于传记及他报道的评价，参阅 Lockhart, *Fall of the Safavi Dynasty* (1958)，第 516 ~ 525 页。

[78] 结果为 Clodius, *Chronicon Peregrinantis* (1731)。克鲁辛斯基的报道——以今天的眼光来看亦"非常可信"（Lockhart, *European Contacts*, 1986，第 409 页）——和许多其他史料都被用在当代欧洲最严谨的作品中：Clairac, *Histoire de Perse* (1750)。

[79] Krusinski, *Revolution in Persia* (1728)，第 1 册，第 149 页。

[80] 同上书，第 2 册，第 9 页。

[81] 同上书，第 199 页。

[82] Hammer - Purgstall, *Geschichte des Osmanischen Reiches* (1827 - 1835)，第 8 册，第 30 页；Orme, *Military Transactions* (1763 - 1778)，第 1 册，第 2 页。

[83] 参阅 Laurens, *Les origines intellectuels* (1987)，第 139 页及下页。

[84] 参阅 Lindenberg, *David Faßmann* (1937)，第 63 ~ 65 页。关于作者，亦参阅 Matthes, *Rußland* (1981)，第 185 ~ 286 页。

[85] Quelle, *Schach Naydr* (1738)，第 573、665 页。

[86] Lockhart, *Nadir Shah*（1938），第 312 页；及 Niebuhr, *Reisebe-schreibung*（1774-1837），第 2 册，第 275 页。

[87] Lockhart, *Nadir Shah*（1938），第 304 页及下页。

[88] J. Fraser, *Nadir Shah*（1742），第 130 页。

[89] 同上书，第 185 页，第 220 页及下页，第 222 页及下页。

[90] 同上书，第 227~234 页。

[91] Claustre, *Thamas Kouli-Kan*（1743），第 437 页，但显然是纳第尔·沙阿自己囤积的。

[92] 如 Bougainville, *Parallèle*（1752），第 140 页及下页，他主要根据奥特（Otter）1748 年的游记；Hanway, *Historical Account*（1753），第 4 册，第 143~146 页。

[93] 同上书，第 263 页。

[94] 同上书，第 271~283 页。关于汉威，参阅 Pugh, *Jonas Hanway*（1787）。

[95] *Ta'rikh-i-Nadiri*：Jones, *Histoire de Shah Nader*（1770），及 *Works*（1807），第 11~12 册（关于后期的纳第尔·沙阿，特别是作品第 6 卷）。以及 Cannon, *Oriental Jones*（1990），第 14 页及下页。

[96] Jones, *Works*（1807），第 11 册，第 iii 页。

[97] Meiners, *Betrachtungen*（1795-1796），第 1 册，第 179 页。托马斯·毛理斯（Thomas Maurice）这位史学家同年的看法类似，但没那么怪异，参阅 Grewal, *Muslim Rule*（1970），第 60 页。

[98] "我跟随着上帝派来对各国展现其愤怒的使者的脚步" Otter, *Voyage en Turquie*（1748），第 1 册，第 414 页，如此引述纳第尔·沙阿。

[99] Bernoulli, *Des Paters Joseph Tieffenthaler's...*（1785-1788），第 II/2 册，第 39 页。

[100] Grewal, *Muslim Rule*（1970），第 67 页。

［101］马尔科姆以阴沉的笔触描写阿富汗人征服占领波斯的残暴行为。他估计人口损失近百万：Malcolm, *History of Persia* (1829)，第 1 册，第 472 页。

［102］他从印度史料中得出该城只有大约 8000 人罹难：Malcolm, *History of Persia* (1829)，第 2 册，第 33 页。

［103］其他波斯暴行的见证：Bonnerot, *La Perse* (1988)，第 43 ~ 67 页。

［104］同上书，第 52 页。

［105］同上书，第 47 页。

［106］如 Brougham, *Political Philosophy* (1842 - 1843)，第 1 册，第 125 页。

［107］如琼斯 1770 年对这些事件的看法：他们尚未"失去热度"(*Works*, 1807，第 11 册，第 vii 页)。

［108］概览参阅 Bayly, *Indian Society* (1988)，第 18 页以下。

［109］欧洲观察家注意到这点：参阅 Lach/Van Kley, *Asia* (1993)，第 765 ~ 768 页。

［110］如 Scott, *Deccan* (1791)，第 22 页。亦参阅 Gordon, *Marathas* (1993)，第 178 页以下。

［111］关于这些事件，参阅 Förster, *Die mächtigen Diener* (1992)，第 119 ~ 166 页。关于（极为剑拔弩张）和法国的同盟，参阅 S. P. Sen, *The French* (1971)。

［112］Marshall, *Cornwallis Triumphant* (1992)，第 61 页以下；Teltscher, *India Inscribed* (1995)，第 229 ~ 258 页。

［113］同上书，第 230 页。

［114］Tennant, *Indian Recreations* (1803)，第 184 页。

［115］Maistre de la Tour, *Ayder Ali Khan* (1784)，第 1 册，第 v 页。

［116］同上书，第 159 页。

［117］亦参阅 Gordon, *Marathas* (1993)，第 158 页。

［118］Robson, *Hyder Ali*（1786），第 103 页。

［119］同上书，第 105 页。

［120］Fullarton, *View*（1788），第 62 页。

［121］同上书，第 63~65 页。Michaud, *Mysore*（1801），第 1 册，第 33 页以下，有类似描述。

［122］Sprengel, *Geschichte der Maratten*（1791），第 13、19 页。斯普林格关于崛起历史的分析高度，显示出他比较了相同材料叙述天真的版本（J. Kerr, *Mahrattah State*, 1782）或相关材料纯统治者观点处理后的版本：Hüllmann, *Mongolen*（1796）。

［123］Sprengel, *Hyder Ali*（1801），第 3 页。这个主题亦决定了海达应有的评价，参阅 Perrin, *Reise*（1811），第 122~131 页。

［124］Sprengel, *Hyder Ali*（1801），第 13 页及下页。

［125］同上书，第 34~36 页。提普的类似图像，参阅 Buchanan, *Journey*（1807），第 1 册，第 70 页以下。他强调海达·阿里时代迈索尔邦的经济没落。

［126］Wilks, *Historical Sketches*（1810-1817）。第 2 册几乎全在谈论海达·阿里。

［127］Mill, *History*（1817），第 2 册，第 444 页。

第九章　野人与蛮族

在 18 世纪的欧洲人眼中，"历史的基本力量"是种"野蛮"力量。它是由外部侵入文明世界并摧毁文明世界的非文明。有些时候，其历史使命也可以是透过原始自然的纯朴，将文明从奢华与冷漠中解放出来。蛮族同时具有两种身份：既是"精致"的摧毁者，亦是"过度雕琢"的复仇女神。于最理想状况下，一些心向文明的蛮族发挥净化作用之后，进而吸收被征服者的文化，于是在那些地区形成了新的综合体。对许多人来说，中国的魅力即在此。"野蛮的"满族人在康熙皇帝统治下，将中国文明推向新的高峰。出于同一原因，康熙在欧洲人眼里成了亚洲最受瞩目的君主：身为和平皇帝的蛮族国王。[1]就像吉本笔下的哥特人泰奥德里希（Theoderich）①[2]，对康熙的崇拜者来说，他是理想君主的化身：一名改过自新的蛮人。

并非所有的"蛮族"都具有"历史的基本力量"效应。多数蛮族早已不是世界史运动的主体，在政治上变得无关紧要，也可轻易地将他们像"野人"一样当成民族志观察的客体。只要在政治与军事上不用再去惧怕他们，便可将这些"异类"留给民族志与人种学。对亚洲而言，这个过程在 18 世纪展开。

---

① 或称"狄奥多里克大帝"，为公元 5、6 世纪之交意大利东哥特王国的创建者。——编者注

失落的野人

如古代作家的描述，期待在亚洲见到人兽合体怪物的那个时代，约于 17 世纪中期即已一去不返。欧洲启蒙时代的亚洲论述充满幻想和期待，但没有过去那种想象。对启蒙时代的人来说，相同的自然法则放诸四海皆准。在亚洲有许多可能令欧洲人伤脑筋的东西，印度圣人的苦行看起来便难以理解。不过，欧洲的知识阶层中，没人相信有一个打破物理法则的奇异之国存在。18 世纪初，安东尼·加兰德翻译了《一千零一夜》，以文学为欧洲创造出一个奇妙迷人、不可思议的亚洲，其中既充满自然精灵和飞天神毯，又存在着暴戾之气与荒淫无度。这个亚洲起先被威廉·贝克福特（William Beckford）的小说《瓦席克：一则阿拉伯故事》（*Vathek: An Arabian Tale*，1786），而后被浪漫主义当成素材与场景重新发现，并大量增添恐怖的成分。如拜伦、柯勒律治（Coleridge）、普希金、威廉·豪夫（Wilhelm Hauff）、泰奥菲·戈蒂叶（Théophil Gautier）、托马斯·莫尔及托马斯·德·昆西等诗人透过阅读游记，借以刺激自己的想象力。[3]虚构的与被当真的亚洲世界纠缠甚密，但多数的同时代人——不只是在作品中添上游记参考注脚的诗人——认为两者可以分开。

当想象之物在亚洲被去魔化以后，那么至少还有"野人"：不是兽人，而是还未接触现代文明的人类，不管那是令其升华，还是堕落——依观者自己的哲学角度而定。高贵的野人是在美洲被发现的，18 世纪 60 年代又在南太平洋见到。自然人的神话在加拿大的森林与太平洋的岛屿上演。[4]欧洲早已驯服野性，就连发现野马都会让人大惊小怪。[5]亚洲大型王朝的外围，则还保有这种"野蛮的"社会状态。

每个亚洲高等文化都有自己对野蛮的看法，也往往和欧洲观察家的评价吻合。像中国的耶稣会教士报道镇压中国南部山区少数民族的皇室战役时，便完全透过自视为所有文明中心的皇室的角度。[6]台湾岛上非汉族居民与藩属国东京（北圻）野蛮的山地部落，都被视为野人。[7]1822年6月，英国使节约翰·克劳福德医生检查了一位其暹罗东道主介绍给他的佧族成员：

> 今天他们带来一位佧族的野人。这些人住在老挝和柬埔寨之间的山区，保有他们原始的独立。暹罗人只要一有机会，就毫不犹豫地猎捕他们。结果，在首府中，他们多数成为奴隶。我的访客大约3年前被抓，脸孔和越南人的差异甚大。……他的智力水平比我预期的高很多。[8]

这位旅行家在越南见到邻近的柬埔寨人被视为蛮族，而在缅甸，卡伦族（Karen）被当成野人。[9]夏尔丹已经报道过，波斯人视邻近的莫斯科公国人及鞑靼人为蛮族。[10]几乎所有从欧洲角度被视为蛮族的人，都有自己的蛮族可以轻视。

关于欧洲边缘也有远离文明教化的民族这一点，各界看法倒是一致：拉普兰人、阿尔巴尼亚人、爱尔兰人、高地苏格兰人与一些其他民族。1813年，当俄国军队连同其鞑靼与高加索军团进入巴黎时，这里已许久未曾经历令人讶异惊恐的事了。特别是在高加索人身上，可以发现对野性的矛盾感情。他们只有一小部分成为沙皇的臣民与辅助部队。多数高加索山区民族抵抗逐步进逼的沙皇政权，以保有自由，却被说成"不懂宗教与法律、风俗粗鄙、强盗的成分多于窃贼、虚伪、狡猾，对自

237

己及他人都不忠实"。[11]一名西方访客写道，在"掠夺上"，车臣人"最为出色"。[12]似乎只有在高加索这里，"拳头法则"主宰着一个无法无天的恐怖社会。不过，细心的观察家发现，好客或血亲复仇等习俗，可以当成类似稳固的社会机构的对应物来运作。[13]

18 世纪时，最为野性的代表应是火地岛的住民、新西兰人与世纪末的大洋洲原住民及南非的布须曼人（Buschmann）。这种极端远离文化的情况，在亚洲甚为少见，最明显的证据便是少有人类学的报道来描绘最激烈的远离文化现象。绝不拒绝耸人听闻事件的威廉·丹皮尔保证，在自己 13 年航行世界的经历中，从未见过任何食人者。[14]在 17 世纪所有浩瀚的亚洲文献中，根据顶尖行家的说法，只有两位作者表示亲眼见过吃人行径，两个例子都发生在印度尼西亚的安汶岛。[15]到了 18 世纪，几乎就不再有这类记述，偶尔会提到因为饥饿而吃人，像 18 世纪 60 年代印度的巴特那（Patna）。[16]吉本很高兴能将第一次十字军东征的基督教骑士，而不是亚洲人，描述成中古几乎最会吃人的人。[17]威廉·马斯登在其《苏门答腊史》中确认巴塔（巴塔克）族的文明程度已达穿花色织布、演奏管弦音乐及熟练操作滑膛枪，却仍崇尚一种吃人仪式。不过，这并非他亲眼所见，而是根据一份记载传统的文献所得出的结论，并且之后他自己也不敢肯定这一结论。[18]1820 年，斯坦福·莱佛士爵士在彻底研究后报道说，在巴塔族中吃掉无法工作的老人是种习俗，这时因文明进步已遭废止。不过，他依然不太敢相信这个习俗真的消失了，预先写信给女友索美塞特女公爵夏洛特说："……我决定带莱佛士女士一同前往内地，在巴塔族处待上一或两个月。如果没有听到我们的任何消息，那您便可以推测我们被吃掉了。"[19]斯坦福爵士和索菲亚女士毫发无伤地回来，但带回了惊人的传闻——有关巴塔族法律上的吃人行径，在承平时期每年要牺牲掉 50~60 名被判刑者。基本上，莱佛士认为这种情况并不比欧洲近来的公开体罚差，也相信这种情况会随着文明的演进而发生变化。[20]

写过两本关于缅甸详尽报道的迈克尔·西莫斯船长有份关于极端粗野的亚洲民族的少见描述。1795 年春，在他受英国加尔各答东印度公司所托的第一次缅甸任务中，西莫斯和同伴造访了孟加拉国湾的安达曼群岛。他们沿着这里的海岸，遇见为数超过 2000 的人口，"一种退化的黑人、头发卷曲、鼻子扁平、嘴唇厚大"。[21]这些人完全赤裸，住在简单无比的树屋，几乎只靠渔猎维生，罩着一种被太阳晒硬的泥片以避开昆虫。西莫斯对这种半人类的原始状态感到吃惊，但称赞安达曼人的美德：他们未让外人诱去酗酒，被捕时，总努力争取他们原有的自由，并举行一种祭拜日月的仪式——在他看来是"未开化的人类最纯粹的虔诚形式"。[22]西莫斯这位谨慎的观察家，认为在没有明显的证据下将这些人归为食人族，过于草率，而且也无法澄清他们是否相信来世。他语带保留地陈述他的惊愕，没有过度的憎恶；反之，在他笔下也没有任何美化这种自然人的迹象。当西莫斯发现不利的动植物生态与缺乏烹饪器具导致慢性营养不良时，便可看出他是位从现实角度观察事物的人。简言之，这位有教养的英国军官可谓今日民族学所谓文化物质论（cultural materialism）或文化生态学的早期代表之一。

除了显得穷困的安达曼人外，亚洲的游记作家无法满足 18世纪末对货真价实的野性的渴望。只有比南太平洋岛民更难接近的堪察加半岛住民才具备这种资格，因而他们仿佛成了北方的塔希提岛人。在大北方探险队远征之际，两名当代最为勇敢的旅行家造访并描述了他们：一位是年轻的俄国人斯迪潘·克拉森宁尼可夫，他在 1737 年 9 月至 1741 年 6 月考察了沙俄帝国最东端的堪察加半岛；另一位是格奥尔格·威廉·斯特勒，他于 1740 年 9 月抵达这个半岛，1745 年 3 月才又离开。

关于"野蛮"民族的特质，自 16 世纪中期便开始激烈讨论。一般的答案是，简单说来，他们缺乏三样东西：法律、宗教与习俗。[23] 讨论基础约莫停留在此，直到 1748 年后，孟德斯鸠、卢梭与弗格森勾画出一种突出分工与技术问题的社会学观念。尚未接触这类思想的克拉森宁尼可夫，则运用一种具体的标准，来确定自己是否在和野人打交道，即从未密切接触过欧洲人的人为野人，可从他们不知道酒与烟草上看出。[24] 这一点适用于多数堪察加人身上：

> 堪察加的当地人就像该地一样蛮荒。一些人没有固定的住处，而和他们的驯鹿群一起由一地迁徙到另一地。……他们的性情与爱好显得粗野，完全不知道各种知识与宗教。[25]

克拉森宁尼可夫详尽的民族志，强调亚洲和欧洲的对比。在欧亚大陆的另一个极端，有个完美的对应文化。欧洲人和堪察加人［精确来说是伊捷尔缅人（Itelmenen）］的相同之处，只是双方都自认是世界上最幸福的人类。伊捷尔缅人的时间感和欧洲人完全不同。他们不知道土地私有制，土地在那里甚多。他们与邻近民族的贸易，多半是一种仪式上的礼物交换，并非用来致富，只是用来取得必需品。他们的善恶观念完全是功利主义倾向，不具道德意味："他们认为满足他们的期待与欲望的东西，都是合理与好的，而让他们陷入危险，甚至毁灭的东西，则是邪恶的。"[26] 离婚十分简单，他们并不看重婚前的贞操。他们的死者用来喂狗——对于狗是最珍贵财产的社会来说，这并不令人吃惊："在这里被狗吃的人，在另一个世界会驾驭更好的狗。"[27] 他们最大的娱乐，便是无所事事。他们只有在迫不得已时，才打猎、捕鱼及工作。他们完全活在当下，对过去与未来不感兴趣。"他们没有财富、名声与荣誉的概念，因此，也不知道贪婪、骄傲与虚荣。"[28]

　　观察更加仔细的斯特勒，为堪察加半岛上热爱生活、没有物质欲望的伊捷尔缅人勾勒出类似的图像，他们甚至懂得以他们的音乐才能鼓舞这位巴赫与亨德尔的同时代人：

> 　　用完餐后，他们唱歌取乐。我们可以老实说，这个快乐的民族特别有音乐气质，他们的歌曲让人惊讶，一点也不粗野，而是旋律悠扬，符合音乐规则，节奏及装饰奏乐段动人，绝对不会让人想到是出自这个民族。如果把奥兰多·拉索斯的伟大清唱曲拿来对比……那种艺术以外的舒适感就比伊捷尔缅人的歌曲差多了，他们不只独唱，也懂得互相用声音伴唱。[29]

他们在性方面完全没有顾忌，也让他们来自文明地区的访客，在不发达的货币经济条件下适应当地自由：

> 　　前来堪察加没有女人，或没有和女性相知生活在一起的人，会被迫就范。如果不同房共枕来支付费用，那就没人为他洗衣、缝纫、侍候，或为他尽任何义务。[30]

在环游世界的布干维尔兴奋地告知欧洲"塔希提岛"这个　　241

人间天堂近 20 年前，斯特勒和克拉森宁尼可夫便已描述出一个前文明团体的纯真幸福。不过，第一印象并不准。布干维尔在南太平洋及之前在火地岛的"野蛮"住民身上注意到的那种没有阶层的原始民主，是其他人也已在北美一些印第安部落处观察到的。[31]克拉森宁尼可夫有类似观察：

> （堪察加的）住民曾经无拘无束生活着，没有任何领袖，不用服从任何法律，不用支付任何税额。只有老人及表现勇敢的人会在村子中受到敬重，但无人有权力颁布命令或处罚别人。[32]

不过，这段日子早已过去。当研究旅行者来到半岛上时，哥萨克人在 1697 年血腥征服中所留下的痕迹已无法忽视。堪察加的一大部分成了受俄国剥削的殖民地，而沙皇除了紫貂皮外，对这里不感兴趣。[33]斯特勒和他的俄国友人已经看出，关于伊捷尔缅人真正的文化，几乎没有什么可以再陈述的。1740 年左右，他们变得好战；他们的氏族与村落相互争斗到彻底灭绝。情况一直如此吗？这是一种民族性格，还是俄国人侵后，各种社会关系转为残暴的结果？[34]这些访客无法回答。他们不得不承认，没有外人能真正造访"原始的"伊捷尔缅人。斯特勒笼统抱怨道，"剥夺掉原始的自由，对我们的兴趣与习俗影响甚大"，并以堪察加半岛上的情况为例指出：

> 出于这个原因，我们可以说堪察加在短期内变化甚大，情况比以前恶化许多。伊捷尔缅人和哥萨克人交往愈多，住得离寨城[35]更近，愈喜爱哥萨克及俄国人的新习俗，也就愈会欺骗、撒谎、阴险及虚伪；愈保持距离，反而还能

在他们之中见到原始的诚实与美德。[36]

　　他关于原始人的梦想在其勘察南太平洋开始之前便已在亚洲破灭。当西欧知悉这份不具幻想的堪察加报道时——克拉森宁尼可夫的于 1764 年译成英文，斯特勒的于 1774 年译成德文——至少可以让仔细的读者注意到两点：一是，在民族学的实际情况中，无法清楚区分出"高贵"与"不高贵"的野人；二是，"异族"的真实情况往往在接触之际变得模糊。只有少数欧洲知识分子追随文明批评者卢梭的脚步，将乌托邦的期望投射在理想化的自然人身上。最常见的问题，便是野人如何成了蛮族。[37]

四种野蛮

　　18 世纪，欧洲人不同于自己的社会的看法仍受到古代民族学概念的制约。许多近代理解异族的形式，希腊人早已想到：文明与其对立面的二元对比，文明的比较描述，气候及其他环境条件导致的生物学及文化上的差异，文化形成与演进的理论。[38]在其他文明中，如中国与阿拉伯伊斯兰文明，也发展出个别相当类似的分类、解释与实际处理异族的方式。许多欧洲以外的语言中，具有和欧洲"野蛮"含义相应的价值标示。在标示异族的目录中，蛮族与野蛮的说法在 18 世纪的欧洲最常被使用到。随着时间演进，这种说法的含义变得相当模糊，因此从语源学上追溯其希腊文的用法，或试着做出一个过得去的精确定义，都没太大成效。在启蒙时代，并没有通用的蛮族概念。

　　第一，"野蛮"（Barbarei，Barbarie，Barbary）一词用来通称北非的"柏柏尔地区"（Berberland）。[39]由于当地掠夺人的海盗是地中海地区最可怕的和平破坏者，他们粗野的行径很快引起联想。第二，各种非人道的残酷行径被视为"野蛮"，不管犯下这种恶行的是欧洲人，还是非欧洲人。说欧洲人野蛮，意味着揭穿他们自视甚高的行径是种伪善。因此，真正的蛮人行为野蛮，便成了大家心知肚明的前提与最后的判断标准。当亚历山大·冯·洪堡认为欧洲人"在自己国家以外的行径，如同土耳其人一样野蛮，甚至更糟，因为他们更加狂热"[40]时，他重复了早期西班牙殖民批评者［如巴托洛梅·德·拉斯·卡萨斯（Bartolomé de Las Casas）］惯用的语言。1762 年，尤斯蒂问道，有没有比今日欧洲一般战争更严重的野蛮行径？并且，如果有的话，他要求他的读者要对此感到愤怒，而不是对海外食人族所谓的恶行愤怒。[41]类似奥斯曼入侵塞浦路斯的暴行，令哈默-普格斯塔想起"各个时代"的野蛮行径。对于恐怖伊凡、胡格诺战争、"圣巴托罗缪之夜"及俄国人在 1573 年攻占爱沙尼亚与芬兰温特斯坦（Winterstein）要塞的恐怖事件，他说："如果这些发生在法国与芬兰，那和土耳其发生的事又有何不同？"[42]当吉本指出十字军和穆斯林（他比较同情后者）互相称呼对方为蛮人时，相对而言，便不把野蛮的指控看得那么严重。[43]

第三，"野蛮"的用法出现在一种集体生活方式并不文明之处。这不必涵盖相当残暴的行径，蛮人可能也是活脱的天才或无害的笨蛋。在此，野蛮是文明的对立概念，更明确地说，是种负面的概念。蛮族是无法分享帝国中心文化当然性的人——包括语言、宗教、法律观、社交方式。不过，非文明人概念下的野蛮，也可能是在王朝与高等文化历史循环中的退化阶段：如启蒙时期眼中的欧洲中古时期（特别是 7 世纪、11 世纪及 14 世纪）。[44]伏尔泰与吉本特别爱指出文明历史中的再野蛮化。[45]

关于将异族标示为"野蛮",可以不断争论下去。譬如,可以开玩笑说,蛮人便是觉得想要吃掉一个耶稣会修士的人。[46]在这些争论中,混杂着武断的区分标准、旧有的格式与新的经验。欧洲没人想将日本人视为"蛮族"。日本是亚洲唯一和欧洲文明不同,而一直受到认可的国家。至于中国,意见便已不一,即便认为中国野蛮的声音在当时只占少数。相反,对土耳其人便非如此,欧洲人看中的是他们的军事力量,而非佩服他们的文化,就算他们忠实的拥护者约瑟夫·冯·哈默–普格斯塔,亦视奥国和奥斯曼帝国间的冲突为一种"文明与野蛮"的冲突。[47]至少,这在 17 世纪是如此;自 1700 年起,他注意到严厉的土耳其风俗有一定程度的软化。[48]至于波斯人,自希罗多德起,便被视为一个高度文明的民族——他们在 16 世纪及 17 世纪早期的政治中兴,似乎证实了这种评价。不过,18 世纪的混乱情况,则令人质疑这一点。波斯似乎是唯一一个霍布斯自然状态——和一切搏斗——在当代实现的亚洲国家。许多提到亚洲民族野蛮的人,承认这个概念过于粗糙,无法掌握细节与变化。哈默–普格斯塔便认为,是否应该将在成吉思汗成为立法者与建国者之前的原始野蛮状态的蒙古人与之后似乎被组织起来的野蛮状态的蒙古人区分开来?[49]

第四,在 18 世纪,作为一种负面状态的野蛮观逐渐被作为社会发展某个阶段的野蛮概念所取代。阶段理论古代已有,但在 19 世纪所谓进化论中,人们取得了详细的版本。在 17 与 18 世纪,这个理论和当时一些思想上极具争议的问题结合:关于圣经与其纪元和甚至可能远溯至亚当之前的异端民族历史的关系,如中国人、埃及人与迦勒底人(Chaldäer);关于宗教观念的发展，特别是关于一神论形成的问题；关于语言起源的问题；关于由人类原始状态建构社会关系、社会不公与统治威望的问题。几乎在回答这类问题的所有理论当中，某一个"野蛮"阶段都扮演了某种角色。不过，其所指称的，可能是完全不同的东西。

18 世纪的时候，有一种观念已逐渐消失，即人类历史之初有过一个黄金时代，随后出现了各个野蛮时期。这种观念只保留在让-雅克·卢梭重新陈述的原始主义传统与早期社会具有强烈艺术才能的概念中，表现于匿名的民族诗篇及像荷马或凯尔特宫廷诗人奥西恩（Ossian）［后来发现他是苏格兰诗人詹姆斯·麦克弗森（James MacPherson）杜撰出来的］等人物中。[50] 早期文化全盛时期与之后作为人类发展结果的堕落的观念——这种观念还用在个别的文明中——被人类由"开始的粗野崛起成为完美的文明"的理论取代。[51]

这些理论以两种方式呈现出来。[52] 一方面，人们可以将从野蛮到文明、从自然状态到文化状态的过渡，视为一种自觉的机制：不管是透过明智的立法者，还是透过参与者间契约似的认可。另一方面，可以想象成一系列阶段逐步进展的方式。在16 世纪讨论美洲新发现的印第安人的神圣与世俗定位的思想家中，"蛮族"是错过了发展的人类[53]；在 18 世纪晚期，大家基本上都认为他们有进步的潜力。在情况许可下，蛮族自己可以脱离他们的成见；此外，他们是可教育的。为何一个特定的民族在一个特定的时间处于一个特定的发展阶段，需要分别依据实地经验进行特别的研究。

在 18 世纪后半叶，"野蛮"多半被视为紧随自然的野性阶段后的第二个发展阶段。另外，孟德斯鸠多将蛮族概念用于欧

洲中古早期，而不是欧洲以外的文化中。他也将野人与蛮族区
分开来：在他看来，野人以分散的小型团体或群体生活着，而
蛮族则构成大型的政治结盟；一个多半是采集者，另一个是牧
人。他一边以西伯利亚的民族为例，同时还以暂时能够建立王
朝的蒙古人为例。[54]亚当·弗格森则视私有财产制为最重要的
区分标准：野人不懂这一点；蛮族事实上知道，即便不像在进步
的社会状态中那样受到法律保障。在蛮族处，第一阶段相对地过
渡到形成明显的权力层级靠着不断的斗争来巩固与改变。[55]

　　这种介于野性与文明阶段间的野蛮概念，是描述性的，不
带价值判断，比被视为非文明的单纯野蛮理念更丰富。不过，
孟德斯鸠与弗格森已不太碰触这个概念，当时另一位重要的社
会科学家亚当·斯密则完全舍弃不用，反而精确区分出人类主
要的维生方式：狩猎、畜牧、农耕、贸易与工业。社会学的野
蛮阶段概念，于是成为一种粗糙无比的工具，但依然涵盖了全
世界所有前现代的高等文化。19世纪时，这个概念只出现在后
来的阶段理论者[56]及一些民族学进化论中。在19世纪30年
代，这个社会发展普遍理论脉络中的类别，已演化成一个十分
狭隘的定义："蛮族"成了处于转型为定居、开始建构制度之
过程中的游牧民族，以及没有文字与高等艺术、只具备"公民
社会与国家体制之雏形"的农业民族。这个定义适用于多数非
洲黑人、一些马来人种及不同的亚洲山区民族身上。[57]此时，
蛮族概念已经发展到了一个地方，而那里现在成为有人探索19
世纪时的首选对象：有关"欧洲受到自己心中魔障威胁"的
神话。

246

世界屋脊

　　亚洲当代住民中，没有人像在鞑靼地区的人那样符合18世

纪的"蛮族"图像。不像竞争对手沙漠阿拉伯人，鞑靼人不只符合一种超脱原始粗野的动荡生活方式的标准，也体现出不久前才缓和下来的"历史的基本力量"。似乎从西徐亚人、匈奴人到土耳其人、蒙古人，再到于三十年战争时代征服中国的满族人等所有历史上的上帝之鞭，都来自那个"亚洲内陆的可怕大地"。[58]1788 年，威廉·琼斯爵士还提及那个"北方群众的大蜂窝，战无不胜兵团的苗圃"。[59]换句话说，鞑靼地区是

> 民族的大温床，无数的蛮族在不同时期由这里涌入地球上的开化地区。[60]

在中古后期，"鞑靼"已是最著名的蛮族。[61]不像既以贝都因人身份住在沙漠，同时又拥有精致城市文化的阿拉伯人，鞑靼人似乎毫无例外地保留着俭朴的生活水平。[62]最西边的鞑靼人——克里米亚鞑靼人与诺盖鞑靼人（Nogaitataren），住在欧洲。正如 1820 年让人微感惊讶那样，他们成了欧洲最野蛮的民族。[63]想要好好侮辱别人，便称他为鞑靼人。伏尔泰以此称呼印度的英国人，夏托布里昂则不断用来指称土耳其人。[64]

鞑靼地区位于何处？中古的亚洲旅行者尚能有个明确目标。蒙古大汗在哈拉和林的宫廷，在 13 世纪前半叶不只是内亚的政治中心，也是中古世界的权力中心。[65]在蒙古的王朝瓦解，中国在明朝治下（1368-1644）再度强盛，及 16 世纪末俄国开始向东扩张后，内亚在西方人眼中成了帝国之间的一个无人地带：一望无际的草原上漫游着成群没有国家联系的游牧战士。

17 世纪时，人们采纳了西鞑靼人（蒙古人）及东鞑靼人（满族人）的分法。不过，鞑靼地区似乎不只涵盖这两个民族的生活空间。正是这个地区模糊的边界，在一个领土国家巩固

国界的时代，打开了异国想象的机会。英国地理学家理察德·布洛姆（Richard Blome）认为鞑靼地区介于伏尔加河和中国之间，南达里海，北至北极冰海，并在 1670 年提及这个地区的住民：

> 他们非常粗鄙、野蛮，有仇必报，绝不饶恕敌人，食之以为报复，但先放血做酒，以供宴饮。[66]

这在当时已是一种相当无稽的想象，并非因为扭曲的游记，相反，是因为缺乏中世纪以后的报道。但新的信息很快即已出现。尼可拉斯·卫特森与皮埃尔·亚弗瑞（Pierre Avril）各自在 1692 年将 17 世纪有关北亚及内亚的零散知识收集起来。18 世纪 30 年代[67]，俄国新的跨中国之旅报道公布，还加上了瑞典战俘有关自己对西伯利亚印象的描述。[68] 1735 年，让-巴蒂斯特·杜赫德根据热尔比永神父的旅行与研究，将其中国百科第四册几乎全部用来描述这时已经归属清帝国的蒙古。[69] 随着丹尼尔·哥特利伯·梅塞施密特 1720 年至 1727 年的旅行，俄国展开鞑靼研究，之后发展成为大北方探险队。[70]

亲眼所见导致鞑靼的图像不再那般戏剧化。"我们认为，"约翰·格奥尔格·格梅林 1733 年写道，"他们相当平易近人，我们过去所害怕的鞑靼人，现在完全是另一模样。"[71] 不过，彻底厘清民族志还需要时间。自普林尼（Plinius）① 以降，鞑靼地区住着"无数民族"[72]是文献上的习惯说法。不过，他们是谁，和非鞑靼人的区别在哪里，依然不明。如果使用最为广义的鞑靼概念，那蒙古治下（元朝，1279—1368）与满族治下

248

----

① 古罗马学者，以《博物志》一书名闻后世。——编者注

336 / 亚洲的去魔化：18 世纪的欧洲与亚洲帝国

（清朝，1644 年起）的中国都成了鞑靼历史的一部分。[73]有时西藏会被列入，有时不会。卫特森 1690 年的鞑靼地区地图，首次让此区有了一定的精确程度；1706 年，德利尔的地图超越了他，后来又被 1735 年当维尔的地图所取代。这些地图并未画出清楚的界线。不过，"大鞑靼地区"为介于东经五十七度及一百六十度与北纬三十七度及五十五度间的说法，至少能受认可。[74]

1730 年，被俘后关在俄国的瑞典船长塔贝特——后来以约翰·菲利普·冯·斯塔伦伯格（Philipp Johann von Strahlenberg）之名被封为贵族，便已批评欧洲人不太愿意在"亚洲腹地"（他是第一个这样说的人之一）的各个民族之间做出区分。他发现一种对称的笼统做法：

> 亚洲腹地的住民今天称呼我们欧洲人也是一样，并不区分我们欧洲民族，而是一直称呼我们为法兰格人或法兰克人，不管我们是德国人、法国人、西班牙人、瑞典人、英国人，还是荷兰人。[75]

1768 年，西伯利亚研究者约翰·艾伯哈德·费舍尔抱怨得对，"当欧洲人提到鞑靼人，我们不知道他说的是谁"。[76]这种批评起不了什么作用。约在 18 世纪末，虽然将亚洲中央所有住民视为鞑靼人的做法不再吸引人，但排除蒙古人与满族人之后的狭义鞑靼人概念，变得更加普遍。[77]然而，这个概念还是不够精细，以致 1824 年，中亚研究者伊萨克·雅各布·史密特觉得有必要论及这个"没有内容、过时的……通称"。[78]

地理学、历史哲学及民族志上的"鞑靼地区"

18 世纪后半叶出现了一件令人讶异的事，三种"鞑靼地区”论述各自同时浮现。

　　首先是一系列逐渐超脱鞑靼地区概念的物理地理学思考。18 世纪地理学者中的笛卡儿学派几何学家菲利普·布亚赫（Philippe Buache），在世纪中发展出一种地形学的描述方法，主要用于归纳山脉特征与河川网络。这类分析让人注意到亚洲中央一座河流遍布的高原，亚洲的大型山脉从这里扩散出来，主要河流也源自其边缘。[79]构成亚洲中央的不是弯弓骑士来回驰骋的无尽草原，而是不适合人居住的沙漠、盐湖及寒冷的高原。[80]矛盾的是，这个贫瘠地区却是大河文化的自然源头。这种空间观产生了一种新的北亚、中亚及南亚的自然划分，如贾特勒所表示的那样。[81]关键在于，一方面，原先统一的鞑靼地区被分割为中亚及北亚，西伯利亚在地理上分裂出去。另一方面，“广袤无垠的鞑靼地区”有了更为细腻的面貌，中央高原的特殊高度浮出来。1808 年，地理学家奥古斯特·左伊纳（August Zeune）提及“高地亚洲的山谷盆地”；1817 年，当时最优秀的亚洲专家卡尔·李特尔说到大陆“雄伟的中央”。[82]北亚和南亚一样——或许还包含中国——因此成了过渡到海洋的缓坡。欧洲几乎还不熟悉的巨大的喜马拉雅及兴都库什山脉，则成了世界屋脊。不同于纯理论家彼得·西蒙·帕拉斯，卡尔·李特尔毕竟到过阿尔泰山，并做出了迄今最正确的中亚山志学描述，提到一个位于“印度北部可怕山群中”的亚洲屋脊，“西藏及克什米尔王国便从那里扩散出去”。[83]

　　这种新的空间图像对历史哲学的鞑靼论述有影响。自伊甸园严格的圣经约束松动后，人类及其文明形成与扩张的理论家便在寻找人类的发源地。17 世纪起，埃及成了一个极度受到捍卫的知识与智能的源头。[84]阿夫朗什（Avranches）的一名主教

250

皮埃尔·丹尼尔·胡埃（Pierre Daniel Huet）提出中国是埃及殖民地这一论题。半世纪后，德金试着以其学术威望来证明这一点。[85]19 世纪早期的浪漫主义者，则偏向印度。在 18 世纪后 30 年，让-西尔万·巴伊（Jean-Sylvain Bailly）的原始民族假设引起高度兴趣。[86]巴伊长篇大论勾勒出中亚高原为自然肥沃与文化成就的源头的看法。例如 1788 年，他在一封给伏尔泰的公开信中写道：

> 这个巨大的空间，这个许多河川的源头，密布的高山环绕着宽广的山谷盆地，避开了风和侵略者，和平的人类能在那里定居，建立王朝。[87]

不同于地理学家的认识，巴伊认定中亚肥沃，只不过游牧民族没有好好利用。为什么他们只是游牧民族呢？为的是要随时准备新的征服行动。然而，他认为情况并非一直如此。在西藏不受干扰的秀丽高山谷地中，早期的"婆罗门"可以发展出深沉的智慧。这片土地曾经受到良好垦殖，人口密集，直到气候转恶，人类离开后，才变荒芜。[88]

巴伊的历史哲学之神话，极富想象力，主要根据来自修道院院长普雷沃斯特所编辑起来的少数报道。约翰·戈特弗里德·赫尔德在其《人类历史哲学观》中发展出类似的看法，论点稍微坚实些。在亚洲中央，也就是"有机力量最活跃的中心"，"万物最为欣欣向荣，发展过程最为持久、最为细致"，宛若"一个宽广的露天剧场，一个山脉之星，触手伸向不同的气候"，中亚成了高等生命的源头。[89]赫尔德将历史时代的蒙古人征服活动和"这个早有人住的地球背脊的原始迁徙"[90]区分开来。赫尔德的蒙古人图像是 18 世纪最为阴沉的。他根据帕拉斯的研究基础，将他们的外表描述成那种他在人间天堂克什米尔及其西边国度的"美丽民族"的极端对立面。所以，在赫尔德眼中，蒙古人与卡尔梅克人是亚洲人种中最亚洲化的：有着动物般的丑陋脸庞，"仿佛是人类中的猛兽"。[91]此外，他们柔弱、"女性化"，不以个体，而只以部落和群体来发展力量与权力。也难怪赫尔德不以爱德华·吉本般的细腻矛盾心理来断定蒙古人的历史角色，并完全忽视身为其民族立法者的成吉思汗的成就，将那对蒙古文明留下深远影响的宗教——喇嘛教——及一种书面语言归功于他。在赫尔德看来，蒙古人"有点像是猛禽"，"亚洲高地的野狼"，"世界的毁灭者"。[92]"历史的基本力量"在赫尔德的句子中，显得空前恐怖。

有趣的是，赫尔德并未将鞑靼人与蒙古人笼统等同起来，这种做法在他那个时代甚为普遍，就连内亚历史大师德金也都如此。巴伊运用一种不做区别的"鞑靼地区"与"鞑靼人"的笼统概念，正如1748年孟德斯鸠将蒙古人和满族人混为一谈一样。没人像修道院院长莱纳那样，将这些看法烙印在欧洲以外的广大读者群中。他在1770年正确地描写出当时的政治情况，注意到这时候多数"鞑靼人"已受中国与俄国的统治。[93]不过，莱纳常常不加批判地滥用他的史料，是一位不时自相矛盾的作者，并擅自做出缺乏系谱学证据的推论，甚至表示印度莫卧儿王朝的臣民也是鞑靼人。由于他视1644年满族人征服中国中原地区为新版的13世纪蒙古征服活动，因而忽略了，正是"满族人驯服了蒙古人的历史的基本力量"这一点。当面对一个无法回避的问题、必须说明"鞑靼"共通之处何在的时候，莱纳既不采纳原始神话，亦不理会民族志或种族的论点。他所参照的是"住在布达拉宫大喇嘛的教义"的统一卷本，也就是喇嘛

252 教，但当时关于喇嘛教的信息极不充分，以致当他表示大喇嘛高龄 3000 岁的时候，我们对他也就不忍苛责了。[94] 这种论点还算巧妙，不能说错，但基本上会破坏"鞑靼"的历史哲学典型。因为，一方面，一大部分被莱纳视为鞑靼的民族为伊斯兰教或萨满教的信徒；另一方面，这样一来，藏族人便在"鞑靼地区"的想象建构中占有主导位置，也就是一个——至少在 9 世纪西藏王朝瓦解之后——没有"历史的基本力量"、不好扩张的和平民族。在莱纳书中，"鞑靼通论"（"Notions générales sur la Tartarie"）这一章清楚显现出鞑靼地区概念的内在对立关系。

回到赫尔德。身为少数历史哲学评论者的他，采纳了一些民族志的细腻论述。例如，他的鞑靼人包括乌兹别克人、布哈拉人及切尔克斯人（Tschirkassen）①，这些民族都被他视为"美丽民族"，尽管其中一些"已在草原上变得粗野"。[95] 赫尔德的一种奇特的种族划分，刚好出现在十分接近俄国人的鞑靼人与蒙古人之间："如果俄国人或鞑靼人和蒙古人混血，会生出好看的小孩。"[96]

基本上，历史哲学的鞑靼论述在黑格尔处告一段落。然而，我们在这里碰上文献保留不足的难题。黑格尔分别在 1822～1823 年及 1830～1831 年于柏林大学冬季学期所开的世界史哲学讲座，只有学生的笔记。1822～1823 年的讲座比较可靠，留下三份笔记。[97] 在这些讲座中，黑格尔详细论及中国。关于"蒙古原则"的补充部分，直到 1824～1825 年才开讲。我们同样也只从 1919 年格奥尔格·拉森（Georg Lasson）的学生笔记评注版得知这份材料。

---

① 高加索地区的原住民，当时为高加索北部山区各民族之泛称。——编者注

黑格尔可谓精通亚洲文献[98]，因此在柏林 1822~1823 年冬季学期讲座中所出现的错误，让人难以解释。黑格尔根据不可靠的标准来区分鞑靼人和蒙古人，并解释道："蒙古人统治中国，而另一个蒙古臣服于中国①。……我们所称的蒙古人也包括统治中国的满族人。他们和事实上的蒙古人无关，而属于通古斯族。"[99]黑格尔重复着耶稣会教士已多次修正的错误，将来自满州森林、身为狩猎民族的满族人也视为游牧民族。只有透过这类简化，才能自圆其说地挽救草原驰骋战士的通用说法。由于塞缪尔·特纳（1800）的西藏报道，黑格尔比莱纳多知道些喇嘛教；不同于莱纳，他在喇嘛教中，认出那是佛教的一种变种，并加以深入分析。他将喇嘛教视为游牧生活方式的补充物[100]，然而游牧恰好并非藏族人典型的生活方式。黑格尔综合了 18 世纪的主题，还加上中亚地貌的高原特质。他认为就高原住民而言，其特征为游牧方式与父权生活（亦即社会分化成个别的家族，没有强大的国家威权）、对未来的无忧无虑和缺乏"法律关系"，而这些都造成了好客与掠夺兼具的极端现象。出于未知的因素，或如黑格尔所言，"出于某种动力而向外活动"，他们不时"宛如滚滚大河"奔腾而下，蹂躏文明国度。[101]对黑格尔来说，高原、高山谷地，特别是亚洲大陆内部是好战的父权体制的源头，这些地方不时展现基本暴力，但迅速再度平息。

关于中亚历史哲学论述的特征之一是，除了赫尔德之外，一直不受民族学较新研究结果的影响。其所指称的游牧人生活，几乎不曾超出古代的老套说法。不过，中亚与西伯利亚的民族

253

---

① 意思是满族人（黑格尔把满族人视为蒙古人）统治了中国，而满族人统治下的中国统治了蒙古。——编者注

在 18 世纪成了民族志研究的重要客体。民族志的 "鞑靼人"
论述史，不该忽视中国人的研究及阿尔－比鲁尼（Al-Biruni，
973-1048）的报道。民族志的研究并不采纳一种笼统的鞑靼人
概念，而是专注于各个地域，和往往被纳入比较架构的特定人
种有关。这些研究对原始民族的假说或关于世界史中马上民族
角色的陈述不太感兴趣。

　　欧洲人在中国及其附属边陲难以展开这类民族志的观察。
这类研究中最为彻底的是伊波里托・德西代里在 1712～1733 年
的西藏研究，但在欧洲只有简短报道。[102]南怀仁、热尔比永及
雷吉（Régis）等教士的描述——由于杜赫德而为人所知——多
在描述蒙古的风光与气候，而不是住民的习俗。他们自然知道
蒙古人分成不同的种族与部落。在某种程度上，当他们把蒙古
人视为无害的原始人时，是以胜利者中国人的眼光来看待他们
的。于是我们在 1735 年杜赫德关于蒙古人的作品中读到：

　　　　他们满足安详，本性善良，性格欢乐，总是开怀大笑。
　　他们既不梦想，也不抑郁。他们又有何理由如此？基本上，
　　他们没有任何需要顾及的邻居，没有需要害怕的敌人，没
　　有需要讨好的高官大人。他们不懂难以处理的交易及讨厌
　　的活动，致力于他们十分擅长的渔猎及运动。[103]

　　我们注意到，蒙古人失去了历史的创造力，成了皇帝的被
保护者或臣民。没人会再怕他们。帝国的和平显得静谧，简直
可说天真。1822～1823 年，黑格尔将这种平静升华成他在亚洲
从未见过的安逸景象：

　　　　关于蒙古人及藏族人，他们这时被视为十分善良、开

放、亲切、专注、乐于助人，没有印度人那种欺瞒、胆怯
及无耻。这些民族亲切快乐地过着平静的生活。全国的祭
司虔诚，每个百姓平静无忧地从事交易。整体来说，他们
并不好战。西藏多半也免于战乱。[104]

黑格尔将成吉思汗骇人的骑兵子嗣说成并不好战，并将不
是一直和平处事的藏族人同化进来。他只略微点到理由，但似
乎低估了其历史意义。他几乎脱离不了内亚民族"现在多半受
到俄国、少部分受到中国统治"的简洁论点。[105]为何蒙古人可
被清朝击溃驯服，为何他们会从激进的世界征服者降格为傻瓜，
他并未讨论。或许，他至少注意到一个重要因素：清朝皇帝有
意用来当成统治工具的喇嘛教的和平作用。[106]

因此，蒙古人现在在欧洲人眼中，绝非亚洲的高贵野人。
大家现在一致认为他们不够文明。对蒙古人来说，这并非好事。
杜赫德已经这样表示：蒙古人肮脏恶臭，举止粗野，只分成贵
族与平民的社会结构原始。和他们的兽群密切生活在一起，似
乎让他们进入一个远离文明的原始世界中。[107]耶稣会的原始主
义聚合了欧洲的与中国的，表现出帝国的高傲。1830~1831年，
约翰·海因里希·普拉特（Johann Heinrich Plath）关于内亚历
史，特别是满族的巨著出版——这本书受到赫伦通史观察方式
的影响，自德金后，再次综观中亚及北亚的民族运动与国家建
构，打开了中国非汉族的边缘民族研究的新一页。[108]

255

克里米亚半岛上的骑士与异族

18世纪后半叶，西欧有关"鞑靼人"的民族学信息，基本
上指的不是成吉思汗的后裔，而是在沙俄王朝内的部落社会。
伏尔泰并未看错，沙俄王朝比世界其他地方有更多的人种、更

多人类的独特现象及多样的风俗。[109]从北京与圣彼得堡来看，那 1737 年鞑靼人"统治三分之一强的亚洲"[110]的说法，早已不再适用。约翰·戈特利布·格奥尔基把他参与（1771-1774）彼得·西蒙·帕拉斯的学院远征队的印象综合如下：

> 所有的鞑靼部落并不是那样可怕，他们会在其他部落或邻近部落，视情况时而在这里时而在那里寻求保护。其余的部落，部分是俄国、奥斯曼帝国、莫卧儿大君、中国，特别是在波斯骚乱之前也是波斯的臣民，部分则是依附的属国。[111]

整体而论，鞑靼部落是沙俄王朝继俄国人后最大的"民族"。自约翰·格奥尔格·格梅林关于 1751 年至 1752 年西伯利亚之旅的书《一步一步》（peuàpen）出版后，逐渐译成西欧语言的民族学信息导致鞑靼人图像产生重大的区分。其中没有极端现象，不管是丑化或歧视中亚民族（赫尔德），还是将他们定型为天真善良的野人（杜赫德）。基本态度是种相互的实事求是——客观冷静的彼得·西蒙·帕拉斯的表现和活泼健谈的约翰·格奥尔格·格梅林及重视细节的当地住民友人约翰·戈特利布·格奥尔基略有差异。西藏旅行家塞缪尔·特纳也针对旧有的鞑靼人的陈腔滥调，提出自己新近的经验："藏族人是人道亲切的民族……没有我们那种鞑靼人观念中的残暴。"[112]

报道清楚显示，绝非所有沙俄王朝东部广大地区的住民都是蒙古人式的马上游牧民族。这个光谱从被格奥尔基认为胜过许多俄国农夫的安土重迁的喀山鞑靼人（Kasan）[113]到流动不定，既畜牧又在大范围打猎的通古斯族——西伯利亚中部的主要人口。[114]旅行者对萨满教相当感兴趣。萨满教虽被视为异教迷信，但并不妨碍对其进行精确的描述。由于启蒙时期宗教批评中一个甚受喜爱的主题，许多荒谬及夸张的现象会被解释成祭司的欺诈，在这个例子中，则是"萨满与巫师的骗人把戏"。[115]大北方探险队的科学负责人约翰·格奥尔格·格梅林和盖哈德·弗里德里希·穆勒喜爱这种人种学的试验，不断要求萨满为他们"耍些魔法"。他们感到讶异，"骗局"常常被揭穿，当地人却绝不会立刻认为巫师失去法力。[116]至少格奥尔基自己在萨满教中发现"自然宗教的一般概念"，认为其惯性的源头在于恶劣的自然条件下可怜有限的生命及青少年的缺乏教育。[117]多数作者都尽可能做出理性的解释。在这些早期的宗教人类学家身上，还见不到19世纪那样普遍将萨满教和原始宗教清楚归类在一起的现象。

民族志研究绝非只限于非欧洲人种的民族。塞缪尔·戈特利布·格梅林对阿斯特拉罕鞑靼人（Astrachan）的描述，或许可以说是18世纪沙俄王朝旅游文献中最完整的民族学速写。他也对东哥萨克人使用类似的研究与描述方法，那是一个由俄国与乌克兰农人组成的团体。[118]哥萨克人仿佛是俄国"内部的野人"，一个乐于被"教化"的未开化亚洲民族。[119]在欧洲也可发现"亚洲的"鞑靼人，因此鞑靼人不只在亚洲。到克里米亚半岛一游便已足够。

1634年，霍尔斯坦（Holstein）① 使节团秘书亚当·奥利瑞尔观察到，克里米亚鞑靼人的特使"残暴，怀有敌意"，倔强地面对沙皇，像一个同级强权的代表那样索取礼物，"沙皇阁下，为求和平，不是该相应地付出一些代价吗？"[120]过去身为

---

① 今德国北部的一个邦，15世纪起，为丹麦国王的领地，后来该地的公侯和丹麦长年不和，19世纪初，成为德意志联盟的一员。—译者注

一个草原独立强权，控制克里米亚半岛以外、黑海以北大片土地的克里米亚可汗国[121]，在一个世纪后已所剩无几。那是一个不断受到俄国侵略威胁的奥斯曼属国，然而，在其被吞并及最后一位可汗于 1783 年被废黜前，还能在整个欧亚地区保有独特的政治与社会制度。

卫特森在其 1692 年的简短描述中，强调克里米亚鞑靼人因猎捕奴隶与贩卖奴隶而臭名昭著。[122]身为掳人强盗、穆斯林及欧陆上的异族，他们似乎是基督教西方世界的超级敌人。西欧人很少自愿到这个鞑靼国家。在沙俄王朝刚征服该地的那些年头，造访的兴趣增加。克里米亚半岛气候相当宜人，吸引了想要看看欧洲土地上最后的亚洲蛮族的访客。

1771 年，贩卖枝型吊灯及"镜面"的商人尼可拉斯·恩斯特·克林曼（Nikolas Ernst Kleemann）描述了自己多次在克里米亚进行商务旅行的印象。克莱曼不喜欢"爱自夸的"土耳其人，拿他们来和比他们名声更好的、善良及谦逊的克里米亚鞑靼人比较。他对贵族的力量印象特别深刻，他们的"咨议院或国会"有效限制了王朝统治者。[123]不同于这位较冷静的贸易旅人，伊丽莎白·克蕾文（Elizabeth Craven）女士这位由于对婚姻不忠而被克蕾文伯爵逐出的妻子于 1786 年春造访克里米亚半岛，前来"散心"。她其实是个角色不明的实验品，因为新近并吞克里米亚的新全权统治者波坦金公爵在这位喜欢享乐的女士身上测试一种措施（"波坦金村"），此措施将用在即将造访克里米亚半岛的女沙皇叶卡捷琳娜二世身上以掩饰这座半岛被战火蹂躏后的悲惨情况。[124]在这种条件下，没有出现任何稍具信息价值的游记，也就不足为奇。

相反，博学的法国领事小克劳德·夏尔·德·培松纳

(Claude Charles de Peyssonnel) 做出周密的研究。他亲眼见到这个没落汗国的后期，致力于描述其令人怀念的黄金岁月。在奥斯曼的东方专制与罗曼诺夫王朝的专制君权间，他在克里米亚半岛上发现了中古早期的封建状态：一名权力不大的君主，一个维持好战特质的强大贵族，一个（和俄国对比）自由农体制，其下还有一个多半由异族构成的奴隶阶级。顶端的显贵和欧洲的高级贵族一样，维持着同样的重视荣耀的习俗。对鞑靼贵族来说，在战争与和平之际，没有比荣誉更重要的东西——只是他们从不决斗。[125] 18 世纪克里米亚半岛上的封建律法和"君权开始之际的法国……差不多"。[126]

培松纳在法国革命前夕的鞑靼骑士想象，极端欧化了克里米亚鞑靼人。他们似乎比其东方邻居和俄国征服者更接近西欧的历史传统。这位法国领事完全没有顾及鞑靼人的伊斯兰教信仰与他们的亚洲面孔。这种高贵的骑士图像，是否比俄国（后来的苏联）视克里米亚鞑靼人为犯罪的低俗野人的宣传典范，更远离事实呢？[127] 至少克里米亚半岛上的鞑靼汗国仅仅部分符合了一般未开化的"鞑靼"特征：克里米亚鞑靼人不是萨满教徒及"异端的偶像崇拜者"，而是一种一神高级宗教的信徒。他们是自 1440 年由成吉思汗后裔吉拉伊（Giray）家族所统治的政治实体，在 16 世纪及 17 世纪是东欧最重要的国家之一。直到最后，它都还保有——如今日一名史学家所言——"近代国家政权的所有特征"[128]：一个运作着的中央政府，一个法律体制（结合了奥斯曼及中亚的成分），一个有高度城市人口的阶层区分的社会制度，一个活络的外贸，一个并不逊于奥斯曼及莫斯科公国的教育体制。可汗是艺术的赞助人和热忱的建筑业主；鞑靼的编年史学家为伊斯兰史学做出重要贡献。德·托特伯爵甚至想和沙欣·吉拉伊（Sahin Giray）可汗谈论莫里哀。[129]因此培松纳的信息没错：克里米亚鞑靼人绝非野人。只

259 有在严格的标准下，他们才算"蛮族"，如此一来，他们的强邻俄国人及奥斯曼人基本上便不比他们文明多少。

在培松纳之后没几年，克里米亚半岛已是另一番风貌。1800 年至 1801 年，英国矿物学家丹尼尔·克拉克（Daniel Clarke）造访这个半岛，在曾是鞑靼人奴隶贸易全盛要地的凯法（Kefe）［今费奥多西亚（Feodosija）］见到破毁的景象。俄国在这期间已经侵入：

> 在曾经辉煌的凯法城，今天只剩下 50 个家庭。……当我们到那里后，士兵可以拆平美丽的清真寺，或改为仓库使用，炸掉寺院尖塔，拆掉公共喷泉及摧毁所有公共渠道——只不过为了取得少量的铅。一些喷泉年代久远，装饰着大理石水池、浮雕及铭文。……希腊人在凯法留下的古代雕塑残件，命运也好不到哪里去。甚至包括穆斯林未曾损坏的浮雕、铭文及石柱，现在都被俄国人捣毁，当成建筑碎料贩卖，盖成惨不忍睹的营房。……不久后，在凯法只能见到俄国征服者践踏过的痕迹。[130]

克拉克听到希腊商人骂俄国人为"西徐亚人"。[131]欧洲的鞑靼地区论述，就这样绕了个圈子回来。古希腊的继承人未将亚洲蛮族的远古名称使用于鞑靼人，反而将之使用于鞑靼人白皮肤的统治者身上。

1811 年，地理学家莫里兹·冯·恩格哈特（Moritz von Engelhardt）及植物学家弗里德里希·巴洛德受皇室委任造访克里米亚半岛，他们能够描述的——正如 70 年前的堪察加——只剩

殖民状况。这两位波罗的海的学者特别深入分析了沙俄一位最
著名的思想大师的鞑靼人图像，即名副其实的国务委员彼得·
西蒙·帕拉斯教授。他在 1794 年 3 月至 7 月间，受皇室委任前
往克里米亚半岛。帕拉斯接着在 1795 年至 1810 年住在半岛上
一个女沙皇为答谢他而送他养老的庄园中。他的克里米亚之旅
报道，在 1799 年至 1801 年以德文出版。[132] 帕拉斯在学院远征
队时期，已是沙俄非俄国观察家中最大胆与中立的一位。在随
同俄国征服者造访的克里米亚半岛上，他也没有高贵野人的浪
漫想象，并同情其没落的悲剧。帕拉斯以经济利用与开发自然
的观点来观察一切。

　　正如之前的帕拉斯，巴洛德及恩格哈特也批评鞑靼人差劲
的土地开发，但他们反驳他们著名的前辈，不认为原因在于
"劳动阶级天生的懒散，只为迫切所需的食物工作，几乎没有
任何工业"[133]。他们认为帕拉斯建议驱逐"将自己民族天生的
破坏欲和蹂躏狂也展现于经济方面的"[134] 鞑靼人，或将他们迁
到俄国，"既不公平，亦不人道"。[135] 鞑靼人并不懒散，而是生
活俭朴。对帕拉斯这位"统计学者"而言，只有生产劳动才能
决定人的价值。帕拉斯的眼中只有国家福祉，但缺乏对它的理
解。难道这样，鞑靼人在道德上就较为卑劣，"文明国家的民
族"就优于他们？[136]

　　因此，巴洛德及恩格哈特尖锐批评克里米亚半岛上的俄国
土地政策。由于大部分鞑靼人的土地被没收并转移给外来的地
主（其中也包括帕拉斯教授），鞑靼农人便失去了勤奋开垦土
地的动力。常听到的抱怨便是鞑靼人的亚洲式迟钝，在工作时
需要严格监督，因而这是一种殖民主义的伪人类学，基本上只
是新领主自我实现的预言。[137] 此外，抹黑鞑靼人的道德性这一

260

点，必须强烈反驳。他们的好客绝非如大家所认为的那样，是种虚伪，而是认真遵循可兰经的信条。鞑靼人的好客和诚实给这两位旅行家以极佳印象。在他们看来，只要公平对待他们，鞑靼人会是好国民。他们聪明好学，因而是克里米亚半岛经济发展的最佳推动者，一定要好好利用他们的园艺与养蜂经验。相反的，许多新的殖民地主对改善农业不感兴趣，完全依赖新吞并的地产。[138]

这两位爱沙尼亚学者为被当成补充俄国殖民角色的自由鞑靼农民经济率直大胆辩护，让克里米亚鞑靼人的图像符合现代的要求。培松纳想将他们复古，为他们辩护；巴洛德及恩格哈特则以类似企图，表示他们在明智的政治处理下，完全能够符合沙俄晚期重商主义的要求。克里米亚鞑靼人的异国化及心态上的疏离，是殖民压迫者的策略。相反的，对他们友好的人会试着证明在他们非欧洲人的外貌后，并未藏有任何人类学上的差异，他们同样有权被纳入一个现代化的社会中。不过，在克里米亚鞑靼人大量逃往奥斯曼帝国及俄国垦民涌入后，在 1800 年左右，鞑靼人已在自己的土地上成为少数。帕拉斯的方案胜利，巴洛德及恩格哈特的建议来得太晚。

人种学与阿拉伯人的自由策略

克里米亚汗国无法纳入当代任何理论中，尤其抵触了"野人＝鞑靼人＝游牧民族"的公式。在 18 世纪的城市知识分子中，游牧民族的生活方式有着独特的魅力。游牧民族和棕榈围绕的岛屿沙滩上无忧无虑的自然人一样，都是当代的一个象征。

正如在现代人类学中一样，18 世纪的人亦偏爱一种狭义的游牧民族概念，即并不包含所有的流动生活方式，只限于牧民式的流动。[139]因此，游牧民族基本上是牧人，可在旧约、古代的民族学志文献与牧歌文学中发现。"现今存活的"游牧牧人，存在于历史上显赫、后来被大型领土帝国排挤到边缘的民族中。除了蒙古人外，基本上便是阿拉伯人——过去一样也是个"叱咤风云的民族"[140]，这时多半臣服在奥斯曼治下。关于游牧民族生活方式的精确描述，并不多见。对定居于房舍和城市中的安土重迁的人类来说，似乎很难体会一种流动生活的极端形式。1776年起，并未亲眼见过许多蒙古人，使用其他旅行家（盖哈德·弗里德里希·穆勒、塞缪尔·戈特利布·格梅林等）报道结果的帕拉斯，成了研究蒙古族的、几乎是唯一的权威。[141]本杰明·别尔戈曼（Benjamin Bergmann）那份关于自己停留在卫拉特蒙古人或伏尔加河的卡尔梅克人处注重细节、充满好感的报道，在德语地区外，并不为人所知。[142]别尔戈曼认为卡尔梅克人的生活方式完全不同于欧洲。他并未因自己卢梭式对牧人简单生活的偏见，而不由自主地陷入模糊的空想，或将"异族""建构"成"颠倒的世界"，而是试图以精确的具体例子来清楚呈现，譬如卡尔梅克人如何照料他们的马匹与骆驼。[143]

长期以来，关于北非、叙利亚及阿拉伯半岛上游牧住民的认知也好不到哪里去。1715年，让·德·拉·罗克（Jean de la Roque）——或该说长年驻阿勒颇的领事洛宏·达微（Laurent d'Arvieux），他是以拉·罗克之名出版游记报道的真正作者——将严肃、谨慎、沉默的沙漠住民图像大众化，而20年后，托马斯·肖将他旅行时给自己留下恶劣印象的阿拉伯人，视为强盗与蛮人。维孔德·德·帕杰（Vicomte de Pagès）这位富有的"哲学"旅者，在1771年世界之旅结束之际，陪同一个骆驼商队从巴士拉到阿勒颇，因而能了解到一些在他看来阿拉伯人的

262

有趣生活。不过，当时关于阿拉伯游牧生活最为详尽的描述，要等到 1772 年卡斯腾·尼布尔的作品出版后。[144]在叙利亚研究游牧民族的沃尔尼，后来刻意努力——据读者来看，算是成功——达到尼布尔的水平。[145]而瑞士人约翰·路德维希·布克哈特则是 19 世纪早期的主要权威。[146]

18 世纪的作者对游牧生活的理论思考，自然受到像帕拉斯与尼布尔等民族志学者的影响，正如他们也无法完全不受当代一般想象的影响一样。不过，游牧民族的论述，并不一定是来自一手观察数据的直接结果，或许其最重要的在于不断抽离像蒙古人与阿拉伯人等民族的历史角色的讨论。这种论述必须和"历史的基本力量"的讨论区别开来。在此意义下，这些民族被视为非历史的，同时是后历史的，亦是前历史的：之所以说是后历史的，是因为他们重要的历史演出已经过去；而之所以说是前历史的，是因为他们似乎陷入一种永恒状态中，成了一种遥远的过去的见证与残余。1820 年，一名旅行家第一次见到蒙古游牧民族时，仿佛回忆起"父权体制生活的幸福时代"，而见到生活在圣经历史空间中的贝都因人时，几乎无法避免这类联想。[147]在阿拉伯人的例子中，这类怀古现象特别明显，可以在这里——不同于完全没有城市生活的蒙古人——区分成原始的沙漠阿拉伯人及现代的城市阿拉伯人。欧洲人的好感主要集中在这些沙漠之子身上，因为典型的说法是，城市阿拉伯人"具有文明社会的所有恶习，又未摆脱粗鄙的状态"。[148]一直注重差异的卡斯腾·尼布尔以城市与沙漠的对比来分析贝都因人，未陷入文明与野蛮的粗糙二分法中：

> 阿拉伯的城市住民，特别是海边及边界的，由于贸易及手工业而和异族混合，甚至丧失了他们许多的风俗与习

263

惯。不过，随时将自己的自由置于财富与安逸之上的真正的阿拉伯人，则住在帐幕中的独立部落中，一直保有其祖先的古老统治形式、风俗与习惯。[149]

对尼布尔而言，沙漠中的生活绝不意味着文明的落后，亦非"天命"[150]的结果，而是一种俭朴、接近自然与自由生活的自由选择。贝都因人正确合理地选择了他们的生活方式。他们对自由的爱有双重意义。一方面，他们不服从稳定的权威。他们生活在一种类似许多小团体——宗族与部落——的嵌合组织中，不断和更高更大的单位结盟。部落首领以父权方式统治家族与仆役。在部落首领去世或废黜后，不是长子继承，而是选出最能干的男性亲属接任。家族之外的其他政治权威都得汇报。"小部落领袖"绝非大部落领袖的附庸：

> 因此大部落领袖多视他们为其同盟，而非属臣。如果他们丝毫不满其统治，亦无法罢黜他，他们便赶着牲口到另一个乐意见到自己部落强大的部落去。不过，每一个小部落首领也得费心好好统治其家族，不然就会遭到罢黜或离弃。[151]

另一方面，贝都因人的自由和城里土耳其人的专制形成对比。做法实际的尼布尔并未像后来流行的那样，将这种对比绝对化。只有少数部落完全与世隔绝；它们以一种相当匮乏的生活方式，换取脱离外在影响与联系上的全然自由。[152]更为典型的是土耳其政权和阿拉伯反对力量的接触与冲突。因此，尼布尔觉得有义务驳斥土耳其人指责阿拉伯人是无法无天的强盗的指控。阿拉伯人当然会不断劫掠商队和个别旅行者，

264

但他们很少会杀害他们，而是任他们在沙漠中自生自灭。反抗奥斯曼侵略的行为，只会因为宣传做假的目的而被视为强盗行径。

当土耳其人每年挥军进入阿拉伯，阿拉伯人不得不起而应战，特别是在公开战役中，以捍卫他们的权益。这一点并不能拿来和一帮强盗相比，因为这是由大部落首领所领导的，他们毫无疑问是沙漠的独立主人，有权抵抗任何企图以武力侵入他们领土的人。[153]

尼布尔的描述及后来沃尔尼与布克哈特的补充，构成了如沃尔尼所乐于表达的，一种独特的生活类型想象，同时是一种贝都因人游牧方式的理论。如果不考虑像叙利亚贝都因人所遭到的慢性饥荒，或俾路支人靠国际武器交易生存等无情的现实重点[154]，从这些材料中可以建构出对沙漠住民部分是新田园式，部分是英雄式的美化，这在浪漫主义的东方绘画与 20 世纪初劳伦斯的文学作品中，达到高峰。[155]后来的伊斯兰学同样或明或暗地保留下这些第一批阿拉伯研究者的某些概念。

游牧生活的理论

18 世纪在建立普遍的牧人生活理论上，有多种尝试。英国医生威廉·法寇纳便架构出一种特别多面、多半依据古代史料的理论。[156]法寇纳视牧人生活为介于货币发明与农耕普遍扩展之间的一个文化发展阶段。不同于亚当·斯密、亚当·弗格森及其他苏格兰启蒙运动的思想家，作为最早的生态学家之一，法寇纳重视当时会导致完全不同的田园生活特征的特殊环境条件：埃及的不同于西西里，阿拉伯的不同于蒙古。[157]一般可以这样说：在牧人生活阶段，人类展现井井有条的活动；从前十分松散的社会关系变得巩固；女性首度得到尊重。另外，"认为牧人生活是美德与纯朴的典范"[158]，并不正确。私有财产制引入后，导致了贪婪、吝啬与新的犯罪形式。货币的发明引来债务关系，导致贿赂及依赖。战争是牧人的一种生活要素，战争技艺便是最能促进他们理解力的知识。由于他们对城市生活没有感觉，不懂得围攻，所以对此没有耐性。[159]由于游牧民族没有固定住所，他们不知道神殿与神像。由于他们的生活方式，他们的神祇观念相当抽象，易于接受一神教，特别是其中最不形象化的伊斯兰教。[160]

法寇纳的田园生活例子，来自欧洲及亚洲，没有任何二分法的倾向。匈奴人、日耳曼人、西徐亚人与凯尔特人的生活及思维方式相近。同样不是东西对立意识形态者的爱德华·吉本，专于历史，对古代后期和对中古历史有重大影响的游牧民族感兴趣。他对游牧民族做出一种概括性的阐释，是18世纪中唯一能够结合"历史的基本力量"与民族志观点的。当代最重要的思想史学家之一波考克，便对此做出了一些重大研究。[161]由于吉本在不同的蛮族攻击浪潮中发现了东西罗马帝国灭亡的一个重要因素，他自然会试图理解这类蛮族的行为动力。

吉本以公元375年瓦伦提尼安一世（Valentinian Ⅰ）之死结束其《罗马帝国衰亡史》第二十五章。他以描述375年7月21日袭击罗马世界大部分地区的可怕地震与海啸开始了第二十六章。另外一个更加严重的撼人事件同时发生：匈奴入侵开始，以及随之而来的民族迁徙。这时吉本在继续自己的精彩叙述之前，停了下来，在"游牧民族的作风"这个标题下表露一些基本想法。[162]

266　　　按吉本的看法，游牧民族的实际状况和近代牧歌文学所勾勒出来的甜美田园景致毫无关系。[163] 从生活方式来看，所有这些民族十分类似。由于他们并不耕种土地，而是逐水草而居，无法形成任何文化认同。杀死动物是"蛮族"的日常生活，因而也助长了面对人类时的残暴。吃马肉并非禁忌，反而是马上战争成功的秘诀之一。不断备战，并非源自鞑靼人或西徐亚人的"性格"，而是源自游牧的生活方式：年轻人住在流动的帐幕营地，互相比武习艺。没有任何家乡及土地关系会阻碍他们不断寻找牧地。在艰困的条件下生活，已为长途辛劳征战奠定基础。不过，游牧民族并不只靠牧群而活，他们亦是狩猎能手，从小便被训练如何准确击中猎物和迅速反应的能力。这种狩猎便是战争的前置阶段。因此，只需结合外来的冲击及内部的政治领导，便能引发马上游牧民族"历史的基本力量"般的大型攻击。他们的政治体制甚具弹性，杰出的军事领主很快便能出人头地。

　　　以上是基础部分。吉本采用了苏格兰社会理论家不久前引进的维生方式的概念，将其当成历史分析的工具。在后来几章中，吉本深入讨论游牧民族战争动员的个别例子与特殊起因：阿提拉的匈奴人、穆罕默德之后几十年的阿拉伯人、成吉思汗治下的蒙古人。吉本论及伊斯兰起源的第五十章，是个精彩章节。在这里，他提到在沙漠阿拉伯人的生活中，骆驼的特殊重要性及其优于负载较少、用途不广的马匹之处。他述及如何逐步克服原始野蛮状态。在他看来，那并非单纯从一个阶段跃至另一个阶段。不同于匈奴人及蒙古人，阿拉伯人在前伊斯兰时期已过渡到未曾和贝都因人对抗的城市文化。那里的社会不是透过由上而下的强制机构来维系，而是基于相对平等基础上的自愿互惠关系。在吉本眼中，阿拉伯人的民主完全可以和希腊人与罗马人的相比，但不是建立在机构[164]与固定参与权利之上的对自由的爱，而是有其服从界线的个人对自由的爱。这种政治形式并非不稳定，也不会导致全面的无政府状态，同时也抗拒独裁专制，正如 8 世纪起逐渐在拜占庭与波斯的影响下所形成的那样。社会发展过程伴随着一首宫廷诗人的诗篇，里头涵盖了社会关系道德化及移风易俗的角色。吉本如何在这种条件下及天启与政治的交互影响中，见到伊斯兰兴起，成了所有通史分析最精巧的例子之一。或许历史上没有其他角色会像《罗马帝国衰亡史》中那位世界宗教的创始者那样得到如此谨慎的解释。在吉本笔下，伊斯兰是继基督教后，第二个结合领袖魅力与组织艺术，形成一历史力量的重要例子。

267

吉本的游牧生活理论奠定了自己中古时期泛欧亚解释的基础，其环境与维生方式的出发点是唯物主义式的，却未变质成气候或地理决定论，也未否定思想，特别是宗教信念的比重——那总是很麻烦地摆荡在迷信与狂热间。吉本认为历史叙述并不够。他想解释大型的历史运动，如伊斯兰的兴起，因此在法寇纳式的普遍性与重视地方情况间寻找中庸之道。这类历史学纲领超出了吉本的史料与权威人士的研究范围；他只能半推测式地加以说明。在他之前，或许只有孟德斯鸠在自己关于罗马人伟大与没落的小书（1734）中有过类似尝试。在吉本笔下，正好是游牧民族成了启蒙时代最细致的历史分析的展示客体。

安土重迁的胜利

18 世纪最后 10 年及 19 世纪前 10 年，可以在全世界范围内见到安土重迁的"文明人"前所未有地战胜了流动的"野人"或"蛮族"。对非文明人的恐惧［米歇尔·杜榭（Michèle Duchet）语］完全受到克制。[165] 社会理论家反映出这一点，因此这时多半视游牧生活为社会发展不稳定的过渡阶段。[166] "文明人"自己当然是流动的，透过军事征服和农地垦殖，扩大了自己的生活范围，牺牲掉非农耕者的空间。在此，流动性只是一个达成目标的过渡方式，而非生活形式，即便有阿根廷骑马牧人或（自 19 世纪 30 年代起）南非的"游耕布尔人"（Trekburen）这种位于分界线上的现象存在。不只北美印第安人、库尔德人、蒙古人及西伯利亚民族遭到击退，在同一时期，英国皇家海军为了打击奴隶贸易，在全球海域肃清了海盗——至少在波斯湾及马来亚海域并未彻底做到。一直以来，海盗是世界海洋强权特别难缠的对手。1816 年，大英帝国不得不承认，虽然征服了印度这个斗士一样的国家或削弱了印度的好战性，却无法压制波斯湾的海盗。[167] 17 世纪宛如恐怖强权的加勒比海白皮肤私掠者，在 18 世纪初期即已被彻底根除。法国海军清理地中海；1830 年，在法国介入后，长期以来在阿尔及利亚十分平和的"海盗国"垮台。

在帝国强权眼中，掠夺行径与居无定所差异不大。近代的领土国家设法对付有组织的掠夺行径与街头犯罪，并对付乞丐与流浪汉。他们试图安抚自己的臣民，好加以控制操纵。[168] 如库尔特·赫特格（Kurt Röttger）所言，游牧生活未被视为自我组织的机构，"而是破坏秩序的否定机构"。[169] 这在殖民世界中继续存在。传教士抱怨，游牧民族几乎无法开化、接受基督教义，还强行入侵殖民地。殖民改革者视他们为恶例。[170] 在印度——特别是在 1857 年大型反英起义即所谓的印度叛变后——

移民团体，即所谓的罪犯部落，遭到残酷镇压。[171]排挤与迫害
亚洲"吉卜赛"民族的情形，在启蒙时期便愈来愈多，不管他
们被视为印度或埃及的移民，还是土耳其间谍。[172]一提到吉卜
赛人，就连约翰·戈特弗里德·赫尔德都忘了他著名的宽容：

> 一个堕落的印度种性，生来即远离一切神圣、正派及
> 合乎市民规范的事物，而且几百年来忠于这种低贱的命运。
> 在欧洲除了对之施行军事管教，让他们立刻遵守纪律之外，
> 还有何办法可想？[173]

正如吉卜赛人的浪漫情怀——神秘的孤儿、热情的女郎、 269
马车生活的自由等——要到"吉卜赛人问题"在治安上受到控
制后才出现，北美印第安人要在没落后才冒出感伤的"维尼图
（Winnetou）"① 这种人物，欧洲人也在亚洲未必真的接触到高
贵蛮族的地方，才会发现他们。孟德斯鸠已提及，自由的最后
据点是在无法攻破的山区民族中。[174]阿富汗人、库尔德人、里
夫卡拜尔人（Rif-Kabylen）②、廓尔喀人（Gurkhas）③、车臣人，
还有提洛人（Tiroler）④、瑞士人及高地苏格兰人，自18世纪末
起，都被美化为前现代风俗与自由的原始护卫。[175]因此，山区
住民的评价得到惊人重估。他们这时再也不是危险的野人，会
随时窜出他们的藏身之处，攻击和平的文化人类。十字军时期
与马可·波罗让欧洲人感到不安的"山中老人"故事，亦被遗
忘。在原来的记述中，这位伊斯兰伊斯玛仪教派（Isma'iliten-

---

① 德国作家卡尔·迈许多本著名西部冒险小说中的印第安英雄。卡尔·迈去
世前不久才首度访问美国，而且他只到过美国东岸。——编者注
② 北非阿尔及利亚的游牧部落。—译者注
③ 喜马拉雅山的山区战士。—译者注
④ 意大利东北部山区的民族。—译者注

Sekte）的首领在信徒间具有绝对的领导权威，并派遣吸食毒品的年轻"杀手"到平原的城市中去，就像今日的恐怖分子首脑。只有像希威斯特·德·萨西（Sylvestre de Sacy）及约瑟夫·冯·哈默－普格斯塔等东方学者对此感兴趣，一般人几乎无动于衷。[176]

在欧洲的大都会中，逐渐见得到令人不安的新的野人与游牧民族。弗里德里希·恩格斯视爱尔兰人为现代游牧民族，十分憎恶他们，如同 18 世纪旅行者对最粗野、最居无定所的野人的看法一样。[177]1851 年，亨利·梅休（Henry Mayhew）通过观察一般的游牧民族展示自己大型的社会全景型作品《伦敦劳工与伦敦穷人》（*London Labour and the London Poor*），并将地球人口分成两种显著的类别：流动的与安土重迁的。[178]两者甚至在身体形态上都有差异，如他们的头颅构造。如梅休所言，所有文明中的游牧民族，都是安居社会的寄生虫。这时紧随着大型帝国贫瘠边缘地带的高贵蛮族与自然人，出现了构成新工业人口的低下流浪部落。早期的社会研究者梅休认为，伦敦街头的小贩与流氓无产阶级，更为接近南非的布须曼人，而非其同市市民邻居。梅休完全以 18 世纪和低贱蛮人相关的类别来描述他们：

270

　　游牧民族和文明人的差异，在于他们厌恶定期与持续性的工作；对未来不会未雨绸缪；无法评估自己行为的后果；迷恋麻醉药草与草根，有可能的话，还会酗酒；能忍受过度匮乏；相较之下，对痛苦没有太大感觉；赌博毫无节制，往往赌上自己的身家自由；喜欢放荡的舞蹈；乐于见到有感觉的生物痛苦；有仇必报；没有明确的私有财产观念；女性淫荡，轻视女性；最后是其宗教观念模糊：造物主的想象粗糙，完全缺乏上帝慈悲的概念。[179]

19 世纪中期左右，浪漫的牧人情怀成为过去式。这时游牧民族成了凸显维多利亚市民性格的负面陪衬，变成了治安问题。

注释：

［1］赞美康熙的高峰，参阅 d'Orléans, *Histoire*（1690），第 145 页以下；Bouvet, *Histoire*（1699），特别是第 12 页及下页，第 18 页以下；Du Halde, *Description géographique*（1735），第 1 册，第 545 页及下页，第 2 册，第 5 页以下；Mailla, *Histoire générale*（1777 - 1780），第 11 册，第 354 页以下；Abel - Rémusat, *Nouveaux mélanges*（1829），第 2 册，第 21 ~ 44 页。Turgot, *Fortschritte*（1990），第 183 页，没有具体的历史实例，只有 1751 年这个案例的理论分析。

［2］Gibbon, *Decline and Fall*（1909-1914），第 39 章（第 4 册，第 182~218 页）。

［3］关于将报道转为虚构的文学小说，主要参阅 Lowes, *Xanadu*（1927）；Barrell, *Thomas de Quincey*（1991），此外亦见 Caracciolo, *Arabian Nights*（1988）。

［4］对此有丰富的文献，引介参阅 Landucci, *I filosofi*（1972）；Franco, *Noble Savage*（1975）；Krauss, *Anthropologie*（1979）；Kohl, *Entzauberter Blick*（1986）；Cro, *Noble Savage*（1990）；Batra, *Wild Men*（1994）。

［5］S. G. Gmelin, *Reise*（1770-1784），第 1 册，第 44~47 页。

［6］如 Societas Jesu, *Lettres édifiantes*（1780-1783），第 22 册，第 328 页及下页；Societas Jesu, *Mémoires*（1776 - 1814），第 3 册（1788），第 387~412 页（有篇文章描述 1775 年的苗族战争）。亦参阅 J. de Guignes, *Histoire générale*（1756-1758），第 2 册，

第 92 页。

[7] Societas Jesu, *Lettres édifiantes*（1780-1783），第 10 册，第 8 页，第 413 页以下，特别是 430 页。Grosier, *Description générale*（1785），第 212 页及下页。

[8] Crawfurd, *Siam*（1967），第 177 页。

[9] 同上书，第 488 页；Crawfurd, *Ava*（1834），第 2 册，第 170 页以下，第 262 页以下。

[10] Chardin, *Voyages*（1735），第 1 册，第 121 页。

[11] Güldenstädt, *Reise durch Rußland*（1787-1791），第 1 册，第 471 ［关于奥赛特人（Osseten）］页；亦参阅帕拉斯有关车臣人的报道，*Reise in die südlichen Statthalterschaften*（1799-1801），第 1 册，第 418 页，及帕拉斯关于高加索民族的民族志综览：同上书，第 364 页以下。不久后，克拉普罗特也讨论到这个题目：参阅 *Muslimbild*（1997），第 91 页及下页。

[12] Reineggs, *Kaukasus*（1796-1797），第 1 册，第 40 页。

[13] Sommer, *Neuestes Gemälde*（1834），第 1 册，第 83 页及下页。

[14] Dampier, *New Voyage*（1697），第 485 页。

[15] Lach/Van Kley, *Asia*（1993），第 1913 页。关于食人族这个论题，在 18 世纪主要和南太平洋有关——大家想到的是迪福（Daniel Defoe）的《鲁滨孙漂流记》（*Robinson Crusoe*）。如参阅 Rennie, *Far-Fetched Facts*（1996），第 181~197 页。

[16] Stavorinus, *Reise*（1796），第 59 页，但他也只听过而已。

[17] Gibbon, *Decline and Fall*（1909-1914），第 6 册，第 305 页，此外亦见第 7 册，第 8 页，有关 13 世纪中国因为饥荒的食人事件。

[18] Marsden, *History of Sumatra*（1811），第 390 页。对欧洲人来说，真正耸人听闻的是正常情形下的食人祭祀，但急难情况也会成为习惯。如 Steeb, *Versuch*（1766），第 51 页。

［19］引文参考 Wurtzburg, *Raffles*（1954），第 559 页。

［20］同上书，第 562 页。

［21］Symes, *Account*（1827），第 156 页及下页。

［22］同上书，第 160 页。

［23］Landucci, *I filosofi*（1972），第 389 页及第 394 页以下更为详细。

［24］Krascheninnikow, *Kamtschatka*（1766），第 61 页。这本德文版是俄文原作的英国节录译本。

［25］同上书，第 205 页。

［26］同上书，第 246 页。

［27］同上书，第 267 页。

［28］同上书，第 214 页。

［29］Steller, *Kamtschatka*（1774），第 332 页。奥兰多·迪·拉索（Orlando di Lasso，1532-1594）：巴伐利亚王室的声乐复调音乐大师。

［30］同上书，第 288 页，注释（a），关于堪察加半岛的性风俗，特别是"亵渎男童"与混穿异性服饰，同上书，第 350 页及下。赫德把伊捷尔缅人的"放肆淫荡"归因于该地和严寒并存的众多火山和温泉：*Ideen*（1989），第 301 页。

［31］Bougainville, *Voyage*（1982），第 166 页。关于北美这段经典看法，参阅 Lafitau, *Mœurs*（1724），第 1 册，第 464 页。

［32］Krascheninnikow, *Kamtschatka*（1766），第 213 页。这里涉及的绝非欧洲人的乌托邦幻想："像西伯利亚东北部的其他部落，伊捷尔缅人没有世袭的酋长，只有氏族议会听取了某位勇敢或贤智的人的意见时，他们的社会平等才会被修正。"Forsyth, *Peoples of Siberia*（1992），第 132 页。还是这只是在响应克拉森宁尼可夫的看法？

［33］参阅同上书，第 131~136 页；其他的西伯利亚政策：Slezkine,

Arctic Mirrors（1994），第 60~71 页。

[34] Krascheninnikow, *Kamtschatka*（1766），第 241 页。

[35] 俄国人以栅栏圈围起来的住所。

[36] Steller, *Kamtschatka*（1774），第 285 页。

[37] 参阅 Meek, *Ignoble Savage*（1976），书中各处，特别是第 129 页。

[38] 参阅 Nippel, *Griechen*（1990）；Dihle, *Griechen*（1994）；Müller, *Geschichte der antiken Ethnographie*（1972-1980）。

[39] 关于个别的语意，参阅大型字典 *Oxford English Dictionary*，第二版，第 1 册，Oxford，1989，第 945~947 页；*Trésor de la langue française*，第 4 册，Paris，1975，第 162~64 页；Grimm, *Deutsches Wörterbuch*，第 1 册，Leipzig，1854，第 124 栏，较没有用。

[40] Humboldt, *Wiederentdeckung*（1989），第 337 页及第 390 页。

[41] Justi, *Vergleichungen*（1762），第 239、241 页。

[42] Hammer‐Purgstall, *Geschichte des Osmanischen Reiches*（1827-1835），第 3 册（1828），第 588 页；Knolles, *Turkish History*（1687-1700），第 1 册，第 765 页，已有类似看法。

[43] Gibbon, *Decline and Fall*（1909-1914），第 6 册，第 299 页。吉本从未在穆斯林身上使用更加轻蔑的用语——"野人"，但对第一次十字军东征之际的基督教暴民，则用上"野兽"一词（同上书）。

[44] 吉本关于 7 世纪的欧洲有戏剧性的描述：同上书，第 6 册，136 页以下。

[45] 参阅 Michel, *Un mythe romantique*（1981），第 37 页及下页。

[46] Muratori，引文，同上书，第 39 页。

[47] Hammer‐Purgstall, *Geschichte des Osmanischen Reiches*（1827-1835），第 3 册（1828），第 221 页。

[48] 同上书，第 7 册（1831），第 1~4 页。

［49］ Hammer‐Purgstall, *Geschichte der Goldenen Horde* （1840），第 38 页。

［50］ 参阅 Rubel, *Savage and Barbarian* （1978）。

［51］ 维科（Giambattista Vico）在这里是位相当重要的作者，参阅 Rossi, *Abyss* （1984），特别是第 183 页以下。

［52］ 这里并未注意到标准与经验式观念的差异。另参阅 Medick, *Naturzustand* （1972）。

［53］ Pagden, *Natural Man* （1982），第 26 页。

［54］ Montesquieu, *De l'esprit des lois*, XⅧ/11，出自 *Œuvres* （1949–1951），第 2 册，第 537 页。看法几乎完全收入到 *Encyclopédie* （1751–1766），第 30 册，第 188 页。

［55］ Ferguson, *Essay* （1966），第 82 页，第 98 页及下页，第 105 页；Salvucci, *Adam Ferguson* （1972），第 374 页。

［56］ 如早期社会学者傅立叶在未开化与野蛮之间插入父权制阶段。

［57］ Rougemont, *Précis* （1835–1837），第 1 册，第 19 页。

［58］ Hübner, *Kurtze Fragen* （1727–1731），第 9 册，第 473 页。

［59］ Jones, *Fifth Anniversary Discourse* ［1788］，出自 *Works* （1807），第 3 册，第 75 页。

［60］ Richardson, *Dissertation* （1778），第 141 页；Chateaubriand, *Itinéraire* （1968），第 82 页。

［61］ W. R. Jones, *Image* （1971），第 398 页。

［62］ Blome, *Description* （1670），第 88 页及下页。

［63］ 惠廷（Whiting）的报道出自 Walpole, *Travels* （1820），第 468 页。

［64］ 伏尔泰论巴伊（Bailly），1776 年 11 月 19 日，出自 Bailly, *Lettres sur l'origine des sciences* （1776），第 5 页；Chateaubriand, *Itinéraire* （1968），第 82 页。

［65］ 参阅 Reichert, *Begegnungen* （1992），第 92 页。

［66］ Blome, *Description* （1670），第 88 页及下页。

[67] Witsen, *Noord en Oost Tartayre*（1705）；Avril, *Voyage*（1692），亦参阅 Lach/Van Kley, *Asia*（1993），第 1755~1759 页。

[68] 主要参阅 Brand, *Beschreibung*（1698）；Ides, *Three Years Travels*（1706）；Lange, *Reise nach China*（1721）；Bernard, *Recueil de voyages du Nord*（1731-1738），特别是第 4 册，第 8、10 页；*Relation de la Grande Tartarie*（1737）。

[69] Du Halde, *Description géographique*（1735），第 4 册，特别是第 75~422 页；热尔比永的 8 次旅行在 Prévost, *Histoire générale*（1746-1759），第 9 册（1749）中亦详细记载下来。

[70] Messerschmidt, *Forschungsreise*（1962-1968）及 Strahlenberg, *Das Nord- und Ostliche Theil*（1730），是梅塞施密特短期旅伴（1720-1722）的书。梅塞施密特的旅行日记只以手稿形式在专家中流传。只有简短的摘录出版。

[71] J. G. Gmelin, *Reise*（1751-1752），第 1 册，第 88 页。

[72] Visdelou, *Histoire abregée de la Tartarie*（1779），第 47 页。

[73] 同上书，第 277~289 页，有关元朝。

[74] Baumgarten, *Algemeine Welthistorie*（1744-1767），第 21 册（1760），第 243 页。

[75] Strahlenberg, *Das Nord- und Ostliche Theil*（1730），第 54 页。

[76] Fischer, *Sibirische Geschichte*（1768），第 142 页。

[77] Pinkerton, *Modern Geography*（1807），第 1 册，第 52 页，概述论及。Aikin, *Geographical Delineations*（1806），第 1 册，第 364 页持相反看法。

[78] Schmidt, *Völker Mittel-Asiens*（1824），第 5 页，类似 Heeren, *Ideen...*，出自 *Historische Werke*（1821-1826），第 10 册，第 57 页（注释）。关于概念史主要参阅 Klaproth, *Mémoires*（1826-1828），第 1 册，第 461 页以下。

[79] Wisotzki, *Zeitströmungen*（1897），第 444 页及下页；Broc, *Les*

montagnes（1969），第 56~70 页。

[80] 德金（J. de Guignes）几乎同时根据中国的地理志作品得出类似的结论：*Histoire générale*（1756-1758），特别是第 2 册第 2 章及第 3 页。

[81] Gatterer，*Geographie*（1789），第 2 册。对贾特勒来说，北亚和俄国的亚洲是等同的；关于中亚，他也算入朝鲜及日本，南亚则从安纳托利亚的整个南端经过中国直到印度尼西亚。

[82] 引文出自 Wisotzki，*Zeitströmungen*，第 448、455 页。

[83] Pallas，*Observations*（1779），第 27 页。

[84] Gay，*Enlightenment*（1966-1969），第 1 册，第 77 页及下。

[85] J. de Guignes，*Mémoire*（1759）。他的主要批评者为德·博，却令人意外地在这一点上说对了。亦参阅 Zoli，*Cultura italiana*（1973），第 140~149 页。

[86] 参阅 Petri，*Urvolkhypothese*（1990），第 120 页以下。

[87] Bailly，*Lettres sur l'Atlantide*（1779），第 220 页。

[88] 同上书，第 224 页及下页，第 228 页及下页，第 232 页。一名发源地鞑靼人的早期德国代表人物为 Zimmermann，*Verbreitung*（1778），特别是第 116 页。在英国，这个论题亦引起关注，但最后被伍德豪斯勒（Woodhouselee）勋爵，爱丁堡大学的通史教授封杀掉，参阅他的 *Elements of General History*（1825），第 2 册，第 313 页及下页。

[89] Herder，*Ideen*（1989），第 386 页。在长久思索后，普里查德认为原始民族源自伊朗：*Researches*（1837-1847），第 4 册，第 603 页。

[90] Herder，*Ideen*（1989），第 218 页及下页。

[91] 同上书，第 217 页。

[92] 同上书，第 218 页，第 700 页及下，亦参阅第 881 页。Ritter，*Erdkunde*（第 1832 页以下），第 2 册（1833），第 388~395 页，

对成吉思汗以来蒙古人缓慢的文明发展有另外一套看法。

[93] Raynal, *Histoire philosophique* (1775), 第 1 册，第 541 页。

[94] 同上书，最重要的史料为 Georgius, *Alphabetum Tibetanum* (1762)。莱纳是否知道这份史料，并不清楚。

[95] Herder, *Ideen* (1989)，第 224 页。

[96] 同上书，第 218 页。

[97] Hegel, *Vorlesungen* (1996)。

[98] 1822~1823 年的讲课评论证明了这点。关于中国，黑格尔大量引用（前）耶稣会修士后来的报道（Societas Iesu, *Mémoires*, 1776-1814; Grosier, *De la Chine*, 1818-1820）。参阅同上书，第 53~140 页。

[99] Hegel, *Die orientalische Welt* (1923)，第 332 页。

[100] 同上书，第 336 页。关于西藏喇嘛教，亦见 Hegel, *Vorlesungen* (1996)，第 224~232 页。

[101] Hegel, *Vorlesungen über die Philosophie der Geschichte. Einleitung. Geographische Grundlagen der Weltgeschichte*, 出自 *Jubiläum-sausgabe* (1957-1971)，第 11 册，第 132 页，其他的版本亦见 Hegel, *Vernunft* (1994)，第 194 页。

[102] 这篇文章重刊于 Petech, *I missionari Italiani* (1954-1956)，第 5 册，第 32~40、44~46 页。佩特克（Petech）的德西代里 *Relazione* 版本卷二第 13~18 章，从民族志来看很有趣：同上书，第 6 册，第 75~114 页。Toscano, *Desideri* (1984)。

[103] Du Halde, *Description géographique* (1735)，第 4 册，第 27 页。

[104] Hegel, *Vorlesungen* (1996)，第 231 页。

[105] 同上书，第 232 页。

[106] 参阅 Fletcher, *Ch'ing Inner Asia* (1978)，第 52~56 页。

[107] Du Halde, *Description géographique* (1735)，第 4 册，第 38 页。

[108] Plath, *Geschichte des östlichen Asiens* (1830 - 1831)。参阅

H. Franke, *Johann Heinrich Plath*（1960），第 11 页以下。

[109] Voltaire, *Histoire de l'empire de Russie sous Pierre le Grand*
［1763］，出自 *Œuvres historiques*（1957），第 373 页。

[110] *Relation de la Grande Tartarie*（1737），第 4 页。

[111] Georgi, *Nationen*（1776-1780），第 2 册，第 88 页。这部作品
第 2 册完全在讨论"鞑靼民族"。

[112] Turner, *Tibet*（1800），第 209 页，亦参阅第 305 页。

[113] Georgi, *Nationen*（1776-1780），第 2 册，第 96 页。

[114] 关于通古斯族，详细参阅同上书，第 306~325 页；Georgi, *Be-
merkungen*（1775），第 242 页以下；Pallas, *Reise*（1771-
1776），第 3 册，第 238~243 页；Fischer, *Sibirische Geschichte*
（1768），第 110 页以下。

[115] Georgi, *Nationen*（1776-1780），第 2 册，第 392 页。

[116] 例如 J. G. Gmelin, *Reise*（1751-1752），第 1 册，第 283 页以
下，第 397 页以下，第 2 册，第 44 页以下，第 351 页以下。

[117] Georgi, *Nationen*（1776-1780），第 395 页。关于 18 世纪的萨
满教，大致参阅 Flaherty, *Shamanism*（1992），第 45 页以下。

[118] S. G. Gmelin, *Reise*（1770-1784），第 2 册，第 120~146 页，此外，
第 1 册，第 173~182 页；关于东哥萨克人，亦参阅 E. D. Clarke,
Travels（1810-1823），第 1 册，第 10~13 章。

[119] Fischer, *Sibirische Geschichte*（1768），第 186 页以下，认为哥
萨克人在这个扩张过程中变得文明。

[120] Olearius, *Vermehrte Newe Beschreibung*（1656），第 48 页。

[121] 如 Kappeler, *Rußland*（1992），第 47 页。以下参阅 Fisher,
Crimean Tartars（1978），第 49~69 页。

[122] Witsen, *Noord en Oost Tartarye*（1705），第 2 册，第 567 页。

[123] Kleemann, *Reisen*（1771），第 39 页，第 148 页及下页，第
158 页。

[124] Franke，*Lady Craven*（1995），第 169 页及下页。报道参阅 Craven，*Crimea*（1789）。

[125] Peyssonnell，*Traité*（1787），第 2 册，第 235 页及下页，第 267~276 页。

[126] 同上书，第 279 页。Pallas，*Reise in die südlichen Statthalter-schaften*（1799–1801），第 2 册，第 357 页，亦强调重要贵族氏系的独立性。

[127] 参阅 Fisher，*Crimean Tatars*（1978），第 26 页。在这种宣传传统下，第二次世界大战克里米亚鞑靼人遭到放逐的举动可合理解释。参阅同上书，第 165 页以下。

[128] 同上书，第 17 页。关于克里米亚半岛的历史，亦参阅 Lazzerini，*Crimea*（1988），第 125 页以下。

[129] Tott，*Memoirs*（1786），第 1 册第 2 章，第 135 页。

[130] E. D. Clarke，*Travels*（1816–1818），第 2 册，第 44~47 页。帕拉斯描述到荒芜的凯法，证实了这个调查结果；然而克里米亚半岛其他地区并未如此悲惨：*Reise in die südlichen Statthal-terschaften*（1799–1801），第 2 册，第 261~263 页，与第 32 页及下页。公共水道在伊斯兰教较为落后的社会中亦被视为杰出的技术成就，例如 Kurden：Kinneir，*Journey*（1818），第 395 页。

[131] E. D. Clarke，*Travels*（1816–1818），第 22 册，第 145 页。

[132] Pallas，*Reise in die südlichen Statthalterschaften*（1799–1801）。及 Wendland，*Pallas*（1991），第 1 册，第 272 页及下页，第 474~483 页。

[133] Industrie 在这里指的是勤奋。Pallas，*Reise in die südlichen Stat-thalterschaften*（1799–1801），第 2 册，第 360 页（第 427、440 页有类似说法）；Engelhardt/Parrott，*Krym*（1815），第 1 册，第 29 页及下页。

［134］Pallas, *Reise in die südlichen Statthalterschaften*（1799－1801），
第 2 册，第 368 页。

［135］Engelhardt／Parrott, *Krym*（1815），第 30 页。

［136］同上书，第 30 页。

［137］同上书，第 33 页。

［138］同上书，第 48 页。

［139］Khazanov, *Nomads*（1984），第 14 页，有详细定义。

［140］Hausleutner, *Araber in Sicilien*（1791-1792），第 1 册，第 iii 页
（前言）。

［141］Pallas, *Sammlungen*（1776－1801），第 1 册，亦参阅 Pallas,
Reise（1771-1776），第 1 册，第 307 页以下（关于卡尔梅克
人）。

［142］Bergmann, *Nomadische Streifereien*（1804－1805），特别是书名
为 *Die Kalmüken zwischen der Wolga und dem Don：Ein
Sittengemählde* 的第 2 册。可惜这份奇特的文件在这里未受到
应有的重视。

［143］同上书，第 2 册，第 66 页以下。

［144］Niebuhr, *Beschreibung*（1772），第 379~399 页。布丰的阿拉伯
人描述主要根据 Niebuhr, *Œuvres choisies*（1861），第 1 册，
第 414 页以下。

［145］Volney, *Voyage*（1959），第 195~214 页。

［146］特别是 Burckhardt, *Syria*（1822）；同氏著，*Arabia*（1829）；
同氏著，*Bedouins*（1830）。布克哈特以英文写作。其他有关
近东及中东游牧民族的描述为 Jaubert, *Voyage*（1821），第 251
页以下；Malcolm, *History of Persia*（1829），第 2 册，第 61~
63、325~334、431~440 页；Elphinstone, *Caubul*（1839），第 1
册，第 302 页以下。

［147］Timkovski, *Voyage à Pekin*（1827），第 13 页。其他证据（关

372 / 亚洲的去魔化：18 世纪的欧洲与亚洲帝国

于北非），参阅 Thomson，*Barbary*（1987），第 103 页及下页。

[148] Valentina，*Reisen*（1811），第 2 册，第 103 页。

[149] Niebuhr，*Beschreibung*（1772），第 379 页。

[150] 如 Heeren，*Historische Werke*（1821－1826），第 10 册，第 58 页。

[151] Niebuhr，*Beschreibung*（1772），第 380 页。杜尔哥 1751 年即已对"小国"的政体做了类似的分析：*Fortschritte*（1990），第 179 页及下页。

[152] Niebuhr，*Reisebeschreibung*（1774－1837），第 1 册，第 292 页及下有个案例。

[153] Niebuhr，*Beschreibung*（1772），第 382 页。Volney，*Voyage*（1959），第 211 页，有类似说法：阿拉伯人只捍卫他们在国际法上无可争辩的地位。关于欧洲国际法中游牧民族的讨论，参阅 Fisch，*Völkerrecht*（1984），第 275 页以下。

[154] Volney，*Voyage*（1959），第 204 页；Pottinger，*Belochistan*（1816），第 65 页及下页。

[155] 关于浪漫主义的阿拉伯图像，参阅 Nasir，*Arabs*（1979）；Tidrick，*Araby*（1989）。

[156] Falconer，*Bemerkungen*（1782），第 427～466 页。Klaproth，*Tableaux historiques*（1826），第 233 页以下，亦十分有趣。

[157] 关于法寇纳在环保观念史中的地位，参阅 Glacken，*Traces*（1967），第 601~605 页。

[158] Falconer，*Bemerkungen*（1782），第 442 页。

[159] 同上书，第 445 页，第 449 页及下页。

[160] 同上书，第 446 页。

[161] Pocock，*Gibbon*（1976）；同氏著，*Gibbon's "Decline and Fall"*（1977）；同氏著，*Gibbon and the Shepherds*（1981）；同氏著，*Virtue*（1985），第 143～156 页。亦参阅 Burrow，*Gibbon*

（1985），第 67~79 页；R. Porter, *Gibbon*（1988），第 135 页以下。关于吉本中古的整体欧洲观：Giarrizzo, *Gibbon*（1954），第 403 页以下，特别是第 478 页以下，无人可出其右。亦参阅 Tortarolo, *Barbari*（1992）。

[162] Gibbon, *Decline and Fall*（1909-1914），第 5 册，第 26 章。

[163] 孟德斯鸠视让野人成为气候与地貌受害者的自然状态为诅咒，而非福赐。

[164] Gibbon, *Decline and Fall*（1909-1914），第 6 册，第 218 页。

[165] Duchet, *Anthropologie*（1971），第 59 页。

[166] 如 Pastoret, *Législation*（1817-1837），第 1 册，第 22 页。

[167] Heude, *Voyage*（1819），第 36 页。

[168] Roche, *La France des Lumiéres*（1993），第 64、67 页；Roeck, *Außenseiter*（1993），第 141 页及下页，第 147 页。

[169] Röttgers, *Kants Kollege*（1993），第 103 页。

[170] 如 Raffles, *Java*（1817），第 58 页。

[171] Metcalf, *Ideologies*（1994），第 123 页以下。

[172] Roeck, *Außenseiter*（1993），第 90 页。

[173] Herder, *Ideen*（1989），第 703 页。关于启蒙时期的吉卜赛人图像，主要参阅 Röttgers, *Kants Kollege*（1993）。

[174] Montesquieu, *De l'esprit des lois*，第 XⅧ/2 页，出自 *Œuvres complètes*（1949-1951），第 2 册，第 532 页。

[175] 这个主题的摘要参阅详于摘录的 Rougemont, *Précis*（1835-1837），第 1 册，第 7~8 页。及 Volney, *Voyage*（1959），第 115 页及下页；Elphinstone, *Caubul*（1839），第 2 册，第 73 页以下；Malte-Brun, *Précis*（1812-1829），第 2 册（1812），第 611 页。

[176] 参阅 Olschki, *Marco Polo's Asia*（1960），第 368~381 页；Daftary, *Assassin Legends*（1994）。杜尔哥提及 1748 年的案例

来说明专制迷信：*Œuvres*（1913-1923），第 1 册，第 134 页。

[177] Engels，*Lage der arbeitenden Klasse*（1957），第 320~323 页。

[178] Mayhew，*London Labour*（1861-1862），第 1 册，第 1 页。

[179] 同上书，第 2 页。

第十章　真假暴君

尼禄和所罗门的遗产

在近代文化上具有决定意义的统治者类型学中，冈比西斯（Kambyses）①、阿提拉、成吉思汗、帖木儿、纳第尔·沙阿国王、早期伊斯兰的哈里发及苏丹穆罕默德二世（Mehmet Ⅱ）（征服拜占庭者）和亚历山大大帝、恺撒、瑞典的卡尔十二世，有时还包括法国的路易十四，都被归入"征服者"的类别中。身为军事领袖，他们自然具有绝对权威。然而，他们的军事魅力遮掩了自己严苛的民事统治。相反，统治措施在和平时期亦表现得专断、残暴与非法的君主，则被归入第二种类型——"暴君"中。他们在东方与西方都有可能出现。英国的亨利八世——除了托克维尔外——往往被视为这一类暴君；清教徒眼中的西班牙菲利普二世及伊凡四世（恐怖伊凡）亦属于这个骇人团体；同样的，彼得大帝在强调其恐怖统治而非其建设成就的人眼中，亦是暴君。德里的苏丹穆罕默德·伊本·图格鲁克（Muhammad ibn Tughluq）（执政期：1325－1351）以围猎方式残杀臣民，在印度人心中留下痛苦的回忆。[1]当代最残暴的政治暴虐狂，并非野蛮的东方人，而是一名基督教世界边陲的小暴君，他总会将自己捕获的土耳其人立刻刺穿于木桩上。他就是瓦拉

---

① 冈比西斯三世，在公元前530年至公元前522年统治波斯，征服过埃及。

几亚的统治者弗拉德三世（Vlad Ⅲ）（"德拉古拉"及"刺穿者"）。哈默-普格斯塔称他为"刑柱暴君"，且提到他的大对头、同样放肆的苏丹穆罕默德二世，对他的充沛精力佩服不已。[2]1644 年至 1647 年间，在位于中国西南部的四川省遂行恐怖统治的叛乱者张献忠，则属于绝对"历史的基本力量"暴力的范畴。马丁·马丁尼神父认为他屠杀了成都 60 万居民，这个数字或许过于夸张，但毫无疑问，张献忠是中国史上最凶残的大屠杀凶手之一。[3]

272　　　张献忠不是典型的新贵与暴动者。并不偶然的是，其暴行在后来的中国文献中没有引起太多关注。整体说来，被欧洲观察家视为凶残暴君的近代亚洲君主并不多：明末与清朝的中国没有任何一位皇帝被视为暴君；没有任何日本幕府统治者被视为暴君；莫卧儿皇帝中，最有可能的，只有杀害兄弟的奥朗则布（执政期：1658-1707）[4]，再就是南亚帕拉瓦王朝的拉加辛哈二世（执政期：1635-1687），罗伯特·克诺斯报道过其暴行。[5]在奥斯曼苏丹中，穆罕默德二世（执政期：1451-1481）及赛利姆一世（Selim Ⅰ）（"严君"，执政期：1512-1525）被写成肆无忌惮的君主，但只有被坎泰米尔疑为亲手杀了 14000人[6]的穆拉德四世（执政期：1623-1640）与其较不极端的精神失常继任者、变态的易卜拉欣（执政期：1640-1648）及其子穆罕默德四世（执政期：1648-1687），被视为类似尼禄或图密善（Domitian）这样的嗜血怪物。随着在大整肃运动中处决成千贪官的柯普律吕·穆罕默德·帕夏被任命为全权大臣，这个"奥斯曼历史中腥风血雨的残酷年代"便在 1656 年告一段落。[7]在欧洲人眼中，萨非王朝的国王似乎最符合东方暴君的形象。不过，基本上只有暴君苏丹穆拉德四世的同代国王萨非一世（执政期：1629-1642）及萨非二世［又名苏莱曼（Sulaiman），执政期：1666-1694］专断妄为、任意杀人的故事——显然有其道理——会在欧洲传布。[8]18 世纪，没有一位亚洲统治者有类似的描述。在启蒙运动的同时代人中，许多亚洲专制君主并无可以炒作之处。

在欧洲文献中，亚洲君主被纳入建国者、王朝奠基者与明智立法者这种亚洲所罗门王原始典范的正面评价类别，要比纳入暴政模式更为常见。对这类符合现代欧洲历史中如亨利四世、伊丽莎白一世、皇帝卡尔五世、沙皇彼得大帝及 18 世纪普鲁士国王的人物来说，针对敌手与抗命臣民的严厉手段是被视为治国智慧，而不是暴政。在亚洲的欧洲殖民者中最有思想者，都想自己当立法者：斯坦福·莱佛士爵士视自己为爪哇的梭伦（Solon），威廉·琼斯爵士致力于求得印度的君士坦丁之名。在实现辉煌的统治成就后自愿放弃王位者，会被视为极具智慧的君主——戴奥克里先、卡尔五世、乾隆皇帝及苏丹穆拉德一世。　273

甚至在认为耶稣会修士赞美中国过于夸张的人眼中，康熙皇帝都未受到任何批评，甚至他那位不那么理想的孙子乾隆的人格，也少被抹黑。[9]威廉·琼斯爵士称他为"天赋过人，平易近人的人"[10]，而几乎同一时期，马戛尔尼使节团的报道，也绝未否定这个评价。德金对成吉思汗孙子忽必烈的智慧与统治艺术大为赞赏，毫未将他对中国的统治（1280-1294）贬为原始的蒙古人专制。[11]吉本对十字军的头号对手阿尤布（Ayyubiden）王朝的苏丹萨拉丁评价矛盾，但整体态度正面，并称塞尔柱人的统治者马力克（Malik）国王（执政期：1072-1092）为"那时代最伟大的君主"。[12]苏丹苏里曼"大君"，或"立法者"（执政期：1520-1566），被视为理想君主。[13]莫卧儿皇帝阿克巴（执政期：1556-1605）在欧洲拥有许多崇拜者，几乎没有批评者。甚至连对待所有印度事物最为无情的法官——詹姆斯·密尔，对他都未多指摘。[14] 阿克巴的曾孙奥朗则布（执政期：1658-1707）几乎比所有前任更加血腥固执，却在熟知他的弗兰克斯·白尼尔处找到一位深具影响力的当代代言人。白尼尔视其为开明专制君主，尽管这个评价比较符合他的父亲沙贾汗（执政期：1628-1658）。英国东印度公司的官方史学家罗伯特·奥姆（Robert Orme），认为奥朗则布名副其实，"可列在曾经统治过世界某地的杰出君主之间"。[15]

在欧洲，暹罗的那莱国王（执政期：1656-1688）一般被视为积极活跃、精力过人的独裁者。较不为人所知的雍笈牙（Alaungpaya）国王，创立了朝祚直至 1885 年的王朝，被视为缅甸的中兴者，才智勇气过人。[16] 1802 年统一四分五裂的越南的阮福映（即阮世祖）皇帝，亦有类似的评价。最后，"大帝"阿巴斯一世（执政期：1588-1629）的例子特别有趣。尽管这位近代伊朗国家体制的创始人统治其国极度专制，并如苏里曼大君与彼得大帝，杀害继位者，此外，还弄瞎多位儿子与孙子，但鉴于其巨大的建国成就，彼特罗·德拉·瓦勒及亚当·奥利瑞尔等欧洲观察家，都放他一马。1770 年，平常相当敌视各种专制政体的鲁堡（Roubaud）竟把他当成理想君主；1815 年，约翰·马尔科姆爵士则以类似"结构性谋杀"的理论为他开脱。[17]

在 17 及 18 世纪，亚洲君主并未全被描述与评为残酷的独裁者。相反，只发现几个真可被指认出来的暴君。更常见的，反是赞美这些所罗门式的王朝之父与和平君主（阿克巴、康熙），欧洲政治上层人物亦可从他们身上学习。马戛尔尼勋爵有理由不满他的谈判对手——康熙的孙子乾隆皇帝，但他以下述回忆写下 1793 年 9 月 14 日这个重要会面的个人记录：

> 我就这样见到了"光芒四射的所罗门王"。我这样表达，因为此景让我想到我小时候所见的一出同名木偶剧。我当时印象十分深刻，认为真正呈现出人类的伟大与幸福。[18]

出于国家利益而严厉统治但会顾及王国与臣民的专制君主这一类别更为重要。在欧洲领土国家形成的时代，观察欧洲以外世界的欧洲观察家对亚洲的相对成就都表现出敬意。事实上，在近代的整个欧亚地区，都有国家建构、中央化与官僚化的现象。柯普律吕式的宰相让欧洲的"大臣"，如托马斯·克伦威尔、黎塞留及马萨林相形失色；都铎王朝的国王、法王路易十三及大选帝侯等，都比不上他们的亚洲同事，如国王阿巴斯一世、近代日本的奠定者德川家康、在一个世代之内以坚定的现代化为满族统治中国打下基础的努尔哈赤。大家在欧洲见到这种对比，避免了过于鲜明的东西二分方式。1769 年，威廉·罗伯森以十分中立的角度写道，路易十一在法国创造出来的君主国家，"其绝对或恐怖，并不逊于东方专制政体多少"。[19] 1700 年左右，当耶稣会修士拿康熙和路易十四互相比较时，认为这对他们的两位大施主来说，都是一种恭维。

275

孟德斯鸠阅读约翰·夏尔丹爵士

> 事实上，对每位读者来说，东方古老的专制政体耳熟能详，仿佛观察自然法则一样，不会去问导致如此神奇的永恒结果的原因。[20]

史学家马克·威尔克斯在1810年提到的"自然法则"，透过一个论述流传了下来，但该论述未必基于对统治实务的真正观察。一方面，只有少数亚洲统治者被描绘成专制君主；另一方面，专制政体却被视为东方无所不在的现象，就仿佛不容置疑的定律一般，这种假设难以依据经验法则来修正。和这种假设抵触的事物，会被解释成证实了规则的例外。约翰·克劳福德这位使节显然几经周折才不得不承认："在国王拉玛二世统治下的暹罗繁荣富庶，而他自己也少有残暴行径。"[21]

"专制政体"被当成体系概念，不被用来标志个别统治者的行为，而被视为一种特定的政治秩序形式。因此，体系与"个别行为"之间的属性关联并非一成不变。首先，可以从体系的压制特质中，推断出个别统治者的实际压制行为[22]；其次，分开两者，那么一名有德行的君主亦有可能在一个恶劣的体系下行善[23]；再次，将体系视为一种标准，借此来衡量实际行为。当穆拉甲·多桑一再指出土耳其政治运作中一些无法忽视的专制之处表明奥斯曼人已背叛了自己与他们原来出色公正的国家机制时，采取的便是这种做法。[24]

除了体系特质外，专制概念中的另外两个重要成分已在古希腊的政治理论中出现：一种蔑视法律的独裁统治退化形式的非法专制政体，而且被特别归入"蛮族"之中。亚里士多德发展出这套关键性的相对论述，导致政治一体化的世界分裂为二。对希腊人来说，专制政体是所有宪法形式中最恶劣的，完全适合"蛮族"，因为他们在人类学上有其局限，缺乏自由意识："因为蛮族的奴性类似于希腊人和亚洲人，比欧洲人更甚，因而可以忍受专制统治，不起而反抗。"[25]因此，相同的统治形式在不同的社会文化脉络中，会有不同的评价。[26]

　　18世纪的"东方专制"概念有一部分用途仅仅在于进行论战，让人将欧洲的专制主义形式与对东方——尤其是土耳其——的负面刻板印象产生联想。例如，在英国人笔下，路易十四的暴政更甚于"土耳其大君"。[27]如果那些概念不打算零散，并希望提升到理论层次的话，便会置身于两种一脉相承的极端范畴之间：位于其中一端的是政治哲学家，他们采纳近代早期由马基雅维利、让·博丹（Jean Bodin）延续至约翰·洛克的亚里士多德国家形式理论，并努力将之配合时局加以现代化。[28]欧洲的亚洲观察家则位于另一端，寻求描述当地政治情况的新途径。16世纪，威尼斯使节在他们部分公开并印行出版的"报告"中，便已接近实际情况地分析了奥斯曼政治体系的运作方式。这些报告一直未受反伊斯兰论战的影响，是一种对近邻世界强权的成功条件与弱点的沉着政治学研究，而威尼斯的命运和奥斯曼的一举一动息息相关。大约1575年起，这个苏丹王朝逐渐被视为一种非法的专制统治；同时，威尼斯的报告也丧失了贴近经验式的敏锐观察，逐渐变成是在指控一种愈来愈陌生的制度。[29]到了17世纪，欧洲人的关注焦点转移至波斯与莫卧儿印度。托马斯·洛伊爵士、白尼尔、塔韦尼耶、夏尔丹、泰沃诺、坎弗及其他旅行家，并不满足于东方宫廷生活中的轶事，而是寻求解释他们在近代伊斯兰帝国中所见到的特殊独裁统治形式。[30]

　　对东方专制理论来说，孟德斯鸠的重要性在于，其主要著作《论法的精神》（1748）综合了政治哲学与"哲学式"报道文学两种类别。因此，他发现了"专制制度的最后公式"。[31]孟德斯鸠将早期的主题总结成一种"理想类型"，即一种抽象的建构。他根据心理的基本情绪，将统治形式分成共和制（有民

277

主与贵族统治两种）、君主制与专制，各有其生动的政治文化。共和政体的文化是德行，君主政体的是荣誉，专制政体的是恐惧。孟德斯鸠在发展出自己的专制概念之前，便效法塔西佗依据提庇留（Tiberius）的政权勾勒出暴政与恐惧所导致的令人印象深刻的心理痛楚。[32] 必须由四散在《论法的精神》各处的众多解释结合而成的专制政体理想类型，还涵盖了专制政权的结构，基本上呈现以下不同于君主政权的特征。

（1）专制君主凌驾于法律之上，其意志与情绪即为法律。

（2）专制君主不受其他独立反对力量（阶级代表、教会）的限制。

（3）专制君主透过一种完全依赖他的行政精英——不同于身份贵族——来遂行统治。就连最高行政首长亦绝对无法保有自己的社会地位，甚至生命。

（4）在专制政体中，臣民宛如领主的"奴隶"。至少他们具有奴隶意识。

（5）在专制政体中，没有任何土地私有制度。所有土地属于专制君主，可在不同程度上运用其征收权力。专制君主多半也以所有私人财产继承者的身份出现。

（6）专制体系中的主导力量——恐惧，不只决定了与统治者的关系，也决定了互相视对方为潜在的告密者，而分裂成细小个体的臣民之间的关系无法形成一种超越国家的整体结构或公众，也就是一种市民社会。

（7）专制的社会关系也再现于如家庭与家族这样的小型范畴中。

（8）专制体制下的生活不以建设、未雨绸缪与成长为目标，而是生活在当下，发展出一种剥削自然环境的短视关系：

> 在这种国家中，不会有更新或改善：屋舍只盖给一代
> 人使用；不开通沟渠，不种植树木；拿走土地上的一切，
> 而不回馈；一切闲置荒芜。[33]

孟德斯鸠的专制概念，被视为独立于文本脉络受到普遍运 **278**
用的类别，其批判的动力也来自这一点。由于欧洲也无法完全
保证君主政体不会堕落成为专制政体，所以欧洲人亦无理由因
和专制政体保持距离而沾沾自喜。对孟德斯鸠与多数他的同时
代人而言，专制的统治形式毫无疑问是亚洲的典型，在那里
"可谓如鱼得水"。[34]孟德斯鸠并不认为确认这一点即已足够，
而是要探索原因。他发现两个独立的自然因素。一方面，经常
在亚洲见到特有的绵延平原形成的大片空间，出于合理因素，
会需要只有专制政体才能达成的中央化管理措施。[35]另一方面，
炎热的气候助长人类的奴性，让他们比温带地区的居民更易成
为专制政权的牺牲者。[36]介于极端的气候与不知节制的统治间，
有一种模拟关系。在理论上，专制政体虽然不是一种典型的东
方政治形式，但在历史现实上却是如此。

孟德斯鸠的专制概念将注意力由专制的外在形式转移到其
结构与起因上。这种类型学上的区分来自君主政体与专制政体
间的固定差异，只从方法论的因素上来看，亚洲的模式便已成
为一种与欧洲的政治对立的世界。这种差异必须各自清楚发展，
才能勾勒出理想类型。[37]显而易见，孟德斯鸠憎恶专制政体：
想到这种可怕的政治体制，便令人毛骨悚然。[38]在这一情况下，
孟德斯鸠有助于鼓动反亚情绪。亚洲是个没有法律基础的动荡
所在[39]，立足于统治者与受奴役的臣民一样愚昧的原始统治形
式之上。自由与奴役对立，治国艺术和杂乱无章对立，巧妙的
权力均衡与专制君主个人意志对立。

孟德斯鸠的比较政治社会学建立在早先经验主义政治学的基础上。他自己并未描述过任何亚洲的政治体系。他的理想类型结合了一些他从关于伊斯兰帝国的报道文学中发现的特征。夏尔丹或坎弗的伊朗政治体系分析非常清楚地呈现出这个体系的运作方式，整体评价不像几十年后的孟德斯鸠所评论的那样

负面。我们可以举出孟德斯鸠最重要的消息人士之一约翰·夏尔丹爵士（他读过他 1735 年的版本）为例。孟德斯鸠采纳了他哪些看法，没有采纳哪些看法？

对夏尔丹来说，阿巴斯一世以后的波斯政府是个专制武断的政权，而波斯人是"世界上最受压迫的民族"。[40]不过，这个体系的创建者阿巴斯一世只是剥夺王朝中重要人物的权力。他的继任者萨非一世（Safi Ⅰ）则开始不带任何合理的政治因素而任意杀害他们。恐怖事件发生的地点是宫廷。夏尔丹在宫廷和国家间做出一个重要区分，这是在孟德斯鸠处见不到的：

> 波斯和世界其他国家一样，高官特别易受波及，他们的命运全不可知，往往十分不幸。相反，人民的处境要比一些基督教国家的更加稳定舒适。[41]

在此，夏尔丹采取区别于社会的观点，这是他那位知名的读者所缺的：专制政体甚少触及多数人民的生活状况，就算触及，也不一定会造成伤害。[42]指控这个政体的，是受到威胁的贵族与胆怯的仆役阶级的不满代言者。

孟德斯鸠的专制政体是一个没有特征、完全无法自主的体系，治国艺术在这里没有发挥空间，而夏尔丹则强调在极端专制条件下君主个人能力可以施展的特殊意义。孟德斯鸠笔下沉沦在后宫中的神君，"懒散、愚昧且好色"[43]，但对伊朗历史的

行家来说，那不过是衰弱与王朝没落的现象。如阿巴斯一世与
和他不相上下的阿巴斯二世等成功的统治者都是十分活跃的专
制君主，他们和清朝皇帝、16 世纪的苏丹以及从阿克巴到奥朗
则布的莫卧儿统治者一样，并不符合后宫的老调，他们之中没
人是激情的盲目受害者。[44]政治体系的组织问题，多半是因为
缺乏类似欧洲枢密院或贵族议会这样系统化的统治者咨询渠道，
还有来自太后、宦官与后妃组成的私人内阁的影响以及在孟德
斯鸠书中亦讨论到的缺乏长子继承制所导致的继位问题。[45]
1762 年，约翰·海因里希·哥特罗伯特·冯·尤斯蒂就事论事
地反问道，和亚洲与非洲这普受诋毁的"蛮族"国家相比，欧
洲的宠臣与情妇的影响力是否就比较微不足道？有鉴于许多疯
子与呆子登上王位，是否储君的教养较佳，而王朝继位原则就
比较理性？[46]至少，在被许多人同样视为专制的中国并非如此。
那里的皇帝可以选出最有能力的儿子继位，这使得中国在 1661
年至 1795 年间由近代全世界最出色的三位君主统治。

　　夏尔丹还指出另一个值得注意的脉络，这是他的读者孟德
斯鸠未加理会的：一个内部残暴的专制政权往往采取和平，也
就是防御性的外交策略。专制与征服欲望在结构上是分开的。
为什么？宫廷中的嗜血斗争不是来自像阿巴斯一世所费心培育
的军人德行，而是出自奢华、娇惯与缺乏纪律。在后宫长大的
王子成了周围人眼中最为残暴的国王，但他同时也缺少捍卫甚
至扩张王朝所需的好战勇猛精神。因此，最残酷的暴君同时是
一个输掉国家与王朝利益、迎接外来敌人的懦夫。[47]此外，专
制君主也解除自己所惧的人民的武装，因而削弱了国家的武
力。[48]当夏尔丹 1677 年离开波斯时，残暴的萨非二世国王正统
治当地，军队完全腐化。[49]东方专制的理论家甚少顾及这个

280

视角。

当夏尔丹讨论到土地所有制的问题时，再次了展现出他的社会学分辨力。1669 年，弗兰克斯·白尼尔在写给科尔贝部长公开出版、广受阅读的信中，以那位受人推崇的旅行家的权威详细解释道，在莫卧儿王朝中，除了个别的屋舍与花园外，皇帝拥有所有土地。[50]孟德斯鸠——就像一些其他写过亚洲的作者——采纳了这个观点，将其普及，并表达得不够谨慎：在许多——并非所有！——专制国家中，统治者自称是所有土地的所有人与所有臣民的继承者。[51]接着，他就跳过自己在夏尔丹处所读到的这个论题。夏尔丹在详细的分析中，将波斯耕地的所有权分成四种：国有土地、王室领地、宗教机构用地及私人土地。国王只能从王室领地直接征收全国统一的三分之一收成。国有土地则被严格区分开来，受地方政府管理，基本上用来维持军队。宗教机构用地（特别是捐赠的）来自不断增加的法人财产的赠予，对君主来说是神圣不可侵犯的。私人土地虽然名义上是国家的顶级的财产，但国家只征收微薄的租金，99 年的租约还会定期更新，因而基本上是永久的私人产物。[52]

281

夏尔丹的精确描述并未支持专制君主垄断土地的论点——此论点后来到了孟德斯鸠手中却发展出一种远离现实、近乎神秘的独立生命。相反，夏尔丹的描述完全否定了那种论点，而且未曾提及受到特别压迫的农人。夏尔丹反而强调他们相对来说在各种税赋、佃租及领主徭役上比较轻微的负担，对他们平均的生活水平印象深刻：

> 他们生活无虞，我可以保证，在欧洲最富裕的国家有更多穷困的农夫。[53]

在夏尔丹分析完 17 世纪中期波斯的国家与财政体系后，绝非醉心于伊朗的他做出了整体的评价，其中只有几个观点可用于支持孟德斯鸠后来的专制理论。[54]和许多欧洲国家相比，这个体系展现出一系列优点：没有人头税，税务负担轻微，军队只对人口造成些许负荷，地主善待农民，他们之间有种如今日所谓的互助"道德经济"：

> 我们可以说，在领主与佃户之间有个真正互助的社会存在：亏损与获利会均摊，疾苦穷迫者总是最后受到波及。[55]

波斯百姓在物质生活上过得不错，如果没有伊斯法罕宫廷中国王的恐怖统治与一些腐败的臣子及地方长官滥权，就没理由将萨非时代的伊朗政体视为野蛮。认为国王的臣民为奴隶的说法更是无稽之谈。相反，这位由法国移居过来的胡格诺教徒夏尔丹补充道，波斯人幸运地免除了基督教社会中的一种压力：教会的压力。那里既无寄生的修道院与修士，亦无不容异己的思想控制。[56]

这位和拉菲尔·杜·曼斯并列的欧洲最优秀的波斯专家并未试图低估他所深刻描绘的专制主义的弊端。他只视之为影响并不深远的堕落现象。对多数波斯人来说，专制政体不过是个和他们没太大关系的无能统治者所削弱的中央政权。宫廷中的疯狂行径不是衡量一个政治体制质量的最佳标准，最佳标准是臣民的生活条件，特别是其中最为穷困者的生活条件。阿巴斯一世大帝所创的体系经得起这个标准的检验。[57]夏尔丹认为将波斯或整个东方彻底贴上"专制主义"概念的做法并不正确。不像孟德斯鸠，他十分小心凸显出来的并不是和欧洲截然不同的二元差异，而是渐进的层次。从成就上来看，萨非王朝在伊朗的表现绝不一直逊于夏尔丹所熟知的国家——路易十四的法国与复辟时期的英国。此外，他也更正了关于东方残暴的老调中的一点：司法审判中的刑讯基本上比欧洲来得少见，虽然有可怕的死刑，但他在波斯的 15 年中未曾见过任何公开的处决。[58]

孟德斯鸠专制主义理论的观察客体并不是 18 世纪早期混乱的波斯，即最后几位无助的萨非国王治下的国度与阿富汗入侵及军阀纳第尔·沙阿国王的国度，而是王朝盛世之际稳定的波斯。他并不是在解释历史的基本力量，而是以理想类型来模塑一个特殊的政治体制。游记提供给孟德斯鸠这位大思想家的，并不只是资料：像夏尔丹这样的作者，便发展出一套对伊朗社会关系周密的描述、解释与评价。夏尔丹一直关注欧洲，他不283 是把欧洲视为理想化的标准或异国批评的对照物，而是经验标准，可借以比较同时期其他国家和波斯的生活。孟德斯鸠却把这方法极端化为一种不均衡的类型学。他只从夏尔丹深入钻研的伊朗分析中撷取能够勾勒专制主义架构类型的东西。

夏尔丹证明自己是位冷静的社会学家与政治科学家，而孟德斯鸠则是位大胆的政治哲学家。一旦经验分析的"可活动布景"被架设至一个普世的社会学多元体系之中，那些布景便产生新的意义，并于断章取义之下变得琐碎平凡。萨非政体中真实存在的各种矛盾，变成了千篇一律的丑化性固定用语。那种固定用语俨然已具有 20 世纪极权主义的种种特征，或许更适合用来解释极权主义，而非启蒙运动时期的东方现实。不过话说回来，孟德斯鸠清楚自己东方专制主义理想类型中的几何架构特质。他已在 1734 年论述罗马人辉煌与没落的作品中表示：

认为世界上有在各个方面都专制的国家政权的看法并不正确。这种政权从未有过，也绝不会出现。任何再不寻常的政权也总有其限度。[59]

然而，他在大作中并未重复这个警讯。尽管孟德斯鸠相当谨慎，不断偏离自己的笼统说法，但是最后还是让人察觉到一个截然二分的世界。这个二分并非来自民族性格与种族特质。孟德斯鸠并未在人类学上为西方个体喝彩，并未贬低亚洲文化，并未发展出一套在所谓西方特殊成就中达到高峰的神学式历史哲学。然而，受到奴役的亚洲人面临着一个无法避免的灾厄的影响：环境，也就是气候与地形决定着政治与社会关系。如何克服统治的反常形式这一对整个专制论述来说的关键问题，孟德斯鸠的答案并不乐观。个别暴君的统治相当不稳定，但亚洲国家的无数"革命"只导致生态所决定的同样事物不断重复。

专制主义与历史哲学

孟德斯鸠将原有的专制论述整理、集中、简化并归纳成比较可用的理想类型。在《论法的精神》的大框架中，这个理想类型自有其分量，使其能被用于不同目的，尽管可在论点上再行激进、经验验证上再行查核或历史哲学上再行定位。孟德斯鸠的文本脉络绝非静止不动，这个大型的比较模式会被拆除解体。

夸大的论点多半是为了诋毁邻国甚至其余的世界，同时夸耀自己在其中的独特角色。孟德斯鸠已经称赞过欧洲独特的运气。然而，这类说法可用让-夏尔·德·拉维（Jean-Charles de Lavie）的话来反驳：

> 如果除了欧洲人以外，世界其他民族都臣服在同一个
> 统治形式（专制主义）下，我们难道能说那种统治形式不
> 合法吗？[60]

另外一个超越孟德斯鸠的严肃课题便是历史哲学的解释，即视专制主义为历史发展过程中的一个特殊阶段。对此，各有差异甚大的不同开端。

道路工程师尼可拉斯-安东尼·布朗热崇拜孟德斯鸠，只对人类早期的历史感兴趣，并研究神话的"精神"与宗教仪式[61]。在 1761 年出版的作品中（在这位早逝的作者死后两年），他视专制政体为早期神权政治的强化形式，最重要的特征为神意的君主化与其反面——政治统治的神话，两者结合成一种类似宗教的国家祭仪。君主被认为具有魔力。宗教与政治迫害携手并进。在特定的条件下——如在古希腊和罗马——权力滥用导致专制政体瓦解，共和政府取而代之。据布朗热的说法，原始的神权政治在西方导致无政府状态，却在东方导致专制政体；不过，西方由于在亚洲进行殖民，未受专制政体感染。[62]然而，古代共和体制本身也不稳定。受制于专制主义的遗产，罗马皇权政体的过渡期便清楚呈现出这一点。布朗热并未继续讨论如何再度终结专制政体，但从他对路易十五治下的国家与教会的看法中便能了解他的含义。[63]此外，十几年后，印度史专家马克·威尔克斯并未引用布朗热——很可能也不知道他的作品，却也界定出专制主义的本质：一种神权与人权的融合。[64]

布朗热详细研究了宗教与政治制度早期发展中一个特定的过渡，但并未勾绘出任何一般性的进步模式。要等布朗热死后，这类模式才进入启蒙思想的中心。第一个令人印象深刻的例子

便是杜尔哥对一种全然精神世界的通史的另一种速写，约莫和
孟德斯鸠的大作同时出现。

杜尔哥这位哲学家、经济学家与政治家，比孟德斯鸠更加
彻底地分析了专制主义。[65]他视专制主义为农业人口密集的大
型国家建构中的必然附属现象。他并不看重气候，地球各处的
政治范畴都服从一致的法则。亚洲与欧洲的差异主要在于，亚
洲的专制主义由于征服活动而过早发展，还没见到任何固定的
"风俗"，而在欧洲它出现较晚（约在罗马皇权时期），已无法
彻底渗透到社会中。在杜尔哥眼中，专制体系在统治机构上来
说并不稳定，因为专制体系立足于一个恐怖与掠夺的简单纵向
系统。政治建构并非靠横向的支撑来巩固；反复无常的军队，
往往是政治上野心勃勃的禁卫军，扮演着关键角色。最高行政
首长，即"大臣"的位置，朝不保夕，往往无法施行有效统
治。[66]然而，专制体系仍可长存，压制住各种精神生活，利用
教育来制服个体，争取自由的企图难以出现。最后，专制主义
成了一个习惯问题：人们听天由命，因为没有其他选择。在描
述到社会形式的专制主义通过这种方式对政治的影响时，杜尔
哥比孟德斯鸠更加激进：

286

> 我再补充一点，在大型的专制国家中，还会形成一种
> 反映在私人生活习惯上的专制主义；这让个体更加麻木，
> 剥夺掉社会大部分的财富与安逸，禁止妇女加入家庭的行
> 政管理；这种专制主义把一切划一，禁止男女间的往来，
> 让国民陷入麻木状态，阻挠任何改变与随之而来的
> 进步。[67]

整体来说，杜尔哥认为东方专制主义相当顽强，不受任何

内在变动的影响，其结构性的弱点被心态上自认不朽的能力完全抵消掉了。[68]东方世界似乎陷入了世界史的死胡同中。

受杜尔哥影响甚多的孔多塞，在 1793 年指控亚洲专制体系这种"无法撼动的存在"。[69]一些较不知名的作者，稍微修正了这种印象。1798 年，查尔-阿塔纳塞·瓦肯奈尔以六个阶段来对抗孔多塞人类历史的十个阶段模式，终结了专制主义的黑色传奇，并从显而易见的事实中得出结论，认为 17 世纪的游记再也无法反映 18 世纪末亚洲的实况。亚洲也在贸易、工艺与艺术上有一定进步。如果专制君主能够巧妙运用这种新的机会，这些进步便完全可以巩固其权力。不过，这种势不可当的进步同时削弱了专制主义的体系：例如一名想从扩张的世界贸易中获利的统治者，就必须赋予商人更大的活动空间。虽然专制主义不会因为这种出于君主利益产生的自由化现象而瓦解，但会变得温和，丧失其残暴性格。[70]不同于杜尔哥，瓦肯奈尔并不认为历史上有所谓亚洲的特殊道路，而是期待一种体系上的趋同现象。

另一种论证方式导致了完全不同的结论，这和拉维已经指出的经验性叙述与对专制主义的标准的评价间的矛盾有关。如果客观因素，如气候，说明了专制主义的存在，那批判式的推理还有什么活动空间？如朱立安·约瑟夫·维瑞（Julien Josef Virey）想到梭伦的名言：他没给雅典人最好的法律，而是最适合他们的法律。难道政治观念不是要符合当时的民族特质吗？难道"专制主义对亚洲来说不是相当合适，而共和体制在那里只会导致大量破坏"吗？[71]人类社会并不如孔多塞所想的那样能够根据一致的模式而臻完善；有的只是按不同文化来解决问题的方式。这样一来，专制论述便成了普遍论与相对论的大辩论。孟德斯鸠所关注的东西二元论再也无足轻重了。

适用于全球的理想类型概念与世界史的抽象阶段模式是否真能用来理解实际状况？通则应该运用到何种程度才算合理？某些作者建议采用一种"中程"的专制理论。1820年，当外交官与东南亚专家约翰·克劳福德试着发掘历史的规律性时，他只想到印度尼西亚的岛屿世界。他从两个观察出发。第一，专制统治源自征服的形式在这个地区早已不再扮演一些历史哲学家所赋予的角色，因而，专制政体必须通过该国的内部关系来解释。第二，政治压迫的程度随着文明程度的增加而增加。正如在瓦肯奈尔处一样，政治体系和文明发展产生关联，却是全然不同的风貌，专制政体并未因为进步的"现代化"而自我克制，反而因此取得了存在的机会。克劳福德勾勒出五种社会化的发展模式：①没有政治统治的野人平等主义；②遴选王权；③贵族间的世袭王权；④代议精英的联盟；⑤无限的专制政体。[72] 最后一种形式是爪哇——一个物质生活发展程度最高的岛屿——的典型形式。克劳福德接着描述了爪哇人在其君主统治下极端卑下的情境，但注意到建立有效的专制政权和国内和平、有效的法律保障、更佳的行政管理及废除奴隶贸易有关。失去了政治上的自由，爪哇人获得更多的人身自由。[73] 克劳福德避免在修辞上整体否定专制主义，亦未落入刻意嘲讽的相对论中，然而亚洲的"特质"使亚洲人毕竟无法了解与珍视自由，因而只配享有专制。

克劳福德在这儿以几分托马斯·霍布斯的经验式实证精神着手研究一个贯穿大部分专制论述的反论题：惧怕无政府状态，惧怕一切互相对抗的霍布斯式自然状态。在经历过宗教战争与内战的欧洲，这只是一种历史记忆，但在18世纪，见过波斯、印度、暹罗、越南与一些其他国家的政治秩序瓦解后，亚洲几乎没有其他严重的政治问题。欧洲评论家清楚表示，对人类来说，没有什么比公共秩序瓦解更糟的事，一名强大的专制君主绝对好过一群无法控制、不负责任的"小暴君"。[74] 毫无疑问，对于招致陈词滥调痛诉的专制主义来说，这是一个难以反驳的看法。事实上，有比强大的暴君更糟的事，不过是在前现代的条件下，在极权主义的权力还未出现之前。不过，这个论题也非完全无趣。如果当地的和平人物不在了，跟着还有新的接替者——安定局势的殖民强权。[75]

沃尔尼这位哲人中最有经验的旅行家与旅行家中最杰出的哲学家，也有类似的结论。他的东方专制观结合了自夏尔丹以来分开的东西：个人经验与理论面向。[76] 沃尔尼的历史哲学论文《废墟》（*Les Ruines*），依循杜尔哥的看法，认为专制政体源自大型王朝的征服建构与专制体系惯性的心理文化。[77] 沃尔尼在此从他的第一本书——1787 年的《埃及与叙利亚之旅》得出概括性的结论。他在书中一一仔细检视专制主义的运作方式与后果，特别是一种政治制度上的经济非理性，阻碍了人类创造财富，并破坏自然。[78] 沃尔尼对专制主义的起因特别感兴趣。对此，他避开了孟德斯鸠式过于大胆的推测与笼统做法，如后来的克劳福德，宁可采用适用于地区性经验的可以验证的理论。[79] 他公开反对孟德斯鸠的气候决定社会与政治关系论，也拒斥东方人厌恶工作的人类学决定论。[80] 显然，今天近东住民的祖先在近乎相同的气候条件下曾经取得过巨大成就。对沃尔尼来说，奥斯曼人与埃及马木留克佣兵的军事专制不是客观上的必然现象，而是政治上可以解释的。奥斯曼帝国是个建立于征服活动之上，没有合法性的殖民剥削机器。[81] 相对于欧洲来说，东方的文明落后状态，如科学少得可怜的进展与艺术的停滞，不是如沃尔尼的对手萨瓦里所认为的那样根植于语言及文字这种近乎不变的文化现实，而是将人类束缚在无知中的政治状态及与其密切相关的宗教："真正的原因，在于难以取得知识，首先便是缺少书籍。"[82]西方的优势在于知识丰富，在于克服宗教迷信与促成知识增长的社会机构。因此，沃尔尼是物理形态或人类学决定论的反对者。由于人们不必宿命般地去承受东方当下的情况，因而东方当下的情况可以在政治上加以改变。尽管沃尔尼并未明确提及欧洲要介入近东，但从他思想的脉络来看，进步的欧洲有权利进行解放式的干预，或许甚至是项义务。

质疑"东方专制"

透过历史化与政治化的方式，沃尔尼对专制概念的去神秘化做出了重大贡献。专制政体并非无法摆脱的命运，而是一个可以修正的历史错误发展的结果。然而，沃尔尼所坚持的，甚至加油添醋的，是丑化专制政体。早一代单纯的启蒙分子便已要人小心，不可过于歇斯底里。1767 年，不是一名公侯仆役的亚当·弗格森便言简意赅地指出：

> 一个专制政府有其一定的优点，至少可在文明调控时期，让其行径尽可能不引起不快，导致公然的恐慌。[83]

克里斯朵夫·麦纳斯指出，罗马拜占庭专制主义的重大成就，便是遏制住蛮族。[84]大约在同时，早期德国的自由主义者奥古斯特·亨宁斯在讨论印度文学的场合中，以沃尔尼指责土耳其军事专制的语气说，在孟德斯鸠之际就已非完全不合理的

290

质疑，可能是丑化东方专制主义的一种异国风情的转移策略：

> 在莱纳及其他人那里见到对亚洲专制主义的夸大描述
> 以及君主的嗜血残暴和奥姆拉（Omrahs）与拉贾[85]的压
> 迫，对娴熟欧洲历史的人来说，并非什么新鲜事，而当白
> 尼尔提到莫卧儿大君每说一句话，大臣们便在一旁喊道
> "奇迹！奇迹！"的亚洲人的可耻逢迎时，那和今日我们宫
> 廷中的主要基调也没什么两样。[86]

有时，旅行者会表示没有见到预期中的可怕现象。1792
年，巴罗并未在越南见到他在家中所读到的暴政；30 年后，克
劳福德在同一个国家发现，一般人民活泼快乐——"仿佛没理
由抱怨似的"。[87]

有些作者将孟德斯鸠、杜尔哥及其信徒的理论加以经验式
的检验，这和沃尔尼精确的叙述不同，尤其是在割舍掉历史哲
学的含义上。1791 年，托马斯·布鲁克·克拉克出版的《世界
各国政府不同形式之概观》（Publicistical Survey of the Different
Forms of Goverment of all States and Communities in the World）一
书便完全和历史哲学对立。这本献给边疆伯爵巴登的书试图对
世界所有现存的政治体系做出相当仔细的分类，当然也包括孟
德斯鸠区分（绝对）君主制与专制政体的著名问题。克拉克并
未从内在动力来定义这些形式，而是由其可被观察到的外在表
象来定义。他区分出有限君主制和无限君主制。对他来说，最
高王权或无限君权指的是那种君主不用对任何人负责，并以部
分他所沿用、部分他所颁布的法律来统治国家的制度。专制政
体是无限君权的退化形式，很有亚里士多德的味道，且只在
"君主对臣民的生命与财产具有无限权力，不受任何法律约束，

任意视臣民为奴隶时"[88]才会出现。暴政则是实际运作的专制政体的极端形式，在其中，臣民遭到"恶意及不人道的奴役与苦难"。[89]

当克拉克统计式地综观全球时，在运用这种国家法的精确定义上，他表现得完全不偏袒任何文化。他必定是位孜孜不倦的游记读者，借以获取各种小国的信息。他只能在非洲发现暴政：在摩洛哥王国与非洲内部的 14 个王国里，他认为其中的"卡方奇（Caffange）"及"摩诺穆奇（Monoemugi）"为世界上最恶劣的暴政。非洲也有许多专制政体。不过，几乎整个亚洲都受到专制统治，但也有例外：中国是亚洲唯一被归入无限君权的国家，和俄国、普鲁士、法国、哈布斯堡王朝与教皇国并列。克拉克将朝鲜与主权受到外在宗主国限制的朝贡国或保护国列入有限君权中：交趾支那、莫卧儿帝国的附庸戈尔孔达/康达或印度尼西亚岛上依附荷兰人的不同苏丹政权。只有欧洲有民主国家（神圣罗马帝国的各个帝国自由市、瑞士的各州与城市），亚洲则有一些"无政府状态"国家在高加索、卡尔梅克人的草原与阿拉伯半岛上。

克拉克在其古怪死板的图表中运用一种相当广义与正式的专制概念，其得自实际经验的范围与孟德斯鸠的世界图像难分轩轾。在过度简化的孟德斯鸠之前很久，人们便已试着将实际的专制体制分级。1711 年的一本系谱学手册（其作者所知不算太差）便表示：土耳其苏丹施行绝对统治，却不断受到宫廷叛变破坏。摩洛哥国王统治更加绝对，因为他是唯一果真将臣民视为奴隶的君主。莫卧儿大君比苏丹更加富有气派，较不害怕自己宫廷中的政变。中国皇帝的皇室较不讲求气派，比其他专制君主更加节省，也更加富有；中国皇帝不靠暴力统治，他们靠完善的信息体系获取来自各地的消息，并将诏令发布至最偏远的省份。[90]这类亚洲内部的比较令人不断着迷。孟德斯鸠扎实的超级"专制"类型或许并不能说服许多人。或许"专制政体"不过是个幻想，有的只是各种不同的专制君主？[91]

孟德斯鸠已注意到，自己的专制概念尤其无法用来解释中国。对他来说，日本只是一个有着严格法律的边缘国家，而修道院院长莱纳视之为专制主义的典范例子[92]，其他人则表示日本是唯一避开专制主义的大型亚洲国家，没有那种堕落的后宫情事，统治者从未展现出一种更高的责任感。[93]在这个重要的例子中，君主体制与专制政体的二分法似乎无用武之地：或许那是一种专制封建联盟的混合形式？[94]不过紧邻莫卧儿专制政体，又在相同的气候条件下，怎么可能诞生锡克族这个共和甚至民主的国家？[95]

伏尔泰已经反驳过孟德斯鸠，表示从未有过理想类型概念下的纯粹专制主义。他也逮到《论法的精神》的作者轻率使用问题甚多的资料。[96]1753 年，也就是孟德斯鸠还在世时，伏尔泰批评了这种制造敌视图像的做法：自那时起，政治理论已考虑到君主政体退化成暴政的可能性。现在突然从偶然的脱序中，冒出一种独立的政治体系，将旅行家报道的荒淫情况断然解释成这个体系的本质，并从君士坦丁堡苏丹宫廷的特定习惯中推论出奥斯曼政权，进而是整个东方的特质。如此一来——伏尔泰在此并未特别提及孟德斯鸠——刻意招来一种"丑陋的幻影"，在其幽暗的背景下，进一步衬托出身为民族之父的欧洲绝对君主的美德，也就是一种强力支持君主体制的转移策略！

伏尔泰继续表示，作为一种目无法纪的恐怖统治的东方专制不符合任何历史经验。既难相信，像波斯或中国等古老文明没有具有约束力的法律制度，也无法想象，那里的人能赋予统治者控制他们财产与身体的绝对权利。难以理解，君士坦丁堡一名工匠的儿子不能继承父亲的店铺。[97] 聪明的约翰·理查森以伏尔泰的语气补充道，前现代的国家机构难道组织已够坚实，已有中央化的指挥力量？[98]

伏尔泰并未参与理论上的讨论。对他而言，根本没有专制主义理论这样的东西，因为整个概念的基础过于薄弱。他对正常人类理智的呼吁，鼓舞其他人彻底检视不容置疑的理论假设。关键问题不在于这种或那种边陲例子——如中国或日本——是否该被纳入理论的适用范围，而是是否合乎理论最能通用的地区：奥斯曼、萨非及莫卧儿的伊斯兰帝国。孟德斯鸠以最坏情况设想出来的例子受到保罗·莱考特爵士几页描述的影响，那是他在奥斯曼历史最为恐怖的时期结束之际所写的，完全符合孟德斯鸠的概念。不过，正如我们所见，面对夏尔丹冷静细腻的伊朗报道时，这位法官（指孟德斯鸠）便任意将这位旅行家的说法颠倒过来。

安奎特-杜培宏与欧洲人之亚洲图像的去魔化

批评孟德斯鸠理论最激烈的是他的同胞亚布拉罕-扬金特·安奎特-杜培宏。正如一个时代后的沃尔尼一样，他具有了解亚洲与懂得亚洲语言的优势——他自己在印度几乎生活了6年之久。[99] 在他1778年出版的巨著《东方法律》（*Législation orientale*）中，他志在证明：首先，在土耳其、波斯与莫卧儿印度有成文法，可同时约束君主与臣民；其次，在三个国家中，私人拥有自己可以自由支配的动产与不动产的所有权。因此"（东方）专制"特殊形式的说法根本无效，伊斯兰亚洲的政治体系可被整合到君主统治形式的一般理论中。[100]

安奎特–杜培宏是位学识渊博的人物。1771 年，他出版了划时代的古伊朗《阿维斯陀经》（*Zend Avesta*）① 的翻译：这份完全不受圣经及地中海古代传统影响的亚洲文献的第一次研究亦是一份真正多元世界史撰述的奠基文献。[101] 1760 年左右，他眼见英国开始在印度的殖民统治，这个经验促使他探讨亚洲专制的问题。安奎特–杜培宏的反殖民主义并非全无瑕疵，最后

294 逐渐露出一名希望法国人享有一定殖民利益的仇英人士的面目；不同于大英帝国，革命后的法国能够在平等与互惠的基础上和印度各国发展关系。[102] 不过，这并改变不了《东方法律》一书中所欲推动的事实，即鼓动亚洲的穆斯林与国家反抗他们的欧洲的蔑视者，不让西方视自己为对手与敌人，并驳斥东西方历史发展有本质差异的论题。在作品开始，安奎特有段给印度斯坦人民的献辞，预言式地表达出印度原有征服者（莫卧儿人），及新征服者（欧洲人）的差异：如果北方凶狠的莫卧儿人被气候与印度的温和风俗击溃而融入这块土地，那来自海外一心只想剥削的异国政权也不会成功，他们首先会彻底改造印度。[103] 安奎特的序言在文字上好好抨击了烙印在西方意识中被丑化的东方图像。他认为，评论家们的荒谬夸大之处在于过度执着地迎合欧洲特殊意识的方法："欧洲沉迷在其法律的智慧中，而世界其他地区，特别是东方，便该完全听任少数几个人脸色的摆布！"[104] 安奎特并未把责任推到备受谩骂的旅行家身上，而是认为国内重要的理论家误解了他们的报道。基本上，大家应该可以通过中肯谨慎地评价严谨的游记取得一个接近事实与理性可信的图像。安奎特也以这一点要求自己的研究；这能彻底

---

① 古代波斯琐罗亚斯德教，或译袄教及拜火教的圣典集。—译者注

恢复安奎特认为客观的旅行家的声誉——我们已把他当作"高级"旅行的理论家了。[105]

他的方法在于，通过游记的引文来证明笼统论题的错误。孟德斯鸠宣称，在烙印着恐惧的专制统治下，荣誉——由贵族支撑的君主体制之特征——是陌生的东西，安奎特-杜培宏则以好几页的篇幅提出反证。孟德斯鸠表示，专制君主无知、懒惰并避免公开露面，安奎特却轻易就能提出相反的例子。就算专制体制的理论家——布朗热有时也受到激烈批评——例外地正确描述出一个现象，也会误解了其作用。例如，某些专制君主的目标的确是要尽可能深入控制臣民。不过，理论家们不断信誓旦旦地宣称并不存在的成文法条，反而正好粉碎了这种观点。即便没有一个广泛的官僚体系，贯彻具有明确形式、众所周知的统治者意见也能使专制体制功德圆满。[106]除此之外他还认为，没有任何专制君主打算被全体百姓畏惧。专制君主必须顾及某些团体的好意，和他们——如城市住民——结合起来抵抗精英团体的权力欲。以现代的话来说，安奎特发现没有"群众效忠"，政权便难以长期维持。他甚至指出，一个像孟德斯鸠所勾勒出来的专制政体事实上无法生存。[107]因此，理想类型既非再现一个现实，亦非预见一个可能的未来。书中300多页讨论的都是类似的问题。安奎特-杜培宏透过评论式的引文拼贴，抨击理论命题不遗余力，直到几乎赶尽杀绝。东西方的截然对立成了无数分级细致的政治与社会机会。极端异化的东方政治被带回到经验与证据充分的范畴中。

安奎特也提出专制论述趋向两极的问题。不是一切都像17世纪80年代一位旅行家公开表示的那样，是在教皇委托下写下攻击土耳其人的文字。[108]安奎特得出结论，专制理论最后是征服者与掠夺者的意识形态。如果表明东方的政治较为严苛，并找来一成不变的气候支持这个说法，不过是在为自己的残暴开脱。认为印度人不习惯所有权，那就可以心安理得地掠夺他们，强占他们的土地。[109] 在早期英国"显贵"掠夺的帝国主义时期，在待在印度的安奎特看来，整个专制理论不过是欧洲在印度暴行的特许证书，并如他所预见的，后来也包括欧洲以外的其他世界。安奎特最后在由亚洲归来并大声指控当地政府暴行的人士处也发现了一种虚伪的双重标准：欧洲人期望因其欧洲

296 素质能在亚洲为所欲为。如果欧洲海关收税或没收走私物品，欧洲人是不会动怒的。不过，在亚洲，这类合法的国家主权运作绝对会被烙印上"专制主义"的标签。[110]

安奎特-杜培宏出自伏尔泰式启蒙精神的重要论点未被译成其他语言，显然也少被引用；论点多半遭到否决。[111] 孟德斯鸠的理想类型虽很快就降格为老生常谈，但喜欢那种论调的人依然不改其志。例如克里斯朵夫·麦纳斯就使用所有已熟知的细节，在 1793 年强调一种极端唱反调的观点。[112] 1842 年，布鲁汉勋爵在其晚年作品、19 世纪最后一份还顾及欧洲以外关系的政治学文献《政治哲学》中，详细钻研东方的绝对君主政体。他虽然致力于勾勒出细致的图像，未将中国纳入专制国家之中，但最后原来的老调依旧占了上风，仿佛安奎特-杜培宏的异议从未存在过一般。此外，专制君主的加税及宗教暴行虽然会受制于祭司与可能的人民起义，他们还是可以随时杀掉任何一位臣民。这种身家性命随时不保的威胁阻碍着那种未来取向的经济活动。[113]

印度：专制移转

安奎特-杜培宏对抗不了主流的舆论。不过，他还在世时，

还是见到自己受到一些学术权威的认可。例如，查尔斯·威廉·鲍顿·鲁斯（Charles Wiliam Boughton Rouse）——英国东印度公司驻孟加拉国及后来伦敦的高等职员，还曾担任过下议院议员，并翻译过波斯文——曾把一本自己的《孟加拉国地产论文》（*Dissertation Concerning the Landed Property of Bengal*, 1791）寄到巴黎给安奎特-杜培宏。鲁斯的贡献只能从十分复杂的英印论战脉络中来理解。这一论战自 1769 年起便围着印度地产性质的问题打转，并直接影响了孟加拉国所谓的《永久让渡法案》（Permanent Settlement）。这个 1793 年在土地法与税金估算上的革命性新制度在名义上一直持续到 1947 年英国统治的结束。[114] 在此，鲁斯对东方专制理论一个核心问题的看法令我们好奇。根据他自己在当地的研究，鲁斯完全站在认定印度存在着继承地产并要求英国殖民政权承认当地的财产关系的人士那一方。由于大部分法律权利缺乏成文，碰上这种争论，便得依赖传统（古老的习惯）、习惯法（常见的惯例）及默认（民众的一般认知）。[115] 鲁斯强调，在莫卧儿政权下，大地主与奴隶主的权利鲜少被任意剥夺。事实上，他们的地产不可侵犯，且可被继承。[116] 他接着从意识形态的历史角度上溯到白尼尔与亚历山大·道的对立观点，称赞伏尔泰与安奎特-杜培宏没有附和东方专制该受谴责的调子。[117] 他最重要的观点是，将亚洲社会视为全然陌生之物并不意味着宽容地接受不同之物，而是把自己有限的标准绝对化。[118] 差异架构并没有为宽容创造出空间，反而证实观察者与文化法官的优越之处。鲁斯的观点无法贯彻到英国的印度政策中并不令人讶异。

鲁斯坦然的经验论绝非无动于衷的科学态度，而是有其政治目的。18 世纪末，几乎所有的专制论述都是如此。政治上的

404 / 亚洲的去魔化：18 世纪的欧洲与亚洲帝国

战场逐渐由批评与捍卫欧洲的绝对君权转移到欧洲人海外帝国主义行为的合法性问题上。1750 年左右，人们提到东方专制主义时，指的基本上是欧洲。而在 1800 年说及专制主义时，想的则是亚洲：一个让欧洲人有机会自己扮演东方专制君主角色的亚洲。

这在印度最为明显。被托马斯·洛伊、弗兰克斯·白尼尔与让-巴蒂斯特·塔韦尼耶广为宣扬的莫卧儿皇帝的"东方专制"基本上随着 1707 年奥朗则布之死与最晚到纳第尔·沙阿国王 1737 年的入侵而终结。再也没有任何"莫卧儿大君"，即那个先是依照阿克巴图像塑造出来的象征财富与权力，后来被约翰·梅尔希奥·丁林格（Johann Melchior Dinglinger）为萨克森的"强人奥古斯都"转化成金子与宝石构成的奢华幻想——我们今天可在德勒斯登的"绿穹隆珍宝馆"（Grüne Gewölbe）参观到——的神秘人物。[119] 英国人化身英国东印度公司这个在一定程度上具有主权的武装商社，承袭了莫卧儿大君的遗产。对此，一个运用"专制"这个口号的批评，应时而生，首先来自帝国竞争对手那一方。英国、法国及德国的作家给在爪哇和锡兰的荷兰人——当然有其理由——贴上血腥暴君的标签。1793年，约翰·特劳哥特·普兰特（Johann Traugott Plant）在其关于亚洲岛屿的大作中表示，荷兰的自由与财富建立在受到奴役的印度尼西亚人的血泪之上。[120] 法国观察家指出，英国政权，特别是在东印度公司发展最早、势力最牢的孟加拉国，为专制主义的现代化形式。1770 年，修道院院长莱纳在英国开始在恒河口统治后几年，即已表示，孟加拉国人有理由怀念他们过去君主的专制统治：

　　一个计划周密的暴政取代了一个任性妄为的暴政。税收变得全面定期，镇压无所不在，而且绝对。原有独占的毁灭力量更加完善，并添入新血。简而言之，所有信赖与公众幸福的源泉都被毒化。[121]

其他的法国批评家也提到英国在南亚的新专制。[122]莱纳至少认为英国人讲究方法的暴政，胜过莫卧儿的黑暗暴政[123]；埃德蒙·伯克则在国会质询沃伦·黑斯廷斯总督时，把专制的概念保留给英国人的行径——他们入侵一个具有一定合法性与法律形式的体系。[124]在许多方面让人想到安奎特-杜培宏（但伯克似乎并不知道他的作品）的印度政治传统分析中，伯克逐步拆除孟德斯鸠运用于印度的专制理论；黑斯廷斯当然在捍卫自己具有争议的统治方法时引用了孟德斯鸠。[125]

伯克的靠山及战友、反对党的主要领袖查尔斯·詹姆斯·福克斯（Charles James Fox），在1783年甚至称黑斯廷斯治下的英国东印度公司的政策是一种"世界史上前所未有的专制"。[126]此后，英国对莫卧儿王朝结构的说法，便视英国人对在他们之前统一这个次大陆大部分地区的前政权的态度而定。莫卧儿皇帝的统治愈是久远，观察起来也就愈加让人心平气和。因而，在这种矛盾中有两种倾向。一方面，出于教育因素，要记住旧有专制政体的骇人行径，好让印度人感谢幸福的当下。[127]另一方面，负面评价全都集中在最近的小暴君身上，其中包括迈索尔苏丹及马拉提的帕什瓦①——在英国征服时期曾以武力对抗英国人。敌人的形象愈是负面，预防性的武力手段也就愈显合理（已在提普苏丹的例子中表明）。莫卧儿王朝的辉煌时代消失在朦胧的怀旧中。韦尔斯利勋爵这位好战的征服

299

---

① 马拉提族这个部落的领袖。—译者注

者在身为加尔各答总督时盖起富丽堂皇且造价高昂的统治建筑，部分亦是希望展现帝国级别的华丽建筑。[128]

然而，还要再过数十年，英国人才象征性地承袭莫卧儿政权，那是在 1877 年维多利亚女王采纳印度的皇帝头衔之际。在约 1790 年至 1830 年间，反而是如下三种概念并列。

（1）启蒙后期的观念，代表人物是总督康沃利斯（Cornwallis）勋爵（任期：1786-1793）——《永久让渡法案》及殖民官僚体系的催生者。他认为在印度必须以超乎个人之上的法律统治取代个人的专制政体[129]。

（2）对立的浪漫主义观出现在韦尔斯利勋爵周遭，如约翰·马尔科姆爵士、托马斯·门罗爵士及蒙特斯图尔特·艾尔芬斯通等人身上，他们认为具有统治魅力的白人领袖及无冕国王必须位居忠诚的当地随从之上，以一种强而有力的专制政体弥补近代欧洲已经历过的国家建构过程[130]。

（3）史学家及英国东印度公司的职员詹姆斯·密尔与其他以功利主义哲学色彩和"哲学激进主义"制定纲领者的概念，认为必须尽快肃清当地专制政体的所有残余；为了印度人的福祉，英国必须透过一时的教育独裁，在"出色的管理者操控的革命"之路上，引进西方文明具有价值（并非所有）的成就。[131]

三种统治模式有段时期都在印度特定的地区推行过。

300　中国：官僚管理

在 18 世纪末欧洲的专制论述中，中国的角色完全不同。不同于印度，这里的古王朝依然完整。和奥斯曼帝国相比，这里甚少受到西方的影响。当时还没人想到要以武力干涉中国，或甚至要其向殖民臣服。论述中国政治的维度在于，这里的"东方"政治体系直到19世纪初之前似乎未被来自内外的武力威胁松动。中国的两个特殊之处不可忽视：首先，那里的皇权不源自征服，而是一个两千年本土文化的古老产物；满族人在1644年后通过肃清像宦官专权这种情形，巩固了这个体系的改革。[132]其次，政治制度的悠久历史导致一系列实际君主（及其在儒家史书中的位置）进入帝王的组成图像中：早期神话般的理想帝王、荒淫无道的怪物[133]、残暴的开国君主及暴君，如秦始皇（执政期：公元前221-210）、明洪武皇帝（执政期：1368-1398）以及贤明的唐太宗（执政期：626-649），后者成了约翰·海因里希·哥特罗伯特·冯·尤斯蒂的"温和"君主之典范——当然还有清朝活跃的专制君主：康熙、雍正与乾隆。[134]

在不断出现的西方现代的有关中国的文献中，总是从描写18世纪初的"中国爱好"转变成了世纪末的"中国恐惧"。[135]尽管从文献中不能十分清楚地追溯这个变动，但还是有些脉络可循。这也难怪，单单耶稣会修士与他们犀利的批评者——道明会修士多明戈·费南德兹·纳瓦雷特，便留下了有关中国政体的全面记述。1735年，杜赫德的中国百科成了这个世纪后半段的权威资料。所有正面与负面的评价主要都根据其中陈述的材料。除了葛梅里·卡雷里外，没有任何私人旅行家的中国报道；外交使节团的成员多半只看到宫廷生活的外貌。此外，便只能依耶稣会修士的叙述材料。明代后期的耶稣会修士勾勒出一个类似匿名的静态体系图像。在17世纪中期动荡血腥的改朝换代之际，历史的基本力量闯入这个神职人员的知觉中。在其平息后，三位重要的清朝皇帝康熙、雍正与乾隆，结合起完善的官僚体系与个人独特的领导魅力。

这个结合反映在杜赫德的书中。在其记述中，清朝的政治体系既非一种无限的专制，亦非一种威权的文官统治，皇帝在其中类似一名资政王。[136]杜赫德部分依循勒孔德的说法[137]，发展出下述关于康熙及雍正时期中国政治制度与政治文化的论题。

（1）皇帝的权力"绝对，近乎无限"，以活跃的独裁君主身份施展权力。没有潜在的敌对区域强权，但皇子的独立意图（和莫卧儿王朝形成明显对比）受到抑制。[138]

（2）皇权的施展会受制于：

—— 成文法；

—— 皇帝在乎自己在百姓中的威望与历史的评价；

—— 皇帝要像父亲般照顾臣民的父权意识形态；[139]

—— 独立的御史制度：一种官僚职务，身为御史可以人民福祉之名批评同侪甚至皇帝与其内阁；[140]

—— 人民成功起义反抗暴君的传统。

（3）主要依据功名标准施行的国家考试，保证了官僚体系的高质量。[141]

（4）官员在民事司法裁判上对人民具有近乎绝对的权力。然而对抗滥权与无能的保护机制在于，辖区内出现的骚动不安必将拖累地方官[142]，因此官员最好事先将骚乱防范于无形。

杜赫德的著作及所有其他的中国文献缺乏鲜明的疯狂君主。在东南亚，18 世纪中期之后也只有一名真正残酷的暴君登基：缅甸国王孟云（Bodawpaya）（执政期：1782-1819）[143]。因此，中国专制政体从未像波斯或奥斯曼那样令欧洲的想象力全神贯注。有趣而非恐怖的故事便已足够，如 1752 年阿米欧特教士所讲述的：当乾隆皇帝想庆祝母亲六十大寿，预见到严寒之际运河行船不便，便下令数千名民众不断搅动河水，阻碍结冰。[144]

杜赫德翔实的编著，激发了一些欧洲作者，特别是来自弗朗索瓦·魁奈（François Quesnay）周遭重农主义者的法国经济学派，将中国的体系过度理想化。他们的这种理想化可以说毫无根据，敌视中国的反应也随之出现，例如康奈立斯·德·博，就只抱持反对意见。1796年，当克里斯朵夫·麦纳斯信誓旦旦地表示中国的专制政体最为恶劣时[145]，正和早期认为当代中国实践了哲学王的乌托邦世界的说法一样荒谬。[146] 18世纪后半叶主要在法国进行的中国论战，比欧洲关于印度或奥斯曼帝国的讨论更加偏离实际，更不具体。在中国并无一个具有重大政治意义、可以经验处理的问题，如印度的地产问题。[147] 当印度围绕着如何从对当地的认识来进行殖民管理的课题时，中国依然走不出欧洲可否从中国学习什么的老问题。这个问题在19世纪也未消减，如在英国引进文官考试上，中国的典范便扮演着一定的角色。[148] 在"开明专制"时期的欧洲君主"温和化"，并且欧洲政治理论中的父权理念失去重要性后，似乎在农耕技艺与政治的道德哲学范畴上仍然需要中国的典范。

在18世纪的有关中国的大型论战结束时，大家一致同意中国没有明确的专制政体；孟德斯鸠自己就已在这一点上持保留态度。[149] 不过，这是何种体制？格罗西耶对内部国家管理的精确描述几乎成了耶稣会修士的最后意见，远超出旧有的专制模式，并完全放弃政治理论的重大类型概念。[150] 18世纪90年代的两个外交使节团，并未在政治体系的范畴上取得基本的新认知。

约翰·巴罗爵士并不放过任何指责中国人不文明的机会，

303

但除了一般被他视为专制政体的政治制度上的滥用权力的情形（特别是贪污腐败）外，他没有太多批评之处。他甚至还意外地恭维了中国人：中国的新闻出版和英国一样自由，没有任何审查。专制政体虽然破坏了人民的密切关系，却带给国家长期和平。尽管皇帝名义上拥有所有土地，中国的自耕农与佃农却在事实上拥有自己的农地。市场自由几乎没有被垄断，没有封建的渔猎特权，没有任何领主有权封闭海湖及河川。税额低微，完全不会任意征收。[151]事实上，巴罗对中国的国家体制少有不满，基本上认为合理。他虽未想到中国的国家体制或许有可作为欧洲模范之处，但也不认为特别怪异及"东方式"，甚至在多数单纯的百姓眼中，还相当过得去。巴罗的上司马戛尔尼勋爵也有类似的冷静判断。不过，他清楚察觉（而且没错）这个体系中的裂缝，发现所有权力集中在君主身上，如果王朝落入差劲的皇帝手中，那一下就会翻覆。[152]

清朝盛世下的最后一个重要的中国政治分析，出自一个类似巴罗、基本上对中国持批评态度但在对中国及中文的认识上强过巴罗甚多的作者，他在（前）耶稣会修士眼中，是个最危险的毁谤中国的人士：小德金（Chrétien Louis Joseph de Guignes）。[153]1784 年，这位著名的东方学者之子首次和耶稣会中国传教活动的继任修会——"遣使会"（Lazaristen）的修士来到北京，接着担任法国驻广东代表多年。他陪同 1794~1795 年的荷兰逊辛格/凡·布拉姆使节团，担任翻译，在 1800 年回到法国。身为汉学家——1813 年，他在拿破仑委托下出版了一本中文字典——及驻中国外交官员，他有点类似法国的乔治·托马斯·斯当东爵士。

小德金并未使用专制主义的概念。在他关于中国政府的章

节中，他主要是分析最醒目的特点：文官统治。他的分析重点 304
中并不包括皇帝，而是大约两千名管理并维系王朝的高级官员。
这位完全不依规范的作者只对耶稣会修士一直信以为真的父权
修辞学的功用感兴趣：臣民对帝国领袖的爱戴必须靠不断的思
想灌输与宣传来维持。[154]中国政治体系的成就——确保和平与
福利，并维系王朝——完全依赖文官的素质，帝国中央机构的
主要任务便是确保这种素质。小德金比前人表达地更加明确，
这和良善的法律及一些作者所假定的中国古代政体无关，而对
中国政府来说，巨大的管理任务便是要不断自我警惕。尽管有
各种崇高的儒家准则，文官在结构上具有腐化的倾向，对听任
他们摆布的人民则显得暴虐。维持这个机构正常运作免不了要
有强大的中央权力。正如巴罗及马戛尔尼已指出中国会爆发
"革命"一样，小德金也建议不要逼迫中国进行不适合他们的
西方式改革，因为"不可能像统治欧洲人那样去统治亚洲
人"。[155]对非殖民化的中国说这种话的人，主张继续维持当地
的专制政体，但对受到殖民的印度则主张以新的开明领主取代
旧有的专制君主。

奥斯曼帝国：禁卫军与纸老虎

1800 年左右，面对奥斯曼帝国的政治体系，既无一种像在
莫卧儿印度例子中那种怀旧回顾的态度，亦无像在中国例子中
对一种独特的前现代制度惯性的惊讶之情。奥斯曼政权的合法
性与稳定和欧洲强权在北非及波斯湾之间的外交政策显然有关。
在 1768 年至 1774 年的土俄战争中，奥斯曼帝国惨败。《库楚克
开纳吉和约》（Küçük Kaynarca）在割地予俄国及各种特权上让
步甚大，史学家因而视这一刻为奥斯曼帝国由一强权没落成只

305 具抵抗能力的傀儡帝国的开始。在心态上和所有土耳其事物保持距离以及将奥斯曼排除在现在被视为一个价值共同体的欧洲外的过程中，奥斯曼帝国是否是个专制政权的问题已不再扮演主要的角色。大君帝国中的压迫现象不是最重要的辨别标准，而是面对像法国及英国这种国家，"文明的"、技术上的及经济上的落后状态。沃尔尼便持这种观点。

然而，沃尔尼相信专制是导致这些状态的一个重要因素。在他的小册子《土俄战争之我见》（*Considérations sur la guerre des Turcs et ds Russes*，1788）——一种他前年游记的补遗中，他将老迈、堕落及衰弱的奥斯曼帝国和年轻激进的俄国强权做了对比，建议法国为自由贸易及外交上（而非军事上）去支持沙俄的考虑，放弃传统亲奥斯曼的态度。女沙皇寄给他一面奖章以资表扬，但他在 1791 年成为革命党人后退了回去。[156]

沃尔尼对统治的形式机构不感兴趣，而是关注一个政权对民众的具体影响。1787 年，他在游记中以叙利亚的土耳其政权为例，将专制主义定义成一种状况，其中"多数民众屈服在一任意妄为、自私自利的武装团体的意志下"。[157] 在《土俄战争之我见》中，他也理所当然地提到土耳其的专制主义，并表示沙俄同样展现出专制的特点，但基本上后果较不严重。因而，他忽略了至迟自安奎特－杜培宏起在专制论述中扮演越来越重要角色的法律论证方式。因此，一个这种观点的代表人物，便立刻对《土俄战争之我见》做出回应，他是小夏尔·德·培松纳领事，我们已见过他挺身为克里米亚鞑靼人英勇辩护。他坚持认为俄国有发展完备的专制主义，因为该国君主凌驾法律之上，而在奥斯曼帝国，连苏丹都要服从一部神权法典。他还顺带论及压迫的问题，表示土耳其士兵基本上是自由人，但俄国士兵却是受到奴役的农奴。[158]这位领事利用机会，也响应了沃尔尼对土耳其人"野蛮"的尖锐攻击。如果沃尔尼如他之前许多人那样，怪罪土耳其人破坏了古代的文物，培松纳则如此反击：十字军骑士、威尼斯人、热那亚人及后来的希腊人对此亦有贡献。土耳其人有破坏圣索菲亚大教堂吗？难道今天的法国人要为尼姆竞技场残破的样貌负责吗？[159]

　　培松纳为奥斯曼文化与土耳其人民族特质辩护的详尽企图在当时已显得不合时宜，并毫无机会，很快就和一种极端的泛希腊主义一起消失。不过，苏丹目无法纪、不受限制的统治形象则不断得到修正。孟德斯鸠将奥斯曼帝国描述成一个极端的例子，在其中，所有的国家权力集中在一人身上，因而导致臣民不受法律保护。[160]根据古典的专制理论，缺乏平衡的反对力量的整体论题也特别适用于奥斯曼帝国。不过，在比较具体的统治体系后，这个论题受到质疑。孟德斯鸠式的理想类型的完整图像出现裂缝。

　　如同黑格尔已经清楚辨认出来的[161]，没有任何国度像18世纪的中国那般缺乏可制衡君主无上权力的力量，那里既无教会，亦无半自主的地方政权，而著名的御史机构在关键时刻永远处于劣势。然而，根据大多数观察家的论断，中国是个治理相当良善、国内平和的国家，虽然莫卧儿皇帝不用应付一个强大的伊斯兰教士团体，但要——如伏尔泰正确反驳孟德斯鸠那样——顾虑其王朝中的大臣，不得不和他们达成某种妥协；王子作乱亦是该体系的一个结构要素。相比之下，伊斯坦布尔的大君受限更多。

　　伏尔泰并不是第一个指出，几乎没有一位苏丹能够完全控制首都的禁卫步兵部队；许多君主的确被这支精英部队罢黜其至杀害。[162]苏丹的处境绝对比一名欧洲君主更加棘手。"确保禁卫步兵忠贞不贰"，1769 年，威廉·罗伯森在分析奥斯曼政体时说道，"成了奥斯曼宫廷中……最高的统治艺术。"[163]大部分地区都在暴动，而非有效统治。[164]军队之外，宗教也约束住苏丹。长久以来，伊斯兰被视为专制政体的支柱，直到詹姆斯·波特爵士表示，苏丹的权力受制于宗教及法律。[165]一方面，伊斯兰法学者集团具有相当的制约力量；另一方面，宗教及世俗法保障了土地私有制，深入各类民众意识之中，甚至大君自己触法亦要受罚。而且，奥斯曼帝国中的人民不该被视为受到压制的沉默奴隶，反而是政治中的一个要素：

> 当土耳其人提到他们的君主，会用何种夸张的字眼？他们常常抱怨，大胆直言，咒骂君主及大臣，将匿名的污秽字条丢进清真寺。只要受到频繁及过分的压制与暴政刺激，他们便显得随时准备暴动一般。[166]

正如波特，之后两个世代的欧洲重要权威强调作为制度要素的法律的重要性。无论是穆拉甲·多桑（培松纳 1788 年批评沃尔尼时，便已援用他的说法），还是约瑟夫·冯·哈默-普格斯塔，都表示奥斯曼帝国是个有人身保障的法律国家，人民有权控告国家。在深入的叙述中，他们让欧洲读者理解了奥斯曼的法律制度，因而打破了无可遏止的东方专制统治的陈腔滥调。[167]老练的伊斯坦布尔商人托马斯·陶顿说法类似，称孟德斯鸠"纯粹"的专制主义为一政治理论的有趣建构，一种不符现实的形而上学的抽象概念。[168]

因此，孟德斯鸠的奥斯曼专制主义的幽灵到了苏丹谢里姆三世（执政期：1789-1807）这位文明人士及谨慎的改革者时，便不再作怪。被当成体系的专制政体很少再被提及。当提到土耳其专制主义者时，多指沃尔尼概念下的，而非恐怖及阻碍进步的统治实况。对一些该国最优秀的专家来说，土耳其的问题不是专制过度，而是缺乏一名真正开明的专制君主。1787 年，土耳其事务的重要专家穆拉甲·多桑便渴盼着奥斯曼敌人长久以来所惧之物："一个杰出的人物，一位贤明的苏丹，开明，果断"，把这个国家推进现代。[169] 1798 年，拿破仑相信，至少在埃及，他可以扮演这个角色。

来自西方的光

作为退化统治形式的专制主义理论有许多可以追溯到古希腊的祖先。在希腊作者处，一个较适合亚洲人而非欧洲人、完全受制于最高权力者个人利益的暴力统治形式的理念已经出现。在近代让·博丹处，这个专制概念被当成一种未和二元东西对立重叠的统治形式的普遍分类。这种二分法要到孟德斯鸠君主政体与专制政体理想类型的对立出现后，才占有优势，并以比孟德斯鸠更加尖锐的标准，被分成合法与非法统治的对立。对此，出现了以历史经验与具体理性之名对过度意识形态化示警的声音，如伏尔泰、伯克与吉本。[170] 在一个几乎找不到任何活生生暴君的时代，他们得到试着在细节上反驳专制理论家论点的东方专家的支持：詹姆斯·波特爵士、安奎特-杜培宏、夏尔·德·培松纳、伊格纳克·穆拉甲·多桑、查尔斯·威廉·鲍顿·鲁斯、修道院院长格罗西耶等人。这个反击虽然在科学上难以反驳，但自 18 世纪 80 年代起，却未能切中政治的核心问题及思想的大环境。现在涉及的是受到殖民统治的印度的组织、奥斯曼帝国可能的分裂及中国体系的逐步瓦解等问题。律法问题退居幕后。东西方所谓的文明鸿沟变得重要起来。

一个论点上简化的专制主义概念，如沃尔尼在论战中所发展出的，正好合适：专断统治、无知及行政与经济上的错误管理，被包装成一个较无理论力量但宣传上有用的现代化蛮族老调。那是解放的修辞基础，自对抗提普苏丹的最后一次战役与法国 1798 年入侵埃及起，便伴随着欧洲强权在亚洲及非洲的所有武力干涉活动。前提在于抛却孟德斯鸠的环境与气候决定论，也放弃一种新的人类种族学还原论。东方绝非因为炎热及"东方性格"的弱点，而永远受到奴役。1792 年，威廉·琼斯爵士解释道，专制主义是亚洲与欧洲的关键差异，随着专制主义的肃清，亚洲民族便会开始新的崛起。[171] 东方民族能够获得自由，但非自我解放。自由必须来自外界。先是在印度，欧洲人甚至自视为过渡的现代化专制君主与立法者。如此一来，启蒙时期的专制论述在拿破仑时代成了解放式的帝国主义的借口。他们曾经相信自己的暂时过渡地位，离后来欧洲超人有其永远统治地球低等民族的无可置疑的使命的学理，还有一大段距离。

注释：

[1] Elpinstone, *History of India* (1841)，第 2 册，第 61 页及下页；Canetti, *Masse und Macht* (1960)，第 488~500 页："最典型的权力偏执狂"（第 499 页）。

[2] Hammer - Purgstall, *Geschichte des Osmanischen Reiches* (1827 - 1835)，第 2 册 (1828)，第 65 页。

[3] Martini, *De bello tatarico* (1654)，第 134 页以下；Parsons, *Peasant Rebellions* (1970)，第 176~182 页。

[4] 这个评价在这里几乎和观察者的政治忠诚度脱离不了关系：曼努奇在王位斗争中站在奥朗则布那一方，而白尼尔偏袒其不幸

的兄弟达拉·苏可（Dara Shukoh）。

[5] Knox, *Historical Relation* (1681)，第 43~47 页。

[6] Cantemir, *History* (1734-1735)，第 1 册，第 249~251 页；亦见 Rycaut, *History* (1680)，第 89 页。威尼斯大使弗斯卡里尼 (Pietro Foscarini) 在 1637 年有份亲身经历的报道，引自 Valensi, *Venise* (1987)，第 7~9 页。关于穆拉德四世屠杀暴行的详细情况，参阅 Hammer - Purgstall, *Geschichte des Osmanischen Reiches* (1827-1835)，第 5 册 (1829)，第 187 页及下页，第 257 页及下页，第 283~294 页。摩洛哥的苏丹玛雷·伊斯玛乙 (Mawlay Ismail, 1672-1727) 打破了这个纪录，据欧洲观察家事后说他亲自杀了 4 万人。参阅 Allison, *Crescent* (1995)，第 53 页。

[7] Hammer - Purgstall, *Geschichte des Osmanischen Reiches* (1827-1835)，第 5 册 (1829)，第 658 页。出身克普鲁陆家族的大臣：Mehmet（任职期：1656-1661），其子阿美特（Fâzil Ahmet, 1661-1676）与其弟穆斯塔法（Fâzil Mustafa, 1689-1691），被欧洲重要的作者，如莱考特、坎泰米尔与哈默-普格斯塔，描述成能力出色、清廉与关注公众利益的政治家。

[8] 关于萨非一世专断妄为，见以下人物的切身报道：Olearius, *Vermehrte Newe Beschreibung* (1656)，第 654~662 页。关于萨非二世，主要参阅 Du Mans, *Estat de la Perse* (1890)，第 14 页以下，第 151 页以下，但他给科尔贝的详细报道并未出版。坎弗在其 1712 年以拉丁文出版的报道（*Am Hofe*, 1977，第 62~80 页），把萨非二世评为整体并非不好。广为人知的克鲁辛斯基（*Revolution in Persia*, 1728，第 1 册，第 43~48、54~58 页）并非这两位被他视为屠夫的当代人。关于今日的评价，参阅 Roemer, *Persien* (1989)，第 330 页及下，第 359~361 页。

[9] 关于溢美两位皇帝，参阅一位新的"中国恐惧症"的代表人物：Barrow, *China* (1806)，第 412~414 页。

［10］Jones, *On the Second Classical Book of the Chinese*，出自 *Works*（1807），第 4 册，第 117 页。

［11］J. de Guignes, *Histoire générale*（1756-1758），第 3 册，第 138~190 页。亦参阅对有关中国帝制奠基者秦始皇的细腻评价：同上书，第 1 册/I，第 18 页及下页。

［12］Gibbon, *Decline and Fall*（1909-1914），第 6 册，第 354 页及下页，第 254 页。

［13］例如 Cantemir, *History*（1734-1735），第 1 册，第 96、172、217 页及几乎以一整册来讨论他的 Hammer-Purgstall：*Geschichte des Osmanischen Reiches*（1827-1835），第 3 册（1828），摘要见第 488 页，第 492 页以下。

［14］Mill, *History*（1817），第 1 册，第 594~607 页。

［15］Orme, *Military Transactions*（1763-1778），第 1 册，第 18 页。

［16］Brougham, *Political Philosophy*（1842-1843），第 1 册，第 131 页；亦参阅 Symes, *Embassy*（1800），第 6 页以下。

［17］Olearius, *Vermehrte Newe Beschreibung*（1656），第 335~342 页，特别是第 339 页；Bietenholz, *Pietro Della Valle*（1962），第 188 页以下；Roubaud, *Histoire générale de l'Asie*（1770-1772），第 2 册，第 590 页以下；Malcolm, *History of Persia*（1829），第 2 册，第 366~378 页。另一种杀戮王子的解释见伏尔泰：彼得大帝出于国家利益，公开惩罚太子亚历斯（Alexis）（*Œuvres historiques*，1957，第 556 页）。

［18］Cranmer-Byng, *Embassy*（1962），第 124 页。

［19］Robertson, *Progress*（1972），第 81 页，亦参阅第 131 页。

［20］Wilks, *Historical Sketches*（1810-1817），第 1 册，第 22 页。

［21］Crawfurd, *Siam*（1967），第 136 页及下页，亦参阅第 327 页。

［22］Turgot, *Recherches sur les causes des progrès et de la décadence des sciences et des arts* ［1748］，出自 *Œuvres*（1913-1923），第 1 册，

第 124 页，指出最为温和的专制君主在结构上会成为罪犯。

[23] 如 Dow, *History ofHindostan* (1812)，第 1 册，第 xiii 页。

[24] D'Ohsson, *Tableau générale* (1787－1790)，第 1 册，第 ix 页。体系与政策的严格区分，亦参阅 Guer, *Mœurs et usages* (1747)，第 2 册，第 355 页以下。

[25] Aristoteles, *Politik*, 1285a 18－23：O. Gigon 编，第 2 版，Zürich/Stuttgart 1971，第 166 页。吉本（*Decline and Fall*, 1909－1914，第 1 册，第 88 页）认为个性会成为习惯。

[26] 关于希腊人的专制概念，参阅 Mandt, *Tyrannis* (1990)，第 654~658 页；Richter, *Aristoteles* (1988)；关于早期东西的对比，参阅 Springborg, *Republicanism* (1992)，第 23 页以下；关于希腊人的印度评论：Embree, *Oriental Despotism* (1971)，第 255~264 页。

[27] D. Forbes, *Hume's Philosophical Politics* (1975)，第 142~145、150 页，第 155 页以下，有举出例子。

[28] 参阅 Mandt, *Tyrannis* (1990)，第 672~676 页；Koebner, *Despot* (1951)，第 285 页以下，看法依然未被超越。

[29] Valensi, *Venise* (1987)，第 97~99 页；Valensi, *Paradigm* (1990)，第 191 页以下；及 Toscani, *Etatistisches Denken* (1980)。

[30] 关于 17 世纪旅行文献中的东方专制论题，基本参阅 Grosrichard, *Structure du sérail* (1979)；此外亦参阅 Krader, *Asiatic Mode of Production* (1975)，第 19~28 页，及（部分根据 Krader）O'Leary, *Asiatic Mode of Production* (1989)，第 51~58 页。

[31] Shackleton, *Essays* (1988)，第 483 页。关于孟德斯鸠的专制概念有大量文献。最有用的为 Richter, *Montesquieu* (1977)，第 45~50、71 页，第 77 页以下；Shackleton, *Essays* (1988)，第 481 页以下；Young, Montesquieu's *View of Despotism* (1978)。

[32] Montesquieu, *Considérations ...*，出自 *Œuvres* (1949－1951)，第

2 册，第 143~147 页。孟德斯鸠把莱考特 1668 年的土耳其记述当成这个说法的史料（1678 年的法文版）。

[33] Montesquieu, *De l'esprit des lois*, V/14，出自 *Œuvres*（1949 - 1951），第 2 册，第 294 页及下页。译文：*Geist der Gesetze*（1992），第 1 册，第 89 页。

[34] 同上书，第 91 页。

[35] Montesquieu, *De l'esprit des lois*, VIII/19（第 365 页）；XVII/6（第 529 页）。

[36] 同上书，XVII/3（第 524~526 页）。

[37] 关于孟德斯鸠身为理想类型方法的创始人：Cassirer, *Philosophie*（1932），第 281、283 页。

[38] Montesquieu, *De l'esprit des lois*, III/9（第 259 页）。

[39] 同上书 V/11（291）。

[40] Chardin, *Voyages*（1735），第 3 册，第 289 页。

[41] 同上书，第 295 页及下页。

[42] 参阅 Du Bos, *Reflexions*（1719），第 2 册，第 192 页：暴虐的罗马皇帝只一直针对精英，绝未针对人民。

[43] Montesquieu, *De l'esprit des lois*, II/5（第 249 页）。这适用于所有专制君主，是个老说法（例如 Tavernier, *Nouvelle relation*, 1675，第 226 页），但依然不断重复着，例如 D. Stewart,《Lectures on Political Economy》（1809 - 1810），出自 *Collected Works*（1854-1858），第 8 册（1855），第 390 页。

[44] 如（许多例子之一）：Bruin, *Voyages*（1718），第 1 册，第 208 页。

[45] Chardin, *Voyages*（1735），第 3 册，第 296~299、314 页；Montesquieu, *De l'esprit des lois*, V/14（第 295 页及下）。

[46] Justi, *Vergleichungen*（1762），第 98 页以下，第 330 页以下，第 390 页以下。

［47］Chardin, *Voyages*（1735），第 3 册，第 313 页及下页。后宫中女性与宦官的教养毁掉了王子的男性气概，是个不断出现的主题，如 de Bruin, *Voyages*（1718），第 206 页及下页。

［48］Robertson, *Progress*（1972），第 11 页。

［49］Chardin, *Voyages*（1735），第 3 册，第 322 页。

［50］Bernier, *Travels*（1934），第 204 页。几十年之前，英国莫卧儿宫廷的大使托马斯·洛伊（Thomas Roe）爵士即已有了类似的观点。

［51］Montesquieu, *De l'esprit des lois*, V/14（第 294 页）。

［52］Chardin, *Voyages*（1735），第 3 册，第 339~340、344~349 页。亦参阅 Kaempfer, *Am Hofe*（1977），第 117 页以下。

［53］Chardin, *Voyages*（1735），第 3 册，第 343 页及下页。

［54］同上书，第 368 页。

［55］同上。

［56］同上书，第 369 页，关于伊朗的宗教宽容（但基督教传教活动除外），亦见第 426 页以下。

［57］同上书，第 369 页。

［58］同上书，第 415 页，第 420 页及下页。

［59］Montesquieu, *Considérations sur les causes de la grandeur des Romains et de leur décadence*，出自 *Œuvres*（1949-1951），第 2 册，第 202 页。亦参阅 Stelling-Michaud, *Le mythe*（1960/61），第 339 页。

［60］Lavie, *Des corps politiques*（1764），第 1 册，第 228 页。

［61］Venturi, *Boulanger*（1947），第 29 页。

［62］Boulanger, *Recherches sur les origines du despotisme oriental*［1761］，出自 *Œuvres*（1794），第 3 册，第 1~182 页；这个论证摘自同氏著 *Essai philosophique sur le gouvernement*，出处同上书，第 215 页及下，第 224~227、229、236 页。

[63] 参阅 "Lettre de l'auteur à M. ★★★ ［Helvétius］"，为死去的布朗热的朋友所写，反映出狄德罗及霍尔巴赫的看法，被编入 *Recherches* 第 1 版（*Œuvres*，第 3 册，第 1～9 页）。及 Venturi, *Boulanger* (1947)，第 66 页以下。

[64] Wilks, *Historical Sketches* (1810-1817)，第 1 册，第 25、29 页。

[65] 主要段落：*Plan du premier discours sur la formation des gouvernements et le mélange des nations*，出自 Turgot, *Œuvres* (1913-1923)，第 1 册，第 290～294 页，德文出自 Turgot, *Fortschritte* (1990)，第 184～188 页。杜尔哥在国家形成理论架构下的专制主义解释，在 1790 年代赫伦（Heeren）处亦有一些回响，*Ideen…*，出自 *Historische Werke* (1821-1826)，第 10 册，第 12～14、66～70 页，亦参阅后来赫伦对古波斯的分析，第 440 页以下。

[66] 专制体制下大臣的角色亦特别让欧洲人着迷。如参阅 Thévenot, *Travels* (1687)，第 1 册，第 63～65 页；Pitton de Tournefort, *Relation* (1717)，第 2 册，第 24～27 页；*Universal History* (1779-1784)，第 37 册，第 27 页及下；Helvétius, *Vom Geist* (1973)，III/18-19，第 337～342 页。

[67] Turgot, *Fortschritte* (1990)，第 187 页及下。关于专制体制下的宣传与洗脑，特别是参阅 D. Stewart, *Lectures…*，出自 *Collected Works* (1854-1858)，第 8 册，第 395 页以下。

[68] 1792 年，在英印有影响力的殖民政治家查尔斯·格兰特（Charles Grant）处，专制主义简化成统治人类脑海中的异教：Embree, *Charles Grant* (1962)，第 146 页。

[69] Condorcet, *Entwurf* (1976)，第 65 页。

[70] Walckenaer, *Essai* (1798)，第 278 页及下页。

[71] Virey, *Histoire naturelle* (1824)，第 3 册，第 225 页。Rycaut, *Present State* (1668)，第 3 页，已有类似看法。

[72] Crawfurd, *Indian Archipelago* (1820)，第 3 册，第 11 页。

[73] 同上书，第 26 页。

[74] 详细参阅 Malcolm, *History of Persia*（1829），第 1 册，第 379 页以下，第 384 页及下，第 2 册，第 2、41 页；此外亦见 Poivre, *Cochinchine*（1885），第 473 页及下，第 477 页以下；Grose, *Voyage*（1772），第 1 册，第 85 页及下页。Heeren, *Ideen…*，出自 *Historische Werke*（1821–1826），第 10 册，第 79、81 页；Ferrières-Sauvebuf, *Mémoires*（1790），第 1 册，第 iii 页及下页；Ramsay, *Civil Government*（1732），第 iv 页（及书中各处）。

[75] 如 Tennant, *Thoughts*（1807），第 76 页以下。

[76] 重要解释参阅 Laurens, *Les origines intellectuels*（1987），第 67~78 页。

[77] Volney, *Ruinen*（1977），第 61 页及下页。

[78] Turpin, *Siam*（1771），第 1 册，第 79 页以下，第 103 页以下，有在不同脉络下的类似分析。

[79] Volney, *Voyage*（1959），第 114 页。

[80] 同上书，第 400~406 页。反对孟德斯鸠专制主义与气候的关系，概要参阅 Murray, *Enquiries*（1808），第 139~148 页。

[81] Volney, *Voyage*（1959），第 361 页以下。

[82] 同上书，第 395 页，第 397 页及下页。

[83] Ferguson, *Versuch*（1986），第 59 页；原文：Ferguson, *Essay*（1966），第 270 页。Malte-Brun, *Précis*（1812–1829），第 2 册（1812），第 596 页，有类似看法。

[84] Meiners, *Betrachtungen*（1795–1796），第 1 册，第 37、172 页。

[85] 也就是封建公侯页。

[86] Hennings, *Gegenwärtiger Zustand*（1784–1786），第 1 册，第 12 页及下页。

[87] Barrow, *Cochin China*（1806），第 333 页；Crawfurd, *Siam*

（1967），第 487 页。

[88] T. B. Clarke, *Publicistical Survey*（1791），第 8 页。

[89] 同上。

[90] *Durchläuchtige Welt*（1710-1711），第 3 册（第 7 部分），第 16、48 页，第 72 页及下页，第 86 页及下页。

[91] 如 Symes, *Embassy*（1800），第 176 页。

[92] Raynal, *Histoire philosophique*（1775），第 1 册，第 141~145 页。

[93] Castilhon, *Considérations*（1769），第 244 页及下；Thunberg, *Reise*（1794），第 2/ii 册，第 18 页。

[94] 如 Pinkerton, *Modern Geography*（1807），第 2 册，第 184 页。

[95] George Forster, *Journey*（1808），第 1 册，第 328 页以下；Malcolm, *Sikhs*（1810），第 240 页；Wilks, *Historical Sketches*（1810-1817），第 1 册，第 28 页。关于锡克族的更多解释参阅 Khurana, *Sikh Power*（1985），第 1~2 章。格奥尔基把吉尔吉斯人的政治体系视为民主：*Nationen*（1776-1780），第 2 册，第 216 页及下页。

[96] Voltaire, *Commentaire sur L'Esprit des lois*[1777]，出自 *Œuvres complètes*（1877-1885），第 30 册，第 416 页及下页。

[97] Voltaire, *Supplément au siècle de Louis XIV*[1753]，出自 *Œuvres historiques*（1957），第 1246 页及下页。亦参阅 Richter, *Despotism*（1973），第 10 页及下页。

[98] Richardson, *Dissertation*（1778），第 151 页及下页，及第 353 页以下，第 365 页以下。关于印度亦见 Orme, *Historic Fragments*（1974），第 255 页：和宫廷的距离愈大，专制君主的权利就愈小。

[99] 关于传记，参阅 Schwab, *Vie d'Anquetil-Duperron*（1934）；Metzler, *Anquetil-Duperron*（1991），第 123 页及下页；主要是 Venturi 注意到 Anquetil 在专制辩论中的重要性：*Oriental Despotism*

（1963），第 136~141 页。

[100] Anquetil-Duperron, *Législation orientale*（1778），第 vi 页。

[101] 如 Schwab, *Oriental Renaissance*（1984），第 17 页。

[102] Anquetil-Duperron, *L'Inde*（1798），第 1 册，第 viii 页。

[103] Anquetil-Duperron, *Législation orientale*（1778），"Dédicace"。

[104] 同上书，第 1 页。

[105] 同上书，第 45 页。安奎特最欣赏的权威作品为夏尔丹的波斯及詹姆斯·波特爵士的奥斯曼帝国；关于他最熟知的莫卧儿印度，部分根据当地的波斯文史料，例如第 41 页及下页，第 193~209 页。

[106] 同上书，第 16 页。

[107] 同上书，第 179 页及下页。

[108] 同上书，第 200 页。

[109] 同上书，第 18 页，第 31 页及下，第 175~77 页、第 212 页以下。

[110] 同上书，第 32 页。

[111] 关于法国人的接纳程度，如 Imbruglia, *Despotisme*（1995），第 108~111 页。

[112] Meiners, *Grundriß*（1793），第 204~219 页。

[113] Brougham, *Political Philosophy*（1842-1843），第 1 册，第 102、105、108、119 页。

[114] 基本参阅 Guha, *Rule of Property*（1963），其中第 50~60 页有关鲁斯；最好亦参阅 Minuti, *Proprietà della terra*（1978），第 103~123 页。

[115] Rouse, *Dissertation*（1791），第 20 页。

[116] 同上书，第 77 页。

[117] 同上书，第 91~93、95、107~109 页。

[118] 同上书，第 180 页。

[119] 参阅 Syndram, *Thron des Großmoguls* (1996)。

[120] Plant, *Geschichte Polynesiens* (1792–1799), 第 1 册, 第 130 页及下页；Raffles, *Java* (1817), 第 1 册, 第 65 页, 第 67 页及下页, 第 76、151 页, 第 266 页以下, 有类似看法；Tombe, *Voyage* (1810), 第 1 册, 第 213 页；Percival, *Ceylon* (1805), 第 192 页, 第 199 页及下页, 第 280、363 页。

[121] Raynal, *Histoire philosophique* (1775), 第 1 册, 第 351 页。

[122] Anquetil-Duperron, *L'Inde* (1798), 第 1 册, 第 iii 页；Sonnerat, *Voyages* (1782), 第 2 册, 第 18 页；Langlès, *Monuments* (1821), 第 1 册, 第 19 页（但亦见第 268 页）。

[123] Raynal, *Histoire philosophique* (1775), 第 1 册, 第 29 页以下, 第 430~451 页。

[124] 参阅 Marshall, *Introduction* (1981), 第 23 页以下；同氏著, *Introduction* (1991), 第 31 页以下, 关于伯克对各类专制主义的看法, 有许多评论出于 Whelan, *Edmund Burke* (1996), 特别是第 230~242 页。

[125] 同上书, 第 242~260 页。Whelan 亦在这指出伯克和伏尔泰的近似之处（第 246 页）。

[126] 引文出自 Marshall, *Impeachment* (1965), 第 21 页。

[127] Embree, *Imagining India* (1989), 第 31 页。

[128] Valentina, *Reisen* (1811), 第 1 册, 第 236 页及下页。

[129] 参阅 Jain, *Outlines* (1966), 第 193 页以下。

[130] 参阅 McLaren, *Despotism* (1993), 第 470 页；另一个观点参阅 Stein, *Munro* (1989), 特别是第 218 页及下页；Peers, *Between Mars and Mammon* (1995), 特别是第 44 页以下, 强调这个概念的军事性格。

[131] Zastoupil, *John Stuart Mill* (1994), 第 26 页。亦参阅 Stokes, *Utilitarians* (1959)；Majeed, *Ungoverned Imaginings* (1992),

第 144 页及下页。

[132] 欧洲观察家很早就承认这一点，例如 Palafox y Mendoza，*History*（1676），第 480 页及下；及 d'Orléans，*Histoire*（1690）。关于把早期清统治当成改革，亦参阅 *Universal History*（1779–1784），第 7 册，第 141 页及下页。

[133] Martini（*Histoire de la Chine*，第 1692 页，第 1 册，第 134~143 页）提到一位半神话的纣王（统治期：公元前 1818–1766），他被视为另一位尼禄。

[134] Justi，*Vergleichungen*（1762），第 144 页以下。尤斯蒂的材料出自 Du Halde，*Description géographique*（1735），第 1 册，第 436~442 页。

[135] 例如 Appleton，*Cycle*（1951），第 63 页；Guy，*French Image*（1963）；étiemble，*L'Europe chinoise*（1989）。

[136] 耶稣会传教活动在中国的创始人利玛窦（Matteo Ricci, 1615）已有这种看法，他真的看到以这种方式统治的明朝万历皇帝（统治期：1573–1620），后来详细记载在法国史官包狄耶（Michel Baudier）一本广为普及的书中：*Histoire*（1624），并在 Osborne，*Collection*（1745），第 2 册，第 1~24（特别是第 11~13）页摘要再度出版。类似看法亦见 Temple，*Of Heroic Virtue*（1694），出自 *Works*（1814），第 3 册，第 337 页。

[137] Le Comte，*Nouveaux mémoires*（1697），第 2 册，第 1~92 页。

[138] Du Halde，*Description géographique*（1735），第 1 册，第 120 页，亦见第 2 册，第 9~11 页。

[139] 第 2 册，第 12、22 页；第 3 册，第 128 页以下。耶稣会对父权统治最重要的解释出于 Societas Jesu，*Mémoires*（1776–1814），第 4 册（1779），书中各处（一种"专册"）。黑格尔在他中国政体的锐利分析中，后来认为这一点相当重要。

[140] Du Halde，*Description géographique*（1735），第 1 册，第 120 页。

［141］第 2 册，第 255 页以下。亦参阅 Societas Jesu, *Lettres édifiantes* (1780-1783)，第 21 册，第 359 页以下；第 24 册，第 125~ 135 页。受中国影响深远的东京（北越）亦有类似的考试制度：Tissanier, *Relation* (1663)，第 122 页以下。

［142］Du Halde, *Description géographique* (1735)，第 1 册，第 120 页；第 2 册，第 38 页。Clerk, *Yu Le Grand* (1769)，第 419 页，亦特别强调这点。

［143］如参阅 Sangermano, *Burmese Empire* (1885)，第 74 页以下。

［144］Societas Jesu, *Lettres édifiantes* (1780 - 1783)，第 23 册 (1781)，第 164 页以下。

［145］De Pauw, *Chinois* (1773)，第 2 册，第 330 页及下；Meiners, *Betrachtungen* (1795 - 1796)，第 2 册，第 158 页，第 210 页以下。

［146］Raynal, *Histoire philosophique* (1775)，第 1 册，第 89~98 页，摘要出这种理想化的所有主题；在同一作品中的后半部分浮现批评的意味（第 563 页及下）。

［147］但 Patton, *Asiatic Monarchies* (1801)，第 217 页以下，讨论到这一问题。

［148］参阅 Teng, *Chinese Influence* (1942-1943)。

［149］Montesquieu, *De l'esprit des lois*, XIX/17 - 20，出自 *Œuvres* (1949-1951)，第 2 册，第 567~571 页。

［150］Grosier, *Description générale* (1785)，第 509~522 页；同氏著，*De la Chine* (1818-1820)，第 5 册，第 209~269 页。阿米欧特在 Societas Jesu, *Mémoires* (1776-1814)，第 6 册 (1780)，第 331 页以下；第 8 册 (1782)，第 220 页以下，亦有重要讨论。

［151］Barrow, *China* (1806)，第 392、395 页，第 397 页及下页。

［152］Cranmer-Byng, *Embassy* (1962)，第 238 页及下页。

［153］格罗西耶激烈批评他：*De la Chine* (1818-1820)，第 1 册，第

xiv 以下。格罗西耶的作品自然是最后的分析，但基调已在
1785 年第 1 版出现。

[154] C. L. J. de Guignes, *Voyages*（1808），第 2 册，第 432 页。

[155] 同上书，第 450 页。

[156] Gaulmier, *Volney*（1951），第 126~132 页，改写了这篇我未见
过的文件。亦参阅 Deneys, *Le récit de l'histoire*（1989），第 52
页及下页。

[157] Volney, *Voyage*（1959），第 361 页。

[158] Peyssonnell, *Examen*（1788），第 98~100 页。

[159] 同上书，第 251 页及下页。

[160] Montesquieu, *De l'esprit des lois*, XI/6，出自 *Œuvres*（1949 -
51），第 2 册，第 397 页：但在威尼斯亦一样。

[161] Hegel, *Vorlesungen*（1996），第 135 页。

[162] Voltaire, *Essai*（1963），第 2 册，第 769 页，参考坎泰米尔的
奥斯曼帝国史。亦参阅 Pitton de Tournefort, *Relation*（1717），
第 2 册，第 4 页，及吉本对早期禁卫步兵部队现代化的评论：
Decline and Fall（1909-1914），第 7 册，第 82~85 页，及第 34
页及下页。伊顿（Eton）（*Turkish Empire*, 1801，第 28 页）如
此表示，在 18 世纪，苏丹坚决对抗禁卫步兵部队，严重削弱
了帝国的军事力量。

[163] Robertson, *Progress*（1972），第 147 页。

[164] 亦见 Hammer - Purgstall, *Geschichte des osmanischen Reiches*
（1827-1835），第 5 册（1829），第 552 页。

[165] Porter, *Observations*（1768），第 1 册，第 84 页。

[166] 同上书，第 107 页。

[167] D'Ohsson, *Tableau générale*（1787 - 1790），特别是第 2 册；
Hammer-Purgstall, *Staatsverfassung*（1815）。

[168] Thornton, *Present State*（1809），第 1 册，第 89 页。

［169］D'Ohsson，*Tableau générale*（1787-1790），第 1 册，第 ix；亦见 Dallaway，*Constantinopel*（1797），第 43 页。关于惧怕一名"奥斯曼的彼得大帝"，参阅 Laurens，*Les origines intellectuels*（1987），第 173 页。

［170］吉本对专制的看法——罗马、拜占庭及东方的——是另一个在此无法处理的大题目。参阅 *Decline and Fall*，特别是第 3 页及第 7 章的开始。

［171］*On Asiatick History，Civil and Natural*，出自 Jones，*Works*（1807），第 3 册，第 215 页。

第十一章　社会：制度与生活方式

文明人的休戚与共

　　孟德斯鸠不只根据政治关系的组织形态来描述政治关系，用他的话说，不只根据其"形式"——他认为还存在着一个统一的"原则"，以主流心理倾向的形式渗入整个共同社会当中。如此一来，亚里士多德传统的国家形式学说便跨入政治社会学中。在君主政体中，决定一个社会道德氛围并标志出前政治空间中人类关系的是荣誉，在专制政体中则是恐惧。此外，孟德斯鸠和其他作者也认为，在专制政体下，绝对的统治与隶属关系会再现于社会生活的所有层面中。例如，后宫之内由君主、负责守卫的宦官以及彼此之间等级森严的依附于后宫的女子所构成的从属关系，正是一个政治状态的微型宇宙。苏丹的宫廷结构重复着国家的结构。

　　这是重要的观点，但在描述真正的社会关系时，仍是一个过于粗糙的工具。孟德斯鸠自己在《论法的精神》其他部分中发展出更接近掌握社会化形式的概念与假设。他所提出的最普遍的上层概念，便是民族的普遍意志。这个民族最普遍的特征由"气候、宗教、法律、统治原则、过去的模范、风俗与习惯"构成。[1]这些要素各自的影响视个别情况而定。风俗与习惯是"普遍的"，追溯不到任何明显的创始人的意志，也就是所谓"自然长成"的制度，而法律则可溯及立法者的意志：

311 　　　　　风俗和法律的差异在于，法律多半规范市民的行为，而风俗规范人类的行为。风俗和习惯的差异在于，前者涉及人类的内在行为，后者则涉及外在行为。[2]

　　孟德斯鸠接着思索法律、风俗与习惯的关系。在他看来，中国文明独特的原因在于三者一致，而且还有宗教的因素。这种几乎无法由外破坏的坚固的多重价值体系，至今仍令所有征服者害怕，亦如孟德斯鸠清楚所见，阻碍了该国的基督传教活动。[3]

　　对这样一个"社会学"观点而言，风俗最为重要。它是私人生活的社会法则（个体被当成人类，而非尽国民义务的公民），和传统的举止规矩（习惯）的差别在于风俗操控着人类的内在动机。[4]尽管 18 世纪后半叶，只有少数作者遵循孟德斯鸠狭义而精确的风俗概念，但他建议的术语却开启了理解类似"整体社会"这类事物的可能性。注意到孟德斯鸠赋予其类别普遍的适用性很重要。在他的专制理论中扮演重大角色的欧洲与东方的差异并不适用于他的社会学说。他并未像 19 世纪习以为常的那样笼统地说到一个"亚洲社会"。在他的书中，人们也未见到研究"异类"或"外人"科学的特别民族学概念，就像作为研究"我们"的科学——"社会学"一样。孟德斯鸠的社会学说，在文化上具决定性意义，普遍，可资比较，反历史哲学，强调经验而非规范。所有文明中的社会既成状态或可能状态会被观察到，不会被纳入进步哲学的阶段连续体中。

　　孟德斯鸠同样是 18 世纪的一种思想运动的共同发起人。这一运动不只收集与归纳民族学的细节，也探索在团体中人类共同生活的特殊规则。像 17 世纪纽伦堡的百科全书家伊拉思摩斯·法兰奇斯奇（Erasmus Francisci）那样大量收集所有文化的奇珍异品与各类人种，甚至到了 1778 年还能在苏格兰博学的凯莫斯（Kames）勋爵处见到，并且方兴未艾。[5]另外，现代民族学的基本观念——透过人类团体亲属关系体系来界定人类团体的观念，特别是那些带有"原始"性格的还未诞生。孟德斯鸠还未使用 19 世纪社会学所勾勒出来的我们今日视为理所当然的社会概念。在他提到社会的少数几处，他指的是近代一般用法上的"人类结盟存在的事实情况"[6]，也就是孤立生活，或非社会的单身生活的反面。这并未改变他——及他之后的其他人——将这个想法成熟发展为综合理解像"民族"或"国家"这种单元的物质文化及依循规则安排的共同生活。

在 18 世纪，这种理解也被不断试图运用于非西方的社会。这不能只被称为"原始的民族志"。[7]例如，这或许可用在斯特勒对堪察加半岛伊捷尔缅人的描述上，但欧洲对中国社会等级或印度种姓制度的评论便无特殊的民族志成分。在安土重迁、有书写文字的高级文化范围中，有的是类似文明人休戚与共的东西。基本上，非欧洲社会被纳入可信赖之物的诠释范畴中。他们是异类，但可和自己的比较。要到 19 世纪，特殊的"东方社会"或"亚洲生产方式"的理论才出现。

城市

欧洲人最为熟悉的便是城市。那是多数造访亚洲的欧洲人士见到的第一件事物：特别像伊斯坦布尔/君士坦丁堡、亚历山大港、果阿、苏拉特、加尔各答、巴达维亚、澳门、广州或长崎等海港城市。如果说这些城市有些许共同之处，那不是拒人于千里之外的亚洲性格，而是一种在欧洲根本见不到的文化与民族的异质性。除了广州及长崎的欧洲人被当地人隔离外，欧

313 洲人只构成了当地肤色、风俗及宗教混合体中的一个成分。许多这类贸易地区都是移民城市，贸易较少由当地人进行，主要掌握在外籍侨民手中。1805 年，甚至在广州——当地的中国人以贸易手腕见长，并至少控制着东南亚的外贸——克鲁森斯腾船长还能观察到以下现象：

> 对外国人来说，广州这个贸易大城特别有趣，因为在此可以见到几乎世界各民族的人。除了来自欧洲各国的欧洲人外，也可发现多数亚洲贸易国家的人口，如亚美尼亚人、穆斯林、印度斯坦人、孟加拉国人、帕西人（Parsis）①。他们大多数从印度由海路来到广州，也循同样的途径回去。[8]

亚洲大多数贸易大城都有类似情形，大陆内部的中心城市也一样，如蒙特斯图尔特·艾尔芬斯通在 1809 年造访白夏瓦②后，便难忘地写下该城缤纷的街景。[9]宗教宽容在亚洲城市中多是通则，而非少数例外，宗教被当成可以忍受的意识胜过欧洲。在 17 世纪 70 年代，也就是约翰·洛克写出《论宽容》（*Essay on Toleration*, 1689）（1689）之前，在土耳其的伊兹密尔（土耳其打来之前称士麦那）除了约十五座清真寺外，还有七座犹太教教堂、三座天主教教堂、三座希腊正教教堂及两座亚美尼亚教教堂，在英国、荷兰及热那亚领事馆中，各有一座小教堂。[10]贸易精神与宗教开放助长了老练世故，这是欧洲人做不到的。如亚历山大·汉密尔顿便认为这是马斯喀特（Muscat）③

---

① 古波斯人的后裔，在伊斯兰传入波斯之际离开其祖国，在孟买定居。—译者注
② 今巴基斯坦的城市。—译者注
③ 阿拉伯半岛上阿曼王国的首都。—译者注

阿拉伯人的特质，塞缪尔·特纳甚至在一名从未接触过西方人的不丹喇嘛身上见到这种老练。[11]

除了多元的文化性外，彼此相似的东方城市少有使他们和欧洲城市区分开的特征。18 世纪亚洲最大的城市——伊斯坦布尔、开罗、北京及江户（东京）——显然比欧洲的大城幅员辽阔，人口也更多。更值得注意的是，在大都会之下，还有许多大型城市，特别是在中国、日本及部分印度地区。勒孔德教士认为，中国有超过八十个像里昂或波尔多这种规模的城市，并在 1696 年即已描写到欧洲没有的现象：一个城市集中地区，即在长江下游处。[12]亚洲城市里的交通很少利用嘈杂的马车，铺有石头的街道很少见——部分也是出于同一原因。在大规模规划时代前的欧洲城市似乎是在任意发展，但许多亚洲城市已让人感到规划周密。北京尤其突出，其方正的布局成了其他多数中国城市的范本。杜赫德认为，见过其中之一，便认识了所有城市。[13]在暹罗的首都阿犹他亚，棋盘式的街道与运河十分醒目。[14]在理论上——但实际上并不一直如此——奥斯曼帝国的城市采用围绕着主要市集与大清真寺的同心圆来布局。在伊斯兰东方，建筑、庭园与艺术喷泉和谐一致，不时令人眼前一亮，让像大马士革、阿格拉或伊斯法罕（在其 1722 年被阿富汗人毁掉之前）等地区成了人间天堂。东方大部分的日常生活都在街上进行，不像欧洲，至少是阿尔卑斯山以北的欧洲。旅行人士不断见到并描写在作为社会空间的街道与广场上的群众，也包括在这空间中甚少抛头露面的女性。最后，关于东方城市中的良好"治安"，亦有不少评语。[15]

多数城市记述都是印象式的，但有时会有一份完整的地形与建筑记述出现，如夏尔丹的伊斯法罕及地理学家德利尔与平

314

格里根据耶稣会修士的报道所撰述的北京。[16]像泰沃诺或尼布尔这种对日常与民俗生活特别好奇的旅行家，便在巷弄及市场上观察到许多充满活力的场景。然而，只有少数在特定城市有长期居住经验的欧洲人才能窥见屋后的情况。特定城市社会的社会学分析因而罕见。更罕见的是根据白尼尔已提出的建议所做的研究：不能只观察城市本身，而且要连同其周遭环境。[17]塞缪尔·戈特利布·格梅林对阿斯特拉罕的记述便是其中典范。[18]

巴达维亚的殖民社会学

城市生活的社会学最早在易于接近的大型的欧洲人团体之处发展起来。巴达维亚尤其是这样一个例子。这个荷兰东印度公司亚洲帝国的首府由于其双面性格而让人感到有趣：一方面，这一热带地区试图模仿荷兰的城市风貌，因而如莱纳从游记中读到的一样，冒出"一个世界上最美的城市"。[19]而另一方面，如许多人所见，施行殖民统治的荷兰人的生活方式受到热带气候与爪哇环境的腐化。这名修道院院长又表示，巴达维亚的一万名欧洲人当中有四千人"堕落到无以复加的地步"。[20]来自家乡循规蹈矩的访客，如 1640 年至 1687 年间多次来到巴达维亚并深入描写该地社会的尼可拉斯·德·葛拉夫医生，对殖民者在此地的生活方式感到愤怒，他们奢华浪费，豢养情妇及由此而生出的许多欧亚混血儿童，接纳亚洲习俗，如荷兰妇女嚼槟榔、妇女的懒散无知与对奴隶过分残暴，将所有的劳力工作全数交给他们。[21]

德·葛拉夫的殖民社会学经典将早期旅行家的印象综合成一整体面貌。基本上，18 世纪的访客证实了这位医生所勾勒出来、远离欧洲典范的混血社会的印象。由于该城的奇异风貌，巴达维亚的社会关系似乎特别适合唤起一种社会志的需求。直接来自欧洲的人在此见到的不是印象中真实亚洲的奇特面貌，而是一个种族混合的阶级社会所造成的令人吃惊与意外的异化现象，并在荷兰后期巴洛克的舞台上出现。18世纪末，疟疾与荷兰东印度公司亚洲贸易的没落，严重削弱了欧洲人口的活力，以致在库克船长的眼中1770年的巴达维亚看起来像是污秽恶臭的狂热巢窟[22]，那里的白人全都是死气沉沉的样子。[23]1793年3月，前往中国途中停留于巴达维亚的马戛尔尼使节团成员，在早餐之际已见到大量的马德拉白葡萄酒、波特酒、波尔多红酒及荷兰啤酒，对一个宛如罗马后期一般堕落的殖民政权的生存意志感到怀疑。[24]乔治·伦纳德·斯当东爵士面对着这些现有政权完全依赖习惯、恫吓与殖民的臣民间的种族与政治分裂，背叛了文化与民族的人们，带着一种努力开疆拓土、传布文明的帝国强权的高傲蔑视态度，描述着这个彻底混血的阶级："他们脸孔是欧洲人的，但肤色、性格及生活方式更接近当地的爪哇人。"[25]

英国观察家对当地的中国人更有好感，尽管他们几乎没有法律权利，随时担心1740年的大屠杀再重演，却掌控着殖民地的经济生活与部分外贸关系。中国人勤奋、知足、节俭、重视家庭，具有原始资本主义的心态与道德观念，尽管他们爱吸食鸦片及赌博，却比施行殖民统治的荷兰市民阶级的放荡生活更合英国市民与贵族的胃口。

316

近距离的角度：阿勒颇的城市生活

18世纪亚洲受到殖民统治的大都会，就连加尔各答、孟买或马德拉斯，都无法像巴达维亚那样引起社会学的高度关注。不过，只有少数欧洲人能在殖民空间外充分观察到城市人口中不同团体的日常生活，勾勒出一个城市的社会面貌。[26]毕竟，他们缺少了今天城市历史研究所需的统计资料与社会学概念。[27]因此，亚历山大·罗素 1756 年出版的两册《阿勒颇自然史》（*Natural History of Aleppo*）便显得弥足珍贵。1753 年接替他在阿勒颇的英国公司医生职务的异母弟弟帕特里克·罗素（Patrick Russell），在 1794 年出版了增补甚多的第二版。[28]这个方案得到许多支持与关注。塞缪尔·约翰逊十分推崇第一版，约翰·格奥尔格·格梅林将其译成德文；尼布尔、班克斯及索兰德（Solander）支持帕特里克·罗素这位威廉·琼斯爵士、威廉·罗伯森及亚当·斯密的友人，修订亚历山大的作品。

　　罗素兄弟属于当时在亚洲问题方法论上相当谨慎的作家。1734 年至 1740 年，亚历山大深入奥斯曼帝国，之后从 1740 年至 1753 年住在阿勒颇，而帕特里克则从 1753 到 1771 年住在那里。他们丰富的经验绝未诱使他们概括论述奥斯曼帝国甚至整个东方。亚历山大反而在第一版前言中，强调作者的认知"只限于单一城市及其周遭地区"。[29]两位兄弟认可一些过去的旅行家，但发现早期大部分文献在描述某个地点，如伊斯坦布尔时有所欠缺，此外，这些文献既未彻底观察个别社会阶层与团体间的差异，也未顾及当时民族习惯的变化。认为东方静止不变的一般看法有碍中肯地去观察现实情况。[30]这种强调各种观察的时空及社会特点和关于东方的流行还原理论形成对比。

　　罗素兄弟观察到欧洲旅人的视野之有限及所带有的偏见。他们特别不相信大量经由叙利亚赶往圣地的基督教僧侣及朝圣客。他们很清楚，只因为他们的医生身份，他们才能见到许多不同环境，让他们能够将一份关于阿勒颇这个多次受到瘟疫袭击的城市的动植物及流行病情况论文——这是亚历山大原来的计划[31]——扩展成为一种广泛的社会全景图像。1753 年，在罗素估计 18 世纪约有 23.5 万名住民的城市中——今天的研究将该数字减半[32]——除了英国公司的 15 位工作人员外，只有 8 户英国家庭（1772 年只有 4 户），因而这位英国医生有充裕的时间照顾当地病患。[33] 这两位医生尤其能够进入许多内宅，这是其他外国人无法进入的地方。

这部作品一开始便相当仔细地描述这座城市：城中的街道及广场，建筑及花园，气候及来自邻近地区的粮食供应。读者可以好好周游在城市与乡间，能够想象出阿勒颇的面貌。紧接而来的社会图解章节，首先处理一般的居民（数量、语言、外貌、衣饰、社交生活），跟着深入观察个别的种族宗教团体：穆斯林、"法兰克人"、当地基督教徒及犹太人。罗素兄弟并未只着眼于风俗图像，尽管他们对这一点最感兴趣，同时也去了解经济背景，其中厚厚一章完全在谈土耳其人的市政府。关于阿勒颇的欧洲人部分，在精炼的记述上，类似从德·葛拉夫至桑伯格的巴达维亚殖民社会学的出色成就。至于有关当地环境的章节，在 18 世纪的亚洲文献中，可以说独一无二。只有无可比拟的夏尔丹能和他们匹敌，如果坎弗能多观察日本的话，也会取得类似的成就。直到 1817 年，斯坦福·莱佛士的爪哇记述与修道院院长杜波同一年关于印度的作品，在细节的细腻程度上，才能匹配。

就算罗素兄弟反感许多阿勒颇的怪异事物——胡子式样、淫秽的木偶剧及压迫农人等[34]——他们仍坚持客观，尽量不带

318

偏见。在他们的书中，几乎察觉不到视阿拉伯伊斯兰民众为"蛮人"的异化刻板印象。面对欧洲的批评家与喜爱笼统论事的人士，他们不断为东方开脱：公开蔑视非穆斯林并未阻碍宗教及良知上的相对自由以及尊重信奉基督教的欧洲人士。[35] 妇女困于闺阁只见于理论上，而非实际现象。[36] 阿勒颇的男子论及他们的女性时，就像欧洲习以为常的那样，十分合礼矜持。[37] 吸食鸦片的情况，绝不像人们以为的那样普遍。两位作者跟着继续展现他们典型分辨差异的能力：

> 吸食鸦片在君士坦丁堡比在阿勒颇来得普遍，好在这里至今认为吸食鸦片和喝酒一样有伤风化，只有少数人公开吸食，多半是些不在乎自己名声的人士。阿勒颇最易沉迷于鸦片的人多半和司法判决有关。或许这要怪罪于那种恶例。因为每年君士坦丁堡会派来一位新的判官，他或他属下在首都所沾染上的惯性行为很少不会受到认可。在这里，这种不法行径无伤大雅，几乎不会阻碍仕途。[38]

在阿勒颇吸食鸦片者绝不承认自己的行为，总会找出医药的理由。

书中也不断强调风俗会视情况适应叙利亚的具体状况。书中对公共浴池的描述和称颂便着重突出了这一点。[39] 对公浴生活的描述也让罗素兄弟能够表达出他们一直感兴趣的一点：私人与公共空间的界线。东方专制主义理论显然否定这种区分，认为专制君主的权力的确渗透到所有的生活范围中，因此在家庭与宫廷生活间，社会生活不可能开展开来。不过，现在所呈现的是，阿勒颇各阶层女性都会进入的公共浴池构成了一个女性群众的空间。1717 年，玛丽·沃特利·蒙塔古女士即已观察到[40]，现在则表达得更加清楚：

> 浴池几乎是女性公开聚集的唯一机会，让她们有机会 319
> 展示她们的珠宝首饰与美丽的衣服、和熟人见面，并交换
> 家中琐事。当时最受欢迎的浴池，最能吸引远道而来的女
> 子。她们看似不经意地坐在长沙发上，尽管之前并不认识，
> 也能很快地交心谈话。[41]

公共浴池是个小型社会，有自己的规则、象征、等级、分
工方式与禁忌。低阶层男性的公众空间是咖啡屋，社会精英的
则是他们住处的接待厅，他们可以互相拜访，讨论政治与社会
事件。内宅闺阁不只是保留给女性的私人领域，也是一家之主
的私人领域，主要功能并非如欧人所幻想的那样，是个放肆的
性爱场所，而是"一个神圣的避难之处，只处理急迫事务"。[42]
不像欧洲的市民社会，在这里，外界事务不在门口结束，而是
在内室结束。

《阿勒颇自然史》在勾勒当地情感的自然与社会史上也很
可观。不像在关于异族的文献中所出现的静态民族特质的假
设——如土耳其人、阿拉伯人、犹太人等——亚历山大与帕特
里克·罗素坚持一种在特定民族中也涉及不同宗教与个别社会
团体的文明过程。因而，奥斯曼的官员在正常状态下"文明有
礼"，根本不像人们不断读到和在欧洲舞台上见到的那样专横
粗鲁。他们和社会的下层人士打交道时显得随和，只有顶撞之
际才会令他们勃然大怒。在地位较高的人士面前，他们的行为
显得恭顺殷勤。专制主义肤浅的心理学以畏惧来解释这一点，

但罗素兄弟仿佛读过了诺博特·伊里亚斯（Norbert Elias）[1] 似的，知道这是一种情绪控制：

320 　　　　　他们有自己的感情，但掩饰起来。这是一种控制情感的习惯性能力，只要练习就能达到。因此程度不同，视个人在其生活经历上运用的机会而定。这些中年的奥斯曼官员，慢慢从默默无闻到位居要津，都深谙此道。[43]

这是宫廷人士的情绪表现，既出现在伊斯坦布尔的苏丹面前，也展露在其代理人——阿勒颇帕夏的宫廷中。商人或乡间的阿拉伯人行为完全不同。单纯市民的一般举止"故作严肃"，随时会大发脾气，准备开始骚动的样子。那什么是阿勒颇式的、奥斯曼式的，或东方式的？这里我们得到的答案也是社会学的，而非种族论的：基本上没太大差别，因为在不同的社会及文明中，宫廷的性格类型基本上和商业中的行为举止类似。[44] 例如，如果阿勒颇的穆斯林与"法兰克"商人不互相怀疑，弭除双方间的社会距离，那他们很快便能"更加中肯地为对方着想"。不过，这两位冷静的医生明白，这一点绝不会出现，主要是因为犹太人与当地基督教徒身为穆斯林的死敌（他们认为这并非没有理由），不断唆使欧洲人对抗他们。[45] 文化上的误解打乱了并非不可能的机能与阶级统合。

　　罗素兄弟驳斥了过于简单的东方专制主义老调，但基本上并不反对将自己的风俗观察扩展成为一种政治社会学。奥斯曼帝国的政治情况，主要特征在于一种层层叠叠的专制统治。苏丹之下，帕夏或总督有如绝对君主，其下还有阿加等统治阶层。

------

① 德国社会学家。—译者注

宫廷人物受到压制的奴仆性格类型再现于各个层面。在欧洲的君主制中，"宫廷之恶"集中在首都，而在奥斯曼帝国中，则表现在各个小型的行政单位上。由于18世纪奥斯曼上层的奢华欲求增加，贪污侵占事件——讲得更明确点，即向富有的臣民勒索保护费——也日益增加。[46]

至此，只是几个相当一般的说法。不过，后来关于阿勒颇政府的章节对这种画面做出修饰：帕夏并非完全不受控制；他们不得判人死刑、没收私人财产；而且百姓可以到伊斯坦布尔控告他们，且成功机会甚大。[47] 罗素兄弟并未任由欧洲的意识形态模式掌控他们的自由判断意志，也通过他们严格的经验论，避开了连沃尔尼这样的大人物都卷入其中的观察与高度推理的两难处境。例如像暴政与专制主义这种承载了长期西方意识史与过于东方化幻想的类别，包括的并不是社会权力的实际状态，而是显贵、奴隶主及其他地方领袖在国家体制外的地位。他们同时是民族的剥削者及代言人，居于棘手的中间位置，不仅可以自行图利，亦可有助于"一般福祉"。[48] 分析像现代政治学亦未基本掌握的"利益"与"结盟"等类别，促成了罗素兄弟放弃东方专制主义的幻想，比安奎特-杜培宏或穆拉甲·多桑的法律论述方式更加成功。就算伊斯兰奥斯曼法律的崇高原则经常受损，但权力所在的力量的真正抗力会促成：

> 尽管民族权益经常受损，但实际上依然比在一般认为人民不过只是专制政权奴隶的政府下所期待的情况，来得更加公正。[49]

最后，人民暴动一直具有修正作用。在苏丹眼中，省区爆发的饥荒暴动或抗税，必然导致帕夏颜面尽失。

444 / 亚洲的去魔化：18 世纪的欧洲与亚洲帝国

亚历山大及帕特里克·罗素以一种前所未有、绝未转成挖苦与冷漠的沉着态度观察叙利亚及——尽管他们聪明地避开整体情形——奥斯曼帝国中的社会关系。没人像他们那样成功地避开了将国家、社会、宗教、民族性与民族特质画上等号的错误做法。孟德斯鸠在理论上发展出来、接着被自己粗糙的专制概念所打消的大部分差异性，在《阿勒颇自然史》中保存下来。这个完全脱离单纯异化的"原始民族志"文本属于欧洲社会学未受适当认可的奠基文献。其中的个别结果是否被今日之东方研究所证实，就像托克维尔的美国分析是否"正确"一样并无关紧要。罗素兄弟的声音仍可跨越两百年，类似卡斯腾·尼布尔或玛丽·沃特利·蒙塔古女士写自君士坦丁堡十分印象式的信件[50]，因为它们保有人类的大度豁达。在最后一些批评奥斯曼上层人士的性格构成中的黑暗面时，罗素兄弟保证，他们最不想做的事，便是把土耳其人与阿拉伯人当成集体的刻板模式来宣传。在他们逗留阿勒颇的 30 年中，他们不断在各阶层人中遇见"无比诚实与正直的人"。[51]

奴隶

1720 年，穆罕默德·艾芬迪（Mehmed Efendi）以奥斯曼帝国大使身份前往法国，任务之一是交涉释放触犯国际法而被扣留在法国战舰上的奥斯曼奴隶。[52]这些人（其中 80 名最后被释放）过去在君士坦丁堡也是奴隶，被法国战舰捕获。几十年后，据说在意大利与其他欧洲国家仍有土耳其战俘被当成奴隶的情况。[53]1763 年，亚当·斯密不得不指出，一些矿工及盐场工人在苏格兰仍然过着奴隶般的生活。[54]启蒙运动时代，易北河和比利牛斯山间的欧洲并未完全免于奴隶制，即如 1771 年约翰·米拉所定义的法律上的绝对束缚[55]。但值得注意的是，放眼全世界几乎只有在西欧，奴隶制才并非重要人口的生活条件。同一时期欧洲人的泛大西洋奴隶贸易与美洲殖民地的奴隶经济却达到发展高峰，形成令人吃惊的对比。在加勒比海的蔗糖岛上，特别是英国与法国的蓄奴政权的残暴程度，只有罗马共和国后期的可以比拟。从孟德斯鸠到孔多塞等启蒙哲学家批评这些情况，却无法以自己的反对意见稍做改变。直到贵格会教徒发起的废奴运动才促成了人们改变意识，慢慢消极看待奴隶制，政治的解放过程也随之而来。第一个重要的里程碑便是英国国会 1807 年禁止非洲的奴隶贸易，1834 年，在大英帝国内释放了 78 万名奴隶。

在此背景下，能够一提的只有亚洲各处都可见到的奴隶制度未被视为亚洲社会中特别怪异与令人憎恶的这一点。引起人们悍然反对的有两种现象：一是在荷兰的巴达维亚城中，压制来自较远岛屿的印度尼西亚人——但绝无爪哇人——从亚洲角度来看，便是异常严苛的奴隶制度[56]；二是阿拉伯商人供应整个伊斯兰世界的所谓东方奴隶贸易，特别是来自埃塞俄比亚的"黑色阉人"[57]（像中国及交趾支那等国靠阉割自己的臣民，便能满足基本上集中在统治者宫廷中的需求）。

从吉尔吉斯草原到缅甸，从土耳其到日本，旅行家不断发觉类似奴隶制的依附关系，却从未在这里的任何一区——或许中亚一小部分地区例外——视其为影响深刻的社会经济体制。就连批评东方最猛烈的批评家都无法否认全世界只有欧洲人在推广蓄奴社会。整体来说，一般认为亚洲奴隶的待遇比欧洲殖民政权下的好。他们是家庭成员，往往会被视为需要小心照顾的威望物品。随着逐渐把欧洲人漂白的废奴运动

323

的成功，关于亚洲奴隶制残余形式的评价跟着转成负面也就不足为奇。[58]

逐渐简化的专制理论认为多数亚洲国家的臣民是奴隶，也就是国民的对立面，因而运用一种狭义的法律或社会学的奴隶概念，便可看清亚洲类似奴隶的关系根本无足轻重。克里斯朵夫·麦纳斯试着透过通史的论题来缓和这种矛盾，他认为专制主义愈加严苛，（狭义的）奴隶的待遇也就愈好，因为他们是专制君主用来镇压人民的理想工具。[59]像杜尔哥、亚当·斯密及约翰·米拉提出的“大型”奴隶制理论也难以和亚洲的例子产生关联，但他们想间接说明亚洲的社会关系。1766 年，杜尔哥便表示，在建构大型国家方面，奴隶耕种并不经济。[60]1763 年，亚当·斯密证明佃农制在经济上一直优于奴隶制，提醒绝对君主体制——他举莫卧儿王朝、波斯及土耳其为例——必须在结构上对抗农业奴隶制，以削弱以之获利的精英；统治的专制性格正好展现在对付人身私有制上。在蓄奴制的民主体制下，奴隶的遭遇最为恶劣。[61]苏格兰启蒙运动后期的学生约翰·克劳福德表示，完全发展的专制政体最好透过一种人身自由的小农体制来确保其稳定与税务需求。[62]对他而言，最显著的例子便是爪哇。

不管如何去解释，被许多人视为不折不扣的政治压迫地区的亚洲却不是一个人身压迫的大陆。就连国王强迫臣民义务劳动——在近代中国是无法想象的——的暹罗，都有这种差异，因而反驳了那些笨拙的专制理论者普遍奴隶制的说法。1691 年，据西蒙·德·拉·卢贝尔解释，暹罗的住民既非自由民，亦非奴隶：

> 暹罗国王的奴隶与其自由臣民的区别在于，他让奴隶

为其工作，保障了他们的生活所需，而其自由臣民每年要为其尽六个月的义务劳动，而未得到任何报酬。[63]

尽管像暹罗及缅甸等国有严苛的劳务，但亚洲根本没有类似加勒比海蔗糖岛屿或沙俄那种毫无法律保障与极端依附奴隶的政权。奴隶未在亚洲任何国家构成多数人口。

观察历史最为犀利的"哲学家"对另一种完全不同的现象感兴趣：奴隶掌握政治权力。埃及的马木留克佣兵便是最为显著的例子。[64]自9世纪起，在中亚草原游牧的土耳其部落受到奴役的成员被安插成为阿巴斯哈里发的贴身侍卫。他们逐渐扩张自己的权位，在1250年于埃及建立自己的国家，1516年至1517年由于奥斯曼的入侵而瓦解。18世纪早期，马木留克佣兵在政治上再度崛起。到了世纪中，埃及出现了一种类似新马留克佣兵的军事阶层，他们虽然名义上臣服于奥斯曼帝国，但实际上却是自治状态。欧洲观察家对这种几百年来不靠自然繁殖及贵族世袭，而靠不断补充来自格鲁吉亚、高加索及巴尔干的年轻基督徒奴隶而绵延下来的社会团体，深感着迷。[65]离乡背井的无根年轻奴隶，在一种不断篡位僭权的情况下统治：他们同样谋夺苏丹的合法权力及相应贵族的社会地位。在旅行之际仔细研究过他们的沃尔尼，称他们为"成为专制君主的奴隶民兵"，认为他们之间不断的斗争，实现了霍布斯式完全无政府的自然状态。[66]1805年，被尼罗河新独裁者穆罕默德·阿里消灭了的埃及马木留克佣兵政权仿佛黑暗中古时期的一个奇特残余，但也证明了暴政体制与全然无序状态的紧密依附。

325

掌权的博士

在欧洲人眼中，马木留克佣兵政权并不依循贵族世袭原则的特色，而是具有东方色彩。一名马木留克佣兵之子并未继承——在人们的理解下——其父的政治及社会地位，只是身为统治阶级的子嗣，衣食无忧而已。新进口的年轻奴隶男子在抵达埃及后，便被纳入伊斯兰团体内习武，不断晋升至高级职位。难道这不是再次证明，东方社会中完全没有稳定与开化的贵族要素，或只依赖像孔子与穆罕默德这样的宗教创始者的后裔？弗朗西斯·培根及尼可罗·马基雅维利便已视缺乏贵族为专制国家的一个主要特征。

当时若曾有过任何实地接触所造成的认知震撼能够令人用比较社会学的方式来回头检讨欧洲社会体制，那就是 17 世纪的一项认知：许多高度发达的亚洲文明即便没有欧洲视为理所当然的贵族阶层，照样可以"运作"得相当顺利。最明显的例子便是明清时期的中国。实际情况一目了然：除了一个在政治上无权、在 18 世纪逐渐无足轻重的满族贵族外，中国并没有贵族，而满族贵族是靠皇室封禄而非自己的财产生活。那里没有贵族王朝，没有封建制度，没有统治者的领主裁判权，没有封建劳务，没有大地主，除了皇权中心外，没有宫廷社会，没有骑士文化，没有等级代议机构。如果 1817 年一本英国青少年读物表示中国有九种贵族[67]则非空穴来风，因为文官等级事实上分成九等，扮演着欧洲社会贵族——或至少是法国旧王朝"穿袍贵族（noblesse du robe）"①——的角色。

---

① 是指法国大革命之前的世袭贵族，多半担任法官和行政官员等。"穿袍"意指他们不是靠战功起家的贵族。——编者注

一些让欧洲知道中国特有社会制度的耶稣会教士也看到了这一点。然而，耶稣会修士的报道削弱了发现一个没有贵族的高级文化给人的震撼，他们未像其他旅行家那样大惊小怪。耶稣会修士是后封建的成就精英，自信与地位来自他们的知识能力。中国的"文人"同样如此，可被当成资格相当的同侪来看。他们长年苦读，娴熟古文，跟着参加分成三级（地区性、省区、京城）竞争激烈的国家考试。通过第一级考试的人获得初步的身份资格，也就是一些欧洲评论家所谓的学士，可以晋升到拥有法律特权的"士绅"精英团体中。不过，只有通过中央的殿试，取得"博士文凭"，才有资格——但仍非必然保证——担任全国地区行政与中央朝廷少数的官僚职务。这些职务和"士绅"头衔一样不能世袭。每一代都必须重新接受国家举办的大规模科举考试的考验。[68]

欧洲没有相类似的情况，但让人想起教会内与升迁机会[69]相关的社会关系。这已在中国传教活动先锋利玛窦（1615）及1613年至1637年游历过中国大部分地区的葡萄牙教士阿瓦罗·赛门多（1642）精彩具体的方志中清楚描述过了。[70]赛门多坚持把中国官员这个社会成就精英阶层视为"贵族"，一种知识及艺文的贵族。[71]1679年，一位匿名的德国作家指出："他们（中国人）以个人，而非血统来认定贵族。"[72]1585年，门多萨（Mendoza）已在近代关于中国的一本重要书籍中发现，西方没有相应的对照物可以完全涵盖中国这个特点：对中国人而言，中国官员就像贵族，尽管我们宁可把他们当成博士。[73]两个在欧洲分开的社会特征，在明代的中国重叠在一起。

把官员视为中国"贵族"的人，是出于教育读者的动机，让其读者进一步认识异国，或真的视中国社会为一般通用标准形式的一种变种，也就是难以想象一个没有贵族的社会制度。这类想法在 18 世纪变得越来越少。愈来愈多的作者看重中国社会这种独特之处。找寻理想公社的人便会特别欣赏社会上层和国家顶级骨干合一的现象。不同于欧洲，属于古老等级的土地贵族及在欧洲近代国家扩张之际兴起的新的城市职能精英之间并无差异。换句话说，中国没有来自国家以外的地位与权力的世袭财产。这个体系相当完美，几何比例令人满意：尤其在废除类似明末宦官专权的非理性干扰现象后，便完全由考试机制及皇帝意志这两极来决定。

17 世纪的观察家对通过博学与终身学习便可以在中国换取社会成就这个观念的印象特别深刻。不过，只有天真的狂热人士才会相信无私的求知欲助长了这种学习的热情。社会制度如此架构，导致学习成了唯一的晋升机会。"由于中国人的命运，"1696 年勒孔德写道，"完全由其能力决定，故而终身致力于学习。"[74] 18 世纪，人们迷恋着一种负责、清廉及为民谋福的理想国家行政机构，吸引了像尤斯蒂及魁奈这样的作家，他们和多数的同时代人一样，信息主要来自杜赫德。[75] 若批评中国在这些"崇汉"的文献中被理想化或许有其道理，但未触及核心。一方面，18 世纪前半叶的中国官僚体系或许真是世界上运作最为完美的；理想化因此绝非毫无理由的重估，而是现实的延长。另一方面，1735 年杜赫德的概述和在 1749 年普雷沃斯特的游记汇编第八册广为普及的中国报道令欧洲对政治体系成就而非合法性更感兴趣的理论家［如法国的重农学派及德国的公安学者（Polizeywissenschaftler）与政治学者］能首度精确掌握行政管理与统治艺术（今天政治学意义上的统治）的问题。中国似乎展现出一个组织良好的父权国家的能力，且儒家的国家伦理（17世纪80年代起，可以读到其重要文献的译本）替欧洲古老的君主为其臣民良善牧者的理念提供了一种意想不到的额外助力。

在中国缺少贵族这一点不再具有争议后，便完全视个别欧洲评论家对欧洲贵族的态度，来决定是否要对这种欠缺表示遗憾。以埃德蒙·伯克的角度来论述的人士，视大地主为文明进步的标志及稳定与社会和谐的必要保证。[76]相反，詹姆斯·密尔与杰里米·边沁等功利主义的其他代表人士，视贵族为一寄生阶级，将缺少贵族当成现代化的一种优势。在这种背景下，可以看到将权力和身份从世袭财产中分开，并结合知识与博学是否合理的一般性问题。[77]这个答案逐渐变得肯定。

不过，与此同时关于中国官员逐步腐败的报道（并非无的放矢）日益增加。[78]只要全欧洲一直密切观察印度总督沃伦·黑斯廷斯接受审判一事，英国在印度贪污腐败的问题便成为议题，抨击中国的状况因而显得虚伪。[79]但在18世纪90年代，康沃利斯勋爵肃清并重建英国的殖民行政体系后，早已背叛其理念的中国文官政权似乎便要面对亚洲一个新而优越的理性国家组织，其推动力量是苏格兰、英格兰及爱尔兰土地贵族的贫穷年轻子嗣。这个在贵族领导下组织合理、运作公正的行政体系成了衰弱文人无理、腐败及无能的行政体系的对照。原则上，中国官僚体系的理念几乎未受批评，亦未被视为毫无价值的异国对象，而是这个体系自身在事实上的退化。

"文人"这个教育贵族式的精英阶层，乃是中国社会组织中最醒目的特征。不过，社会的其他部分呢？《通史》一书在中国发现三个阶级：官员、文人及平民。[80]在这里，可以清楚看出官员与其广大的招募基础（"文人"）的差异，或许还被

329

稍微夸大了些。不过，和"平民"有何关系？1735 年 9 月，教父帕瑞宁写自北京的一封长信中，清楚说明平民并未像一些观察家对印度的了解那样，被切割成封闭的种姓。[81]可惜这封信到的太晚，无法赋予杜赫德同年出版的关于中国的百科全书更多社会学的实质内容。帕瑞宁要大家注意，不该把像"种姓"或"部落"这种类别未加斟酌地从一个亚洲国家转移到另一个，却强调比较的认知价值。正是和欧洲比较后显示，除了官员外，中国社会和欧洲社会一样，分成了商人、农人、工匠及离群索居、遭到排斥与声名不佳者所构成的下层阶级[82]，几乎没有职业世袭的现象。中国人子承父业并无法律及风俗上的压力，其中少数亦是出于自愿。积聚些许财富的工人或工匠便试图从商，之后还将自己在商贸中取得的财富拿出来让儿子准备国家考试。[83]在东南亚、澳门或广东便可观察到中国人是勤奋的商人。在中国可以自由从事贸易，整体而言，经济不会受到怠惰及不事生产的贵族拖累。[84]

植物学家皮埃尔·普瓦沃是 18 世纪少数对中国农业现状感兴趣的旅行家。在 1763 年及 1764 年于里昂发表的报告中，他便对中国的效率及现代性甚为推崇。中国与某种程度上的交趾支那，可以说能够充分照顾不断增加的人口，并且对欧洲来说，许多地方可以当作成功农业社会的典范。国家支持农业。中国没有奴隶（不像暹罗、马来亚及欧洲殖民地）与专制的土地独占，只有在稳定的私有财产基础上的自由劳动。游手好闲普受轻视；女性在生产上有重要贡献，不会被锁在深闺；税赋额度轻微、固定；社会晋升几乎不受血统与他人特权的阻碍；不像欧洲那样让宝贵的土地成为贵族的狩猎保留地及非经济活动所用的马场。[85]普瓦沃显然认同魁奈的理想中国，他是其重农学派的信徒。然而，他分析的倾向并非不合情理。他只是夸张描述一个社会的面貌，特征在于没有封建的农业关系、具有高度垂直的社会流动与相当普及的工作伦理：中国是亚洲市民的劳务社会的乌托邦。歌德有自己的类似看法，他在1827年1月31日读完一本不久前约瑟夫-皮埃尔·阿贝-雷慕沙翻译的中国小说后，对艾克曼表示，我们熟悉并很能理解其中角色的作为与感情："他们的一切明白易懂、寻常普通，没有夸大的激情与诗意，和我的《赫尔曼与多萝西娅》及理察森（Richarson）的英国小说十分类似。"[86]

种姓制度：宗教束缚或社会乌托邦？

对其他亚洲国家有无贵族以及对其抱持何种看法的话题，亦被人们激烈讨论。然而结果从未确凿清楚，几个实际的例子便能说明这一点。东京（北越）的体系似乎最为接近中国，至少在世袭的武官类似贵族方面。1807年，当地的社会分成壁垒森严的官员与受统治的百姓。[87]在缅甸，贵族自治可在专制体系中运作。[88]暹罗一般被视为波斯以外最为专制的亚洲国家，没有考试制度及官僚体系这种社会形塑机制。如一名出色的该地专家所见，由于同时缺乏贵族阶级，以致运气与君主脸色这样不稳定的力量可以决定社会地位的升降："富人在当地被尊为显贵，财富的数量与君主的宠幸程度甚具意义。"[89]波斯没有贵族，只有暴发的显贵这个事实，导致夏尔丹无上的权威不断被中伤。弗莱尔认为当地的社会地位晋升只能依靠奇迹，而非成就。[90]在印度尼西亚，虽然按照专制主义的理论见不到贵族阶级，但克劳福德仍然加以描述。[91]

奥斯曼帝国中的贵族问题得到深入辩论。大家一致认为当

331

地没有世袭贵族，哈默-普格斯塔也只承认一种功勋贵族。[92]研究关于奥斯曼帝国的社会学文献便揭露出一种被大量专制体制问题所掩盖的认知。就连深信专制无所不在的人也不得不承认，奥斯曼帝国中有相对的高度垂直流动。皇帝使节布斯贝克，奥斯曼黄金时代最具影响力的欧洲权威，已在 16 世纪中期勾勒出一个功绩社会的图像，有能者可以晋升高位。[93]这种分析不断被证实。奥斯曼帝国有个竞争流动的社会，"品行端正的市民"享有良好声誉。[94]商人及许多类似希腊人、犹太人与亚美尼亚人的少数民族成员，拥有易于致富的机会。吉本和他人赞扬土耳其禁卫部队，至少在其发展全盛时期，视之为一种后封建的功绩部队。[95]尽管组织完全不同于中国，奥斯曼帝国依然展现出类似精英阶层流动的特质，两个体系和欧洲大部分严格的社会等级截然不同。

不过，在亚洲也可找到其他的极端体制：一个阶层森严的社会，人类生来就有终生相随的社会地位。许多欧洲人在中国及奥斯曼帝国所注意到的垂直社会流动在这里并不存在。至少在印度教的印度社会看起来正是如此，印度虽有广大地区被并入伊斯兰征服者的社会，但那两个社会仍然泾渭分明。

在 17 世纪，从等级社会的欧洲来看，中国与奥斯曼帝国的流动及开放的社会关系，令人吃惊与陌生。18 世纪，当欧洲重要国家的社会结构开始松动时，印度种姓制度的森严阶层反而
332 愈显怪异，也逐渐近乎不雅。欧洲世界观的架构要素更加强了这种对比，而印度的例子最为明显。

早期欧洲人描述与理解非欧洲文明社会实际状况的尝试，直到孟德斯鸠及苏格兰与哥廷根的启蒙人士之前，都是运用原已在欧洲中的概念：等级、身份、贵族、农人等。以中国的例

子来说，这类概念虽然过度将国外的实际状况拿来配合当地的情形，但至少自耶稣会首批报道出现后，谨慎的观察家便能相当出色地运用修正过的欧洲概念来判定非欧洲社会的特殊之处。此外，在完全指涉亚洲社会关系、无涉欧洲实际状况、源自欧洲的概念的次级语意学范畴中，出现了类似"官员"这种概念，许多认识来自近代欧洲最早的亚洲观察家——葡萄牙人。

其中一种便是"种姓"。这个字眼首先广泛随意地用来指称许多亚洲社会的可能存在的人类集体。直到 18 世纪，与世隔绝和内在的同质性，甚至生物学上的纯正等含义，特别且更加精确地凸显出来。不过，这仍不意味着把种姓制度完全视为印度的特有之物。直到马克斯·韦伯与他之后的学者，"种姓制度"被定义成一种无涉文化的社会学类别，类似"阶级"这个概念的特例。正如 1812 年孔拉德·马尔特-布伦所言，种姓"是个完全属于一种特定职业的世袭阶级"。[96]他认为这种现象是近代亚洲所独有的，但不只在印度，也可在波斯、阿拉伯及埃及见到。1835 年，相当懂得建构概念的历史地理学家弗里德里克·德·鲁杰蒙定义道："如果出身血统彻底决定了个体的生活方式与社会身份，那这样一个阶级便是种姓。"[97]这类种姓基本上出现在完全不同的社会类型中。

在德·鲁杰蒙那个时代已经盛行一种观点：首先，"种姓"是典型的印度产物；其次，这个现象与当地的宗教紧密结合。外界从此以"印度教"这个集合名词来涵盖当地宗教，但此称呼并不符合当地人的整体观念。[98]这种将印度社会"异国化"，亦可说是"人类学化"的做法，在 18 世纪逐渐完成。

333

第一份根据长年亲身观察、描述印度一个地区社会的文献，出自巴塞洛缪·齐根巴格。这位德国哈勒城虔信派的传教士由

1706 年至 1719 年去世止（享年 36 岁），活跃于丹麦的小殖民地德伦格巴尔（马德拉斯以南）。[99]齐根巴格学习当地的泰米尔语，能说会读。和当地人密切接触之际，他进行着社会与文化研究，密切观察当地社会。他寄回欧洲的报道只有少数在当时出版。哈勒传教中心的编辑不希望齐根巴格对印度人及其社会与宗教生活的深度同情未经过滤便流通到读者手中。1711 年，齐根巴格以手稿形式寄回哈勒的作品《马拉巴异教徒》直到 1926 年才付梓。他对泰米尔人生活与想法的其他面向的兴趣，甚于他们的社会组织。不过，从他简短的评注中还是可以汲取类似西南印度社会学的东西。[100]齐根巴格发现他所研究的社会主要分成许多职业团体。他对"所有团体在公共政治事件上平等参与的机会"[101]深感着迷，并较为强调泰米尔社会的开放与弹性，而非其阶层森严、束缚个体的强制体系。他甚少提到"种姓"，更未谈到"种姓体系"。齐根巴格的（南）印度因而是种"开放"社会，和同时期描述到的中国或奥斯曼社会制度没有根本上的差别，也未比行会结社的封闭欧洲更加现代。[102]

印度这样一个裹在种姓世界的理想类型的单纯画面，源自作者们缺乏巴塞洛缪·齐根巴格那种长期经验与语言能力兼备的报道文学基础。孟德斯鸠在一个关于印度的短评中，赋予这个画面强烈的特征：不同于欧洲，印度的宗教深深烙印在社会制度中。这导致个别的种姓相互之间感受到一种恐惧的荣誉[孟德斯鸠玩着法文"荣誉"（honneur）及"恐惧"（horreur）的文字游戏]。如此一来，其他社会中自然的等级制度便跟着失去作用：有的印度人如果不得不和他们的国王一起用膳，出于其种姓的理由，会觉得丢脸。在欧洲，上层人士自然得负起照顾穷人的家长式义务，在这里则见不到。[103]像多数人一样，

334

伏尔泰更加谨慎，强调难以概括论述非伊斯兰的印度：这个次大陆"有 20 种风俗与宗教各异的不同民族"。[104]在随后的几十年间，人们来回摆荡在这两种看法之间：伏尔泰主张区域文化的差异，是"完全不同"的欧洲在印度所不想见到的，而孟德斯鸠积极主张统而论之，认为一个包含这个次大陆最为独特的种姓制度的同质印度文明的存在为其关键。[105]

关于印度非伊斯兰多数人口的生活信息分散在大量的欧洲报道文献中。在 18 世纪，并无类似夏尔丹的波斯、杜赫德的中国、拉·卢贝尔的暹罗，或白尼尔这位较无体系、偏爱叙述的作者笔下的伊斯兰莫卧儿这类综观印度的大作出版。被尘封的不只清教徒齐根巴格的重要印度手稿，还有耶稣会修士贾斯同-洛宏·库杜后来在 1817 年被修道院院长杜波剽窃利用的《印度的风俗习惯》（*Moeurs et coutumes des Indiens*，1777）。至于耶稣会修士寄自印度的《耶稣会士书简集》，由于缺乏简明的摘要，只能个别研究，并补充上荷兰、英国及法国的资料。[106]这样欧洲学者才能取得差强人意的印度社会图像。在耶稣会修士的信简及游记中会描述或至少提到许多让 20 世纪人种学及社会学发端的印度种姓。[107]

不过，企图清晰勾勒出印度社会图像的人对分成四大种姓或等级的做法往往已觉足够：婆罗门、武士、商人及仆役/工匠/工人。修道院院长莱纳在自己的印度速写中描述了这样一种四个种姓的社会，十分清楚易记。他告诉众多的读者，种姓源远流长，亘古以来没有改变，并证明了印度高等文化无与伦比的早熟，但对"社会的自然进化"而言，却是最为可能的障碍。[108]莱纳也往往称种姓（对种姓而言，并非完全错误）为"阶级"，强调宗教所决定的全然封闭的社会等级，但也指出规

335

避这种体制的可能性：暂时的朝圣之旅及托钵僧不断被纳入"僧侣"之中的情况。[109]

莱纳这位既激进又如其评价一般捉摸不定的启蒙分子，在1770 年批评种姓制度时，显得相当节制，视其为一种夸大的等级社会。几年后，经济学家亚当·斯密及自然研究者与旅行家皮埃尔·索纳拉特的评价更加尖锐。斯密认为种姓制度是印度经济发展中一个重要的（但绝非关键性的）阻碍因素，这个强制机构扭曲了自然的资本所得与劳动力的合理市场价格。[110]而索纳拉特似乎在其印度之旅中所见不多，却将种姓制度评为一种集体非理性的展现，并非法掩饰住人类天生平等的事实。[111]莱纳的信徒与摩西·门德尔松（Moses Mendelssohn）的友人奥古斯特·黑宁斯（August Hennings），将经济与哲学这两种异议出色地结合起来。这名丹麦官员可以接触未出版或只以丹麦文出版的在德伦格巴尔的丹麦文-哈勒文传教报告。黑宁斯大力赞扬印度人特别是泰米尔人在科学、艺术及手工技艺上的天赋。虽然他们在实现自己的价值，却变得愈来愈不完美，这完全是人类自身的原因导致的，而非人类学上的。在黑宁斯眼中，种姓制度并非永恒的宗教体制，而是历史进化中阶级统治所形成的工具，它切分社会，经由伊斯兰及后来欧洲征服者在印度大部分地区所强化的专制政体，更进一步促成个体间的孤立分裂，结果虚化了精神与灵魂，瘫痪了社会生产力。"野蛮的统治"要为此负上全部责任：

> 不鼓励合群，反而完全切断社会关系，不唤醒集体的思索，反而孤立或分化人类。因而 30 个印度人无法完成10 个欧洲人便能完成的事，他们几乎没有工具、机器与类似的东西，品味与创意完全停摆。[112]

因此，黑宁斯并未——像他因反殖民主义态度而受推崇的模范莱纳那样——视种姓制度为印度文明不可动摇的传统本质要素，注定不断僵化，而是将其视为一种社会中病态的畸形现象，必须透过改革甚至革命来清除。1792 年，英国东印度公司的高级官员查尔斯·格兰特经由基督教的平等原则——而非自然法的——得出类似的结论：种姓制度是种极端奴役的工具。[113]

尽管有这些评价，令人讶异的是，在启蒙运动时代依然可以发现许多捍卫印度种姓制度的人士。这是指，埃德蒙·伯克佩服那种构成认同种姓从属的强度。[114]修道院院长佩林，一名杰出的当地专家，视之为一种优点，认为不但根本没有麻痹灵魂（如黑宁斯所认为的那样），各个种姓，包括最不起眼的种姓，反而能让成员为自己的团体、传统和年龄感到骄傲。[115]库杜教士称赞种姓制度透过法律、风俗与纪律，在成员身上所施展的成功的社会控制；因而，印度人透过一种内在的自律，而未不断回归到野蛮状态。种姓制度也因此缓和了专制政体的影响，因为国家并无借口干涉一个可以自我调节的社会生活。[116]最后，高等的婆罗门种姓宛如一种印度的贵族，不同于法国贵族，他们透过严格的族内通婚戒律，避免了不幸的婚配及世俗化。[117]

库杜接着在一般的思索中触及了自己保守的社会解释含义：血缘关系只结合了家庭成员，却不足以"制造出市民社会所需的互助与支持"。[118]因此，人类必须在更大的群体中联合，才能发展与捍卫共同的利益。人类间的关系必须牢不可破。"印度的古代立法者"成功为此树立典范。1777 年，库杜与其编辑戴斯沃克斯在巩固的种姓制度中，并未发觉任何印度的落后征

336

候，反而见证了一个良好的制度。[119]种姓制度促成"市民"生活中不可或缺的休戚与共。这种解释正好和黑宁斯的对立起来。种姓制度似乎成为抵制社会分化的最佳保证。最后，赫德与修道院院长杜波还增补上个别种姓之间弥漫着绝对宽容的精神的看法。每个种姓的成员可以根据自己特有的面向，在生活方式、风俗习惯与宗教上获得幸福。[120]

337

褒奖种姓制度并不特别有趣，只不过是保守的法国教士的情绪抒发。不过，启蒙运动时代最受敬重的一位史学家威廉·罗伯森在 1791 年他后期的印度作品中，得出了类似的结论。罗伯森采取可以预见的启蒙论述，表示种姓体制的确在人类间竖起"人为的限制"，借此规定了"人类精神的自然活动"。[121]在这种体制中，天才难以出头，但社会的主要目的，并不是鼓励天才。透过种姓划分，一般人获得合理的分工，其能力固定在他们能够全力施展的特殊职业上。这样便能解释印度出色完美的手工技艺以及供给当地消费与出口的丰富商品。[122]

然而，对种姓制度给予褒奖的罗伯森和库杜这样的作者仍有基本的差异：法国耶稣会修士认为种姓制度是种普遍的典范；而那位苏格兰史学家则认定种姓制度只适合前工业时期的印度，生活在完全不同社会制度下的欧洲人对此感到十分憎恶是可以理解的。

19 世纪初期，这种相对论几乎难以令人接受。1784 年，在威廉·琼斯爵士的加尔各答亚洲协会的博学成员所推动的印度新研究基础上[123]，两位完全不同的哲学批评家同样严词谴责种姓制度，影响久远。在詹姆斯·密尔的《英属印度史》（1817）中，其第一册主要是系统研究印度文明，种姓制度简直是个面目可憎的东西："那个制度比其他自私及变化无常的制度，更能成功地压制人性的福祉。"[124] 捍卫种姓制度者，一般视印度的伊斯兰征服者为蛮族，面对"印度教"社会的抵抗束手无策，而詹姆斯·密尔这位并非穆斯林的特别友人的人，反而认为穆斯林拥有较高的文明：尽管有不可分割的专制体制，但缺乏种姓限制与欧洲式的血统贵族让伊斯兰体系有机会透过成就来晋升。因而，完全可以明白他不满英国的那些尝试——特别是 1793 年的永久让渡法案——在种姓制度外，设立类似一种以新土地贵族为主的阶级结构。[125]

338

密尔任意将婆罗门笼统解释成"教士"，以使其能反对启蒙运动时代所有的教士的欺诈修辞。历史上，只有在印度，教士才能取得控制大多数人口的思想与行动的力量，并保有这个时代误置的力量直到当代。[126] 对密尔而言，种姓制度是在其他许多标记外，另一个古代社会制度抗拒进步的标记。对于浪漫主义认为印度贤明的婆罗门"立法者"在人类早期规划出一种完美的制度而后来退化的这种看法，詹姆斯·密尔这位当代导向的改革者与敌视古代的人士并不感兴趣。

在密尔的书出版不久后，黑格尔便十分详细地讨论到种姓的现象。在那类批评前，他致力于在广泛与最新的资料基础上做出客观的描述；因而，他不只知道密尔的《英属印度史》，也知道像修道院院长杜波及印度学家亨利·托马斯·科尔布鲁克的最新作品。[127] 尽管兴趣与前提完全不同，黑格尔最后还是得出类似詹姆斯·密尔的结论。当大家提到，在中国无限的皇帝意志前所有臣民一律平等时，印度的世界则建立在一种天生的基本不平等上。在种姓划分这种无可动摇的基础上，人对人"仿佛自然事物"，[128] 社会变得不可捉摸与不可改造。黑格尔不是从自然法的或基督教的平等观来反驳种姓制度。类似亚当·

斯密与奥古斯特·黑宁斯认为种姓制度阻碍了经济发展的看法他也不太在乎。首先，他反感的是由个体天生注定归属于一个无法自由选择离开的团体来进行"自然的"而非出自"风俗的"社会化。[129] 全部的生活由规定主导，无人敢以理性去质疑："对印度人而言，需求是最无意义的。出于自我自由意志的一切，全被印度体制隔离开来。"[130] 在这类情况下，人的主体自由与个体良知无法产生。其次，黑格尔惦念着（英国殖民之前的）印度那一种跨越个别生活共同体的法律体制。[131] 对他而言，中国是一种松动、没有结构的文明，在皇帝的意志与一些相当一般的道德原则中虚耗殆尽；印度则是一种存在差异性、拥有独特的超结构、绝对化的文明，而这清楚地表现在严格的社会等级制度上。

339

整体来说，近代第一批造访印度的人便已注意到种姓制度，它成了旅游文献中的一个标准题材，并在一些作者处——尤其是齐根巴格与库杜处——成了社会学或民族志的研究客体。种姓制度起先是众多印度社会景观中的一个要素，但在 18 世纪后半叶，逐渐成为西方印度图像的焦点。莫卧儿王朝与其社会团体的没落导致印度更加"印度教化"。印度教印度的社会学核心似乎便是种姓这个世界独一无二的现象，在 19 世纪早期欧洲人的认知中，更简化成为种姓体系。

种姓制度的评价经过多个阶段。对像齐根巴格这样的传教士而言，只有当种姓制度似乎阻碍了他们的传教努力时，才会令人起疑。随着 1748 年孟德斯鸠的短评，新的批评阵线展开，在身份、传统与精神分立导致的个体束缚与人类天生不平等的基本假设中，人们发现了一种社会生活自由组织所有可能的反命题中最粗暴的一种。直到世纪交替之际，认为种姓制度可以取得正面的体制价值的声音大了起来。类似的观点，后来仍可在浪漫主义的小范围等级关系的理想意念中找到，但无法撼动黑格尔及哲学上显得粗糙但在英国殖民与学术环境中颇具影响力的詹姆斯·密尔的评断。种姓体系成了新世界史中印度反常的特殊途径的标志。[132]

修道院院长杜波应可对此盖棺论定。他从库杜教士处抄袭有关婆罗门的章节，这行径无法令人谅解。不过，我们不该忘记，1825 年出版的《印度人的风俗、制度与仪式》（*Moeurs, institutions et cérémonies des peoples de l'Inde*）还包含许多材料，似乎是这位修道院院长亲身的观察，其中包括《论印度的悲惨状况》一章。[133]杜波在此完全脱离主导他作品的种姓观点。他以在当时亚洲文献中显得独特的精准笔调描写印度的贫穷与悲惨。他表示，许多欧洲人赞叹印度出口的精致布料与手工物品，但他们并不知道，大多数东西都是在残破的土屋中制造出来的。杜波从这些观察中发展出一种涵盖八个收入阶级的阶层模式，并十分清楚地分别将经济与生活方式纳入其中。他从赤贫阶级开始记录，赤贫阶级的财产价值不超过 120 法郎。据他估计，他们约占印度半数人口，从事粗重的农业劳动。种姓体制以外的贱民及几乎所有种姓制度内的人与游牧民族都属于这个阶级。横贯种姓体制的社会金字塔顶端，则包括富有的城市商人及长年在政府机关任职、可以累积大量财富的男性。杜波这一摒弃异国色调、看来十分现代的当代印度社会学，正好散落在一本详细描述种姓运作、让人感到印度是个陌生世界的书中。

340

封建制度

欧洲观察家对亚洲社会状况的论断不只受制于观察的情况

及认知的视野，自然也受限于制式的观念。一位保守的天主教教士，类似于库杜，认为完美的社会只能是等级与阶层安排合理的社会，他能比一位哲学观点激进的平等主义自由派人士，类似詹姆斯·密尔这个基本上视社会地位与政治权利的世袭为非法并因此与英国贵族的特权搏斗的人，更能从种姓制度中找到正面之处。关于亚洲封建制度亦有类似的对立反应。这一端，像埃德蒙·伯克这样的社会浪漫主义者，推崇印度大公，在他看来，他们就像英国上层贵族，是稳固的基石。另一端，像皮埃尔·普瓦沃这位早期市民社会的经济理论家，认为马来亚古老寄生贵族的好战精神为该地经济落后的主因，并以毫不封建的中国的典范体制来加以对比。[134]

341

　　起先，在近代早期，“封建”概念只局限在贵族的采邑制度。1748 年，孟德斯鸠将之扩及领主体制，视之为地方领主对人身自由受限的臣民的一种管辖。伏尔泰则提及一种封建体制，特征在于国家权力被无数小型暴君瓜分。这种“无政府状态”遍及整个欧洲；在某些国家，如法国及英国，则被强大的君主政体或一种混合的宪法取代，但在德国仍一直存在至今。[135]基本上，孟德斯鸠视封建制度为欧洲所特有，正如他视其对立体制——专制政体为亚洲的特产一样。伏尔泰则认为亦可在亚洲见到这种现象。如此一来，他踏出了“通史类型概念的第一步”。[136]

　　旅行者通过相对而言虚弱的中央政府无法压制住或置身在没有统治者的封建共和中的强大贵族[137]以及一种烙印在整个社会或至少其上层阶级中的尚武“骑士精神”来辨识封建状态。这类关系不只在马来亚人处见到，在阿富汗人、锡兰人、锡克族、马拉特人、库尔德族、切尔克斯人、克里米亚鞑鞑人处见到，甚至在塔希提岛，都可发现。[138]17世纪早期的欧洲观察家不断对像中国与越南这样的专制官僚非封建骑士的国家感到吃惊，但1800年左右，东方封建制度反过来成了中古的奇特残余或欧洲边陲地带不断固守下来的古代回忆。詹姆斯·巴伊·弗雷泽在他仔细研究的尼泊尔，想起了他的苏格兰故乡：

> 　那种在封建体制全盛期主宰着苏格兰高地的状态，地主宛如君主，只因野心或贪婪作祟，便袭击邻人。[139]

正如苏格兰人，印度的马拉特人与其分散的指挥结构最后也败于组织严谨的英国军队。当代的观察家视马拉特人为"一种军事共和，由各自独立的领袖组成"[140]，和中古欧洲或近代的神圣罗马帝国类似。当黑格尔1822~1823年描述到"不列颠治下的和平"建立之前印度古代松动的"封建状态"时，总结了这个画面：一个争执不睦的武士种姓与依附其上的"好战分子"，不断和公侯及其臣民流血搏斗。[141]

在这类态度中，封建制度被当成一种全球性的社会形式。总爱发表大胆言论的约翰·理查森甚至认为封建制度源自亚洲，后来才被引进欧洲。[142]在个别情况中，有些分类尚无定论。印度的公侯，尤其是在莫卧儿"专制"优势瓦解后，是否如伏尔泰所言（印度被"30位暴君"统治）及詹姆斯·密尔所否认的那样，是种"封建"精英？[143]后来在19世纪，当这个问题基本上不再提出之际，英国的殖民领主却抱持着浪漫的幻想，认为在他们统治下遗留下来的印度公侯是种封建贵族。[144]

不过，有个国家的封建体系却能存活至今：日本。杰出的日本专家弗朗索瓦·卡龙在17世纪60年代即已描写到一种体制，虽然有个有效的权力中心（江户的幕府），但其下却有一个自治诸侯的阶层（大名），他们周围又有附庸。[145]幕府绝非全能，受制于法律，不能任意处理诸侯的财产，只能部分管辖他们的领地。他也不像中国皇帝，有中央官僚体系辅助。在孟德斯鸠处及依其权威而来的专制理论，如修道院院长莱纳的理论，日本成了专制关系的另一个例子。长期以来，安格贝特·坎弗几乎是关于日本问题的唯一的重要权威，但并未像自己描述伊朗那样，彻底描述日本的政治体制。因此，可能会出现对这种专制的误解；我们可以以此方式来解释坎弗的材料。

　　1769 年，路易·卡斯蒂永这位独立人士已指出，日本地方诸侯与贵族的重要角色完全不属于专制体制的特征。他的说法相当令人讶异，完全和当代的倾向背道而驰：几乎从地中海到中国海的整个亚洲都受到专制的奴役，日本虽然没有欧洲的科学与风俗习惯，却有我们的法律与自由。[146]卡斯蒂永表示，日本有世袭贵族，有武士道精神。雄心与荣誉——不同于孟德斯鸠的专制政体[147]——驱动着人类。简而言之，日本人是亚洲的英国人。[148]亚洲国家只有日本的制度与民族特质是近似欧洲人的。日本武士的形象在其没落后风靡了欧洲，19 世纪对佩剑武士的兴趣更加高涨。不过，在 18 世纪已可看出，日本这个国家在某些方面比其他亚洲文明更接近欧洲的特殊角色。

面具与感情

　　社会学分析不一定要分析团体、阶层与阶级，如"宏观社会学"那样。18 世纪时，人们易于接受社交活动、交往形式、人类相互之间的精神活动。[149]世纪中期起，基本上在法国与苏格兰思想家嘴中的"市民社会"，不仅被视为没有国家干涉的

空间，个体的利益可在其中自由竞争[150]，亦被视为在合乎某
种规格的角色行为外抑制下来的激情与细腻的感情的范畴。在
1800 年左右人们常可听到这类观点，即认为现代欧洲优于其他
世界——亦优于欧洲古代——的特点在于社交形式的温和与注
重礼貌。欧洲人是较能体贴他人的社交人士。欧洲社会多是结
合在个人个性的精准调校下，而不是外在习俗的强制下。欧洲
人可以达到更高程度的个人化。决定这一点的是一种至今主导
我们对亚洲人的看法，并被社会人类学者杰克·古帝（Jack
Goody）扼要表明的人类学差异："他们有风俗，我们有
感情。"[151]

这种看法和主流观点一个重要的变动有关。早先关注风俗，
或如德默尼耶的书名所示，风俗与习惯，前提在于每个社会都
受独特的规则操控。风俗是日常生活中不断重复的过程，尤其
是烹调享用食物及特别庆典的筹办：婚礼、葬礼、宗教祭仪。
16 及 17 世纪的游记，往往相当谨慎与详细地在异国社会这种
遵守规定与仪式的层面上多所着墨。[152]18 世纪后期出现的社
交关系概念在更高的层次上反映出这种制式的行为，并从外
部加以探讨。现在探索的不只是规则，也包括不同的社会受
规则操控到何种程度。知道这类差异存在，便已是一种新的
认知。

例如，这种变化可从对中国人彬彬有礼的评价变化上看出。
自近代第一批中国报道出现后，毫无疑问，彬彬有礼、淡泊宁
静与今日大家所说的高度感情控制便是中国人或至少是文人阶
级的特征。1735 年，杜赫德教士这样建议：欧洲访客应该也要
控制脾气，不要动怒，免得在中国人面前颜面尽失。[153]约 1670
年，道明会修士纳瓦雷特即已注意到，中国的一切都有行为准

344

则，没有冲动行径，由于规定清楚，亦少有争执。[154]杜赫德强调，中国人的稳重与和蔼绝非天生的民族性格，而是长期社会化的结果，"因为他们绝不缺乏性情与机灵，但他们早就学习要控制自己"。[155]不过，如果进一步认识中国人并建立亲密关系的话，那交往接触"就和在欧洲一样亲密无拘"。[156]中国上层人士衿持有礼的行为，宛如一副公开场合的面具。杜赫德对此并无异议，认为这就是中国人的文明概念。

1793～1794 年，约翰·巴罗跟随马戛尔尼使节团造访中国，之后他写了一本书，尽管只见他在大言不惭，而且充满偏见，但对研究中国人的社会学来说，书中仍然包含了值得注意的看法。巴罗注意到中国人的本质与他们的社会面具之间的鸿沟要比耶稣会修士所观察到的更巨大，而杜赫德正是依据他们的报道完成自己的中国百科。公众与私人行为差异甚巨，几乎所有清帝国官员，

> 不管是满族人，还是汉人，在我们的私人宴会中，都表现得无拘无束、随和与平易近人，多半和颜悦色、非常幽默且健谈。只有在公众场合中，他们换上官员该有的严肃，按照成文习惯表演各种行为。[157]

这些观察类似杜赫德的描述，不过在这期间评价已变。社会生活（或至少其公开可见的部分）的仪式化，现在不再被当成中性的中国特色，或被捧为高等的文化成就，而是社会僵化的指标。"刻意保持距离"不只决定了两性与亲子关系，也决定了整个社会生活。[158]根据巴罗的分析，中国缺乏后来托克维尔所称的社会关系，在公众生活中，几乎也没有促成休戚与共及缓和利益纠葛的结社、协会或宗教团体。年轻人特别深受

其害：

> 年轻人没有机会随便聚会、一起跳舞或从事其他社交
> 活动，不像在欧洲，可借此摆脱生活中不断工作或退休后
> 的痛苦与抑郁。他们甚至连保留给礼拜的假日都没有。他
> 们的宗教行为也主导他们孤独自省，即使在家庭生活中亦
> 如此。[159]

巴罗认为中国人的孤立是一种大规模的社会分化——主要
是专制国家机器的社会操控——造成的结果。因而他和孟德斯
鸠的思想脉络一致，视专制的"原则"为恐惧。不过，他晚于
孟德斯鸠半个世纪，具有清楚的市民社会概念，一个不只是摆
脱政权操控的社会。对他来说，中国是个孤单多疑、戴着面具
的社会，注定停滞与精神贫乏。[160]

346

18 世纪后期经常提及的无可比拟的西方文明，依旧被视为
多礼与精致，即相当懂得社交艺术。英国的咖啡屋与庄园及巴
黎沙龙的交谈艺术便为其中一支。大卫·休谟是社交艺术首屈
一指的理论家。在他看来，古代那些受到研习与推崇的演说大
师显得拘谨粗野。对他来说，古希腊罗马是种喧闹与雄辩的文
明，一种诵读与制式讲演的文化，相反，现代欧洲则是一个对
话风趣的合宜文明，一个强调独白，一个注重对话。[161]如其他
人所注意到的那样，正式的交谈亦是欧洲以外的文化的特征，
至于中国，还不只如此，在那里，无孔不入的书写文字让辞令
口才相形失色。[162]阿拉伯人的辞令艺术也高度发展，如威廉·
琼斯爵士所言，和口耳相传的民间诗歌关系密切。[163]传教士毕
沙榭赫的观察惊人：在东京对付沉重的国家劳役，唯一的机会
几乎在于透过得体的言辞来讨好官员，因此东京的民众从年少

之际便要学习场面话。[164]

　　欧洲的观察家面对这类成就态度矛盾。像在马来亚的法庭中，辞令艺术一方面令他们大为佩服，在他们眼中代表着娴熟言词者的文明能力。[165]另一方面，这种艺术属于西欧有过的一个社会发展阶段：沟通在那里大部分诉诸文字，戏剧以外的口头文学荡然无存，法庭用语则交给特殊的律师。惬意交谈与制式的修辞改良成为自由对谈再次证明了现代欧洲的优势地位。

　　然而，并非所有的旅行者与亚洲评论家都同意西方的生活比东方的平均状态更加易于忍受。1792 年至 1796 年，在苏丹与小亚细亚间深入周游的著名的非洲与西亚研究者威廉·乔治·布朗，其 1799 年出版的游记最后一章的 1800 年德文译本章名为"东方和欧洲生活方式与幸福的比较概观"。[166]布朗先是比较了不同的民族类型：欧洲人好动、好大喜功、乐天活泼；相反，东方人懒散、严肃、缺乏想象。这种差异并非来自人类学的自然状态，而是出自不同的教养。两者各有优点，在对待女性上同样适用。将女性关在闺阁，因而只有男性参与的"社会娱乐活动"要较欧洲贫乏，但省掉许多麻烦。于是东方没有欧洲那种令丈夫可笑、女人受到蔑视与情人可怜分分的通奸行为。[167]东方人际交往的沉着泰然和欧洲的焦躁不安相比，自有许多优点。大家少有争执，不太拘泥于形式，且较无面子压力，不像那种主导沙龙文化的文艺人士之争。东方人在饮食上常见的节制遏制住了那类欧洲典型的盛宴。布朗不是一位热衷于美化简单与自然风俗的人，而是位开放的观察家，试着实际评估两种不同生活方式的各自优点。

在文化差异下诞生的社会学

　　在 18 世纪的亚洲文献中，高质量的社会学文本不断涌现。

这些深入研究异国文化的作者并未试图做出简单的二分法，而是尽量如实描写自己往往亲身经历过的异国文化生活方式。这些早期最优秀的社会学家有谁？17世纪重要的旅行家可算是先驱：白尼尔的莫卧儿王朝、夏尔丹的波斯、赛门多的中国。在18世纪及19世纪初期，没有一份欧洲文献能与亚历山大·罗素及帕特里克·罗素兄弟关于阿勒颇的作品在社会图解的丰富程度上相媲美。不过，仍有一些人接近这个标准：马斯登的苏门答腊，艾尔芬斯通的阿富汗，奇克帕翠克的尼泊尔，库杜、杜波及布坎南的印度，科夫勒的交趾支那，马尔科姆的波斯，尼布尔、尧贝特（Jaubert）及沃尔尼的阿拉伯近东世界。

沃尔尼这位启蒙知识分子团体"观念论者"（Idéologue）的成员可以说是他们其中最优秀的理论家。他的理论贡献在于"生活类型"（genre de vie），即社会生活方式的观念。在法国，这个概念影响重大。在20世纪初期的人文地理中，特别是维达尔·白兰士（Paul Vidal de la Blache）及其学派中，他变得异常重要。显然，沃尔尼以谨慎无比的方式，多次运用这个概念，而未失之抽象。[168]"生活类型"是一种范围，介于整体社会及其结构层次与观察社交这种微观角度之间。这个概念经由只从研究非西方社会才清楚取得的认识中得出结论：社会差异不只在于等级——根据身份、阶级与阶层而定——亦在于空间、种族与生活方式。论及"生活类型"，便在于描述后来所谓的"环境"。对沃尔尼而言，这个概念处于自己两种一直息息相关的大型观察方式之间：自然状态，即自然环境，与政治状态，即一个地区的政治社会关系。在一个地区内，有可能出现许多差异甚大的"生活类型"：叙利亚的城市士绅与乡间的贝都因人，埃及的马木留克佣兵精英与阿拉伯农民。如果沃尔尼要得出结论时，并不会担心最为普通的历史哲学观察与粗糙的东西对立。不过，"生活类型"这个观念让这位彻底的经验主义者，集中关注所观察的社会关系。"东方"并不可见，只能架构。相反，生活方式可以亲身研究。18 世纪后期及 19 世纪初期的海外旅行家，便是这类生活方式及其物质前提条件的经验科学的先驱。亚历山大·冯·洪堡与阿列克西斯·德·托克维尔，便是其中的重要人物。[169] 由于他们，新世界成了地球上社会学描述出色与分析细腻的地区，至少到 19 世纪中期。此外，还有许多最优秀的亚洲研究亦有助于社会学在文化差异的精神下诞生。

注释：

[1] Montesquieu, "De l'esprit des lois", XIX/4，出自 *Œuvres*（1949-1951），第 2 册，第 558 页。译文：*Geist der Gesetze*（1992），第 1 册，第 413 页。

[2] Montesquieu, "De l'esprit des lois", XIX/16（第 566）。译文：*Geist der Gesetze*（1992），第 1 册，第 422 页。

[3] Montesquieu, "De l'esprit des lois", XIX/18（第 568）。

[4] 关于孟德斯鸠的"风俗"概念，参阅 Richter, *Montesquieu*（1977），第 100 页及下页。

[5] 如：Francisci, *Lust- und Stats-Garten*（1668）；同氏著，*Spiegel*（1670），及 Dharampal-Frick, *Indien*（1994），第 76~85 页；Kames, *Sketches*（1778），第 1~2 册。德默尼耶（*L'esprit*, 1776）基本上也是这样一位分类者，当哈里斯（Marvin Harris）称他为"可能是 18 世纪最伟大的民族学家"时，尽管承认他会掌握材料，还是显得夸张（*Anthropological Theory*, 1969，第 17 页）。

[6] Riedel, *Gesellschaft*（1975），第 808 页。

[7] M. Harbsmeier, *Wilde Völkerkunde*（1994）。

［8］ Krusenstern, *Reise um die Welt* (1811－1812)，第 2 册/Ⅱ，第 157 页。

［9］ Elphinstone, *Caubul* (1839)，第 1 册，第 74~76 页。关于 Buchara, Burnes, *Travels* (1973)，第 1 册，第 272 页以下，有类似描述。雷曼（Joseph Rehmann）描述其 1805 年造访伏尔加河上马卡列夫（Makariev）的年市，亦是一篇详细生动的报道：Heissig, *Mongoleireise* (1971)，第 99~121 页。

［10］ S. P. Anderson, *Rycaut* (1989)，第 7 页。

［11］ A. Hamilton, *New Account* (1930)，第 1 册，第 48 页及下页；Turner, *Tibet* (1800)，第 72 页。

［12］ Le Comte, *Nouveaux mémoires* (1697)，第 1 册，第 130~133 页。

［13］ Du Halde, *Description géographique* (1735)，第 1 册，第 109 页。Nieuhof, *Embassy* (1669) 中的许多材料亦支持这个论点。

［14］ Kaempfer, *Geschichte* (1777-1779)，第 1 册，第 37 页。

［15］ 唯一使用这个材料的尤斯蒂认为亚洲城市比欧洲城市更有秩序：*Vergleichungen* (1762)，第 255 页以下。

［16］ Chardin, *Voyages* (1735)，第 2 册，第 1~120 页；Delisle/Pingré, *Peking* (1765)，第 7 页以下。

［17］ Bernier, *Travels* (1934)，第 239 页及下页。

［18］ S. G. Gmelin, *Reise* (1770-1784)，第 2 册，第 43 页以下。

［19］ Raynal, *Histoire philosophique* (1775)，第 1 册，第 186 页。

［20］ 同上。

［21］ Graaff, *Spiegel* (1930)，第 13 页以下（不同段落），及 Barend-van Haeften, *Oost-Indië gespiegeld* (1992)，第 131 页以下。Lach/Van Kley, *Asia* (1993)，第 1313~1322 页，及 M. Harbsmeier, *Wilde Völkerkunde* (1994)，第 199~209 页，有关于巴达维亚城报道的概览。今日研究的观点：Taylor, *Batavia* (1983)，第 33~77 页。

[22] Beaglehole, *Cook* （1974），第 257~264 页。

[23] G. L. Staunton, *Authentic Account* （1797），第 1 册，第 242 页，有类似看法。

[24] 同上书，第 260 页及下。较早期的描述并未如此负面，参阅 Thunberg, *Reise* （1794），第 1 册/II，第 203~212 页。

[25] G. L. Staunton, *Authentic Account* （1797），第 1 册，第 260 页。亦参阅 Barrow, *Cochin China* （1806），第 202~242 页。

[26] Breton de la Martinière, *La Chine* （1811–1812）中的中国日常生活的详细描述与图像，并非根据自己的亲身观察，而是贝尔汀（Bertin）部长收集而来的资料。

[27] 参阅这类重要的作品，如 Raymond, *Artisans* （1973–1974），其中第 2 册，第 373~415 页，关于开罗的社会结构。

[28] 关于以下段落，亦参阅 Damiani, *Enlightened Observers* （1979），第 133~170 页，关于罗素兄弟的（粗浅）篇章。

[29] Russell, *Aleppo* （1794），第 1 册，第 xvii 页。

[30] 同上书，第 1 册，第 xii 页，及第 108 页及下页（关于东方的时尚）。

[31] 参阅第 2 册，分析 1719 年以来不同的瘟疫潮，他们的行政与疫病治疗方式及伴随而来的情况（第 335 页以下）。早期的灾难社会学式分析，只有亚历山大·冯·洪堡对卡拉卡斯（Caracas）的地震研究可以相比（*Relation Historique*，1814–1825，第 2 册，第 1~28 页）。

[32] Marcus, *Aleppo* （1989），第 339 页，认为 18 世纪中期约有 11 万人。比较罗素兄弟的社会描述与马库斯（Marcus）两百多年后的类似企图，相当有趣。关于阿勒颇的外在接触，参阅 Masters, *Aleppo* （1988）。

[33] Russell, *Aleppo* （1794），第 2 册，第 3 页。

[34] 同上书，第 1 册，第 99 页，第 147 页及下页。

［35］同上书，第 214 页，第 216 页及下页，第 222 页及下页。

［36］同上书，第 141 页。

［37］同上书，第 181 页。

［38］同上书，第 126 页及下页。

［39］同上书，第 131 页以下。

［40］Montagu, *Lettters*（1965-1967），第 1 册，第 312~314 页。

［41］Russell, *Aleppo*（1794），第 1 册，第 137 页。

［42］同上书，第 177 页。

［43］同上书，第 223 页及下页。

［44］同上书，第 225 页及下页。

［45］同上书，第 226 页。

［46］同上书，第 229 页，及第 316 页以下。

［47］同上书，第 1 册，第 325 页。以此比较 Marcus, *Aleppo*（1989），第 3 章。

［48］Russell, *Aleppo*（1794），第 1 册，第 327 页。

［49］同上。

［50］Montagu, *Letters*（1965-1967）。玛丽女士 1717~1718 年停留在奥斯曼帝国。

［51］Russell, *Aleppo*（1794），第 1 册，第 230 页。

［52］Göçek, *East Encounters West*（1987），第 66 页及下页；Mehmed Efendi, *Le paradis*（1981），第 142~146 页。

［53］Thornton, *Present State*（1809），第 1 册，第 291 页。

［54］Adam Smith, *Lectures on Jurisprudence*（1978），第 191 页。

［55］Millar, *Ursprung*（1967），第 234 页。

［56］如 Graaff, *Spiegel*（1930），第 13 页及下页，让人想起迦勒比海的处罚与拷问的故事。可能受到这种古代史料影响：Vogel, *Reise-Beschreibung*（1716），第 105、117 页；Barchewitz, *Ost-Indianische Reisebeschreibung*（1730），第 612 页；Stavorinus,

Reise（1796），第 203 页。认为 1814 年巴达维亚有 19000 名奴隶的莱佛士，却强调这些人的待遇比同时期欧洲人在西印度殖民地的奴隶来得好（*Java*，1817，第 1 册，第 76~78 页）。亦参阅 Wurtzburg，*Raffles*（1954），第 264~267 页，有莱佛士其他报道的摘录。

[57] 关于这个贸易的历史，参阅 Sprengel，*Ursprung des Negerhandels*（1779），第 11 页以下。当代关于这种黑种阉人的来源与利用的更精确文献，参阅 Rycaut，*Present State*（1668），第 35~37 页；Tavernier，*Nouvelle relation*（1675），第 17~19 页，及医生冷静的观察：Fryer，*New Account*（1909-1915），第 3 册，第 125 页及下页，Hammer-Purgstall，*Staatsverfassung*（1815），第 2 册，第 63 页以下有概述。欧洲观察家对奥斯曼帝国中期的奴隶制度形式较不感兴趣。

[58] 19 世纪早期信息与评价的出色综览来自一篇匿名文章 "On Slavery in the East" 出自 *Asiatic Journal*，第 23 册（Januar-Juni 1827）。

[59] Meiners，*Grundriß*（1793），第 230 页及下页。

[60] Turgot，"Reflexions sur la formation et la distribution des richesses"，出自 *Œuvres*（1913-1923），第 2 册，第 547 页及下页。

[61] Adam Smith，*Lectures on Jurisprudence*（1978），第 182、185~187 页；Adam Smith，*Wealth of Nations*（1976），第 1 册，第 387 页；第 2 册，第 587 页。

[62] Crawfurd，*Indian Archipelago*（1820），第 3 册，第 27 页。

[63] La Loubère，*Siam*（1693），第 1 册，第 77 页。暹罗的自由臣民虽非全部，但大部分真的需要尽 3~6 个月此类王室劳务。参阅 Steinberg，*Southeast Asia*（1987），第 17 页。

[64] 关于至 1517 年的发展，参阅 Haarmann，*Der arabische Osten*（1987），18 世纪的参阅 Hathaway，*Politics*（1997）。关于各个

面向：Philipp/ Haarmann, *Mamluks*（1998），关于 18 世纪，特别是第 114~116、118~149、196~204 页。

［65］ Voltaire, *Essai*（1963），第 2 册，第 413 页及下页；Gibbon, *Decline and Fall*（1909-1914），第 6 册，第 376 页及下页，尤其是 Volney, *Voyage*（1959），第 71~77、101~109 页。

［66］ 同上书，第 73 页。符合今日研究的发现，如参阅 Crecelius, *Mamluk Beylicate*（1998），第 128 页及下页。当沃尔尼勾勒出一种晚期马木留克佣兵的统治社会学，Pococke（*Description of the East*，1743-1745，第 1 册，第 161~185 页）则以出自奥斯曼的观点对埃及统治的问题进行一种泛政治学的分析。亦参阅 Bergk, *Aegypten*（1799），第 291~317 页。

［67］ Wakefield, *Traveller*（1817），第 229 页。

［68］ Semedo（*History*，1655，第 35~45 页）十分细心地描述了这个体系，Navarette（*Account*，1744，第 51 页及下页）则指出其黑暗面。

［69］ Du Halde, *Description géographique*（1735），第 2 册，第 58 页，认为中国及罗马天主教被当成晋升的等级体制有相同之处。

［70］ 参阅 Duteil, *Le mandat du ciel*（1994），第 232~250 页。

［71］ Semedo, *History*（1655），第 46、121~123 页；Magalhães, *New History*（1688），第 145~148 页，较不那么兴奋；Winterbotham, *Chinese Empire*（1795），第 268 页，亦有类似看法。

［72］ Denckwürdige Beschreibung（1679），第 7 页。

［73］ Mendoza, *History*（1853-1854），第 1 册，第 125 页。

［74］ Le Comte, *Nouveaux mémoires*（1697），第 2 册，第 51 页。C. L. J. de Guignes, *Voyages*（1808），第 2 册，第 412 页以下，也有同样出色的社会学分析。

［75］ Justi, *Vergleichungen*（1762），第 413 页以下；Quesnay, *Despot-*

isme（1888），第 620 页及下页。

[76] 如 Crawfurd，*Ava*（1834），第 2 册，第 161 页及下页。

[77] Barrow，*China*（1806），第 386 页。

[78] *Universal History*（1779-1784），第 7 册，第 135、137、145 页；Sonnerat，*Voyages*（1782），第 2 册，第 20 页；一个今日较为陌生的有趣分析，参阅 C. L. J. de Guignes：*Voyages*（1808），第 2 册，第 434 页以下。

[79] 巴罗甚至这样认为：*Some Account*（1807），第 1 册，第 vii 页及下页，第 67 页以下；关于黑斯廷斯审判中的贪污主题，参阅 Marshall，*Impeachment*（1965），第 130 页以下；Whelan，*Edmund Burke*（1996），第 64~122 页。

[80] *Universal History*（1779-1784），第 7 册，第 136 页。

[81] Societas Jesu，*Lettres édifiantes*（1780-1783），第 22 册，第 132 页以下。亦参阅 Mairan，*Lettres*（1759），第 78 页。

[82] 哈瑟（G. Hassel）根据类似的阶层模式对中国的"不同阶级"做出出色的分析，出自 Gaspari，*Handbuch*（1822），第 15 册，第 65~69 页。亦参阅 Louis-François Jauffret（约 1800）的中国民族志分析，出自 Moravia，*Beobachtende Vernunft*（1977），第 71~74 页。

[83] Societas Jesu，*Lettres édifiantes*（1780-1783），第 22 册，第 158 页。

[84] Silhouette，*Idéegénérale*（1731），第 18 页。

[85] Poivre，*Reisen*（1997），第 193 页以下。

[86] Eckermann，*Gespräche*（1982），第 196 页。它是关于"Yü-kiau-li [Yu Jiao Li] ou les deux cousines"。Schlegel，*Philosophie der Geschichte*（1971），第 63 页及下页，十分类似，几乎对此有同时的反应。

[87] Tissanier，*Relation*（1763），第 121 页。Maybon，*Tonkin*（1920），

第 149 页以下。

[88] A. Hamilton, *New Account*（1930），第 2 册，第 26 页。

[89] Gervaise, *History of Siam*（1928），第 50 页。

[90] Chardin, *Voyages*（1735），第 3 册，第 312 页；Fryer, *New Account*（1909-1915），第 3 册，第 133 页。

[91] Crawfurd, *Indian Archipelago*（1820），第 3 册，第 31 页以下。

[92] Hammer-Purgstall, *Geschichte des Osmanischen Reiches*（1827-1835），第 9 册，第 xli 页。

[93] Busbeck, *Briefe*（1926）。参阅 B. H. Beck, *Rising of the Sun*（1987），第 23 页，及第 69 页。

[94] Guer, *Mœurs et usages*（1747），第 2 册，第 393 页，及第 389~396 页；亦见 Tott, Memoirs（1786），第 1 册，第 xxv 页及下页；Thornton, *Present State*（1809），第 1 册，第 4 页及下页。

[95] Gibbon, *Decline and Fall*（1909-1914），第 7 册，第 84 页。

[96] Malte-Brun, *Précis*（1812-1829），第 2 册（1812），第 599 页。

[97] Rougemont, *Précis*（1835-1837），第 1 册，第 21 页。

[98] 关于"印度教"结构的形成，参阅 Stietencron, *Hinduismusforschung*（1988），早期西方的文献参阅 Marshall, *Hinduism*（1970）。

[99] 参阅 Dharampal-Frick, *Indien*（1994），第 95~108 页；Jayaraj, *Inkulturation*（1996）。

[100] 下述参考 Dharampal-Frick, *Indien*（1994），第 228~242 页；同氏著, *Discourse on Caste*（1995），第 92~97 页。

[101] Dharampal-Frick, *Indien*（1994），第 236 页。

[102] 亦参阅 Krader, *Asiatic Mode of Production*（1975），第 75~79 页，早期关于开放及封闭社会的思想页。

[103] Montesquieu, "De l'esprit des lois", XXIX/22, 出自 *Œuvres*（1949-1951），第 2 册，第 731 页。

[104] Voltaire, *Essai*（1963），第 2 册，第 319 页。摩达夫（Comte

de Modave）的看法完全不同，他在 1757 年及 1777 年间担任军官时见过许多印度事物：印度是"统一各区的大国，没有混杂外国人"（*Voyage en Inde*，1971，第 407 页）。

[105] 在 20 世纪的文献中还见得到类似的对立，参阅 Embree, *Imagining India*（1989），第 9 页。

[106] 关于 18 世纪的耶稣会报道，参阅 Murr, *Les Jésuites*（1986），特别是第 13 页以下。

[107] 参阅 Lach/Van Kley, *Asia*（1993），第 1102~1110 页。

[108] Raynal, *Histoire philosophique*（1775），第 1 册，第 33 页。

[109] 同上书，第 37 页。

[110] Adam Smith, *Wealth of Nations*（1776），第 81 页；及 Platteau, *Les économistes*（1978），第 1 册，第 119 页以下；亚当·斯密的论点后来在 Tennant, *Indian Recreations*（1803），第 1 册，第 83~92 页继续发展：种姓制度并不容许功能性的分工。

[111] Sonnerat, *Voyages*（1782），第 1 册，第 43~63 页。

[112] Hennings, *Gegenwärtiger Zustand*（1784-1786），第 3 册，第 478 页及下，亦见第 499 页。

[113] Embree, *Charles Grant*（1962），第 147 页。

[114] Burke, "Opening of the Impeachment"（1788 年 2 月 15 日），出自 *Writings*，第 6 册（1991），第 303 页。

[115] Perrin, *Reise*（1811），第一部分，第 173 页及下页。

[116] 另一位保守的天主教徒后来的看法更加清楚：在专制体制下，印度的种姓制度可以提供最佳保护。Schlegel, *Philosophie der Geschichte*（1971），第 86 页及下页。

[117] Cœurdoux/Desvaulx, *Mœurs et coutumes*（1987），第 8 页及下页。见过婆罗门犁田的旅行者，驳斥多数欧洲人所认为的婆罗门完全过着精英式的生活方式：Deleury, *Les Indes florissantes*（1991），第 790 页以下。

［118］ Cœurdoux/Desvaulx, *Mœurs et coutumes*（1987），第 9 页。

［119］ Herder, *Ideen*（1989），第 454 页，有十分类似的看法："毫无疑问，婆罗门的体制出色，不然也不可能达成他们的规模、深度与持久。"

［120］ Dubois, *Description*（1817），第 4 页；Herder, *Ideen*（1989），第 455 页，有类似观点。

［121］ Robertson, *Disquisition*（1817），第 200 页。

［122］ 同上书，第 202 页。关于罗伯森对种姓制度的看法，亦见 Carnall, *Robertson*（1997），第 214 页及下页。

［123］ 大致参阅 Kejariwal, *Asiatic Society*（1988）；Windisch, *Sanskrit-Philologie*（1817-1821），第 1 册，第 22 页以下；关于黑格尔运用这些研究（特别是 H. T. Colebrooke 的），参阅 Halbfass, *India*（1988），第 84 页以下。

［124］ Mill, *History*（1817），第 1 册，第 701 页。

［125］ 参阅 Majeed, *Ungoverned Imaginings*（1992），第 159~163 页。

［126］ Mill, *History*（1817），第 1 册，第 48 页，亦见第 50、73~75、161、370、472 页，第 702 页及下页，第 720 页。一名浸信会修士的态度更加拒斥：Ward, *Hindoos*（1817-1820），第 3 册，第 xxvi 页，第 64 页以下，亦见 Tennant, *Indian Recreations*（1803），第 115 页。

［127］ 参阅 Hegel, *Vorlesungen*（1996），第 570~596 页的细致证明。

［128］ 同上书，第 177 页。

［129］ Hegel, *Die orientalische Welt*（1923），第 371 页。

［130］ Hegel, *Vorlesungen*（1996），第 191 页。

［131］ Hegel, *Die orientalische Welt*（1923），第 377 页；Hegel, *Vorlesungen*（1996），第 181 页。关于黑格尔对印度种姓制度的解释，亦见 Leuze, *Hegel*（1975），第 97~104 页。

［132］ 关于 19 世纪的进一步发展，参阅 Inden, *Imagining India*

（1990），第 49~84 页；Metcalf, *Ideologies*（1994），第 114~ 125 页。

[133] Dubois, *Mœurs*（1825），第 1 册，第 96~123 页。

[134] Poivre, *Reisen*（1997），第 161~163 页。

[135] Voltaire, *Essai*（1963），第 2 册，第 18 页。

[136] Brunner, *Feudalismus*（1975），第 341 页（关于伏尔泰）。

[137] Virey, *Histoire naturelle*（1824），第 1 册，第 445 页。

[138] 这类亚洲封建关系的重要具体分析为：Marsden, *Sumatra*（1811），第 210 页以下，第 350 页以下；George Forster, *Journey*（1808），第 1 册，第 135 页以下，第 2 册，第 89 页，第 99 页及下页；J. Forbes, *Oriental Memoirs*（1813），第 2 册，第 39~63 页（关于马拉特人）；Pallas, *Reise in die südlichen Statthalterschaften*（1799–1801），第 2 册，第 355 页以下，第 383~385 页；Volney, *Voyage*（1959），第 199 页，第 207 页及下页（关于库尔德族）。J. R. Forster（*Bemerkungen*, 1783，第 311 页）在塔希提岛认出普瓦沃所描述的马来亚封建主义。

[139] Fraser, *Journal*（1820），第 4 页。艾尔芬斯通见到的苏格兰及阿富汗，类似：McLaren, *Despotism*（1993），第 475 页。

[140] Tone, *Mahratta People*（1798–1799），第 130 页，关于军事组织，第 136 页以下。

[141] 参阅 Hegel, *Vorlesungen*（1996），第 206 页及下页。对他而言，马拉特人亦是这种封建力量最差劲与最后的例子。

[142] Richardson, *Dissertation*（1778），第 150 页以下，及第 212 页以下。

[143] Voltaire, *Essai*（1963），第 2 册，第 782 页；Mill, *History*（1817），第 1 册，第 70、476 页。

[144] Cohn, *Anthropologist*（1987），第 652 页以下。

[145] Caron/Schouten, *True Description*（1935），第 30~36 页。

［146］Castilhon, *Considérations*（1769），第 244 页及下页。

［147］因此在专制国家中大概没有决斗行径，如参阅 Le Comte, *Nou-veaux mémoires*（1697），第 1 册，第 367 页；Bruin, *Levant*（1702），第 97 页。

［148］Castilhon, *Considérations*（1769），第 248 页。

［149］及 Heilbron, *Social Theory*（1995），第 72 页以下；亦见 S. Woolf, *Construction*（1992），第 93 页。

［150］参阅 Keane, *Despotism*（1988）。

［151］Goody, *East*（1996），第 181 页。

［152］一个典范例子见 Nieuhof, *Embassy*（1669），第 172~215 页。

［153］Du Halde, *Description géographique*（1735），第 2 册，第 75 页。

［154］Navarrete, *Travels*（1962），第 2 册，第 172~174 页。

［155］Du Halde, *Description géographique*（1735），第 2 册，第 75 页。

［156］同上书，第 75 页及下页。

［157］Barrow, *China*（1806），第 186 页及下，亦见第 177 页及下页，第 192 页及下页。

［158］同上书，第 149 页及第 142 页。

［159］同上书，第 153 页。

［160］同上书，第 395 页。亦参阅 C. L. J. de Guignes, *Voyages*（1808），第 2 册，第 163 页。

［161］Hume, "Of the Rise and Progress of the Arts and Sciences"（1741-1742），出自 *Essays*（1987），第 127 页。

［162］Bayer, *Museum Sinicum*（1730），第 1 册，第 122~125 页；亦参阅 Societas Jesu, *Mémoires*（1776-1814），第 8 册（1782），第 246 页以下。

［163］Jones, *Works*（1807），第 3 册，第 66 页及下页；亦见 Russell, *Aleppo*（1794），第 1 册，第 178 页以下；Boulainvilliers, *Histoire des Arabes*（1731），第 36 页及下页。

［164］Maybon, *Tonkin*（1920），第 168 页。亦参阅 Ziegenbalg, *Malabarisches Heidenthum*（1926），第 236 页及下页，关于泰米尔人的言词。

［165］如 Marsden, *Sumatra*（1811），第 283 页及下页。

［166］Browne, *Reisen*（1800），第 2 册，第 589~608 页。

［167］同上书，第 599 页。

［168］Volney, *Voyage*（1959），第 61、195、198、199 页。

［169］关于洪堡在这脉络下的意义，参阅我的研究：*Alexander von Humboldt*（1998）。

第十二章　女性

最大的差异

39

　　东方访客最感吃惊的便是欧洲女性的地位。1720 年至 1721 年，奥斯曼帝国特使穆罕默德·艾芬迪逗留法国期间在一份报道中记下他的经验，算是第一份土耳其官员致力于了解西方的文件。穆罕默德·艾芬迪对法国个人生活大部分都公开进行、私人领域甚少受到重视感到讶异。男女两性不仅在家中一起用餐，甚至也一起出席公开晚宴。女性出入剧院与歌剧院，参加舞会，在自己的闺房中接待男性宾客。女演员在舞台上自由表现感情。在各种公开场合，女性都受到尊敬与爱慕；甚至国王都对她们彬彬有礼。在他看来，巴黎因此是座比伊斯坦布尔更加热闹的城市，因为街上可以见到各阶层的女性。[1] 在其他范畴中，文化差异不会如此鲜明。

　　欧洲的亚洲观察家所见雷同。"我们和东方人的最大差异，在于我们对待女性的态度"，伏尔泰在《论风俗》（*Essai sur le moeurs*）的结论中写道。[2] 如果游记作家在自己的报道中补上几乎是必备的女性章节，也是考虑到读者的口味。观察家几乎全是男性。在 1830 年之前，只有极少数女性亚洲旅行家的作品出版。重要的科学报道没有出自女性之手的。东亚、中亚、西伯利亚及波斯全是男性的领域。洁明娜·金德斯利在印度报道，信中流露出狭隘的殖民心态。[3] 和她全然相反的是打破传统的爱

350　　莉莎·费（Eliza Fay）。她出身寒门，嫁给一名 1780 年起在加尔各答高等法院执业的律师，但他很快卷入债务、阴谋与感情纠葛中。爱莉莎离开了他，回到伦敦，从事纺织品贸易，买了艘船却爆炸，第二艘则差点沉没。爱莉莎 1816 年去世，享年 60 岁，她死前最后几年在加尔各答的事，我们一无所知。似乎她在死前发现可以靠游记赚点钱，便提出在死后把她的游记信件卖给加尔各答的报纸以偿还她所留下的债务。[4] 爱莉莎·费的信并未遵照任何旅游文学的文学格式，也未要求要达到任何科学上的精确或哲学上的深度，反而呈现出一个相当活跃的人物。"她的时代出现了许多重要的信件，"小说家福斯特（E. M. Forster）称许道，"但少有如此忠实反映出原作者性格的。"[5]

　　在近东，果断中立的玛丽·沃特利·蒙塔古女士一枝独秀。身为英国大使夫人，她在 1717 年至 1718 年了解了伊斯坦布尔（不久后便多加报道）。克里米亚半岛上那位天真的观光客伊丽莎白·克蕾文女士[6] 无法和她相提并论。在启蒙运动时代的亚洲旅游文献中，女性几乎默不作声。就算在文本中也很少见到她们发话。卡斯腾·尼布尔这位能够记录下说话细节的幽默与客观人士在一个小段落中记下了少见的例外一幕。1762 年 9 月，他在苏伊士附近经历了这件事：

　　　　众所皆知，阿拉伯人最多可以同时拥有四名妻子。多数人有一位也就心满意足，而且终身如此，只要这名妻子一直满足丈夫的意愿。我们的族长贝尼·扎伊尔德有两名妻子，一名住在我们扎营的地方，管着仆役，另一名住在另一处，看着枣树园子。当他拜访朋友或到苏伊士打水赚钱时，或送货到苏伊士或开罗时，他的两名妻子便打理家务。我们的邻人太太是营地中最重要的女子，下午时和其他一些阿拉伯女子大驾光临，送给我们一只鸡和几个蛋。
我这时已在东方待了相当长一段日子，如果不算开罗的舞
女的话，还是第一次和伊斯兰女子说话。这些阿拉伯女子
不愿进我们的帐棚，全都坐在外面，但都背对背靠在一起，
可以舒服地互相聊天。她们最喜欢我们说欧洲的事，尤其
是一名基督教徒只能娶一名妻子一事。我们酋长的妻子抱
怨道，她有位情敌；她最不满她丈夫更爱另一位，因为她
先嫁他，另一位却随时都快乐的样子。[7]

　　尼布尔在这一个小段落中触及决定东方女性知觉的不同主
题：一夫多妻制、爱情、仆役的角色，也包括工作自主。一如
往常，他不像其他一些旅行家所乐于从事的那样采用浮夸的
"哲学"评论，亦未强力推销基督教的一夫一妻制。

感官的国度

　　旅行者间对亚洲国家的女性被禁锢于室或在城中街头上可
见的程度如何的话题争论了许久。戏剧性的例子并不缺乏。
1766 年，金德斯利女士在巴特那报道，那里不久前有女人和孩
子在一间起火的闺阁中殒命，原因是她们怕家长及丢脸，不敢
逃出。[8]先是和波斯国王有关，接着也出现在其他场景中的故
事，不断被传述，大约是君主的女眷出游之际，当地超过六岁
以上的男性都得离开街道——夏尔丹说道，大家全都逃开，仿
佛有头狮子跑出来似的——而好奇偷窥的人，便会遭到鞭打甚
至砍头的内容。[9]这种会受处罚的窥视禁忌（波斯文：qoruq）
以正反两种角度证实了相同的情况：不是女性被藏匿起来，便
是改变私人与公众关系，强迫臣民自行藏匿。由于欧洲的见证
人既见不到关在闺阁里的女性，亦见不到成群在轿子中出游的

351

女性，最多只能围着亚洲女性深居简出的人数规模打转：在何种情况下，可以见到多少位女性在街上出没？强制把她们"关"在墙后，只是个不断重复但未被证实的说法。亚历山大·罗素回答得巧妙：在伊斯兰世界无法证实女性和权力无关，是一种和欧洲在划分公众与私人领域的看法不同的结果。但是，他的说法未受重视。[10]

352 　　由于人们对闺阁及后宫[11]所知不多，最多只有像玛丽·沃特利·蒙塔古女士或德·托特男爵的岳母那样的人才能瞧上几眼，因而出现各种想象。一名欧洲营造师傅曾将扮成工匠的安格贝特·坎弗偷偷带入伊斯法罕国王后宫不让人起疑的外翼地带[12]，但他主要利用这个机会来观察建筑物。就连善于查探的夏尔丹对后宫也所知有限，只能做出少见的大胆假设。[13]至于小型的私人闺阁，还比较容易打探。孟德斯鸠在《波斯信简》中便已将注意力从教养王子、宦官斗争及母后权势所在且等级体制巩固的政治机构的统治者后宫转移到一般东方女子的正常闺阁上。[14]

　　那里并未提到苏丹赛利姆一世与莫卧儿大君奥朗则布所拥有的 2000 名女子，甚或明末皇帝的后宫佳丽 3000 人，亦无萨非二世国王的 400 位女伴，或 18 世纪苏丹在后宫豢养的 300 多名女子。[15]每位君主的后妃都有自己的宫女，因而皇宫都被这个大型的女性世界占领。阉人的数量可以说明国王的后宫与一夫多妻的民宅的差距：在夏尔丹那个时代，国王安插了 3000 名阉人，而在大型的民宅有 6～8 位，一般民众则甚少多过 2 名。[16]

　　不过，正是这种拥有 6 个女人与几位打理家务的阉人的结构促成了看不见的恶习。从严肃的游记报道到只稍以异国情调遮掩的色情读物，满是闺阁与女性澡堂中情欲生活的幻想、女同性恋、阉人的性关系及年轻女子因欲求不满而做出的残暴行径。[17]再来，便是欧洲人认为亚洲人由于气候、情欲与性格懦弱而注定放纵感官的观念在作祟。就连强大的专制君主也是欲望与激情的奴隶。波斯人尤其放荡无度。正如和许多其他作者不相上下的约翰·弗莱尔（John Fryer）所写："他们胜过发情的动物。"[18]后来，威廉·马斯登就事论事加以反驳，认为外在高温虽然唤起欲望，但也同时削弱体质，以致令人同情的亚洲男人无可救药地落入欲望与肉体可否满足欲望之间的陷阱。[19]

353

公开的同性恋（当时叫作"鸡奸"）似乎也是一种兽行，人们尤其认为这种行径在奥斯曼上层人物（如在禁卫军之间）、埃及的马木留克佣兵、阿尔及利亚的海盗，以及在布哈拉[20]、日本及佛教僧侣间十分普及，而马斯登则认为苏门答腊没有这种难以形容的恶习，甚至连这种字眼都没有。[21]据说荷兰东印度公司驻暹罗的出色代表尤斯特·苏腾（Joost Schouten），在"鸡奸"被认为是十分正常的暹罗地区喜欢上了这种行径，并养成习惯。1653年，他在巴达维亚因为这一点而被处死。[22]索尼尼（Sonnini）提到，人们在埃及公开和动物性交。[23]

许多证据表明，那种视东方为性失控与性反常的另一个世界的观念，也可能——显然关系密切——反映出自己受到压制的欲望。在锡兰遭遇船难的罗伯特·克诺斯认为那里没有妓女，因为所有的女性都是妓女。[24]认为苏门答腊的女性是世界上最贞洁的威廉·马斯登指控（当然不只针对克诺斯，还包括许多其他人）旅行者靠着港口妓院来模塑亚洲女性的图像。[25]因而，这种情形一直重复出现。

这类图像在18世纪还未具有在19世纪后期异域词汇中那

种突出的重要地位。除了好色的观淫癖这一解释外还有冷静的机能性解释。哈默-普格斯塔的恋童癖政治社会学便是一个杰出的例子。按他的分析，奥斯曼宫廷中侍童的角色和性并无太大关联，而是 14 世纪末期起获取丰厚封地与高位的途径，即"平步青云与获取财富最有效的方法"。[26]有时为了补充宫中侍童，因而对基督徒发动战争。哈默-普格斯塔几乎不做讥讽，平静说道："奥斯曼帝国的高官来自这个园圃。"[27]

从把女性关在闺阁这一点衍生出完全不同的看法，基本的评价共有三种。首先，一些欧洲旅行家揭露了一种对一夫多妻、贩卖女孩与女性留在家中的男性的共同认识，表示东方女子凋零甚快——孟德斯鸠认为她们 8 岁便已成熟，20 岁算是老迈[28]——必须换上新血以顾及男性自然的性需求。[29]其次，常常可以听到一种具有理论味道的苛求观点，其普及多半归功于孟德斯鸠：在炎热的气候下，女性易于轻浮放纵，因而必须关起来，以保护男性，并避免女性不受自己自然欲望的控制。"这些国家，"孟德斯鸠说，"需要的不是规定，而是门闩。"[30]威廉·乔治·布朗推测，在中古欧洲，骑士浪漫主义理想暂时满足了一种类似的目标。不过，之后这个未被制度化的解决方式跟着瓦解，在当代便显示出基督教的婚配绝对不能驯服女性。[31]孟德斯鸠认为，亚洲是两性隔离最成功的地方，女性的品行最纯洁。[32]这位完全不相信女性且不愿让她们影响政治与时代精神的法官基本上认定隔离与奴役女性没什么可受指责之处。他视此为亚洲无可避免的专制体制的合理规章制度及合乎逻辑的弥补措施。正如孟德斯鸠已在其《波斯信简》透过文学笔法所描述的情形，不受控制的女性会削弱男性的性及政治权威。

再次，其他的欧洲评论家则认为闺阁的作用在于保护女性不受男性侵犯。闺阁可令从未学习过的女性独立，至少得到最低限度的照料与保护及一个一目了然的生活空间。[33]捍卫奥斯曼人最强烈的穆拉甲·多桑却提出反对意见，认为社会为此付出的成本就是在每个"家门"对两性进行隔离，而且"家门"与"家门"也保持距离（他指的其实就是家庭），让人几乎没有机会私下见面。个别闺阁间的互访亦不常见。这一切阻碍着东方市民社会的形成。公众几乎全是男性，他们缺乏作为私人基础的活络的家庭联系。[34]

玛丽·沃特利·蒙塔古女士对闺阁的解释最为特别。1717年至1718年，她写下1763年才得以出版的土耳其游记信简，提到自己亲自拜访过不同的闺阁与女性浴池。这种特权般的观察角度赋予她的记述特殊的分量，她活泼的风格则导致深远的影响。然而，这位扮演记者角色的英国女性贵族到底有多可靠还悬而未决。她信件中所传达并且受到多方认证的真实情况，看来必须以一位自觉解放的女性的视角来观察。她在亚得里亚堡（今埃迪尔内，Edirne）与伊斯坦布尔提及的情况相当符合这个自我图像。

玛丽女士乐于闯入陌生环境，并嘲弄同样在东方的欧洲女子那种谨慎与保持距离的态度，是位激烈批评把奥斯曼土耳其文化体系视作"异国"的女士。她尤其喜欢反驳那种把东方女子视为男性奴隶、兴致勃勃到令人作呕的（男性）幻想。玛丽女士相信，土耳其妇女可以和欧洲女性一较高下：……土耳其妇女至少和我们一样机智、谦和，甚至自由。[35]玛丽女士这位大使夫人所见到的奥斯曼上层女性，很谦和，也就是在礼仪、教养与品位上不输欧洲女子。早期欧洲的报道多半夸大她们的

355

依赖与无助。在闺阁中亦有规则。男子不能任意登堂入室。基本上，闺阁是握有权力的重要女性与母亲的领域，她们可以任意驱使自己的奴隶与仆役。富有的女性拥有受到法律保障的财产，在物质生活上亦是独立自主的。[36] 对这些妇女而言，尽管有名义上的严格监控，自由仍意味着可以轻易出轨。

18 世纪早期知识渊博的土耳其专家约瑟夫·皮顿·德·图内福尔已指出判处通奸者死罪绝无法遏止土耳其妇女红杏出墙。[37] 玛丽女士更进一步表示，土耳其妇女比英国或欧洲大陆女子拥有更多的情色自由，主因在于她们于深闺外所戴的遮脸面纱，保有一种特有的匿名身份，偷溜出去和情人幽会再简单不过：

356

> 显贵妇女很少在情人前暴露自己的身份，而且难以查出，无法猜出和其交往半年的女子姓氏。可以想象，在一个不怕情人泄密的国度，少有忠贞的妻子……[38]

玛丽女士得出结论，土耳其妇女基本上是奥斯曼帝国中唯一自由的人。[39] 该强调的是，这出现在孟德斯鸠建立女性从属与政治专制间的知名关联之前。在这种意义下，玛丽·沃特利·蒙塔古女士的自由概念尚无政治意味。

家庭范畴

玛丽女士那些只出现在她信件中少数段落的土耳其妇女生活记述留下了互相矛盾的两种影响。一方面，这平衡了把闺阁墙后神秘事件异国情调化的过度夸张；另一方面，这些大量描述美女、华服与漂亮内室[40] 的记述创造出一种 19 世纪东方绘画仍乐于使用的视觉材料库。安格尔（Ingres）或德拉克罗瓦

(Delacroix）的白人女奴在今天往往被视为男性凝视下“殖民”女性躯体的猥亵例子，然而，矛盾的是，这亦要归功于那位时年 28 岁的英国政治家的女儿揭秘的好奇心——借以避开所谓女性窥视癖的说法。[41]

18 世纪欧洲文献中更加详细与深入的闺阁分析却是男性视角的产物，出自阿勒颇的领馆医生亚历山大·罗素及其弟弟帕特里克。他们把《阿勒颇自然史》第一册中闺阁为私人范畴的评断扩展成两大章。[42]这个文本抵触了 20 世纪后期所有的“后殖民”理论，摆脱了所谓欧洲世界观无法避免的典型。我们已经知道罗素兄弟是一对能够设身处地为人着想、洞察力强的社会学家。他们并未认为闺阁是个情色之地，而是将其视为一个社会场所。他们借着医生的权威进行研究，并十分清楚地描述着观察阿勒颇女性闺房的各种机会。这两位欧洲医生在多年定期访问而更熟识后，会被带到遮掩住脸部的女病人前，不过亦被其他只想说说自己小病痛的妇女蜂拥围住。这样一来，他和她们对谈，被他的固定病人留下喝咖啡，接着不得不说到“法兰克国”，尤其是那里女性的生活。罗素兄弟并不认同闺阁女子缺乏教养并压制欲望的一般看法，反而高度推崇她们的才智与专注：“她们的问题总是触及事情的核心，而她们对完全不同于自己的风俗的论断，往往明智独特。”[43]

罗素兄弟纠正了早先描述闺阁生活者的过度论断，但未和他们论战。孟德斯鸠《波斯信简》的欧洲读者期待在闺阁中见到的残暴甚至凶杀相当少见。玛丽·沃特利·蒙塔古女士热烈谈论到的私密与匿名爱情亦非典型。在当时近东的大都会阿勒颇，20 年来几乎没有任何感情出轨事件；监管女子多半十分有效，加上妇女相互牵制，使得情色的密会近乎绝迹，而显贵人

357

士亦要冒着被勒索的危险。[44]

　　罗素兄弟努力彻底了解事物，对此类讲求实际的表面现象感到不满，可谓独特。基本上他们几乎质疑所有直到玛丽·沃特利·蒙塔古与孟德斯鸠的欧洲作者那种未说出口的基本假设，即认为在炙热的阳光下，东方人欲求过度、不断发泄情欲，只有依靠外在束缚才能制止。不过事实并非如此，在女性的例子中，"那种固有的端庄从小受到母亲呵护，后来则避开恶意的殷勤，深深促成女性的举止合礼"。[45] 而且，土耳其男人亦不像西方幻想的那样热情，懂得诱惑的艺术。

　　亚历山大与帕特里克·罗素把阿勒颇城市显贵的闺阁——伊斯坦布尔苏丹的后宫不是他们的主题——描绘成一个舒适，甚至有时如田园般的居家空间。他们是欧洲观察家中，唯一赋予这个空间易于理解的人性与市民特质的，例如，男主人有时探访闺阁，只是为了和自己的孩子玩耍。[46] 女性闺房另一个非情色的迷人之处在于和出入闺阁的——常常是犹太或基督教的——女布贩子及多半来自沙漠地带的保姆交谈。从这些不用遵守严格遮面规定的女子处，闺阁的女人，有时也包括男主人，能够获知城里有关政治与生意上的有趣话题。保姆尤其享有"在男性面前直言的传统特权"。[47] 在闺阁中，一直都有人见人怕的人物，男孩已从父亲那里习得面对女性之际的高傲语气，但罗素兄弟以细腻的心理分析来观察，认为粗声粗气展现出来的男性权威只能在绝对不受质疑的地方保持下来：

　　　　男性或许认为，这种举止最好表现在威权较难保有的场合，而不是在依附他们的男性家庭成员处。只有在隐退时，他们才敢展现习惯在人前隐藏起来的温和，因为那会有损自己的尊严，这些人——至少如他们所认为的那样——只有在露出俨然的威望之际，才会服从。[48]

在此，这两位社会观察家遇到了瓶颈。因为就连医生也无法触及隐退的私密范畴，因而只能将其他文化的人类当成社会生物，无法察知只在其真正本质中展现的质朴。因此，罗素兄弟对阿拉伯人或土耳其人的"性格"这种一般甚受欢迎的陈述显得相当保守。如何才能辨识出来？那就应该认识性地批判跨文化的典范建构。

罗素兄弟如何评价把女性"关起来"这件事？第一，他们认为这并不像一般所说的那样严格，因为闺阁中的妇女有许多出游机会。第二，她们并不感到特别难忍，因为她们不知道其他的情况。[49]第三，闺阁生活受到不成文规则规范，妇女不会降格成为任人摆布的受害者及工具。第四，年老的妇女不会遭到驱逐，反而可以得到安稳的照料，理想的情况下，甚至有机会成为德高望重的妇女。[50]第五，大多数阿勒颇的男性都是一夫一妻，根本无力供养成群妻妾。简而言之，经常被提及的文化差异并非关键，而奥斯曼帝国的婚姻与家庭生活并不比其他国家更不快乐。[51]

359

在欧洲，亚历山大与帕特里克·罗素关于闺阁的论述并不具代表性，反而是本章开始之际引述的看法更加典型。还有其他的变量。从完全优生学的观点来看，在闺阁中，特别是土耳其人的闺阁中，会纳入"其他各个国家的女性"。从选种的观点来看，这比在自己的团体中繁衍更加优秀。因此，今日的土耳其人比种族单一的希腊人更加漂亮。[52]让《阿勒颇自然史》在那个时代显得独特、把闺阁当成社会场合的深入讨论，显示出东方妇女被夸大的异国化并非不可避免，而且并未受制于划时代的论述模式。罗素兄弟认为，土耳其妇女完全知道在许多欧洲人眼中构成西方精致社会高等价值的东西：家庭生活。[53]

"老婆很多"

关于闺阁的论述多围绕在性与权力、公开与秘密之间，而其人类学基础——一夫多妻制，基本上被当成人口统计的问题来处理。长久以来，"一夫多妻"被视为伊斯兰与"异端"宗教的一种缺陷，基督教欧洲因为没有这类情况，所以在道德上便显得优越。这一点似乎是东方的一个普遍特色，因为就连作为所有君主典范的所罗门王，如圣经所言，都拥有 700 名正妃与 300 名小妾。[54]一夫多妻制在亚洲四处可见。旅行者觉得有趣之处，尤其在于理论与实际间的出入。例如，中国的法律与儒家道德原则鼓励一夫一妻制，但家中合法的妻子和许多地位次等、欧洲人称为"情妇"的女性，在大户人家中共同生活，人人认为理所当然。相反，欧洲人知道可兰经——启蒙运动时代欧洲最重要的可兰经权威乔治·赛勒认为里面的规定既严格又合理[55]——允许男性娶四名妻子。不过，一方面，大型闺阁背离规定，必须在可兰经外的法律传统中确认其合法存在。另一方面，这绝不意味着每个伊斯兰国度都要利用先知开启的机会。例如，在克里米亚鞑靼人处，就连贵族亦很少见到一夫多妻。[56]不只约翰·戈特利布·格奥尔基造访过的喀山鞑靼人有具体的反对理由："女性，"这位杜宾根的学者报道，"在采买和消遣上非常宝贵，但数目多了的话一般会妨碍家中平静，所以大多数男人只有一名妻子。"[57]

360

传教士最不满一夫多妻制，不只出于神学上的理由。在中国，实际运作而非宗教鼓动的一夫多妻制所造成的女性孤立，成了基督教宣扬福音的重大障碍之一。他们不能直接和女性交谈；企图接近她们传播福音，可能酿成丑闻。[58]中国家庭生活的特点比所有其他事物更加有损于中国的理想社会形象，特别是离婚容易与童婚。耶稣会修士无法隐瞒这类事情，但以正统儒家礼教所宣扬的贞洁端庄妇女图像作为对抗。直到 19 世纪中国的情色文学慢慢被认识时，情况才变得相对起来。在那之前，闺阁纵情的幻想几乎只和伊斯兰世界有关。中国人的一夫多妻制显得无害平凡。

不该忘记的是，欧洲人看待性与肉体的方式反而会让非欧洲人感觉刺眼。在中国，自愿放弃子嗣，也就是独身不婚的观念，在社会上并不可能，亦令耶稣会修士大感讶异。公开裸露人体是种禁忌。当葡萄牙使节送给康熙皇帝一面周边饰有裸体水妖造型的镜子时，引起皇上震怒，外交危机一触即发。直到南怀仁修士这位重要的教会外交官说服皇帝，表示水妖只是一种鱼类时，情势才缓和下来。[59]这段插曲说明了德默尼耶 1776 年在其民族志百科一整章中所解释的事：裸体与羞愧的概念并非天生，而是特定的文化建构。这位作者质疑一切文明过程中所谓的进步，亦否认羞愧与文化成熟程度间的任何关系：新西兰人的礼俗让人想到欧洲人体贴无比的庄重，尽管他们认为吃自己的敌人不算什么。相反，塔希提岛的住民有着类似的文化程度，爱好和平，但在性上完全没有顾忌。[60]

基本上，启蒙哲学家同意一夫多妻制是众多婚姻与性生活合法形态中的一种，不过却有违细致的深情感触，因而无法展露丰富的人性。大卫·休谟在一篇常被引用的文章中如此表达。[61]孟德斯鸠虽未像后来常见的那样，否认东方人有能力提升动物般的性欲，不过，他指出，在一夫多妻制下长大的孩子，得到的母爱比父爱多，因为没有人可以把感情平均分配给 20 个

361

或更多的孩子。[62]休谟和孟德斯鸠一样，并未进一步视一夫多妻制为文明的障碍。[63]不过，孟德斯鸠已受道德评论家指责，一再强调自己不想为多配偶制辩解，只想解释。[64]他认为那是炎热的气候导致的结果，并自认，他为伊斯兰在亚洲比基督教更受认同这一无可争辩的事实找到了一个完美的解释。[65]不过这还需要补上人口统计学的说法：炎热的气候下，女孩的出生率高于男孩，因而一夫多妻制自然吸纳了过剩的女性。孟德斯鸠引述安格贝特·坎弗来自日本京都的统计以及一份荷兰的相关报道，表示爪哇万丹王国中，女性比男性多十倍。[66]虽然认为一夫多妻为亚洲固有制度的人士乐于重复这一论点，但不见得各类读者轻信不疑。尽管坚定的经验论者威廉·马斯登敬重这位大哲学家，但他仍然认为这类计算方式是错误和离谱的。[67]

在 18 世纪后半叶，一夫多妻制的人口统计学角度盖过了对这现象旧有的宗教与道德关注。1762 年，约翰·大卫·米夏艾利斯委托丹麦的阿拉伯远征队研究"一夫多妻制对人口增减的影响"。[68]唯一存活下来、可以撰写报道的研究者卡斯腾·尼布尔一如往常地以经验与正常的人类理智来回答：一方面，东方的"老婆很多"现象不像欧洲人估计的那样普遍；另一方面，根本没有统计学与"政治算术"来精确断定人口关系。[69]第二点导致无法理性判断一夫多妻制是否有助于人口增长。问题本身的切入点的改变要比答案更重要。

18 世纪早期直到孟德斯鸠及 1753 年概括这类思考的苏格兰神职人员与哲学家罗伯特·华莱士（Robert Wallace）等作者担心当代世界的人口稀少。[70]毫无疑问，从伊斯兰文明来解释似乎最为简单：该地人口贫瘠。杜尔哥与沃尔尼认为原因在于政治压迫与一夫多妻制，而那又是受伊斯兰滋养的专制体制的结果。[71]在爪哇，斯坦福·莱佛士爵士却得出该地的一夫多妻制根本无法抑制一个不幸受到当地与荷兰强迫统治所阻碍的人口发展的结论。[72]

到了 18 世纪末，大家较怕人口过剩，而非人口贫瘠。整个近代，中国众多的人口令人讶异佩服。企图诋毁中国的人便以无法取信于人的方式，否认耶稣会教士引自中国数据的庞大人口数字。关于中国人口急遽增长的原因有多种推测，今日的研究仍未最终解决这个问题。1785 年，修道院院长格罗西耶从过去的思索中得出结论，并列出 16 个自然的、文化的及源自风俗、有助于中国人口增长——尽管饥荒不断出现——的因素。[73]其中包括国内长期和平、税收轻微、领养普遍或士兵亦可结婚等事实。格罗西耶并未直接提到一夫多妻制，但有触及"女性孤单"的问题，因其基本上只在照顾孩子。[74]不过，约 1800 年后，中国的众多人口逐渐被视为弱点与负担。这时的印度亦是如此，人口增长加重而非减轻了群众的悲惨境况。[75]

在这种评价改变之后，可以见到有关人类与环境关系的思维的基本变化。针对孔多塞与威廉·戈德温这样相信人类日臻完善的能力和信奉地球拥有可以养活各种数量生物的力量的乐观哲学的人，罗伯特·华莱士则先指出人口无限增长会造成的生态限制。[76]1798 年，近代最具影响力的思想家之一、英国的神职人员托马斯·罗伯特·马尔萨斯，在《人口论》（*An Essay on the Principle of Population*）中发展出人口潜在增长率与人们赖以维生的物质潜在增长率不同的自然法则。如果马尔萨斯只想提出一个普遍适用的法则，那他可以不用长篇大论。不过，他也对这个法则如何在不同文明中以各自独特的方式实行以及

363

社会发展出何种机制来抵制的问题感兴趣，这令他成了世界各地旅游文学最为专注的读者之一。因而他的《人口论》，特别是 1826 年最后修订的第六版，成了有关所有大陆再生产行为、人口政策、家庭生活与妇女地位的材料与论点的宝库。

首先，马尔萨斯研究社会和环境并非一直自然和谐，而是会一直繁殖，但食物供给依然不变的现象。他几乎在亚洲各地都观察到这种行为方式，以此解释在许多游记中读到的多数人口的悲惨情况。他的典型例子基本上便是沃尔尼所见到的沙漠阿拉伯人。对他们而言，伊斯兰所鼓吹的繁殖乐趣会被族长的政治利益继续加强。首领的权力与声望基础在于部落的人头数，因而他有义务近乎不择手段地增加人口。[77]马尔萨斯并未赋予一夫多妻制重大意义，他认为一夫多妻制有不同的影响。在沙漠阿拉伯人处，一夫多妻制加快人口增长；在土耳其人与城市阿拉伯人处，一夫多妻制则减缓人口增长。[78]

马尔萨斯的解释不像孟德斯鸠的推测，带有强烈的自然人类学味道。他几乎完全舍弃亚洲人特别是亚洲女性有强烈肉欲的老套说法。不是性欲，而是宗教、政治与战争宰制着所有文明的再生产行为。只在少数例子中，才可见到人类应该只在能够养育孩子的世界里生育后代的理性观点。阿拉伯人不受抑制的繁衍，便是极端非理性的例子，只有另外一种透过部落战争相互大量毁灭的非理性行径才能与之抗衡。[79]当这类战争导致男性数量急遽萎缩，一夫多妻制便无可避免。在中国，文化价值标准要求与受国家鼓吹、未被战争削弱的人口繁衍状态已冲击到无法增加、就算中国人无比勤奋亦无法提高农产所得的农业资源。[80]相反，奥斯曼帝国并不缺乏这类资源，但或许因为专断但柔弱的专制政体无助于农业空间发展，结果导致这里长期的人口萎缩，情况更因黑死病与其他疫病而雪上加霜。[81] 对马尔萨斯来说，中国西藏地区因而成了亚洲的例外，因为这里——也只在这里——有意限制人口繁衍，以适应贫乏的自然条件。在他看来，藏族人展现出只有欧洲中上阶层才有的理性节制。[82]

　　跟马尔萨斯一起，一夫多妻制的论题从历史哲学与有关东西文化差异的讨论中消失，成了因果分析的人口统计学体系中的众多因素之一。一夫一妻的基督教西方与一夫多妻的伊斯兰异端东方的对比不再那么突出。现在真正的解释方式是：一边是欧洲核心国家的富裕成长，一边是经济衰退（土耳其、印度）或停滞（中国、日本）。在这种文化差异认知的经济化中，一夫多妻制只是许多其他解释因素之一。

　　正如在许多其他的论题中所见的一样，阿诺德·赫尔曼·路德维希·赫伦亦是一夫多妻制问题中表达出启蒙运动时代社会学语言的最后一位理论家，但绝非毫无原创理念。他的《论古代世界重要民族之政治、交通与贸易》和马尔萨斯的《人口论》一样在那十年间出版。赫伦研究一个从孟德斯鸠到沃尔尼不断被碰触却从未好好阐明的论题：专制体制与一夫多妻制的关系。对此，孟德斯鸠说法谨慎，只建立了类推，没有因果关系：

　　　　……奴役女性完全符合乐于滥用一切的专制的精神。因此，可以在各个时期的亚洲见到家务奴役和专制同时存在。[83]

　　法国的专制主义理论家乐于从气候或征服活动上来解释这种无限个体统治的特殊形式的源头。一旦王朝的政治架构成立，专制原则便由上而下入侵整个社会。每个家长表现得就像苏丹一样。相反，赫伦认为专制体制是由下而上构成，其最坚实的基础便是一夫多妻制。在赫伦看来，一夫多妻是个独立的变量。出于"我们这里所不明白的发展原因"，"中亚重要民族"中的"家庭社会"是由一夫多妻制决定。因此"家庭美德"不能发展，其所期待的结果——爱国心与自由的市民意识——亦无法展开。[84]

> 一夫多妻必然造成家庭专制，因为这令女性成为奴隶，男性因此成为主宰。因而公民社会在这里不是由许多家长构成，而是家中暴君，他们自己专制，又愿受人专制。盲目下令者，亦善盲从。[85]

家长和专制君主的差别，在于家长并不自顾自地沉溺在自己的激情之中，而是"关注整体的维持与延续"。这种德行让他成为丈夫与父亲，以及公民与捍卫祖国的战士。[86]主张一夫多妻的人士绝对无法成为公民，这无疑与专制君主的自以为是相差无几。一个人在亚洲，社会地位愈高，闺阁及其重要性不断增加的整体机制就更加重要与强大。到了最后，一些宛如神祇般崇高的大君反而成为女性与宦官的傀儡。如此一来，赫伦眼前浮现出牝鸡司晨的最终恐怖景象。[87]

如果政治上的专制主义蔓延到家中的一夫多妻制的话，"那种完全无法接受的情况必定也将跃然眼前，于是除非东方民族全盘改变家庭生活的组织，否则就无法改良专制体制"。[88]但他们为何应该全盘改变呢，而且宗教不是已经赐福于既有实务了吗？因此，赫伦只能面对一种无法避免的厄运。他的家庭关系宰制的专制体制比孟德斯鸠的气候宰制更加严格。如沃尔尼所见的那样，亚洲绝对无法摆脱这种体制。不过，这种体制也绝不会像孟德斯鸠偶尔担心的那样，跨到欧洲来。赫伦让人安慰的信息表明，"欧洲的道德观念让欧洲免于亚洲专制的桎梏"。[89]欧洲最大的世界史资产便是一夫一妻制。那是基督教的一种成就吗？赫伦并未回答这个问题，但苏格兰的怪人凯莫斯勋爵已有答案：在信奉基督教的埃塞俄比亚与刚果的基督教徒间，人们倒是在认真地实践一夫多妻制。[90]

366

工作、自由与牺牲

并非所有的亚洲女性都是没有自由意志的"女奴"，因而亚洲女性成为欧洲人眼中同情与窥视欲望投射的对象。她们并非全是她们主人的交易商品与财产。玛丽·沃特利·蒙塔古女士大谈特谈土耳其闺阁女性中比较幸福者的情色自决，而赫伦则怕女性统治，这是爱德华·吉本曾经说过而所有暴君逃脱不了的"闺阁丝网"。[91]自白尼尔起，大家便已知道不只是在奥斯曼帝国，莫卧儿王朝的女性在政治上亦有过短暂的非凡影响力量。[92]然而，在中国、日本及东南亚并未见过任何类似的报道。吉本可能不知道中国的女皇帝武则天（执政期：683-705），认为整个亚洲史除了半神话的塞米勒米斯（Semiramis）① 外，只有一名女子以过人的才智克服了亚洲的"奴隶惰性"（亚洲气候与风俗强加在女性身上的奴性怠惰）：叙利亚女王芝诺比阿（Zenobia），她在公元 272 年公然反叛罗马皇帝奥勒良（Aurelian），因而导致自己的国家巴尔米拉（Palmyra）灭亡。[93]此外，在叶卡捷琳娜大帝时期有少量关于亚洲国家女性参政的报道。

---

① 古希腊史学家所提到的古代东方女王。—译者注

至于亚马孙女战士的存在，几乎没人相信。

不过，更显著的是，女性的表现丝毫不是"典型亚洲"式的奴性卑恭，女性的待遇并不像闺阁典范所要求的那样不堪。在西藏有一妻多夫制，即一名女性同时嫁给多名男人，基本上是和几位兄弟共同生活，并且居家做主。伊波里托·德西代里有关这种关系的早期描述混杂着憎恶；孟德斯鸠在杜赫德教士的作品中读过；1785 年，修道院院长格罗西耶根据中国的资料报道此事；1783 年，塞缪尔·特纳船长造访西藏时，对这种家庭生活方式印象深刻。[94]特纳并未将所见妖魔化，亦未保持着态度冷静的民族学者的距离。他的论断清晰肯定：一妻多夫制适合西藏的特殊状况，有助于贫瘠的土地避开最大的困境：人口过剩。基本上，这个制度有助于总是彬彬有礼、控制自己激情的藏族人移风易俗。亚洲几乎没有其他地方如此善待女性，和印度相比更能清楚说明：

> 和她们南方的邻居相比，西藏女性享有较高的社会地位。除了自由不受局限的特权外，她们还扮演着家长与丈夫伴侣的角色。女性不能老是指望她所有的丈夫都在，因为他们不时要去务农或经商。不过，每个丈夫的收入全都纳入共同家计之中，只要工作尽心尽力，都会受到家人衷心的接纳。[95]

女性并未无所事事。正如伊波里托·德西代里在 18 世纪初即已观察到的那样，西藏妇女担起农业劳动的主要重责，不停工作，直到筋疲力尽。[96]在亚洲各地，女性在农业、手工业与商业中任劳任怨，欧洲旅行者往往没有察觉这一点。相同的情况尤其在东南亚被不断报道。如 17 世纪中期，男性游手好闲之

367

际，暹罗的妇女则在工作。[97]在暹罗与越南，女性也掌握了大部分的贸易。[98]这种情况抵触了政治与家庭专制关系密切的理论，不过似乎没人察觉。莱佛士在其详细的爪哇农业分析中，不断强调女性的成就。对女性在农地上的工作的评价几乎和男性等高，衣服则完全由女性在家中生产。家庭靠着"共同努力的果实"[99]维持。约翰·巴罗爵士表示，越南女性负担主要的田间工作，中国部分省份亦是如此，她们甚至亲自犁田。[100]在游牧民族处，女性也照顾动物、加工动物产品。印度女性甚至担任建筑工人，而且一般说来——至少艾尔芬斯通这样认为——那里的"工作几乎没有性别差异"。[101]在日本沿海，如坎弗所言，到处都有"鱼女"潜入海中寻找大叶藻——一种昂贵的美食原料。[102]

女性的声望与地位绝非各处都像女奴这种陈腐的论调所认为的那样低下。不过这种论调却是根深蒂固，从稍微有利于女性的生活条件往往都被视为例外这一点便可看出。如果有人表示土耳其男性轻视他们的女人，"几乎不把她们视为理应具有才智的人类"[103]，那在其他地方便会冒出相反的情况。罗伯特·波西瓦船长确认罗伯特·克诺斯旧有报道中有关锡兰妇女极端不知检点的道德意识一事，但他宁可视之为女性的自由："一名锡兰女性几乎不像一名女奴，在丈夫眼中，更像欧洲俗称的夫人及伴侣。"[104]就像在越南一样，女性的工作往往换来更多的人身自由。[105]1812年，和欧洲相比，一名传教士甚至做出偏袒亚洲的比较：

> ［东京（北圻）］的女性绝不像世界许多地方那样，在家中成为女奴及囚犯，她们也不像一些欧洲国家的女性，在法律上只能依附从属。在劳动阶级中，她们和自己的丈

368

夫一样平等工作。在上层阶级中，她们忙于自己所能忙的活动，令自己高兴。……她们享有极大自由，虽然很少外出，但可以随意拜访她们的女友。[106]

在缅甸，女性虽被自己的丈夫轻视，但在生产上不可或缺，且多半掌管着家中财务。[107]

因此，细心的旅行家注意到整个亚洲女性的工作成就、职业、法律地位及自由空间。然而，这些观察往往附带地散落在报道之中，无法构成一个整体印象，来否决女性受害者角色的反面图像。女农或女商人的图像，无法和闺阁的神秘魅力与焚烧寡妇的惊人效果相比。

自欧洲的第一份报道起，即从亚历山大大帝远征以来，焚烧寡妇就成了印度文献中的一个标准论题。这种仪式性"追随死者"的特殊形式相当令人瞩目，因为——不像同样令许多欧洲人憎恶的奴隶制度——这在基督教的势力范围内及和欧洲比邻的伊斯兰地区从未有过。[108] 焚烧寡妇是一种印度教印度的特征。不过，这种行径其实很少发生，也绝非多数或所有的寡妇都会被烧死，但这基本上无法从报道中看出。[109] 而且，在这个例子中，人们也难以厘清众多的游记描述中，何者是亲眼所见，何者是参考文献中的资料，而何者是天马行空、加油添醋。尽管这种现象的起因备受争议，但基本的场景一直未变：（往往还年轻的）寡妇、家庭成员、主导指挥的婆罗门、群众；安置好的遗体、火堆、助长火势的燃油。美女与死亡、自愿与强制、传统压力与个人痛苦、仪式与犯罪：这些对立导致焚烧寡妇这个仪式令人无比着迷。[110]

在欧洲，很少有人支持焚烧寡妇的行径。人们很少坦然表明印度这种规范淫荡与弑夫女性的行径有其必要的观点。[111] 自从欧洲不再公然焚烧异端与女巫后，焚烧寡妇的行径便彻底成了印度令人悚然的特征。有些报道强调寡妇乐于从容面对无情的命运或狂热赴死，因而自愿的问题甚受瞩目。启蒙运动时期的作者多半视寡妇为周遭环境的受害者。如果出现肉体上的强制行为，情况便一目了然。白尼尔已将监控整个仪式的婆罗门描述成魔鬼般的怪物，不怕把受迫的女子送上火堆。[112] 不过，就连寡妇的自愿赴死亦让人怀疑，那看来并不太像自由意志——从启蒙运动的宗教病理范畴来看——而是盲从与迷信的结果。由此看来，寡妇并非肉体强制行为的受害者，而是一种蔑视人类的文化体系在印度这里清楚展现其古代遗风与卑劣道德。[113] 然而，1829 年英国殖民强权在孟加拉国及 1830 年在孟买与马德拉斯总督处，两方都有印度人参与的废除焚烧寡妇的大型辩论，并非完全源于法律、道德与基督教价值的观念。容忍焚烧寡妇的行径，出自可能因殖民当局施行禁令而导致骚动不安的实际统治考虑，或从尊重当地"古代"风俗的文化相对论上来解释。[114] 在早期印度学中，还包括了焚烧寡妇是否源自印度正统与传统的文献中的问题。这个观点曾在捍卫与批评这个行径的双方论述中具有非凡的意义。在经师学者的论战背面，女性权利与人权濒临消失。[115]

370

进步：殷勤的标准

在本章开头所引述的伏尔泰的观点——东西方的最大差异在于对待女性的态度，指出了一个讨论女性这个论题的大型框架：文明的进程。

约从 18 世纪中期起，在基督教、其他的一神教（犹太教与伊斯兰教）及"异端"的宗教三种世界中，出现了一种重要的规范样本，俗世的三个模式：野人、蛮人、文明人。不过，这个范畴不像宗教团体属性那样明确。在从火地岛高贵的野人到巴黎的沙龙仕女、英国贵族及德国教授的整个人类"精致化"刻尺上，有着细微的层次与无明显界线的过渡。如何断定野蛮到文明的那一步，如何界定文明达到的程度？东西方的差异最后是如何冒出的？有一种包含了伏尔泰的提示，并在女性的地位中见到一个重要标准（如果不是最重要的话）的思考方向，借以测定社会生活的质量。

在 18 世纪后半叶，这个标准才逐渐清晰起来。在旧有的民族学文献中，如德默尼耶 1776 年所总结出来的，详细讨论到婚嫁习俗、性生活、婚姻生活与离婚。[116]孟德斯鸠之前也已读过许多这类文献。不过，这些人类共同生活的层面未被视为社会发展成功的标志，无法从各类风俗习惯中特别凸显出来。所以，首先出现于 1742 年的大卫·休谟这位启蒙全盛期全欧洲最具影响力的重要启发者的一些简短想法，都陈述在他的《论艺术与科学的兴起与进步》（Of the Rise and Progress of the Arts and Sci-

371

ences）一文中。休谟从人际交往形式的优雅与精致来探索现代的优越性。他不太愿意认为"现代殷勤有礼的观念"可以彻底解释文明进步。[117]休谟所谓的殷勤有礼是一种两性之间体贴行为的特殊形式：经由男性自觉的慷慨来修正自然带来的差异。

> 由于自然赋予男性较为强壮的身心，因此胜过女性；因而，他有义务尽可能透过其慷慨的行为，并在面对女性所有的爱好与想法时，有意体贴及礼让，来缓和这种优势。野蛮国家则通过无情奴役他们的女性来保持这种优势：他们禁锢、殴打、贩卖与杀戮她们。不过，一个文明民族的男性则以高尚但绝非模糊的方式来展现他的权威：透过礼

貌、尊敬、礼让，简而言之，透过殷勤有礼。[118]

1761 年，休谟在其《英国史》（*History of England*）这部基本上是论述欧洲文明兴起史的作品中，概述殷勤有礼的形成过程。他视之为封建中古最重要与最经久的成就。封建制度赋予军事随从的独立，在骑士与男爵中唤起一种新的荣誉感与保护弱者的意识，尤其是女性，那是之前的文化史中所没有的。对领主的效忠转移到两性关系上，表现在一对一的比武与马上竞技理想中的政治独立与个人化，并产生了骑士精神。[119]这种文明动力的结果，来自连休谟都认为相当黑暗的中古时期。在近代君主体制的宫廷社会中，这种典型的行为得到进一步改良。

其他的苏格兰思想家也都承袭了休谟的分析。1767 年，亚当·弗格森指出在国内范畴中使用暴力的限制与合理化以及文明国家社会交际方式与男性对待女性的去暴化，并和休谟一样，认为这种发展的起因可回溯至中古的骑士精神。[120]亚当·斯密和亚当·弗格森之外，苏格兰启蒙运动第三位重要的社会理论家约翰·米拉首先特别在社会生活的整体状态下，赋予妇女地位一种代表性意义。1771 年，他在作品《社会等级区分之观察》（*Observations Concerning the Distinction of Ranks in Society*）中以一种两性关系史重建了从蛮荒之初到欧洲取得现代成就的社会通史。[121]米拉引述一般的游记文献，但只用在相符的目的上。换句话说，他不理会文化差异，只对有助于构成人类共同文化史的共同特点感兴趣。东西方的对立，在他及休谟与弗格森处，无足轻重。对米拉来说，现代欧洲好不容易摆脱掉的野蛮状态是种普遍状态，不仅掌控着地中海的古代世界，直到现代亦掳获住整个亚洲。几乎在所有的苏格兰作者处，见不到东西方截然敌对的文字。在他们眼中，欧洲达到了一种其他文化长期来看亦有可能达到的文明程度。对他们而言，作为文明动力的基督教仅仅代表了次要的意义。

亨利·何姆（Henry Home）这位苏格兰的法学家与文化理论家，在 1752 年以凯莫斯勋爵之名被聘为高等法官，并在 1774 年出版其主要著作《男性简史》（*Sketches of the History of Man*），这本书同样建立在苏格兰共同的思想土地上。在冗长的"女性进步"（Progress of the Female Sex）一章中，他收集了各个时代与世界各地的材料来证明他的看法："之前只被视为兽性情欲客体的女性，今日被捧为忠实的女友与可爱的伴侣。"[122] 不过，凯莫斯比他的苏格兰同侪更加强调一夫多妻制阻碍文明的力量，有时在他（正如后来的赫伦）看来，人类的大地图只分成一夫多妻与一夫一妻两种范畴。他补上一个重要的观点：在野蛮状态下，女性只是交换与贸易的商品。在"野蛮"阶段，全世界只有欧洲北部国家已避开一夫多妻制与妇女买卖的诅咒，因而后来有资格推展文明。[123] 凯莫斯也因此脱离苏格兰的框架，因为他后来开始运用不受亚当·斯密和亚当·弗格森重视的孟德斯鸠的气候理论。在凯莫斯勋爵眼中，欧洲"现代"（如休谟所言）的骑士精神之所以可以发展，是因为基督教之前便已抵拒一夫多妻制的威胁[124]，而其前提则又是一种抑制住男女兽性自然欲望的气候。因此，凯莫斯认为亚洲人和非洲人摆脱自然束缚的希望，显然要比其他苏格兰哲人所论断的更小。在凯莫斯勋爵笔下，殷勤的标准具有决定论的味道。

总是特立独行的约翰·理查森——也是一名法学家，不过是个英格兰人——以一种亦有可能出自吉本这位对文化比较的合理性有锐利观察者的异议，来对付这一点：如十字军东征所显示的那样，不是也有一种近乎欧洲基督教的东方伊斯兰骑士精神吗？那不是比地中海北方的骑士精神甚至更加悠久吗？那不是在阿拉伯人及"鞑靼人"处，促成类似的女性高等地位吗（理查森试图证明这点）？[125]一夫多妻制在东方的意义——那和气候没有太大关联，在冰天雪地的堪察加半岛上亦存在——不是被欧洲旅行家过度高估了吗？[126]

约1800年后，在苏格兰人的影响下，有关两性关系的看法被强化成为一种运用在具体社会上的判断标准。英国世纪交替之际在"哲学"上最具野心的旅行家约翰·巴罗爵士，表述出一个原则：

> 我们或许可以订出一个不变的原则，即一个国家社会中的女性情况会促成一个相当合理的标准，来检视这个国家所达到的文明程度。[127]

所有印度事务的哲学判官詹姆斯·密尔则提出了一个普遍性的规律："野蛮民族的女性通常地位低下；在文明民族中，她们变得高贵。"[128]这类句子不断重复着一种欧洲人的自吹自擂：文明人重视女性，重视女性的便是文明人。跨到那种简单的等式——野蛮＝亚洲与文明＝欧洲——只要一小步。不过，这种规律性是否便是合理的？在密尔的《英属印度史》出版前几年，君士坦丁堡聪明的商人托马斯·陶顿对此便有自己的看法：欧洲人的土耳其女性生活观完全错误，被对伊斯兰的偏见所扭曲，被"过度的想象力"弄得荒诞不经。[129]至于所有的欧洲人纯洁文明，只不过是种传说。欧洲不是在古代便已受到亚洲的强大影响，后来在十字军东征之际再度受到影响吗？从希腊到波兰及俄国的东欧人与东南欧人的风俗习惯，不是弥漫着亚洲的特质吗？奥斯曼帝国中不该被视为"奴役"女性标志的女性隔离措施，和西班牙女性从那个混合的社会中被分离出来，并无太大差别；莫尔人（Moors）的影响在这里暗中起着作用。[130] 日耳曼妇女受人敬重的地位，后来演变成"骑士近乎受到膜拜的殷勤有礼"，再次塑造出现代欧洲的性格，陶顿对此也很推崇。[131] 不过，这类风俗与性格模式并非放诸四海皆准，只有出自自然增长的文雅精致，才具有价值，才会永存。因此，企图将东方女性从其所谓的压制中解放出来，在陶顿看来是荒唐愚蠢的事。相反，在他看来，俄国皇室的伤风败俗不过是有违自然、强制一个半亚洲社会西化的结果，一个令人作呕的奇观。[132] 在理查森和陶顿这样的观察家评断下，文化前提完全不同的文明都有可能尊敬女性。这种尊敬有着各自的文化内涵：西方女性显然被视为男性追求的伴侣，而土耳其文明则赋予身为母亲的她们无与伦比的爱戴。[133] 殷勤的标准所指涉的，不是特定文明的进步，而只是一般文明的标准。

注释：

[1] Mehmed Efendi, *Le paradis* (1981)，第73页及下页，第118页及下页；及 Göçek, *East Encounters West* (1987)，第38~48页。伊朗的观点参阅 Ghanoonparvar, *Persian Mirror* (1993)，第15页以下。

[2] Voltaire, *Essai* (1963)，第2册，第807页。

[3] 关于金德斯利，参阅 Dyson, *Various Universe* (1978)，第122页以下。

[4] Melman, *Women's Orients* (1995)，第36页及下页。但主要参阅1925年这些信件的版本中弗斯特（E. M. Forster）的前言——以下面漂亮的句子开始："爱莉莎·费是件艺术品。" Fay, *Letters* (1986)，第7页。

［5］同上书，第 16 页。

［6］同上书，第 257 页。

［7］Niebuhr, *Reisebeschreibung*（1774-1837），第 1 册，第 241 页。

［8］Kindersley, *Briefe*（1777），第 101 页。

［9］Chardin, *Voyages*（1735），第 3 册，第 392 页；立体的描述亦已见 Du Mans, *Estat de la Perse*（1890），第 95 页及下页；Kaempfer, *Am Hofe*（1977）；第 234 页。

［10］最新的研究再次发现这个题目，参阅 Zilfi, *Women*（1997）中的多数论文。

［11］"后宫"一词多半指的是君主的闺阁，特别是伊斯坦布尔苏丹的。

［12］Kaempfer, *Am Hofe*（1977），第 229 页。

［13］Chardin, *Voyages*（1735），第 3 册，第 383~392 页。

［14］参阅 Peirce, *Imperial Harem*（1993），论述伊斯坦布尔的闺阁是种权力中心。d'Ohsson, *Tableau générale*（1788-1824），第 7 册，第 62~88 页，以管理手册般的客观性描述了其组织结构。Penzer, *Harêm*（1936），第 27~50 页，讨论到 1551 年及 1845 年间欧洲有关大公围阁的描述；认为 1604~1607 年间在伊斯坦布尔任职的威尼斯使节波恩（Ottaviano Bon）的描述是最好的。

［15］D'Ohsson, *Tableau générale*（1788-1824），第 7 册，第 68 页；Businello, *Historische Nachrichten*（1778），第 22 页；Manucci, *Storia do Mogor*（1906-1908），第 2 册，第 330 页（第 330~340 页有一根据担任奥朗则布御医的作者所知的详细描述）；Semedo, *History*（1655），第 113 页；Kaempfer, *Am Hofe*（1977），第 231 页。（Roemer, *Persien*, 1989，第 362 页，认为萨非二世国王有 800 名宫女）。

［16］Chardin, *Voyages*（1735），第 3 册，第 396 页。

［17］Grose, *Voyage*（1772），第 136 页；Sonnini, *Voyage*（1799），第

1 册，第 285 页及下页；Habesci, *Ottoman Empire* （1784），第 170~172 页；Hill, *Ottoman Empire* （1709），第 163 页以下（后两者夸张的老调报道没有太大史料价值）。

[18] Fryer, *New Account* （1909-1915），第 3 册，第 131 页；亦见 Olearius, *Vermehrte Newe Beschreibung* （1656），第 311 页；*Allgemeine Geschichte* （1777-1786），第 2 册，第 271 页以下。Roubaud, *Histoire générale de l'Asie* （1770-1772），第 2 册，第 91 页以下，有类似关于印度人的描述。

[19] Marsden, *Sumatra* （1811），第 271 页。

[20] 一名旅行家发现布哈拉的可汗在女人闺阁外，还有一个 40~60 名男童的闺阁，而且也和驴子性交：Eversmann, *Reise* （1823），第 84 页。Demeunier, *L'esprit* （1776），第 2 册，第 309 页以下，综合了关于同性恋的游记报道。

[21] Marsden, *Sumatra* （1811），第 261 页。

[22] Caron/Schouten, *True Description* （1935），第 142 页及下页。

[23] Sonnini, *Voyage* （1799），第 1 册，第 279 页。

[24] Knox, *Historical Relation* （1681），第 91 页。

[25] Marsden, *Sumatra* （1811），第 261 页。有关妓女的深入描述并不多见，Grose, *Voyage* （1772），第 138~144 页，可算是例外。

[26] Hammer-Purgstall, *Geschichte des Osmanischen Reiches* （1827-1835），第 1 册，第 231 页。

[27] 同上书，第 232 页。

[28] Montesquieu, "De l'esprit des lois", XVI/2, 出自 *Œuvres* （1949-1951），第 2 册，第 509 页。

[29] R. K. Porter, *Travels* （1820-1821），第 340 页及下页。

[30] Montesquieu, "De l'esprit des lois", XVI/8 （514），译文：*Geist der Gesetze* （1992），第 1 册，第 359 页。马尔萨斯 （*Works*, 1986, 第 2 册，第 119 页）引述 1794 年威廉·琼斯 （William

Jones）爵士所译的菜单条例（*Mânava-Dharmasâstra*）中的一段，内有十分类似的说法。

［31］Browne, *Reisen*（1800），第595~599页。

［32］Montesquieu, "De l'esprit des lois", XVI/10（第516页）。

［33］Verelst, *View*（1772），第138页及下页。

［34］D'Ohsson, *Tableau générale*（1787-1790），第2册，第201~203页。

［35］Montagu, *Letters*（1965-1967），第1册，第407页。

［36］同上书，第329页。

［37］Pitton de Tournefort, *Relation*（1717），第2册，第95页。

［38］Montagu, *Letters*（1965-1967），第1册，第328页。

［39］同上，第329页。Salaberry, *Histoire*（1813），第4册，第165页，还可见到这个句子几乎一字不漏地重复。

［40］特别是Montagu, *Letters*（1965-1967），第1册，第312~315、349~352页，第381页及下页。

［41］关于闺阁文献（Montesquieu, Diderot）中的窥视癖形式，参阅Pucci, *Discrete Charms*（1990）。

［42］就连Davis（1986）、Croutier（1989）及Peirce（1993）这样严谨的作者都忽略了这篇特殊的文章。

［43］Russell, *Aleppo*（1794），第1册，第247页及下页。

［44］同上书，第260、263页。

［45］同上书，第261页。

［46］同上书，第242页。

［47］同上书，第242页。

［48］同上书，第243页。

［49］同上书，第257、291页。

［50］同上书，第292页，及第282页关于"土耳其德高望重的女士"的权力与名声。

［51］ 同上书，第 291 页。

［52］ Carne, *Leben und Sitten*（1827），第 26 页。

［53］ 在态度和说法上和罗素兄弟女性图像关系密切的是 Thornton, *Present State*（1809），第 2 册，第 226~296 页关于女性的章节。

［54］ 列王记上，第 3、11 页。

［55］ Sale, *Preliminary Discourse*（1764），第 176 页及下页。

［56］ Pallas, *Reise in die südlichen Statthalterschaften*（1799-1801），第 2 册，第 359 页。

［57］ Georgi, *Nationen*（1776-1780），第 2 册，第 102 页及下页。Niebuhr, *Beschreibung*（1772），第 73 页及下页，亦有类似关于阿拉伯人的描述。

［58］ Duteil, *Le mandat du ciel*（1994），第 277 页。

［59］ 同上书，第 280 页。

［60］ Demeunier, *L'esprit*（1776），第 2 册，第 275 页。

［61］ Hume, "Of Polygamy and Divorces"，出自 *Essays*（1987），第 181~190 页，特别是第 184 页。

［62］ Montesquieu, "De l'esprit des lois", XVI/9（第 514 页）。

［63］ Malcolm, *History of Persia*（1829），第 2 册，第 452 页，主要透过一夫多妻制来解释伊斯兰国家的文化落后性。

［64］ Montesquieu, "De l'esprit des lois", XVI/4（第 511 页）。然而，孟德斯鸠被迫在其 "Défense de l'Esprit des Lois" 捍卫他对一夫多妻制的解释：*Œuvres*（1949-1951），第 2 册，第 114~143 页。

［65］ Montesquieu, "De l'esprit des lois", XVI/2（第 510 页）。

［66］ 同上书，XVI/4（第 511 页），亦见 XVIII/12（第 690 页）。

［67］ Marsden, *Sumatra*（1811），第 272 页。

［68］ Michaelis, *Fragen*（1762）。

［69］ Niebuhr, *Beschreibung*（1772），第 70 页以下。早期亚洲国家严

肃人口学讨论的例子为：Raffles, *Java* (1817)，第 1 册，第 61 页以下；Burney, *Report* (1911)，第 51 页及下页。

[70] Wallace, *Dissertation* (1809)，关于该地的一夫多妻制，第 86 页及下页。戈德温在此针对他的熟人大卫・休谟对立的观点，为此题目写了一篇引经据典的冗长论文："Of the Populousness of Ancient Nations"，出自 *Essays* (1987)，第 377~464 页。

[71] Laurens, *Les origines intellectuels* (1987)，第 108 页以下。在这被引述的段落之前，Montesquieu, *Perserbriefe* (1988)，第 199 页及下页（第 114 封信及下封）已有这种观点。

[72] Raffles, *Java* (1817)，第 1 册，第 73 页及下页。

[73] Grosier, *Description générale* (1785)，第 289 页及下页。

[74] 同上书，第 289 页。

[75] Dubois, *Mœurs* (1825)，第 1 册，第 117 页以下。

[76] Glacken, *Traces* (1967)，第 632~634 页。

[77] Malthus, *Works* (1986)，第 2 册，第 82 页。

[78] 同上书，第 82 页及下页，第 113 页。亦参阅非洲章节中的一般观点：第 94 页。

[79] 同上书，第 80 页及下页，吉尔吉斯人亦如此：第 84 页。

[80] 同上书，第 125 页以下。

[81] 同上书，第 113 页。

[82] 同上书，第 122 页。马尔萨斯不只采纳了塞缪尔・特纳的数据，亦接受他对这些数据的解释 (*Tibet*, 1800，特别是第 351 页)。

[83] Montesquieu, *Geist der Gesetze* (1992)，XVI/9（第 1 册，第 359 页）。

[84] Heeren, *Ideen*...，出自 *Historische Werke* (1821-1826)，第 10 册，第 72 页。

[85] 同上书，第 73 页；Hammer-Purgstall, *Umblick* (1818)，第 45 页，有类似看法。

[86] Heeren, *Ideen...*, 第 73 页。

[87] 同上书，第 74 页。

[88] 同上书。

[89] 同上书，第 75 页。

[90] Kames, *Sketches* (1778), 第 2 册, 第 53 页及下页。

[91] Gibbon, *Decline and Fall* (1909–1914), 第 6 册, 第 348 页。亦参阅 Hammer – Purgstall, *Geschichte des Osmanischen Reiches* (1827–35), 第 5 册, 第 298 页以下, 第 354 页以下。

[92] Bernier, *Travels* (1934), 第 16 页, 第 40 页及下页, 第 374 页以下。

[93] Gibbon, *Decline and Fall* (1909–1914), 第 1 册, 第 325 页。关于芝诺比阿最具影响力的讨论为 R. Wood, *Palmyra* (1753), 第 4 页以下。

[94] Petech, *I missionari italiani* (1954–1956), 第 6 册, 第 106 页；Montesquieu, "De l'esprit des lois", XIV/4 (第 511)；Grosier, *Description générale* (1785), 第 235 页及下页；Turner, *Tibet* (1800), 第 348~353 页。

[95] 同上书，第 350 页。

[96] Petech, *I missionari italiani* (1954–1956), 第 6 册, 第 100 页。

[97] Caron/Schouten, *True Description* (1935), 第 107 页。

[98] A. Hamilton, *New Account* (1930), 第 2 册, 第 96 页；Poivre, *Cochinchine* (1885), 第 390 页。

[99] Raffles, *Java* (1817), 第 1 册, 第 109 页及下页。

[100] Barrow, *Cochin China* (1806), 第 303 页；Barrow, *China* (1806), 第 141 页。

[101] Elphinstone, *Caubul* (1839), 第 1 册, 第 241 页。

[102] Kaempfer, *Geschichte* (1777–1779), 第 1 册, 第 138 页。其他关于女性工作的证据，参见 Kames, *Sketches* (1778), 第 1

册，第 35~37 页。

[103] Bruin, *Levant* (1702)，第 102 页。

[104] Percival, *Ceylon* (1805)，第 194 页。

[105] Barrow, *Cochin China* (1806)，第 305 页；Crawfurd, *Siam* (1967)，第 521 页。

[106] La Bissachère, *Tunkin* (1812)，第 2 册，第 42 页（第 42~62 页，关于女性在越南的地位，亦见第 1 册，第 270 页以下，有关她们的法律地位）。

[107] Symes, *Account* (1827)。第 1 册，第 254 页及下页；亦见 Crawfurd, *Ava* (1834)，第 1 册，第 244 页。

[108] Fisch, *Jenseitsglaube* (1993)，第 295 页。该书第 266 页，注释 2，指出关于这个题目的大量文献。

[109] 粗估在 19 世纪初，孟加拉国一地烧死大约四百分之一的寡妇。同上书，第 269 页。

[110] 几个描述：Bernier, *Travels* (1934)，第 305~315 页；Tavernier, *Travels* (1889)，第 2 册，第 162~172 页；Hodges, *Reisen* (1793)，第 94~99 页；Sonnerat, *Voyages* (1782)，第 1 册，第 8 章；J. Forbes, *Oriental Memoirs* (1813)，第 1 册，第 279~283 页；Dubois, *Mœurs* (1825)，第 2 册，第 18~34 页。但亦有严谨的观察家在广泛的方志描述中并未特别突出焚烧寡妇，例如 San Bartolomeo, *Viaggio* (1796)。

[111] Lenglet-Dufresnoy, *New Method* (1728)，第 1 册，第 31 页。

[112] Bernier, *Travels* (1934)，第 313~315 页。

[113] Ward, *Hindoos* (1817-1820)，第 3 册，第 xxv 页及下页，第 xliv 页以下，如此综述。

[114] 参阅 Narasimhan, *Sati* (1990)，第 132~142 页。

[115] Mani, *Contentious Traditions* (1990)，第 115 页及书中各处如此探讨这个题目。

[116] 参阅 Demeunier, *L'esprit*（1776），第 1 册，第 68 页以下。

[117] Hume, *Essays*（1987），第 131 页。

[118] 同上书，第 133 页。

[119] Hume, *History*（1983），第 1 册，第 486 页及下页。

[120] Ferguson, *Essay*（1966），第 200~203 页。

[121] Millar, *Ursprung*（1967），第 58~128 页。米拉的一些观点在 19 世纪初那几年被法国的晚期启蒙者及早期社会学家傅立叶（Charles Fourier）继续发展下去。

[122] Kames, *Sketches*（1778），第 1 册，第 41 页。

[123] 同上书，第 69 页及下页。

[124] 凯莫斯补充了传统的骑士精神理论（同上书，第 82~84 页），用来研究中古最初的"骑士精神"的没落及其以现代"更为基本的殷勤"的样貌改头换面的严肃再现（第 85 页）。

[125] Richardson, *Dissertation*（1778），第 198 页以下。

[126] 同上书，第 330 页以下。一名土耳其妇女的重要捍卫者 Hobhouse：*Journey*（1813），第 1 册，第 345 页及下页，后来亦有类似看法。

[127] Barrow, *China*（1806），第 138 页。

[128] Mill, *History*（1817），第 1 册，第 279 页。

[129] Thornton, *Present State*（1809），第 2 册，第 257 页。这个段落在挑战孟德斯鸠的《波斯信简》。

[130] 同上书，第 191 页。

[131] 同上书，第 192 页。

[132] 同上书，第 194 页及下页。

[133] 同上书，第 232 页。

第十三章　时代转折：欧洲中心论的兴起

思想的悬浮状态与新的隔离

18 世纪是一个小欧洲与大亚洲均衡的时代。在长期抵抗土耳其强权后，欧洲转而开始反击。然而，在 18 世纪 60 年代征服孟加拉国之前，欧洲仍无法在东方帝国的世界中进行大规模的殖民。只有北亚的开发，也就是在沙俄帝国辽阔的外乌拉尔地区的开发在几乎不动声色地稳定进行着。近代亚洲的国家体制瓦解和欧洲的干涉毫无瓜葛。例如，英国人根本没有促成奥朗则布的莫卧儿王朝垮台，他们只是懂得利用奥朗则布覆灭之后的情势。在满族人于 1644 年征服中国后半个世纪，大陆型部落社会对其他种族的突围和欧洲人的海上入侵一事在亚洲史中至少是同等重要的因素。

在 17~18 世纪，欧洲人凭借效率极高、拥有武装力量的垄断商社将亚洲沿岸地区纳入了全世界的贸易网络中。海外运输航线从也门与波斯湾延伸至面对中国东海的长崎港。经由好望角，亚洲的贸易世界和大西洋的贸易世界整合在一起，经由西班牙人的阿卡普尔科（Acapulco）—马尼拉航线，和美洲有了联系。不过，不能说欧洲人单方面主导着亚洲贸易，强行贯彻自己的规定。当地的船运既是可怕的竞争对手，亦是不可或缺的伙伴；欧洲人慢慢才在亚洲各港口间所谓的"区域贸易"（country trade）中扮演着一定的角色。至于在广大的内陆推广

376　欧洲产品，一直需要依靠当地商人来进行。只有在一些例外案例中，如香料贸易的某些领域，欧洲人才能直接掌握令人垂涎的出口商品。亚洲国家的制造商利用欧洲需求增加的机会，大幅扩张了贸易量，如茶和棉布。在 18 世纪末，整个中国和印度地区专门应付出口欧洲的贸易。介于提供原材料的亚洲与供应工业成品的欧洲间的殖民易货关系，此时尚未出现。亚洲在和欧洲之间的热络贸易中所得的利益，特别是东方的贸易顺差，完全抵销了东印度公司"代理人"的粗暴掠夺。1820 年左右，当部分西欧地区已开始工业化之际，亚洲与大洋洲的人均收入，大约仍有西欧与南欧的一半。[1]欧洲与亚洲的贫富差距在之后几十年间才急遽拉开。

　　权力方面的均衡和经济方面的互动，与认知并无相对称的关系。近代欧洲被证明具有学习与求知的文化氛围。在欧洲人以刀枪和炮艇征服亚洲之前，他们造访亚洲并以笔墨攻占这个大陆。在卷帙浩繁的旅游文献、东方文献译本及图像与艺术品中出现的亚洲深受瞩目，成了一般人类科学的观察场所：一种当代大哲学家奠定基础的英国—苏格兰式的"人类科学"（science of man）、一种自然科学色彩强烈的法式"人类科学"（science de l'homme）以及一种对启蒙运动后期世界观有着典型贡献的德式人类"文化史"（Kulturgeschichte）。[2]相反地，亚洲人对欧洲的兴趣不高。亚洲人对西方的短暂的心理开放以及对欧洲人的好奇高峰出现在康熙后期，大约在 1690 年至 1720 年，而不久后的奥斯曼"郁金香时期"（1718-1730）也是昙花一现。只有成为仅次于朝鲜的全亚洲最难接近的国家日本，靠着进口大部分是荷兰文的书籍，而有着系统性的欧洲研究。这种研习外在世界的态度，是几百年来吸收中国文化所留下的遗产。[3]

　　因而18世纪的均衡并非建立在欧亚相互之间的感知当中，而是存在于欧洲自身的意识下的矛盾心理与论断范围中。欧洲把东方幻想成一个童话般的对照世界，同时以新的经验科学来进行研究，创造出殖民主义与紧随而来的殖民主义批判。由于教条主义暂时从欧洲的世界认知中消退，这类对立与矛盾便显得特别清晰。一方面，17世纪欧洲人对亚洲宫廷与城市的辉煌及富有的吃惊诧异转成了质疑。旧有亚洲母体文化的魔力被打破。[4]但另一方面，19世纪欧洲人肤浅的优越自觉仍未萌芽。亚洲文明——起先主要是中国，后来是印度——在思想上提出的挑战似乎值得辩论。变换角度的实验、试着任意采纳非欧洲"另类"的观点、自己价值标准的相对化等并不只是写作上的技巧。认识异国的理论、旅行的理论和用于评断游记——文化间最重要的信息媒介——的出色方法，都同时预防了天真的人云亦云以及缺乏根据的胡乱臆测。因此简单的二分法不太能够令人信服。约1790年之前，几乎没有人在"东方"与"西方"的文化整体范畴间发觉到鲜明的对比，更别提一种互相排挤的互不兼容或文化冲突。如果有人刻意强化二者之间的对比——例如孟德斯鸠于其专制学说中，在方法上明显展现出来的意图——便得容忍不留情面的批评。

　　亚洲的历史是18世纪欧洲人所热烈关注的课题，但它还没有像人们即将在19世纪看见的那般，于欧洲统治世界之际自成一格。一个弥漫着西方近来独特进展的历史新概念，并不只在对照欧洲的过去之际得以发展，亦在亚洲当代的背景前发展出来。欧洲脱离古代欧亚大陆这个整体，成了历史哲学的中心主题之一。此外，还有第二个主题在继续发挥作用：亚洲马背上

377

的战士被彻底驯服。驯服这种好斗驰骋的"历史的基本力量"还是新近的事，在爱德华·吉本看来，这是近代最令人鼓舞的伟大成就之一。千百年来一直有匈奴人、阿拉伯人、蒙古人及土耳其人的威胁，到了 18 世纪仍有"战争彗星"纳第尔·沙阿国王宛如天灾一般的武力肆虐。印度海达尔·阿里（1722-1782，印度迈索尔王国国王）反殖民的努力自强与世纪交替之际埃及帕夏穆罕默德·阿里的类似意图早已属于另一个新的时代，属于针对欧洲权力扩张的反应。在其中，亚洲的动力已非一种草原风暴，而是一种制度性的现代化。尽管运作不甚完善，却已是采用西方手段克制西方强权的开端。19 世纪，日本便是这一策略的大师。

在欧洲，多元的亚洲社会受到仔细的观察，但既未被强制纳入"野蛮"的狭隘模式中，亦未被挤入特殊的人种学论述中。一般的比较社会观察尚未被区分为研究自我的科学（社会学）以及研究异类的科学（民族学）。在坎弗、罗素兄弟、尼布尔或沃尔尼等旅行家看来，文明亚洲的制度与生活方式成了一种刻画入微的社会志所探讨的对象，而在孟德斯鸠或亚当·弗格森等理论家看来，这些成了从文化差异的精神中建构社会学的动力。观察一个并非无法用相同标准来衡量的异国文化会加深对自我的了解。只要欧洲社会形式的特殊之处愈能和亚洲的区分开来，就愈显得轮廓清晰。只要欧洲还不认为自己无与伦比，亚洲就可和欧洲互比。一直要等到 18 世纪末，才开始如尼可拉斯·卢曼（Niklas Luhmann）所言，盛行"以欧洲为中心的文化比较以及以现代为中心的历史回顾"。[5]

史学家赫伦与哈默-普格斯塔及地理学家卡尔·李特尔与亚历山大·冯·洪堡所属的世代仍然保有好奇、评价坦率与尊

敬亚洲人的特质。赫伦与哈默－普格斯塔在前几章中经常出现，
至于洪堡与李特尔则可以稍提一下。洪堡只从晚年的俄国之旅
中认识亚洲；他对这个大陆着墨不多，而留下的少量文字则多
半是有关物理地理学的问题。他于 1808 年对墨西哥的记述成为
现代社会分析学的奠基文献。想象一下，如果他有机会以同样
的经验和认知态度来面对一个亚洲国家，不知会产生什么作
品[6]。卡尔·李特尔从未踏上亚洲土地，但他身为最后一位综
合欧洲近代早期亚洲知识的大师，所产生的意义是无论怎么样
都不会被过度高估的。1832 年，他开始出版的《地球志》增修
第二版却是关于大亚洲地区的历史文化地理学，说得更精确一
点，是一部在空间生态脉络下亚洲文明的历史。[7]直到 20 世纪
中期，法国史学家费尔南·布罗代尔（Fernand Braudel）在其
所著关于 16 世纪地中海世界的划时代作品中再次重现了李特尔
深远的见识。李特尔克服了德国旧式"统计学"与政治地理学
所屯聚的庞杂数据，进行耗时费力的工作并依据实务经验来发
挥想象力，描绘出作为历史"个体"的亚洲的文化地貌。李特
尔相信上帝创造的人类需求有其合理之处，并对人类共同体适
应既存的空间与气候的成功，或尤其是失败的尝试深感兴趣。
由于他基本上采取功能主义式的论证，也就是剔除文化运作方
式与社会制度和当时特殊的自然环境间的关系，于是并不会在
民族性格与种族特质的范畴中进行任何思考。在生物与地理决
定论的矛盾中，李特尔的立场鲜明，他不认为环境因素具有因
果机制的影响力，宁可视自然与地貌为人类存活保障与文化开
展的活动的舞台与防洪堤。如之前令他受益良多的赫尔德一样，
李特尔否定一种可以让他论断文明的绝对观点的可能性。在他
眼里，文明的差异不在其实质价值（像其"文明"程度），而

379

主要在于其处理有限资源成功与否，也就是其环境管理程度。

然而，自 18 世纪 70 年代以来，亚洲"哲学式"批评家反对赫尔德的异议的声音愈来愈大。他们和在一些旧有游记中粗暴的亚洲恐惧保持距离[8]，并要求通过仔细的研究与冷静的理性推论来触及事物的本质。在怪人康奈立斯·德·博之后，自然学者皮埃尔·索纳拉特为第一位持这种态度的真正代表人物，后来哲学信念完全不同的作者亦持这种态度：旅行家暨观念论者沃尔尼与功利主义者巴罗，或亚洲评论家暨苏格兰阶段论理论家詹姆斯·密尔，基督教历史哲学家弗里德里希·施莱格尔与在某些方面差异甚大的黑格尔，他们的论断似乎清除掉了任何一种意图的杂渣。亚洲文明现在上了法庭，接受所谓合理性、效率及正义等不变的标准的判决，在其他地方亦接受面对基督教时的坦诚标准的判决。

1825 年到 1850 年，对古代亚洲及中古亚洲的研究形成了新的学院专科，只有少数特立独行者，如史学家及长年担任孟买总督的蒙特斯图尔特·艾尔芬斯通，会捍卫近代亚洲的尊严。[9]而与此同时，人们延续至今的对亚洲的兴趣，从历史写作、政治经济学、政治理论或社会学的论述中消失，视界集中在欧洲，因而也失去了比较的尺度或维度。[10]

把导致这个结局的发展全然说成从一个"正面"过渡到一个"负面"的亚洲图像，似乎过于肤浅。最好视之为一个缓慢的隔离过程，视为从一种把欧洲的优越当成一种推论假设、可依个案修正的综合性欧洲中心论，到一种以欧洲优越原则为前提的排他性欧洲中心论的运动。约 18 世纪 80 年代起，这样一种在语意学层次上的"自述"的基本变动（卢曼）便和实际的隔离结合起来：例如，在欧洲强权的外交实践中，奥斯曼帝国

380

被东方化；克里米亚鞑靼人及伊斯兰世界边缘的其他民族的异国情调化；将印度人从东印度公司的司法部门与高层管理中排挤出去；或欧洲使节继续拒绝屈从当时亚洲的宫廷礼仪。在绝非粗暴的帝国主义者与高傲的欧洲中心论者马戛尔尼勋爵1793年9月14日跪拜乾隆皇帝一事中，这种新的距离最为醒目，而早期所有的欧洲使节都在龙椅之前跪拜三次。[11]

欧洲和亚洲保持距离，但同时逐渐深入干预。英国人谨记葡萄牙人和荷兰人的教训，他们由于和有肤色的臣民过分亲密，丧失了白人的主宰魔力。大家希望像罗马人一般来统治，而非希腊晚期由于东方的诱惑而覆灭的希腊人。

在欧洲断绝了启蒙运动时代欧亚文明固有的休戚与共关系的特殊意识兴起与胜利的背后，1800年前后那十年，即欧洲的分水岭时代，隐藏着思想史上的全面移转。当时心态上的世界地图也起了变化：一个我们今天所知的欧洲意识在此期间形成，这也是一种欧洲在各大洲与文明间的地位意识及西方后中古国家间的认同保证的共同点之一。排挤隔离与自我定位，同时携手并进。欧洲在非欧洲的投影屏幕上勾勒自己。愈是接近异国文化——不论是在印度、埃及，还是高加索——欧洲的秩序观念就愈受到挑战。科学的殖民紧随着武力侵略并非偶然。正如近来在沃尔尼身上所体现的一样，个别旅行家一定的方法论记录转换成了殖民国家或占领强权的系统数据收集，特别是在印度与埃及。[12]亚洲文明的去魔化，随着人们企图夺走其秘密而展开。

对东方文明而言，亚洲的去魔化夺走了其神秘的固有特性。东方文明成了科学猎奇的对象，成了洞察事物的学者专家与善于组织贯彻的行政管理者的责任。去魔化解决了含义模棱两可

381

的问题，分隔了不同的世界，阻碍了跨界与角色交换。确认 18 世纪 20 年代一名中国耶稣会修士的真正身份并不容易，教会往往在此徒劳无功。北京宫廷中的耶稣会修士到底是欧洲人、特定国家的成员，还是一名国际精英？是基督教神职人员、自然科学专家，还是儒家的学者？19 世纪的传教士几乎没有这个问题：他们认为自己是异端狂徒中的西方救赎者。再举另外一个例子：卡斯腾·尼布尔或约翰·路德维希·布克哈特之所以在旅行之际穿着阿拉伯服饰，便是认为这样比较相宜，对东道主来说比较礼貌。至于 19 世纪的阿拉伯旅行家，如理查德·伯顿，则是因为听到残暴的狂热分子威胁英勇的旅行家的故事而刻意装扮。这些高人一等的嗜权人士，隐匿身份混到当地人之中。

去魔化亦窄化了理智的活动空间。尼布尔的幽默及吉本的讽刺（一有疑惑，他便对文明人大加挞伐，而非野蛮人）转成了冷嘲热讽和高傲的丑化。欧洲先天的优越毒害了理智的优雅品味。然而，持续的做作高傲忍受着自己鲜明的对比：过度的东方狂热。不过，对东方狂热的人士在寻求亚洲当代生活现实中所显示出来的深刻的真实性时，往往还是欧洲中心论者或自恋人物。

1800 年变革之际发生的事引发了许多讲究的解释。引进"分水岭时代"这个概念的莱因哈特·科泽勒克（Reinhart Koselleck）强调认知的短暂化与加速化，米歇尔·福柯强调图表式分类的思想被有效强度的发现所取代，尼可拉斯·卢曼强调古欧洲语意学的终结，而马丁·托姆（Martin Thom）则强调一种新式的种族民族主义的酝酿与出现。[13] 每一种解释都隐藏着和我们主题相关的重要建议，但并未积累成一致的整体看法。

在以下收尾章节中，并没有 1800 年左右的欧洲意识的一般理论，而只试着从更丰富的角度去描绘出现在 1780 年至 1830 年之间的论述性过渡的图像。

从阿拉丁的宝库到发展中国家

透过和经济相关的评价，人们可以清楚看出这个过渡。17 世纪时，大家激动地报道着伊斯坦布尔、伊斯法罕和阿格拉宫廷中难以想象的华丽。1675 年，塔韦尼耶表示苏丹的财富令人难以置信。[14] 随着这些宫廷的辉煌褪色，东方的奢华会腐蚀道德的忧心加重后，显得俭朴许多、看来治理有方的中国皇帝成了世界最富有的君主。对像白尼尔或葛梅里·卡雷里及一些传教士等旅行家来说，印度某些地区大部分的穷困人口引人注目。[15] 不过，像中国、日本、暹罗及交趾支那等国家，一般人口的富裕程度直到 18 世纪中期都令人印象深刻。[16] 古代亚洲较为肥沃的一般概念似乎不断被证实。毫无疑问，这类报道和评价并非空穴来风。访客并非恰好来自欧洲最为富裕的地区，如荷兰、法国心脏地带或南英格兰，他们一定对亚洲许多地方的生活标准留下了良好印象。热带或亚热带自然环境导致那些娇惯、安逸怠惰的人们不需勤奋工作便能积累财富的印象，逐渐被亚洲国家的农业、园艺及水利建设的成就所掩盖。[17] 1818 年，还有人提到日本人是世界最优秀的农人。[18]

这类正面的评价只有少数存留下来。1817 年，詹姆斯·密尔证明了印度农业——确切来说是印度教徒的农业活动——原始蒙昧。[19] 修道院院长杜波谨慎分析后，得出印度是个发展中国家的结论——但仍是一个文明国家："……世界所有文明国家中，印度最为穷困悲惨。"[20] 这自然反映出了一种实际上的没

383

落，可由当地史料加以证明，但这时评断标准同样起了变化。在西欧受制于经济发展趋势与经济结构的饥荒情况愈少见的状态下，饥荒在亚洲的存在便愈醒目。如果 1770 年至 1800 年间袭击印度的大饥荒可以部分被当成本土经济问题、部分被当成英国东印度公司经济政策的结果来讨论[21]，那在同一时期中国益形严重的饥荒显然便是中国内部的现象，而非任何外界的干涉所造成的。捍卫中国的人士发现自己陷入被对手狠狠利用的难堪境地。中国逐渐成为粮食不足的国度。[22]

新的经济科学亦推波助澜，将亚洲金碧辉煌的世界去魔化。最常见的便是欧洲的理性观念批判亚洲的非理性，如夏尔丹指责波斯人太不节俭[23]，或相当准确地注意到的中国人的礼尚往来并非对等，而是根据送礼者身份来判定价值。[24]如欲从更合乎经济理论的角度进行观察，就应该避免轻率地依据肥沃的田野和统治者用于炫耀的宝藏来推断全体国民的财富与经济潜力；同时应该尝试从表象的背后进行观察，18 世纪 60 年代的旅行家、植物学家及重农学派学说的代表皮埃尔·普瓦沃，便是首位实践这一点的人物。普瓦沃到过印度、中国及许多东南亚国家，对宫廷的奢华表象没有感觉。他在许多例子中指出，适当的气候与肥沃的土地并不能保证农垦成功，只有继续结合一种奖励性的经济政策，并制定保障法律上的自由农可以彻底享有自己辛勤成果的农业法，才能促成人类幸福。[25]因此，普瓦沃反对专制政体与君主所有制，反对奴隶制度、强制劳动、农奴制度、寄生的贵族、游手好闲的僧侣、独占与过度的税制。他在中国及越南部分地区，见到了符合自己理想的、在温和家长式君主统治下、拥有财产保障的农民营利团体，但亚洲其他部分并没有这类团体。[26]他对莫卧儿王朝、专制的暹罗、无政府

384

的柬埔寨、封建的马来亚及受到殖民的爪哇的经济制度的评价毫不留情。

普瓦沃视农业为民族财富的主要来源，并以植物专家与农学家的专业眼光评定当时各地的社会关系。他是首位在自己的报道中不特别重视令早期观察家无比着迷的亚洲城市与手工业的旅行者，因而成了视亚洲为农业大陆的创始人之一。普瓦沃重农主义的报道与观察的焦点不是辉煌的城市，而是农村的社会关系。

后来亚当·斯密学派与政治经济学派的旅行家采纳其他的理性标准，着重关注资金使用的效率（在印度公国处，只见到挥霍滥用），认为暹罗与交趾支那的国家强制劳动从成本运用评估的角度看毫无意义且中国及交趾支那的义仓不再只是男性家长式救济与防灾的手段，而是扭曲市场的囤积行为。然而，有些亚洲国家在这新学说之前的表现一点都不差：例如，奥斯曼帝国的自由贸易或中国没有典型的"济贫法"（Poor Law），都备受赞誉。[27]一些重要的理论家——亚当·斯密、托马斯·罗伯特·马尔萨斯、让-巴蒂斯特·赛伊（Jean-Baptiste Say）、詹姆斯·密尔与其子约翰·斯图尔特——已在全世界发现经济发展失衡这个刚刚出现的问题。历史哲学家长期专研亚洲国家"静态"的大问题，在亚当·斯密的静态经济理论中找到了至今最为讲究的思想演绎，而这本身又是财富构成条件的重要学说的一部分。让-巴蒂斯特·赛伊和其他人继续发展这些思考。在这个时期开始之际，对莫卧儿大君传奇华丽的惊讶之情到了1830年这个时期结束时，成了一种颇为谨慎的低度发展理论。[28]此后，需要解释的主要现象不再是亚洲的财富，而是其相对的落后状态。

385

没落　退化　停滞

在 19 世纪早期，世界经济发展及划分动态与静态落后国家的理论成了关于停滞与没落的旧有论述的最新论述模式。我们无法在这里描绘这个论述的众多枝节，只能勾勒出几个面向。

"野人"不曾体会历史，也没有自己的历史，这是出自古代史料并于 18 世纪获得广泛认同的陈腔滥调，只有少数人质疑过。野人缺少历史可从一个负面证据来断定：他们没有留下痕迹——没有废墟，没有铭文，没有书籍。这种缺少痕迹的现象，在亚洲比在欧洲以外的其他世界更为罕见。这个大陆满布着早期文明的遗物与残骸，这一现象需要加以解释。许多这类废墟显然源自近代，见证了军事动荡与那种法国大革命前多和亚洲而非欧洲有关的"革命"。其他的遗物与残骸，似乎见证着远古时期。在亚洲的极端现象令人讶异或震惊：一方面，欧洲人不断注意到缺少废墟的现象，特别是在中国、日本与朝鲜。那里常见的木造方式导致寺庙与宫殿很快成为火舌、昆虫或有机朽坏的祭品。只有少数建筑超过 400 年或 500 年的历史。缺乏古代文物使得习惯废墟的欧洲人易在显然古老但没有标志的文化空间——不同于北美的原始森林和草原——中迷失。[29]另一方面，这里存在着自然巨大、完好无损的文物，宛若巨人的反废墟，几乎无法想象会是人类所建，似乎可以同时抗拒自然气候、地震与历史洪流。1585 年，门多萨已指出中国的长城结合了人造之物与地质上的自然过程。[30] 1664 年 10 月 3 日，当约翰·迈克尔·万斯雷本见到埃及金字塔时，他的惊愕更为典型："见到金字塔，几乎让人呆惧，无法想象那些巨大的石头怎会堆得如此之高。"[31]后来其他的旅行者便未如此天真。沃尔尼记

386

下见到金字塔时的矛盾感觉：讶异、惊骇、佩服、尊敬，感到人类渺小。不过，很快他就对专制君主逼迫人民进行这桩惨无人道的工程的无限权力与残暴感到愤怒。[32]不过，大家一致认为金字塔及长城并非废墟。[33]只有少数欧洲人见过长城18世纪已经颓废的内亚段落，几乎没人认同爱德华·吉本实事求是的观点，即认为这座边界长城毕竟已很少用来抵抗蛮族。

在18世纪的认知中，金字塔与中国长城是超越历史、独一无二的永恒古迹。废墟象征兴衰无常更为典型。早在考古挖掘开始之前，亚洲已有整座的废墟城市与废墟景观，规模是地中海以北的欧洲所没有的，其中包括小亚细亚的以弗所（Ephesus），叙利亚的巴贝克及巴尔米拉，而最重要的是伊朗的波斯波利斯，至迟自18世纪60年代以来，便不断有人描述与评论。[34]在开始研究波斯波利斯的雕像与铭文之前，并在其中发现典型的东方古代之际，大家关注的主要问题类似诸如亚历山大大帝在公元前330年有何权力烧毁阿契美尼德王朝的夏宫这样的主题。在有些人恼怒亚历山大犯下这种破坏行径之际，有影响力的艺术批评家杜博斯（Dubos）一直认为亚历山大有权摧毁这座他认为并不美观的宫殿。[35]至少没人质疑破坏者的身份。波斯波利斯的废墟是位希腊征服者的作品。然而，亚历山大城的废墟毫无任何神秘与诗意之处，毫无任何可以激起深刻反思之处：自17世纪50年代泰沃诺造访而为众所知之后，就是一个巨大荒芜的废墟。[36]1817年，一名旅行者表示：

387

> 还未进城，周遭道路所经之处，就见到一片凌驾在这个废墟国度其他地方所见的残破景象。大部分地区都是毁坏的屋子与倒塌的神殿。在近来的蹂躏下，遭到光阴摧残的古代华丽遗址凌乱不堪地堆弃着。[37]

从废墟到瓦砾堆经历了一个难以阻挡的过程，总有一天会达到形销骨毁的程度，想象力再也无法生根立足。当"整体的规模"无法辨识后，废墟也就失去其美学上的魅力与历史的表现能力。[38] 在亚洲，比较近代的遗物往往会是这种下场。欧洲旅行家不只在近东，亦在满族人征服后的中国，在阿富汗入侵后的波斯及纳第尔·沙阿国王 1739 年袭击过的德里与其周遭——在那里，1399 年帖木儿的破坏还未完全清除，便见证了战争或地震的"最新蹂躏"。[39] 近代欧洲人也已在亚洲留下废墟，如葡萄牙人与荷兰人荒废的碉堡。整个国度，特别是格鲁吉亚与亚美尼亚，有形面貌完全被毁[40]，一名激进的启蒙分子视整个古代世界为独一无二的大片废墟，建议移居唯一可以重新建设的美洲。[41] 这里废墟隐喻的其他含义清晰可显，让-雷纳尔将当代印度人的风俗视为一片废墟，而赫尔德说到中国"在其半蒙古的组织中像座古代废墟"[42] 时，也用到这个概念。

基本上，由于观察家缺乏熟悉西洋古代及中古文物时显而易见的传播脉络，亚洲的废墟便少有机会成为具有美感的观察对象，成为一种超越空间及兴衰无常的愁思载体及吟咏废墟的浪漫主义。这样一来，和亚洲省思有关的历史哲学式反思变得更加重要。我们可以粗略将其分成三个主题：没落论述、退化论述与停滞论述。

没落论述运用于古代有关王朝兴衰的观念中。自古以来，理解这种活动便是历史写作最重要的任务之一，在文艺复兴时期因为循环史观再度流行而改头换面，被纳入启蒙运动的史学之中。[43] 其最后的代表人物之一哈默-普格斯塔声称没落为"所有王朝的宿命"，在将自己所撰的奥斯曼帝国史纳入循环的模式时，便运用到古典宿命的语言。[44]

388

在近代初期的亚洲，这种思维模式的含义比较接近现实政治，而非历史哲学。在 16 世纪末，和奥斯曼人的对峙便已逼使没落论述思维模式在土耳其强权雄伟的建构中寻找其弱点与第一批裂缝。从一开始，有关奥斯曼帝国的没落论述便带有一种强烈的经验论腔调。波斯萨非与印度莫卧儿王朝的衰亡要比奥斯曼帝国的缓慢衰败来得急速与意外，以致欧洲观察家只能扮演后知后觉的编年史家角色。莫卧儿政权 1707 年后的垮台之所以正好引起众多关注，是因为任何可能的解释都会涉及欧洲新领主的自我合法过程与掌握未来的理论。[45] 例如，谁在军事过度扩张与奥朗则布这位虔诚的穆斯林开始宗教迫害中，发现莫卧儿溃败的关键因素的话，便会建议英国人不要重蹈覆辙，不要对印度臣民宣传基督教义。[46] 没落论述以自己为出发点，来处理个别的亚洲案例——还包括 18 世纪后期对葡萄牙与荷兰帝国瓦解的看法。[47] 直到 18 世纪末，个别的案例汇整成亚洲没落的整体景象：见到欧洲统治世界时代逐渐来临的人得意扬扬，但指控南亚及东南亚废墟遭到自己与异国征服者愚蠢破坏的反殖民主义批评家则显得悲戚。[48]

帝国没落论述的基本模式源自古代，但涉及亚洲，则是在近代扎的根。吉本以拜占庭没落的重要解释搭起一座桥梁，威廉·普莱费尔（William Playfair）甚至发展出一套令人瞩目的帝国衰亡的普遍理论，甚至今日的研讨还能从中学得某些观点。[49] 不过，这种普遍性并不典型。例如在印度，这种论述的代表人物只对近代莫卧儿王朝的命运感兴趣，而非古代辉煌的印度教文化。相反，退化论述正好关注古代印度教文化，该论述立足于黄金时期的古老神话与新的文化成形理论之间，其基本观念相当奇异，但可简单概述如下：事实上，今天我们视为 389

野人、蛮族或令人精神紧绷的伪文明人的民族是远古源头早已完全无从考察的高等文化的后裔。哲学家天马行空增补添加的东西，洁明娜·金德斯利以简洁的方式陈述如下：

> 印度教徒最初的宗教体系无比纯粹，他们现在没有坚持下去的理由亦无比明确，因为现在整体存在于该民族无法领会的奇特仪式之中；我们可以坚信不疑地说，许多婆罗门自己都做不到。[50]

在文艺复兴时期的英国作者处已可见到退化论述。他们并不把航海者在美洲见到的野性当成人类逐渐脱离粗野的原始状态，而是古代高等文化凋零之后的产物。野人因而成了自己过去存活下来的无意识废墟。[51]在 18 世纪，这种观点主要转移到印度身上。这里似乎可以提供一个原本纯粹的宗教之光后来被迷信与仪式扼杀的例子。人们多半认为这是一种内在堕落的漫长过程，而非蛮族的灾难式入侵。在 18 世纪中期，欧洲人尚不理解梵文、对古代印度一无所知之际（比古代中国的知识更加不如），伏尔泰便已大谈特谈古代印度的智慧，并在约翰·柴番尼亚·霍尔威（John Zephaniah Holwell）这位印度专家处找到奥援。[52]当 18 世纪 80 年代，威廉·琼斯爵士领衔下的古代印度语言学研究展开后，即使孟加拉国亚洲协会圈子不像立场雷同、学识较浅的捍卫者那样负面评价后来的印度教徒，这个观点也获得了新的养分。

退化论述背后并无循环的时间观，而是一种不连续的线性时间观。虽然这只不过是一种文化高度发展之后最为衰弱的阶段，但是如果必要的话，不连续的图表可以轻松解释对现代亚洲的冷漠现象。同时，欧洲人可以自觉责无旁贷，单独或和当

地人共同行动，以便再度唤醒失落的文化实体，并为当代开发 390
这种实体——一种听来像是"东方学的"方案。只不过它之所
以在 19 世纪初期的脉络中显得具有颠覆性，是因为这个要被重
建的高等文化并非基督教世界的。[53]

在 1800 年前后那十年，印度诠释的范畴多半不脱退化的论
述[54]，并结合了有关语言、诗学、艺术与智慧起源的推论，结
合了雅利安人神话和原始民族的假设[55]，促成新的史前史与地
球史理论。

这个"修订的"观念，即所谓的部分经由经验认知得来的
古代纯婆罗门文化退化论，仍有争议。例如，歌德与黑格尔便
不想知道任何当代浪漫主义同侪的原始神话幻想。埃德蒙·伯
克则认为今日印度有目共睹的退化并非因为早期文化力量的过
度丧失，亦非伊斯兰外来政权所导致，而是近来欧洲殖民分子
备受谴责的行径的结果。[56]新教的印度政治人物，厌恶狂热抬
升印度异端的行为。詹姆斯·密尔，这位激进的启蒙分子与现
代化人士，把印度传统说得一无是处，认为"退化论"仅仅是
亲亚洲人士虚弱的退守态势[57]，今日可以观察到的精神奴役状
态便是印度文明一直以来的状态。密尔是位亚洲停滞观的坚定
信徒。

停滞的论述和退化范畴中的一种思维有着基本差异，其中
一个是以人类的进步发展和其在现代西欧达到高峰为论述前提。
只有和动态对比，才能断定静态。"停滞"是个文明历史的概
念，并不表示一个停滞的民族缺乏重大活动与政治事件的历史。
相反，统治人物的不断更换，一系列的"革命"，这些完全可
能和停滞状态一起出现。停滞多半指的是风俗习惯、知识与情
绪特质、统治形式与生活方式长期以来未曾改变的状态，指的

是一个民族或整个文化圈子的物质生活与思维能力仿佛停滞不前。至迟从 18 世纪中叶开始，这个理所当然一直有着细微差异的观念就已经成为欧洲世界观的公共观念。

391　　　这时欧洲人未累积足够的长期观察来真正证明其他民族与文化的静止状态。标准的论点来自当时的旅行经验与古代的文献：现代阿拉伯人和圣经中的早期祖先的生活方式完全一致；在近东旅行，人们仿佛见到"同样的人"，见到"和摩西与先知们说过话的人"。[58] 在印度，阿里安（Arrian）① 和麦加斯梯尼（Megasthenes）② 的作品仍可有效描述该地的社会关系。[59] 詹姆斯·密尔（通过一段对他来说辞藻相当华丽的段落）甚至想把当代的印度人想成整个东方古代现存的代表："当我们今天和印度教徒交谈时，我们在一定程度上是在和居鲁士时代的迦勒底人和巴比伦人，和亚历山大时代的波斯人及埃及人说话。"[60]

　　爱德华·吉本不但是当代"哲学式"史学家中心思最为敏锐者，亦是一名相当仔细的经验论者，他避开了这类大胆的推论，选择在唯一文献证据中还算不错的案例——拜占庭帝国，将其当成社会僵化与文化停滞的例子。其他人就不那么谨慎，断言游牧阿拉伯人的风俗和三四千年前的一样[61]，或中国人今天还在演奏和"他们襁褓时期"一样没有旋律、不太和谐的音乐。[62] 自然没有人清楚知道这类事多半是各自无关的陈腔滥调。就中国的案例而言，耶稣会修士在西方传播一种观点，即当地

---

　　① 希腊史学家与罗马帝国的元老，最著名的作品便是有关亚历山大大帝的《远征记》。—译者注
　　② 希腊史学家，其有关印度文化、历史与宗教的报道奠定了西方印度学的基础。—译者注

非常古老并拥有久远历史文献记录的文化已经僵滞，陷入毫无
变化的自我认同状态。但耶稣会修士其实完全依照了中国人的
自我诠释——说得更精确一点，他们所参考的对象，就是影响
深远的 13 世纪的理学家。至少在此，停滞论题并不只是欧洲的
"发明"，而比较像是吸纳了"异类"对自我看法的图像。比其
他欧洲人更加熟悉东亚与中亚史料的学者德金或身为制图师对
中国疆界不断变动了然于心的让－巴蒂斯特·当维尔，便敢小
心修正过度夸张的静态论题。[63] 其他人的论证方式比较偏向理
论：以现代的方式来说，一个文明的所有类别体系一起僵化并
不可信。拿孟德斯鸠的划分来说，风俗继续发展，而法律原地
踏步，以致中国古代的律法不再适用于现代的中国人，难道不
可想象吗？[64]

392

　　诊断静态的社会关系，可能结合着不同的评价。因此，
（所谓）东方没有流行时尚很有可能被当成一个优点。因而，
"打扮狂"与"挥霍欲"可被避免，已专门针对外在环境发展
出来的完善的服装艺术，亦不致遭人随意破坏。[65] 马斯登表示，
苏门答腊人对欧洲人变换时尚的速度之快感到讶异，认为这些
衣物毫无用处。[66] 亚洲人审美眼光上的保守可被单纯视为热爱
旧有之物，缺乏政治变动则被正面解读为稳定与治国艺术高超
的表征。[67] 但自 18 世纪 60 年代起，这种评价愈来愈少见。
1764 年，约翰·约阿希姆·温克曼在《古代艺术史》
（*Geschichte der Kunst der Altertums*）中将希腊艺术的逐步开展和
埃及人与波斯人——尤其是在人像描绘的固定与单调上——相
互对照。[68] 风格变化成了西方优势的另一个表征。风格是时尚
的精炼形式。

　　像生动活泼与死寂僵化、积极创造与思想不孕、改革与固

守恶劣的传统这种对比愈来愈尖锐。在新的发展思想光芒中，无人为停滞状态辩白，稳定成为一种恶习，在这时出现的语意学区别中显得更加清晰。当人们以一种行动与依附主体的语言来描述欧洲的历史时，却在表述停滞与落后的亚洲社会上运用机械的或生物学的有机隐喻。1782 年，皮埃尔·索纳拉特视中国文化为一种缺乏想象力与天才的重复文化：一切都机械式地或根据常规在运转。[69] 不久后，赫尔德勾勒出一个忙碌空转的类似画面。他提及一种"（儒家）伦理学的机械装置"[70]，认为中国人的"内在循环""正如冬眠动物的生命"。[71] 原先那张个别民族只有细微差异的人类大地图，被再度复苏的东西对立所取代，并在自然与历史的对比中重新被诠释：东方的历史是消极的、接近自然状态、类似植物的，一种声音单调的机械，简而言之：漫无目的，没有意识；只有西方的历史才进入道德欲求的高等世界。

393　　在发展理论的高峰，即在孔多塞，特别是在黑格尔处，这种对比被处理得更加细腻。黑格尔前所未有地从历史哲学来神化今日欧洲的优势，并努力正确看待受到经验论小心论证，甚至超出赫尔德的特征，而在哲学上贬低亚洲文化的当时人物。[72] 这种历史哲学式的排他与历史科学式的包容的结合，并无结果。19 世纪的典型应是质疑停滞状态的机械式绝对化，甚至——在赫尔德处即有了规模——论及亚洲民族是"缺乏历史"的及被世界史的运行排除在外。[73] 认为斯拉夫人没有历史的人表示，他只是打算把世界史主体的活动圈子缩小。最佳的解释充其量不过是与"缺乏历史"的理论相关，即亚当·斯密和让-巴蒂斯特·赛伊的静态经济理论，这类解释几乎未曾超出少数经济学家的圈子，并只在卡尔·马克思后期的"亚洲生产方式"论述与约翰·斯图尔特·密尔一些零星的意见中才开始触及历史与历史哲学。

　　在这三种试图理解亚洲历史的论述中，停滞论述是 19 世纪影响最为广泛的论述。在几乎所有亚洲帝国向西方帝国主义投降以及维多利亚时期的殖民战略家深信拥有避开葡萄牙、西班牙及荷兰先驱者悲惨命运的良方后，帝国命运的循环模式似乎显得无足轻重。至少大英帝国应该打破兴衰的厄运，永垂不朽。从思想上来看，文化的退化论述落入了边陲地带，在此时，新的东方学科及 1810 年左右、随着英国年轻的巴格达总督克劳迪斯·里奇（Claudius Rich）首度探勘而展开的西亚考古学[74]，赋予早期黄金时代切合实际的光辉。退化观念在不受科学控制的浪漫主义的神秘地底过冬，直到 19 世纪中期，由于"混血"的种族堕落学说才再度复苏。似乎只有停滞论述符合时代精神与科学的认知。从此不断有新的证据证明，亚洲已无法和成功接踵而至的现代欧洲并驾齐驱。

从文明理论到文明化使命

394

　　把人类分成主动、可以宰控历史的西方与消极、没有历史的其他地区的野蛮世界观，并不是伏尔泰、吉本、施洛策尔、弗格森，或甚至特别强调所有文化特质与内在价值但同时导致后来某些简化现象的具有双重性格的赫尔德等大思想家差异甚大的想法的唯一遗产。另一条从 18 世纪到 19 世纪的思想史脉络指出了"文明"概念此一主导思想。

　　启蒙运动的历史与社会发展的基本概念是普遍的和一元论的，根植于人类所有民族与种族尽管外在各有差异却具有相同资质的观念中。因此，将个别民族排除在世界的演进过程外并不可能。"野人"和"蛮族"及主要但不是完全在欧洲所见的"文明"民族，同样都参与这个演进过程。像"原始人"与"原始民族"这种显然具有歧视意味的概念尚未通用。野人的"粗野"或许令人反感，但几乎没人否认他们未来发展的潜力。今日的欧洲人难道不是恺撒与塔西佗所描述到的野蛮部落的后裔？弗里德里希·席勒（Friedrich Schiller）在 1789 年耶拿就职演说中生动表述出这个历史图像：

> 我们欧洲航海家在遥远的大洋和偏僻的海岸的发现，让我们看到既富教育意义亦有趣的景观。他们为我们指出我们周遭各式各样教育程度的民族，就像不同年纪的孩子围着一个大人，因为他们，让他忆起他自己过去的样子和他的出身。[75]

对席勒而言，历史是一种"教育"的历史，对其他人来说——像杜尔哥及苏格兰启蒙分子——历史则是物质生存方式和法律的历史。不过，还有许多其他的概念，而几乎所有概念都认同人类可臻完美的理念，并相信个别民族与民族团体会以不同的速度经历往往被视为一系列阶段的人类文明化的进程。

395 而且，总是有人先行，有人迟到。这种情况可由环境条件这个最终机制，而不是人类学或文化的缺陷来解释。如果后来者有足够的远见，可在先行者中认出一丝自己可能的未来，而先行者反过来，可在落后的民族中见到自己朝气勃勃的过去：既是证明自我实现者的对照背景，亦是在对可能的退化示警。

当文明化按部就班发展而非突然受到神祇或先知的干预时，重点便在逐步分级的描述与命名上。旧有的三个等级：野人、蛮族、文明民族，显得粗笨。苏格兰的阶段顺序：猎人—牧人—农人—商人（商业社会），有点"可以运作"，但这已经设定一个并非大家都能认同的物质文明理论为前提。至于通史，并非国别史的总和，而是"文化史"或文明史，自18世纪60年代起，轻易受到全欧洲的认同。基本上，几个早期重要的国别史叙述——特别是大卫·休谟的《英国史》（1754-1762）与威廉·罗伯森的《苏格兰史》（1759）——都是以国别为例子来说明文明化进程的历史。[76]然而，18世纪80年代，博学的英裔爱尔兰神职人员乔治·格列戈里（George Gregory）已思考到，是否人类的文明史之所以只限于早期阶段到农业合并与国家巩固之际，是因为之后多少受到偶发因素的影响，国家的性格益形强烈。[77]不过，这种方法论上的质疑，并未损及人类历史的发展趋势。当孔多塞1793年描述出人类自最初部落形成的思想发展所经历的十个时期时，这时进程达到高峰。

各个文明历史的差异，主要在于历史的记载者是较为关注文明的形成，也就是人类彻底的驯化[78]，还是如休谟、罗伯森与吉本，着重于古代后期开始的欧洲文明发展。[79]至于各个文明化中的内涵与动力为何的讨论，同样也有众多观点和参与讨论的人士。弗黑莱与伏尔泰最先点出可能有独特的非欧洲的文明化途径，而对于吉本与施洛策尔这样的通史学家而言，这一文明化途径就在当下。耶拿的东方学家约翰·哥特弗立德·路德维希·柯泽加腾（Johann Gottfried Ludwig Kosegarten）是一名歌德研究世界文学时就教的权威人士，他在一个相当重要的试验中，勾勒出一个根据大量史料知识但具有启蒙意味的"哲学式"理论的东方文明史：一个和威廉·罗伯森著名的欧洲史分析匹配的东方对照物，便是西罗马的灭亡。[80]柯泽加腾的东方在地理上从希伯来人和腓尼基人所在之地直到印度，他从最初部

396

落结构的形成、早期立法者的活动、宗教、仪式与祭司阶层的出现，一路追溯亚洲社会的发展，直到他所称的"社会与风俗状态"的文明发展关口。[81] 他避开过于大胆的推论，基本上援引那些不同民族的旧有"律书"来描写东方高等文化的共同之处：一种具有效率的农业；一种差异甚大的手工业分工；社会阶层体系的塑造；无所不在但影响不大的奴隶制度；好客的义务与互助；尊老与重视女性等。在这条东方整体的发展途径中，他区分出不同的变量，比如祭司主导与武士主导的社会。东方的近代史保有许多这类早期的特性，不必然面对停滞。至于变动，一直可以被观察到，但绝不只是一种进步的变动。例如，古时身为阿拉伯人的妇女比后来的享有更多自由。[82] 柯泽加腾草草勾勒，便已心满意足。他并未大幅编写自己在某些地方类似赫伦的东方社会史。这部作品的意义在于，他——或许自觉反对黑格尔不久前在柏林讲学中所说的——再次在无法以西方标准衡量但仍构成人类共同历史一部分的亚洲独特的文明进程中描述亚洲。这本书在黑格尔去世的 1831 年出版，读来仿佛一份 18 世纪的文献。

随着时间演进，文明概念隐匿的标准不断被清楚凸显出来。1787 年，威廉·琼斯爵士认为所谓的文明只是"自己国家的习惯与偏见"[83]，他的相对论在世纪交替前便已落伍。那和以二分法来区分文明人与非文明人无关，这种区分在这个时期末才开始，也就是约在弗里德里希·施莱格尔 1828 年宣称伊斯兰根本没有创造任何文明之际。[84] 至于一个较为普及、认为个别民族会达到不同成熟程度的统一文明发展过程，基本上能够更加完善其观念，暂时排除了严格的二分法。问题其实更在于，根据当代西方多数人的理解来断定一个特定人类团体和完全扩展的文明的远近关系。这个指标可以是时间上的，像沃尔尼，他精确指出埃及马木留克佣兵的思想停留在 12 世纪，而该国其他地区甚至在 10 世纪便已停止。[85] 或者，我们设想一个文明程度的刻尺，每个民族——就像今天联合国的人类发展指数一样——都有一个特定的刻度。对此，自然需要标准，或如今天所称的文明程度指标。因此，文明并非在粗暴的对抗下所谓野蛮的对立面，而是层次细腻的文化成就。

在英国作者处，这类思维方式有其特殊意义。16 与 17 世纪时，英国人即已试着确定他们和部分受他们殖民的近邻——野蛮爱尔兰人的距离。1800 年左右，对英国人而言，综观他们在亚洲势力范围与邻近地带的关系变得重要起来。从现在起，大家觉得有必要"指派每个社会一个在人类关系大链条中该有的位置"。[86] 在休·莫瑞（Hugh Murray）1808 年的陈述中还回荡着"生物大链条"的旧式宇宙观，在这个时期却去生物学化，转型成为社会与文化分析的工具。显然，一个文明程度指标可被轻易解释成为一个种族指标。不过，于 18 世纪末发端后，这在 1830 年后的时代才出现。

和同侪沃尔尼与乔治·弗斯特一样，深刻体现了科学与"哲学"旅行家于一身的启蒙运动后期典范威廉·马斯登，便是这种层次细腻的新型文明含义的创始者之一。他 1783 年完成、1811 年最后一次出版的《苏门答腊史》中的关键段落，值得在此详加引述：

> 在市民社会刻尺上确定这个岛屿住民的等级，并不容 398
> 易。尽管他们和欧洲文明国家所达到的程度相差一大截，
> 但他们和非洲及美洲的野蛮部落的距离，几乎也是一样巨
> 大。如果我们把人类概分为五种类别，其中又再细分成无

数次级类别，那文明的苏门答腊人可以归入第三种，其他的则归入第四种。

在第一种类别中，我自然会把一些古希腊黄金时期的共和国纳入，还有奥古斯都时代及其前后时期的罗马、法国、英国及近 100 年来其他高度发展的欧洲国家，或许还包括中国。第二个类别必须涵盖承平高峰时期的大型亚洲帝国：波斯、莫卧儿王朝及土耳其，此外，还有不同的欧洲王国。除了苏门答腊人及东印度群岛一些国家外，我还把北非国家与阿拉伯人中的文明人算入第三个类别中。第四个类别，有较不文明的苏门答腊人及新发现的南太平洋岛屿民族，或许也可算上墨西哥和秘鲁的著名王朝。鞑靼部落与地球上不同地区、知道个人财产与任何一种既成的臣服形式的所有民族，要比加勒比海人、澳洲人、拉普人（Lappen）及霍屯督人高上一级。这些民族全都展现出人类最为原始与最不体面的形象。[87]

尽管马斯登后来对他的文明程度标准发表意见说，就算是建立在广泛的历史与民族志的认识基础上，他的划分还是印象式的。这种划分值得注意的原因，是它仍然避开了严格的东西二分法。欧洲显然已经位居阶层的顶端，却必须和亚洲社会共同分享最上面的两个等级。甚至中国"或许"属于最高类别。一些欧洲王国——马斯登或许想的是西班牙、斯堪的纳维亚及东欧国家——并未优于近代的伊斯兰王朝。这个划分跨越宗教、肤色及民族性格。同时，克里斯朵夫·麦纳斯已开始架构的白种、美丽及主宰民族与深色、丑陋及效命民族的区分[88]，马斯登这位文明理论家毫不知情。马斯登也区分文明的全盛与没落阶段：不是罗马整体，而是奥古斯都的罗马才够资格；不是所有文明都被拿来互相比较，而是历史上具有明确文化状态的文明。

在世纪之交，"文明指标"开始攻城略地时，几乎没人坚 399
持马斯登分类方式所具有的深思熟虑的多重面向。现在都要求
审查明确。1804 年，约翰·巴罗并不满足于讲述自己 1793～
1794 年陪同马戛尔尼在中国的经历。不，他的目的在于让读者
能够得知"中国在文明国家指针上的等级"。[89]该强调的是，中
国在这里仍然属于文明国家，现在一切全看文明或非文明的程
度。这个刻尺亦使人得以观察活动，进行比较。巴罗解释，俄
国 100 年前在彼得大帝统治下，开始脱离野蛮状态。再过 100
年，"俄国的和平与军事艺术会在欧洲国家中扮演一个突出的
角色"。[90]中国的情形相反：在 2000 年前，便已高度文明化，
但现在精疲力竭，几乎没有发展能力。[91]在现在的情况下……
正如大家应该注意的，在巴罗眼里，中国绝非命中注定停滞或
没落。或改革，或出现一个中国的彼得大帝，可能可以拯救中
国。巴罗的观点亦在许多其他记录亚洲世界的执笔者身上重复
出现。当马尔科姆写到波斯，密尔写到印度，艾尔芬斯通写到
阿富汗，莱佛士写到爪哇，克劳福德写到暹罗、缅甸与交趾支
那，沃尔尼写到叙利亚与埃及，或托克维尔写到阿尔及利亚时，
他们都在探索当时的人民或特定的种族与社会团体的文明化程
度。在某些案例中，那是出于实务上的理由。明智的帝国立法
者，必须正确评估出安置他的制度的社会关系。

迂腐的人直截了当列出民族排行榜，少了马斯登的犹豫谨
慎。1834 年，克劳福德说道，按照文明程度，缅甸人远落后于
印度教的印度人，也在中国人之下，但和暹罗人与爪哇人处在
同一等级。他们优于印度尼西亚东部岛屿的住民，但克劳福德

怀疑是否可以这样比较。[92]旅行家迈克尔·西莫斯不是一个迂腐的人，在 1800 年就已发现进行明确的调查问题重重："在他们某些状态下，缅甸人展现出蛮族的残暴，但在其他情形下，却呈现出人性与文明生活的柔性。"[93]这里流露出启蒙运动高峰期的嘲讽语调，仿佛有可能赞美食人族的善良，并认为亚洲民族旗鼓相当，有时甚至显得优越。[94]

400　　　　于是，在 19 世纪早期，启蒙运动时期普世的文明理论与文明历史变成了现代化初始阶段的一种理论工具，用于排出地球上各个社会的等级高低。无论是在维多利亚时期的英国，还是在弗朗索瓦·基佐（François Guizot）这位重要的文明史学家成为政治要角的法国，那个标准都没有受到质疑。这时，一个文明理论架构出来的欧洲优越感成了帝国扩张的新借口。特殊意识变成历史使命的意识形态，文明理论成了文明使命的信念：进步的欧洲有权，甚至有义务，在黑暗的亚洲实践普遍的进步价值。[95]法国大革命扩张式的使命意识为这种干预需求打下基础。旧有的国际法基本上排除掉的，此后都显得可能：当专制政体或非人道传统的沉重负担尚未引起抗议活动时，便支持人民起义反抗难以忍受的暴政，甚至从外部介入。

　　　　直到 18 世纪末左右，根据不同情况，殖民式的土地占领各有不同理由，如出于经济目的、公侯荣耀、强权竞争下的安全预防措施、正义之战的自卫手段、侵占"无主"土地的权利，或教会传教任务等，却没有出于博爱动机的。其实启蒙运动在莱纳、狄德罗与伯克身上达到高峰的殖民主义批判，便已烙印上博爱的特征。1793 年，孔多塞以他们的精神写道：

　　　　　　仔细看一下我们在非洲及亚洲活动与殖民的历史！而你们会见到什么？我们的贸易独占，我们的背信弃义，我们对其他肤色的人类或其他信仰的无情蔑视，我们肆无忌惮、无法无天的非分要求，我们神职人员过度的传教瘾与阴谋！你们会看见，这一切如何摧毁了我们的启蒙运动与我们贸易的优势首先带给我们的尊重与善意的感情。仅凭这一点，就不用怀疑现在时候已经到了，对那些民族来说，我们应该不再是破坏者与暴君，而是他们有用的助手或高贵的解放者。[96]

孔多塞这位反对奴隶制度的积极斗士，很认真看待这种指控与期待。他期望东西南北未来能够共同合作。不过，这些"高贵的解放者"该在何种情况下，抱持何种意图出现呢？这是关键所在。

主张所有文明与宗教基本上平等且所有非暴政的政治体系几乎都同样合法的激进相对论排除了帝国主义权力运作的合法借口。这是安格贝特·坎弗、埃德蒙·伯克（至少在印度问题上）、赫尔德及康德的观点。在比较模糊的状态下，大多数启蒙运动的作者都主张这个观点。就连孟德斯鸠都不呼吁对东方专制发动圣战，对他来说，某种程度上，东方专制只是固定气候条件下的一个产物。相反，白种人天生优越的学说，以强者享有征服权与特权为理由，替侵略与并吞找到了社会达尔文主义的借口。这个学说成了19世纪后期帝国主义高峰时期的基础。上述两种极端立场的差异源自一种态度，而其实际影响约在1790年至1830年之间达到高峰。这种态度在理论上则遵循一个标准的文明概念。

启蒙运动后期以文明指标为主要概念的文明理论是动态的。地球上各种社会的价值阶层并非固定不变。不断抽离行动影响力的地理气候与人类学种族的条件，只对发展落后的情况负起微不足道的责任。往往天生的巨大潜力未受利用主要是由人类导致的，因而可以修正：专制体制与宗教"迷信"紧紧禁锢着亚洲，阻碍了科学、艺术、创造精神与工作动力的开花结果。来自西方自由国家的"高贵的解放者"（孔多塞语）可以松开发展的闸门。

　　这是一种内在的与实际的思想锁链，基本上不需要宗教与道德助力。但如果再加上一种基督教的使命意识及——如有影响力的印度政治家查尔斯·格兰特所为的——对异教风俗进行道德上的改革的方案，更能加强这种干预的活力。[97] 在文明上突进的西方干涉之所以是必需的，是因为大家并不愿意信任社会发展会缓慢成熟，而且亚洲民族在百年来甚至千年来的政治与精神奴役状态后，无法从专制体制与迷信中自我解放出来。孔多塞的"高贵解放者"因而必须——如 1798 年在埃及的拿402 破仑——自动自发地积极表现。他们有权推翻暴君与违反国际法的人士，如阿尔及尔掠夺奴隶的海盗政权，减少宗教的"过度行径"，并引进现代化所需的法律制度。既存的殖民体制应该以此方式改革，致力于移风易俗与臣民的经济福利；当英国人在好望角、锡兰及爪哇（1811-1816），继承了他们眼中荷兰东印度公司自私自利与堕落腐败的殖民事业时，同样视此为他们的任务。在其他例子中，似乎可以对付顽固的当地政府：德国启蒙主义分子克里斯蒂安·威廉·多姆（Christian Wilhelm Dohm），一名女性与犹太人权利的勇敢卫士，在 1779 年已要求以武力打开德川幕府"不自然的锁国"，让日本人接触"文化与启蒙"，而全世界可从贸易中获利。[98] 对付迈索尔邦的提普苏丹这样恶劣的暴君或热爱自由的希腊人的奥斯曼镇压者，必要时可以进行武力解放的干预行为。如果欧洲人自私地保有他们新的运气，将会显得无耻。1823 年，大印度学家亨利·托马斯·科尔布鲁克在皇家亚洲协会成立之际宣称，文明源自亚洲。现在，现代欧洲有义务与机会偿还债务，并由欧洲负责亚洲的文明化![99]

认为启蒙运动后期的文明理论架构要为大英帝国、法国与俄国 18 世纪 90 年代在亚洲与北非所展现出来的新侵略负责，可以说是愚蠢的。那些只是在充分解释这个发展时应该考虑到的诸多因素之一。不过，我们不该忽视在实际世界中观念、价值与行为态度变动的结果。拿破仑与欧洲民族主义勃兴时代再次巩固的欧洲特殊意识，导致一个矛盾的结果：一方面，这促成一种欧洲的自我中心主义，在受教育大众的意识中，把亚洲边缘化，并将世界主要文明的集体自恋提升到前所未有的高度；另一方面，它为俗世化的"使命感"意识形态开启了施展空间，并要求在阿尔及利亚到日本之间，于那些充满危机、衰弱不振的亚洲与东方国家完成"文化使命"。

帝国主义绝非启蒙运动的过错。没有别人能够像伯克、莱纳、狄德罗、康德或洪堡等人那般，于欧洲开始统治世界之初提出贴切的批评，并急于做出指控。不过，其中仍存在着某些关联性。那个自认为世界上最有成就与最人道的文明，不会仅是坐等亚洲登门求教。他们赋予亚洲他们的法律，在教育使命的时代中——从威廉·本廷克（William Bentinck）勋爵拯救印度寡妇不被烧死到在东亚引进优雅的外交礼仪[100]——态度认真严肃、吹毛求疵，且不会草率轻佻。约翰·格奥尔格·格梅林、爱德华·吉本、威廉·琼斯，或卡斯腾·尼布尔的游戏嘲讽态度，消失不见。亚洲必须受到统治、教导，经济上被利用及科学上被研究。亚洲是份工作。此后，启蒙运动时期无忧无虑的欧洲，背起了白人自行加诸己身的重担。

注释：

[1] 根据 Maddison，*World Economy*（1995），第 20 页（图表 1~2）的估计。

[2] 基本参阅 Schleier，*Kulturgeschichte*（1997）。

[3] 关于欧洲对近代亚洲的兴趣，参阅 Schwartz，*Implicit Understandings*（1994）中的多篇论文。关于日本导引：Keene，*Japanese Discovery*（1969）。这个主题最近又以"西方主义"这个条目受到讨论。

[4] 参阅 Bernal，*Black Athena*（1987），这里亦平行研究欧洲和其东方源头的疏离。

[5] Luhmann，*Gesellschaft*（1997），第 2 册，第 881 页。

[6] Humboldt，*Essai politique*（1825–1827）。参阅 Osterhammel，*Alexander von Humboldt*（1998）。

[7] 尽管有贝克（Hanno Beck）（*Carl Ritter*，1979）和其他几位学者的努力，李特尔在科学史中的特殊地位仍未受到应有的重视。亦参阅 Osterhammel，*Geschichte*（1997），第 260~264 页。

[8] 主要参阅关于安森（George Anson）这位海军上将 1740~1744 年著名的世界环行甚受瞩目的报道：Walter/Robins，*Voyage Round the World*（1974），包含了最早的一个反中国论战。关于安森，大致参阅 Spate，*Pacific*（1979–1988），第 2 册，第 253~268 页。

[9] 特别是他重要的印度史：Elphinstone，*History of India*（1841）。

[10] 当然有例外。马克思（Marx）和托克维尔属于一流的思想家，他们关于阿尔及利亚与印度的文章值得好好重视：Tocqueville，*Œuvres*，第 3 册（1962）。

[11] 亦参阅 Osterhammel，*Gastfreiheit*（1997），第 397~404 页。关于马戛尔尼的出使活动：Peyrefitte，*L'empire immobile*（1989）；Dabringhaus，*Einleitung*（1996）。

[12] 关于埃及，根据未曾印行的通信，参阅 Laissus, *L'égypte*（1998），关于印度，Bayly, *Empire and Information*（1996）。

[13] Koselleck, *Vergangene Zukunft*（1979）；Foucault, *Ordnung*（1971）；Luhmann, *Gesellschaft*（1997），第 5 章；Thom, *Republics*（1995）。

[14] Tavernier, *Nouvelle Relation*（1675），第 130 页。其他人从细节来合算这类财富，如（根据 Manucci）Catrou, *Mogul Dynasty*（1826），第 306 页以下。

[15] Bernier, *Travels*（1934），第 223 页以下；Gemelli Careri, *Voyage*（1745），第 235 页；亦见 Tavernier, *Travels in India*（1889），第 1 册，第 391 页。

[16] 如果连总在批评的巴罗都对 18 世纪 90 年代早期越南的富裕印象深刻的话，必定有其原因：Barrow, *Cochin China*（1806），第 311 页以下；类似亦见 Crawfurd, *Siam*（1967），第 236 页。

[17] 参阅详细的描述，例如 Kaempfer, *Phoenix Persicus*（1987）；Poivre, *Reisen*（1997）；Ekeberg, *Précis*（1771）；Thunberg, *Reise*（1794），Ⅱ/2，第 55 ~ 73 页；Colebrooke, *Husbandry*（1806）；Buchanan, *Journey*（1807）。

[18] Hassel, *Handwörterbuch*（1817-1818），第 2 册，第 374 页。

[19] Mill, *History*（1817），第 1 册，第 331 页以下；类似看法已见 Tennant, *Indian Recreations*（1803），第 2 册，第 8~20 页。

[20] Dubois, *Mœurs*（1825），第 1 册，第 96 页。

[21] Ambirajan, *Political Economy*（1978），第 59 页以下；Picht, *Handel*（1993），第 216~218 页。

[22] 耶稣会修士甚少报道饥荒。但 1735 年帕瑞宁教士写给梅兰（Mairan）的一封信中有个中国供应体系有趣的早期分析：Societas Jesu, *Lettres édifiantes*（1780-1783），第 22 册，第 174~187 页。世纪末的讨论随着德·博的挑战与 Grosier, *Description générale*（1785），第 290~295 页中的回答而展开。

[23] Chardin, *Voyages*（1735），第 2 册，第 46 页以下；第 3 册，第 296 页以下。

[24] C. L. J. de Guignes, *Voyages*（1809），第 3 册，第 166 页。欧洲外交官有时会抱怨中国人的回礼过轻。但在中国人看来，皇帝亲手赠与的玉杖等同于一辆英国马车的价值。

[25] Poivre, *Reisen*（1997），第 131 页以下。

[26] Holberg, *Vergleichungen*（1748-1751），第 1 册，第 237 页及下页，即已注意到中国繁荣，因为那里的土地可以私有，而印度因为没有这一点而停滞。

[27] Thornton, *Present State*（1809），第 1 册，第 65 页以下；Barrow, *China*（1806），第 397~401 页（这里第 401 页），亦见第 566~571、578 页。

[28] 基本参阅 Platteau, *Les économistes*（1978），特别是第 1 册，第 105 页以下；第 2 册，第 412 页以下，此外亦见 Winch, *Classical Political Economy*（1965）。

[29] 关于亚洲缺乏废墟的地貌，大致参阅 Barchewitz, *Ost-Indianische Reisebeschreibung*（1730），前言；Hodges, *Reisen*（1793），第 17 页；Meiners, *Betrachtungen*（1795-1796），第 1 册，第 267 页；Barrow, *China*（1806），第 4 页及下页；Barrow, *Cochin China*（1806），第 312 页；后来亦见 Curzon, *Far East*（1894），第 83 页。

[30] Mendoza, *History*（1853-1854），第 2 册，第 282~282 页。

[31] Wansleb, Beschreibung von Aegypten（1794），第 111 页。

[32] Volney, *Voyage*（1959），第 156 页。

[33] 如 Du Halde, *Description géographique*（1735），第 1 册，第 317 页。

[34] 参阅 M. Harbsmeier, *Before Decypherment*（1991）。

[35] Bruin, *Voyages*（1718），第 291 页，批评亚历山大；Dubos,

Reflexions（1719），第 22 册，第 147 页。欧洲人身为海外废墟制造者的新历史，随着科尔特斯（Cortez）在墨西哥的蹂躏行径而展开。

[36] Thévenot，*Travels*（1687），第 1 册，第 121~123 页。

[37] Joliffe，*Reise*（1821），第 379 页；及 Bruin，*Levant*（1702），第 172 页；Volney，*Voyage*（1959），第 26 页；Valentina，*Reisen nach Indien*（1811），第 2 册，第 305~311 页。

[38] 大致参阅 Hammer-Purgstall，*Umblick*（1818），第 43 页。

[39] 在 19 世纪 20 年代，德里还被一大片废墟包围：Heber，*Journey*（1828），第 2 册，第 290~294 页，第 316 页及下页。亦见 Kaul，*Historic Delhi*（1985），第 10~18 页。

[40] Lucas，*Voyage*（1731），第 246 页；Güldenstaedt，*Reise durch Rußland*（1787-1791），第 1 册，第 326 页。

[41] Bergk，*Aegypten*（1799），第 1 册，第 10 页。

[42] Raynal，*Histoire philosophique*（1775），第 1 册，第 30 页；Herder，*Ideen*（1989），第 440 页。Volney，*Ruinen*（1977）在此亦值得一提。在此不得不放弃关于这篇文章的解释。

[43] Manuel，*Philosophical History*（1965）内有丰富的文献。

[44] Hammer-Purgstall，*Geschichte des Osmanischen Reiches*（1827-1835），第 1 册，第 xiv 页。哈默的观点：同上书，第 62 页（1699 年卡洛维茨的和平协议为没落的开始）。

[5] 当代关于不同解释的综览，参阅 Chatfield，*Historical Review*（1808），第 56 页以下。

[46] 参阅 Grewal，*Muslim Rule*（1970），第 35 页，第 117 页。

[47] 如 Raynal，*Histoire philosophique*（1775），第 1 册，第 108~120、203~236 页；Macpherson，*European Commerce*（1812），第 70 页以下；Lueder，*Geschichte des holländischen Handels*（1788），第 243 页以下。

[48] 如 Herrmann, *Gemählde von Ostindien*（1799），第 1 册，第 6 页及下页。早期全亚洲的思索，参阅 Holberg, *Vergleichung*（1748-1754），第 1 册，第 1 页以下，第 235 页及下页；Harris/Campbell, *Bibliotheca*（1744-1748），第 2 册，第 821 页以下。介于胜利与挽歌间：Volney, *Voyage*（1959），第 413 页及下页；同氏著，*Ruinen*（1977）。

[49] Playfair, *Inquiry*（1805），特别是第 70 页以下。Renaudot, *Révolutions*（1772）之后并未隐藏着一般的帝国理论。

[50] Kindersley, *Briefe*（1777），第 111 页及下页。

[51] 参阅 Hodgen, *Early Anthropology*（1964），第 263~269 页，第 379 页及下页。带有启蒙色彩的类似思索，参阅 J. R. Forster, *Bemerkungen*（1783），第 263 页以下；Marsden, *Sumatra*（1811），第 207 页；Raffles, *Java*（1817），第 1 册，第 57 页。

[52] Marshall, Introduction, 出自同氏著，*Hinduism*（1970），第 26 页及下页；Van Aalst, *British View*（1970），第 336、338 页。关于这个论题的其他代表人物，参阅 Mitter, *Monsters*（1977），第 116、144 页及下页。

[53] 详细参阅 Knopf, *Orientalism*（1969）。

[54] 参阅 Halbfass, *India*（1988），第 60 页以下的证据；Willson, *Mythical Image*（1964）。

[55] 同上书，第 250 页及下页。亦参阅 Poliakov, *Aryan Myth*（1974），第 183 页以下。

[56] 参阅 Marshall, *Introduction*（1981），第 15 页。

[57] Mill, *History*（1817），第 1 册，第 460 页。

[58] Diez, *Denkwürdigkeiten*（1811-1815），第 1 册，第 vi 页。像执迷于古代的旅行家伍德（Robert Wood），见到小亚细亚的农民时，觉得回到了荷马的时代。

[59] Tennant, *Recreations*（1803），第 1 册，第 4 页。

［60］Mill, *History*（1817），第 1 册，第 483 页。

［61］Baumgarten, *Algemeine Welthistorie*（1744 - 1767），第 16 册（1756），第 377 页。

［62］如 1784 年哥廷根大学乐团指挥弗克（Johann Nicolaus Forkel），引文出自 Wang, *Rezeption*（1985），第 194 页。

［63］J. de Guignes, *Histoire générale*（1756–1758），第 Ⅰ/1 册，第 76 页及下页（但其他参见第 2 册，第 92 页及下页）；d'Anville, *Mémoire*（1776），第 31 页。

［64］Castilhon, *Considérations*（1769），第 234 页。

［65］如 Hanway, *Historical Account*（1753），第 1 册，第 332~334 页。

［66］Marsden, *Sumatra*（1811），第 206 页。

［67］最后能够充分谅解的说法之一（出自 1791 年）：Robertson, *Disquisition*（1817），第 202 页。

［68］Winckelmann, *Geschichte*（1964），第 42 页、第 75 页及下页。关于温克曼对东方艺术观的影响，参阅 Mitter, *Monsters*（1977），第 192 页以下。

［69］Sonnerat, *Voyages*（1782），第 2 册，第 23 页。

［70］Herder, *Ideen*（1989），第 441 页。

［71］同上书，第 438 页。

［72］恩斯特·舒林（Ernst Schulin）在一份无人能及的研究中强调了这点：*Hegel und Ranke*（1958），特别是第 137~141 页的概述。

［73］重要的亦有 Pigulla, *Weltgeschichtsschreibung*（1996），第 155 页以下。

［74］参阅 Lloyd, *Foundations*（1989），第 12 页以下；Rich, *Narrative*（1839）。

［75］"Was heißt und zu welchem Ende studiert man Universalgeschichte?"，出自 Schiller, *Sämtliche Werke*（1966），第 4 册，第 754 页。

［76］参阅 Osterhammel, *Nation*（1992）。

［77］Gregory, *Essays*（1788），第 47 页。

［78］Murray, *Enquiries*（1808），第 412 页。

［79］参阅 Stocking, *Victorian Anthropology*（1987），第 19 页。关于启蒙分子文明理论的多样性，参阅 Slotkin, *Early Anthropology*（1965），第 175~460 页。

［80］Kosegarten, *Morgenländische Alterthumskunde*（1831）; Robertson, *Progress*（1972）.

［81］Kosegarten, *Morgenländische Altherthumskunde*（1831），第 77 页。

［82］同上书，第 95 页。

［83］Jones, "Fourth Anniversary Discourse"，出自 *Works*（1807），第 50 页。

［84］参阅 Hourani, *Europe*（1980），第 32 页。

［85］Volney, *Voyage*（1959），第 103、133 页。

［86］Murray, *Enquiries*（1808），第 5 页。

［87］Marsden, *Sumatra*（1811），第 204 页。Fisch, *Orient*（1984），第 260 页及下页，已指出马斯登是位文明理论家。

［88］Meiners, *Grundriß*（1793），第 29~31 页。关于早期的种族理论，参阅 Martin, *Schwarze Teufel*（1993），第 195 页以下。

［89］Barrow, *China*（1806），第 4 页及第 32 页。

［90］同上书，第 383 页。

［91］同上。

［92］Crawfurd, *Ava*（1834），第 2 册，第 94 页及下页。

［93］Symes, *Embassy*（1800），第 330 页。亦见第 123 页关于缅甸人的高等文明程度。

［94］关于欧洲和印度同一等级的重要辩护词为伯克 1783 年关于福克斯（Fox）东印度法案的演说：*Writings*，第 5 册（1981），第 389 页及下页。我所发现到的，承认亚洲优越性的最后时间上

的证据来自桑伯格（约 1790 年所写的），他认为日本的国家与
社会体制一般优于欧洲的：Thunberg, *Reise* (1794)，第 Ⅱ/1
册，第 213 页。后来当然还有其他特别的优点：例如土耳其较
佳的精神病院：Hammer-Purgstall, *Constantinopolis* (1822)，第
1 册，第 509 页。

[95] 关于新的使命型帝国主义的兴起，至今并无太多研究。重要的
有 Duchet, *Anthropologie* (1971)，第 4 章。以下只是一个暂时
的概述。

[96] Condorcet, *Entwurf* (1976)，第 195 页及下页。

[97] 关于格兰特，参阅 Embree, *Charles Grant* (1962)，第 118 页及
下页，第 156 页。

[98] Dohm, "Nacherinnerungen des Herausgebers"，出自 Kaempfer,
Geschichte (1777-1779)，第 2 册，第 422 页。

[99] Colebrooke, *Essays* (1873)，第 2 册，第 1 页。

[100] 参阅 Gong, Standard of Civilization (1984)。

新版后记[*]

《亚洲的去魔化》写于 1997 年，并于 1998 年 10 月被列入
"C. H. Beck 文化学"（《C. H. Beck Kulturwissenschaft》）系列。
时隔 12 年，出版社得以再度出版这本售罄著作的新版。新版著
作的正文没有进行改动。笔者只在参考文献上对该书进行了必
要的扩充，补充了新的文献资料来源和学界近十年的研究成果。
今天，我们对书中提及的众多 18 世纪的作者有了更多了解（比
如 Wiesehöfer/Conermann 2002；Haberland 2004）。最重要的是，
新版在寻找文献资料方面有所加强，这些文献资料能够让人认
识到亚洲对欧洲和欧洲人的看法；也许未来和一些惊喜就在这
里蓄势待发（Osterhammel 2002）。本书暂时无法避免在理论上
建构的欧洲中心主义（Eurozentrismus）。或许在数十年后会有
人书写一段内容丰富的，关于 18 世纪欧洲人和亚洲人的相互认
知的历史。

　　本书旨在促进一系列课题领域的发展和辩论，读者也会有
同感。其中，本书独特的阐释和整体论证思路目前无须进行修
正。可是，当站在 2010 年的立场时，又如何能把自 1997 年开
始的探讨语境推到 2010 年呢？

欧洲启蒙运动的全球视野

　　欧洲启蒙运动越过欧洲，把目光投向世界的其他地方这一

* 新版后记译者：白雪，哥廷根大学政治学博士。

点并不是激动人心的新闻。长期以来，人们就通过孟德斯鸠的
旅行见闻读物知道了波斯，从伏尔泰的赞赏和有争议的颂扬中
知道了中国，从莱辛的兴趣中了解了伊斯兰教。在 70 年代和
80 年代，思想史学家和文学史学家揭示了 18 世纪的人类学和
民族学（最新参见 Zammito 2002）。在那些流行的时代的总体概
览中，少数人找到了入口；对于专业人士，诸如教科书的作者，
以及对全体大众来说，启蒙运动是一场纯粹的欧洲的思想运动，
其中心位于法国、苏格兰和德意志各诸侯国，并且启蒙运动最
重要的内容是对当时欧洲的境况进行批判。由在欧洲启蒙运动
研究领域最著名的历史学家弗朗哥·文图里（Franco Venturi）
对启蒙运动绘制的这幅传统图像——现在早已过时——在当时
就遇到了一次重大的"全球性"竞争。首先是文图里的学生爱
德华多·托塔奥罗（Edoardo Tortarolo）用一种开创性的新综合
法（1999）将启蒙运动者对地理、外民族以及从"野蛮"到
"文明"之间的不同等级的痴迷，纳入了启蒙运动的总体图像
之中（之后还有 Pocock 2005；Outram 2006）。

今天，启蒙运动是多中心的这一点比先前更加清楚。启蒙
运动并非只将其来自巴黎、格拉斯哥或者哥廷根的耀眼光芒映
射到欧洲的众边缘地区；在欧洲，到处都有"有自己的理性之
地"（《Orteeigener Vernunft》）（Klaus/Renner 2008；此外参见
Butterwick u. a. 2008；Hardtwig 2010）。在启蒙主义的全球画像
中，北美的英国殖民地有根本性的重要性。本杰明·富兰克林、
托马斯·杰斐逊和亚历山大·汉密尔顿属于那个时代最典型的
哲学家。在利马（Lima）、加尔各答、巴达维亚或者开普敦，
人们创造性地接收了来自欧洲的推动力。在 18 世纪 80 年代，
有威廉·琼斯爵士典型特征的孟加拉"亚洲协会"是世界范围

406

内最重要且博学多才的文化纽带团体之一。耶稣会传教士里最聪明的人留在了中国皇帝的宫廷内，他们与早在莱布尼茨时期的前任一样，被敬为引领欧洲智慧的信使（重要文献来源：莱布尼茨，2016）。

从某些观点出发，这些渠道是密集的现代"网络化"（《Vernetzung》）先驱，通过这些渠道，有关欧洲之外的地区政治局势与社会状况的知识，有关那里的风俗、习惯和宗教的知识到达了欧洲。在欧洲，这些知识被整理、评估和归档，陌生的事物被展示出来（Collet 2007）。植物学和动物学从考察旅行活动里包含的剥削中，以及殖民地的收集中获益匪浅。伴随着人们关于热带的知识的不断增长，自然的多样性首先变得清晰；当地的分类体系汇入了欧洲学者构建的一些规则里。18 世纪的聪明人和学者研究并加工着源源不断的来自全世界的数据。众多知识文化超越遥远的距离，彼此相互关联（Schneider 2008；Porter 著作里的诸章节，2003）。欧洲启蒙运动受到"世界"的影响，反过来也跨越了欧洲大陆的边境，发挥了自己的影响。

启蒙运动的这幅"去地方主义"图画在尝试一场超越自我的思想解放运动，并因此在当下多次尝试以世界主义为目标的先锋姿态展示自己。在相关讨论中，有一种与之完全对立的评价。根据这种观点，在欧洲以外的地方，启蒙运动非常明显地展示了一些并无吸引力的特征：希望在认知领域征服一切空想，通过规则和计划行使权力，无顽固文化意识的普世平均主义，除了自身规则之外对一切规则的否认，"逻各斯中心主义"（Logozentrismus），一种归根到底是男性的认知视角等。从这一观点看来，启蒙运动一向为人称道的宽容成为一种被鞭笞的虚伪，它把帝国的统治意愿强加给了理智的好奇心。这个多次采纳了反革命动机和浪漫主义思想的根本性批判不能被全盘否定。一种有良知的怀疑保护了 18 世纪的自我理想化（Selbstidealisierung）不被人过分狭隘地追随，至少直到今天，人们才恼怒于大多数启蒙运动者对买卖奴隶和奴隶制缄口不言。然而，90年代开始流行起来的对启蒙运动的批判多次言及这个目标外的东西。人们并没有详尽地了解 18 世纪对殖民主义批判的赞同（Muthu 2003），在启蒙运动思想家对人类学持不同看法和之后出现的 19 世纪生物学上的种族主义之间建构过度的、延续的血统学的时候，人们并没有带着哲学上必要的谨慎来对待这些文字（Carey/Trakulhun 2009）。从总体上看，欧洲的启蒙运动的声望仅带着少量的伤痕战胜了攻击。在 18 世纪，无人能符合如今最严格标准下的反种族主义、多元文化主义和文化相对主义，这只能让那些完全不考虑当今大力推崇的历史语境的人感到惊异。在《亚洲的去魔化》这本书里，人们可以基本通过辩论发现一种说明：在排除近乎垂直的等级制度和鲜明对比的情况下，为符合时代要求的世界公民和全球化的秩序观念这两者寻找更早的例子，会把一个始于戈特弗里德·威廉·莱布尼茨，终结于最后一位伟大的启蒙运动者亚历山大·冯·洪堡的时代引领到过去。

旅行与殖民主义

408

欧洲对非欧洲人的描述，以及欧洲人对非欧洲人的评价在多大程度上受到了殖民主义整体气候的影响，或者更严重的，被污染（参见 Lüsebrink 2006）？与一个过于抽象的殖民主义概念相反，人们在此应当坚持概念的区分。毋庸置疑，18 世纪也勾勒出了——正如它之前的那两个世纪一样——在欧洲长期、不间断的侵略里一个特别的阶段，一个欧洲帝国纷纷建立起来的重要时代（Darwin 2007）。因此，无论如何，在对特殊状况的评判中，一个关于普遍的、欧洲扩张动力的暗示不会被剔除。在 18 世纪，欧洲的殖民主义在亚洲有两个核心区域：东南亚（最重要的是当时荷兰的殖民地印度尼西亚和西班牙的殖民地菲律宾）和南亚（当时荷兰的殖民地锡兰和 18 世纪 60 年代以后被英国的东印度公司占据的部分印度的区域）。在另外两个亚洲区域，欧洲的殖民者相对不受阻碍地积极推进殖民进程，他们无须通过殖民的方式占领土地，并且能够达到建立殖民统治组织这一步：一个是英国海军和法国海军之间进行平和的海军竞赛的太平洋；另外一个是早在 19 世纪大规模移民垦荒进程开始之前，就已经以一种前殖民方式融入沙俄的西伯利亚地区。总的来说，除此之外的亚洲地区都没有欧洲的殖民统治。当时的中国是一个强大的帝国，无须畏惧欧洲。日本成功地远离了所有来自西方的外国人。亚洲中部对于欧洲人来说非常难以到达。奥斯曼帝国很明显在领土问题的立场上有所退步，但依旧在自身境内实行君主制。因此，人们无法把 19 世纪晚期亚洲在更高程度上屈服于欧洲的独裁统治的情况，映射到 19 世纪之前的那个世纪里。

身为旅行者的人可以很好地了解到真实的权力关系。本书的一个基本观点就是，18 世纪前往亚洲旅行的欧洲人（只要他们公开地出版了受到关注的记录）并不是其自身经历和见闻的被动记录者，或者不可信的浮夸吹嘘者，而是具有较高能力的学者和非常理智的权威专家：在路上的哲学家。这些人应当能够依托帝国的条件，安全地在陌生殖民国家的保护下行动。然

而，除了上述地区，在亚洲其他地方从未有过这样的情况；在 409
印度尼西亚，也只有在较大的岛屿上才是如此。詹姆斯·库克
和其余的海上探险旅行者总会随身携带武器，并且他们在船上
并不会被攻击到。在别处，这样的旅行几乎是不可能的，同时
也是有生命危险的。中国内陆地区对外国人关闭，在日本，欧
洲人的每一次行动都受到国家最为严格的监视。由此，尤其是
在亚洲，人们不应当过高地评价 18 世纪的帝国特征和殖民主义
特征。除了帝国架构中不均衡的权力范围之外，在那里的欧洲
人开始在西亚、阿拉伯地区、伊朗、阿富汗、中亚、缅甸、越
南、暹罗（泰国）、中国和日本收集数据和那里的思想体系。

爱德华·萨义德、东方主义的辩论和东方学

20 世纪最后四分之一的时间里最有影响力的书之一就是爱
德华·萨义德于 1978 年出版的专著《东方主义》（*Orientalis-
mus*）。在此之后，关于东方主义的谈论再也没有停止过。2009
年，该专著更新、更好的德语版是一个标志，标志着即使在德
国，人们对这个专题的兴趣依旧未减，并且或许新版是对以前
译本在翻译过程中对原著的内容领会不到位的必要补充。该专
著如同一个囊括其他书籍的图书馆，没有来自萨义德的动力，
这本《亚洲的去魔化》也无法写成。原创且可信的萨义德很难
与这些影响广泛的文字完全分离。这些影响不仅仅归功于《东
方主义》这本书本身的学术质量，早先已经有批评家们就这本
书的界限和内在矛盾提出，这本书开篇的章节很精彩，但很快
就陷入了对东方学家的人身攻击上，这些东方学家在今天外人
几乎完全无法理解。《东方主义》并不是一部系统的专著，也
不是一部精心构思的大师级作品，它以基础不稳定的经验为依

据，它里面的理论并不像 70 年代其他的一些著作那样独特
（Ashcroft/Ahluwalia 2008；批判部分见 Varisco 2007，Schmitz
2008，Irwin 2006）。在萨义德的众多追随者中，没有人能在高
要求的理论方面继续发展萨义德的思想。虽然后殖民主义明显
地溯源到萨义德，但是它恰恰至少在德国也一样能追溯到其他
作者身上（比如 Homi Bhabha），并且在今天更像是众多影响的
融合（一个很好的导论：Castro Varela/Dhawan 2009，此外：
410　Young 2003）。它从独特的语言代码中获得自己的身份，从思想
的严谨性中得到了任意形式的对"欧洲中心主义"的批判性
否决。

在《东方主义》出版了 30 年之后（并在作者于 2003 年去
世的多年之后），一种最初的政治和道德动力减弱了，它曾通
过以色列来反对巴勒斯坦的行为，用帝国主义来针砭所谓的英
国与法国东方研究的帮凶。在科学政治方面，在萨义德主义对
美国众多的文学研究和亚洲研究部门的一种近乎霸权主义的观
点上，一个借助卑鄙的怀疑手段进行的、美国新保守派的反击
在 2001 年 9 月发生了（依据萨义德生平和影响：Schäbler
2008）。可是这一切并未促进德国人对萨义德读物的阅读。更确
切地说，这里有两种现象值得人们注意：第一，一些东方学学
科已经不再有学科性的不确定性了（比如，最恰当的例子就是
伊斯兰学：Poya/Reinkowski 2008），而此时在其他学科看来，
一种应有的、彻底对"东方学的"自我定位认识的怀疑尚未开
始。在萨义德主义者和传统主义者之间横亘着沟壑；同时，社
会科学找到了其所处的调解位置或更强大的被重视的地位。第
二，萨义德的《东方主义》使得一种以普遍的文化学为定义的
文学研究，能够极大程度地提高自己的权限。尽管在一些著作

的创作者看来，这些作品是学术性的和非虚构的，但不能视这些文章为想象的、含沙射影的、幻象的，总之是一切想象力的产物。人文科学的全部历史也会由文学家裁定，在想象方面，这些文学家具有最高级别专家的特点。此外，当在此涉及谈论"外国风格"（Fremdheit，适时地说，也就是"跨文化"的自然）的时候，无限的机遇对"他者化"（Othering）或者"相异性虚构"（Alteritätskonstruktion）的追踪就开启了。由爱德华·萨义德揭示的文章结构的策略能够通过一个又一个例子证明：通过"物化"对"他物"进行具体化，归因于不可改变的"本体"，对历史的行为能力产生的"作用"，或者干脆从史实本身对外国的女性化带有轻蔑感，等等。

关于这种方式的研究成果颇丰。这些成果把萨义德自己首先在 19 世纪举例说明的问题置入了其他时代，并且从东方主义的视角看，这些成果不仅在欧洲"发明的"东方国家里发现了萨义德的问题，还在欧洲范围内（Jobst 2000，David-Fox u. a. 2006），甚至东方自身（Makdisi 2002）发现了问题。在此期间，许多类似的研究忍受着这一过程不断重复的单调，它没有取得多少令人惊喜的成果，这些研究也传递了残酷的气氛、谴责，有时甚至是对以往作家的公然抨击，对文章内容之外关于文化边界思想产生的条件的无知——这里的边界自身对于其他地方来说是再度被建立的，甚至在诸如商谈之类的实践中边界也一直在被重新建立。

因此，《亚洲的去魔化》这本书（尤其）是被爱德华·萨义德激活的，但是在展开部分沿着其他道路前行。本书的第一部分（"知识之路"）并未在文中论述欧洲对亚洲的介绍，而是提出了在何种情况下，关于亚洲的知识——"知识"能够在

411

更广泛的意义下被使用——究竟如何产生？人们所见、所想和所思的活动空间是如何形成的？欧洲人和亚洲人是通过哪一种方式相互融合的？哪些思维模式和"理论"通过传统方式传达，并且属于 18 世纪欧洲人认知上的保留剧目？人们可以使用哪种文学类型和哪些媒介，哪些会被修改，哪些会直接更新？怎样——人们觉察到来自远方、无法考证的报告是一个大问题——产生信任以及通常意义上的文化权威？知识如何从在当地被仓促写成的笔记中，沿着交流的纽带传播到欧洲的读者手里，甚至传到他们感兴趣的后代手里？所有这些问题都被真实的欧洲与亚洲之间的历史关系再次环绕，这是本书无法详尽描述的地方，但是作为背景，这些问题必须长期存在于此（Blussé/Gaastra 1998，Libermann 1999，Murphey 2008，Demel/Thamer 2010，Osterhammel 2008，观点的相互作用：Gunn 2003，Grandner/Komlosy 2004）。

第二部分（"当代人与历史"）以一种更为传统的方式——用挑选出的主题和传统主题（Topoi）的历史——完成了。由此，与第一部分里对跨文化知识的逻辑分析相比，评论家们表现出他们更为强烈地被这些主题和一般概念所影响，这是因为笔者坚持原创性。这两部分合起来就是一个时代的理论历史框架，在这个框架里，我们今天耳熟能详的学术理论尚未形成。在 1830 年——也就是在不危险的时间点，此时叙述也结束了——之前，欧洲的大学还没有汉学和日本学的学科文化和课程设置，并且，只有在一开始时才有印度语言和文化学（可以理解为梵语学）或者阿拉伯语文学，更谈不上宗教概念甚于语言概念的"伊斯兰学"。爱德华·萨义德感兴趣的事物与他的一些学生感兴趣的不同，他对近代早期的原始东方主义

（Proto-Orientalismus）兴趣寥寥。他看到了——在这件事上人们可以追随他——拿破仑1798年至1801年的埃及远征，通过这一远征实现的近东研究开启了关于东方的讨论，这一尝试的开端靠近了权力，并且同时提出了获得学术威望的要求。正如批评家们经常发现的那样，19世纪，德语地区的东方学发展在世界产生了较大影响，这蒙蔽了萨义德，他因此拒绝了一个对他的论证有很高价值的案例分析，这个案例分析可以验证他对在帝国的相互争斗中东方学专业人士的政治参与的评论的正确性。一些重要的专著在过去数年里对德国的东方研究进行了仔细的重新设计，另外，这些专著指出了从考古学的相邻学科，经神学理论到艺术实践，环绕其中的嵌入现象（Mangold 2004，Polaschegg 2005，Rabault-Feuerhahn 2008，Wokoeck 2009，最重要的：Marchand 2009）。由此出现了一种对不同研究领域的总体印象，与政治的工具化进程相比，这一印象总是能够在有学识的超凡脱俗的行为上被发现。为19世纪晚期高度专业化的大学教授与本书描述的旅行者和冒险家塑造的关联甚少。只有在位于埃及的考古发掘工作中，我们才能在西亚、中亚以及与它们相关的帝国争斗中找到一种相互影响的动力和一段令人回忆起18世纪下半叶时光的冒险（Trümpler 2008）。

亚洲的去魔化与新"崛起"

"去魔化"这个关键词使内行的读者想到了马克斯·韦伯，一位荷兰的评论家抱怨这个概念的表述不够准确，并且不适用于被当作受到严谨关注的综述性的入门书籍（Jürgens 2001）。然而，对一部为大众而写的思想史和艺术史作品来说，它不能故意踏入韦伯-诠释（Weber-Exegese）的复杂领域，并且从著

413

名的社会学家的不同出发点，把一个对于专著而言变得恰当的"世界"的去魔化思想剖析为一个长期的进程。人们更多这样认为：在被理解为始于 1680 年的、漫长的 18 世纪进程中，从欧洲人独特的视角看，亚洲文明失去了它的神奇。虽然从安东尼·加兰德（Antoine Galland）翻译的《一千零一夜》（1704）的历史篇章，到威廉·贝克福特（William Beckford）的恐怖小说《瓦席克》（*Vathek*，1786），东方依旧是一个美丽的意象，但是除此之外，同时代的对亚洲社会理性的描述和分析尝试着展现这些亚洲社会及其政治体系和宗教实践是如何"运转"的。人们绝对不能笼统地把欧亚地区的非基督教国家归纳到与"欧洲"或者"西方"相对的"亚洲"或者"东方"等总称里，而是应当根据它们各自的特点，从比较的视角进行描述和讨论。施洛福（Schroffe）的"东西二分法"在 18 世纪产生，并且很少被使用，它仅仅尝试把亚洲从历史运行的空间推到一个"去历史化"的特殊空间，把亚洲推到世界史的一条旁轨之上。

当马克斯·韦伯在其晚期作品中通过"理性的经验主义认知"把世界的"去魔化"阐释为世界"在一种因果机制中的转变"时（Weber 1920，第 564 页），这正好与 18 世纪下半叶欧洲启蒙运动家的目的一致。与此同时，"异化"（das Fremde，在此是年代错位的范畴）绝对不会通过异域化而被转变成为一个神秘的"他者"（Anderes）。为此人们多次增添同样的、来自理性分析与评估的思考方式，这也是人们用于判断欧洲政治和社会状况的思考方式。亚洲去神秘化，并且在一种统一的、认知的连续性中，亚洲变得可以被理解。由此，这为阐释其他文明的欧洲的后现代批判设计了一种困境：人们批评欧洲的亚洲观察者既普遍狂妄又否认"差异";或者相反,通过"他者化"过度放大了差别,也就是东方主义。这两种简单、极端的观点都遗漏了历史发现的冲突情境。

18 世纪晚期的亚洲去魔化进程与一种新的评价联系在一起。在这个世纪中期的数十年,一些亚洲国家,特别是中国和日本,有时也包括阿拉伯沙漠地区的居民,对一些欧洲人来说值得称赞,或者说对于欧洲都堪称典范,所以在欧洲人的意识里,世界的文化霸权被重新排序,亚洲人排到了仅次于欧洲人的位置。对亚洲进行侵略的阻碍变小了;这个大洲看起来需要建立其秩序和使其文明开化的欧洲人,越来越多进行侵略的人相信这一点(Barth/Osterhammel 2005)。直到大约 1760 年,殖民主义还是美洲的特别机遇,现在,它在亚洲已经是可以设想和实现的了。去魔化的亚洲是一个有智慧的、受压迫的、最终被统治的亚洲。这当然不是人们纯粹从理性上能够阐释的变化。18 世纪中期以后,欧亚大陆内部权力政治和经济重心的转移对欧亚大陆的西方有利。

414

在占据优势地位的欧洲的认知里,亚洲从此再未被重新妖魔化。尽管有弗里德里希·吕克特、施莱格尔·柯勒律治和塞缪尔·泰勒·柯勒律治兄弟(Friedrich Rückert, Schlegel und Samuel Taylor Coleridge),尽管在法国有关于东方的资料,尽管在罗西尼的歌剧中有土耳其人和阿拉伯人,尽管有卡尔·玛里亚·冯·韦伯,19 世纪(早期)风格转变的亚洲浪漫色彩相对而言也不再如 18 世纪时那样有趣了。在 19 世纪末,荒诞的亚洲画面有两个方面尤为突出:一个是对充满威胁和疯狂的亚洲"黄祸"(《gelben Gefahr》)的恐慌;另一个是有永恒"智慧"(《Weisheit》)的亚洲,人们可以从东方的圣贤著作中学到这种智慧——这是当今"新纪元"爱好者（《New Age》-Vorlieben）信奉的中国的神谕符号的起源。这两种变化都是一种利基现象（Nischenphänomene）。商人和殖民地行政官员谦恭的现实主义占了上风。对整个亚洲或者它单独的文明的热忱很少被唤醒——像 18 世纪早期，从莱布尼茨经伏尔泰，再到威廉·琼斯和斯坦福·莱佛士（Stamford Raffles）这些欧洲的智者认识亚洲时所怀有的热忱。

现在，18 世纪被重新提起，成为当下的潮流。世界的等级发生了变化，根据一些观点，它向充斥欧洲的西式傲慢和优势地位的时代之前的时代靠近。本书最后一章大致概述了欧洲中心主义的缘起，这种欧洲中心主义观已经与当下的世界关系不符了。一方面，欧洲人必定要决定：他们没有理由为了一种中性的、文化上的相对主义牺牲自己的道德价值、法律价值和政治传统。另一方面，人们为（西部）欧洲和北大西洋西部这些区域绘制的意境地图（mental maps）并不是未来最好的导航工具。人们很难忽视的是，欧洲不可能总是在所有方面都是更好的（来源于大量文献，特别是 Delanty 2006）。当回忆起 18 世纪欧亚之间的均势时，人们不应讶异地把中国于 21 世纪初在经济领域和国际政治领域的（再一次）崛起当作一种奇迹，而应当把这一情况理解为中国回归到了其在 18 世纪的历史性常态。欧洲人不应对认可亚洲与欧洲属于同等级别感到困惑。历史上，亚洲曾经就在那里。

注释：

Ashcroft, Bill/PalAhluwalia. 2008. *Edward Said*, 2nd ed., London/New York.

Barth, Boris/Jürgen Osterhammel, Hg. (2005). *Zivilisierun-gsmissionen. Imperiale Weltverbesserung seit dem 18. Jahrhundert*, Konstanz.

Blussé, Leonard/Femme Gaastra, Hg. (1998). *On the Eighteenth Century as a Category of Asian History*, Aldershot.

Butterwick, Richard/Simon Davies/Gabriel Sanchez Espinosa, Hg. (2008). *Peripheries of the Enlightenment*, Oxford.

Carey, Daniel/SvenTrakulhun (2009). Universalism, Diversity, and the Postcolonial Enlightenment, in: Daniel Carey/Lynn Festa, (Hg.) *The Postcolonial Enlightenment: Eighteenth–century Colonialism and Postcolonial Theory*, Oxford, S. 240–280.

Castro Varela, María do Mar/Nikita Dhawan (2009). *Postkoloniale Theorie. Eine kritische Einführung*, 2. Aufl., Bielefeld.

Collet, Dominik (2007). *Die Welt in der Stube. Begegnungen mit Außreuropa in Kunstkammern der Frühen Neuzeit*, Götingen.

Darwin, John (2007). *After Tamerlane: The Global History of Empire Since 1405*, London.

David-Fox, Michael/PeterHolquist/Alexander Martin, Hg. (2006). *Orientalism and Empire in Russia*, Bloomington, Ind.

Delanty, Gerard, Hg. (2006). *Europe and Asia beyond East and West*, London/New York.

Demel, Walter/Hans-Ulrich Thamer, Hg. (2010). *Die Entstehung der Moderne* 1700–1914, Darmstadt.

Grandner, Margarete/Andrea Komlosy, Hg. (2004). *Vom Weltgeist beseelt. Globalgeschichte* 1700–1815, Wien.

Gunn, Geoffrey C. (2003). *First Globalization: The Eurasian Exchange*, 1500–1800, Lanham, Md.

Haberland, Detlef, Hg. (2004). *Engelbert Kaempfer* (1651–1716). *Ein Gelehrtenleben zwischen Tradition und Innovation*, Wiesbaden.

Irwin, Robert (2006). *For Lust of Knowing: The Orientalists and Their Enemies, London.*

Jobst, Kerstin S. (2000). Orientalism, E. W. Said und die Osteuropäsche Geschichte, in: *Saeculum*51, S. 250-266.

Jürgens, Hanco (2001). Rezension von J. Osterhammel, ie Entzauberung Asiens?, in: *Tijdschrift voor Geschiedenis*114, S. 287-290.

Kraus, Alexander/Andreas Renner, Hg. (2008). *Orte eigener Vernunft. Europäische Aufklärung jenseits der Zentren*, Frankfurt a. M. /New York.

Leibniz, Gottfried Wilhelm (2006). *Der Briefwechsel mit den Jesuiten in China* (1689-1714), hg. v. Rita Widmaier, Hamburg.

Lieberman, Victor, Hg. (1999). *Beyond Binary Histories: Re-imagining Eurasia to c. 1830*, Ann Arbor.

Lüsebrink, Hans-Jürgen, Hg. (2006). *Das Europa der Aufklärung und die außereuropäische koloniale Welt*, Götingen.

Makdisi, Ussama (2002). Ottoman Orientalism, in: *American Historical Review* 107, S. 768-796.

Mangold, Sabine (2004). *Eine Weltbürgerliche Wissenschaft?. Die deutsche Orientalistik im 19. Jahrhundert*, Stuttgart.

Marchand, Suzanne L. (2009). *German Orientalism in the Age of Empire: Religion, Race, and Scholarship*, Cambridge.

Murphey, Rhoads (2008). *A History of Asia*, 6. Aufl., New York.

Muthu, Sankar (2003). *Enlightenment against Empire*, Princeton, N. J.

Osterhammel, Jürgen (2002). Ex-zentrische Geschichte. Außen-ansichten europäischer Modernität, in: *Jahrbuch des Wissenschaftskollegs zu Berlin* 2000/ 2001, Berlin, S. 296-318.

Osterhammel, Jürgen (2008). Die europäische übergangsges-ellschaft im globalen Zusammenhang, in: Lutz Raphael/Ute Schneider (Hg.), *Dimensionen der Moderne. Festschrift für Christof Dipper*, Frankfurt a. M., S. 707-23.

Outram, Dorinda (2006). *Aufbruch in die Moderne. Die Epoche der Aufklärung*, dt. v. Erwin Tivig, Stuttgart.

Pocock, J. G. A. (2005).*Barbarism and Religion*. Bd. 4: *Barbarians, Savages and Empires*, Cambridge.

Polaschegg, Andrea (2005). *Der andere Orientalismus. Regeln deutsch − morgenländischer Imagination im* 19. *Jahrhundert*, Berlin/New York.

Porter, Roy, Hg. (2003). *Eighteenth−Century Science* (= Cambridge History of Science, Bd. 4), Cambridge.

Poya, Abbas/Maurus Reinkowski, Hg. (2008). *Das Unbehagen in der Islamwissenschaft. Ein klassisches Fach im Scheinwerferlicht der Politik und der Medien*, Bielefeld.

Rabault−Feuerhahn, Pascale(2008).*L'archive des origines: Sanskrit, philologie, anthropologie dans l'Allemagne du XIX e siècle*, Paris.

Schäler, Birgit (2008). Post−koloniale Konstruktionen des Selbst als Wissenschaft: Anmerkungen einer Nahost−Historikerin zu Leben und Werk Edward Saids, in: Alf Lüdtke/Reiner Prass, (Hg.) *Gelehrtenleben. Wissenschaftspraxis in der Neuzeit*, Köln/Weimar/Wien, S. 87−100.

Schmitz, Markus (2008). *Kulturkritik ohne Zentrum. Edward W. Said und die Kontrapunkte kritischer Dekolonisation*, Bielefeld.

Schneider, Ulrich Johannes, Hg. (2008). *Kulturen des Wissens im* 18. *Jahrhundert*, Berlin.

Trümpler, Charlotte, Hg. (2008). *Das Gro βen Spiel. Arch äo logie und Politik zur Zeit des Kolonialismus* (1860−1940), Köln.

Varisco, Daniel Martin (2007). *Reading Orientalism: Said and the Unsaid*, Seattle, WA.

Weber, Max (1920). Zwischenbetrachtung: Theorie der Stufen und Richtungen religiöser Weltablehnung, in: ders., *Gesammelte Aufsätze zur Religionssoziologie*, Bd. 1, Tübingen 1920, S. 536−573.

Wiesehöfer, Josef/Stephan Conermann, Hg. (2002). *Carsten Niebuhr* (1733-1815) *und seine Zeit*, Stuttgart.

Wokoeck, Ursula (2009). *German Orientalism: The Study of the Middle East and Islam from* 1800 *to* 1945, London/New York.

Young, Robert J. C. (2003). *Postcolonialism: A Very Short Introduction*, Oxford.

Zammito, John H. (2002). *Kant, Herder, and the Birth of Anthropology*, Chicago/ London.

参考文献

本书作为文献使用的文字用星号（★）标记。短标题均被简化。

Abbattista, Guido (1979). *James Mill* e il problema indiano: Gli intellettuali britannici e la conquista dell'India, Mailand.

Abbattista, Guido (1985). The Business of *Paternoster Row*: Towards a Publishing History of the «Universal History», in: Publishing History 17, S. 5 – 50.

Abbattista, Guido (1990). *Commercio*, colonie e impero alla vigilia della rivoluzione americana: John Campbell pubblicista e storico nell'Inghilterra del sec. XVIII, Florenz.

Abbott, John Lawrence (1982). *John Hawkesworth*: Eighteenth-Century Man of Letters, Madison, Wisc.

★Abel, Clarke (1819). *Narrative* of a Journey into the Interior of China, and of a Voyage To and From that Country, in the Years 1816 and 1817, London.

★Abel-Rémusat, Joseph-Pierre (1825 – 26). *Mélanges* asiatiques, 2 Bde., Paris.

★Abel-Rémusat, Joseph-Pierre (1829). *Nouveaux mélanges* asiatiques, 2 Bde., Paris.

★Achenwall, Gottfried (1768). *Staatsverfassung* der heutigen vornehmsten Europäischen Reiche und Völker im Grundriße, 5. Aufl., Göttingen.

Adami, Norbert R. (1981). *Zur Geschichte* der russisch-japanischen Beziehungen bis zum Beginn des 19. Jahrhunderts, in: BJOAF 4, S. 196 – 325.

Adami, Norbert R. (1990). Eine schwierige *Nachbarschaft*: Die Geschichte der russisch-japanischen Beziehungen. Bd. 1, München.

Adams, Percy G. (1980). Travelers and *Travel Liars*, 1660 – 1800, New York [zuerst 1962].

Adams, Percy G. (1983). *Travel Literature* and the Evolution of the Novel, Lexington.

Adas, Michael (1989). *Machines* as the Measure of Men: Science, Technology, and Ideologies of Western Dominance, Ithaca/London.

Adas, Michael, Hg. (1993). Islamic and European *Expansion*: The Forging of a Global Order, Philadelphia.

★Adelung, Johann Christoph (1768). Geschichte der *Schiffahrten* und Versuche, welche zur Entdeckung des Nordöstlichen Weges nach Japan und China von verschiedenen Nationen unternommen worden, Halle.

★Adelung, Johann Christoph (1782). Versuch einer *Geschichte der Cultur* des menschlichen Geschlechtes, Leipzig.

*Adelung, Johann Christoph (1806–17). *Mithridates* oder allgemeine Sprachenkunde, 4 Teile in 6 Bdn., Berlin.

*Aikin, John (1806). *Geographical Delineations*; or a Compendious View of the Natural and Political States of All Parts of the Globe, 2 Bde., London.

Aksan, Virginia H. (1995). An *Ottoman Statesman* in War and Peace: Ahmed Resmi Efendi, 1700–1783, Leiden.

Alder, Garry J. (1985). *Beyond Bokhara*: The Life of William Moorcroft, Asian Explorer and Pioneer Veterinary Surgeon, 1767–1825, London.

Allgemeine Geschichte (1777–86). Allgemeine Geschichte der neueren Entdekkungen, welche von den verschiedenen gelehrten Reisenden in vielen Gegenden des rußischen Reichs und Persien ... sind gemacht worden, 6 Teile in 3 Bänden, Bern.

Allison, Robert J. (1995). The *Crescent* Obscured: The United States and the Muslim World, 1776–1815, Oxford.

Almond, Philip C. (1988). The British Discovery of *Buddhism*, Cambridge.

Ambirajan, S. (1978). Classical *Political Economy* and British Policy in India, Cambridge.

Amin, Samir (1988). *L'eurocentrisme*: Critique d'une idéologie, Paris.

*Amiot, Joseph (1772). *Art militaire* des Chinois, ou Receuil d'anciens traités sur la guerre, Paris.

*Amiot, Joseph (1779). Mémoire sur la *Musique* des Chinois, tant anciens que modernes, Paris.

Andaya, Barbara Watson/Leonard Y. Andaya (1982). A *History of Malaysia*, London/Basingstoke.

*Anderson, Æneas (1795). A *Narrative* of the British Embassy to China in the Years 1792, 1793, and 1794, London.

Anderson, Sonia P. (1989). An English Consul in Turkey: *Paul Rycaut* at Smyrna, 1667–1678, Oxford.

Andreae, Friedrich (1908). *China* und das 18. Jahrhundert, in: K. Breysig u. a. (Hg.), Grundrisse und Bausteine zur Staats- und zur Geschichtslehre, Berlin, S. 121–200.

Angelomatis-Tsougarakis, Helen (1990). The Eve of the *Greek Revival*: British Travellers' Perceptions of Early Nineteenth-Century Greece, London/New York.

Annales des voyages (1809–13). Annales des voyages, de la géographie et de l'histoire ..., publiés par M. Malte-Brun, 2ᵉ éd., revue et corrigée, 25 Bde., Paris.

*Anquetil-Duperron, Abraham Hyacinthe (1778). *Législation orientale*, Amsterdam.

*Anquetil-Duperron, Abraham Hyacinthe (1787). *Recherches historiques* et géographiques sur l'Inde, in: Bernoulli, *Description historique* (1786–89), Bd. 2.

*Anquetil-Duperron, Abraham Hyacinthe (1789). *Dignité du commerce*, et de l'état du commerçant, o. O. [Paris].

*Anquetil-Duperron, Abraham Hyacinthe (1798). *L'Inde* en rapport avec l'Europe, 2 Bde., Paris.

*Anson, George: siehe Walter/Robins (1974).

*d'Anville, Jean-Baptiste Bourguignon (1737). *Nouvel Atlas de la Chine*, de la Tartarie chinoise et du Thibet, Den Haag.

*d'Anville, Jean-Baptiste Bourguignon (1772). *L'Empire Turc,* considéré dans son établissement et dans ses accroisemens successifs, Paris.

*d'Anville, Jean-Baptiste Bourguignon (1776). *Mémoire* ... sur la Chine, Paris.

Apostolidis-Kusserow, Karin (1983). *Die griechische Nationalbewegung,* in: N. Reiter (Hg.), Nationalbewegungen auf dem Balkan, Wiesbaden, S. 61–175.

Appleton, William W. (1951). A *Cycle* of Cathay: The Chinese Vogue in England during the 17th and 18th Centuries, New York.

*Arbuthnot, John (1733). An *Essay* Concerning the Effects of Air on Human Bodies, London.

Archer, Mildred (1979). *India and British Portraiture* 1770–1825, London/New York/Karachi.

Archer, Mildred (1980). *Early Views of India:* The Picturesque Journeys of Thomas and William Daniell 1786–1794, London.

Ashcroft, Bill/Pal Ahluwalia. 2008. *Edward Said,* 2nd ed., London/New York *Edward Said,* 2. Aufl., London/New York.

Asiatic Annual Register (1800 ff.). Asiatic Annual Register for the Year 1799-, London.

Asiatic Journal, Bd. 1 (1816) ff., London.

Asiatick Researches, or Transactions of the Society, Instituted in Bengal, Bde. 1 (1788) – 20 (1836), Kalkutta.

Asiatisches Magazin (1806–11). Hg. v. J. A. Bergk, K. Hänsel u. F. G. Baumgärtner, 3 Bde., Leipzig.

*Astley, Thomas/[John Green] (1745–47). A New General *Collection* of Voyages and Travels, 4 Bde., London.

Atkin, Muriel (1988). *Russia and Iran* 1780–1828, Minneapolis.

Atkin, Muriel (1988). Russian Expansion in the *Caucasus* to 1813, in: Rywkin, *Russian Colonial Expansion,* S. 139–87.

Auch, Eva-Maria (1997). Zum *Muslimbild* deutscher Kaukasusreisender im 19. Jahrhundert, in: Auch/Förster, «*Barbaren*», S. 83–100.

Auch, Eva-Maria/Stig Förster, Hg. (1997). «*Barbaren*» und «Weiße Teufel»: Kulturkonflikte und Imperialismus in Asien vom 18. bis zum 20. Jahrhundert, Paderborn.

Aurich, Ursula (1935). *China* im Spiegel der deutschen Literatur des 18. Jahrhunderts, Berlin.

Auroux, Sylvain, Hg. (1992). *Histoire* des idées linguistiques, 2 Bde., Liège.

Avery, Peter (1991). *Nâdir Shâh* and the Afsharid Legacy, in: Avery u. a., *From Nâdir Shah,* S. 3–62.

Avery, Peter/Gavin Hambly/Charles Melville, Hg. (1991). The Cambridge History of Iran. Bd. 7: *From Nâdir Shah* to the Islamic Republic, Cambridge.

*Avril, Pierre (1692). *Voyage* en divers états d'Europe et d'Asie, entrepris pour découvrir un nouveau chemin à la Chine, Paris.

Babinger, Franz (1919). *Die türkischen Studien* in Europa bis zum Auftreten Joseph von Hammer-Purgstalls, in: Die Welt des Islams 7, S. 103–29.

Bachmann-Medick, Doris, Hg. (1996). *Kultur als Text:* Die anthropologische Wende in der Literaturwissenschaft, Frankfurt a. M.

Bailey, Beatrice Bodart (1988). *Kaempfer Restor'd,* in: Monumenta Nipponica 43, S. 1–33.

*Bailly, Jean Sylvain (1777). *Lettres sur l'origine des sciences*, et sur celle des peuples de l'Asie, London/Paris.

*Bailly, Jean Sylvain (1779). *Lettres sur l'Atlantide* de Platon et sur l'ancienne histoire de l'Asie, London/Paris.

Bambotat, Zenobia (1933). *Les voyageurs français* dans l'Inde aux XVIIᵉ et XVIIIᵉ siècles, Paris.

*Barchewitz, Ernst Christian (1730). Allerneueste und wahrhaffte *Ost-Indianische Reisebeschreibung*, Chemnitz.

Barend-van Haeften, Marijke (1992). *Oost-Indië gespiegld*: Nicolaas de Graaff, een schrijvend chirugijn in dienst van de VOC, Zutphen.

Baridon, Michel (1978). *Lumières* et enlightenment: Faux parallèle ou vraie dynamique du mouvement philosophique? in: Dix-huitième siècle 10, S. 45–69.

Barker, Francis, Hg. (1985). *Europe* and Its Others, 2 Bde., Colchester.

Barratt, Glynn (1981). *Russia in Pacific Waters 1715–1825*: A Survey of the Origins of Russia's Naval Presence in the North and South Pacific, Vancouver/London.

Barratt, Glynn (1988). *Russia and the South Pacific*, 2 Bde., Vancouver/London.

Barrell, John (1991). The Infection of *Thomas De Quincey*: A Psychopathology of Imperialism, New Haven/London.

Barrett, T. H. (1989). *Singular Listlessness*: A Short History of Chinese Books and British Scholars, London.

*Barrow, John (1801). *Reisen* durch die inneren Gegenden des südlichen Africa in den Jahren 1797 und 1798. A. d. Engl. übers. u. mit Anm. begleitet v. M. C. Sprengel, Weimar.

*Barrow, John (1804). *Reise durch China* von Peking nach Canton im Gefolge der Großbritannischen Gesandtschaft in den Jahren 1793 und 1794, übers. u. mit einigen Anm. begl. v. J. C. Hüttner, 2 Bde., Weimar.

*Barrow, John (1806). A Voyage to *Cochin China*, in the Years 1792 and 1793, London.

*Barrow, John (1806). Travels in *China*, 2nd ed., London [zuerst 1804].

*Barrow, John (1807). *Some Account* of the Public Life and a Selection from the Unpublished Writings of the Earl of Macartney, 2 Bde., London.

*Barrow, John (1847): An *Autobiographical Memoir* of Sir John Barrow, Bart., London.

Barth, Boris/Jürgen Osterhammel, Hg. (2005). *Zivilisierungsmissionen. Imperiale Weltverbesserung seit dem 18. Jahrhundert*, Konstanz.

Barthold, V. V. (1913). Die geographische und historische *Erforschung* des Orients mit besonderer Berücksichtigung der russischen Arbeiten, Leipzig.

Bassin, Mark (1991). *Inventing Siberia*: Visions of the Russian East in the Early Nineteenth Century, in: AHR 93, S. 763–94.

Bassin, Mark (1991). *Russia* between Europe and Asia: The Ideological Construction of Geographical Space, in: Slavic Review 50, S. 1–17.

Bastian, Adolf (1866). Die *Geschichte der Indochinesen*, Leipzig.

Batra, Roger (1994). *Wild Men* in the Looking Glass: The Mythic Origins of European Otherness, Ann Arbor.

Batscha, Zvi/Hans Medick (1986). *Einleitung*, in: dies. (Hg.), Adam Ferguson: Versuch über die Geschichte der bürgerlichen Gesellschaft, Frankfurt a. M., S. 7–91.

Batten, Charles L. (1978). *Pleasurable Instruction*: Form and Convention in 18th Century Travel Literature, Berkeley/Los Angeles/London.

*Baudier, Michel (1624). *Histoire* de la cour du roy de la Chine, Paris.

Bauer Wolfgang (1988). *Wirkliche und unwirkliche Chinesen* im Europa der frühen Neuzeit, in: Internationales Asienforum 19, S. 125–36.

*Baumgarten, Siegmund Jacob (1744). *Vorrede*, in: ders. (Hg.), *Algemeine Welthistorie* (1744–67), Bd. 1, S. 3–58.

*Baumgarten, Siegmund Jacob, Hg. (1744–67). Uebersetzung der *Algemeinen Welthistorie*, die in Engeland durch eine Geselschaft von Gelehrten ausgefertiget worden. Nebst den Anmerkungen der holländischen Uebersetzung, 30 Bde., Halle (ab Bd. 18 hg. v. Johann Salomo Semler).

*Baumgarten, Siegmund Jacob, Hg.(1747–65). Samlung von *Erleuterungsschriften* und Zusätzen zur Algemeinen Welthistorie, 6 Bde., Halle (ab Bd. 5 hg. v. Johann Salomo Semler).

*Bayer, Theophil Siegfried (1730). *Museum Sinicum*, 2 Bde., St. Petersburg.

Bayly, C. A. (1988). *Indian Society* and the Making of the British Empire, Cambridge.

Bayly, C. A. (1989). *Imperial Meridian*: The British Empire and the World 1780–1830, London/New York.

Bayly, C. A. (1993). *Knowing the Country*: Empire and Information in India, in: MAS 27, S. 3–43.

Bayly, C. A. (1996). *Empire and Information*: Intelligence Gathering and Social Communication in India, 1780–1870, Cambridge.

Beaglehole, J. C. (1974). The Life of Captain *James Cook*, London.

Bearce, George D. (1961). *British Attitudes* toward India, 1784–1858, London.

Beasley, W. G./E. G. Pulleyblank, Hg. (1961). *Historians* of China and Japan, London.

*Beawes, Wyndham (1754). *Lex Mercatoria Rediviva*, or, the Merchant's Directory, Dublin.

Beck, Brandon H. (1987). From the *Rising of the Sun*: English Images of the Ottoman Empire to 1715, New York.

Beck, Hanno (1959–61). *Alexander von Humboldt*, 2 Bde., Wiesbaden.

Beck, Hanno (1971). *Große Reisende*: Entdecker und Erforscher unserer Welt, München.

Beck, Hanno (1979). *Carl Ritter*: Genius der Geographie. Zu seinem Leben und Werk, Berlin.

Beck, Thomas/Annerose Menninger/Thomas Schleich, Hg. (1992). *Kolumbus' Erben*: Europäische Expansion und überseeische Ethnien im Ersten Kolonialzeitalter, 1415–1815, Darmstadt.

Becker-Schaum, Christoph (1993). *Arnold Herrmann Ludwig Heeren*: Ein Beitrag zur Geschichte der Geschichtswissenschaft zwischen Aufklärung und Historismus, Frankfurt a. M.

*Beckmann, Johann (1807–10). *Litteratur* der älteren Reisebeschreibungen. Nachrichten von ihren Verfassern, von ihrem Inhalte, von ihren Ausgaben und Uebersetzungen, 2 Bde., Göttingen.

Beekman, E. M. (1996). *Troubled Pleasures*: Dutch Colonial Literature from the East Indies, 1600–1950, Oxford.

Behdad, Ali (1994). *Belated Travelers*: Orientalism in the Age of Colonial Dissolution, Durham, N.C.

★Beiträge zur Völker- und Länderkunde (1781–90). Hg. v. J. R. Forster u. M. C. Sprengel, Leipzig, 14 Bde.

Bélévitch-Stankévitch, Henriette (1910). Le *Goût chinois* en France au temps de Louis XIV, Paris.

★Bell, John (1965). A *Journey* from St. Petersburg to Pekin 1719–22, ed. by J. L. Stevenson, Edinburgh.

Bennassar, Bartolomé u. Lucile (1989). *Les Chrétiens* d'Allah: L'histoire extraordinaire des renégats, XVIᵉ–XVIIᵉ siècles, Paris.

★Benyowski, M. A. (1893). The *Memoirs* and Travels of Mauritius Augustus Count de Benyowsky in Siberia, Kamchatka, Japan, the Liukiu Islands and Formosa [zuerst 1790], ed. by P. Oliver, London.

★Berchet, Jean-Claude, Hg. (1985). Le *voyage en Orient*: Anthologie des voyageurs français dans le Levant au XIXᵉ siècle, Paris.

★Berghaus, Heinrich (1830). Die ersten Elemente der *Erdbeschreibung*, Berlin.

★Bergk, Johann Adam (1799). *Aegypten* in historischer, geographischer, physikalischer, wissenschaftlicher, artistischer, naturgeschichtlicher, merkantilischer, religiöser, sittlicher und politischer Hinsicht, 2 Bde., Berlin/Leipzig.

★Bergmann, Benjamin (1804–5). *Nomadische Streifereien* unter den Kalmüken in den Jahren 1802 und 1803, 2 Bde., Riga.

Berlin (1973). Verwaltung der Staatlichen Schlösser und Gärten: *China und Europa*. Chinaverständnis und Chinamode im 17. und 18. Jahrhundert (Ausstellungskatalog), Berlin.

Bermingham, Ann/John Brewer, Hg. (1995). The *Consumption* of Culture 1600–1800: Image, Object, Text, London/New York.

Bernal, Martin (1987). *Black Athena*: The Afroasiatic Roots of Classical Civilization. Bd. 1: The Fabrication of Ancient Greece 1785–1985, London.

★Bernard, Jean Frédéric (1731–38). *Recueil de voyages du Nord*, Contenant divers mémoires très utiles au commerce & à la Navigation, 10 Bde., Amsterdam.

★Bernier, François (1934). *Travels* in the Mogul Empire A. D. 1656–1668. Transl. … by A. Constable, 2nd ed. revised by V. A. Smith, London/Oxford [zuerst frz. 1670–71].

★Bernoulli, Johann (1783). Unterrichtendes *Verzeichniß* einer Berlinischen Privatbibliothek …, Berlin.

★Bernoulli, Johann, Hg. (1785–87). *Des Pater Joseph Tieffenthaler's* d. S. J. und apostol. Mißionarius in Indien historisch-geographische Beschreibung von Hindustan, 3 Bde. in 4 Teilen, Gotha/Berlin.

★Bernoulli, Johann, Hg. (1786–89). *Description historique* et géographique de l'Inde, 3 Bde., Berlin.

Berridge, Virginia/Griffith Edwards (1981). *Opium* and the People: Opiate Use in Nineteenth-Century England, London.

Betzwieser, Thomas (1993). *Exotismus* und «Türkenoper» in der französischen Musik des Ancien Régimes: Studien zu einem ästhetischen Phänomen, Laaber.

Bishop, Peter (1989). The Myth of *Shangri-La*: Tibet, Travel Writing and the Western Creation of Sacred Landscape, London.

Bitterli, Urs (1976). *Die «Wilden»* und die «Zivilisierten»: Grundzüge einer Geistes- und Kulturgeschichte der europäisch-überseeischen Begegnung, München.

Bitterli, Urs/Eberhard Schmitt, Hg. (1990). Die *Kenntnis beider Indien* im frühneuzeitlichen Europa, München.

*Björnstahl, Jacob Jonas (1777–83). *Briefe* auf seinen ausländischen Reisen an den königlichen Bibliothekar C. C. Gjörwell in Stockholm. A. d Schwedischen übers. v. J. E. Groskurd u. C. H. Groskurd, 6 Bde., Leipzig/Rostock.

Black, J. L. (1986). *G.-F. Müller* and the Imperial Russian Academy, Kingston-Montreal.

Black, Jeremy (1985). The British and the *Grand Tour*, London.

Black, Jeremy (1997). *Maps* and History: Constructing Images of the Past, New Haven/London.

Blanke, Horst Walter (1983). *Verfassungen*, die nicht rechtlich, aber wirklich sind: A. H. L. Heeren und das Ende der Aufklärungshistorie, in: Berichte zur Wissenschaftsgeschichte 6, S. 143–64.

Blanke, Horst Walter (1997). *Politische Herrschaft* und soziale Ungleichheit im Spiegel des Anderen: Untersuchungen zu den deutschsprachigen Reisebeschreibungen vornehmlich im Zeitalter der Aufklärung, 2 Bde., Waltrop.

*Blome, Richard (1670). A Geographical *Description* of the Four Parts of the World, London.

*Blount, Sir Henry (1671). A *Voyage* into the Levant, 8th ed., London [zuerst 1636].

*Blumenbach, Johann Friedrich (1790). *Vorrede* zu Bruce, Reisen, Bd. 1, S. iii–xxiii.

*Blumenbach, Johann Friedrich (1810). *Abbildungen* naturhistorischer Gegenstände, Göttingen.

Blussé, Leonard (1989). *Tribuut aan China*: Vier eeuwen Nederlands-Chinese betrekkingen, Amsterdam.

Blussé, Leonard/Femme Gaastra, Hg. (1998). *On the Eighteenth Century as a Category of Asian History*, Aldershot.

Bödeker, Hans Erich u. a., Hg. (1986). *Aufklärung* und Geschichte: Studien zur deutschen Geschichtswissenschaft im 18. Jahrhundert, Göttingen.

Bödeker, Hans Erich/Ulrich Herrmann, Hg. (1987). *Aufklärung* als Politisierung – Politisierung der Aufklärung, Hamburg.

Börner, Klaus H. (1984). Auf der *Suche* nach dem irdischen Paradies: Zur Ikonographie der literarischen Utopien, Frankfurt a. M.

Boerner, Peter (1982). Die großen *Reisesammlungen* des 18. Jahrhunderts, in: Mączak/Teuteberg, Reiseberichte, S. 65–72.

*Bogle, George/Thomas Manning (1879). *Narratives* of the Mission of George Bogle to Tibet, and of the Journey of Thomas Manning to Lhasa, ed. by C. R. Markham, 2nd ed., London.

Bonnerot, Olivier H. (1988). *La Perse* dans la littérature et la pensée françaises au XVIIIe siècle: De l'image au mythe, Paris/Genf.

Boon, James A. (1990). *Affinities* and Extremes, Chicago/London.

*Boothroyd, Ninette/Muriel Détrie, Hg. (1992). *Le voyage en Chine*: Anthologie des voyageurs occidentaux du Moyen Age à la chute de l'Empire Chinois, Paris.

Borsa, Giorgio (1977). *La nascita* del mondo moderno in Asia Orientale: La penetrazione europea e la crisi delle società tradizionali in India, Cina e Giaponne, Mailand.

*Boucher de la Richarderie, Gilles (1808). *Bibliothèque universelle* des voyages, 6 Bde., Paris.

★Bougainville, Jean-Pierre de (1752). *Parallèle* de l'expédition d'Alexandre dans les Indes avec la conquête des mêmes par Thamas Kouli Khan, Paris.

★Bougainville, Louis-Antoine de (1982). *Voyage* autour du monde [zuerst 1771], publ. par J. Proust, Paris.

★Boulainvilliers, Henry de (1731). *Histoire des Arabes*; avec la Vie de Mahomed, Amsterdam.

★Boulainvilliers, Henry de (1747). Das *Leben des Mahomeds*. Mit Historischen Anmerkungen über die Mahomedanische Religion und die Gewohnheiten der Muselmänner. Von einer geübten Feder aus dem Französischen ins Deutsche übersetzt, Lemgo.

★Boulanger, Nicholas Antoine (1794). *Œuvres* de Boullanger [!], 6 Bde., Amsterdam.

★Bourguignon-d'Anville, Jean-Baptiste: siehe Anville.

★Bouvet, Joachim (1699). *Histoire* de l'Empereur de la Chine, Den Haag.

★Bouvet, Joachim (1989). Eine wissenschaftliche *Akademie* für China: Briefe des Chinamissionars Joachim Bouvet S. J. an Gottfried Wilhelm Leibniz und Jean-Paul Bignon über die Erforschung der chinesischen Kultur, Sprache und Geschichte, hg. u. komm. v. C. v. Collani, Stuttgart.

★Bowen, Emanuel (1753). The Gentleman, Tradesman and Traveller's *Pocket Library*, London.

Bowen, Margarita (1981). *Empiricism* and Geographical Thought: From Francis Bacon to Alexander von Humboldt, Cambridge.

Boxer, Charles R. (1939). *Isaac Titsingh's Embassy* to the Court of Ch'ien Lung (1794–1795), in: T'ien Hsia Monthly 8, S. 9–33.

Boxer, Charles R. (1965). The *Dutch Seaborne Empire* 1600–1800, London.

★Braam Houckgeest, Andreas Everard van (1798). An *Authentic Account* of the Embassy of the Dutch East India Company to the Court of the Emperor of China, in the Years 1794 and 1795, 2 Bde., London. [gleichzeitig frz., Philadelphia 1798; holl. erst 1803].

Brahimi, Denise (1976). *Voyageurs* français du XVIIIe siècle in Barbarie, Paris.

Brahimi, Denise (1982). *Arabes* des Lumières et bédouins romantiques: Un siècle des «voyages en Orient» 1735–1835, Paris.

★Braithwaite, John (1729). The History of the Revolutions in the Empire of *Morocco*, upon the Death of the late Emperor Muley Ishmael, London.

★Brand, Adam (1698). *Beschreibung* der Chinesischen Reise Welche vermittelst Einer Zaaris. Gesandtschaft Durch Dero Ambassadeur Herrn Isbrand Ao. 1693, 94 und 95 ... verrichtet worden, Hamburg.

Breckenridge, Carol A./Peter van der Veer, Hg. (1993). *Orientalism* and the Postcolonial Predicament: Perspectives on South Asia, Philadelphia.

★Breitenbauch, Georg August von (1783–87). *Ergänzungen* der Geschichte von Asien und Afrika in dem mittleren und neueren Zeitalter, 4 Bde., Dessau 1783–85, Halle 1787.

Brenner, Peter J. (1989). *Interkulturelle Hermeneutik*: Probleme einer Theorie kulturellen Fremdverstehens, in: P. Zimmermann (Hg.), «Interkulturelle Germanistik». Dialog der Kulturen auf Deutsch? Frankfurt a. M., S. 35–55.

Brenner, Peter J., Hg. (1989). Der *Reisebericht*: Die Entwicklung einer Gattung in der deutschen Literatur, Frankfurt a. M.

Brenner, Peter J. (1990). *Der Reisebericht in der deutschen Literatur.* Ein Forschungs-überblick als Vorstudie zu einer Gattungsgeschichte. Tübingen.

*Breton de la Martinière, J. B. J. (1811–12). *La Chine* en miniature, ou Choix de costumes, arts et métiers de cet Empire, 6 Bde., Paris.

Brewer, John/Roy Porter, Hg. (1993). *Consumption* and the World of Goods, London/New York.

*Briggs, John (1829). History of the Rise of *Mahomedan Power* in India, London.

Broc, Numa (1969). *Les montagnes* vues par les géographes et les naturalistes de la langue française au XVIIIe siècle, Paris.

Broc, Numa (1975). *La géographie* des philosophes: Géographes et voyageurs français au XVIIIe siècle, Paris.

Broc, Numa (1980). La géographie de la *Renaissance* (1420–1620), Paris.

Broc, Numa (1981). *Les grandes missions* scientifiques françaises aux XIXe siècle (Morée, Algérie, Mexique) et leurs travaux géographiques, in: Revue d'histoire des sciences 34, S. 319–58.

Brot, Muriel (1995). *L'abbé Raynal,* lecteur de l'Histoire générale des voyages: De la description à la démonstration, in: Lüsebrink/Strugnell, *L'Histoire des deux Indes,* S. 91–104.

*Brougham, Henry (1803). An *Inquiry* into the Colonial Policy of the European Powers, 2 Bde., Edinburgh.

*Brougham, Henry (1842–43). *Political Philosophy,* 3 Bde., London.

Brown, L. Carl, Hg. (1996). *Imperial Legacy:* The Ottoman Imprint on the Balkans and the Middle East, New York.

Brown, Stewart J., Hg. (1997). *William Robertson* and the Expansion of Empire, Cambridge.

*Browne, William George (1800). *Reisen* in Afrika, Aegypten und Syrien in den Jahren 1792 bis 1798 [zuerst engl. 1799]. Aus dem Englischen, 2 Bde., Leipzig/Gera.

*Bruce, James (1790). *Travels* to Discover the Source of the Nile, in the Years 1768, 1769, 1770, 1771, 1772 and 1773, 5 Bde., Edinburgh.

*Bruce, James (1791). *Reisen zur Entdeckung der Quelle des Nils* in den Jahren 1768, 1769, 1770, 1771, 1772 und 1773. Ins Deutsche übers. v. J. J. Volkmann u. mit einer Vorrede u. Anm. vers. v. J. F. Blumenbach, 5 Bde., Leipzig.

*Bruce, James (1791). *Reisen in das Innere von Africa* nach Abyssinien an die Quellen des Nils. Aus dem Englischen mit nöthiger Abkürzung in das Deutsche übers. v. E. W. Cuhn. Mit zur Naturgeschichte gehörigen Berichtigungen und Zusätzen vers. v. J. F. Gmelin, 2 Bde., Rinteln/Leipzig.

*Bruin, Cornelis de (1702). A Voyage to the *Levant;* or, Travels in the principal parts of Asia Minor, the islands of Scio, Rhodes, Cyprus &c. Done into English by W. J., London [zuerst holl. 1698].

*Bruin, Cornelis de (1718). *Voyages* de Corneille le Brun par la Moscovie en Perse et aux Indes Orientales 2 Bde., Amsterdam 1718 [zuerst holl. 1714].

Brunner, Otto (1975). *Feudalismus,* feudal, in: Brunner u. a., *Geschichtliche Grund-begriffe* (1972–97), Bd. 2, S. 337–50.

Brunner, Otto/Werner Conze/Reinhart Koselleck, Hg. (1972–97). *Geschichtliche Grundbegriffe:* Historisches Lexikon zur politisch-sozialen Sprache in Deutschland, 7 Bde., Stuttgart.

*Bruzen de la Martinière, Antoine-Augustin (1735). *Introduction* à l'histoire de l'Asie, de l'Afrique, et de l'Amérique, 2 Bde., Amsterdam.

*Bruzen de la Martinière, Antoine-Augustin (1768). Le Grand *Dictionnaire* Géographique, Historique et Critique, nouv. éd., 6 Bde., Paris.

*Buchanan, Francis (1807). A *Journey* from Madras through the Countries of Mysore, Canara, and Malabar, 3 Bde., London.

*Buchanan, Francis: siehe auch Francis Hamilton.

*Buffon, Georges-Louis-Leclerc, comte de (1861). *Œuvres* choisies, 2 Bde., Paris.

Buisseret, David, Hg. (1992). *Monarchs*, Ministers and Maps: The Emergence of Cartography as a Tool of Government in Early Modern Europe, Chicago/ London.

Bulliet, Richard W. (1975). The *Camel* and the Wheel, New York.

*Burckhardt, Johann Ludwig (1822). Travels in *Syria* and the Holy Land, London.

*Burckhardt, Johann Ludwig (1829). Travels in *Arabia*, London.

*Burckhardt, Johann Ludwig (1830). Notes on the *Bedouins* and Wahábys, Collected during his Travels in the East, London.

Bürgi, Andreas (1989). *Weltvermesser*: Die Wandlung des Reiseberichts in der Spätaufklärung, Bonn.

*Burke, Edmund (1958–78). The *Correspondence* of Edmund Burke, ed. by T. W. Copeland, 10 Bde., Cambridge.

*Burke, Edmund (1981). The *Writings* and Speeches of Edmund Burke, Bd. 5: India: Madras and Bengal 1774–1785, ed. by P. J. Marshall, Oxford.

*Burke, Edmund (1991). The *Writings* and Speeches of Edmund Burke. Bd. 6: India: The Launching of the Hastings Impeachment, ed. by P. J. Marshall, Oxford.

Burke, Peter (1995). *America* and the Rewriting of World History, in: Kupperman, *America*, S. 33–51.

*Burnes, Alexander (1834). *Travels* into Bokhara, 3 Bde., London.

*Burney, Henry (1911). *Report* on the Mission to Siam [2. Dezember 1826], in: The Burney Papers, Bd. 2, Bangkok, S. 14–76.

Burrow, J. W. (1966). *Evolution* and Society: A Study in Victorian Social Theory, Cambridge.

Burrow, J. W. (1985). *Gibbon*, Oxford.

*Busbeck, Ogier Ghiselin von (1744). *Travels* into Turkey ..., London [zuerst lat. 1589].

*Busbeck, Ogier Ghiselin von (1926). Vier *Briefe* aus der Türkei. Aus dem Lat. übers., eingel. u. mit Anm. vers. v. W. v. d. Steinen, Erlangen.

*Büsching, Anton Friedrich (1785). *Auszug* aus seiner Erdbeschreibung. Erster Theil, welcher Europa und den nördlichen Theil von Asia enthält, 6. Aufl., Hamburg.

*Büsching, Anton Friedrich (1787). Große Erdbeschreibung, Bd. 23: *Asien*, 1. Abt., Brünn.

*Businello, Pietro (1778). *Historische Nachrichten* von der Regierungsart, den Sitten und Gewohnheiten der osmanischen Monarchie, Leipzig.

Butterwick, Richard/Simon Davies/Gabriel Sanchez Espinosa, Hg. (2008). *Peripheries of the Enlightenment*, Oxford.

Buzard, James (1993). The *Beaten Track*: European Tourism, Literature, and the Way of «Culture», 1800–1918, Oxford.

*Caillié, René (1830). *Travels* through Central Africa to Timbuctoo; and across the Great Desert to Morocco, Performed in the Years 1824 to 1828, 2 Bde., London.

*Campbell, Donald (1796). *Journey* Over Land to India …, in a Series of Letters to His Son, London.

*Campbell, John (1750). The *Present State of Europe*, London.

Canetti, Elias (1960), *Masse und Macht*, Hamburg.

Cannon, Garland H. (1990). The Life and Mind of *Oriental Jones*: Sir William Jones, the Father of Modern Linguistics, Cambridge.

Cannon, Garland H./Kevin R. Brine, Hg. (1997). *Objects of Enquiry*: The Life, Contributions and Influence of Sir William Jones (1746–1794), New York.

*Cantemir, Demetrius (1734–35). The *History* of the Growth and Decay of the Ottoman Empire. Written originally in Latin, transl. into English from the author's own manuscript by N. Tindal, 2 Bde., London.

*Cantemir, Demetrius (1771). Historisch-geographische und politische Beschreibung der *Moldau*, Frankfurt a. M./Leipzig.

*Capper, James (1783). *Observations* on the Passage to India through Egypt and across the Great Desert, London.

Caracciolo, Peter L., Hg. (1988). The «*Arabian Nights*» in English Literature, Basingstoke.

Carey, Daniel/Sven Trakulhun (2009). Universalism, Diversity, and the Postcolonial Enlightenment, in: Daniel Carey/Lynn Festa, (Hg.) *The Postcolonial Enlightenment: Eighteenth-century Colonialism and Postcolonial Theory*, Oxford, S. 240–80.

Carnall, Geoffrey (1997). *Robertson* and Contemporary Images of India, in: S. J. Brown, *William Robertson*, S. 210–30.

Carnall, Geoffrey/Colin Nicholson, Hg. (1989). The *Impeachment* of Warren Hastings, Edinburgh.

*Carne, John (1827). *Leben und Sitten* im Morgenlande auf einer Reise von Konstantinopel durch das griechische Inselmeer, Aegypten, Syrien und Palästina. A. d. Engl. übers. v. W. A. Lindau, 4 Theile, Dresden/Leipzig [zuerst engl. 1826].

*Caron, François/Joost Schouten (1935). A *True Description* of the Mighty Kingdom of Japan and Siam. Reprinted from the English ed. of 1663 with introduction, notes, and appendices by C. R. Boxer, London [zuerst holl. 1638].

Carre, Jean-Marie (1990): *Voyageurs* et écrivains français en Égypte, 2ᵉ éd., 2 Bde., Kairo.

Carruthers, Douglas, Hg. (1928). The *Desert Route* to India, Being the Journals of Four Travellers by the Great Desert Caravan Route between Aleppo and Basra 1745–1751, Cambridge.

Carruthers, Douglas (1928). *Introduction*. in: ebd., S. xi–xxxv.

Carter, Harold B. (1988). *Sir Joseph Banks* 1743–1820, London.

Cassirer, Ernst (1932). Die *Philosophie* der Aufklärung, Tübingen.

*Castilhon, [Louis] (1769). *Considérations* sur les causes physiques et morales de la diversité du génie, des mœurs, et du gouvernement des nations, o. O.

Castoldi, Alberto (1972). *Il fascino* del colibrì: Aspetti della letterature di viaggio esotica nel settecento francese, Florenz.

Castro Varela, María do Mar/Nikita Dhawan (2009). *Postkoloniale Theorie. Eine kritische Einführung*, 2. Aufl., Bielefeld.

★Catrou, François (1826). History of the *Mogul Dynasty* in India from its Foundation by Tamerlan, in the Year 1399, to the Accession of Aurangzebe, in the Year 1657 London [zuerst 1708].

Çelik, Zeynep (1986). The Remaking of *Istanbul*: Portrait of an Ottoman City in the Nineteenth Century, Seattle/London.

Centre d'études et de documentation éonomique, juridique et sociale, Hg. (1991). *D'un Orient à l'autre*: les métamorphoses successives des perceptions et connaissances, 2 Bde., Paris.

Certeau, Michel de (1986). *Heterologies*: Discourse on the Other, Minneapolis.

Chabod, Federico (1995). *Storia dell'idea d'Europa* Rom/Bari [zuerst 1961].

★Challe, Robert (1978). Journal d'un voyage fait aux *Indes Orientales* (1690–1691). Texte intégral, établi … par F. Deloffre et M. Menemencioglu, Paris.

★Chambers, Sir William (1772). A Dissertation on *Oriental Gardening*, London.

★Chamisso, Adelbert von (o. J.). Reise um die Welt mit der Romanzoffischen Entdeckungs-Expedition in den Jahren 1815–1818 [1836], in: Gesammelte Werke in 4 Bdn., hg. v. M. Koch, Stuttgart (Cotta), Bde. 3 u. 4.

★Chandler, Richard (1775). Travels in *Asia Minor*, Oxford.

Chard Chloë/Helm Langdon, Hg. (1996). *Transports*: Travel, Pleasure and Imaginative Geography, 1600–1830, New Haven/London.

★Chardin, Sir John (1671). Le couronnement de Soleimaan, troisième Roy de Perse, Paris.

★Chardin, Sir John (1735). *Voyages* du Chevalier Chardin en Perse et autres lieux de l'Orient, nouv. éd., 4 Bde., Amsterdam.

★Chardin, Sir John (1811). *Voyages* du Chevalier Chardin en Perse et autres lieux de l'Orient, publ. par L. Langlès, 10 Bde., Paris.

Charles-Roux, François (1928). *Les échelles de Syrie* et de Palestine au XVIIIe siècle, Paris.

★Chateaubriand, François-René de (1968). *Itinéraire* de Paris à Jérusalem. Introduction par J. Mourot, Paris [zuerst 1811].

★Chatfield, Robert (1808). An *Historical Review* of the Commercial, Political and Moral State of Hindostan, London.

Chaudhuri, K. N. (1978). The *Trading World* of Asia and the English East India Company 1660–1760, Cambridge.

Chaudhuri, K. N. (1985). *Trade* and Civilisation in the Indian Ocean: An Economic History from the Rise of Islam to 1750, Cambridge.

Chaudhuri, K. N. (1990). *Asia* before Europe: Economy and Civilization of the Indian Ocean from the Rise of Islam to 1750, Cambridge.

Chaybany, Jeanne (1971). *Les voyages en Perse* et la pensée française au XVIIIe siècle, Teheran.

★Choisy, Abbé François-Timoléon (1993). Journal of a Voyage to *Siam* 1685–1686 Transl. by M. Smithies, Oxford. [zuerst frz. 1687].

★Churchill, Awnsham/John Churchill, Hg. (1744–46). A *Collection* of Voyages and Travels [zuerst 1704], 3rd ed., 6 Bde., London.

★Clairac, Louis-André de La Mamie de (1750). *Histoire de Perse* depuis le commencement de ce siècle, 3 Bde.

*Clarke, Edward Daniel (1816–18). *Travels* in Various Countries of Europe, Asia and Africa. Part I: Russia, Tartary and Turkey, 4th ed., 8 Bde., London.

Clarke, J. J. (1997). *Oriental Enlightenment*: The Encounter between Asian and Western Thought, London/New York.

*Clarke, Thomas Brooke (1791). *Publicistical Survey* of the Different Forms of Government of all States and Communities in the World, London.

*Claustre, André de (1743). Histoire de la dernière révolution de *Perse*, arrivée en MDCCXXII, Paris/Den Haag.

*Claustre, André de (1743). Histoire du *Thamas Kouli-Kan*, Roi de Perse, nouv. éd., Paris.

Clayton, Peter A. (1982). The *Rediscovery* of Ancient Egypt: Artists and Travellers in the 19th Century, London.

*Clerc, Nicolas Gabriel (1769). *Yu Le Grand* et Confucius, Histoire Chinoise, Soissons.

*Clodius, Johann Christian (1731). *Chronicon Peregrinantis* sei Historia ultimi belli Persarum cum Aghwanis gesti, Leipzig.

*Cochrane, John Dundas (1824). Narrative of a *Pedestrian Journey* through Russia and Siberian Tartary, from the Frontiers of China to the Frozen Sea and Kamtchatka, performed during the Years 1820, 1821, 1822 and 1823, London.

*Cœurdoux, Gaston-Laurent/Nicholas-Jacques Desvaulx (1987). *Mœurs and coutumes* des Indiens. Texte établi et annoté par S. Murr, Paris [zuerst 1777].

Cohn, Bernard S. (1987). An *Anthropologist* among the Historians and Other Essays, Delhi.

Cohn, Bernard S. (1996). *Colonialism* and Its Form of Knowledge: The British in India, Princeton.

*Colebrooke, Henry Thomas (1806). Remarks on the *Husbandry* and Internal Commerce of Bengal, Kalkutta [zuerst 1804].

*Colebrooke, Henry Thomas (1873). Miscellaneous *Essays*, 3 Bde., London.

Collani, Claudia von (1985). P. Joachim *Bouvet*, S. J.: Sein Leben und sein Werk, Nettetal.

Collet, Dominik (2007). *Die Welt in der Stube. Begegnungen mit Außereuropa in Kunstkammern der Frühen Neuzeit*, Göttingen.

Colley, Linda (1992). *Britons*: Forging the Nation 1707–1837, London.

*Conder, Josiah (1830). The *Modern Traveller*. A Description, Geographical, Historical and Topographical of the Various Countries of the Globe, 30 Bde., London 1830.

*Condorcet, Marie-Jean-Antoine-Nicolas Caritat, Marquis de (1976). *Entwurf* einer historischen Darstellung der Fortschritte des menschlichen Geistes, hg. v. W. Alff, Frankfurt a. M. [zuerst frz. 1795].

Constantine, David (1984). *Early Greek Travellers* and the Hellenic Ideal, Cambridge.

Constantine, David (1988). The Question of *Authenticity* in Some Early Accounts of Greece, in: G. W. Clarke, (Hg.), Rediscovering Hellenism: The Hellenic Inheritance and the English Imagination, Cambridge, S. 1–22.

Copans, Jean/Jean Jamin, Hg. (1978). *Aux origines* de l'anthropologie française: Les Mémoires de la Société des Observateurs de l'Homme en l'an VIII, Paris.

*Coppin, Jean (1686). Le *Bouclier* de l'Europe, ou la Guerre Sainte … avec une relation de voyages faits dans la Turquie, Lyon.

Cordier, Henri (1910). *La Chine* en France au XVIIIe siècle, Paris.

Cordier, Henri (1914 – 23). *Mélanges* d'histoire et de géographie orientale, 4 Bde., Paris.

★Cordiner, James (1807). A Description of *Ceylon*, 2 Bde., London.

Coulmas, Florian/Judith Stalpers (1998). Das neue *Selbstbewußtsein* Asiens: Ein Kontinent findet zu sich selbst, Frankfurt a. M. /New York.

★Court de Gebelin, Antoine (1777– 81). *Monde Primitif,* analysé et comparé avec le monde moderne, nouv. éd., 8 Bde., Paris.

★Cranmer-Byng, J. L., Hg. (1962). An *Embassy* to China: Being the Journal Kept by Lord Macartney during His Embassy to the Emperor Ch'ien-lung 1793 – 1794, London.

★Craven, Elizabeth (1789). A Journey through the *Crimea* to Constantinople, In a Series of Letters from the Right Honourable Elizabeth Lady Craven to His Serene Highness The Margrave of Brandebourg, Anspach and Bareith, Written in the Year 1786, London.

★Crawfurd, John (1820). History of the *Indian Archipelago*: Containing an Account of the Manners, Arts, Languages, Religions, Institutions, and Commerce of Its Inhabitants, 3 Bde., Edinburgh.

★Crawfurd, John (1834). Journal of an Embassy from the Governor General of India to the Court of *Ava*, 2nd ed., 2 Bde., London.

★Crawfurd, John (1856). A Descriptive *Dictionary* of the Indian Islands & Adjacent Countries, London.

★Crawfurd John (1915). The *Crawfurd Papers*: A Collection of Official Records Relating to the Mission of Dr. John Crawfurd sent to Siam by the Government of India in the Year 1821, Bangkok.

★Crawfurd, John (1967). Journal of an Embassy to the Courts of *Siam* and Cochin China, repr. with an introd. by D. K. Wyatt, Kuala Lumpur [zuerst 1828].

Crecelius, Daniel (1998). The *Mamluk Beylicate* of Egypt in the Last Decades before Its Destruction by Muhammad ᶜAli Pasha in 1811, in: Philipp/Haarmann, *Mamluks*, S. 128 – 49.

Cro, Stelio (1990). The *Noble Savage*: Allegory of Freedom, Waterloo (Ontario).

Croissant, Doris/Lothar Ledderose, Hg. (1993). *Japan* und Europa 1543 –1929, Berlin (Ausstellungskatalog).

Crone, G. R./R. A. Skelton (1946). *English Collections* of Voyages and Travels 1625 –1846, in: Lynam, *Hakluyt*, S. 63 –140.

Crosland, Maurice (1994). Anglo-Continental Scientific Relations c. 1780– c. 1820, with Special Reference to the Correspondence of Sir *Joseph Banks*, in: R. E. R. Banks u. a. (Hg.), Sir Joseph Banks: A Global Perspective, Kew, S. 13 –22.

Croutier, Alev Lytle (1989). *Harem*: Die Welt hinter dem Schleier. A. d. Amerik. v. J. Abel, München.

Curley, Thomas M. (1976). *Samuel Johnson* and the Age of Travel, Athens, Ga.

Curzon, George Nathaniel (1894). Problems of the *Far East*, London.

Dabringhaus, Sabine (1994). Das *Qing-Imperium* als Vision und Wirkichkeit: Tibet in Laufbahn und Schriften des Song Yun (1752 –1835), Stuttgart.

Dabringhaus, Sabine (1996). *Einleitung*, in: Hüttner, *Nachricht*, S. 7– 92.

Daftary, Farhad (1994). The *Assasin Legends*: Myths of the Ismailis, London/New York.

Dahlmann, Dittmar (1997). Von *Kalmücken*, Tataren und Itelmenen: Forschungsreisen in Sibirien im 18. Jahrhundert, in: Auch/Förster, «*Barbaren*», S. 19–44.

Dahlmann, Dittmar (1998). *Einleitung*, in: ders. (Hg.), Johann Georg Gmelin: Reisen durch Sibirien, Sigmaringen.

★Dallaway, James (1797). *Constantinopel* Ancient and Modern, with Excursions to the Shores and Islands of the Archipelago and to the Troad, London.

Dalmia, Vasudha/Heinrich von Stietencron, Hg. (1995). *Representing Hinduism*: The Construction of Religious Traditions and National Identity, New Delhi.

Dalmia, Vasudha/Heinrich von Stietencron (1995). *Introduction*, in: ebd., S. 17–32.

★Dalrymple, Alexander (1793–1808). *Oriental Repository*, 2 Bde., London.

Damiani, Anita (1979). *Enlightened Observers*: British Travellers to the Near East 1715–1850, Beirut.

★Dampier, William (1697). A *New Voyage* Round the World, London.

Daniel, Norman (1966). Islam, Europe and *Empire*, Edinburgh.

★Dapper, Olfert (1681). *Asia*, Oder Ausführliche Beschreibung des Reichs des Grossen Mogols und eines grossen Theils von Indien. Übers. v. J. C. Beern, Nürnberg [zuerst holl. 1672].

Darwin, John (2007). *After Tamerlane: The Global History of Empire Since 1405*, London.

David-Fox, Michael/Peter Holquist/Alexander Martin, Hg. (2006). *Orientalism and Empire in Russia*, Bloomington, Ind.

Davis, David Brion (1975). The *Problem of Slavery* in the Age of Revolution, 1770–1823, Ithaca/London.

Davis, Fanny (1986). *The Ottoman Lady*: A Social History from 1718 to 1918, Westport, Conn.

Dawson, Raymond (1967). The *Chinese Chameleon*: An Analysis of European Conceptions of Chinese Civilization, London.

Debon, Günther/Adrian Hsia, Hg. (1985). *Goethe und China*, China und Goethe, Bern/Frankfurt a. M. /New York.

Dédéyan, Charles (1988). *Montesquieu ou l'alibi persan*, Paris.

Dehergne, Joseph (1973). *Répertoire* des Jésuites de Chine de 1552 à 1800, Rom/Paris.

Delanty, Gerard, Hg. (2006). *Europe and Asia beyond East and West*, London/New York.

★Deleury, Guy, Hg. (1991). *Les Indes florissantes*: Anthologie des voyageurs français (1750–1820), Paris.

★[Deleyre, Alexandre] (1774). *Tableau* de l'Europe, Maastricht.

★Delisle, Jean-Nicholas/Alexandre Pingré (1765). Description de la ville de *Peking*, Paris.

Demel, Walter (1991). *Abundantia*, Sapientia, Decadencia: Zum Wandel des Chinabildes vom 16. bis zum 18. Jahrhundert, in: Bitterli/Schmitt, *Kenntnis beider Indien*, S. 129–53.

Demel, Walter (1992). Als *Fremde* in China: Das Reich der Mitte im Spiegel frühneuzeitlicher Reiseberichte, München.

Demel, Walter (1992). *Wie die Chinesen gelb wurden*: Ein Beitrag zur Frühgeschichte der Rassentheorien, in: HZ 255, S. 625–66.

Demel, Walter (1992). Europäisches *Überlegenheitsgefühl* und die Entdeckung Chinas: Ein Beitrag zur Frage der Rückwirkungen der europäischen Expansion auf Europa, in: Th. Beck u. a., *Kolumbus Erben*, S. 99–143.

Demel, Walter/Hans-Ulrich Thamer, Hg. (2010). *Die Entstehung der Moderne 1700–1914*, Darmstadt.

*Demeunier, Jean Nicholas (1776). *L'esprit* des usages et des coutumes des différens peuples, ou observations tirées des voyageurs & des historiens, 3 Bde., London/Paris.

Denckwürdige Beschreibung des Königreichs China ..., Eisenach 1679.

Deneys, Henry (1989). *Le récit de l'histoire* selon Volney, in: Deneys/Deneys, *Volney*, S. 43–71.

Deneys, Henry/Anne Deneys, Hg. (1989). C.-F. *Volney* (1757–1820), Paris.

Dening, Greg (1994). The *Theatricality* of Observing and Being Observed: Eighteenth-Century Europe «Discovers» the? Century Pacific, in: Schwartz, *Implicit Understandings*, S. 451–83.

Dermigny, Louis (1964). *La Chine* et l'Occident: Le commerce à Canton au XVIIIᵉ siècle, 3 Bde. u. Album, Paris.

*Derrick, Samuel (1762). A *Collection* of Travels Thro' various Parts of the World, 2 Bde., London.

Description de l'Égypte, ou Receuil des observations et des recherches qui ont été faites en Égypte pendant l'expedition de l'armée française, 23 Bde., Paris 1809–23.

Deshayes, Laurent (1997). Histoire du *Tibet*, Paris.

*Desideri, Ippolito (1932). An Account of *Tibet*: The Travels of Ippolito Desideri of Pistoia, S. J., 1712–1727, ed. by F. de Filippi, London.

*Desideri, Ippolito: siehe auch Petech (1954–56).

Deutsche Gesellschaft für Natur- und Völkerkunde Ostasiens, Hg. (1980). *Engelbert Kaempfers Geschichte* und Beschreibung von Japan: Beiträge und Kommentar, Berlin/Heidelberg/New York.

Devèze, Michel (1970). *L'Europe* et le monde à la fin du XVIIIᵉ siècle, Paris.

Dharampal-Frick, Gita (1994). *Indien im Spiegel deutscher Quellen der Frühen Neuzeit* (1500–1750): Studien zu einer interkulturellen Konstellation, Tübingen.

Dharampal-Frick, Gita (1995). Shifting Categories in the *Discourse on Caste:* Some Historical Observations, in: Dalmia/Stietencron, *Representing Hinduism*, S. 82–100.

Diamond, Jared (1997). *Guns, Germs, and Steel*: The Fate of Human Societies, New York/London.

*Diderot, Denis (1992). *Supplément* au voyage de Bougainville et autres œuvres philosophiques. Textes choisis, présentés et commentés par É. Tasin, Paris [zuerst 1772].

*Diez, Heinrich Friedrich von (1811–15). *Denkwürdigkeiten* von Asien, [...] aus Handschriften und eigenen Erfahrungen gesammelt, 2 Bde., Berlin.

Dihle, Albrecht (1994). Die *Griechen* und die Fremden, München.

Dirks, Nicholas B. (1993). *Colonial Histories* and Native Informants: Biography of an Archive. in: Breckenridge/Veer, *Orientalism*, S. 279–313.

Djait, Hichem (1978). *L'Europe et l'Islam*, Paris.

Dodds, Muriel (1929). *Les récits de voyages*: Sources de l'Esprit des Lois de Montesquieu, Paris.

Dörflinger, Johannes (1980). Die *Erforschung* der Erde und ihr kartographischer Niederschlag im Zeitalter der Aufklärung: Grundzüge und Marksteine, in: Klingenstein u. a., *Europäisierung*, S. 39–54.

Douthwaite, Julia V. (1992). *Exotic Women*: Literary Heroines and Cultural Strategies in Ancien Régime France, Philadelphia.

★Dow, Alexander (1812). The *History of Hindostan*; translated from the Persian. To which are Prefixed two Dissertations; the first concerning the Hindoos and the second the Origin and Nature of Despotism in India, new ed., 3 Bde., London [zuerst 1768–72].

Dreitzel, Horst (1987). *Justis Beitrag* zur Politisierung der deutschen Aufklärung, in: Bödeker/Herrmann (Hg.), *Aufklärung*, S. 158–77.

Drew, John (1987). *India* and the Romantic Imagination, Delhi.

Droixhe, Daniel/Pol-P. Gossiaux, Hg. (1985). *L'homme des Lumières* et la découverte de l'autre, Brüssel.

★Drueck, Friedrich Ferdinand (1822). *Gemählde* des asiatischen Rußlands, Stuttgart.

★Drummond, Alexander (1754). *Travels* through different Cities of Germany, Italy, Greece and Several Parts of Asia, as far as the Banks of the Euphrates, London.

★Dubois, abbé Jean-Antoine (1817). *Description* of the Character, Manners and Customs of the People of India, and of their Institutions, Religious and Civil. Transl. from the French Manuscript, London.

★Dubois, abbé Jean-Antoine (1825). *Mœurs*, institutions et cérémonies des peuples de l'Inde, 2 Bde., Paris.

★Dubois, abbé Jean-Antoine (1985). *Hindu Manners*, Customs and Ceremonies. Transl. by H. K. Beauchamp, 3rd ed., London 1906, 5th impression.

★Dubos, Jean-Baptiste (1719). *Reflexions* critiques sur la poésie et sur la peinture, 2 Bde., Paris.

Duchhardt, Heinz (1976). *Gleichgewicht der Kräfte*, Convenance, europäisches Konzert: Friedenskongresse und Friedensschlüsse vom Zeitalter Ludwigs XIV. bis zum Wiener Kongreß, Darmstadt.

Duchet, Michèle (1971). *Anthropologie* et histoire au siècle des lumières: Buffon, Voltaire, Rousseau, Helvétius, Diderot, Paris.

Duchet, Michèle (1978). *Diderot* et l'Histoire des Deux Indes ou l'Ecriture fragmentaire, Paris.

Duchet, Michèle (1985). *Le partage des savoirs*: Discours historique et discours ethnologique, Paris.

★Duff, James Grant: siehe Grant Duff.

Dugat, Gustave (1868–70). *Histoire des orientalistes* de l'Europe de XII⁰ au XIX⁰ siècle, 2 Bde., Paris.

★Du Halde, Jean-Baptiste (1735). *Description géographique*, historique, chronologique et politique de l'Empire de la Chine et de la Tartarie chinoise, 4 Bde., Paris.

★Du Mans, Raphael (1890). *Estat de la Perse* en 1660, éd. par Ch. Schefer, Paris.

★Dumont, Jean (1694). Nouveau voyage au *Levant*, Paris.

Dumont, Paul (1982). *Le voyage en Turquie*: Du touriste romantique au vacancier d'aujourd'hui, in: JA 270, S. 339 – 61.

*Dunbar, James (1781). *Essays* on the History of Mankind in Rude and Cultivated Ages, 2 Bde., London.

*Dunmore, John/Maurice de Brossard, Hg. (1985). Le voyage de *Lapérouse* 1785 – 1788: récit et documents originaux, 2 Bde., Paris.

**Durchläuchtige Welt* (1710 – 11). Die Durchläuchtige Welt/Oder Kurtzgefaßte Genealogische, Historische und Politische Beschreibung/meist aller jetztlebenden Durchläuchtigen Hohen Personen/sonderlich in Europa, 4 Bde., Hamburg.

Duroselle, Jean-Baptiste (1965). *L'idée d'Europe* dans l'histoire, Paris.

Duteil, Jean-Pierre (1994). *Le mandat du ciel*: Le rôle des jésuits en Chine, Paris.

Duyvendak, J. J. L. (1938). The Last *Dutch Embassy* to the Chinese Court (1794 – 95), in: T'oung Pao, 2ᵉ sér. 34, S. 1–137.

Dyson, Ketaki Kushari (1978). A *Various Universe*: A Study of the Journals and Memoirs of British Men and Women in the Indian Subcontinent, 1765 –1856, Delhi.

Eck, Rainer (1986). Christoph *Mylius* und Carsten Niebuhr: Aus den Anfängen der wissenschaftlichen Reise an der Universität Göttingen, in: Göttinger Jahrbuch 34, S. 11– 43.

*Eckermann, Johann Peter (1982). *Gespräche* mit Goethe in den letzten Jahren seines Lebens, Berlin/Weimar [zuerst 1836].

**Eclectic Review*, Bd. 1 (1805) ff.

**Edinburgh Review*, Bd. 1 (1802) ff., Edinburgh.

Edney, Matthew H. (1997). *Mapping an Empire*: The Geographical Construction of British India, 1765 –1843, Chicago/London.

Edwards, Philip (1994). The *Story of the Voyage*: Sea Narratives in Eighteenth-Century England, Cambridge.

*Ekeberg, Carl Gustav (1771). *Précis* historique de l'économie rurale des Chinois [geschr. 1754], publié par M. Linnaeus, & traduit du Suedois par M. Dominique de Blackford, Mailand.

Elison, George (1973). *Deus Destroyed*: The Image of Christianity in Early Modern Japan, Cambridge, Mass.

Elisséeff-Poisle, Danielle (1978). Nicolas *Fréret* (1688 –1749): Réflections d'un humaniste du XVIIIᵉ siècle sur la Chine, Paris.

*Ellis, Henry (1818). *Journal* of the Proceedings of the Late Embassy to China, 2nd ed., 2 Bde., London.

*Elmore, H. M. (1802). British Mariner's *Directory* and Guide to the Trade and Navigation of the Indian and China Seas, London.

*Elphinstone, Mountstuart (1839). An Account of the Kingdom of *Caubul*, 3rd ed., 2 Bde., London [zuerst 1815].

*Elphinstone, Mountstuart (1841). The *History of India*, 2 Bde., London.

Embree, Ainslie T. (1962). *Charles Grant* and British Rule in India, London.

Embree, Ainslie T. (1971). *Oriental Despotism*: A Note on the History of an Idea, in: Societas 1, S. 255 – 69.

Embree, Ainslie T. (1989). *Imagining India*: Essays on Indian History, Delhi.

Emerson, John (1992). Sir John *Chardin*, in: Ehsan Yarshater (Hg.), Encyclopædia Iranica, Bd. 5, Costa Mesa, Cal., S. 368 –77.

*Encyclopédie (1751–66), ou Dictionnaire raisonné des sciences, des arts et des métiers. Par une société des gens de lettres, 17 Bde., Paris.

*Engelhardt, Moritz von/Friedrich Parrott (1815). Reise in die Krym und den Kaukasus, 2 Bde., Berlin.

*Engels, Friedrich (1957). Die Lage der arbeitenden Klasse in England [1845], in: Karl Marx/Friedrich Engels, Werke, Bd. 2, Berlin, S. 229–506.

Erker-Sonnabend, Ulrich (1987). Orientalische Fremde: Berichte deutscher Türkeireisender des späten 19. Jahrhunderts, Bochum.

Etiemble, [René] (1989). L'Europe chinoise. Bd. 2: De la sinophilie à la sinophobie, Paris.

*Eton, William (1801). Survey of the Turkish Empire, 3rd ed., London.

*Eversmann, Eduard (1823). Reise von Orenburg nach Buchara, Berlin.

Eze, Emmanuel Chukwudi, Hg. (1997). Race and the Enlightenment, Oxford.

Fabian, Bernhard (1976). English Books and their Eighteenth-Century German Readers, in: Korshin, Circle, S. 117–96.

Fabian, Bernhard (1985). Englisch als neue Fremdsprache des 18. Jahrhunderts, in: Kimpel, Mehrsprachigkeit, S. 178–96.

Fabian, Johannes (1983). Time and the Other: How Anthropology Makes Its Objects, New York.

Fabian, Johannes (1986). Language and Colonial Power, Cambridge.

*Falck, Johann Peter (1785–86). Beyträge zur Topographischen Kenntnis des russischen Reiches, 3 Bde., hg. v. J. G. Georgi, St. Petersburg.

*Falconer, William (1782). Bemerkungen über den Einfluß des Himmelsstrichs, der Lage, natürlichen Beschaffenheit und Bevölkerung eines Landes, der Nahrungsmittel und Lebensart auf Temperament, Sitten, Verstandeskräfte, Gesetze und Religion der Menschen [zuerst engl. 1781]. Aus dem Englischen, Leipzig.

Farmer, Edward L. u. a. (1977). Comparative History of Civilizations in Asia, 2 Bde., Reading, Mass.

Faroqhi, Suraiya (1990). Herrscher über Mekka: Die Geschichte der Pilgerfahrt, München/Zürich.

Faroqhi, Suraiya (1995). Kultur und Alltag im Osmanischen Reich: Vom Mittelalter bis zum Anfang des 20. Jahrhunderts, München.

*Faßmann, David: siehe Quelle, Pithander von der

Faul, Erwin (1970). Sonderbewußtsein und Identitätskrise des Abendlandes: Politikwissenschaftliche Bemerkungen zu Fragestellungen der Geschichtssoziologie, in: P. Haungs (Hg.), Res Publica. Dolf Sternberger zum 70. Geburtstag, München, S. 63–81.

*Fay, Eliza (1986). Original Letters from India (1779–1815). Introd. by E. M. Forster, London [zuerst 1817].

*Ferguson, Adam (1966). Essay on the History of Civil Society, ed. by D. Forbes, Edinburgh [zuerst 1767].

*Ferguson, Adam (1986). Versuch über die Geschichte der bürgerlichen Gesellschaft, hg. v. Z. Batscha u. H. Medick, dt. v. H. Medick, Frankfurt a. M.

*Ferrières-Sauvebœuf, Louis François Comte de (1790). Mémoires historiques, politiques et géographiques [...], faits en Turquie, en Perse et en Arabie, depuis 1782, jusqu'en 1789, 2 Bde., Paris.

*Fessler, Ignaz Aurelius (1794). Attila – König der Hunnen, Breslau.

Fink, Gonthier-Louis (1992). *Patriotisme* et cosmopolitisme en France et en Allemagne, in: Recherches germaniques 22, S. 3 – 51.

Fink, Gonthier-Louis (1993). *Le cosmopolitisme*: Rêve et réalité au siècle des lumières dans l'optique du dialogue franco-allemand, in: Schneiders, *Aufklärung als Mission*, S. 22 – 65.

Fink-Eitel, Hinrich (1994). *Die Philosophie und die Wilden*: Über die Bedeutung des Fremden für die europäische Geistesgeschichte, Hamburg.

*Finlayson, George (1826). The Mission to *Siam* and Hué, the Capital of Cochin China, in the Years 1821 – 2, London.

Firby, Nora Kathleen (1988). European Travellers and their Perceptions of *Zoroastrians* in the 17th and 18th Centuries, Berlin.

Fisch, Jörg (1983). *Cheap Lives* and Dear Limbs: The British Transformation of the Bengal Criminal Law 1769 – 1817, Wiesbaden.

Fisch, Jörg (1984). Der märchenhafte *Orient*: Die Umwertung einer Tradition von Marco Polo bis Macaulay, in: Saeculum 35, S. 246 – 66.

Fisch, Jörg (1984). Die europäische Expansion und das *Völkerrecht*: Die Auseinandersetzungen um den Status der überseeischen Gebiete vom 15. Jahrhundert bis zur Gegenwart, Stuttgart.

Fisch, Jörg (1985). A *Pamphlet War* on Christian Missions in India 1807–1809, in: JAH 19, S. 22 – 70.

Fisch, Jörg (1985). A Solitary Vindicator of the Hindus: The Life and Writings of General *Charles Stuart* (1757/58 – 1828), in: JRAS, Jg. 1985, S. 35 – 57.

Fisch, Jörg (1986). *Hollands Ruhm* in Asien: François Valentyns Vision des niederländischen Imperiums im 18. Jahrhundert, Stuttgart.

Fisch, Jörg (1989). Der handelnde Beobachter. François Valentyns Schwierigkeiten mit dem asiatischen Charakter, in: König u. a., *Beobachter*, S. 119 – 34.

Fisch, Jörg (1992). *Zivilisation*, Kultur, in: Brunner u. a., *Geschichtliche Grundbegriffe* (1972 – 97), Bd. 7, S. 679 – 774.

Fisch, Jörg (1993). *Jenseitsglaube*, Ungleichheit und Tod: Zu einigen Aspekten der Totenfolge, in: Saeculum 44, S. 265 – 99.

Fischer, Helga (1983). *Das Osmanische Reich* in Reisebeschreibungen und Berichten des 18. Jahrhunderts, in: Heiss/Klingenstein, *Das Osmanische Reich*, S. 113 – 42.

*Fischer, Johann Eberhard (1768). *Sibirische Geschichte* von der entdekkung Sibiriens bis auf die eroberung dieses landes durch die Russische waffen, 2 Bde., St. Petersburg.

Fisher, Alan W. (1978). The *Crimean Tartars*, Stanford.

Flaherty, Gloria (1992). *Shamanism* and the Eighteenth Century, Princeton.

Fletcher, Joseph (1978). *Ch'ing Inner Asia* c. 1800, in: John K. Fairbank (Hg.), The Cambridge History of China, Bd. 10, Cambridge, S. 35 – 106.

Förster, Stig (1992). *Die mächtigen Diener* der East India Company: Ursachen und Hintergründe der britischen Expansionspolitik in Südasien, 1793 –1819, Stuttgart.

Fohrmann, Jürgen/Harro Müller, Hg. (1988). *Diskurstheorien* und Literaturwissenschaft, Frankfurt a. M.

*Fontenelle, Bernard Le Bovier de (1991). *Entretiens* sur la pluralité des mondes habités [zuerst 1686], in: Œuvres complètes, hg. v. A. Niederst, Bd. 2, Paris, S. 9 –140.

Forbes, Duncan (1975). *Hume's Philosophical Politics*, Cambridge.

*Forbes, James (1813). *Oriental Memoirs*, 4 Bde., London.

*Forbin, Henri, comte de (1819). *Voyage* dans le Levant en 1817 et 18, 2e éd., Paris.

*Forrest, Thomas (1782). A Treatise on the *Monsoons* in East India, Kalkutta.

*Forrest, Thomas (1792). A *Voyage* from Calcutta to the Mergui Archipelago, London.

*Forster, Georg (1958 ff.). Sämtliche *Schriften*, Tagebücher, Briefe, hg. v. d. Deutschen Akademie der Wissenschaften zu Berlin, Berlin.

*Forster, George (1785). Sketches of the *Mythology* and Customs of the Hindoos, London.

*Forster, George (1808). A *Journey* from Bengal to England through the Northern Part of India, Kashmire, Afghanistan and Persia and into Russia by the Caspian Sea, 2 Bde., London.

*Forster, Johann Reinhold (1783). *Bemerkungen* über Gegenstände der physischen Erdbeschreibung, Naturgeschichte und sittlichen Philosophie, auf seiner Reise um die Welt gesammlet, Berlin.

*Forster, Johann Reinhold (1784). Geschichte der Entdeckungen und *Schiffahrten* im Norden, Frankfurt a. d. Oder.

*Forster, Johann Reinhold (1795). *Indische Zoologie*, 2. Aufl., Halle.

*Forster, Johann Reinhold (1982). The *«Resolution» Journal* of Johann Reinhold Forster, ed. by M. E. Hoare, 4 Bde., London.

Forsyth, James (1992). A *History of the Peoples of Siberia*: Russia's North Asian Colony, 1581–1990, Cambridge.

Foss, Theodore Nicholas (1983). *Reflections* on a Jesuit Encyclopedia: Du Halde's Description of China (1735), in: Actes du IIIe Colloque International de Sinologie, Paris, S. 67–77.

Foss, Theodore Nicholas (1988). A *Western Interpretation* of China: Jesuit Cartography, in: Ronan/Oh, *East Meets West*, S. 209–51.

Foster, Sir William (1930). *Introduction*, in: Alexander Hamilton, *New Account*, Bd. 1, S. xiii–xxxvii.

Foucault, Michel (1971). Die *Ordnung der Dinge*: Eine Archäologie der Humanwissenschaften, dt. v. U. Köppen, Frankfurt a. M.

*Fourmont, Etienne (1735). *Reflexions critiques* sur les histoires des anciens peuples, 2 Bde., Paris.

Fournier, Marian (1987). Enterprise in Botany: *Van Reede* and his «Hortus Malabaricus», in: Archives of Natural History 14, S. 123–58, 297–338.

Foust, Clifford M. (1969). *Muscovite* and Mandarin: Russia's Trade with China and Its Setting, 1727–1805, Durham,N. C.

Frängsmyr, Tore, Hg. (1983). *Linnaeus*: The Man and His Work, Berkeley/Los Angeles/London.

Frängsmyr, Tore, Hg. (1989). *Science in Sweden*: The Royal Swedish Academy of Sciences 1739–1989, Canton,Mass.

*Francisci, Erasmus (1668). Ost- und West-Indischer wie auch Sinesischer *Lust- und Stats-Garten*, Nürnberg.

*Francisci, Erasmus (1670). Neu-polirter Geschicht- Kunst- und Sitten-*Spiegel* ausländischer Völcker, Nürnberg.

*Francklin, William (1790). *Observations* made on a Tour from Bengal to Persia, in the Years 1786–7, London 1790.

*Francklin, William (1798). The History of the Reign of *Shah-Aulum*, the Present Emperor of Hindostan, London.

*Francklin, William (1811). *Tracts*, political, geographical and commercial; on the Dominions of Ava and the North Western Parts of Hindostaun, London.

Franco, Jean (1975). The *Noble Savage*, in: D. Daiches/A. Thorlby (Hg.), Literature und Western Civilization: The Modern World, Bd. 1, London, S. 565–93.

*Frank, Othmar (1813). *Persien* und Chili als Pole der physischen Erdbreite und Leitpunkte zur Kenntnis der Erde, Nürnberg.

Franke, Herbert (1960). Zur Biographie von *Johann Heinrich Plath* (1802–1874), München.

Franke, Susanne (1995). The Reisen der *Lady Craven* durch Europa und die Türkei 1785–1786, Trier.

Franklin, Michael J. (1995). *Sir William Jones*, Cardiff.

Frantz, R. W. (1934). The *English Traveler* and the Movement of Ideas 1660–1732, Lincoln, Nebr.

*Fraser, James (1742). The History of *Nadir Shah*, Formerly Called Thamas Kuli Khan, the Present Emperor of Persia, London.

*Fraser, James Baillie (1820). *Journal* of a Tour through Part of the Snowy Range of the Himala Mountains, and to the Sources of the Rivers Jumma and Ganges, London.

*Fraser, James Baillie (1826). *Travels* and Adventures in the Persian Provinces on the Southern Banks of the Caspian Sea, London.

*Fraser, James Baillie (1834). An Historical and Descriptive Account of *Persia*, from the Earliest Ages to the Present Time, 2nd ed., Edinburgh.

Freitag, Ulrike (1997). The *Critique* of Orientalism, in: Michael Bentley (Hg.), Companion to Historiography, London/New York, S. 620–38.

Fried, Johannes (1986). *Auf der Suche* nach der Wirklichkeit: Die Mongolen und die europäische Erfahrungswissenschaft im 13. Jahrhundert, in: HZ 243, S. 287–332.

Friese, Eberhard (1991). *Einleitung*, in: Reprint von Thunberg, *Reise* (1794), Heidelberg, 2 Bde., Bd. 1, S. vii–lv.

*Fryer, John (1909–15). A *New Account* of East India and Persia, Being Nine Years' Travels, 1672–1681, ed. by William Crooke, 3 Bde., London.

*Fu Lo-shu (1966). A *Documentary Chronicle* of Sino-Western Relations (1644–1820), 2 Bde., Tucson, Ariz.

*Fuchs, Walther (1943). Der *Jesuiten-Atlas* der Kanghsi-Zeit, 2 Bde., Peking.

Fück, Johann (1955). *Die arabischen Studien* in Europa bis in den Anfang des 20. Jahrhunderts, Leipzig.

Fueter, Eduard (1936). Geschichte der neueren *Historiographie*, 3. Aufl., München/Berlin.

*Fullarton, William (1788). A *View* of the English Interests in India, London.

Fundgruben des Orients (1809–18). Hg. v. Joseph von Hammer-Purgstall, 6 Bde., Wien.

Furber, Holden (1976). *Rival Empires* of Trade in the Orient, 1600–1800, Minneapolis.

Gabriel, Alfons (1952). Die *Erforschung* Persiens: Die Entwicklung der abendländischen Kenntnis der Geographie Persiens, Wien.

Gadamer, Hans-Georg (1965). *Wahrheit* und Methode: Grundzüge einer philoso-
phischen Hermeneutik, 2 Aufl., Tübingen.
★Galland, Julien-Claude, Übers. (1757). *Relation* de l'ambassade de Mehmet
Effendi à la cour de France en 1721, écrite par lui-même et traduite du turc,
Paris.
Gascoigne, John (1994). *Joseph Banks* and the English Enlightenment: Useful
Knowledge and Polite Culture, Cambridge.
★Gaspari, Adam Christian, u. a. (1822). Vollständiges *Handbuch* der neuesten Erd-
beschreibung, Weimar (bes. Bde. 14 u. 15).
★Gatterer, Johann Christoph (1771). *Einleitung* in die synchronistische Universal-
geschichte zur Erläuterung seiner synchronistischen Tabellen, 2 Bde., Göttin-
gen.
★Gatterer, Johann Christoph (1773). *Ideal* einer allgemeinen Weltstatistik, Göttin-
gen.
★Gatterer, Johann Christoph (1789). Kurzer Begriff der *Geographie*, 2 Bde., Göt-
tingen.
★Gatterer, Johann Christoph (1792). *Versuch* einer allgemeinen Weltgeschichte
bis zur Entdeckung Amerikens, Göttingen.
★Gaubil, Antoine (1739). Histoire de *Gentchiscan* et de toute la dinastie des Mon-
gous ses successeurs, conquérans de la Chine, tirée de l'histoire Chinoise, Paris.
★Gaubil, Antoine (1814). *Traité* de la Chronologie Chinoise …, publ. par S. de
Sacy, Paris.
★Gaubil, Antoine (1970). *Correspondance* de Pékin 1722–1759, publ. par Renée
Simon, Genf.
Gaulmier, Jean (1951). L'Idéologue *Volney* 1757–1820: Contribution à l'histoire
de l'orientalisme en France, Beirut.
Gay, Peter (1966–69). The *Enlightenment*: An Interpretation, 2 Bde., New York.
Gearhart, Suzanne (1984). The *Open Boundary* of History and Fiction: A Critical
Approach to the French Enlightenment, Princeton.
Gehrke, Hans-Joachim. (1992–93). Die wissenschaftliche Entdeckung des Landes
Hellás, in: Geographia Antiqua 1, S. 15–36; 2, S. 3–11.
Gelder, Roelof van (1997). *Het Oost-Indisch avontuur*. Duitsers in dienst van de
VOC (1600–1800), Nimwegen.
★Gemelli Careri, Giovanni-Francesco (1699–1700). *Giro del mondo*, 6 Bde., Neapel.
★Gemelli Careri, Giovanni Francesco (1745). A *Voyage* Round the World, in:
Churchill/Churchill, *Collection* (1744–46) Bd. 4, S. 5–568.
★Georgi, Johann Gottlieb (1775). *Bemerkungen* einer Reise im Rußischen Reich
im Jahre 1772, 2 Bde., St. Petersburg.
★Georgi, Johann Gottlieb (1776–80). Beschreibung aller *Nationen* des Rußi-
schen Reichs …, 4 Bde., St. Petersburg.
★Georgius, Augustinus Antonius (1762). *Alphabetum Tibetanum*, Rom.
Gérard, René (1963). *L'Orient* et la pensée romantique allemande, Paris.
Gerbi, Antonello (1973). The *Dispute* of the New World: The History of a Pole-
mic, 1750–1900, transl. by J. Moyle, Pittsburgh.
Gerhardt, Volker (1995). *Immanuel Kants Entwurf* «Zum ewigen Frieden»: Eine
Theorie der Politik, Darmstadt.
★Gervaise, Nicolas (1928). The Natural and Political *History of Siam*, A. D. 1688,
transl. by H. St. O'Neill, Bangkok.

Ghanoonparvar, M. R. (1993). In a *Persian Mirror:* Images of the West and Westerners in Iranian Fiction, Austin,Tex.

★Ghirardini, Giovanni (1700). *Relation* du voyage fait à la Chine sur le vaisseau l'Amphitrite, en l'année 1698, Paris.

Giarrizzo, Guiseppe (1954). Edward *Gibbon* e la cultura europea del settecento, Neapel.

★Gibbon, Edward (1909–14). The History of the *Decline and Fall* of the Roman Empire, ed. by J. B. Bury, 7 Bde., London. [zuerst 1776–88, diese Ausg. 1896–1900].

★Gibbon, Edward (1956). The *Letters* of Edward Gibbon, ed. by J. E. Norton, 3 Bde., London.

Gilman, Sander L. (1985). *Difference* and Pathology: Stereotypes of Sexuality, Race and Madness, Ithaca/London.

Girault, Réne (1995). Das *Europa* der Historiker, in: Hudemann u. a., *Europa*, S. 55–90.

★[Giuseppe] (1790). An Account of the Kingdom of *Nepal* by Father Giuseppe, Prefect of the Roman Mission, Communicated by John Shore,Esq., in: AR 2 (1790), S. 307–22.

Glacken, Clarence J. (1967). *Traces* on the Rhodian Shore: Nature and Culture in Western Thought from Ancient Times to the End of the Eighteenth Century, Berkeley/Los Angeles/London.

★Gladwin, Francis (1788). The *History of Hindostan* during the Reigns of Jahángír, Sháhjehán and Aurungzebe, Bd. 1, Kalkutta.

★Gladwin, Francis, Übers. (1800). *Ayeen Akbery;* or, the Institutes of the Emperor Akbar, 2 Bde., London.

★Gmelin, Johann Georg (1751–52). *Reise* durch Sibirien von dem Jahr 1733 bis 1743, 4 Bde., Göttingen.

★Gmelin, Samuel Georg [recte: Gottlieb] (1770–84). *Reise* durch Rußland zur Untersuchung der drey Natur-Reiche, 4 Bde., St. Petersburg.

[Gmelin] (1981). *Gmelin* – Eine Tübinger Gelehrtenfamilie im 18. Jahrhundert. Eine Ausstellung im Mai 1981, Tübingen.

Godlewska, Anne (1994). *Napoleon's Geographers* (1797–1815): Imperialism and Soldiers of Modernity, in: dies./N. Smith (Hg.), Geography and Empire, Oxford, S. 31–53.

★Godwin, William (1971). *Enquiry* Concerning Political Justice, ed. by K. C. Carter, Oxford [zuerst 1793].

★Goerres, Joseph (1810). *Mythengeschichte* der asiatischen Welt, 2 Bde., Heidelberg.

★Goguet, Antoine-Yves (1758). *L'Origine* des loix, des arts, et des sciences; et de leurs progrès chez les anciens peuples, 3 Bde., Paris.

Goldstone, Jack A. (1991). *Revolution* and Rebellion in the Early Modern World, Berkeley.

Gollwitzer, Heinz (1964). *Europabild* und Europagedanke: Beiträge zur deutschen Geistesgeschichte des 18. und 19. Jahrhunderts, 2. Aufl., München.

Gollwitzer, Heinz (1972–82). *Geschichte* des weltpolitischen Denkens, 2 Bde., Göttingen.

★[Golovnin, Vasilij Michailovič] (1817). *Begebenheiten* des Capitains von der Russisch-Kaiserlichen Marine Golownin in der Gefangenschaft bei den Japanern in den Jahre 1811, 1812 und 1813, 2 Bde., Leipzig.

Gommans, Jos J. L. (1995). The Rise of the *Indo-Afghan Empire*, c. 1710–1780, Leiden.

Gong, Gerritt W. (1984). The *Standard* of «Civilization» in International Society, Oxford.

Goodman, Dena (1994). The *Republic* of Letters: A Cultural History of the French Enlightenment, Ithaca/London.

Goodman, Grant K. (1986). *Japan*: The Dutch Experience, London.

Goody, Jack (1996). The *East* in the West, Cambridge.

Gordon, Stewart (1993). The *Marathas* 1600–1818, Cambridge.

★Graaff, Nicolaas de (1930). Oost-Indise *Spiegel* [zuerst 1703], in: Reisen van Nicolaus de Graaff, gedaan naar alle gewesten des Werelds, beginnende 1639 tot 1687 incluis, hg. v. J. C. M. Warnsinck, s'Gravenhage.

Grafton, Anthony (1993). *New Worlds* and Ancient Texts: The Power of Tradition and the Shock of Discovery, Cambridge,Mass.

Grafton, Anthony (1995). Die tragischen Ursprünge der deutschen *Fußnote*, Berlin.

Grandner, Margarete/Andrea Komlosy, Hg. (2004). *Vom Weltgeist beseelt. Globalgeschichte 1700–1815*, Wien.

★Grant, James (1791). An Inquiry into the Nature of *Zemindary Tenures* in the Landed Property of Bengal, 2nd ed., London.

★Grant Duff, James (1826). A History of the *Mahrattas*, 3 Bde., London.

Granzow, Uwe (1986). *Quadrant*, Kompaß und Chronometer: Technische Implikationen des euro-asiatischen Seehandels von 1500 bis 1800, Stuttgart.

★Grasset de Saint-Sauveur, Jacques (1796). *Encyclopédie* des voyages, 5 Bde., Paris.

Grasshoff, Helmut, Hg. (1986). *Literaturbeziehungen* im 18. Jahrhundert: Studien und Quellen zur deutsch-russischen und russisch-westeuropäischen Kommunikation, Berlin (DDR) 1986.

Greaves, Rose (1991). *Iranian Relations* with Great Britain and British India, 1798–1921, in: Avery u. a., *From Nâdir Shah*, S. 374–425.

Greenblatt, Stephen (1991). *Marvellous Possessions*: The Wonder of the New World, Oxford.

Greener, Leslie (1966). The *Discovery* of Egypt, London.

★Gregory, George (1788). *Essays* Historical and Moral, 2nd ed., London.

★Grelot, Guillaume Joseph (1680). *Relation nouvelle* d'un voyage de Constantinopel, Paris.

Grewal, J. S. (1970). *Muslim Rule* in India: The Assessments of British Historians, Calcutta.

Griep, Wolfgang, Hg. (1991). *Sehen* und Beschreiben: Europäische Reisen im 18. und frühen 19. Jahrhundert, Heide.

Griep, Wolfgang/Hans-Wolf Jäger, Hg. (1986). *Reisen im 18. Jahrhundert*: Neue Untersuchungen, Heidelberg.

Groh, Dieter (1961). *Rußland* und das Selbstverständnis Europas: Ein Beitrag zur europäischen Geistesgeschichte, Neuwied.

Groot, Alexander H. de (1996). The Changing National Character of the *Dragoman* (1756–1863), in: Höpp, *Fremde Erfahrungen*, S. 297–317.

★Grose, John Henry (1772). A *Voyage* to the East Indies, new ed., 2 Bde., London [zuerst 1764].

★Grosier, abbé Jean-Baptiste-Gabriel-Alexandre (1777). *Discours préliminaire*, in: de Mailla, *Histoire générale* (1777–80), Bd. 1, S. xxi–xlviii.

★Grosier, abbé Jean-Baptiste-Gabriel-Alexandre (1785). *Description générale* de la Chine, ou Tableau de l'état actuel de cet empire, Paris.

★Grosier, abbé Jean-Baptiste-Gabriel-Alexandre (1818–20). *De la Chine*, ou Description générale de cet Empire, rédigée d'après les mémoires de la Mission de Pé-kin, 3ᵉ éd., 7 Bde., Paris.

Grosrichard, Alain (1979). *Structure du sérail*: La fiction du despotisme asiatique dans l'occident classique, Paris.

Grothaus, Maximilian (1983). Zum *Türkenbild* in der Adels- und Volkskultur der Habsburgermonarchie von 1650 bis 1800, in: Heiss/Klingenstein, *Das Osmanische Reich*, S. 63–88.

Grotsch, Klaus (1989). Das *Sanskrit* und die Ursprache, in: J. Gessinger/W. v. Rahden (Hg.), Theorien vom Ursprung der Sprache, Bd. 2, Berlin/New York, S. 85–121.

Grove, Richard (1995). *Green Imperialism*: Colonial Scientists, Ecological Crises and the History of Environmental Concern, 1600–1800, Cambridge.

Grove, Richard (1996). *Indigenous Knowledge* and the Significance of South-West India for Portuguese and Dutch Constructions of Tropical Nature, in: MAS 30, S. 121–43.

Grundmann, Johannes (1900). Die geographischen und völkerkundlichen *Quellen* und Anschauungen in Herders «Ideen zur Geschichte der Menschheit», Berlin.

Güçek, Fatma Müge (1987). *East Encounters West*: France and the Ottoman Empire in the Eighteenth Century, New York/Oxford.

★Güldenstädt, Johann Anton (1787–91). *Reise durch Rußland* und ins Caucasische Gebürge, 2 Bde., St. Petersburg.

★Guer, Jean Antoine (1747). *Mœurs et usages* des Turcs: Leur religion, leur gouvernement civil, militaire et politique, 2 Bde., Paris.

Guha, Ranajit (1963). A *Rule of Property* for Bengal: An Essay on the Idea of Permanent Settlement, Paris/Den Haag.

★Guignes, Chrétien Louis Joseph de (1808). *Voyages* à Peking, Manille et l'Ile de France, Faits dans l'intervalle des années 1784 à 1801, 3 Bde., Paris.

★Guignes, Joseph de (1756–58). *Histoire générale* des huns, des turcs, des mogols, et des autres tartares occidentaux, &c., avant et depuis Jesus-Christ jusqu'à présent, 4 Bde., Paris.

★Guignes, Joseph de (1759). *Mémoire* dans lequel on prouve que les Chinois sont une colonie Égyptienne, nouv. éd., Paris.

★Guizot, François (1985). *Histoire* de la civilisation en Europe: depuis la chute de l'Empire romain jusqu'à la Révolution française, éd. par P. Ronsavallon, Paris [zuerst 1828].

Gunn, Geoffrey C. (2003). *First Globalization: The Eurasian Exchange, 1500–1800*, Lanham, Md.

★Guthrie, William (1771). A New Geographical, Historical, and Commercial *Grammar*, and Present State of the Several Kingdoms of the World, 2nd ed., 2 Bde., London.

Guy, Basil (1963). The *French Image* of China before and after Voltaire, Genf.

★Guyon, Abbé Claude Marie (1757). A New History of the *East-Indies*, Ancient and Modern 2 Bde., London [zuerst frz. 1744].

Haarmann, Ulrich (1987). *Der arabische Osten* im späten Mittelalter 1250–1517, in: ders. (Hg.), Geschichte der arabischen Welt, München, S. 217–63:

Haase, Wolfgang/Meyer Reinhold, Hg. (1993). The *Classical Tradition* and the Americas. Bd. 1: European Images of the Americas and the Classical Tradition. Part 1, New York.

Haberland, Detlef (1990). *Von Lemgo nach Japan*: Das ungewöhnliche Leben des Engelbert Kaempfer 1651 bis 1716, Bielefeld.

Haberland, Detlef, Hg. (1993). Engelbert *Kaempfer*: Werk und Wirkung, Stuttgart.

Haberland, Detlef, Hg. (2004). *Engelbert Kaempfer (1651–1716). Ein Gelehrtenleben zwischen Tradition und Innovation*, Wiesbaden.

*Habesci, Elias (1784). The Present State of the *Ottoman Empire*, translated from the French manuscript, London.

Hachicho, Mohammed Ali (1964). *English Travel Books* about the Arab Near East in the 18th Century, in: Die Welt des Islams 9, S. 1–206.

*Hager, Johann Georg (1773). Ausführliche *Geographie*, 4. Aufl., 2 Bde., Chemnitz.

*Hakluyt, Richard (1809–12). Hakluyt's Edition of the Early *Voyages*, Travels, and Discoveries of the English Nation, new ed., 4 Bde., London.

Halbfass, Wilhelm (1988). *India* and Europe: An Essay in Understanding, New York.

*Hall, Basil (1818). *Account* of a Voyage of Discovery to the West Coast of Corea, and the Great Loo-Choo Island, London.

Hall, D. G. E., Hg. (1961). *Historians* of South East Asia, London.

Hall, D. G. E. (1968). A History of *South-East Asia*, 3rd ed., London.

Hall, John Whitney, Hg. (1991). The Cambridge History of Japan. Bd. 4: *Early Modern Japan*, Cambridge.

Hallinger, Johannes Franz (1996). Das *Ende der Chinoiserie*: Die Auflösung eines Phänomens der Kunst in der Zeit der Aufklärung, München.

Halsband, Robert (1956). The Life of *Lady Mary Wortley Montagu*, Oxford.

*Hamel, Hendrik (1971). An *Account* of the Shipwreck of a Dutch Vessel on the Coast of the Isle of Quelpaert, Together with a Description of the Kingdom of Korea [zuerst holl. 1668], in: Ledyard, *The Dutch*, S. 171–226.

*Hamilton, Alexander (1930). A *New Acccount* of the East Indies, ed. by Sir William Foster, 2 Bde., London [zuerst 1727].

*Hamilton, Charles (1787). An Historical Relation of the Origin, Progress, and Final Dissolution of the Government of *Rohilla Afgans* in the North Provincs of Hindostan, London.

*Hamilton, Francis [d. i. Francis Buchanan] (1819). An Account of the Kingdom of *Nepal*, and of the Territories Annexed to this Dominion by the House of Gorkha, Edinburgh.

*Hamilton, Walter (1828): The *East-India Gazetteer*, 2nd ed., 2 Bde., London.

*Hammer-Purgstall, Joseph von (1815). Des osmanischen Reiches *Staatsverfassung* und Staatsverwaltung. Dargestellt aus den Quellen seiner Grundgesetze, 2 Bde., Wien.

*Hammer-Purgstall, Joseph von (1818). *Umblick* auf einer Reise von Constantinopel nach Brussa und dem Olympos, Pesth.

*Hammer-Purgstall, Joseph von (1822). *Constantinopolis* und der Bosporos, örtlich und geschichtlich beschrieben, 2 Bde., Pesth.

*Hammer-Purgstall, Joseph von (1827–35). *Geschichte des Osmanischen Reiches*, grosstheils aus bisher unbenützten Handschriften und Archiven, 10 Bde., Pesth.

*Hammer-Purgstall, Joseph von (1840). *Geschichte der Goldenen Horde* in Kiptschak, das ist der Mongolen in Rusland, Pesth.

*Hammer-Purgstall, Joseph von (1856). Geschichte der *Chane der Krim* unter Osmanischer Herrschaft, Wien.

*Hammer-Purgstall, Joseph von (1940). *Erinnerungen* aus meinem Leben 1774–1852. Bearb. v. R. Bachofen von Echt, Wien/Leipzig.

Hansen, Thorkild (1965). *Reise nach Arabien*: Die Geschichte der Königlich-Dänischen Jemen-Expedition 1761–1767, dt. v. D. R. H. Jehnich, Hamburg.

*Hanway, Jonas (1753). An *Historical Account* of the British Trade over the Caspian Sea; with a Journal of Travels from London through Russia and Persia, 4 Bde., London.

Harbsmeier, Christoph (1992). *La connaissance du chinois*, in: Auroux, *Histoire*, Bd. 2, S. 299–312.

Harbsmeier, Michael (1989). Writing and the Other: Travellers Literary, or Towards an Archaeology of *Orality*, in: K. Schousboe/M. T. Larsen (Hg.), Literacy and Society, Kopenhagen, S. 197–228.

Harbsmeier. Michael (1989). *World Histories* before Domestication: Writing Universal Histories, Histories of Mankind and World Histories in 18th-Century Germany, in: Culture and History 5, S. 93–131.

Harbsmeier,. Michael (1991). *Before Decipherment*: Persepolitan Hypotheses in the Late 18th Century, in: Culture and History 11, S. 23–59.

Harbsmeier, Michael (1991). *Kadu und Maheine*: Entdeckerfreundschaften in deutschen Weltreisen um die Wende zum 19. Jahrhundert, in: Griep, *Sehen*, S. 150–78.

Harbsmeier, Michael (1992). *Rückwirkungen* des europäischen Ausgreifens nach Übersee auf den deutschen anthropologischen Diskurs um 1800, in: Vierhaus u. a., *Frühe Neuzeit*, S. 422–42.

Harbsmeier, Michael (1994). *Wilde Völkerkunde*: Andere Welten in deutschen Reiseberichten der Frühen Neuzeit, Frankfurt a. M./New York.

Hardtwig, Wolfgang (Hg.) 2010. *Die Aufklärung und ihre Weltwirkung*, Göttingen.

Harley, J. B./David Woodward, Hg,. (1994). The *History of Cartography*. Bd. 2, Buch 2: Cartography in the Traditional East and Southeast Asian Societies, Chicago/London.

*Harmer, Thomas (1786–87). *Observations* on Divers Passages of Scripture, 2. Aufl., 4 Bde., London.

Harris, John (1970). Sir William *Chambers*: Knight of the Polar Star, University Park/London.

*Harris, John/[John Campbell] (1744–48). Navigantium atque Itinerantium *Bibliotheca* or, A Complete Collection of Voyages and Travels, now carefully revised, 2 Bde., London.

Harris, Marvin (1969). The Rise of *Anthropological Theory*: A History of Theories of Culture, London.

Harrison, John/Peter Laslett (1971). The *Library* of John Locke, 2nd ed., Oxford.

Harth, Erica (1983). *Ideology* and Culture in Seventeenth-Century France, Ithaca/London.

★Hassel, Johann Georg Heinrich (1817–18). Geographisch-statistisches *Handwör-terbuch*, 2 Bde., Weimar.

Hathaway, Jane (1997). The *Politics of Households* in Ottoman Egypt: The Rise of the Qazdaglis, Cambridge.

Hauner, Milan (1990). *What is Asia to Us?* Russia's Asian Heartland Yesterday and Today, Boston.

★Hausleutner, Philipp Wilhelm Gottlieb (1791–92). Geschichte der *Araber in Sicilien* und Sicilien's unter der Herrschaft der Araber, 4 Bde., Königsberg.

Hay, Denys (1968). *Europe*: The Emergence of an Idea, rev. ed., Edinburgh.

Hayter, Aletha (1968). *Opium* and the Romantic Imagination. London.

★Heber, Reginald (1828). Narrative of a *Journey* through the Upper Provinces of India, from Calcutta to Bombay, 1824–1825, 3rd ed., 3 Bde., London.

★Heeren, Arnold Hermann Ludwig (1821–26). *Historische Werke*, 15 Bde., Göttingen.

★Hegel, Georg Wilhelm Friedrich (1923). Vorlesungen über die Philosophie der Weltgeschichte. Bd. 2: *Die orientalische Welt*, hg. v. Georg Lasson, Hamburg.

★Hegel, Georg Wilhelm Friedrich (1957–71). Sämtliche Werke. *Jubiläumsausgabe* in 20 Bänden, hg. v. H, Glockner, Stuttgart.

★Hegel, Georg Wilhelm Friedrich (1994). Vorlesungen über die Philosophie der Weltgeschichte. Bd. 1: Die *Vernunft* in der Geschichte, hg. v. J. Hoffmeister, 6. Aufl., Hamburg.

★Hegel, Georg Wilhelm Friedrich (1996). *Vorlesungen* über die Philosophie der Weltgeschichte. Berlin 1822/1823. Nachschriften von Karl Gustav Julius von Griesheim, Heinrich Gustav Hotho und Friedrich Carl Hermann Victor von Kehler, hg. v. K. H. Ilting/K. Brehmer/H. N. Seelmann, Hamburg 1996.

Heilbron, Johan (1995). The Rise of *Social Theory*, Oxford.

Heiss, Gernot/Grete Klingenstein, Hg. (1983). *Das Osmanische Reich* und Europa 1683 bis 1789: Konflikt, Entspannung und Austausch, München.

★Heissig, Walther, Hg. (1971). *Mongoleireise* zur späten Goethezeit: Berichte und Bilder des J. Rehmann und A. Thesleff, Wiesbaden.

Hellmann, Kai-Uwe (1998). *Fremdheit* als soziale Konstruktion: Eine Studie zur Systemtheorie des Fremden, in: Münkler, *Herausforderung*, S. 401–59.

★Helvétius, Claude-Adrien (1973). *Vom Geist*. Aus d. Frz. übers. v. Th. Lücke, Berlin/Weimar [zuerst. 1758].

Heniger, Johannes (1986). *Hendrik Adriaan van Reede* tot Drakenstein (1636–1691) and Hortus Malabaricus: A Contribution to the History of Dutch Colonial Botany, Rotterdam/Boston.

Henning, Georg (1906). Die *Reiseberichte* über Sibirien von Herberstein bis Ides, in: Mitteilungen des Vereins für Erdkunde zu Leipzig 1905, S. 241–394.

★Hennings, August (1784). *Geschichte* des Privathandels und der itzigen Verfaßungen der Dänen in Ostindien, Kopenhagen.

★Hennings, August (1784–86). *Gegenwärtiger Zustand* der Besitzungen der Europäer in Ostindien, 3 Bde., Hamburg/Kiel (Bd. 1–2) Kopenhagen (Bd. 3).

★Hennings, August (1786). Versuch einer Ostindischen *Litteratur-Geschichte*, Hamburg/Kiel.

Hentsch, Thierry (1988). *L'orient imaginaire*: La vision politique occidentale de l'Est méditerranéen, Paris.

Hentschel, Uwe (1991). Die *Reiseliteratur* am Ausgang des 18. Jahrhunderts: Vom gelehrten Bericht zur literarischen Beschreibung, in: Internationales Archiv für Sozialgeschichte der deutschen Literatur 16, S. 51–83.

Henze, Dietmar (1978 ff.). *Enzyklopädie* der Entdecker und Erforscher der Erde, Graz.

★d'Herbelot, Barthélemi (1777–79). *Bibliothèque Orientale*, ou Dictionnaire Universel contenant Tout ce qui fait connoître les Peuples de l'Orient, 4 Bde., Den Haag [zuerst 1697].

★Herder, Johann Gottfried (1989). *Ideen* zur Philosophie der Geschichte der Menschheit [zuerst 1784–91], Frankfurt a. M. (= Werke in zehn Bänden, hg. v. M. Bollacker u. a., Bd. 6).

★Herrmann, Friedrich (1799). *Gemählde von Ostindien* in geographischer, naturhistorischer, religiöser, sittlicher, artistischer, merkantilischer und politischer Hinsicht, Leipzig.

★Heude, William (1819). A *Voyage* up the Persian Gulf, and a Journey Overland from India to England in 1817, London.

Hevia, James (1995). *Cherishing Men from Afar*. Qing Guest Ritual and the Macartney Embassy of 1793, Durham, N.C./London.

Heydemann, Günther (1989). *Philhellenismus* in Deutschland und Großbritannien, in: A. M. Birke/G. Heydemann (Hg.), Die Herausforderung des europäischen Staatensystems, Göttingen/Zürich, S. 31–60.

★Heydt, Johann Wolfgang (1744). Allerneuester geographischer und topographischer *Schauplatz* von Africa und Ost-Indien, Wilhermsdorf/Nürnberg.

★Hickey, W. (1975). *Memoirs* of William Hickey [aus den Jahren 1749–1809], ed. by P. Quennell, London/Boston.

★Hill, Aaron (1709). A Full and Just Account of the Present State of the *Ottoman Empire*, London.

Hintzsche, Wieland/Thomas Nickol, Hg. (1996). *Die Große Nordische Expedition*: Georg Wilhelm Steller (1709–1746). Ein Lutheraner erforscht Sibirien und Alaska, Gotha.

★Hirschfeld, Christian Cayus Lorenz (1777). Von der *Gastfreundschaft*. Eine Apologie für die Menschheit, Leipzig.

★Hirschfeld, Christian Cayus Lorenz (1779–85). Theorie der *Gartenkunst*, 5 Bde., Leipzig.

★Hirschfeld, Christian Cayus Lorenz, Hg. (1780–85). *Bibliothek* der Geschichte der Menschheit, 8 Bde., Leipzig.

Hoare, Michael E. (1976). The *Tactless Philosopher*. Johann Reinhold Forster (1729–98), Melbourne.

Hoare, Michael E. (1982). *Introduction*, in: J. R. Forster, «Resolution» Journal, Bd. 1, S. 1–122.

★Hobhouse, John C. [Baron Broughton] (1813). A *Journey* through Albania and Other Provinces of Turkey in Europe and Asia, to Constantinople, During the Years 1809 and 1810, 2nd ed., 2 Bde., London.

Hodgen, Margaret T. (1964). *Early Anthropology* in the Sixteenth and Seventeenth Centuries, Philadelphia.

★Hodges, William (1793). *Reisen* nach Ostindien während der Jahre 1780, 1981, 1782 und 1783. Aus dem Englischen, Hamburg.

Hodgson, Marshall G. S. (1974). The *Venture* of Islam: Conscience and History in a World Civilization, 3 Bde., Chicago/London.

Höllmann, Sabine (1990). Ägyptisches Alltagsleben im Spiegel der Reiseaufzeichnungen von Johann Michael *Wansleben* (1635–1679), in: Münchner Beiträge zur Völkerkunde 3, S. 81–122.

Höpp, Gerhard, Hg. (1996). *Fremde Erfahrungen*: Asiaten und Afrikaner in Deutschland, Österreich und in der Schweiz bis 1945, Berlin.

Hoffmann, Peter (1982). Gerhard Friedrich *Müller* (1705–1783), in: Winter/Jarosch, *Wegbereiter*, S. 71–78.

Hoffmann, Peter (1988). *Rußland* im Zeitalter des Absolutismus, Berlin.

Hoffmann, Peter (1995). *Einleitung*, in: ders./Osipov, *Geographie*, S. 9–36.

*Hoffmann, Peter/V. I. Osipov, Hg. (1995). *Geographie*, Geschichte und Bildungswesen in Rußland und Deutschland im 18. Jahrhundert: Briefwechsel Anton Friedrich Büsching – Gerhard Friedrich Müller 1751 bis 1783, Berlin.

*Holberg, Ludwig von (1748–54). *Vergleichung* der Historien und Thaten verschiedener insonderheit Orientalisch- und Indianischer Grosser Helden und Berühmter Männer. Nach Plutarchi Beyspiel, 2 Bde., Bd. 1: o. O. 1754, Bd. 2: Kopenhagen 1748.

*Holwell, John Zephaniah (1765). Interesting *Historical Events*, Relative to the Provinces of Bengal and the Empire of Hindostan, London.

*Home, Henry: siehe Kames.

Hoskins, Halford Lancaster (1928). *British Routes* to India, London.

Hourani, Albert (1980). *Europe* and the Middle East, London/Basingstoke.

Hourani, Albert (1991). *Islam* in European Thought, Cambridge.

Hudemann, Rainer/Hartmut Kaelble/Klaus Schwabe, Hg. (1995). *Europa* im Blick der Historiker, München.

*Hübner, Johann (1727–31). *Kurtze Fragen* aus der Politischen Historia, Hamburg.

*Hüllmann, Karl Dietrich (1796). Historisch-kritischer *Versuch* über die Lamaische Religion, Berlin.

*Hüllmann, Karl-Dietrich (1796). *Geschichte der Mongolen* bis zum Jahre 1206. Ein Beitrag zur Berichtigung der Geschichte und Erdbeschreibung des mittleren Asiens, Berlin.

*Hüttner, Johann Christian (1996). *Nachricht* von der britischen Gesandschaftsreise durch China und einen Teil der Tartarei, hg. v. S. Dabringhaus, Sigmaringen [zuerst 1797].

*Humboldt, Alexander von (1814–25). *Relation historique* du voyage aux régions équinoxiales du Nouveau Continent, 3 Bde., Paris.

*Humboldt, Alexander von (1825–27). *Essai politique* sur le Royaume de la Nouvelle-Espagne, 2e éd., 3 Bde.,Paris [zuerst 1808].

*Humboldt, Alexander von (1983). *Reise durchs Baltikum* nach Rußland und Sibirien 1829, hg. v. H. Beck, Stuttgart.

*Humboldt, Alexander von (1986). Reise auf dem *Río Magdalena* durch die Anden und Mexico. Teil I: Texte. Aus seinen Reisetagebüchern zus. u. erl. durch M. Faak, Berlin.

*Humboldt, Alexander von (1987). *Ansichten* der Natur, hg. v. H. Beck, Darmstadt (= Studienausgabe, Bd. 5).

*Humboldt, Alexander von (1989). Die *Wiederentdeckung* der Neuen Welt, hg. v. P. K. Schäfer, Berlin.

*Hume, David (1983). The *History* of England from the Invasion of Julius Caesar to the Revolution of 1688, 6 Bde., Indianapolis [zuerst 1754–62].

608 / 亚洲的去魔化：18 世纪的欧洲与亚洲帝国

*Hume, David (1987). *Essays* Moral, Political, and Literary, ed. by Eugene F. Miller, Indianapolis [zuerst 1741–42].

*Hunter, William (1785). A Concise Account of the Kingdom of *Pegu*, Kalkutta.

Huntington, Samuel P. (1996). *Kampf* der Kulturen: Die Neugestaltung der Weltpolitik im 21. Jahrhundert, dt. v. H. Fliessbach, München/Wien.

Huonder, Anton, S. J. (1899). Deutsche *Jesuitenmissionäre* des 17. und 18. Jahrhunderts: Ein Beitrag zur Missionsgeschichte und zur deutschen Biographie, Freiburg i. Br.

Husain, Iqbal (1994). The *Ruhela Chieftaincies*: The Rise and Fall of Ruhela Power in India in the Eighteenth Century, Delhi.

*Ides, Evert Isbrands (1706). *Three Years Travels* from Moscow over-land to China, London [zuerst holl. 1704].

Imbruglia, Girolamo (1995). *Despotisme* et féodalité dans l'«Histoire des deux Indes», in: Lüsebrink/Strugnell, *L'Histoire des deux Indes*, S. 105–17.

Impey, Oliver (1977). *Chinoiserie*: The Impact of Oriental Style on Western Art and Decoration, London.

İnalcik, Halil (1996). The Meaning of *Legacy*: The Ottoman Case, in: L. C. Brown, *Imperial Legacy*, S. 17–24.

Inden, Ronald (1990). *Imagining India*, Oxford.

Irwin, Robert (2006). *For Lust of Knowing: The Orientalists and Their Enemies*, London.

İslamoğlu-İnan, Huri (1987). Introduction: «*Oriental Despotism*» in World-System Perspective, in: dies. (Hg.), The Ottoman Empire and the World-Economy, Cambridge/Paris, S. 1–24.

Jackson, Peter/Laurence Lockhart, Hg. (1986). The Cambridge History of Iran. Bd. 6: The *Timurid and Safavid Periods*, Cambridge.

Jacobs, Michael (1995). The *Painted Voyage*: Art, Travel and Exploration, 1564–1875, London.

Jacq-Hergoualc'h, Michel (1993). L'Europe et le *Siam* du XVIᵉ au XVIIIᵉ siècle: Apports culturels, Paris.

Jäger, Hans-Wolf (1986). *Herder* als Leser von Reiseliteratur, in: Griep/Jäger, *Reisen im 18. Jahrhundert*, S. 181–99.

Jäger, Hans-Wolf, Hg. (1992). *Europäisches Reisen* im Zeitalter der Aufklärung, Heidelberg.

Jain, M. P. (1966). *Outlines* of Indian Legal History, 2nd ed., Bombay.

Jami, Cathérine/Hubert Delahaye. Hg. (1993). *L'Europe en Chine*: Interactions scientifiques, religieuses et culturelles aux XVIIᵉ et XVIIIᵉ siècles, Paris.

Jasanoff, Maya (2005). *Edge of Empire: Conquest and Collecting in the East 1750–1850*, New York.

*Jaubert, Amédée (1821). *Voyage* en Arménie et en Perse, fait dans les années 1805 et 1806, Paris.

Jelavich, Barbara (1983). History of the *Balkans*. Bd. 1: Eighteenth and Nineteenth Centuries, Cambridge.

*Jenour, Matthew (1791). The *Route to India*, London.

Jeyaraj, Daniel (1996). *Inkulturation* in Tranquebar: Der Beitrag der frühen dänisch-halleschen Mission zum Werden einer indisch-einheimischen Kirche (1706–1730), Erlangen.

Jobst, Kerstin S. (2000). Orientalism, E. W. Said und die Osteuropäische Geschichte, in: *Saeculum* 51, S. 250–66.

*Johnson, James (1807). The *Oriental Voyager,* or Descriptive Sketches and Cursory Remarks on a Voyage to India and China, London.

Johnson, Paul (1991). The *Birth of the Modern*: World Society 1815–1830, New York.

*Johnson, Samuel (1742). *Essay* on the «Description of China» in two Volumes Folio. From the French of Père Du Halde, in: Gentleman's Magazin, Bd. 12, S. 320–23, 353–57, 484–486.

*Joliffe, T. R. (1821). *Reise* in Palästina, Syrien und Aegypten im Jahre 1817, Leipzig.

Jones, W. R. (1971). The *Image* of the Barbarian in Medieval Europe, in: CSSH 13, S. 376–407.

*Jones, William, Übers. (1770). *Histoire de Nader Shah,* traduite du Persan par ordre de Sa Majesté le Roi de Dannemark, London.

*Jones, Sir William u. a. (1795). *Abhandlungen* über die Geschichte und Alterthümer, die Künste, Wissenschaft und Literatur Asiens, 2 Bde., Riga.

*Jones, Sir William (1807). *Works,* 13 Bde., London.

*Jones, Sir William (1970). The *Letters* of Sir William Jones, ed. by G. Cannon, 2 Bde., Oxford.

*Jones, Sir William (1995). Selected Poetical and *Prose Works,* ed. by M. J. Franklin, Cardiff.

Jürgens, Hanco (2001). Rezension von J. Osterhammel, «Die Entzauberung Asiens», in: *Tijdschrift voor Geschiedenis* 114, S. 287–90.

*Justi, Johann Heinrich Gottlob von (1762). *Vergleichungen* der Europäischen mit den Asiatischen und anderen vermeintlich Barbarischen Regierungen, Berlin/Stettin/Leipzig.

Kaelble, Hartmut (1995). *Europabewußtsein,* Gesellschaft und Geschichte: Forschungsstand und Forschungschancen, in: Hudemann u. a., *Europa,* S. 1–29.

*Kaempfer, Engelbert (1712). *Amoenitatum exoticarum* politico-physico-medicarum fasciculi V, Lemgo.

*Kaempfer, Engelbert (1727). The *History of Japan* … Translated from his original manuscript, never before printed, by J. G. Scheuchzer, 2 Bde., London.

*Kaempfer, Engelbert (1777–79). *Geschichte* und Beschreibung Japans. Aus den Originalhandschriften des Verfassers hg. v. C. W. Dohm, 2 Bde., Lemgo.

*Kaempfer, Engelbert (1968). Die *Reisetagebücher* Engelbert Kaempfers, bearb. v. K. Meier-Lemgo, Wiesbaden.

*Kaempfer, Engelbert (1977). *Am Hofe* des persischen Großkönigs (1684–1685), hg. v. W. Hinz, Tübingen/Basel [zuerst lat. 1712].

*Kaempfer, Engelbert (1983). *Flora Japonica* [1712]. Reprint, Wiesbaden.

*Kaempfer, Engelbert (1987). *Phoenix Persicus*: Die Geschichte der Dattelpalme. Übers. a. d. Lat. u. bearb. v. W. Muntschick, Marburg [zuerst lat. 1712].

Kästner, Hannes (1997). Das *Gespräch* des Orientreisenden mit dem heidnischen Herrscher, in: H. Wenzel (Hg.), Gespräche – Boten – Briefe: Körpergedächtnis und Schriftgedächtnis im Mittelalter, Berlin, S. 280–95.

*Kames, Henry Home, Lord (1778). *Sketches* of the History of Man, 2nd ed. [zuerst 1774], 4 Bde., Edinburgh.

*Kant, Immanuel (1968). *Werke* in zwölf Bänden, hg. v. W. Weischedel, Frankfurt a. M.

Kapitza, Peter (1980). Engelbert *Kaempfer* und die europäische Aufklärung: Zur Wirkungsgeschichte seines Japanwerkes im 18. Jahrhundert, in: Deutsche Gesellschaft ..., S. 41–63.

*Kapitza. Peter, Hg. (1990). *Japan in Europa*: Texte und Bilddokumente zur europäischen Japankenntnis von Marco Polo bis Wilhelm von Humboldt, 2 Bde. u. Begleitbd., München.

Kappeler, Andreas (1982). *Rußlands erste Nationalitäten*: Das Zarenreich und die Völker der Mittleren Wolga vom 16. bis 19. Jahrhundert, Köln/Wien.

Kappeler, Andreas (1992). *Rußland* als Vielvölkerreich: Entstehung, Geschichte, Zerfall, München.

*Kaul, H. K., Hg. (1979). *Travellers' India*: An Anthology, Delhi.

*Kaul, H. K., Hg. (1985). *Historic Delhi*: An Anthology, Delhi.

Kaye, John William (1856). The Life and Correspondence of Major-General *Sir John Malcolm*, 2 Bde., London.

Keane, John (1988). *Despotism* and Democracy: The Origins and Development of the Distinction between Civil Society and the State 1750–1850, in: ders. (Hg.), Civil Society and the State, London, S. 35–71.

Keene, Donald (1969). The *Japanese Discovery* of Europe, 1720–1830, rev. ed., Stanford.

Kejariwal, O. P. (1988). The *Asiatic Society* of Bengal and the Discovery of India's Past (1784–1838), Oxford.

*Kerr Porter siehe Porter, Robert Kerr.

*Kerr, James (1782). A Short Historical Narrative of the Rise and Rapid Advancement of the *Mahrattah State*, London.

*Kerr, Robert, Hg. (1824). A General *History and Collection* of Voyages and Travels, 18 Bde., Edinburgh (zuerst 1811).

Khazanov, A. M. (1984). *Nomads* and the Outside World. Transl. by J. Crookenden, Cambridge.

Khurana, Gianeshwar (1985). British Historiography on the *Sikh Power* in Punjab, New Delhi.

Kimpel, Dieter, Hg. (1985). *Mehrsprachigkeit* in der deutschen Aufklärung, Hamburg.

*Kindersley, Mrs. [Jemina] (1777). *Briefe* von der Insel Teneriffa, Brasilien, dem Vorgebürge der guten Hoffnung und Ostindien. Aus dem Englischen, Leipzig [zuerst 1777].

*Kinneir, John Macdonald (1813). A Geographical *Memoir* of the Persian Empire, London.

*Kinneir, John Macdonald (1818). *Journey* through Asia Minor, Armenia, and Koordistan, in the Years 1813 and 1814, London.

*Kircher, Athanasius (1667). *China* monumentis, qua sacris qua profanis ... illustrata, Amsterdam

*Kirkpatrick, William (1811). An Account of the Kingdom of *Nepaul*, Being the Substance of Observations Made during a Mission to that Country in the Year 1793, London.

★Klaproth, Julius von (1812–14). *Reise* in den Kaukasus und nach Georgien, unternommen in den Jahren 1807 und 1808, 2 Bde., Halle/Berlin.

★Klaproth, Julius von (1826). *Tableaux Historiques* de l'Asie, depuis la monarchie de Cyrus jusqu'à nos jours, Paris/London/Stuttgart.

★Klaproth, Julius von (1826–28). *Mémoires* relatifs à l'Asie, contenant des recherches historiques, géographiques et philologiques sur les peuples de l'Orient, 3 Bde., Paris.

★Kleemann, Nikolaus Ernst (1771). *Reisen* von Wien über Belgrad bis Kilianova … in den Jahren 1768, 1769 und 1770. Nebst einem Anhange von den besonderen Merkwürdigkeiten der crimmischen Tartarey, Wien.

Kleinschmidt, Harald (1980). *Japan* im Welt- und Geschichtsbild der Europäer: Bemerkungen zu europäischen Weltgeschichtsdarstellungen vornehmlich des 16. bis 18. Jahrhunderts, in: BJOF 3, S. 137–207.

★Kleuker, Johann Friedrich (1781–83). *Anhang zum Zend-Avesta*, 2 Bde. in 4 Teilen, Leipzig/Riga.

Kling, Blair B. /M. N. Pearson, Hg. (1979). The *Age of Partnership*: Europeans in Asia before Dominion, Honululu.

Klingenstein, Grete u. a., Hg. (1980). *Europäisierung* der Erde? Studien zur Einwirkung Europas auf die außereuropäische Welt, Wien.

Klug, Ekkehard (1987). *Das «asiatische» Rußland*: Über die Entstehung eines europäischen Vorurteils, in: HZ 245, S. 265–89.

★Knolles, Richard (1603). The *Generall Historie of the Turkes*, London.

★Knolles, Richard (1687–1700). The *Turkish History* from the Original of that Nation to the Growth of the Ottoman Empire, 6th ed., 3 Bde., London.

★Knox, Robert (1681). An *Historical Relation* of the Island of Ceylon, in the East-Indies, London.

Koebner, Richard (1951). *Despot* and Despotism: Vicissitudes of a Political Theme, in: Journal of the Warburg and Courtauld Institutes 14, S. 275–302.

★Köhler, Johann Tobias, Hg. (1767–69). *Sammlung* neuer Reisebeschreibungen aus fremden Sprachen, 2 Bde., Göttingen/Gotha.

König, Hans-Joachim/Wolfgang Reinhard/Reinhardt Wendt, Hg. (1989). Der europäische *Beobachter* außereuropäischer Kulturen: Zur Problematik der Wirklichkeitswahrnehmung, Berlin.

★Koffler, Johannes (1803). *Historica Cochinchinae Decriptio*, Nürnberg.

Kohl, Karl-Heinz (1986). *Entzauberter Blick*: Das Bild vom Guten Wilden und die Erfahrung der Zivilisation, Frankfurt a. M.

Kohl, Karl-Heinz (1987). *Abwehr* und Verlangen: Zur Geschichte der Ethnologie, Frankfurt a. M./New York.

★Kolb, Peter (1719). *Caput Bonae Spei Hodiernum*. Das ist: Vollständige Beschreibung des Afrikanischen Vorgebürges der Guten Hoffnung, Nürnberg.

Kopf, David (1969). British *Orientalism* and the Bengal Renaissance: The Dynamics of Indian Modernization 1773–1835, Berkeley/Los Angeles/London.

Korshin, Paul J., Hg. (1976). The *Widening Circle*: Essays on the Circulation of Literature in Eighteenth-Century Europe, Philadelphia.

★Kosegarten, Johann Gottfried Ludwig (1831). *Morgenländische Alterthumskunde* oder Beschreibung der Religion, Gesetze, Sitten und Wissenschaften der alten morgenländischen Völker, Dresden.

Koselleck, Reinhart (1979). *Vergangene Zukunft*: Zur Semantik geschichtlicher Zeiten, Frankfurt a. M.

*Kotzebue, Otto von (1821). *Entdeckungs-Reise* in die Süd-See und nach der Behrings-Straße ..., unternommen in den Jahren 1815, 1816, 1817 und 1818 ..., 3 Bde., Weimar.

*Kotzebue, Otto von (1830). *Neue Reise* um die Welt in den Jahren 1823, 24, 25 und 26, 2 Bde., Weimar/St. Petersburg.

Krader, Lawrence (1975). The *Asiatic Mode of Production*: Sources, Development and Critique in the Writings of Karl Marx, Assen.

Krahl, Joseph (1964). *China Missions* in Crisis: Bishop Laimbeckhoven and His Times, 1738–1787, Rom.

Kramer, Fritz (1977). *Verkehrte Welten*: Zur imaginären Ethnographie des 19. Jahrhunderts, Frankfurt a. M.

*Krascheninnikow, Stephan (1766). Beschreibung des Landes *Kamtschatka*, übers. v. J. T. Köhler, Lemgo [zuerst russ. 1755].

Krasnobaev, Boris I./Gert Robel/Herbert Zeman, Hg. (1980). *Reisen* und Reisebeschreibungen im 18. und 19. Jahrhundert als Quellen der Kulturbeziehungsforschung, Berlin.

Kraus, Alexander/Andreas Renner, Hg. (2008). *Orte eigener Vernunft. Europäische Aufklärung jenseits der Zentren*, Frankfurt a. M./New York.

Krauss, Werner (1979). Zur *Anthropologie* des 18. Jahrhunderts: Die Frühgeschichte der Menschheit im Blickpunkt der Aufklärung, hg. v. H. Kortum u. C. Gohnisch, München/Wien.

Kreiner, Josef (1990). Das *Bild Japans* in der europäischen Geistesgeschichte, in: Japanstudien 1, S. 13–42.

Kreiser, Klaus (1995). «Haben die *Türken* Verstand?» Zur europäischen Orientdebatte im napoleonischen Zeitalter, in: [Seetzen], S. 155–73.

*Kroell, Anne (1982). Douze Lettres de Jean *Chardin*, in: JA 270, S. 295–337.

*Krusenstern, Adam Johann von (1811–12). *Reise um die Welt* in den Jahren 1803, 1804, 1805, 1806 auf Befehl Seiner Kaiserl. Majestät Alexander des Ersten auf den Schiffen Nadeshda und Newa, 2. Ausg., 3 Bde., Berlin.

*Krusinksi, Judas Thaddæus (1728). Histoire de la dernière *Revolution de Perse*, 2 Bde., Paris.

*Krusinski, Judas Thaddæus (1728). The History of the *Revolution in Persia*. Done into English ... by Father Du Cerceau, 2 Bde., London.

Kühn, Arthur (1939). Die *Neugestaltung* der deutschen Geographie im 18. Jahrhundert, Leipzig.

Kumar, Deepak (1990). The Evolution of *Colonial Science* in India: Natural History and the East India Company, in: MacKenzie, *Imperialism*, S. 51–66.

Kupperman, Karen Ordahl, Hg. (1995). *America* in European Consciousness, 1493–1750, Chapel Hill/London.

Kupperman, Karen Ordahl (1995). *Introduction*: The Changing Definitions of America, in: ebd., S. 1–29.

*La Bissachère, Pierre-Jacques Lemonnier de (1812). Etat actuelle du *Tunkin*, de la Cochinchine, et des Royaumes du Cambodge, Laos et Lac-Tho, 2 Bde., Paris.

*La Loubère, Simon de (1693). A New Historical Relation of the Kingdom of *Siam*. Done out of French, 2 Bde., London [zuerst frz. 1691].

Lach, Donald F. (1965–77). *Asia* in the Making of Europe, Bd. 1: The Century of Discovery. (in 2 Teilbdn.); Bd. 2: A Century of Wonder (in 3 Teilbdn.), Chicago/London.

Lach, Donald F. /Edwin J. Van Kley (1993). *Asia* in the Making of Europe, Bd. 3: A Century of Advance (in 4 Teilbdn.), Chicago/London.

Lacouture, Jean (1988). *Champollion*: Une vie de lumières, Paris..

*Lafitau, Joseph François (1718). *Mémoire* concernant la precieuse plante du Gin seng de Tartarie, Paris.

*Lafitau, Joseph François (1724). *Mœurs* des sauvages ameriquains comparées aux mœurs des premiers tems, 2 Bde., Paris.

*Laharpe, Jean François de (1813–15). *Abrégé* de l'Histoire Générale des Voyages, 29 Bde., Paris.

Laissus, Yves (1998). *L'Égypte*, une aventure savante 1798–1801, Paris.

*Lamb, Alastair (1961). British Missions to *Cochinchina*, 1778–1822, in: Journal of the Malayan Branch of the Royal Asiatic Society, Bd. 34: 3–4, S. 1–247.

Lambropolous, Vassilis (1993). The Rise of *Eurocentrism*: Anatomy of Interpretation, Princeton.

Landucci, Sergio (1972). *I filosofi* e i selvaggi 1580–1780, Bari.

*Lange, Lorenz (1727). *Journal* du Sieur Lange contenant ses négociations à la Cour de la Chine en 1721 & 1722, in: Bernard, *Recueil des voyages au Nord*, Bd. 8, S. 221–371.

*Lange, Lorenz (1781). *Tagebuch* zwoer Reisen, welche den Jahren 1727, 1728 und 1736 von Kjachta und Zuruchaitu durch die Mongoley nach Peking gethan worden …, Leipzig.

*Lange, Lorenz (1986). *Reise nach China*, mit einem Nachwort v. C. Grau, Berlin.

*Langlès, Louis Mathieu (1821). *Monuments* anciens et modernes de l'Hindoustan, 2 Bde., Paris.

*Langsdorff, Georg Heinrich von (1813). *Bemerkungen* auf einer Reise um die Welt in den Jahren 1803 bis 1807, 2 Bde., Frankfurt a. M.

*Lapérouse: siehe Dunmore/Brossard.

Laurens, Henry (1978). Aux sources de l'orientalisme: Le *«Bibliothèque Orientale»* de Barthélemi de'Herbelot, Paris.

Laurens, Henry (1987). *Les origines intellectuelles* de l'expédition d'Égypte: L'orientalisme islamisant en France (1698–1798), Istanbul/Paris.

Laurens, Henry (1989). *L'Expédition d'Égypte* 1798–1801, Paris.

*Lavie, Jean-Charles de (1764). *Des corps politiques* et de leur gouvernements, 2 Bde., Lyon.

Lawrence, Christopher (1996). *Disciplining Disease*: Scurvy, the Navy, and Imperial Expansion, 1750–1825, in: Miller/Reill, *Visions of Empire*, S. 80–106.

Layton, Susan (1994). *Russian Literature* and Empire: Conquest of the Caucasus from Pushkin to Tolstoy, Cambridge.

Lazzerini, Edward (1988). The *Crimea* under Russian Rule: 1783 to the Great Reforms, in: Rywkin, *Russian Colonial Expansion*, S. 123–38.

*Le Comte, Louis (1697). *Nouveaux mémoires* sur l'Etat present de la Chine, 2 Bde., Amsterdam [zuerst Paris 1696].

Leask, Nigel (1992). *British Romantic Writers* and the East: Anxieties of Empire, Cambridge.

Ledyard, Gari (1971). *The Dutch* Come to Korea, Seoul.

Lee Ki-baik (1984). A *New History of Korea*, Cambridge,Mass.

Lee, Peter H., Hg. (1996). Sourcebook of *Korean Civilization*. Bd. 2: From the Seventeenth Century to the Modern Period, New York.

Lee, Thomas H. C., Hg. (1991). *China* and Europe: Images and Influences in Sixteenth to Eighteenth Centuries, Hongkong.

Leed, Eric J. (1991). The *Mind* of the Traveler: From Gilgamesh to Global Tourism, New York.

*Le Gentil de la Galaisière, Guillaume-Joseph (1780 – 81). *Voyage* dans les mers de l'Inde, fait par ordre du Roi, 2 Bde., Paris.

*Le Gobien, Charles (1698). *Histoire* de l'édit de l'Empereur de la Chine, Paris.

Legouix, Susan (1980). *Image of China*: William Alexander, London.

*Léguat, François (1708). *Voyage et avantures* ... en deux isles desertes des Indes Orientales, 2 Bde., Amsterdam.

*Leibniz, Gottfried Wilhelm (1979). *Das Neueste* aus China. Novissima Sinica (1697). Übers. v. H. G. Nesselrath u. H. Reinbothe, Köln.

Leibniz, Gottfried Wilhelm (2006). *Der Briefwechsel mit den Jesuiten in China (1689–1714)*, hg. v. Rita Widmaier, Hamburg.

*Leibniz: siehe auch Widmaier.

Lemberg, Hans (1985). Zur Entstehung des *Osteuropabegriffs* im 19. Jahrhundert: Vom «Norden» zum «Osten» Europas, in: JGO 33, S. 48 – 91.

*Lenglet-Dufresnoy, abbé Pierre Nicholas (1728). A *New Method* of Studying History, 2 Bde., London [zuerst frz. 1713].

*Lenglet-Dufresnoy, abbé Pierre Nicolas (1741). *Méthode* pour étudier la géographie, 3e éd., Paris.

Lensen, George Alexander (1983). *Golovnin*, Vasilii Mikhailovich (1776–1831), in: Kodansha Encyclopedia of Japan, Tokyo Bd. 3, S. 43 f.

Lepenies, Wolf (1976). Das *Ende der Naturgeschichte*: Wandel kultureller Selbstverständlichkeiten in den Wissenschaften des 18. und 19. Jahrhunderts, München.

Lequin, Frank (1985). A «Mandarin» from Vlissingen in Lhasa and Peking: The Hidden Life of *Samuel van de Putte* (1690–1745), in: Itinerario 9, S. 73 – 91.

Leuze, Reinhard (1975). Die außerchristlichen Religionen bei *Hegel*, Göttingen.

Lewis, Bernard (1982). The *Muslim Discovery* of Europe, London.

Lewis, Bernard (1993). *Islam* and the West, New York/Oxford.

Lewis, Bernard (1995). *Eurozentrismus*, in: Merkur 49, S. 644 – 51.

Lewis, Bernard/Peter M. Holt, Hg. (1962). *Historians of the Middle East*, London.

Lewis, Martin G. /Kären E. Wigen (1997). The *Myth of Continents*: A Critique of Metageography, Berkeley/Los Angeles/London.

*Leyden, John (1808). On the *Languages* and Literature of the Indo-Chinese Nations, in: AR 10, S. 158–289.

Lichtheim, George (1973). Die orientalische *Despotie*, in: ders., Das Konzept der Ideologie, München, S. 64–103.

Liebau, Heike (1995). Deutsche *Indienmissionare* im 18. Jahrhundert, Hagen (Studienkurs der FernUniversität Hagen).

Liebau, Kurt, Hg. (1998): Die *Malabarische Korrespondenz*: Tamilische Briefe an deutsche Missionare. Eine Auswahl, Sigmaringen.

Lieberman, Victor, Hg. (1999). *Beyond Binary Histories: Re-imagining Eurasia to c. 1830*, Ann Arbor.

Liebersohn, Harry (1994). Discovering *Indigenous Nobility*: Tocqueville, Chamisso, and Romantic Travel Writing, in: AHR 99, S. 746–66.

Lincoln, W. Bruce (1993). The *Conquest* of a Continent: Siberia and the Russians, London.

Lindenberg, Ludwig (1937). Leben und Schriften *David Faßmanns* (1683–1744) mit besonderer Berücksichtigung seiner Totengespräche, Berlin.

*Lisiansky, Urey (1814). A *Voyage* round the World in the Years 1803,4, 5,&6; by order of His Imperial Majesty Alexander the First, Emperor of Russia, in the Ship Neva, London.

Lloyd, Christopher (1970). Mr. *Barrow* of the Admiralty: A Life of Sir John Barrow 1764–1848, London.

Lloyd, Seton (1980). *Foundations* in the Dust: The Story of Mesopotamian Exploration, rev. ed., London.

Lockhart, Laurence (1938). *Nadir Shah*: A Critical Study Based Mainly on Contemporary Sources, London.

Lockhart, Laurence (1958). The *Fall of the Safavi Dynasty* and the Afghan Occupation of Persia, Cambridge.

Lockhart, Laurence (1986). *European Contacts* with Persia 1350–1736, in: Jackson/ Lockhart, *Timurid and Safavid Periods*, S. 373–409.

Lombard, Denys, Hg. (1993). *Rêver l'Asie*: Exotisme et littérature coloniale aux Indes, en Indochine et au Insulinde, Paris.

Lope, Hans-Joachim (1973). Die «Cartas marruecas» von José *Cadalso*: Eine Untersuchung zur spanischen Literatur des XVIII. Jahrhunderts, Frankfurt a. M.

Lowenthal, Cynthia (1994). *Lady Mary Wortley Montagu* and the Eighteenth-Century Familiar Letter, Athens/London.

Lowes, John Livingston (1927). The Road to *Xanadu*: A Study in the Ways of the Imagination, Boston.

Lubac, Henri de (1952). La rencontre du *Bouddhisme* et de l'Occident, Paris.

*Lucas, Paul (1731). *Voyage* du Sieur Paul Lucas au Levant, 2 Bde., Paris.

*Lueder, August Ferdinand (1788). *Geschichte des Holländischen Handels*, Leipzig.

*Lueder, August Ferdinand (1800). *Geschichte* der vornehmsten Völker der alten Welt im Grundrisse, Braunschweig.

Lüsebrink, Hans-Jürgen/Anthony Strugnell, Hg. (1995). *L'Histoire des deux Indes*: Réécriture et polygraphie, Oxford.

Lüsebrink, Hans-Jürgen/Manfred Tietz, Hg. (1991). *Lectures de Raynal*: «L'histoire des deux Indes» en Europe et en Amérique au XVIIIᵉ siècle, Oxford.

Lüsebrink, Hans-Jürgen, Hg. (2006). *Das Europa der Aufklärung und die außereuropäische koloniale Welt*, Göttingen.

Luhmann, Niklas (1997). Die *Gesellschaft* der Gesellschaft, 2 Bde., Frankfurt a. M.

Lundbaek, Knud (1986). *T. S. Baeyer* (1694–1738): Pioneer Sinologist, London/ Malmö.

Lunt, James (1969). *Bokhara Burnes*, London.

*Lusignan, Sauveur (1783). A History of the *Revolt of Ali Bey* against the Ottoman Porte, London.

Lynam, Edward, Hg. (1946). Richard *Hakluyt* and His Successors, London.

*M'Leod, John (1819). *Voyage* of His Majesty's Ship Alceste to China, Corea, and the Island of Lewchew, 3rd ed., London.

Mabro, Judy, Hg. (1991). *Veiled Half-Truths*: Western Travellers' Perceptions of Middle Eastern Women, London/New York.

MacGrane Bernard (1989). *Beyond Anthropology*: Society and the Other, New York.

MacKenzie, John M., Hg. (1990). *Imperialism* and the Natural World, Manchester.

MacKenzie, John M. (1995). *Orientalism*: History, Theory and the Arts, Manchester/New York.

Mackerras, Colin (1989). *Western Images* of China, Hongkong.

McLaren, Martha (1993). From Analysis to Prescription: Scottish Concepts of Asian *Despotism* in Early Nineteenth-Century British India, in: International History Review 15, S. 469–501.

McNeill, William H. (1993). The Age of *Gunpowder Empires*, 1450–1800, in: Adas, *Expansion*, S. 103–39.

*Macpherson, David (1812). The History of the *European Commerce* with India, London.

Mączak, Antoni/Hans Jürgen Teuteberg, Hg. (1982). *Reiseberichte* als Quellen europäischer Kulturgeschichte: Aufgaben und Möglichkeiten der historischen Reiseforschung, Wolfenbüttel.

Maddison, Angus (1995). Monitoring the *World Economy* 1820–1992, Paris.

*Madec, René (1983). *Mémoire* de René Madec, Nabab dans l'Empire mogol. Texte annoté par M. Vignes et présenté par J. Déloche, Pondichéry.

*Magalhães, Gabriel de (1688). A *New History* of China, Containing a Description of the Most Considerable Particulars of that Vast Empire. Done out of French, London [frz. 1688].

Magazin für die Historie und Geographie (1761–88), hg. v. A. F. Büsching, Bd. 1–22, Halle.

Magazin von ... Reisebeschreibungen (1790–1828). Magazin von merkwürdigen neuen Reisebeschreibungen aus fremden Sprachen übersetzt und mit erläuternden Anmerkungen begleitet, hg. v. J. R. Forster u. a., Bd. 1–37, Berlin.

Magazin ... für die Kunde (1817–18). Magazin für die Kunde und neueste Geschichte der außereuropäischen Länder und Völker, hg. v. C. D. Ebeling u. F. Herrmann, Hefte 1–3, Hamburg.

*Mailla, Joseph-Anne-Marie de Moyriac de, Übers. (1777–80). *Histoire générale* de la Chine, ou Annales de cet Empire, 12 Bde., Paris.

*Mailly, Jean Baptiste (1780). *L'esprit des Croisades*, 2 Bde., Dijon.

*Mairan, Jean Jacques Dortous de (1759). *Lettres* de M. de Mairan au R. P. Parennin, Missionaire de la Compagnie de Jesus à Pékin, Concernant diverses Questions sur la Chine, Paris.

*Maistre de la Tour, M. (1784). The History of *Ayder Ali Khan*, Nabob-Bahadur, 2 Bde., Dublin [zuerst frz. 1783].

Majeed, Javed (1992). *Ungoverned Imaginings*: James Mill's «The History of British India» and Orientalism, Oxford.

Makdisi, Ussama (2002). Ottoman Orientalism, in: *American Historical Review* 107, S. 768–96.

*Malcolm, Sir John (1810). Sketch of the *Sikhs*, in: AR 11, S. 197–292.

*Malcolm, Sir John (1823). *Central India*, 2 Bde., London.

*Malcolm, Sir John (1829). *History of Persia* new ed., 2 Bde., London [zuerst 1815].

Malleret, Louis (1974). *Pierre Poivre*, Paris.

*Malte-Brun, Conrad (1812–29). *Précis* de la Géographie universelle, 2ᵉ éd., 8 Bde., Paris.

*Malte-Brun: siehe auch Annales de voyages.

*Malthus, Thomas Robert (1986). The *Works*, ed. by. E. A. Wrigley/D. Souder, 8 Bde., London.

Mandt, Hella (1990). *Tyrannis*, Despotie, in: Brunner u. a., *Geschichtliche Grundbegriffe* (1972–97), Bd. 6, S. 651–706.

Mangold, Sabine (2004). *Eine «weltbürgerliche Wissenschaft». Die deutsche Orientalistik im 19. Jahrhundert*, Stuttgart.

Mani, Lata (1990). *Contentious Traditions*: The Debate on Sati in Colonial India, in: K. Sangari/S. Vaid (Hg.), Recasting Women: Essays in Indian Colonial History, New Brunswick,NJ, S. 88–126.

Mantran, Robert, u. a. (1989). *Histoire de l'Empire Ottoman*, Paris.

*Manucci, Niccolao (1906–8). *Storia do Mogor*, or Mogul India 1653–1708. Ed. and transl. by W. Irvine, 4 Bde., London.

Manuel, Frank E. (1965). Shapes of *Philosophical History*, Stanford.

Manz, Beatrice Forbes (1989). The Rise and Rule of *Tamerlane*, Cambridge.

Marazzi, Ugo, Hg. (1984). *La conoscenza* dell'Asia e dell'Africa in Italia nei secoli XVIII e XIX, 2 Bde., Neapel.

March, Andrew L. (1974). The *Idea of China*: Myth and Theory in Geographic Thought, Newton Abbot.

Marchand, Suzanne L. (2009). *German Orientalism in the Age of Empire: Religion, Race, and Scholarship*, Cambridge.

Marcus, Abraham (1989). The Middle East on the Eve of Modernity: *Aleppo* in the Eighteenth Century, New York.

*Margat de Tilly, Jean Baptiste (1739). *Histoire de Tamerlan*, l'Empereur des Mogols et Conquerant de l'Asie, 2 Bde., Paris.

*Marigny, abbé François Augier de (1750–52). Histoire des révolutions de l'empire des *Arabes*, 4 Teile, Paris.

Marino, Luigi (1994). *Praeceptores Germaniae*: Göttingen 1770–1820, Göttingen.

Markham, Clements R. (1879). *Introduction*, in: Bogle/Manning, *Narratives*, S. xxi–clxv.

Markham, Clements R. (1895). Major James *Rennell* and the Rise of Modern English Geography, London/Paris/Melbourne.

*Marsden, William (1811). The History of *Sumatra*, Containing an Account of the Government, Laws, Customs, and Manners of the Native Inhabitants, 3rd ed., London [zuerst 1783].

*Marsden, William (1812). A *Grammar* of the Malayan Language, London.

*Marsden, William, Übers. u. Hg. (1818). The Travels of *Marco Polo*, London.

*Marsden, William (1838). A Brief *Memoir* of the Life and Writings of the Late William Marsden, Written by Himself, London.

Marshall, Peter J. (2005). *The Making and Unmaking of Empires: Britain, India, and America c. 1750–1783*. Oxford.

Marshall, P. J. (1965). The *Impeachment* of Warren Hastings, London,

Marshall, P. J., Hg. (1970). The British Discovery of *Hinduism* in the Eighteenth Century, Cambridge.

Marshall, P. J. (1973). *Warren Hastings* as Scholar and Patron, in: A. Whiteman u. a. (Hg.), Statesmen, Scholars and Merchants, Oxford, S. 242–62.

Marshall, P. J. (1976). *East India Fortunes*: The British in Bengal in the Eighteenth Century, London.

Marshall, P. J. (1981). *Introduction*, in: Burke, *Writings*, Bd. 5, S. 1–27.

Marshall, P. J. (1988). *Bengal*: The British Bridgehead. Eastern India 1740–1828, Cambridge.

Marshall, P. J. (1990). *Taming the Exotic*: The British and India in the Seventeenth and Eighteenth Centuries, in: Rousseau/Porter, *Exoticism*, S. 46–65.

Marshall, P. J. (1991). *Introduction*, in: Burke, *Writings*, Bd. 6, S. 1–36.

Marshall, P. J. (1992). «*Cornwallis Triumphant*»: War in India and the British Public in the Late Eighteenth Century, in: L. Freedman u. a. (Hg.), War, Strategy, and International Politics: Essays in Honour of Sir Michael Howard, Oxford, S. 57–74.

Marshall, P. J./Glyndwr Williams (1982). The *Great Map* of Mankind: British Perceptions of the World in the Age of Enlightenment, London.

Martin, Peter (1993). *Schwarze Teufel*, edle Mohren: Afrikaner in Bewußtsein und Geschichte der Deutschen, Hamburg.

*Martini, Martin (1654). *De bello tartarico* historia, Antwerpen.

*Martini Martini (1692). *Histoire de la Chine*. Traduite du Latin par l'Abbé Le Peletier, 2 Bde., Paris [zuerst lat. 1658].

Martino, Pierre (1906). *L'Orient* dans la littérature française au XVIIe et au XVIIIe siècle, Paris.

*Mason, George Henry (1800). The *Costume* of China, London.

Massarella, Derek (1990). *A World Elsewhere*: Europe's Encounter with Japan in the Sixteenth and Seventeenth Centuries, New Haven/London.

Masters, Bruce (1988). The *Origins* of Western Economic Dominance in the Middle East: Mercantilism and the Islamic Economy in Aleppo, 1600–1750, New York/London.

Matthes, Eckhard (1981). Das veränderte *Rußland*: Studien zum deutschen Rußlandverständnis im 18. Jahrhundert zwischen 1725 und 1762, Frankfurt a. M./ Bern.

Matuz, Josef (1985). *Das Osmanische Reich*: Grundlinien seiner Geschichte, Darmstadt.

*Maurice, Thomas (1802–10). The *Modern History of Hindostan*, 2 Bde. und Supplementband, London.

*Maybon, Charles B., Hg. (1920). La relation sur le *Tonkin* et la Cochinchine de M. de la Bissachère, missionaire français (1807), Paris.

*Mayhew, Henry (1861–62). *London Labour* and the London Poor, 4 Bde., London.

Mazumdar, Sucheta/Vasant Kaiwar/Thierry Labica, Hg. (2009). *From Orientalism to Postcolonialism: Asia, Europe, and the Lineages of Difference*, London/New York.

Medick, Hans (1972). *Naturzustand* und Naturgeschichte der bürgerlichen Gesellschaft: Die Ursprünge der bürgerlichen Sozialtheorie als Geschichtsphilosophie und Sozialwissenschaft bei Samuel Pufendorf, John Locke und Adam Smith, Göttingen.

Meek, Roland L. (1976). Social Science and the *Ignoble Savage*, Cambridge.

*Mehmed Efendi (1981). *Le paradis* des infidèles: Un ambassadeur ottoman en France sous la Régence, introd. par G. Veinstein, Paris.

★Meiners, Christoph (1793). *Grundriß* der Geschichte der Menschheit, 2. Aufl., Lemgo [zuerst 1765].

★Meiners, Christoph (1795–96). *Betrachtungen* über die Fruchtbarkeit, oder Unfruchtbarkeit, über den vormahligen und gegenwärtigen Zustand der vornehmsten Länder in Asien, 2 Bde., Lübeck/Leipzig.

Melman, Billie·(1995). *Women's Orients*: English Women and the Middle East, 1718–1918. Sexuality, Religion and Work, 2nd ed., Basingstoke/London.

★Mendoza, Juan González de (1853–54). The *History* of the Great and Mighty Kingdom of China, ed. by Sir George T. Staunton, 2 Bde., London [zuerst span. 1585].

★Merklein, Johann Jakob (1930). *Reise nach Java*, Vorder- und Hinter-Indien, China und Japan 1644–1653 [1663] (= Naber, *Reisebeschreibungen*, Bd. 3).

★Messerschmidt, D. G. (1962–68). *Forschungsreise* durch Sibirien 1720–1727, hg. v. E. Winter u. N. A. Figurovskij, 4 Bde., Berlin.

Metcalf, Thomas R. (1994). *Ideologies* of the Raj, Cambridge.

Metzler, Josef (1980). Die *Synoden* in China, Japan und Korea 1570–1931, Paderborn.

★Michaelis, Johann David (1762). *Fragen* an eine Gesellschaft gelehrter Männer, die auf Befehl Ihro Majestät des Königs von Dännemark nach Arabien reisen, Frankfurt a. M.

★Michaud, Joseph-François (1801). Histoire des progrès et de la chûte de l'empire de *Mysore*, sous les règnes d'Hyder-Aly et Tippoo-Saïb, 2 Bde., Paris.

Michel, Pierre (1981). *Un mythe romantique*: Les barbares 1789–1848, Lyon.

★Milburn, William (1813). *Oriental Commerce*; Containing a Geographical Description of the Principal Places in the East Indies, China and Japan, 2 Bde., London.

★Mill, James (1817). The *History* of British India, 3 Bde., London.

★Mill, James (1858). The *History of British India*. 5th ed. with notes and continuation by H. H. Wilson, 10 Bde., London.

★Millar, John (1967). Vom *Ursprung* des Unterschieds in den Rangordnungen und Ständen der Gesellschaft, übers. v. H. Zirker, Frankfurt a. M. [zuerst engl. 1771].

Miller, David/Peter Hanns Reill, Hg. (1996). *Visions of Empire*: Voyages, Botany and Representations of Nature, Cambridge.

Milligan, Barry (1995). *Pleasures* and Pains: Opium and the Orient in Nineteenth-Century British Culture, Charlottesville/London.

★Mills, Charles (1817). An History of *Muhammedanism*, London.

Minuti, Rolando (1978). *Proprietà della terra* e despotismo orientale: Aspetti di un dibattito sull'India nella seconda metà del settecento, in: Materiali per una storia della cultura giuridica 8: 2, S. 29–177.

Minuti, Rolando (1994). *Oriente barbarico* e storiografia settecentesca: Rappresentazioni della storia dei Tartari nella cultura francese del XVIII secolo, Venedig.

Mitter, Partha (1977). Much Maligned *Monsters*: History of European Reactions to Indian Art, Oxford.

★Modave, Louis-Laurent Dolisy, Comte de (1971). *Voyage en Inde* du comte de Modave 1773–1776. Texte établi et annoté par J. Deloche, Paris.

Mohnhaupt, Heinz (1988). *Spielarten* «revolutionärer» Entwicklung und ihrer werdenden Begrifflichkeit seit dem Zeitalter der Aufklärung, in: ders. (Hg.),

Revolution, Reform, Restauration: Formen der Veränderung von Recht und Gesellschaft, Frankfurt a. M., S. 1–36.

Mols, Manfred/Claudia Derichs (1995). Das Ende der Geschichte oder ein Zusammenstoß der Zivilisationen? Bemerkungen zu einem interkulturellen Disput um ein asiatisch-pazifisches Jahrhundert, in: Zeitschrift für Politik 42, S. 225–49.

*Moltke, Helmuth von (1987). Briefe über Zustände und Begebenheiten in der Türkei aus den Jahren 1835–1839, hg. v. H. Arndt, Nördlingen [zuerst 1841].

Mommsen, Katharina (1985). Goethe und China in ihren Wechselbeziehungen, in: Debon/Hsia, Goethe, S. 15–33.

*Montagu, Lady Mary Wortley (1965–67). The Complete Letters of Lady Mary Wortley Montagu, ed. by R. Halsband, 3 Bde., Oxford [erste Teilausgabe 1763].

*Montesquieu, Charles de Secondat de (1949–51). Œuvres complètes, éd. par R. Caillois (Bibliothèque de la Pléiade), 2 Bde., Paris.

*Montesquieu, Charles de Secondat de (1988). Perserbriefe, übers. v. J. v. Stackelberg, Frankfurt a. M. [zuerst frz. 1721].

*Montesquieu, Charles de Secondat de (1992). Vom Geist der Gesetze, übers. u. hg. v. E. Forsthoff, 2 Bde., Tübingen.

*Moor, Edward (1810). The Hindu Pantheon, new ed., London.

*Moorcroft, William/George Trebeck (1841). Travels in the Himalayan Provinces of Hindustan and the Panjab from 1819 to 1825. Prepared for the Press from Original Journals and Correspondence by H. H. Wilson, 2 Bde., London.

Moravia, Sergio (1974). Il pensiero degli Idéologues: Scienza e filosofia in Francia (1780–1815), Florenz.

Moravia, Sergio (1977). Beobachtende Vernunft: Philosophie und Anthropologie der Aufklärung, dt. v. E. Piras, Frankfurt a. M./Berlin/Wien.

*Morier, James Justinian (1812). A Journey through Persia, Armenia, and Asia Minor, to Constantinople, in the Years 1808 and 1809, London.

*Morier, James Justinian (1818). A Second Journey through Persia, Armenia and Asia Minor to Constantinopel between the Years 1810 and 1816, London.

*Morier, James Justinian (1824). The Adventures of Hajji Baba of Ispahan, London.

Morison, Samuel Eliot (1967). «Old Bruin»: Commodore Matthew C. Perry, 1794–1858, Boston/Toronto.

Morrison, E. (1839). Memoirs of the Life and Labours of Robert Morrison,D. D., 2 Bde., London.

*Morrison, Robert (1819). A Memoir of Principal Occurences During an Embassy from the British Government to the Court of China in the Year 1819, London.

*Morse, Hosea Ballou, Hg. (1926–29). The Chronicles of the East India Company Trading to China, 1635–1834, 5 Bde., Oxford.

Müller, Klaus E. (1972–80). Geschichte der antiken Ethnographie und ethnologischen Theoriebildung. Von den Anfängen bis auf die byzantinischen Historiographen, 2 Bde., Wiesbaden.

Münkler, Herfried, Hg. (1997). Furcht und Faszination: Facetten der Fremdheit, Berlin.

Münkler, Herfried, Hg. (1998). Die Herausforderung durch das Fremde, Berlin.

Muhlack, Ulrich (1991). Geschichtswissenschaft im Humanismus und in der Aufklärung: Die Vorgeschichte des Historismus, München.

Mukherjee, S. N. (1968). *Sir William Jones*: A Study in Eighteenth-Century British Attitudes to India, Cambridge.

Mungello, David E. (1977). *Leibnitz* and Confucianism: The Search for Accord, Honululu.

Mungello, David E. (1985). *Curious Land*: Jesuit Accomodation and the Origins of Sinology, Wiesbaden.

Muntschik, Wolfgang (1983). Die floristische *Erforschung* Japans um 1700 und Kaempfers Bedeutung für die Kenntnis japanischer Pflanzen in Europe, in: Kaempfer, *Flora Japonica*, S. 11–28.

Murphey, Rhoads (2008). *A History of Asia*, 6. Aufl., New York.

Murr, Sylvia (1986). Les *Jésuites* et l'Inde au XVIIIe siècle: Praxis, utopie et préanthropologie, in: Revue de l'Université d'Ottawa 56, S. 9–27.

*Murray, Hugh (1808). *Enquiries* Historical and Moral Respecting the Character of Nations and the Progress of Society, Edinburgh.

*Murray, Hugh (1820). *Historical Account* of Discoveries and Travels in Asia, from the Earliest Ages to the Present Time, 3 Bde., Edinburgh.

Muthu, Sankar (2003). *Enlightenment against Empire*, Princeton, N. J.

*Naber, S. P. L'Honoré., Hg. (1930–32). *Reisebeschreibungen* von deutschen Beamten und Kriegsleuten im Dienst der Niederländischen West- und Ost-Indischen Kompagnien 1602–1797, 13 Bde., Den Haag.

Naff, Thomas (1984). The *Ottoman Empire* and the European States System, in: H. Bull/A. Watson (Hg.), The Expansion of International Society, Oxford, S. 143–69.

Nagel, Tilmann (1993). *Timur* der Eroberer und die islamische Welt des späten Mittelalters, München.

Nakagawa, Hisayasu, Hg. (2007). *L'image de l'autre vue d'Asie et d'Europe*, Paris.

Naquin, Susan/Evelyn S. Rawski (1987). *Chinese Society* in the Eighteenth Century, New Haven.

Narasimhan, Sakuntala (1990). *Sati*: A Study of Widow Burning in India, New Delhi.

Nasir, Sari J. (1979). The *Arabs* and the English, 2nd ed., London.

*Navarrete, Domingo (1744). An *Account* of the Empire of China [zuerst span. 1676], in: Churchill/Churchill (1744–46), *Collection*, Bd. 1, S. 1–311.

*Navarrete, Domingo (1962). The *Travels* and Controversies of Friar Domingo Navarette 1618–1686, ed. from manuscript and printed sources by J. S. Cummins, 2 Bde., Cambridge.

Neill, Stephen (1985). A History of *Christianity* in India 1797–1858, Cambridge.

Netton, Richard (1990). The *Mysteries* of Islam, in: Rousseau/Porter, *Exoticism*, S. 23–45.

**Neue Nordische Beyträge* zur physikalischen und geographischen Erd- und Völkerbeschreibung, Naturgeschichte und Oekonomie, Bd. 1 (1781) – 7 (1796), St. Petersburg/Leipzig.

*[Newberry, John] (1759–61). The *World Displayed*; or, a Curious Collection of Voyages and Travels, 20 Bde., London.

*Niebuhr, Barthold Georg (1817). *Carsten Niebuhr's Leben*, Kiel.

*Niebuhr, Barthold Georg (1838–39). *Lebensnachrichten* über Barthold Georg

Niebuhr. Aus Briefen desselben und aus Erinnerungen einiger seiner nächsten Freunde, 3 Bde., Gotha.

*Niebuhr, Carsten (1772). *Beschreibung* von Arabien. Aus eigenen Beobachtungen und im Lande selbst gesammelten Nachrichten, Kopenhagen.

*Niebuhr, Carsten (1774–1837). *Reisebeschreibung* nach Arabien und anderen umliegenden Ländern, 3 Bde., Kopenhagen/Hamburg.

*Nieuhof, Johan (1669). An *Embassy* from the East-India Company of the United Provinces, to the Grand Tartar Cham, Emperour of China. Englished by John Ogilby, London [zuerst holl. 1665].

Nippel, Wilfried (1990). *Griechen*, Barbaren und «Wilde»: Alte Geschichte und Sozialanthropologie, Frankfurt a. M.

Nippel, Wilfried (1996). *La construzione dell'»altro»*, in: S. Seitis (Hg.), I Greci. Bd. 1: Noi e i Greci, Turin, S. 165–96.

Nørgaard, Anders (1988). *Mission und Obrigkeit*: Die Dänisch-hallische Mission in Tranquebar 1706–1845, dt. v. E. Harbsmeier, Gütersloh.

Nussbaum, Felicity A., Hg. (2003). *The Global Eighteenth Century*, Baltimore, Md.

O'Brien, Karen (1997). *Narratives* of Enlightenment: Cosmopolitan History from Voltaire to Gibbon, Cambridge.

*Ockley, Simon (1757). The *History of the Saracens*, 3rd ed., 2 Bde., Cambridge [zuerst 1708–18].

Oertel, Karl Otto (1898). Die *Naturschilderung* bei den deutschen geographischen Reisebeschreibern des 18. Jahrhunderts, phil. Diss. Leipzig.

*Ogilby, John (1673). *Asia*, London.

O'Gorman, Frank (1997). The *Long Eighteenth Century*: British Political and Social History 1688–1832, London.

*d'Ohsson, Ignace de Mouradja (1787–90). *Tableau générale* de l'Empire Othoman, 2 Bde. (Folio), Paris.

*d'Ohsson, Ignace de Mouradja (1788–1824). *Tableau générale* de l'Empire Othoman, 7 Bde. (Oktav), Paris.

*Olearius, Adam (1656). *Vermehrte Newe Beschreibung* der Muscowitischen vnd Persischen Reyse, Schleswig.

O'Leary, Brendan (1989). The *Asiatic Mode of Production*: Orient, Despotism, Historical Materialism and Indian History, Oxford.

*Olivier, Guillaume Antoine (1804–7). *Voyage* dans l'Empire Othoman, l'Egypte et la Perse, 6 Bde., Paris.

Olschki, Leonardo (1960). *Marco Polo's Asia*, Berkeley/Los Angeles/London.

Omont, Henri (1902). *Missions archéologiques* françaises en Orient aux XVIIe et XVIIIe siècles, 2 Bde., Paris.

*d'Orléans, Pierre Joseph (1690). *Histoire* des deux conquerans tartares qui ont subjugé la Chine, Paris.

*Orme, Robert (1763–78). History of the *Military Transactions* of the British Nation in Indostan, 2 Bde., London.

*Orme, Robert (1974). Historic *Fragments* of the Mogul Empire, of the Morattoes, and of the English Concerns in Hindostan, from the Year MDCLIX, ed. by J. P. Guha, New Delhi [zuerst 1782],

*Osbeck, Peter (1771). A *Voyage* to China and the East Indies. Transl. by J. R. Forster, 2 Bde., London.

★Osborne, Thomas, Hg. (1745). A *Collection* of Voyages and Travels. Compiled from the curious and valuable library of the late Earl of Oxford, 2 Bde., London.

Osterhammel, Jürgen (1989). *China* und die Weltgesellschaft: Vom 18. Jahrhundert bis in unsere Zeit, München.

Osterhammel, Jürgen (1989). *Distanzerfahrung*: Darstellungsweisen des Fremden im 18. Jahrhundert, in: König u. a., *Beobachter*, S. 9–42.

Osterhammel, Jürgen (1992). *Nation* und Zivilisation in der britischen Historiographie von Hume bis Macaulay, in: HZ 254, S. 281–340.

Osterhammel, Jürgen (1995). *Kulturelle Grenzen* in der Expansion Europas, in: Saeculum 46, S. 101–38.

Osterhammel, Jürgen (1997). *Einleitung*, in: Poivre, *Reisen*, S. 7–40.

Osterhammel, Jürgen (1997). *Gastfreiheit* und Fremdenabwehr: Interkulturelle Ambivalenzen in der frühen Neuzeit, in: Münkler, *Furcht und Faszination*, S. 379–435.

Osterhammel, Jürgen (1997). *Wissen* als Macht: Deutungen interkulturellen Nichtverstehens bei Tzvetan Todorov und Edward Said, in: Auch/Förster, «*Barbaren*», S. 145–69.

Osterhammel, Jürgen (1997). *Edward W. Said* und die «Orientalismus»-Debatte. Ein Rückblick, in: Asien Afrika Lateinamerika 25, S. 597–607.

Osterhammel, Jürgen (1997). *Geschichte*, Geographie, Geohistorie, in: Wolfgang Küttler/Jörn Rüsen/Ernst Schulin (Hg.), Geschichtsdiskurs, Bd. 3: Die Epoche der Historisierung, Frankfurt a. M., S. 257–71.

Osterhammel, Jürgen (1998). *Alexander von Humboldt*: Historiker der Gesellschaft, Historiker der Natur, in: AfK 80.

Osterhammel, Jürgen (1999). «*Peoples without History*» in British and German Historical Thought, in: B. Stuchtey/P. Wende (Hg.), British and German Historiography: Traditions and Transfers, Oxford.

Osterhammel, Jürgen (2002). Ex-zentrische Geschichte. Außenansichten europäischer Modernität, in: *Jahrbuch des Wissenschaftskollegs zu Berlin 2000/2001*, Berlin, S. 296–318.

Osterhammel, Jürgen (2008). Die europäische Übergangsgesellschaft im globalen Zusammenhang, in: Lutz Raphael/Ute Schneider (Hg.), *Dimensionen der Moderne. Festschrift für Christof Dipper*, Frankfurt a. M., S. 707–23.

Osterhammel, Jürgen (2009). *Die Verwandlung der Welt. Eine Geschichte des 19. Jahrhunderts*, München.

★Otter, Jean (1748). *Voyage en Turquie* et en Perse. Avec une relation des expéditions de Tahmas Kouli-Khan, 2 Bde., Paris.

Outram, Dorinda (2006). *Aufbruch in die Moderne. Die Epoche der Aufklärung*, dt. v. Erwin Tivig, Stuttgart.

Özyurt, Senol (1972). Die *Türkenlieder* und das Türkenbild in der deutschen Volksüberlieferung vom 16. bis zum 20. Jahrhundert, München.

★Paganel, Pierre (1813). Per quelle cause doit-on expliquer la *longue durée* de l'Empire Chinois? in: Magasin encyclopédique (Paris), juillet 1813, S. 88–112.

Pagden, Anthony (1982). The Fall of *Natural Man*: The American Indian and the Origins of Comparative Ethnology, Cambridge.

Pagden, Anthony, Hg. (1987). The *Languages* of Political Theory in Early Modern Europe, Cambridge.

Pagden, Anthony (1993). European *Encounters* with the New World: From Renaissance to Romanticism, New Haven/London.

Pagden, Anthony (1995). *Lords of All the World*: Ideologies of Empire in Spain, Britain and France c. 1500–c. 1800, New Haven/London.

★Pagès, François, vicomte de (1782). *Voyages* autour du monde et vers les deux pôles par terre et par mer …, 2 Bde., Paris.

Pailin, David A. (1984). *Attitudes* to Other Religions: Comparative Religion in Seventeenth- and Eighteenth-Century Britain, Manchester.

★Palafox y Mendoza, Juan de (1676). The *History* of the Conquest of China by the Tartars, 2nd ed., London [zuerst portug. 1670].

★Pallas, Peter Simon (1771–76). *Reise* durch die verschiedenen Provinzen des Rußischen Reiches, 3 Teile in 4 Bänden, St. Petersburg.

★Pallas, Peter Simon (1776–1801). *Sammlungen* historischer Nachrichten über die Mongolischen Völkerschaften, St. Petersburg.

★Pallas, Peter Simon (1777). *Observations* sur la formation des montagnes et les changements arrivés au globe …, St. Petersburg.

★Pallas, Peter Simon (1781). Geographisch-historische Beschreibung der sinesischen Residenzstadt *Peking*, in: Neue Nordische Beiträge, Bd. 2, S. 208–232.

★Pallas, Peter Simon (1797). Tagebuch einer Reise, die im Jahr 1781 von der *Gränzfestung Mosdok* nach dem innern Caucasus unternommen worden, St. Petersburg/Leipzig.

★Pallas, Peter Simon (1799–1801). Bemerkungen auf einer *Reise in die südlichen Statthalterschaften* des Russischen Reichs in den Jahren 1793 und 1794, 2 Bde., Leipzig.

Pargitter, Frederick E., Hg. (1923). Centenary Volume of the *Royal Asiatic Society* of Great Britain and Ireland 1823–1923, London.

Parker, W. H. (1960). *Europe*: How Far? in: Geographical Journal 126, S. 278–97.

Parry, John H. (1971). *Trade* and Dominion: European Overseas Empires in the Eighteenth Century, London.

Parsons, James B. (1970). The *Peasant Rebellions* of the Late Ming Dynasty, Tucson, Ariz.

Pasley, Rodney (1982). *«Send Malcolm!»*: The Life of Major-General Sir John Malcolm, 1769–1833, London.

★Pastoret, Claude Emmanuel de (1787). Zoroastre, Confucius et Mahomet, comparés comme séctaires, législateurs et moralistes, Paris.

★Pastoret, Claude-Emmnauel de (1817–37). Histoire de la *Législation*, 11 Bde., Paris.

★Patton, Robert (1801). The Principles of *Asiatic Monarchies*, Politically and Historically Investigated, and Contrasted with those of the Monarchies of Europe, London.

★Paulus, Heinrich Eberhard Gottlob, Hg. (1792–1803). *Sammlung* der merkwürdigsten Reisen in den Orient, 7 Bde., Jena.

★Pauw, Cornelis de (1773). *Recherches philosophiques* sur les Egyptiens et les Chinois, 2 Bde., Berlin.

Pearson, M. N. (1988). *Before Colonialism*: Theories of Asian-European Relations 1500–1750, Delhi.

Peers, Douglas M. (1995). *Between Mars and Mammon*: Colonial Armies and the Garrison State in India, 1819–1835, London/New York.

Peirce, Leslie P. (1993). The *Imperial Harem*: Women and Sovereignty in the Ottoman Empire, New York/Oxford.

Penzer, N. M. (1936). The *Harêm*, London.

*Percival, Robert (1805). An Account of the Island of *Ceylon*, 2nd ed., London [zuerst 1803].

*Percy, Thomas (1761). *Hau Kiou Choaan*, or The Pleasing History. A translation from the Chinese Language, 4 Bde., London.

*Perrin, Jean-Charles, abbé (1811). *Reise* durch Hindostan und Schilderung der Sitten, Einwohner, Natur-Producte und Gebräuch dieses Landes. Nach dem Franz. bearb. v. Th. Hell, Wien [zuerst franz. 1807].

*Perry, Charles (1743). *View of the Levant,* Particularly of Constantinople, Syria, Egypt and Greece, London.

*Petech, Luciano, Hg. (1954–56). *I missionari italiani* nel Tibet e nel Nepal. Bde. 5–7: Ippolito Desideri S. I., Rom.

*Pétis de la Croix, François, sen. (1710). Histoire du grand *Genchizchan*, premier empereur des anciens Mogols et Tartares, Paris.

*Pétis de la Croix, François, jun., Übers. (1723). Histoire de *Timur-Bec*, connu sous le nom du grand Tamerlan ... Ecrite en Persan par Cherefeddin Ali [Sharaf-al-Din-'Ali], 4 Bde., Delft.

Petri, Manfred (1990). Die *Urvolkhypothese*: Ein Beitrag zum Geschichtsdenken der Spätaufklärung und des deutschen Idealismus, Berlin.

Peyrefitte, Alain (1989). *L'empire immobile* ou le choc des mondes: Récit historique, Paris.

*Peyssonnel, Claude Charles de (1765). *Observations* historiques & géographiques, sur les peuples barbares qui ont habité les bords du Danube & du Pont-Euxin, Paris.

*Peyssonnel, Claude Charles de (1787). *Traité* sur le commerce de la mer noire, 2 Bde., Paris.

*Peyssonnel, Claude Charles de (1788). *Examen* du livre intitulé «Considérations sur la guerre actuelle des turcs», par M. de Volney, Amsterdam.

Philipp, Thomas/Ulrich Haarmann, Hg. (1998). The *Mamluks* in Egyptian Politics and Society, Cambridge.

Philips, C. H., Hg. (1961). *Historians of India*, Pakistan und Ceylon, London.

*Picard, Bernard (1723–43). *Cérémonies* et coutumes religieuses de tous les peuples, 8 Bde., Amsterdam.

Picht, Clemens (1993). *Handel*, Politik und Gesellschaft: Zur wirtschaftspolitischen Publizistik Englands im 18. Jahrhundert, Göttingen/Zürich.

Pigulla, Andreas (1996). China in der deutschen *Weltgeschichtsschreibung* vom 18. bis zum 20. Jahrhundert, Wiesbaden.

*Pinkerton, John (1807). *Modern Geography* .... A new ed., greatly enlarged, 3 Bde., London.

*Pinkerton, John, Hg. (1808–14). A *General Collection* of the Best und Most Interesting Voyages and Travels in all Parts of the World, 17 Bde., London.

Pinot, Virgile (1932). *La Chine* et la formation de l'esprit philosophique en France (1640–1740), Paris.

*Pitton de Tournefort, Joseph (1717). *Relation* d'un voyage du Levant, fait par ordre du Roy, 2 Bde., Paris.

*Plant, Johann Traugott (1789). *Türkisches Staatslexicon*, Hamburg.

*Plant, Johann Traugott (1793−99). Handbuch einer vollständigen Erdbeschreibung und *Geschichte Polynesiens* oder des fünften Erdtheils, 2 Bde., Leipzig.

*Plath, Johann Heinrich (1830−31). *Geschichte des östlichen Asiens*. 1. Teil: Chinesische Tartarey, 1. Abt.: Mandschurey, 2 Bde., Göttingen.

Platteau, Jean-Philippe (1978). *Les économistes* classiques et le sous-développement, 2 Bde., Namur.

*Playfair, William (1805). An *Inquiry* into the Permanent Causes of the Decline and Fall of Powerful and Wealthy Nations, London.

Plewe, Ernst, Hg. (1978). Die *Carl Ritter Bibliothek*, Wiesbaden.

Pocock, J. G. A. (1976). Between Machiavelli and Hume: *Gibbon* as Civic Humanist and Philosophical Historian, in: Daedalus 105, S. 153−70.

Pocock, J. G. A. (1977). *Gibbon's «Decline and Fall»* and the World View of the Late Enlightenment, in: ECS 10, S. 287−303.

Pocock, J. G. A. (1981). *Gibbon and the Shepherds*: The Stages of Society in the «Decline and Fall», in: HEI 2, S. 193−202.

Pocock, J. G. A. (1985). *Virtue*, Commerce and History: Essays on Political Thought and History, Chiefly in the Eighteenth Century, Cambridge.

Pocock, J. G. A. (1987). The *Concept* of a Language and the «métier d'historien»: Some Considerations on Practice, in: Pagden, *Languages*, S. 19−38.

Pocock, J. G. A. (1994). *Deconstructing Europe*, in: HEI 18, S. 329−45.

Pocock, J. G. A. (2005). *Barbarism and Religion*. Bd. 4: *Barbarians, Savages and Empires*, Cambridge.

*Pococke, Richard (1743−45). A *Description of the East* and Some Other Countries, 3 Bde., London.

*Poivre, Pierre (1885). Voyage de Pierre Poivre en *Cochinchine*, in: Revue de l'Extrême-Orient 3, S. 81−121, 364−510.

*Poivre, Pierre (1997). *Reisen* eines Philosophen, hg. v. J. Osterhammel, Sigmaringen [zuerst franz. 1768].

Polaschegg, Andrea (2005). *Der andere Orientalismus. Regeln deutsch-morgenländischer Imagination im 19. Jahrhundert*, Berlin/New York.

Polevoi, B. P. (1996). *Foreword*, in: S. P. Krašenninikov, Opisanie zemli Kamčatki, St. Petersburg, Bd. 1, S. 30−44.

Poliakov, Léon (1974). The *Aryan Myth*: A History of Racist and Nationalist Ideas in Europe, New York.

Porter, Roy, Hg. (2003). *Eighteenth-Century Science* (= Cambridge History of Science, Bd. 4), Cambridge.

*Porter, Sir James (1768). *Observations* on the Religion, Law, Government, and Manners of the Turks, 2 Bde., London.

*Porter, Sir James (1854). *Turkey*: Its History and Progress, 2 Bde., London.

*Porter, Sir Robert Kerr (1821−22). *Travels in Georgia*, Persia, Armenia, Ancient Babylonia, &c., during the Years 1817, 1818, 1819 and 1820, 2 Bde., London.

Porter, Roy (1988). Edward *Gibbon*: Making History, London.

*Posselt, Doris, Hg. (1990). Die *Große Nordische Expedition* von 1733 bis 1743. Aus Berichten der Forschungsreisenden Johann Georg Gmelin und Georg Wilhelm Steller, München.

*Potocki, Jean [Jan] (1980). *Voyages*. Introduction et notes de D. Beauvois, 2 Bde., Paris.

*Pottinger, Henry (1816). Travels in *Belochistan* and Sinde; Accompanied by a Geographical and Historical Account of Those Countries, London.

Poya, Abbas/Maurus Reinkowski, Hg. (2008). *Das Unbehagen in der Islamwissenschaft. Ein klassisches Fach im Scheinwerferlicht der Politik und der Medien*, Bielefeld.

*Pradt, abbé Dominic-Georges-Frédéric de (1801–2). *Les trois âges* des colonies, ou de leur état passé, présent et à venir, 3 Bde., Paris.

Pratt Mary Louise (1992). *Imperial Eyes:* Travel Writing and Transculturation, London/New York.

*Prévost, abbé Antoine François (1746–59). *Histoire générale* des voyages, ou Nouvelle collection de toutes les relations de voyages par mer et par terre qui ont été publiées jusqu'à présent dans les différentes langues de toutes les nations connues, 15 Bde., Paris.

*Prévost, abbé Antoine François (1985). *Œuvres*, éd. J. Sgard et al., Bd. 8, Grenoble.

*Prichard, James Cowles (1836–47). *Researches* into the Physical History of Mankind, 3rd ed., 5 Bde., London.

*Psalmanazar. George (1704). An Historical and Geographical *Description* of Formosa, London.

Pucci, Suzanne Rodin (1990). The *Discrete Charme* of the Exotic: Fictions of the Harem in 18th-Century France, in: Rousseau/Porter, *Exoticism*, S. 145–74.

*Pückler-Muskau, Hermann Fürst von (1985). *Aus Mehemed Alis Reich*: Ägypten und der Sudan um 1840, Zürich [zuerst 1845].

*Pufendorf, Samuel von, u. a. (1753–59). *Introduction* à l'Histoire moderne, générale et politique de l'Univers. Nouv. éd., 8 Bde., Paris, bes. Bd. 7 (1759).

*Pugh, John (1787). Remarkable Occurences in the Life of *Jonas Hanway*, Esq., London.

Qaisar, Ahsam Jan (1982). The *Indian Response* to European Technology and Culture (AD 1498–1707), Delhi.

*Quelle, Pithander von der [d. i. David Faßmann] (1738). Herkunft, Leben und Thaten des Persianischen Monarchens *Schach Nadyr* vormals Kuli-Chan genannt, Leipzig/Rudolstadt.

*Quesnay, François (1888). *Despotisme* de la Chine, in: A. Oncken (Hg.), Œuvres économiques et philosophiques de F. Quesnay, Frankfurt a. M., S. 563–659.

Quigley, Declan (1993). The Interpretation of *Caste*, Oxford.

Raabe. Paul (1995). *Pietas Hallensis Universalis*: Weltweite Beziehungen der Franckeschen Stiftungen im 18. Jahrhundert, Halle.

Rabault-Feuerhahn, Pascale (2008). *L'archive des origines: Sanskrit, philologie, anthropologie dans l'Allemagne du XIXᵉ siècle*, Paris.

*Raffles, Sir Thomas Stamford (1817). The History of *Java*, 2 Bde., London.

*Raffles, Sir Thomas Stamford (1929). *Report* on Japan to the Select Committe of the English East India Company [1812–16], ed. by M. Paske-Smith, Kobe.

*Ramsay, Andrew Michael (1732). An Essay upon *Civil Government*, London.

*Ranke, Leopold von (1881–88). *Weltgeschichte*, 9 Bde, Leipzig.

Rassem, Mohammed/Justin Stagl. Hg. (1980). *Statistik* und Staatenbeschreibung in der Neuzeit, vornehmlich im 16.–18. Jahrhundert, Paderborn.

Raychaudhuri, Tapan (1992). Europe in India's *Xenology*: The Nineteenth-Century Record, in: Past & Present 137, S. 156–82.

Raymond, André (1973–74). *Artisans et commerçants* au Caire au XVIIIᵉ siècle, 2 Bde., Damaskus.

Raymond, André (1984). The *Great Arab Cities* of the 16th–18th Centuries: An Introduction, New York/London.

Raymond, André (1985). *Grandes villes arabes* à l'époque ottomane, Paris.

*Raynal, abbé Guillaume Thomas (1775). *Histoire philosophique* et politique des établissement & du Commerce des Européens dans les deux Indes, 3 Bde., Genf [zuerst 1770].

*Raynal, abbé Guillaume Thomas (1988). Die *Geschichte beider Indien*. Ausgew. u. erl. v. H.-J. Lüsebrink, Nördlingen.

*Rehbinder, Johann A. (1798–1800). *Nachrichten* und Bemerkungen über den algierischen Staat, 3 Bde., Altona.

Reichert, Folker (1992). *Begegnungen* mit China: Die Entdeckung Ostasiens im Mittelalter, Sigmaringen.

Reid, Anthony (1988). *Southeast Asia* in the Age of Commerce, 1450–1680, Bd. 1: The Lands below the Winds, New Haven/London.

Reid, Anthony (1993). *Southeast Asia* in the Age of Commerce, 1450–1680, Bd. 2: Expansion and Crisis, New Haven/London.

*Reineggs, Jacob [d. i. Christian Rudolph Ehlich] (1796–97). Allgemeine historische-topographische Beschreibung des *Kaukasus*, 2 Bde., Gotha/Hildesheim/St. Petersburg.

Reinhard, Wolfgang (1983–90). *Geschichte* der europäischen Expansion, 4 Bde., Stuttgart.

Reinhard, Wolfgang (1987). *Sprachbeherrschung* und Weltherrschaft: Sprache und Sprachwissenschaft in der europäischen Expansion, in: ders. (Hg.), Humanismus und Neue Welt, Weinheim, S. 1–36.

Reith, John (1923). Life of Dr. *John Leyden* – Poet and Linguist, London.

**Relation de la Grande Tartarie*, dressé sur les mémoires originaux des Suédois Prissoniers en Siberie, Pendant la Guerre de la Suède avec la Russie, Amsterdam 1737.

*Remer, Julius August (1794). Darstellung der *Gestalt der historischen Welt* in jedem Zeitraume, Berlin/Stettin.

*Renaudot, Eusèbe (1772). *Révolutions* des empires …, 2 Bde., Wien.

*Rennell, James (1793). Memoir of a *Map of Hindoostan*; or the Mogul Empire, 3rd ed., London.

Rennie, Neil (1996). *Far-Fetched Facts*: The Literature of Travel and the Idea of the South Seas, Oxford.

*Renouard de Sainte-Croix, Félix (1810). *Voyage* commercial et politique aux Indes Orientales, aux Iles Philippines, à la Chine, avec des notions sur la Cochinchine et le Tonquin, pendant les années 1803, 1804, 1805, 1806 et 1807, 3 Bde., Paris.

*Rich, Claudius James (1839). *Narrative* of a Journey to the Site of Babylon in 1811 . . ., ed. by his widow, London.

*Richard, abbé Jérôme (1778). Histoire naturelle, civile et politique du *Tonquin*, Paris.

Richards, John F. (1993). The *Mughal Empire*, Cambridge.

*Richardson, John (1778). A *Dissertation* on the Languages, Literature and Manners of Eastern Nations, 2nd ed., Oxford.

Richter, Melvin (1973). *Despotism*, in: P. P. Wiener (Hg.), Dictionary of the History of Ideas, Bd. 2, New York, S. 1–18.

Richter, Melvin (1977). The Political Theory of *Montesquieu*, Cambridge.

Richter, Melvin (1988). *Aristoteles* und der klassische griechische Begriff der Despotie, in: H. Maier u. a. (Hg.), Politik, Philosophie, Praxis: Festschrift für Wilhelm Hennis zum 65. Geburtstag, Stuttgart, S. 21–37.

Ricklefs, M. C. (1981). *A History of Modern Indonesia*: c. 1300 to the Present, London/Basingstoke.

Riedel Manfred (1975). *Gesellschaft,* Gemeinschaft, in: Brunner u. a., *Geschichtliche Grundbegriffe* (1972–97), Bd. 2, S. 801–62.

Rietbergen, P. J. A. N. (1985). *Witsen's World*: Nicolaas Witsen (1641–1717) between the Dutch East India Company and the Republic of Letters, in: Itinerario 9, S. 121–34.

*[Rikord, Petr Ivanovič] (1817). *Erzählung* des Russischen Flott-Capitains Rikord von seiner Fahrt nach den japanischen Küsten in den Jahren 1812 und 1813. A. d. Russ. übers. von dem Russisch-Kaiserl. Staatsrath Kotzebue, Leipzig. [zuerst russ. 1816].

*Ripa, Matteo (1983). Matteo Ripa, peintre-graveur-missionaire à la Cour de Chine. «*Mémoires*», traduits, présentés et annotés par Christophe Commentale, Taibei.

*Ritter, Carl (1832 ff.). Die *Erdkunde* im Verhältniß zur Natur und zur Geschichte des Menschen oder allgemeine vergleichende Geographie als sichere Grundlage des Studiums und Unterrichts in physicalischen und historischen Wissenschaften, 2.,stark verm. u. umgearb. Aufl., Berlin.

Bd. 1 (1832): Der Norden und Nord-Osten von Hoch-Asien.

Bd. 2 (1833): Der Nord-Osten und der Süden von Hoch-Asien.

Bd. 3 (1835): Der Süd-Osten von Hochasien; dessen Wassersysteme und Gliederungen gegen Osten und Süden.

Bd. 4, 1. Abt. (1835): Die Indische Welt.

Bd. 4, 2. Abt. (1836): Die Indische Welt.

Bd. 5 (1837): West-Asien. Uebergang von Ost- nach Westasien.

Bd. 6, 1. Abt. (1838): West-Asien. Iranische Welt.

Bd. 6, 2. Abt. (1840): West-Asien. Iranische Welt.

Bd. 7, 1. Abt. (1843): Das Stufenland des Euphrat- und Tigrissystems.

Bd. 8, 1. Abt. (1847): Die Halbinsel Arabien.

Robel, Gert (1976). Die *Sibirienexpeditionen* und das deutsche Rußlandbild im 18. Jahrhundert. Bemerkungen zur Rezeption von Forschungsergebnissen, in: E. Amburger/M. Cieśla/L. Sziklay, Hg. (1976). Wissenschaftspolitik in Mittel- und Osteuropa: Wissenschaftliche Gesellschaften, Akademien und Hochschulen im 18. und beginnenden 19. Jahrhundert, Berlin, S. 271–94.

Robel, Gert (1980) Der *Wandel* des deutschen Sibirienbildes im 18. Jahrhundert, in: Canadian-American Slavonic Studies 14, S. 407–26.

Robel, Gert (1991). *Alieni* de Russia: Bericht über ein Forschungsprojekt, in: Griep, *Sehen*, S. 7–19.

Robel, Gert (1992). *Bemerkungen* zu deutschen Reisebeschreibungen über das Rußland der Epoche Katharinas II., in: Jäger, *Europäisches Reisen*, S. 223–241.

*Robertson, William (1817). An Historical *Disquisition* concerning the Knowledge which the Ancients had of India, London (= ders., Works. A New Edition in Twelve Volumes, Bd. 12) [zuerst 1791].

*Robertson, William (1972). The *Progress* of Society in Europe: An Historical Outline from the Subversion of the Roman Empire to the Beginning of the Sixteenth Century, ed. by F. Gilbert, Chicago [zuerst 1769].

*Robinet, Jean Baptiste René (1768). *Vue philosophique* de la gradation naturelle des formes de l'être, Amsterdam.

*Robson, Francis (1786). The Life of *Hyder Ally*, London.

Roche, Daniel (1993). *La France des Lumières*, Paris.

Rochemonteix, Camille de (1915). Joseph *Amiot* et les derniers survivants de la mission française à Pékin (1750–1795), Paris.

Rocher, Rosane (1983). Orientalism, Poetry, and the Millenium: The Checkered Life of *Nathaniel Halhed* 1751–1830, Delhi.

Rocher, Rosane (1993). British *Orientalism* in the Eighteenth Century: The Dialectics of Knowledge and Government, in: Breckenridge/Veer, *Orientalism*, S. 215–49.

*Rochon, abbé Alexis Marie (1791). *Voyage à Madagascar* et aux Indes Orientales, Paris.

Rodinson, Maxime (1991). Die *Faszination* des Islam, dt. v. I. Riesen, 2. Aufl., München.

Roeck, Bernd (1993). *Außenseiter*, Randgruppen, Minderheiten: Fremde im Deutschland der frühen Neuzeit, Göttingen.

Roemer, Hans Robert (1989). *Persien* auf dem Weg in die Neuzeit: Iranische Geschichte von 1350–1750, Darmstadt.

Röttgers, Kurt (1993). *Kants Kollege* und seine ungeschriebene Schrift über die Zigeuner, Heidelberg.

Roger, Jacques (1963). *Les sciences de la vie* dans la pensée française du XVIIIe siècle, Paris.

Rohbeck, Johannes (1987). Die *Fortschrittstheorie* der Aufklärung, Frankfurt a. M.

Ronan, Charles E. /Bonnie B. C. Oh, Hg. (1988). *East Meets West*: The Jesuits in China, Chicago.

*Roque, Jean de la (1715). Voyage de *l'Arabie Heureuse*, Paris.

Ross, Dorothy (1984). Historical *Consciousness* in Nineteenth-Century America, in: AHR 89, S. 909–28.

Rosselli, John (1974). Lord *William Bentinck*: The Making of a Liberal Imperialist, 1774–1839, Delhi.

Rossi, Paolo (1984). The *Dark Abyss of Time*: The History of the Earth and the History of Nations from Hooke to Vico, transl. by L. G. Cochran, Chicago.

*Roubaud, Pierre Joseph André (1770–72). *Histoire générale de l'Asie*, de l'Afrique et de l'Amérique, 4 Bde., Paris.

*Rougemont, Frédéric de (1835–37). *Précis* d'ethnographie, de statistique et de géographie historique, ou Essai d'une géographie de l'homme, 2 Bde., Neuchâtel.

*Rouse, Charles William Boughton (1791). *Dissertation* concerning the Landed Property of Bengal, London.

Rousseau, G. S./Roy Porter, Hg. (1990). *Exoticism* in the Enlightenment, Manchester/New York.

Rousseau, G. S./Roy Porter (1990). *Introduction*: Approaching Enlightenment Exoticism, in: ebd., S. 1–22.

*Rousseau, Jean-Baptiste-Louis (1809). Description du Pachalik de *Bagdad*, Paris.

*Rousseau, Jean-Jacques (1959–95). *Œuvres* complètes, 5 Bde., Paris (Bibliothèque de la Pléiade).

*Rousseau, Jean-Jacques (1984). *Diskurs* über die Ungleichheit, hg. u. übers. v. H . Meier, Paderborn [zuerst franz. 1755].

Rowbotham, Arnold H. (1942). *Missionary* and Mandarin: The Jesuits at the Court of China, Berkeley.

Rubel, Margaret Mary (1978). *Savage and Barbarian*: Historical Attitudes in the Criticism of Homer and Ossian in Britain, 1760–1800, Amsterdam/New York.

*Rühs, Friedrich (1997). *Entwurf* einer Propädeutik des historischen Studiums. Berlin 1811, neu hg. v. H. Schleier/D. Fleischer, Waltrop.

Rubiés, Joan-Pau (2005). Oriental Despotism and European Orientalism: Botero to Montesquieu, in: *Journal of Early Modern History* 9, S. 109–80.

Rupp-Eisenreich, Britta, Hg. (1984). *Histoires de l'anthropologie* (XVIe – XIXe siècles), Paris.

*Russell, Alexander (1794). The Natural History of *Aleppo*. Containing a Description of the City, and the Principal Natural Productions of its Neighbourhood. Together with an Account of the Climate, Inhabitants, and Diseases, particularly the Plague, 2nd ed., 2 Bde., London.

Ryan, Michael T. (1981). Assimilating *New Worlds* in the Sixteenth and Seventeenth Centuries, in: CSSH 23, S. 519–38.

*Rycaut, Sir Paul (1668). The *Present State* of the Ottoman Empire, London.

*Rycaut, Sir Paul (1680). The *History* of the Turkish Empire, London.

Rywkin, Michael, Hg. (1988). *Russian Colonial Expansion* to 1917, London/New York.

Sacy, Jacques Silvestre de (1970). Henri *Bertin* dans le sillage de la Chine, Paris.

Said, Edward W. (1978). *Orientalism*, London.

Said, Edward W. (1993). *Culture and Imperialism*, London.

Said, Edward W. (2009). *Orientalismus*, dt. v. Hans Günter Holl, Frankfurt a. M.

*Salaberry, Charles-Marie Comte de (1813). *Histoire* de l'Empire Ottoman, depuis sa fondation jusqu'à la Paix d'Yassi, en 1792, 4 Bde., Paris.

*Sale, George (1764). *Preliminary Discourse*, in: ders. (Übers.), The Koran, commonly called The Alcoran of Mohammed, 2 Bde., London, Bd. 1, S. 1–248.

*Salmon, Thomas (1752–53). The *Universal Traveller*. Or, a Compleat Description of the Several Nations of the World, 2 Bde., London.

Salvucci, Pasquale (1972). *Adam Ferguson*: Sociologia e filosofia politica, Urbino.

*San Bartolomeo, Fra Paolino da (1796). *Viaggio* alle Indie orientale, Rom.

*Sandys, George (1673). *Travels*, Containing an history of the origin and present state of the Turkish Empire, 7th ed., London [zuerst 1615].

*Sangermano, Vincentius (1885). Description of the *Burmese Empire*, Compiled Chiefly from Burmese Documents. Transl. from his manuscript by W. Tandy, 2nd ed., London [zuerst 1833].

Sardar, Ziauddin (1999). *Orientalism*, Buckingham/Philadelphia.

*Savary, Claude-Etienne (1783). *Le Coran*, Paris.

*Savary, Claude-Etienne (1785–86). *Lettres sur l'Égypte*, 3 Bde., Paris.

Savory, Roger (1980). *Iran* under the Safavids, Cambridge.

Schäbler, Birgit (1995). *Ulrich Jasper Seetzen (1767–1811). Jeveraner Patriot, aufge-klärter Kosmopolit und Orientreisender*, in: [Seetzen], S. 113–34.

Schäbler, Birgit (2008). Post-koloniale Konstruktionen des Selbst als Wissen-schaft: Anmerkungen einer Nahost-Historikerin zu Leben und Werk Edward Saids,·in: Alf Lüdtke/Reiner Prass, (Hg.) *Gelehrtenleben. Wissenschaftspraxis in der Neuzeit*, Köln/Weimar/Wien, S. 87–100.

Schefer, Charles (1890). *Introduction*, in: Du Mans, *État de la Perse*.

*Schiller, Friedrich (1966). *Sämtliche Werke*, hg. v. G. Fricke u. H. G. Göpfert, 4. Aufl., München.

Schivelbusch, Wolfgang (1980). Das *Paradies, der Geschmack und die Vernunft: Eine Geschichte der Genußmittel*, München.

*Schlegel, Friedrich (1971). Kritische Ausgabe, Abt. 1, Bd. 9: *Philosophie der Ge-schichte*. In achtzehn Vorlesungen gehalten zu Wien im Jahre 1828, hg. v. J.-J. Anstett, München/Zürich.

Schleier, Hans (1997). *Kulturgeschichte* der Völker als Evolution und Vervoll-kommnung des Menschen. Deutsche Kulturhistoriker Ende des 18. Jahrhun-derts, in: Erich Donnert (Hg.), Europa in der Frühen Neuzeit. Festschrift für Günter Mühlpfordt, Bd. 4, Weimar/Köln/Wien, S. 619–42.

Schlereth, Thomas J. (1977). The *Cosmopolitan Ideal* in Enlightenment Thought: Its Form and Function in the Ideas of Franklin, Hume, and Voltaire, 1694–1790, Notre Dame/London.

*Schlözer, August Ludwig (1772–73). *Vorstellung* seiner Universal-Historie, Göt-tingen/Gotha, 2 Bde.

*Schlözer, August Ludwig (1785–89). *WeltGeschichte* nach ihren HauptTheilen im Auszug und Zusammenhange, 2 Bde., Göttingen.

*Schlözer, August Ludwig (1962). Vorlesungen über *Land- und Seereisen*. Nach dem Kollegheft des stud. jur. E. F. Haupt (Wintersemester 1795/96) hg. v. W. Ebel, Göttingen.

*Schmidt, Isaac Jacob (1824). Forschungen im Gebiete der älteren religiösen, po-litischen und literärischen Bildungsgeschichte der *Völker Mittel-Asiens*, vorzüg-lich der Mongolen und Tibeter, St. Petersburg/Leipzig.

Schmidt-Biggemann, Wilhelm (1983). *Topica Universalis*: Eine Modellgeschichte humanistischer und barocker Wissenschaft, Hamburg.

Schmitz, Markus (2008). *Kulturkritik ohne Zentrum. Edward W. Said und die Kontra-punkte kritischer Dekolonisation*, Bielefeld.

Schneider, Ulrich Johannes, Hg. (2008). *Kulturen des Wissens im 18. Jahrhundert*, Berlin.

Schneiders, Werner, Hg. (1993). *Aufklärung als Mission*: Akzeptanzprobleme und Kommunikationsdefizite, Marburg.

Schneiders, Werner (1995). *Einleitung*: Das Zeitalter der Aufklärung, in: ders. (Hg.), Lexikon der Aufklärung: Deutschland und Europa, München, S. 9–23.

*Schrödter, Joseph (1800). *See- und Landreise* nach Ostindien und Aegypten in den Jahren 1795–1799, Leipzig.

Schroeder, Paul W. (1994). The *Transformation* of European Politics 1763–1848, Oxford.

Schulin, Ernst (1958). Die weltgeschichtliche Erfassung des Orients bei *Hegel und Ranke*, Göttingen.

Schultz, Arthur R. (1949). *Goethe* and the Literature of Travel, in: Journal of English and Germanic Philology 48, S. 445–68.

Schulze, Winfried (1995). Die *Entstehung des nationalen Vorurteils*: Zur Kultur der Wahrnehmung fremder Nationen in der europäischen Frühen Neuzeit, in: GWU 46, S. 642–64.

Schulze, Winfried (1997). *Europa* in der Frühen Neuzeit – begriffsgeschichtliche Befunde, in: H. Duchhardt/A. Kunz (Hg.), «Europäische Geschichte» als historiographisches Problem, Mainz, S. 35–65.

Schumann, Hans-Gerd (1964). *Edmund Burkes Anschauungen* vom Gleichgewicht in Staat und Staatensystem, Meisenheim a. G.

Schuster, Ingrid (1988). *Vorbilder* und Zerrbilder: China und Japan im Spiegel der deutschen Literatur 1773–1890, Bern.

Schwab, Raymond (1934). Vie d'*Anquetil-Duperron*, Paris.

Schwab, Raymond (1964). L'auteur des Mille et une Nuits: Vie d'*Antoine Galland*, Paris.

Schwab, Raymond (1984). The *Oriental Renaissance*: Europe's Rediscovery of India and the East, 1680–1880, New York [zuerst franz. 1950].

★Schwabe, Johann Joachim, Hg. (1747–74). *Allgemeine Historie* aller merckwürdigen Reisen, zu Wasser und zu Lande, 21 Bde., Basel.

Schwartz, Stuart B., Hg. (1994). *Implicit Understandings*: Observing, Reporting and Reflecting on the Encounters between Europeans and Other Peoples in the Early Modern Era, Cambridge.

★Scott, Jonathan (1791). An Historical and Political View of the *Deccan*, London.

★Scott Waring, Edward (1807). A *Tour to Sheeraz*, London.

★Scurla, Herbert, Hg. (1963). *Jenseits des Steinernen Tores*: Entdeckungsreisen deutscher Forscher durch Sibirien im 18. und 19. Jahrhundert, Berlin.

[Seetzen] (1995). Ulrich Jasper Seetzen (1767–1811): Leben und Werk. Die arabischen Länder und die Nahostforschung im napoleonischen Zeitalter. Vorträge des Kolloquiums vom 23. und 24. September 1994 in der Forschungs- und Landesbibliothek Gotha, Schloß Friedenstein, Gotha.

Seifert, Arno (1976). *Cognitio historica*: Die Geschichte als Namengeberin der frühneuzeitlichen Empirie, Berlin.

Seifert, Arno (1986). Von der heiligen zur philosophischen Geschichte: Die *Rationalisierung* der universalhistorischen Erkenntnis im Zeitalter der Aufklärung, in: AfK 68, S. 81–116.

★Semedo, Álvarez (1655). The *History* of that Great and Renowned Monarchy of China, London [zuerst 1642 als span. Übers. d. portug. Manuskripts].

Sen, S. P. (1971). *The French* in India 1763–1816, New Delhi.

★Sestini, Domenico (1797). *Voyage* de Constantinopel à Bassora en 1781, trad. du Italien, Paris.

Shackleton, Robert (1961). *Montesquieu*: A Critical Biography, London.

Shackleton, Robert (1988). *Essays* on Montesquieu and on the Enlightenment, ed. by D. Gilson/M. Smith, Oxford.

Shapin, Stephen (1994). A *Social History* of Truth: Civility and Science in Seventeenth-Century England, Chicago.

Sharafuddin, Mohammed (1994). *Islam* and Romantic Orientalism: Literary Encounters with the Orient, London/New York.

Shaw, Stanford J. (1971). *Between Old and New*: The Ottoman Empire under Sultan Selim III, 1789–1807, Cambridge,Mass.

★Shaw, Thomas (1808). *Travels* or Observations Relating to several Parts of Barbary and the Levant, 3rd ed., 2 Bde., Edinburgh [zuerst 1738].

Shellim, Maurice (1979). Oil Paintings of India and the East by Thomas *Daniell* 1749–1840 and William Daniell 1769–1837, London.

★Shelvocke George (1726). A *Voyage* round the World By Way of the Great South Sea Perform'd in the Years 1719, 20, 21, 22, in the «Speedwell» of London, London.

Sievernich, Gereon/Hendrik Budde, Hg. (1989). *Europa und der Orient* 800–1900 (Ausstellungskatalog), Berlin.

★Silhouette, Étienne de (1731). *Idée générale* du gouvernement et de la morale des Chinois. Tirée particulièrement des ouvrages de Confucius, Paris.

Silva, K. M. de (1981). A History of *Sri Lanka*, London.

Singh, O. P. (1977). *Surat* and Its Trade in the Second Half of the 17th Century, Delhi.

Slezkine, Yuri (1994). *Arctic Mirros*: Russia and the Small Peoples of the North, Ithaca/London.

★Slotkin, J. S., Hg. (1965). Readings in *Early Anthropology*, Chicago.

★Smith, Adam (1976). An Inquiry into the Nature and Causes of the *Wealth of Nations* [zuerst 1776], ed. by R. H. Campbell/A. S. Skinner, 2 Bde., Oxford.

★Smith, Adam (1978). *Lectures on Jurisprudence* [gehalten 1762–66], ed. by R. L. Meek/D. D. Raphael/P. G. Stein, Oxford.

★Smith, Andrew (1975). *Journal* of His Expedition into the Interior of South Africa, 1834–36, ed. by W. F. Lye, Cape Town.

Smith, Bernard (1985). *European Vision* and the South Pacific, 2nd ed., New Haven/London.

Smith, Bernard (1992). *Imagining the Pacific*: In the Wake of the Cook Voyages, New Haven/London.

Smith, Richard J. (1994). *China's Cultural Heritage*: The Qing Dynasty, 1644–1912, Boulder/San Francisco/Oxford.

Sobel, Dava (1996). *Longitude*, London.

★Societas Jesu (1707 ff.). *Lettres édifiantes* et curieuses écrites des Missions étrangères par quelques Missionaires de la Compagnie de Jesus, Paris.

★Societas Jesu (1776–1814). *Mémoires* concernant l'histoire, les sciences, les arts, les mœurs, les usages des Chinois, 16 Bde., Paris (verfaßt von Ex-Jesuiten während des Verbots des Ordens, 1773–1814).

★Societas Jesu (1780–83). *Lettres édifiantes* [...]. nouv éd., 26 Bde., Paris.

★Societas Jesu (1818–20). *Nouvelles lettres édifiantes* des missions de la Chine et des Indes Orientales, 5 Bde., Paris.

Société Asiatique (1922). *Livre du centenaire* (1822–1922), Paris.

Sörlin, Sverker (1989). *Scientific Travel*: The Linnean Tradition, in: Frängsmyr, *Science in Sweden*, S. 96–123.

★Sommer, Johann Gottfried (1834). *Neuestes Gemälde* von Asien, 2. Aufl., 4 Bde., Wien.

*Sonnerat, Pierre (1782). *Voyages* aux Indes Orientales et à la Chine, Fait par ordre du Roi, depuis 1774 jusqu'en 1781, 2 Bde., Paris.

*Sonnini, Charles S. (1799). *Voyage* dans la haute et basse Égypte, fait par ordre de l'ancien gouvernement, 3 Bde., Paris.

Spate, O. H. K. (1979-88). The *Pacific* since Magellan, 3 Bd., London/Canberra.

Spence, Jonathan (1990). Der kleine *Herr Hu*. A. d. Am. v. S. Ettl, München.

*Sprengel, Matthias Christian (1779). Vom *Ursprung des Negerhandels*. Ein Antrittsprogramm, Halle.

*Sprengel, Matthias Christian (1783). *Geschichte* der wichtigsten geographischen Entdeckungen durch Reisen, Halle.

*Sprengel, Matthias Christian (1783). Über den *Krieg* der Engländer in Ostindien, Halle.

*Sprengel, Matthias Christian (1791). *Geschichte der Maratten* bis auf den letzten Frieden mit England den 17. May 1782, Frankenthal.

*Sprengel, Matthias Christian (1794-1800). *Auswahl* der besten ausländischen geographischen und statistischen Nachrichten zur Aufklärung der Völker- und Länderkunde, 14 Bde., Halle.

*Sprengel, Matthias Christian (1795). Über die Fortschritte des Handels zwischen Großbrittannien und China seit 1784, Halle.

*Sprengel, Matthias Christian (1797). *Gegenwärtiger Zustand* der Ostindischen Handels-Gesellschaft in den Vereinigten Niederlanden, Lübeck/Leipzig.

*Sprengel, Matthias Christian (1801). *Hyder Aly* und Tippo Saheb oder Historisch-geographische Übersicht des Mysorischen Reichs, nebst dessen Entstehung und Zertheilung, Weimar.

Springborg, Patricia (1992). Western *Republicanism* and the Oriental Prince, Oxford.

Stafford, Barbara Maria (1984). *Voyage into Substance*: Art, Science, Nature, and the Illustrated Travel Account, 1760-1840, Cambridge/Mass.

Stagl, Justin (1989). Die *Methodisierung* des Reisens im 16. Jahrhundert, in: Brenner, *Reisebericht*, S. 140-77.

Stagl, Justin (1995). A History of *Curiosity*: The Theory of Travel 1550-1800, Chur.

Stagl, Justin/Klaus Orda/Christel Kämpfer (1983). *Apodemiken*: Eine räsonnierte Bibliographie der reisetheoretischen Literatur des 16., 17. und 18. Jahrhunderts, Paderborn.

*Staunton, Sir George Leonard (1797). An *Authentic Account* of an Embassy from the King of Great Britain to the Emperor of China, 2 Bde. mit Atlas, London.

*Staunton, Sir George Thomas (1810). *Ta Tsing Leu Lee*; Being the Fundamental Laws, and a Selection from the Supplementary Statutes, of the Penal Code of China. Transl. from the Chinese, London.

*Staunton, Sir George Thomas (1856). *Memoirs* of the Chief Incidents of the Public Life of Sir George Thomas Staunton, Bart., London.

*Stavorinus, Jan Splinter (1796). *Reise* nach dem Vorgebirge der Guten Hoffnung, Java und Bengalen in den Jahren 1768 bis 1771. A. d. Holl. frey übers. u. mit Anm. begl. v. Professor Lueder in Braunschweig, Berlin [zuerst holl. 1793].

Steadman, John M. (1969). The *Myth of Asia*, London.

*Steeb, Johann Gottlieb (1766). *Versuch* einer allgemeinen Beschreibung von dem

Zustand der ungesitteten und gesitteten Voelker nach ihrer moralischen und physicalischen Beschaffenheit, Karlsruhe.

Stein, Burton (1989). Thomas *Munro*: The Origins of the Colonial State and His Vision of Empire, Delhi.

Steinberg, David Joel u. a. (1987). In Search of *Southeast Asia*: A Modern History, Honululu.

★Steller, Georg Wilhelm (1774). Beschreibung von dem Lande *Kamtschatka*, dessen Einwohnern, deren Sitten, Nahmen, Lebensart und verschiedenen Gewohnheiten, Frankfurt/Leipzig.

Stelling-Michaud, Sven (1960/61). *Le mythe* du despotisme oriental, in: Schweizer Beiträge zur Allgemeinen Geschichte 18/19, S. 328–46.

Stevenson, J. L. (1965). *Introduction*, in: Bell, *Journey* (1965), S. 1–27.

★Stewart, Dugald (1854–58). *Collected Works*, ed. by Sir William Hamilton, 10 Bde. und Supplementband, Edinburgh.

Stewart, Susan (1989). *Antipodal Expectations*: Notes on the Formosan «Ethnography» of George Psalmanazar, in: G. W. Stocking, Jr. (Hg.), Romantic Motives, Madison, Wisc., S. 44–73.

Stietencron, Heinrich von (1988). Voraussetzungen westlicher *Hinduismusforschung* und ihre Folgen, in: E. Müller (Hg.), «Aus der anmuthigen Gelehrsamkeit»: Tübinger Studien zum 18. Jahrhundert. Dietrich Geyer zum 60. Geburtstag, Tübingen, S. 123–54.

Stifler, Susan Reed (1938). The *Language Students* of the East India Company's Canton Factory, in: Journal of the North China Branch of the Royal Asiatic Society 69, S. 46–82.

Stocking, Jr., George W. (1987). *Victorian Anthropology*, New York/London.

Stokes, Eric (1959). The English *Utilitarians* and India, Oxford.

★Strahlenberg, Philipp Johann von (1730). *Das Nord- und Ostliche Theil* von Europa und Asia in so weit solches das gantze Rußische Reich mit Sibirien und der grossen Tartarey in sich begreiffet …, Stockholm.

Subrahmanyam, Sanjay (1997). *Connected Histories*: Notes towards a Reconfiguration of Early Modern Eurasia, in: MAS 31, S. 735–62.

Swiderski, Richard M. (1991). The False Formosan: George *Psalmanazer* and the Eighteenth-Century Experiment of Identity, Lampeter.

★Symes, Michael (1800). An Account of an *Embassy* to the Kingdom of Ava, Sent by the Governor-General of India, in the Year 1795, London.

★Symes, Michael (1827). An *Account* of an Embassy to the Kingdom of Ava …, 2 Bde., Edinburgh.

★Symes, Michael (1955). Journal of his *Second Embassy* to the Court of Ava in 1802, ed. with introduction and notes by D. G. E. Hall, London.

Syndram, Dirk (1996). Der *Thron des Großmoguls*: Johann Melchior Dinglingers goldener Traum vom Fernen Osten, Leipzig.

★Tavernier, Jean-Baptiste (1675). *Nouvelle relation* de l'interieur du Serraill du Grand Seigneur, Paris.

★Tavernier, Jean-Baptiste (1889). *Travels in India*. Translated from the original French edition of 1676 … by V. Ball, 2 Bde., London.

Taylor, John Gelman (1983). The Social World of *Batavia*: European and Eurasian in Dutch Asia, Madison, Wisc.

Teltscher, Kate (1995). *India Inscribed*: European and British Writing on India 1600–1800, Delhi.

★Temple, Sir William (1814). *Works*, new ed., 4 Bde., London.

Teng Ssu-yü (1942–43). *Chinese Influence* on the Western Examination System, in: HJAS 7, S. 267–312.

★Tennant, Thomas (1790). *Indian Zoology*, 2nd ed., London.

★Tennant, William (1803). *Indian Recreations*; Consisting Chiefly of Strictures on the Domestic and Rural Economy of the Mahommedans & Hindoos, 2 Bde., Edinburgh.

★Tennant, William (1807). *Thoughts* on the Effects of the British Government on the State of India, Edinburgh.

★Thévenot, Jean de (1687). The *Travels* of Monsieur de Thevenot into the Levant. Newly done out of French, 3 Bde., London [zuerst franz. 1664–84].

Thom, Martin (1995). *Republics*, Nations and Tribes, London.

Thomas, Nicholas (1991). *Entangled Objects*: Exchange, Material Culture, and Colonialism in the Pacific, Cambridge,Mass./London.

Thomaz de Bossière, Mme. Yves de (1994). Jean-François *Gerbillon*,S. J. (1654–1707): Mathematicien de Louis XIV, premier supérieur général de la Mission française de Chine, Löwen.

Thompson, Jason (1994). *Osman Effendi*: A Scottish Convert to Islam in Early Nineteenth-Century Egypt, in: JWH 5, S. 99–123.

Thomson, Ann (1987). *Barbary* and Enlightenment: European Attitudes towards the Maghreb in the 18th Century, Leiden.

Thorensen, Timothy H. H., Hg. (1975). Toward a *Science of Man*: Essays in the History of Anthropology, Den Haag/Paris.

★Thorn, William (1815). Memoir of the *Conquest of Java*, London.

★Thornton, Thomas (1809). The *Present State* of Turkey; or Description of the Political, Civil and Religious Constitution, Government, and Laws of the Ottoman Empire, 2nd ed., London [zuerst 1807].

★Thunberg, Carl Peter (1792). *Reisen* in Afrika und Asien, vorzüglich in Japan, während der Jahre 1772 bis 1779, auszugsweise übers. v. K. Sprengel … u. mit Anm. begl. v. J. R. Forster, Berlin [zuerst schwed. 1788–93].

★Thunberg, Carl Peter (1794). *Reise* durch einen Theil von Europa, Afrika und Asien, hauptsächlich in Japan, in den Jahren 1770 bis 1779. A. d. Schwed. übers. v. C. H. Großkurd, 2 Bde., Berlin.

★Thunberg, Carl Peter (1796). *Voyages* de C. P. Thunberg au Japon, par le Cap de Bonne-Espérance, les Isles de la Sonde, &c. Traduits, rédigés et augmentés de notes … par L. Langlès, 2 Bde., Paris.

Tidrick, Kathryn (1989). Heart-beguiling *Araby*: The English Romance with Arabia, 2nd ed., London.

★Tieffenthaler: siehe Bernoulli.

Tillotson, G. H. R. (1992). The Indian Travels of *William Hodges*, in: JRAS, 3rd ser., 2, S. 377–398.

★Timkovski, George (1827). *Voyage à Pekin*, a travers la Mongolie en 1820 et 1821, publié par J. Klaproth, 2 Bde., Paris.

★Tissanier, Joseph (1663). *Relation* du Voyage du P. Joseph Tissanier de la Compagnie de Iesus. Depuis la France, jusqu'au Royaume de Tunquin, Paris.

★Titsingh, Isaac (1820). *Mémoires et anecdotes* sur la dynastie régnante des Djo-gouns, souverains du Japon ... Publié par M. Abel-Rémusat, Paris.

★Titsingh, Isaac (1990). The Private *Correspondence* of Isaac Titsingh. Bd. 1 (1785–1811), ed. by F. Lequin, Amsterdam.

★Tocqueville, Alexis de (1962). *Œuvres complètes*. Bd. 3: Ecrits et discours politi-ques, 2 Teile, Paris.

★Tombe, Charles François (1810). *Voyage* aux Indes Orientales pendant les années 1802, 1803, 1804, 1805 et 1806, 2 Bde. und Atlas, Paris.

★Tone, William Henry (1798–99). Illustrations of some Institutions of the *Mah-ratta People*, in: Asiatic Annual Register 1798–99, S. 124–51.

★Toreen, Olof (1771). A *Voyage* to Surate, China, &c., From the 1st of April, 1750, to the 26th of June, 1752, in a series of letters to Doctor Linnaeus, in: Osbeck, *Voyage*, Bd. 2, S. 153–266.

Tortarolo, Edoardo (1992). *Barbari* e selvaggi in Gibbon e nella filosofia tedesca della storia, in: M. Geuna/M. L. Pesante (Hg.), Passioni, interessi, convenzioni: Discussioni settecentesche su virtù e civiltà, Mailand, S. 295–309.

Tortarolo, Edoardo (1999). *L'illuminismo. Ragioni e dubbi della modernità*, Rom.

Toscani, Ignazio (1980). *Etatistisches Denken* und erkenntnistheoretische Über-legungen in den venezianischen Relationen, in: Rassem/Stagl, *Statistik*, S. 111–25.

Toscano, Guiseppe M. (1984). Contributo del *Desideri* alla conoscenza dell'Asia nel sec. XVIII, in: Marazzi, *La conoscenza*, Bd. 1, S. 293–302.

Totman, Conrad (1993). *Early Modern Japan*, Berkeley.

★Tott, Baron François de (1786). *Memoirs* of Baron de Tott; Containing the State of the Turkish Empire and the Crimea during the late War with Russia, 2nd ed., 2 Bde., London [zuerst franz. 1785].

★Tournefort: siehe Pitton de Tournefort.

★*Travels of the Jesuits* into Various Parts of the World, Compiled from Their Let-ters, London 1743.

Trevor-Roper, Hugh (1985). Dimitrie *Cantemir's «Ottoman History»* and Its Reception in England, in: Revue Roumaine d'Histoire 24, S. 51–66.

Trigger, Bruce G. (1989). A History of *Archaeological Thought*, Cambridge.

★Troilo, Frantz Ferdinand von (1733). Orientalische *Reise-Beschreibung*, Dresden/Leipzig.

Trümpler, Charlotte, Hg. (2008). *Das Große Spiel. Archäologie und Politik zur Zeit des Kolonialismus (1860–1940)*, Köln.

Tucci, Giuseppe (1949). *Italia e Oriente*, Mailand.

★Turgot, Anne Robert Jacques (1913–23). *Œuvres*, publ. par G. Schelle, 5 Bde., Paris.

★Turgot, Anne Robert Jacques (1990). Über die *Fortschritte* des menschlichen Geistes. Hg. v. J. Rohbeck/L. Steinbrügge, Frankfurt a. M.

★Turner, Samuel (1800). Account of an Embassy to the Court of the Teshoo Lama in *Tibet*, London.

★Turner, William (1820). Journal of a Tour in the *Levant*, 3 Bde., London.

★Turpin, François René (1771). Histoire civile et naturelle du royaume de *Siam*. Et des Révolutions qui ont bouleversé cet Empire jusqu'en 1770, 2 Bde., Paris.

*Universal History (1736–44). An Universal History, from the Earliest Account of Time, 7 Bde., London.

*Universal History (1759–66). The Modern Part of an Universal History from the Earliest Account of Time; Compiled from Original Authors by the Authors of the Ancient Part, 44 Bde. +16 Bde. in folio, London.

*Universal History (1779–84), new ed., 60 Bde., London.

*Unverzagt, Georg Johann (1727). Die Gesandtschaft Ihrer Kayserlichen Majestät von Groß-Rußland an den Sinesischen Kayser, Lübeck/Magdeburg.

Valensi, Lucette (1987). Venise et la Sublime Porte: La naissance du despote, Paris.

Valensi, Lucette (1990). The Making of a Political Paradigm: The Ottoman State and Oriental Despotism, in: A. Grafton/A. Blair (Hg.), The Transmission of Culture in Early Modern Europe, Pittsburgh, S. 173–203.

*Valentina, George Viscount (1811). Voyages and Travels to India, Ceylon, the Red Sea, Abyssinia, and Egypt, in the Years 1802, 1803, 1804, 1805, and 1806, 4 Bde., London.

*Valentina, George Viscount (1811). Reisen nach Indien [...]. Aus dem Engl. im Auszuge übers. v. F. Rühs, 2 Bde., Weimar.

*Valentyn, François (1724–26). Oud en nieuw Ooost-Indien, 5 Bde., Dordrecht/Amsterdam.

*Valentyn, François (1978). Description of Ceylon. Transl. and ed. by S. Arasaratnam, London.

Van Aalst, Frank Daigh (1970). The British View of India, 1750 to 1785, Ph. D. thesis, University of Pennsylvania.

Van der Brug, P. H. (1994). Malaria en malaise: De VOC in Batavia in de achttiende euw, Amsterdam.

Van der Cruysse, Dirk (1991). Louis XIV et le Siam, Paris.

Van Kley, Edwin J. (1971). Europe's «Discovery» of China and the Writing of World History, in: AHR 76, S. 358–85.

Van Kley, Edwin J. (1973). News from China: Seventeenth-Century European Notices of the Manchu Conquest, in: JMH 45, S. 561–82.

*Varenius, Bernhardus (1765). A Complete System of General Geography ... Originally Written in Latin. Since Improved and Illustrated by Sir Isaac Newton and Dr. Jurin; And now transl. into English [...] by Mr. Dugdale. 4th ed., 2 Bde., London.

*Varenius, Bernhardus (1974). Descriptio Regni Japoniae/Beschreibung des japanischen Reiches, Amsterdam, 1649. Ins Dt. übertr. v. E.-C. Volkmann, hg. u. komm. v. M. Schwind u. H. Hammitzsch, Darmstadt.

Varisco, Daniel Martin (2007). Reading Orientalism: Said and the Unsaid, Seattle, WA.

Venturi, Franco (1947). L'antichità svelata e l'idea del progresso in N. A. Boulanger (1722–1759), Bari.

Venturi, Franco (1963). Oriental Despotism, in: JHI 24, S. 133–42.

Venturi, Franco. Europe des lumières: Recherches sur le 18ᵉ siècle, Paris/Den Haag.

*Verbiest, Ferdinand (1732). Voyage de l'Empereur de la Chine dans la Tartarie, in: Bernard, Recueil des voyages au nord, Bd. 4 (nouv. éd.), S. 414–55 [zuerst 1682].

★Verelst, Harry (1772). A *View* of the Rise, Progress, and Present State of the English Government in Bengal, London.

Vicziany, Marika (1986). *Imperialism*, Botany and Statistics in Early Nineteenth-Century India: The Surveys of Francis Buchanan, in: MAS 20, S. 625–60.

Vierhaus, Rudolf (1989). *Traditionen* vergleichender historischer Kulturwissenschaft in Deutschland. Bemerkungen und Fragen, in: Saeculum 40, S. 132–35.

Vierhaus, Rudolf, u. a., Hg. (1992). *Frühe Neuzeit* – Frühe Moderne? Forschungen zur Vielschichtigkeit von Übergangsprozessen, Göttingen.

Villiers, Patrick/Jean-Pierre Duteil (1997). *L'Europe*, la mer et les colonies, XVIIᵉ–XVIIIᵉ siècle, Paris.

★Virey, Julien Joseph (1824). *Histoire naturelle* du genre humain, nouv. éd., 3 Bde., Paris.

★Visdelou, Claude (1779). *Histoire abregée de la Tartarie* […], in: d'Herbelot, *Bibliothèque Orientale*, Bd. 4, S. 46–294.

★Vliet, Jeremias van (1692). Beschryving van het *Koningryk Siam*, Leiden.

Voegelin, Eric (1966). *Anamnesis*: Zur Theorie der Geschichte und Politik, München.

★Vogel, Johann Wilhelm (1716). Zehn-Jährige, Jetzo auffs neue revidirt und vermehrte Ost-Indianische *Reise-Beschreibung*, Altenburg.

★Volney, Constantin François de (1821). *Œuvres complètes*, 8 Bde., Paris.

★Volney, Constantin François de (1959). *Voyage* en Égypte et en Syrie, publ. par J. Gaulmier, Paris/Den Haag [zuerst 1787].

★Volney, Constantin François de (1977). Die *Ruinen* oder Betrachtungen über die Revolutionen der Reiche, übers. v. D. M. Forkel u. G. Forster, hg. v. G. Mensching, Frankfurt a. M. [zuerst franz. 1791],

★Volney, Constantin François de (1989). *Œuvres*. Textes réunis et revus par A. et H. Deneys, 2 Bde., Paris.

★Voltaire (1877–85). *Œuvres complètes*, 52 Bde., Paris.

★Voltaire (1957). *Œuvres historiques*, éd. par R. Pomeau, Paris (Bibliothèque de la Pléiade).

★Voltaire (1963). *Essai* sur les mœurs et l'esprit des nations et sur les principaux faits de l'histoire depuis Charlemagne jusqu'à Louis XIII, éd. R. Pomeau, 2 Bde., Paris [zuerst 1756, definitive Ausgabe 1769].

Vyverberg, Henry (1989). *Human Nature*, Cultural Diversity, and the French Enlightenment, New York/Oxford.

★Wahl Samuel Friedrich Günther (1784). *Allgemeine Geschichte der morgenländischen Sprachen* und Litteratur, Leipzig.

★Wahl, Samuel Friedrich Günther (1795). Altes und Neues *Vorder- und Mittel-Asien* oder pragmatisch-geografische, fysische und statistische Schilderung und Geschichten des Persischen Reiches von den ältesten Zeiten bis auf diesen Tag, Bd. 1, Leipzig.

★Wahl, Samuel Friedrich Günther (1798). Der Geist und die *Geschichte des Schach-Spiels* bei den Indern, Persern, Arabern, Türken, Sinesen und übrigen Morgenländern, Deutschen und anderen Europäern, Halle.

★Wahl, Samuel Friedrich Günther (1805). Erdbeschreibung von *Ostindien*, nemlich Hindostan und Bekan, nebst den Inseln Lakdiven, Maldiven und Ceylon. 1. Band: Vorläufiger Versuch einer ausführlichen Litteratur der Geschichte und Erdbeschreibung von Ostindien und von Asien überhaupt, Hamburg.

★Wakefield, Priscilla.(1817). The *Traveller* in Asia; Or, a Visit to the Most Celebrated Parts of the East Indies and China. For the Instruction and Entertainment of Young Persons, London.

★Walckenaer, Charles Athanase (1798). *Essai* sur l'histoire de l'espèce humaine, Paris.

★Walckenaer, Charles Athanase (1826–31). *Histoire générale* des voyages, ou Nouvelle collection des relations des voyages par mer et par terre, 21 Bde., Paris.

★Walckenaer, Charles Athanase (1830). *Vies* de plusieurs personnages célèbres des temps anciens et modernes, 2 Bde., Laon.

Wallace, Jennifer (1997). *Shelley* and Greece: Rethinking Romantic Hellenism, Basingstoke.

★Wallace, Robert (1809). A *Dissertation* on the Numbers of Mankind in Ancient and Modern Times, Edinburgh [zuerst 1753].

★Walpole, Robert, Hg. (1817). *Memoirs* Relating to European and Asiatic Turkey; edited from manuscript journals, London.

★Walpole, Robert, Hg. (1820). *Travels* in Various Countries of the East, London.

★Walter, Richard/Benjamin Robins (1974). A *Voyage Round the World* in the Years MDCCXL, I, II, III, IV. By George Anson. Ed. by G. Williams, London.

Walter, Xavier (1994). *John Barrow*, un Anglais en Chine au XVIIIe siècle, Paris.

Walvin, James (1997). *Fruits of Empire*: Exotic Produce and British Taste, 1660–1800, Basingstoke/London.

Wang Mei-chu (1985). Die *Rezeption* des chinesischen Ton-, Zahl- und Denksystems in der westlichen Musiktheorie und Ästhetik, Frankfurt a. M./Bern/New York.

★Wansleben, Johann Michael (1794). *Beschreibung von Aegypten* im Jahre 1664, in: Paulus, *Sammlung* (1792–1803), Bd. 3, S. 1–122.

★Wansleben, Johann Michael (1794). *Neue Beschreibung* einer Reise nach Aegypten in den Jahren 1672, 1673, in: ebd., S. 123–412.

★Ward, William (1817–20). A View of the History, Literature, and Religion of the *Hindoos*, 3rd ed., 4 Bde., London.

★Wathen, James (1814). Journal of a *Voyage* in 1811 and 1812 to Madras and China, London.

★Weber, Friedrich Christian (1721–39). Das veränderte *Rußland*, 2 Bde., Frankfurt a. M./Hannover.

Weber, Max (1920). Zwischenbetrachtung: Theorie der Stufen und Richtungen religiöser Weltablehnung, in: ders., *Gesammelte Aufsätze zur Religionssoziologie*, Bd. 1, Tübingen 1920, S. 536–73.

Weinberger-Thomas, Catherine, Hg. (1988). *L'Inde et l'imaginaire*, Paris.

Weißhaupt, Winfried (1979). *Europa* sieht sich mit fremdem Blick. Werke nach dem Schema der «Lettres persanes» in der europäischen, insbesondere der deutschen Literatur des 18. Jahrhunderts, 3 Bde., Frankfurt a. M./Bern/Las Vegas.

Wendland, Folkwart (1990). *Das Russische Reich* am Vorabend der Großen Nordischen Expedition, der sogenannten zweiten Kamtschatka-Expedition, in: Posselt, *Große Nordische Expedition*, S. 332–84.

Wendland, Folkwart (1992). Peter Simon *Pallas* (1741–1811): Materialien einer Biographie, 2 Bde., Berlin.

Wessels, C. (1924). *Early Jesuit Travellers* in Central Asia 1603–1721, Den Haag.

Whelan, Frederick G. (1996). *Edmund Burke* and India: Political Morality and Empire, Pittsburgh.

★White, John (1824). A *Voyage* to Cochin China, London.

★White, Joseph, Hg. (1783). *Institutes* Political and Military Written Originally in the Mogul Language, by the Great Timour, Improperly Called Tamerlane, Oxford.

★Widmaier, Rita, Hg. (1990). *Leibniz korrespondiert mit China*: Der Briefwechsel mit den Jesuitenmissionaren, Frankfurt a. M.

Wiesehöfer, Josef/Stephan Conermann, Hg. (2002). *Carsten Niebuhr (1733–1815) und seine Zeit*, Stuttgart.

★Wieser, Friedrich von (1910). *Recht und Macht*, Leipzig.

Wilford, John Noble (1981). The *Mapmakers*, New York.

★Wilks, Mark (1810–17). *Historical Sketches* of the South of India, 3 Bde., London.

Williams, Glyndwr (1997). The *Great South Sea*: English Voyages and Encounters 1570–1750, New Haven.

Wills, John E., Jr. (1993). *European Consumption* of Asian Production in the 17th and 18th Centuries, in: Brewer/Porter, *Consumption*, S. 133–47.

Wills, John E., Jr. (1993). *Maritime Asia*, 1500–1800: The Interactive Emergence of European Dominance, in: AHR 98, S. 83–105.

Willson, A. Leslie (1964). A *Mythical Image*: The Ideal of India in German Romanticism, Durham, N. C.

Winch, Donald (1965). *Classical Political Economy* and Colonies, London.

★Winckelmann, Johann Joachim (1964). *Geschichte* der Kunst des Altertums, hg. v. W. Senff, Weimar [zuerst 1764].

Windisch, Ernst (1917–21). Geschichte der *Sanskrit-Philologie* und der Indischen Altertumskunde, 3 Bde., Straßburg/Berlin/Leipzig.

Winter, Eduard/Günther Jarosch, Hg. (1983). *Wegbereiter* der deutsch-slawischen Wechselseitigkeit, Berlin.

★Winterbotham, William (1795). An Historical, Geographical. and Philosophical View of the *Chinese Empire*, London.

Wisotzki, Emil (1897). *Zeitströmungen* in der Geographie, Leipzig.

Witek, John W. (1982). *Controversial Ideas* in China and in Europe: A Biography of Jean-François Foucquet, S. J. (1665–1741), Rom.

Witek, John W. (1988). *Understanding the Chinese*: A Comparison of Matteo Ricci and the French Jesuit Mathematicians Sent by Louis XIV, in: Ronan/Oh, *East Meets West*, S. 62–102.

★Witsen, Nicolaas (1705). *Noord en Oost Tartarye*, 2 Bde., Amsterdam [zuerst 1692].

★Wittman William (1803). *Travels* in Turkey, Asia Minor, Syria and Across the Desert to Egypt during the Years 1799, 1800, and 1801, London.

Wokoeck, Ursula (2009). *German Orientalism: The Study of the Middle East and Islam from 1800 to 1945*, London/New York.

Wolf, Johann Christoph (1781–84). Reise nach *Zeilan*, 2 Bde., Berlin.

Wolf, John Baptist (1979). The *Barbary Coast*: Algiers under the Turks 1500 to 1830, New York/London.

Wolff, Larry (1994). *Inventing Eastern Europe*: The Map of Civilization on the Mind of the Enlightenment, Stanford.

Wollmann, Therese (1984). *Scheich Ibrahim*: Die Reisen des Johann Ludwig Burckhardt 1784–1817, Basel.

Wood, Paul B. (1989). The *Natural History of Man* in the Scottish Enlightenment, in: History of Science 27, S. 89–123.

★Wood, Robert (1753). The Ruins of *Palmyra*, London.

★Wood, Robert (1757). The Ruins of *Balbec*, London.

Woodhead, Christine (1987). «The Present Terrour of the World»? *Contemporary Views* of the Ottoman Empire, in: History 72, S. 20–37.

Woodhouse, C. M. (1991). *Modern Greece*: A Short History, London/Boston.

★Woodhouselee, Lord Alexander Fraser Tytler (1825). *Elements of General History*, Ancient and Modern, 9th ed., 2 Bde., London [zuerst 1801].

Woolf, Harry (1959). The *Transits* of Venus: A Study of Eighteenth-Century Science, Princeton.

Woolf, Stuart (1992). The *Construction* of a European World View in the Revolutionary-Napoleonic Years, in: Past & Present 137, S. 72–101.

Wortham, John David (1971). *British Egyptology*, 1549–1906, Newton Abbot.

Wright, Sir Denis (1985). The *Persians* Amongst the English: Episodes in Anglo-Persian History, London.

Wurtzburg, Charles Edward (1954). *Raffles* of the Eastern Isles, London.

Wuthenow, Ralph-Rainer (1980). *Die erfahrene Welt*: Europäische Reiseliteratur im Zeitalter der Aufklärung, Frankfurt a. M.

Wyatt, David K. (1982). *Thailand*: A Short History, New Haven/London.

Yapp, Malcolm E. (1992). Europe in the *Turkish Mirror*, in: Past & Present 137, S. 134–55.

Yerasimos, Stéphane (1991). *Les voyageurs* dans l'Empire Ottoman (XIV-XVIᵉ siècles), Ankara.

Young, David (1978). *Montesquieu's View of Despotism* and His Use of Travel Literature, in: Review of Politics 40, S. 392–405.

Young, Robert J. C. (2003). *Postcolonialism: A Very Short Introduction*, Oxford.

Yule, Henry/A. C. Burnell (1886). *Hobson-Jobson*: A Glossary of Collloquial Anglo-Indian Words and Phrases, Kalkutta.

Zaidi, S. Inayat A. (1986). European *Mercenaries* in the Indian Armies. Paper for the 9th European Conference of Modern South Asian Studies, Heidelberg, 9.–12. 7. 1986.

Zammito, John H. (2002). *Kant, Herder, and the Birth of Anthropology*, Chicago/London.

Zastoupil, Lynn (1994). *John Stuart Mill* and India, Stanford.

★Zedler, Johann Friedrich u. a. (1732–50): Grosses vollständiges *Universal-Lexicon* aller Wissenschaften und Künste, Welche bißhero durch menschlichen Verstand und Witz erfunden und verbessert wurden ..., 64 Bde., Halle/Leipzig.

Zhao Suisheng (1997). Chinese Intellectuals' *Quest* for National Greatness and Nationalistic Writing in the 1990s, in: China Quarterly 152, S. 725–45.

*Ziegenbalg, Bartholomäus (1926). *Malabarisches Heidenthum*. Hg. v. W. Caland, Amsterdam [abgeschlossen 1711].

*Ziegenbalg, Bartholomäus (1930). *Kleinere Schriften*. Hg. v. W. Caland, Amsterdam.

*[Ziegenbalg, Bartholomäus/Johann Ernst Gründler] (1714–17). *Malabarische Correspondenz*, in: Der königl. dänischen Missionarien aus Ost-Indien eingesandte ausführliche Berichte, Halle. [Teil 1]: Siebende Continuation … (1714), S. 337–504- [Teil 2]: Elfte Continuation … (1717), S. 871–959.

Zilfi, Madeline C., Hg. (1997). *Women in the Ottoman Empire: Middle Eastern Women in the Early Modern Era*, Leiden.

*Zimmermann, Eberhardt August Wilhelm von (1778). Ueber die *Verbreitung* und Ausartung des Menschengeschlechts, Leipzig.

*Zimmermann, Eberhardt August Wilhelm von (1778–83). *Geographische Geschichte* des Menschen und der allgemein verbreiteten vierfüßigen Thiere, 3 Bde., Leipzig.

*Zimmermann, Eberhardt August Wilhelm von (1783). *Versuch* einer Anwendung der zoologischen Geographie auf die Geschichte der Erde, Leipzig.

*Zimmermann, Eberhardt August Wilhelm von (1810–14). Die *Erde* und ihre Bewohner nach den neuesten Entdekkungen, 5 Bde., Leipzig.

Zoli, Sergio (1972). *Le polemiche* sulla Cina nella cultura storica, filosofica, letteraria italiana della prima metà del settecento, in: Archivio storico italiano 130, S. 409–67.

Zoli, Sergio (1973). La Cina e la *cultura italiana*: Dal 1500 al 1700, Bologna.

Zoli, Sergio (1974). *La Cina* e l'età dell'illuminismo in Italia, Bologna.

*Züge, Christian Gottlob (1988). *Der russische Colonist* oder Christian Gottlob Züges Leben in Russland, nebst einer Schilderung der Sitten und Gebräuche der Russen vornehmlich in den asiatischen Provinzen, hg. v. G. Robel, Bremen [zuerst 1802].

人名索引

（索引页码为原书页码，即本书边码）

地名及内容索引

（索引页码为原书页码，即本书边码）

图书在版编目（CIP）数据

亚洲的去魔化：18 世纪的欧洲与亚洲帝国／（德）
奥斯特哈默著；刘兴华译.—北京：社会科学文献出
版社，2016.11（2019.10 重印）
ISBN 978 - 7 - 5097 - 5263 - 0

Ⅰ.①亚…　Ⅱ.①奥…②刘…　Ⅲ.①世界史 -
18 世纪　Ⅳ.①K14

中国版本图书馆 CIP 数据核字（2013）第 265203 号

亚洲的去魔化：18 世纪的欧洲与亚洲帝国

著　　者／〔德〕于尔根·奥斯特哈默（Jürgen Osterhammel）
译　　者／刘兴华

出 版 人／谢寿光
项目统筹／段其刚　董风云
责任编辑／段其刚　张　骋　白　雪

出　　版／社会科学文献出版社·甲骨文工作室（分社）（010）59366527
　　　　　地址：北京市北三环中路甲 29 号院华龙大厦　邮编：100029
　　　　　网址：www.ssap.com.cn
发　　行／市场营销中心（010）59367081　59367083
印　　装／三河市东方印刷有限公司

规　　格／开本：889mm × 1194mm　1/32
　　　　　印张：21.25　字数：495 千字
版　　次／2016 年 11 月第 1 版　2019 年 10 月第 5 次印刷
书　　号／ISBN 978 - 7 - 5097 - 5263 - 0
著作权合同
登 记 号　　／图字 01 - 2013 - 5384 号
定　　价／89.00 元

本书如有印装质量问题，请与读者服务中心（010 - 59367028）联系